한국생산성본부 • (주)더존비즈온 국가공인 자격시험 대비 학습서

정보관리사 물류1급

조호성 편저

3단계 구성: **이론·실무·기출**

박영사

산업현장의 경험이 없는 학생들에게 전공 지식과 실무를 쉽게 전달하고 이해시키는 방법에 대해 교수들은 매 학기마다 고민일 것이다. 교수들마다 창의적인 교수법을 개발하고 연구해야만 학생들에게 관심을 받고 수업 참여도가 높아지는 것은 당연한 것이다.

평소 강의를 하면서 느낀 것이 있는데, 전공과목은 강의시간에 이론 학습과 실습을 병행하면 이론 중심의 교과목 강의보다 학생들의 관심과 학업성취도가 높아진다는 사실이다. 또한 교과목과 관련한 자격제도가 있다면 학생들이 한 학기동안 애써서 공부한 결실을 성적과 함께 자격증도 취득할 수 있는 일거양득의 효과도 있을 것이다.

ERP정보관리사 자격제도의 물류 1급과 생산 1급 종목을 교과목 강의와 연계하여 실시해 본 결과, 학생들의 관심과 반응이 나쁘지 않았으며, 특히 ERP 프로그램은 산업현장의 담당업무 수행 중심으로 구성되어서 학생들이 흥미롭게 받아들이고 있다. 강의안을 작성할 때 활용한 한국생산성본부(KPC)의 자료들과 ㈜더존비즈온에서 개발한 ERP 프로그램인 iCUBE 운영 매뉴얼, 그리고 한국직업능력개발원에서 주관하여 개발한 NCS 학습모듈을 참고하여 본 학습서를 정리하게 되었다.

본 학습서는 이론, 실무, 기출 부분으로 나누어 구성하였다. 이론 부분은 분야별로 학자들이 공통적으로 인식하고 일반화된 내용 중심으로 서술함과 동시에, 자격시험에서 출제된 내용도 포함하여 단원별 기출문제 및 해설을 통해서 전공 학생들뿐만 아니라 비전공 수험자들에게도 체계적인 학습이 가능하도록 구성하였다. 실무 부분은 iCUBE 프로그램 모듈 중심의 메뉴별 사용방법과 실무예제를 통해 학습하도록 구성하였으며, 기출 부분은 2019년도에 실시한 정기시험 6회분 전체의 기출문제를 이론뿐만 아니라 실무 프로그램 운영 방법 및 출력 결과에 대한 그림과 함께 해설로 편집하였다. 그러다보니 책의 분량이 많아진 것이 아쉬움으로 남는다.

본교 재학생들을 대상으로 한 강의안으로 활용하면서 경험한 내용을 적극적으로 반영하였으며, 비전공 수험자들도 이론 부분의 이해도를 높이고 체계적인 연습이 가능하도록 상세하게 서술하고자 노력하였다. 본 학습서가 자격시험을 대비하는 수험자들에게 조금이나마 도움이 되고, 정보기술 분야의 발전에도 미력이나마 보탬이 되기를 희망해 본다. 아직까지는 여러모로 부족한 본서에 대해 냉철한 지적과 조언을 부탁드리며, 학생 및 수험자 모든 분들에게 좋은 성과가 있기를 기대한다.

끝으로, 그동안 이 책의 탄생을 위해 아낌없는 조언과 각별한 노력을 해주신 김보라 과장님과 김민경님에게 감사의 말씀을 드리며, 박영사 대표님 및 관계자 여러분들께도 감사드린다. 또한 곤지암에서 제조업의 발전을 위해 고군분투하시는 김일오 선배님과 형수님께 존경의 마음을 표하며, 저의 옆에서 많은 격려와 도움을 준 아내에게도 무한한 사랑을 담아 고마움을 전한다.

2020년 1월 17일

성남 복정골에서

조호성

INFORMATION_시험안내

1 시험정보

(1) 시험과목 및 시험시간

종목	등급	시험 차시	시험시간
회계	1급	1교시	• 입실: 08:50 • 이론: 09:00~09:40 • 실무: 09:45~10:25
	2급		
생산	1급		
	2급		
인사	1급	2교시	• 입실: 10:50 • 이론: 11:00~11:40 • 실무: 11:45~12:25
	2급		
물류	1급		
	2급		

(2) 합격 기준

종목	합격 점수	문항 수
1급	70점 이상 이론과 실무 각각 60점 이상	이론 32문항, 실무 25문항
2급	60점 이상 이론과 실무 각각 40점 이상	이론 20문항, 실무 20문항

2 시험일정

회차	원서접수		수험표 공고	시험일	합격 공고
	인터넷	방문			
제1회	'19.12.18~12.26	'19.12.26	1.9~1.18	1.18	2.4~2.11
제2회	2.26~3.4	3.4	3.19~3.28	3.28	4.14~4.21
제3회	4.22~4.29	4.29	5.14~5.23	5.23	6.9~6.16
제4회	6.24~7.1	7.1	7.16~7.25	7.25	8.11~8.18
제5회	8.26~9.2	9.2	9.17~9.26	9.26	10.13~10.20
제6회	10.28~11.4	11.4	11.19~11.28	11.28	12.15~12.22

※ ERP(더존) 정기시험은 1, 3, 5, 7, 9, 11월 넷째 주 토요일에 시행됨. (연6회)

※ ERP(영림원)은 5, 11월 정기시험 때 시행됨. (연2회)

※ 방문접수는 인터넷 접수기간 내 해당 지역센터에 문의.

3 수험자 유의사항

(1) 수험자는 수험 시 반드시 수험표와 신분증(신분증 인정범위 참조)을 지참하여야 시험에 응시할 수 있습니다.
(2) 수험자는 지정된 입실완료 시간까지 해당 고사실에 입실하지 않으면 시험에 응시할 수 없습니다.
(3) 수험자가 다른 수험자의 시험을 방해하거나 부정행위(사후적발 포함)를 했을 경우 당일 응시한 전 과목이 부정 처리되며, 또한 당회차(시험당일 모든 과목)뿐 아니라 향후 2년간 당 본부가 주관하는 모든 시험에 응시할 수 없습니다.
(4) 수험자는 접수된 응시원서 및 검정수수료는 검정료반환규정에 의거하여 기간이 경과한 경우에 취소가 불가하며, 고사장 변경도 불가합니다.
(5) 시스템 조작의 미숙으로 시험이 불가능하다고 판단되는 수험자는 실격 처리됩니다.
(6) 시스템 조작의 미숙, 시험 중 부주의 또는 고의로 기기를 파손한 경우에는 수험자가 부담해야 합니다.
(7) 수험자는 시험문제지를 받는 즉시 응시하고자 하는 과목의 문제지가 맞는지 여부를 확인하여야 합니다.
(8) 수험자는 시험 시작 전에 반드시 문제지에 수험번호와 성명을 기재하여야 됩니다.
(9) 시험 완료 후 답안문서와 함께 시험문제지도 감독위원에게 제출해야 합니다.
(10) 수험자는 시험 실시 전에 응시 하고자 하는 과목에 대한 수험용 소프트웨어를 확인하여, 시험에 필요한 기능이 없을 때에는 시험 감독자에게 요청하여 조치를 받아야 합니다.
(11) 시험 응시 후 성적공고 및 자격증신청은 자격홈페이지에서 해당 기간에 확인 또는 My 자격에서 확인할 수 있습니다.

※ 기타 유의사항 및 시험정보에 관한 자세한 사항은 한국생산성본부 홈페이지를 참고하기 바랍니다.

INFORMATION_물류 1급 시험범위

1 출제 기본 방향

ERP정보관리사(1급) 자격시험에 응시하는 자는 기업에서 ERP정보관리를 담당할 사원이라는 전제하에 이들에게 부여되는 직무는 상당부분 물류관리에 필요한 이론적 지식을 갖추고 실무에 필요한 지식과 기능일 것이다. 그러므로 이들 자격(1급)에 응시하는 자들에게는 ERP정보관리를 수행할 관계지식과 관련지식을 중심으로 평가를 하는 것이 중요할 것이다. 따라서 ERP정보관리사(1급) 자격시험 출제범위는 물류관리를 위해 필요한 영업관리, SCM(공급망관리), 구매관리, 무역관리의 이론적지식과 실무지식을 습득하고 있는가의 여부에 초점을 맞춘다.

2 출제 범위

구분	내용	
경영혁신과 ERP	1. ERP 개요	(1) ERP의 등장배경과 개념 (2) ERP의 발전과정 (3) ERP시스템 도입 시 고려사항 및 예상효과 (4) ERP시스템 구축단계 (5) ERP시스템의 특징 (6) 확장형 ERP(e-ERP) (7) ERP와 BPR의 연계
	2. 4차 산업혁명과 차세대 ERP (2019년 5월부터 포함된 내용)	(1) 클라우드 컴퓨팅의 정의 (2) 클라우드 컴퓨팅의 장점 (3) 클라우드 컴퓨팅의 단점 (4) 클라우드 컴퓨팅에서 제공하는 서비스 (5) 클라우드 ERP의 특징 (6) 차세대 ERP의 인공지능(AI), 빅데이터(BigData), 사물인터넷(IoT) 기술의 적용 (7) 차세대 ERP의 비즈니스 애널리틱스
영업관리	1. 예측	(1) 수요예측 ▪ 개념 • 수요예측에 대한 개념을 설명할 수 있다. • 수요예측에 대한 원칙을 설명할 수 있다. ▪ 예측방법 • 통계에 의한 예측방법을 설명할 수 있다. • 시장조사에 의한 예측방법을 설명할 수 있다.
		(2) 판매예측 ▪ 개념 • 판매예측에 대한 개념을 설명할 수 있다. • 판매예측에 대한 의의를 설명할 수 있다.

<table>
<tr><td rowspan="9">영업관리</td><td>1. 예측</td><td>■ 예측방법 개념
• 수요예측에 의한 판매예측방법을 설명할 수 있다.
• 판매분석에 의한 판매예측방법을 설명할 수 있다.
• 영업담당자에 의한 판매예측방법을 설명할 수 있다.</td></tr>
<tr><td rowspan="4">2. 판매계획</td><td>(1) 중장기 판매목표 수립
• 중장기 판매목표 수립의 중요성을 설명할 수 있다.</td></tr>
<tr><td>(2) 연도별 판매목표 수립
• 연도별 판매목표 수립에 대한 개념을 설명할 수 있다.
• 매출액 목표 결정 방법
• 과거 판매실적 경향을 활용하는 방법을 설명할 수 있다.
• 지역 및 시장 자료를 활용하는 방법을 설명할 수 있다.
• 이익개념을 활용하는 방법을 설명할 수 있다.
• 각종 지표를 활용하는 방법을 설명할 수 있다.
• 기타 방법을 설명할 수 있다.</td></tr>
<tr><td>(3) 판매할당
• 거점별 판매계획을 배분하는 방법을 제시할 수 있다.
• 영업사원별 판매계획을 배분하는 방법을 제시할 수 있다.
• 상품 및 서비스별 판매계획을 배분하는 방법을 제시할 수 있다.
• 지역 및 시장별 판매계획을 배분하는 방법을 제시할 수 있다.
• 거래처 및 고객별 판매계획을 배분하는 방법을 제시할 수 있다.
• 월별 판매계획을 배분하는 방법을 제시할 수 있다.</td></tr>
<tr><td>(4) 가격전략
■ 가격결정
• 원가요소에 의한 가격 결정방법을 설명할 수 있다.
• 시장가격에 의한 가격 결정방법을 설명할 수 있다.
■ 가격유지 정책
• 비가격경쟁에 의한 가격유지대책을 설명할 수 있다.
• 리베이트전략에 의한 가격유지대책을 설명할 수 있다.</td></tr>
<tr><td rowspan="2">3. 수주관리</td><td>(1) 고객의 중점화
■ 필요성
• 고객 중점화의 필요성을 설명할 수 있다.
• 중점선정 방법
• 중점선정 기준을 설명할 수 있다.
• 중점선정 방법을 설명할 수 있다.</td></tr>
<tr><td>(2) 수주관리
• 수주 시 처리해야 할 일들을 정의할 수 있다.</td></tr>
</table>

INFORMATION_물류 1급 시험범위

영업관리	4. 대금 회수	(1) 신용한도 ■ 개념 • 신용한도에 대한 개념을 설명할 수 있다. • 신용한도 설정법 • 회사의 자금 운용상의 설정법을 설명하고 계산할 수 있다. • 고객별 여신한도 설정법을 설명하고 계산할 수 있다.
		(2) 대금회수 관리법 • 대금회수 계획의 기본적인 내용 • 대금회수 계획의 기본적인 내용을 정의할 수 있다. • 대금회수 관리법 • 회수율에 의한 방법을 계산하고 설명할 수 있다. • 회수기간에 의한 방법을 계산하고 설명할 수 있다. • 회수를 위한 방법을 설명할 수 있다.
SCM (공급망관리)	1. 공급망관리 개요	(1) SCM 의의 • SCM 개념과 최신동향 • SCM의 프로세스 구조 • SCM 정보시스템
		(2) SCM의 전략 및 운영 • SCM의 운영전략 및 운영관리
		(3) 물류거점 네트워크최적화 • 물류거점 최적화 개념 및 분석
	2. 재고관리	(1) 재고관리 개념 • 재고관리 기본모형 • 재고보충
		(2) 재고조사 • 재고조사의 개념 • 재고기록 조정
		(3) 재고자산 평가 • 재고자산평가의 의의 및 방법
	3. 운송관리	(1) 운송계획 수립 • 화물운송의 특성 • 운송경로 결정
		(2) 운송계획 실행 • 화물 형태별 운송 수단 수배 • 운송화물의 이력추적관리
	4. 창고관리	(1) 창고관리 개념
		(2) 창고 운영하기 • 창고 위치관리 • 재고 입고 및 적치 • 재고 출고이동

<table>
<tr><td rowspan="6">구매관리</td><td colspan="2">1. 구매관리의 개념
• 구매관리에 대한 개념을 설명할 수 있다.
• 구매관리의 중요성을 설명할 수 있다.</td></tr>
<tr><td rowspan="2">2. 가격개념</td><td>(1) 구매가격
■ 단계별 구매가격
• 시중가격을 설명할 수 있다. • 개정가격을 설명할 수 있다.
• 정가가격을 설명할 수 있다. • 협정가격을 설명할 수 있다.
• 교섭가격을 설명할 수 있다.
• 구매가격의 결정방식을 설명할 수 있다.
■ 할인 구매가격
• 현금할인방식들의 종류를 설명하고 계산할 수 있다.
• 수량할인방식들의 종류를 구분하고 설명할 수 있다.</td></tr>
<tr><td>(2) 원가
■ 원가계산의 목적
• 원가계산의 목적을 설명할 수 있다.
■ 원가의 구성
• 원가의 3요소를 설명할 수 있다.
• 직접비와 간접비를 설명할 수 있다.
• 직접원가, 제조원가, 총원가를 설명하고 계산할 수 있다.
• 고정원가, 변동원가를 설명하고 계산할 수 있다.
■ 원가의 분류
• 실제원가를 설명할 수 있다.
• 예정원가를 설명할 수 있다.
• 표준원가를 설명할 수 있다.</td></tr>
<tr><td rowspan="3">3. 구매실무</td><td>(1) 구매시장 조사
• 구매시장 조사
• 구매시장 조사의 목적을 설명할 수 있다.</td></tr>
<tr><td>(2) 구매계약
■ 개념
• 구매계약에 대한 개념을 설명할 수 있다.
• 구매계약과 일반주문서 처리와의 관계
• 구매계약과 일반주문서 처리와의 관계를 설명할 수 있다.</td></tr>
<tr><td>(3) 구매정책
• 구매정책 시 주요 내용을 설명할 수 있다.</td></tr>
</table>

INFORMATION_물류 1급 시험범위

구매관리	3. 구매실무	▪ 구매방식 • 집중구매방식의 장단점을 설명할 수 있다. • 분산구매방식의 장단점을 설명할 수 있다. ▪ 공급업체 선정방법 • 입찰에 의한 방법을 설명할 수 있다. • 지명경쟁에 의한 방법을 설명할 수 있다. • 제한경쟁에 의한 방법을 설명할 수 있다. • 수위계약에 의한 방법을 설명할 수 있다. ▪ 구매방법 • 일괄구매 방법을 설명할 수 있다. • 투기구매 방법을 설명할 수 있다. • 시장구매 방법을 설명할 수 있다. • 장기 계약구매 방법을 설명할 수 있다.
무역관리	1. 무역이론	(1) 무역발생 원인 • 무역발생의 원인을 설명할 수 있다.
		(2) 무역관계 기관 • 무역업 및 무역대리점 신고기관을 설명할 수 있다. • 수출입 추천기관을 설명할 수 있다. • 수출입관계 금융기관을 설명할 수 있다. • 무역운송 및 보험관계기관을 설명할 수 있다. • 무역거래 알선 및 조사기관을 설명할 수 있다. • 기타 무역관계기관을 설명할 수 있다.
		(3) 무역 국내 법률 • 대외무역법 • 대외무역법의 기본 내용을 설명할 수 있다. ▪ 관세법 • 관세법의 기본 내용을 설명할 수 있다. ▪ 외국환관리법 • 외국환관리법의 기본 내용을 설명할 수 있다. ▪ 기타 무역관계법규 • 기타 무역관계법규의 종류를 설명할 수 있다.

무역관리	1. 무역이론	(4) 무역관계규칙 ■ 무역관계규칙 • 무역관계규칙의 종류를 설명할 수 있다. ■ 운송조약 • 운송조약의 종류를 설명할 수 있다. ■ 보험약관 • 보험약관의 종류를 설명할 수 있다.
	2. 무역실무	(1) 무역거래조건 및 절차 ■ 신용장 • 신용장의 역할을 설명할 수 있다. • 신용장거래의 과정을 설명할 수 있다. • 신용장의 구성요소를 설명할 수 있다. ■ 결제방식 • 화환신용장을 통한 결제방식의 종류와 개념을 설명할 수 있다. • 추심결제를 통한 결제방식의 종류와 개념을 설명할 수 있다. • 송금을 통한 결제방식의 종류와 개념을 설명할 수 있다. (2) 무역조건 ■ 매매계약 • 일반적 거래조건 협정서의 내용과 작성방법을 설명할 수 있다. • 일반적 거래조건 협정서의 기본조건을 설명할 수 있다. ■ 무역조건 • INCOTERMS의 개념과 목적을 설명할 수 있다. • INCOTERMS의 유형 및 수송형태를 설명할 수 있다. • FOB, CFR, CIF를 구분하여 정의할 수 있다.
		(3) 서류 ■ 환어음 • 환어음의 개념을 설명할 수 있다. • 선적서류 • 선적서류로 구성되는 각종 서류를 설명할 수 있다. • 운송서류들을 구분하고 설명할 수 있다.
		(4) 해상보험 • 해상보험의 개념과 목적을 설명할 수 있다. • 협회적하약관의 기본적인 내용을 설명할 수 있다.
		(5) 수출물품확보 • 내국신용장의 개념과 장단점을 설명할 수 있다. • 구매승인서의 개념과 장단점을 설명할 수 있다.

무역관리	2. 무역실무	(6) 환율 • 환율의 개념을 설명할 수 있다. • 외국환 대고객 매매율을 종류와 내용을 설명할 수 있다.
	3. 통관실무	(1) 관세 • 관세와 관세선의 개념을 설명할 수 있다.
		(2) 수출통관 • 수출신고절차를 이해하고 설명할 수 있다.
		(3) 수입통관 • 수입통관절차를 이해하고 설명할 수 있다.
		(4) 관세환급 • 관세환급의 개념과 제도를 설명할 수 있다. • 환급방법들을 정의하고 설명할 수 있다.

CONTENTS_차례

PART 01 이론 완전 정복

PART 02 실무 완전 정복

PART 03 최신기출 완전 정복

■ 문제편

■ 정답 및 해설편

M/E/M/O

PART

01

이론 완전 정복

물류 1급

CHAPTER 01

경영혁신과 ERP

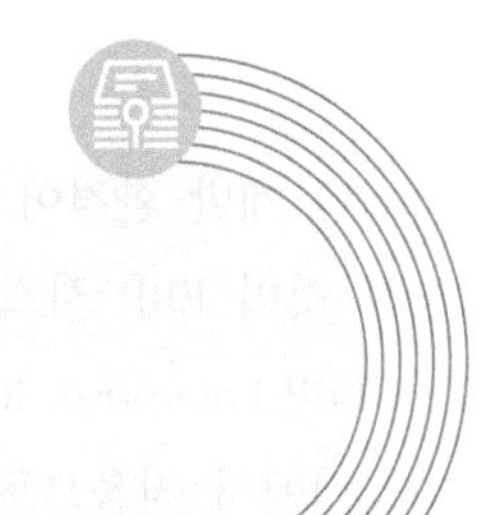

SECTION 01 경영혁신과 ERP

01 ERP의 등장배경과 개념

과거 1990년대에 들어서 글로벌화와 정보화는 기업의 경영환경에 가장 큰 변화라고 할 수 있다. 급격한 경영환경의 변화 속에서 기업들은 경쟁우위를 확보하고자 구조조정을 통한 사업재편과 조직개편을 단행하였고, 이와 동시에 IT(Information Technology)분야의 혁신적인 발전에 따라 정보시스템을 도입하여 업무개선 및 업무효율화를 통해 경영성과를 극대화하려는 노력이 진행되었다. 이를 반영하는 리엔지니어링(Re-engineering) 또는 프로세스 혁신(BPR)을 위한 실질적 도구로서 많은 기업들이 ERP 시스템을 도입하였다.

기업의 경영활동에서 업무효율 극대화를 위해 컴퓨터 기반의 정보시스템 활용이 일반화되고 각 부서별로 정보시스템을 개별적으로 사용하는 환경이 조성되었다. 특히 개별적으로 운영되던 정보시스템은 서로 연관되어 있는 업무 처리를 지원함에 있어서 비효율적이므로 각 부서별 정보시스템을 서로 연계하거나 통합해야 할 필요성이 대두되었다.

이러한 시스템 통합 프로젝트는 기업 내부에서 추진하거나 시스템 통합(System Integration) 전문기업에 의뢰해 추진되었으며, 당시 기업의 시스템 개발도 마찬가지 방식으로 진행되었다. 이때에는 부서별 업무를 각각 분석하여 회계, 인사, 영업, 물류, 생산, 무역 등의 업무와 관련된 정보를 서로 공유하고 자료 처리를 자사의 업무 프로세스에 적합하도록 커스터마이징(Customizing)하여 활용하는 것이 일반화 되었다.

그러나 세계화 추세는 각 기업의 생산과 물류거점을 국내외 여러 곳에 산재하게 되었고, 이는 새로운 개념의 프로세스로서 글로벌 차원의 자원관리와 최적의 공급망 구축이 절실해졌다. 이와 동시에 ICT(Information & Communication Technology)의 발전으로 시스템 개발 환경이 크게 변화되었고, 이러한 시대적 요구와 ICT 환경 변화에 따라 등장한 것이 ERP 시스템이다.

ERP(Enterprise Resource Planning, 전사적 자원관리)란 용어는 가트너 그룹(Gartner Group)에서 처음으로 제시하였는데, "기업 내의 각 업무 기능들이 조화롭게 제대로 발휘할 수 있도록 지원하는 애플리케이션들의 집합으로 차세대의 업무시스템"이라고 정의하였다. 생산, 물류, 재무, 회계, 영업과 구매, 재고 등 경영 활동 프로세스들을 통합적으로 연계해 관리해 주며, 기업에서 발생하는 정보들을 서로 공유하고 새로운 정보의 생성과 빠른 의사결정을 도와주는 전사적 자원관리시스템 또는 전사적 업무통합시스템을 의미한다.

ERP 시스템의 주목적은 조직의 모든 기능 영역들 사이에 정보가 끊김 없이 흐르도록하는 것이다. 따라서 ERP를 도입한다는 것은 예전처럼 전산화한 시스템을 구축하는 것이 아니고, 오히려 새로운 공장을 짓고 새로운 회사를 설립하는 것과 같이 기존의 시스템과는 전혀 다른 혁신적인 개념의 SI를 구축하는 것이다. 즉, BPR(Business Process Re-engineering)을 통해서 혁신적인 업무 재편을 실시하여 이에 적합한 ERP 시스템을 도입하고 활용함으로써 업무의 처리 방법이나 기업의 구조를 본질적으로 혁신해 생산성을 극대화하는 전략적 접근이라 할 수 있다. BPR은 복잡한 조직 및 경영 기능을 효율화하고, 지속적인 경영환경 변화에 대한 대응, 정보 IT 기술을 통한 새로운 기회 창출, 정보공유를 통한 개방적 업무환경을 확보할 수 있도록 기업 내 각 영역의 업무 프로세스를 개혁적으로 변화시키는 경영 기법이다.

정보통신산업진흥원(NIPA)이 배포한 "2015년 국가기업 IT·SW 활용 조사"에 따르면 주요 정보시스템 도입 비율 중 ERP 시스템 도입이 가장 활발하여 전체 기업 중 3분의 1이상인 38.6%가 도입하여 활용 중인 것으로 나타났다. 특히 상장기업은 94%가 ERP 시스템을 도입하여 활용 중이며, 제조 및 물류서비스 등을 중심으로 지속적으로 증가되고 있다.

CHECK 커스터마이징(Customizing)

미리 준비된 가이드에 따라 시스템의 상세한 규격을 정의하는 파라미터의 설정 작업을 의미함

02 ERP의 진화과정

ERP는 ICT 환경변화 및 기술발전에 따라 발생한 것으로, 종속적인 수요를 가지는 품목의 재고관리시스템인 MRP(자재 소요량 계획: Material Requirement Planning)의 등장에서 비롯되었다. 구성 품목의 수요를 산출하고 필요한 시기를 추적하며, 품목의 생산 혹은 구매과정에서의 리드타임(Lead Time)을 고려하여 작업주문 혹은 구매주문 등을 관리하기 위한 컴퓨터 재고통제 시스템으로 개발된 것이다.

제품을 구성하는 요소인 원자재, 반제품(재공품)과 완제품 등에 대한 자재수급계획을 관리하는 MRP는 제품구성정보(BOM, Bill of Material), 표준공정도(Routing Sheet), 기준생산계획(MPS, Master Production Schedule), 기준생산계획과 부품표, 재고정보를 기반으로 구체적인 제조일정, 자재생산, 조달계획을 계획한다.

1980년도에는 자재뿐만 아니라 생산에 필요한 모든 자원을 효율적으로 관리하기 위하여 MRP가 확대된 개념인 MRP II가 등장하는데, MRP시스템이 보다 확장되고 생산능력이나 마케팅, 재무 등의 영역과 다양한 모듈과 특징들이 추가되면서 자재에 국한된 소요계획을 대체하여, 다양한 제조자원의 사용계획을 수립한다는 의미로 MRP II가 등장하게 되었다.

MRP II는 기존 MRP의 기술적인 문제를 해결함은 물론 실시간으로 자료를 반영하고, 그 적용 범위를 확장하여 자재관리뿐만 아니라 수주, 재무, 판매 관리 등 기업 내 모든 자원의 사용을 통합적으로 계획하고 관리하는 개념으로 발전하였다. 이러한 통합 시스템은 MRP라는 용어의 의미가 '자재소요량계획'이라는 개념에서 '생산자원계획(Manufacturing Resource Planning)'의 개념으로 확장되어 MRP II로 표현하게 되었다.

1990년대 들어 ICT의 급속한 발전과 함께 기업 각 부서의 업무를 유기적으로 통합하고, 개방화한 시스템이 등장하였으며, SCM(Supply Chain Management) 차원에서 기업의 통합 범위를 공급자와 고객으로 확장할 수 있는 확장형 ERP(e-ERP)로 진화하게 되었다. ERP 기본시스템은 물론, 고유기능의 추가, 경영혁신 지원, 선진 정보와 기술적인 추가, 산업유형 지원확대, 전문화 분야의 확대 적용으로 기업이나 조직의 비즈니스 프로세스를 포괄적으로 지원하는 지능형 시스템으로 확장하게 된 것이다.

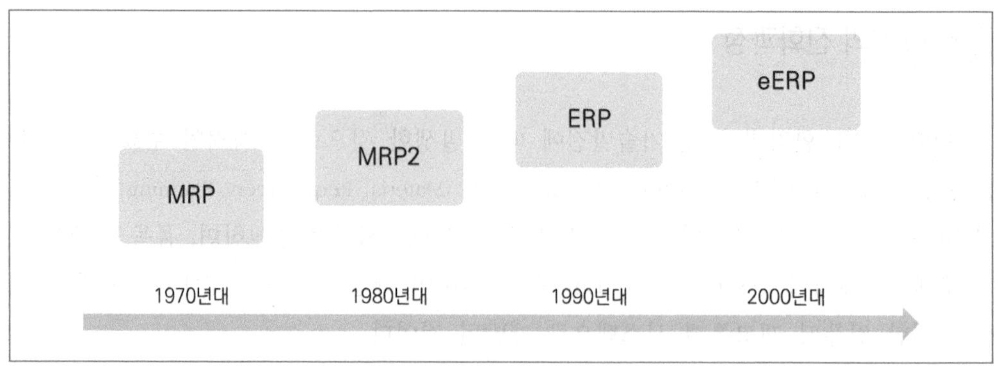

▲ ERP 발전과정

03 ERP 시스템 도입 시 고려사항 및 예상효과

ERP 시스템 도입은 시스템을 개발하는 방법과 외부 솔루션 업체로부터의 패키지를 도입하는 방법이 있으며, 경영진의 방침에 따라 자사환경에 맞는 패키지 선정, TFT 구성원(내부 인력 및 외부 전문가), 체계적인 프로젝트 진행(현업 중심), 커스터마이징 최소화, 구성원의 전사적인 참여, 경영혁신 기법, 지속적인 교육과 훈련 등이 고려되어야 한다.

1 ERP 시스템 도입 시 고려사항(4단계)

ERP 도입단계는 아웃소싱을 통한 ERP 패키지를 도입하는 경우에 아래와 같은 4단계의 프로세스를 거친다.

(1) 투자단계

자사에 적합한 ERP 패키지 솔루션 탐색과 조사분석을 통해서 업체를 선정한다.

(2) 구축단계

자사에 적합한 ERP 패키지 구축을 위한 업무 프로세스를 개선하고 현업 중심의 내부 인력과 외부 전문가를 포함한 TFT를 구성한다. 세부 실행계획을 수립 및 추진하여 시스템을 구축한다.

(3) 실행단계

ERP 패키지의 효율적인 도입을 위해서 파일롯 시험(Pilot Test)을 실시하여 그 결과를 분석 후, 장단점을 Feed Back하여 시스템을 실행한다.

(4) 확산단계

자사의 모든 부서에 ERP 패키지를 적용해서 운영하며, 구성원들의 교육과 훈련을 통해 지속적인 업무개선 노력을 경주한다.

CHECK ERP 패키지 도입 시(아웃소싱) 장점

- 검증된 방법론 적용으로 구현 기간의 최소화가 가능하다.
- 검증된 기술과 기능으로 위험 부담을 최소화 할 수 있다.
- 단계적인 도입이 가능하고 도입에 따른 Risk를 최소화 할 수 있다.

CHECK ERP 자체 개발 시 장점

- 향상된 기능과 최신의 정보기술이 적용된 버전으로 시스템 업그레이드가 가능하다.
- 사용자의 요구사항을 시스템에 충실히 반영시킬 수 있다.
- 시스템의 수정과 유지보수가 지속적으로 이루어질 수 있다.

2 ERP 도입 예상효과

(1) 운영의 효율성

기업의 모든 프로세스가 통합적으로 이루어져 업무중복, 업무대기시간 등의 비부가가치 활동을 제거한다. 이는 업무가 동시적으로 이루어질 수 있고 BPR을 지원하기 때문이기도 하다. 이러한 운영의 효율성을 이룸으로써 업무시간을 단축할 수 있고 필요인력과 필요자원을 절약할 수 있으며 Lead Time과 Cycle Time을 단축시킬 수 있다.

(2) 배분의 효율성

구매/자재관리 모듈은 실시간으로 자재 현황과 위치 등을 파악하고 수요를 정확히 예측하며, 필요 재고수준을 결정함으로써 불필요한 재고를 없애고 물류비용을 절감할 수 있도록 한다.

(3) 정보의 효율성

정보의 신속성과 정보의 일치성, 개방성은 정보의 공유화를 이루어 기업 구성원들이 정확한 정보를 신속하게 활용할 수 있도록 하며 업무효율을 높일 수 있도록 한다.

(4) 경제적 부가가치 창출

정성적인 측면	정량적인 측면
• 업무 프로세스 단축 • 조직구성원의 만족도 증대 • 고 부가가치의 업무에 시간과 노력을 집중 • 기업 의사결정의 신속성과 정확성 증대	• 인적, 물적 비용의 절감 • 업무의 효율화 • 인원 감축 • 인건비 감소 및 수익성 향상

3 ERP 시스템 도입의 성공과 실패

(1) 성공요소

① 경영자의 관심과 기업 전원이 참여하는 분위기를 조성한다.

② 현업 중심의 내부 인력과 외부 전문가로 TFT를 구성한다.

③ 자사에 적합한 ERP 패키지를 선정한다.

④ 지속적인 교육, 훈련을 실시한다.

⑤ IT부서 중심으로 프로젝트를 진행하지 않는다.

⑥ 업무 단위별로 추진하지 않는다.

⑦ 커스터마이징은 가급적 최소화시킨다.

⑧ BPR 실행을 통해서 업무프로세스 혁신을 선행하거나 동시에 진행한다.

(2) 실패요소

① 기능 부족: 하드웨어, 소프트웨어 관련 지원기능의 부족으로 부분적 활용이 불가하거나 수정·보완·추가된 사항이 많아 기간적, 금전적 손실이 발생한 경우

② 자질 부족: 프로젝트 참여인력의 패키지 구축능력 부족으로 기능을 제대로 활용하지 못한 경우

③ 사용자 능력 부족: 사용자의 패키지 사용능력, 이해부족으로 기능을 제대로 사용하지 못하는 경우

④ 기업의 관심 부족: 시스템 사용에 소극적인 경우

04 ERP 시스템 구축

1 구축단계

ERP 시스템을 구축하려면 분석, 설계, 구축, 구현과 같이 4단계 과정을 통해 실행하는 것이 바람직하다.

(1) 분석(Analysis)단계

분석단계에서는 제일 먼저 시스템 구축을 주도적으로 추진하는 조직(TFT)을 구성하며, 현재(AS－IS)의 업무 프로세스를 분석하여 문제점이나 개선점을 파악하고 도출한다. 세부적인 추진일정계획에 따라 CEO의 경영철학을 실현하는 경영전략과 비전을 검토하고 각 부서별 요구분석을 통해 성공요인을 도출하여 시스템의 목표와 범위를 설정한다.

(2) 설계(Design)단계

설계단계에서는 개선(TO－BE)된 업무 프로세스를 도출하여 ERP 패키지(표준 프로세스) 기능과 개선된 프로세스와의 GAP분석을 실시한 후, 각 부서별 현업 담당자들이 요구하는 사항과 패키지에 구현된 프로세스를 도출한다. ERP 패키지를 설치하여 패키지 파라미터를 설정하며 추가개발이나 수정보완 문제, 인터페이스 문제 등을 검토하여 사용자들의 요구사항을 확정하고 Customizing을 실시한다.

CHECK Parameter(파라미터)

ERP 사용자가 제공하는 정보로서 프로그램에 대한 명령(지시어)의 역할을 의미한다.

(3) 구축(Construction)단계

구축단계는 설정된 목표와 범위를 포괄하는 시스템을 구축하여 검증하는 단계이다. Customizing한 ERP 패키지의 각 모듈을 시험한 후, 도출된 TO－BE 프로세스에 적합하도록 각 모듈을 통합하여 시험함으로서 보완해야 할 추가 개발이나 수정 기능을 확정하고 다른 시스템과의 인터페이스 문제를 확인한다.

(4) 구현(Implementation)단계

구현단계는 개발된 시스템에 실제 데이터를 입력하여 시험운영(Prototyping)하는 단계이다. 기존 시스템에서 필요한 데이터를 ERP 시스템으로 전환(Data ConVersion)하게 되며, 최종 ERP 시스템을 종합 평가한다. 평가 후에 문제점이 발견되면 다시 보완을 한다.

2 ERP 시스템의 장점

(1) ERP 시스템은 다양한 산업에서 최적의 성공사례(Best Practices)를 통해 입증되었다.
(2) ERP 시스템은 비즈니스 프로세스의 표준화된 모델을 설정하고 지원할 수 있다.
(3) ERP 시스템은 업무처리의 오류를 예방할 수 있다.
(4) ERP 시스템 운영을 통해 재고비용 및 생산비용 등의 제비용을 절감할 수 있다.
(5) ERP 시스템은 부서별 업무 프로세스를 분산 처리함과 동시에 통합적으로 관리할 수 있다.
(6) ERP 시스템은 기업별로 고유 프로세스를 구현할 수 있도록 시스템의 파라미터(Parameter)를 변경하여 고객화(Customization)시킬 수 있는데, 객체지향형 언어 체계이기 때문이다.
(7) 차세대 ERP는 인공지능 및 빅데이터 분석기술과의 융합을 통해 효율적인 예측과 실시간 의사결정 지원이 가능하다.

05 ERP 시스템의 이해

1 ERP 시스템의 특징

(1) 기능적 특성

① 통합업무시스템: 기업의 모든 단위(개별) 업무가 실시간으로 통합 처리
② 세계적인 표준 업무프로세스: 선진 초일류 기업의 프로세스를 벤치마킹
③ 그룹웨어와 연동이 가능: 기업 내 그룹웨어 기능과 ERP 시스템의 연동은 필수적
④ 파라미터 지정에 의한 시스템 개발과 변경 용이: 객체지향 언어 사용으로 개발기간 단축
⑤ 확장 및 연계성이 뛰어난 오픈 시스템: 기업의 다른 시스템과 호환이 되도록 설계
⑥ 글로벌 대응이 가능: 여러 국가의 사업별 유형(Templet)에 따른 모범적인 프로세스 내장
⑦ 경영자정보시스템(EIS) 제공: 경영상황을 수시로 점검하고 분석할 수 있도록 정보 검색
⑧ 전자자료교환(EDI)과 전자거래대응 가능: 기업의 업무활동과 관련된 내·외부 시스템 연계

(2) 기술적 특성

① 클라이언트 서버 시스템: 컴퓨터 분산처리 구조에 의한 자원의 효율적인 운영 및 관리

② 4세대 언어: 차세대 컴퓨터 프로그래밍 언어 및 소프트웨어 개발도구(CASE)를 활용

③ 관계형 데이터베이스(RDBMS): 대부분의 ERP 시스템은 원장형 Data Base 구조 채택

④ 객체지향기술(OOT): 시스템을 구성하는 각 모듈(프로세스)들은 독립된 개체로서의 역할

⑤ Multi-tier 환경 구성: 애플리케이션 계층의 확장(로직에 따라 여러 부분으로 나눔)을 통해서 시스템 개발 및 수정이 용이하도록 구현

CHECK

- CASE(Computer Aided Software Engineering)
- 원장형 Data Base: 기업 활동 및 업무와 관련한 다양한 정보자료를 통합처리

2 확장형 ERP

(1) 확장형 ERP의 개념

기존 ERP가 단순히 사내의 최적 자원배분을 추구했다면, 확장형 ERP는 고객(CRM 관련)과 협력회사(SCM 관련) 등 기업 외부 실체와의 업무 Process까지도 일부 통합해서 자원과 정보의 흐름을 최적화하는 데 비중을 두고 발전하고 있으며, SCM(공급체인관리, Supply Chain Management)과 CRM(고객관계관리, Customer Relationship Management)이 상호작용하는 형태로 발전되었다. SCM은 기업과 연결된 공급업자, 외주업체, 물류업체, 창고업체 등을 하나의 체인으로 연결하여 상호 이익을 추구하며 CRM은 고객들의 요구와 성향을 파악하여 이를 충족시키기 위해 원하는 제품이나 서비스를 제공하는 고객 중심의 마케팅 전략을 추구한다.

① 고유기능의 추가 보완: ERP의 고유기능에 추가 보완되고 있는 확장형 ERP의 기능, 마케팅을 포함한 고객관리 기능, 영업인력 자동화, 표준화의 중심이 되는 객체지향 기술에 의한 시스템 재설계, 고객의 까다로운 요구에 부응하기 위한 PDM(Product Data Management) 기능, 연구개발분야 지원기능, 지리정보시스템 등이 추가된다.

② 경영혁신분야: 기업의 경영혁신을 지원하기 위해 지식경영과 전략적 의사결정 지원기능을 추가해가고 있다.

③ 정보화 지원기술분야: 확장형 ERP는 기업 간의 표준을 지향하는 EDI 기능, 실시간의 완전한 분산통합지원이 가능한 계층구조 시스템, 기업 간 전자상거래, 온라인 기반의 유사업종 간의 공동구매(CALS), Work Flow에 의한 전사 사무자동화, 그룹웨어 연계 등이 추가된다.

④ 산업유형분야: 확장형 ERP는 제조기업 위주로 정착되어 왔던 초기의 ERP와 달리 각 산업유형에 따라 특화된 기능, 전문적인 기능을 추가함으로써 업종에 구애받지 않을 뿐만 아니라, 나아가 각종 비영리단체나 관공서, 병원 등에도 적용이 가능한 방향으로 발전해 가고 있다.

⑤ 전문화분야: 전문화분야는 기존의 ERP에서 한 단계 진보된 기능을 구현하는 데 필요한 고도의 전문화된 기술분야를 지원하고 가상구현시스템(VIS)과 가상현실 및 최적화 기법을 사용한 Simulation과 Animation 기능을 수행함으로써 인간의 판단기능을 일부 대신해 주는 방향으로도 발전해 가고 있다.

CHECK e-ERP 시스템에서의 SCM 모듈 실행으로 얻는 장점

- 공급사슬에서의 가시성 확보로 공급 및 수요변화에 대한 신속한 대응
- 정보투명성을 통해 재고수준 감소 및 재고회전율 증가
- 공급사슬에서의 계획, 조달, 제조 및 배송 활동 등 통합 프로세스를 지원
- 마케팅(Marketing), 판매(Sales) 및 고객서비스(Customer Service)를 최적함으로써 현재 및 미래 고객들과의 상호작용

(2) 확장형 ERP의 구성요소

① 기본 ERP 시스템: 영업관리, 물류관리, 생산관리, 구매 및 자재관리, 회계 및 재무관리, 인사관리 등의 모듈별 단위시스템

② E-비즈니스 지원 시스템

- 지식관리시스템(Knowledge Management System; KMS)
- 의사결정지원시스템(Decision Support System; DSS)
- 경영자정보시스템(Executive Information System; EIS)
- 고객관계관리(Customer Relationship Management; CRM)
- 공급망관리(Supply Chain Management; SCM)
- 전자상거래(Electronic Commerce; EC)

③ 전략적 기업경영 시스템

- 균형성과지표(성과측정관리, Balanced Scorecard; BSC)
- 가치중심경영(Value-Based Management; VBM)
- 활동기준경영(Activity-Based Management; ABM)

(3) BPR(Business Process Re-engineering, 업무 재설계)

① BPR의 정의

- 마이클 해머(Michael Hammer)는 "비용, 품질, 서비스, 속도와 같은 핵심적 성과에서 극적인(Dynamic) 향상을 이루기 위하여 기업 업무 프로세스를 근본적으로(Fundamental) 다시 생각하고 혁신적으로(Radical) 재설계하는 것"이라고 정의하였다. 제임스 마틴(James Martin)은 "기업의 핵심성과 목표(Quality, Cost, Delivery, Service)를 달성하기 위해 경영(Management) 구조, 운영(Operational) 구조, 사회시스템(Social System) 구조, 기술(Technology) 구조를 혁신적으로 변화시키는 경영혁신 활동"이라고 정의하였다.
- 발전된 정보통신 기술을 기반으로 기업의 전 분야에서 정보시스템의 통합을 이루고, 이를 통해 업무효율을 극대화하기 위해 업무 프로세스를 혁신적으로 재설계하며, 고객에 대한 가치를 창출하려는 경영혁신기법인 것이다.

② BPR의 7가지 원칙

- 원칙1: 일을 업무단위별로 구분하거나 설계하지 않고 결과 지향적으로 설계한다.
- 원칙2: 프로세스의 결과를 받는 사람이 직접 프로세스를 실행한다.
- 원칙3: 통제절차와 정보처리를 통합한다.
- 원칙4: 지역적으로 흩어진 자원을 중앙에 모여 있는 것처럼 활용한다.
- 원칙5: 업무결과의 단순통합이 아니라 업무들을 서로 연계시킨다.
- 원칙6: 업무수행 부서에 결정권을 부여하고 프로세스 내에서 통제한다.
- 원칙7: 정보는 발생지역에서 한 번만 처리한다.

③ Hammer의 비즈니스 리엔지니어링(Re-engineering)의 4단계

- 1단계: 개선대상 프로세스의 선정 - 개선대상 프로세스의 대표적 증상 제시
- 2단계: 프로세스의 이해 - 고객의 입장에서 프로세스의 목표 규명
- 3단계: 프로세스의 재설계 - 개선 아이디어를 얻기 위한 힌트 제시
- 4단계: 변화대상 프로세스에 대한 미래의 모습을 조직 구성원들에게 전달

BPR의 필요성	BPR의 기본 원칙	BPR의 기대효과
• 기존 시스템의 한계 • 경쟁 심화 • 고객 요구의 다양화 • 시장의 글로벌화 • 업무처리의 정보화	• 업무 통합 • 분산자원의 중앙집권적 관리 • 업무처리의 동기화	• 고객 가치 극대화 • 최적의 생산 및 수익 창출 • 차별화된 고객서비스 • 가치중심 경영

(4) ERP와 BPR의 연계

ERP는 기술적인 차원 이외에도 경영전략적인 경영혁신 차원에서 구축되어야 한다. ERP와 같은 최근의 애플리케이션 시스템은 개별업무 기능이 아니라 프로세스를 지원하는 구조로 설계되어 있다. ERP 공급업자들은 통합된 프로세스 개념에 기초한 애플리케이션 시스템들을 제공한다. 이들 시스템 프로젝트는 업무 재구축(BPR)을 시발점으로 시작할 수도 있고, 통합된 정보시스템(ERP)을 이용해서 기업의 업무프로세스를 규정할 수도 있다. 후자의 견해는 BPR을 수행하는 또 다른 방식으로 일부 기업에서 일반적으로 수용되고 있다. 어느 방식이든 ERP 도입의 성공 여부는 BPR을 통한 업무개선이 중요하다고 할 수 있다.

06 4차 산업혁명과 차세대 ERP

4차 산업혁명(The Fourth Industrial Revolution)은 인공지능(Artificial Intelligence, AI), 사물인터넷(Internet of Things, IoT), 빅데이터(Big Data), 클라우드 컴퓨팅(Cloud Computing) 등 첨단 정보통신기술이 경제, 사회 전반에 융합되어 혁신적인 변화가 나타나는 차세대 산업혁명을 말한다. 차세대 ERP는 웹(Web)기반 ERP에서 클라우드 기반의 ERP로 진화하고 있다. 클라우드 ERP는 디지털 지원, 인공지능(AI) 및 기계학습(Machine Learning), 예측분석 등과 같은 지능형 기술을 이용하여 미래에 대비한 즉각적인 가치를 제공한다.

(1) 클라우드 컴퓨팅의 정의

① 클라우드 컴퓨팅이란 인터넷 기술을 활용하여 가상화된 IT 자원을 서비스로 제공하는 컴퓨팅 기술을 의미한다.

② 클라우드 컴퓨팅은 사용자가 클라우드 컴퓨팅 네트워크에 접속하여 응용프로그램, 운영체제, 저장장치, 유틸리티 등 필요한 IT자원을 원하는 시점에 필요한 만큼 골라서 사용하고 사용량에 기반하여 대가를 지불한다.

(2) 클라우드 컴퓨팅의 장점

① 사용자가 하드웨어(HW)나 소프트웨어(SW)를 직접 디바이스에 설치할 필요가 없이 자신의 필요에 따라 언제든지 컴퓨팅 자원을 사용할 수 있다.

② 모든 데이터와 소프트웨어가 클라우드 컴퓨팅 내부에 집중되고 이기종 장비 간의 상호 연동이 유연하기 때문에 손쉽게 다른 장비로 데이터와 소프트웨어를 이동할 수 있어 장비관리 업무와 PC 및 서버 자원 등을 줄일 수 있다.

③ 사용자는 서버 및 SW를 클라우드 컴퓨팅 네트워크에 접속하여 제공받을 수 있으므로 서버 및 SW를 구입해서 설치할 필요가 없어 사용자의 IT 투자비용이 줄어든다.

(3) 클라우드 컴퓨팅의 단점

① 서버 공격 및 서버 손상으로 인한 개인정보가 유출 및 유실될 수 있다.

② 모든 애플리케이션을 보관할 수 없으므로 사용자가 필요로 하는 애플리케이션을 지원받지 못하거나 애플리케이션을 설치하는 데 제약이 있을 수 있다.

(4) 클라우드 컴퓨팅에서 제공하는 서비스

① SaaS(Software as a Service): 클라우드 컴퓨팅 서비스 사업자가 클라우드 컴퓨팅 서버에 소프트웨어를 제공하고, 사용자가 원격으로 접속해 해당 소프트웨어를 활용하는 모델이다.

② PaaS(Platform as a Service): 사용자가 소프트웨어를 개발할 수 있는 토대를 제공해 주는 서비스 모델이다. 예 웹 프로그램, 제작 툴, 개발도구지원, 과금(Accounting) 모듈, 사용자관리 모듈 등

③ IaaS(Infrastructure as a Service): 서버 인프라를 서비스로 제공하는 것으로 클라우드를 통하여 저장장치(Storage) 또는 컴퓨팅 능력(Compute)을 인터넷을 통한 서비스 형태로 제공하는 서비스 모델이다.

(5) 클라우드 ERP의 특징

① 클라우드의 가장 기본적인 서비스인 SaaS, PaaS, IaaS를 통해 ERP 서비스를 제공받는다.

② 4차 산업혁명 시대에 경쟁력을 갖추기 위해서는 기업들이 지능형 기업으로 전환해야 하며, 클라우드 ERP로 지능형 기업을 운영할 수 있다.

③ 클라우드 도입을 통해 ERP 진입장벽을 획기적으로 낮출 수 있다.

④ 클라우드를 통해 제공되는 ERP는 전문 컨설턴트의 도움 없이도 설치 및 운영이 가능하다.

⑤ 클라우드 ERP는 디지털 지원, 인공지능(AI) 및 기계학습(Machine Learning), 예측 분석 등과 같은 지능형 기술을 사용하여 미래에 대비한 즉각적인 가치를 제공할 수 있다.

(6) 차세대 ERP의 인공지능(AI), 빅데이터(Big Data), 사물인터넷(IoT) 기술의 적용

① 향후 ERP는 4차 산업혁명의 핵심기술인 인공지능(Artificial Intelligence, AI), 빅데이터(Big Data), 사물인터넷(Internet of Things, IoT), 블록체인(Block Chain) 등의 신기술과 융합하여 보다 지능화된 기업경영이 가능한 통합시스템으로 발전된다.

② 생산관리 시스템(MES), 전사적 자원관리(ERP), 제품수명주기 관리시스템(PLM) 등을 통해 각 생산과정을 체계화하고 관련 데이터를 한 곳으로 모을 수 있어 빅데이터 분석이 가능해진다. 인공지능 기반의 빅데이터 분석을 통해 최적화와 예측 분석이 가능하여 과학적이고 합리적인 의사결정지원이 가능하다.

③ 제조업에서는 빅데이터 처리 및 분석기술을 기반으로 생산 자동화를 구현하고 ERP와 연계하여 생산계획의 선제적 예측과 실시간 의사결정이 가능해진다.

④ ERP에서 생성되고 축적된 빅데이터를 활용하여 기업의 새로운 업무개척이 가능해지고, 비즈니스 간 융합을 지원하는 시스템으로 확대가 가능하다.

⑤ 차세대 ERP는 인공지능 및 빅데이터 분석 기술과의 융합으로 전략경영 등의 분석 도구를 추가하게 되어 상위계층의 의사결정을 지원할 수 있는 스마트(Smart) 시스템으로 발전하고 있다.

(7) 차세대 ERP의 비즈니스 애널리틱스

① 비즈니스 애널리틱스란 웹사이트의 실적을 높이고 온라인 비즈니스의 성공을 돕는 효율적인 웹사이트 분석도구 솔루션이다.

② ERP 시스템 내의 빅데이터 분석을 위한 비즈니스 애널리틱스가 차세대 ERP 시스템의 핵심요소가 되었다.

③ 비즈니스 애널리틱스는 의사결정을 위한 데이터 및 정량분석과 광범위한 데이터 이용을 말한다.

④ 비즈니스 애널리틱스는 조직에서 기존의 데이터를 기초로 최적 또는 현실적 의사결정을 위한 모델링을 이용하도록 지원해준다.

⑤ 비즈니스 애널리틱스는 질의 및 보고와 같은 기본적인 분석기술과 예측 모델링과 같은 수학적으로 정교한 수준의 분석을 지원한다.

⑥ 비즈니스 애널리틱스는 과거 데이터 분석뿐만 아니라 이를 통한 새로운 통찰력 제안과 미래 사업을 위한 시나리오를 제공한다.

⑦ 비즈니스 애널리틱스는 구조화된 데이터(Structured Data)와 비구조화된 데이터(Unstructured Data)를 동시에 이용한다.

⑧ 구조화된 데이터는 파일이나 레코드 내에 저장된 데이터로 스프레드 시트와 관계형 데이터베이스(RDBMS)를 포함하고 있다.

⑨ 비구조화된 데이터는 전자메일, 문서, 소셜미디어 포스트, 오디오 파일, 비디오 영상, 센서데이터 등을 말한다.

⑩ 비즈니스 애널리틱스는 미래 예측을 지원해주는 데이터 패턴 분석과 예측 모델을 위한 데이터 마이닝(Data Mining)을 통해 고차원 분석기능을 포함하고 있다.

⑪ 비즈니스 애널리틱스는 리포트, 쿼리, 알림, 대시보드, 스코어카드뿐만 아니라 데이터 마이닝 등의 예측모델링과 같은 진보된 형태의 분석기능도 제공한다.

01 다음 중 클라우드 ERP와 관련된 설명으로 가장 적절하지 않은 것은 무엇인가?

① 클라우드를 통해 ERP 도입에 관한 진입장벽을 높일 수 있다.

② IaaS 및 PaaS 활용한 ERP를 하이브리드 클라우드 ERP라고 한다.

③ 서비스형 소프트웨어 형태의 클라우드로 ERP를 제공하는 것을 SaaS ERP라고 한다.

④ 클라우드 ERP는 고객의 요구에 따라 필요한 기능을 선택·적용한 맞춤형 구성이 가능하다.

해설 클라우드 ERP
클라우드를 통해 ERP 도입에 관한 진입장벽을 낮출 수 있다. 답 ①

02 다음 중 클라우드 서비스 기반 ERP와 관련된 설명으로 가장 적절하지 않은 것은 무엇인가?

① ERP 구축에 필요한 IT인프라 자원을 클라우드 서비스로 빌려 쓰는 형태를 IaaS라고 한다.

② ERP 소프트웨어 개발을 위한 플랫폼을 클라우드 서비스로 제공받는 것을 PaaS라고 한다.

③ PaaS에는 데이터베이스 클라우드 서비스와 스토리지 클라우드 서비스가 있다.

④ 기업의 핵심 애플리케이션인 ERP, CRM 솔루션 등의 소프트웨어를 클라우드 서비스를 통해 제공받는 것을 SaaS라고 한다.

해설 클라우드 ERP
데이터베이스 클라우드 서비스와 스토리지 클라우드 서비스는 IaaS에 속한다. 답 ③

03 클라우드 서비스 사업자가 클라우드 컴퓨팅 서버에 ERP 소프트웨어를 제공하고, 사용자가 원격으로 접속해 ERP 소프트웨어를 활용하는 서비스를 무엇이라 하는가?

① IaaS(Infrastructure as a Service)

② PaaS(Platform as a Service)

③ SaaS(Software as a Service)

④ DaaS(Desktop as a Service)

해설 클라우드 ERP
SaaS(Software as a Service): 클라우드 컴퓨팅 서비스 사업자가 클라우드 컴퓨팅 서버에 소프트웨어를 제공하고, 사용자가 원격으로 접속해 해당 소프트웨어를 활용하는 모델이다. 답 ③

04 다음 중 차세대 ERP의 인공지능(AI), 빅데이터(Big Data), 사물인터넷(IoT) 기술의 적용에 관한 설명으로 가장 적절하지 않은 것은 무엇인가?

① 현재 ERP는 기업 내 각 영역의 업무프로세스를 지원하고, 단위별 업무처리의 강화를 추구하는 시스템으로 발전하고 있다.

② 제조업에서는 빅데이터 분석기술을 기반으로 생산자동화를 구현하고 ERP와 연계하여 생산계획의 선제적 예측과 실시간 의사결정이 가능하다.

③ 차세대 ERP는 인공지능 및 빅데이터 분석기술과의 융합으로 상위계층의 의사결정을 지원할 수 있는 지능형시스템으로 발전하고 있다.

④ ERP에서 생성되고 축적된 빅데이터를 활용하여 기업의 새로운 업무개척이 가능해지고, 비즈니스 간 융합을 지원하는 시스템으로 확대가 가능하다.

해설 차세대 ERP
현재 ERP는 기업 내 각 영역의 업무프로세스를 지원하면서도 단위별 업무처리의 통합을 추구하는 시스템으로 발전하고 있다. 답 ①

05 다음 중 ERP 아웃소싱(Outsourcing)의 장점으로 가장 적절하지 않은 것은 무엇인가?

① ERP 아웃소싱을 통해 기업이 가지고 있지 못한 지식을 획득할 수 있다.

② ERP 개발과 구축, 운영, 유지보수에 필요한 인적 자원을 절약할 수 있다.

③ IT 아웃소싱 업체에 종속성(의존성)이 생길 수 있다.

④ ERP 자체개발에서 발생할 수 있는 기술력 부족의 위험요소를 제거할 수 있다.

해설 ERP 아웃소싱
IT 아웃소싱 업체의 협력과 지원이 가능하다. 답 ③

06 다음 중 차세대 ERP의 비즈니스 애널리틱스에 관한 설명으로 가장 적절하지 않은 것은 무엇인가?

① 비즈니스 애널리틱스는 구조화된 데이터(Structured Data)만을 활용한다.

② ERP 시스템 내의 방대한 데이터 분석을 위한 비즈니스 애널리틱스가 ERP의 핵심요소가 되었다.

③ 비즈니스 애널리틱스는 질의 및 보고와 같은 기본적 분석기술과 예측 모델링과 같은 수학적으로 정교한 수준의 분석을 지원한다.

④ 비즈니스 애널리틱스는 리포트, 쿼리, 대시보드, 스코어카드뿐만 아니라 예측모델링과 같은 진보된 형태의 분석기능도 제공한다.

해설 ERP와 비즈니스 애널리틱스
비즈니스 애널리틱스는 구조화된 데이터(Structured Data)와 비구조화된 데이터(Unstructured Data)를 동시에 이용한다.
답 ①

07 다음 [보기]의 괄호 안에 들어갈 용어로 가장 적절한 것은 무엇인가?

[보 기]

ERP 시스템 내의 데이터 분석 솔루션인 (   )은(는) 구조화된 데이터(Structured Data)와 비구조화된 데이터(Unstructured Data)를 동시에 이용하여 과거 데이터에 대한 분석뿐만 아니라 이를 통한 새로운 통찰력 제안과 미래 사업을 위한 시나리오를 제공한다.

① 리포트(Report)

② SQL(Structured Query Language)

③ 비즈니스 애널리틱스

④ 대시보드(DashBoard)와 스코어카드(Scorecard)

해설 ERP와 비즈니스 애널리틱스
비즈니스 애널리틱스
답 ③

08 다음 중 ERP의 장점 및 효과에 대한 설명으로 가장 적절하지 않은 것은 무엇인가?

① ERP는 다양한 산업에 대한 최적의 업무관행인 베스트 프랙틱스(Best Practices)를 담고 있다.

② ERP 시스템 구축 후 업무재설계(BPR)를 수행하여 ERP 도입의 구축성과를 극대화할 수 있다.

③ ERP는 모든 기업의 업무 프로세스를 개별 부서원들이 분산처리하면서도 동시에 중앙에서 개별 기능들을 통합적으로 관리할 수 있다.

④ 차세대 ERP는 인공지능 및 빅데이터 분석기술과의 융합으로 선제적 예측과 실시간 의사결정지원이 가능하다.

해설 ERP의 장점 및 효과

일반적으로 ERP 시스템이 구축되기 전에 업무재설계를 수행해야 ERP 구축성과가 극대화 될 수 있다.

답 ②

09 다음 중 ERP 시스템 구축의 장점으로 볼 수 없는 것은?

① ERP 시스템은 비즈니스 프로세스의 표준화를 지원한다.

② ERP 시스템의 유지보수비용은 ERP 시스템 구축 초기보다 증가할 것이다.

③ ERP 시스템은 이용자들이 업무처리를 하면서 발생할 수 있는 오류를 예방한다.

④ ERP 구현으로 재고비용 및 생산비용의 절감효과를 통한 효율성을 확보할 수 있다.

해설 ERP의 장점 및 효과

ERP 시스템의 유지보수비용은 ERP 시스템 구축 초기보다 감소할 것이다. 답 ②

10 ERP 시스템의 프로세스, 화면, 필드, 그리고 보고서 등 거의 모든 부분을 기업의 요구사항에 맞춰 구현하는 방법을 무엇이라 하는가?

① 정규화(Normalization)

② 트랜잭션(Transaction)

③ 컨피규레이션(Configuration)

④ 커스터마이제이션(Customization)

해설 ERP 구축절차 및 방법

컨피규레이션(Configuration)은 사용자가 원하는 작업방식에 따라 소프트웨어를 구성하는 내용을 정의한 것으로서 파라미터(Parameters)를 선택하는 과정이다. 답 ④

11 다음 중 ERP 구축 전에 수행되는 단계적으로 시간의 흐름에 따라 비즈니스 프로세스를 개선해가는 점증적 방법론은 무엇인가?

① BPI(Business Process Improvement)

② BPR(Business Process Re-engineering)

③ ERD(Entity Relationship Diagram)

④ MRP(Material Requirement Program)

해설 ERP 구축절차 및 방법
BPR은 급진적으로 비즈니스 프로세스를 개선하는 방식인데 반해 BPI는 점증적으로 비즈니스 프로세스를 개선하는 방식이다. 답 ①

12 다음 중 ERP와 CRM 간의 관계에 대한 설명으로 가장 적절하지 않은 것은 무엇인가?

① ERP와 CRM 간의 통합으로 비즈니스 프로세스의 투명성과 효율성을 확보할 수 있다.

② ERP 시스템은 비즈니스 프로세스를 지원하는 백오피스 시스템(Back-Office System)이다.

③ CRM 시스템은 기업의 고객대응활동을 지원하는 프런트오피스 시스템(Front-Office System)이다.

④ CRM 시스템은 조직 내의 인적자원들이 축적하고 있는 개별적인 지식을 체계화하고 공유하기 위한 정보시스템으로 ERP 시스템의 비즈니스 프로세스를 지원한다.

해설 확장 ERP의 주요 솔루션(CRM)
조직 내의 인적자원들이 축적하고 있는 개별적인 지식을 체계화하고 공유하기 위한 정보시스템은 지식관리시스템(Knowledge Management System)이다. 답 ④

13 다음 중 확장된 ERP 시스템의 SCM 모듈을 실행함으로써 얻는 장점으로 가장 적절하지 않은 것은 무엇인가?

① 공급사슬에서의 가시성 확보로 공급 및 수요변화에 대한 신속한 대응이 가능하다.

② 정보투명성을 통해 재고수준 감소 및 재고회전율(inventory turnover) 증가를 달성할 수 있다.

③ 공급사슬에서의 계획(Plan), 조달(Source), 제조(Make) 및 배송(Deliver) 활동 등 통합 프로세스를 지원한다.

④ 마케팅(Marketing), 판매(Sales) 및 고객서비스(customer service)를 자동화함으로써 현재및 미래 고객들과 상호작용할 수 있다.

해설 확장 ERP의 주요 솔루션(CRM)
확장된 ERP 환경에서 CRM 시스템은 마케팅(Marketing), 판매(Sales) 및 고객서비스(customer service)를 자동화한다. 답 ④

14 다음 [보기]의 괄호 안에 들어갈 용어로 맞는 것은 무엇인가?

[보 기]

확장된 ERP 시스템 내의 (   ) 모듈은 공급자부터 소비자까지 이어지는 물류, 자재, 제품, 서비스, 정보의 흐름 전반에 걸쳐 계획하고 관리함으로써 수요와 공급의 일치를 최적으로 운영하고 관리하는 활동이다.

① ERP(Enterprise Resource Planning)

② SCM(Supply Chain Management)

③ CRM(Customer Relationship Management)

④ KMS(Knowledge Management System)

해설 확장 ERP의 주요 솔루션(CRM)
SCM(Supply Chain Management) 답 ②

15 다음 중 ERP 구축을 위한 ERP 패키지 선정기준으로 가장 적절하지 않은 것은 무엇인가?

① 시스템 보안성
② 사용자 복잡성
③ 요구사항 부합 정도
④ 커스터마이징(Customizing) 가능 여부

해설 ERP 패키지 선정기준
ERP 패키지 선정의 최종목표는 회사의 요구사항에 부합하는 시스템을 선택하는 것이다.

답 ②

16 다음 중 ERP 도입전략으로 ERP 자체개발 방법에 비해 ERP 패키지를 선택하는 방법의 장점으로 가장 적절하지 않은 것은 무엇인가?

① 검증된 방법론 적용으로 구현 기간의 최소화가 가능하다.
② 검증된 기술과 기능으로 위험 부담을 최소화 할 수 있다.
③ 시스템의 수정과 유지보수가 지속적으로 이루어질 수 있다.
④ 향상된 기능과 최신의 정보기술이 적용된 버전(Version)으로 업그레이드(Upgrade)가 가능하다.

해설 ERP 패키지 선정기준
시스템의 수정과 유지보수가 지속적으로 가능한 것은 ERP 자체개발 방식이다.
ERP 자체개발 방식은 사용자 요구사항을 충실하게 반영이 가능하다.

답 ③

17 다음 중 ERP 시스템에 대한 투자비용에 관한 개념으로 시스템의 전체 라이프사이클(Life-Cycle)을 통해 발생하는 전체 비용을 계량화하는 것을 무엇이라 하는가?

① 유지보수 비용(Maintenance Cost)
② 시스템 구축비용(Construction Cost)
③ 소프트웨어 라이선스비용(Software License Cost)
④ 총소유비용(Total Cost of Ownership)

해설 ERP 투자비용
총소유비용(Total Cost of Ownership)

답 ④

18 다음 중 효과적인 ERP 교육을 위한 고려사항으로 가장 적절하지 않은 것은 무엇인가?

① 다양한 교육도구를 이용하라.

② 교육에 충분한 시간을 배정하라.

③ 비즈니스 프로세스가 아닌 트랜잭션에 초점을 맞춰라.

④ 조직차원의 변화관리활동을 잘 이해하도록 교육을 강화하라.

해설 ERP 도입 후 교육

트랜잭션이 아닌 비즈니스 프로세스에 초점을 맞추어야 한다. 사용자에게 시스템 사용법과 새로운 업무처리방식을 모두 교육해야 한다.

트랜잭션(Transaction)은 하나의 작업을 수행하기 위해 필요한 데이터베이스의 연산들을 모아놓은 것을 의미하며, 데이터베이스에서 논리적인 작업의 단위가 된다. 트랜잭션은 장애가 발생했을 때 데이터를 복구하는 작업의 단위도 된다. 일반적으로 데이터베이스 연산은 SQL(Structured Query Language)문으로 표현되므로 트랜잭션을 작업 수행에 필요한 SQL문들의 모임으로 이해해도 무방하며, SQL은 사용자와 관계형 데이터베이스를 연결시켜주는 표준 검색언어를 말한다.

답 ③

19 다음 중 ERP 구축 시 컨설턴트를 고용함으로써 얻는 장점으로 가장 적절하지 않은 것은 무엇인가?

① 프로젝트 주도권이 컨설턴트에게 넘어갈 수 있다.

② 숙달된 소프트웨어 구축방법론으로 실패를 최소화 할 수 있다.

③ ERP기능과 관련된 필수적인 지식을 기업에 전달할 수 있다.

④ 컨설턴트는 편견이 없고 목적 지향적이기 때문에 최적의 패키지를 선정하는데 도움이 된다.

해설 ERP 구축 컨설턴트

프로젝트는 현업 중심의 내부 전문인력과 컨설턴트와의 협력관계로 수행된다.

답 ①

20 다음 중 ERP와 기존의 정보시스템(MIS) 특성 간의 차이점에 대한 설명으로 가장 적절하지 않은 것은 무엇인가?

① 기존 정보시스템의 업무범위는 단위업무이고, ERP는 통합업무를 담당한다.
② 기존 정보시스템의 전산화 형태는 중앙집중식이고, ERP는 분산처리구조이다.
③ 기존 정보시스템은 수평적으로 업무를 처리하고, ERP는 수직적으로 업무를 처리한다.
④ 기존 정보시스템의 데이터베이스 형태는 파일시스템이고, ERP는 관계형 데이터베이스 시스템(RDBMS)이다.

해설 ERP와 기존 정보시스템의 특징
기존 정보시스템(MIS)은 수직적으로 업무를 처리하고, ERP는 수평적으로 업무를 처리한다.

답 ③

CHAPTER 01 단원별 기출 확인문제

01 다음 중 ERP를 도입할 때의 선택기준으로 적절하지 않은 것은 무엇인가?

2018년 3회

① 경영진의 확고한 의지가 있어야 한다.

② 경험 있는 유능한 컨설턴트를 활용해야 한다.

③ 전사적으로 전 임직원의 참여를 유도해야 한다.

④ 다른 기업에서 가장 많이 사용하는 패키지를 선택하는 것이 좋다.

해설 기업의 경영혁신 전략에 부합하는 시스템을 선택하는 것이 바람직하다. 답 ④

02 원가, 품질, 서비스, 속도와 같은 주요 성과측정치의 극적인 개선을 위해 업무프로세스를 급진적으로 재설계하는 것으로 정의할 수 있는 것은 무엇인가?

2018년 3회

① BSC(Balanced Score Card)

② BPR(Business Process Re-engineering)

③ CALS(Commerce At Light Speed)

④ EIS(Executive Information System)

해설 기존의 업무프로세스를 혁신적으로 재설계하는 것은 BPR이다.

① BSC는 경영성과 지표로서 재무적 성과, 고객에 대한 성과, 프로세스 성과, 학습과 성장이다.

③ CALS는 광속상거래 또는 초고속 경영통합정보시스템이라고도 한다. 제조업체와 협력업체 등 관련 기업들이 공유하며 경영에 활용하는 기업 간 정보시스템이다.

④ EIS는 최고경영자의 업무특성을 고려하여 의사결정에 필요한 정보를 제공하는 데 중점을 둔 시스템이다. 답 ②

03 ERP에 대한 설명으로 적절하지 않은 것은?

2018년 3회

① 프로세스 중심의 업무처리 방식을 갖는다.

② 개방성, 확장성, 유연성이 특징이다.

③ 의사결정방식은 Bottom-Up 방식이다.

④ 경영혁신 수단으로 사용된다.

해설 ERP 시스템의 의사결정방식은 Top-Down 방식이다. 답 ③

04 ERP 도입의 예상효과로 볼 수 없는 것은 무엇인가?

2018년 3회

① 투명한 경영
② 고객서비스 개선
③ 결산작업의 증가
④ 재고물류비용 감소

해설 결산작업이 감소함으로써 업무의 효율성을 증대시킨다. 답 ③

05 ERP를 구축할 때, 설계단계에 해당하지 않는 것은?

2018년 3회

① To-BE 프로세스 도출
② GAP 분석
③ 인터페이스 문제 논의
④ TFT 구성

해설 분석단계에서 TFT(Task Force Team)를 구성한다. 답 ④

06 ERP 도입을 고려할 때 선택기준으로 적절하지 않은 것은?

2018년 4회

① 자사에 맞는 패키지를 선정한다.
② 경영진이 확고한 의지를 가지고 진행한다.
③ 현업 중심의 프로젝트를 진행한다.
④ 업무효율성 향상이 중요하므로 수익성 개선은 고려하지 않는다.

해설 업무 효율성 향상과 수익성 개선도 중요하다. 답 ④

07 ERP의 특징으로 가장 바르지 않은 것은 무엇인가?

2018년 4회

① 상호 분리된 시스템 구축
② 실시간 정보처리 체계 구축
③ 다국적, 다통화, 다언어 지원
④ 파라미터 지정에 의한 프로세스의 정의

해설 통합시스템을 구축하는 것이 특징이다. 답 ①

08 BPR(Business Process Re-engineering)이 필요한 이유로 가장 적절하지 않은 것은?

2018년 4회

① 복잡한 조직 및 경영 기능의 효율화

② 지속적인 경영환경 변화에 대한 대응

③ 정보 IT 기술을 통한 새로운 기회 창출

④ 정보보호를 위한 닫혀있는 업무환경 확보

해설 정보공유를 통한 개방적 업무환경을 확보할 수 있다. 답 ④

09 ERP 시스템 구축 절차 중 구현 단계에서 수행할 내용으로 가장 적절하지 않은 것은 무엇인가?

2018년 4회

① 시스템 평가 ② 시험가동(Prototyping)

③ 커스터마이징(Customizing) ④ 데이터 전환(Data ConVersion)

해설 설계단계에서 커스터마이징(Customizing)을 검토한다. 답 ③

10 다음 중 ERP의 기능적 특징으로 적절하지 않은 것은?

2018년 4회

① 선진 프로세스의 내장 ② 기업의 투명경영 수단으로 활용

③ 객체지향기술의 사용 ④ 실시간 정보처리 체계 구축

해설 객체지향기술의 사용은 기술적 특징에 해당한다. 답 ③

11 다음 중 기업에서 ERP 시스템을 도입할 때의 고려사항으로 가장 적절한 것은 무엇인가?

2018년 5회

① 시스템 도입 TFT는 IT분야의 전문가들로만 구성해야 한다.

② 구축방법론에 의해 체계적으로 프로젝트를 진행해야 한다.

③ 단기적이고 가시적인 성과만을 고려하여 ERP 패키지를 도입한다.

④ 도입하려는 기업과 유사한 매출규모를 가진 기업에서 사용하는 패키지를 선정한다.

해설 ① 시스템 도입 TFT는 IT분야의 전문가와 핵심 구성원들이 함께 참여해야 한다.
③ 장기적인 성과를 고려하여 ERP 패키지를 도입한다.
④ 도입하려는 기업의 경영혁신 전략에 부합하는 시스템을 구축한다. 답 ②

12 2018년 5회

ERP의 특징으로 가장 적절하지 않은 것은 무엇인가?

① 기능형 데이터베이스 채택
② 실시간 정보처리 체계 구축
③ 다국적, 다통화, 다언어 지원
④ 파라미터 지정에 의한 프로세스의 정의

해설 관계형 데이터베이스를 채택한다. 답 ①

13 2018년 5회

다음 중 ERP의 기술적 특징으로 볼 수 없는 것은 무엇인가?

① 4세대 프로그래밍 언어를 사용하여 개발되었다.
② 대부분의 ERP는 객체지향기술을 사용하여 설계한다.
③ 기업 내부의 데이터가 집합되므로 보안을 위해 인터넷 환경하에서의 사용은 자제한다.
④ 일반적으로 관계형 데이터베이스 관리시스템(RDBMS)이라는 소프트웨어를 사용하여 모든 데이터를 관리한다.

해설 기업 내부의 데이터가 집합되므로 정보공유를 통한 인터넷 환경하에서 사용이 가능하다. 답 ③

14 2018년 5회

다음 [보기]의 내용은 ERP 구축절차 중 어느 단계에 해당하는가?

> [보 기]
> TO-BE 프로세스 도출, 패키지 설치, 추가개발 및 수정보완 문제 논의

① 설계단계 ② 구현단계
③ 분석단계 ④ 구축단계

해설 설계단계에 해당한다. 답 ①

15 **다음 [보기]의 (   ) 안에 공통적으로 들어갈 가장 알맞은 용어는 다음 중 무엇인가?**

2018년 5회

[보 기]

ERP 도입의 성공 여부는 (   )을(를) 통한 업무개선이 중요하며, (   )은(는) 원가, 품질, 서비스, 속도와 같은 주요 성과측정치의 극적인 개선을 위해 업무 프로세스를 급진적으로 재설계하는 것으로 정의할 수 있다.

① EIS(Executive Information System)

② MRP(Material Requirement Planning)

③ BPR(Business Process Reengineering)

④ MIS(Management Information System)

해설 기존의 업무프로세스를 혁신적으로 재설계하는 것은 BPR이다.

② MRP(자재소요계획)는 제품의 생산량 및 생산일정을 기초로 필요한 원자재나 부품 등의 소요량 및 소요 시기를 산출해서 자재조달계획을 수립하는 것이다.

④ MIS(경영정보시스템)는 경영시스템의 목표인 이익창출을 위해 다른 하위 시스템을 효율적으로 작용하도록 지원하는 시스템이다. 답 ③

16 **다음 중 클라우드 ERP와 관련된 설명으로 가장 적절하지 않은 것은 무엇인가?**

2018년 6회

① 클라우드를 통해 ERP 도입에 관한 진입장벽을 높일 수 있다.

② IaaS 및 PaaS를 활용한 ERP를 하이브리드 클라우드 ERP라고 한다.

③ 서비스형 소프트웨어 형태의 클라우드로 ERP를 제공하는 것을 SaaS ERP라고 한다.

④ 클라우드 ERP는 고객의 요구에 따라 필요한 기능을 선택·적용한 맞춤형 구성이 가능하다.

해설 클라우드(Cloud) 컴퓨팅을 통해서 ERP 시스템 도입을 위한 진입장벽을 낮출 수 있다. 답 ①

17 다음 중 ERP에 대한 설명으로 가장 적절하지 않은 것은 무엇인가?

2018년 6회

① ERP가 구축되어 성공하기 위해서는 경영자의 관심과 기업 구성원 전원의 참여가 필요하다.

② ERP는 투명경영의 수단으로 활용이 되며 실시간으로 경영현황이 처리되는 경영정보제공 및 경영조기경비체계를 구축한다.

③ ERP란 기업 내에서 분산된 모든 자원을 부서 단위가 아닌 기업 전체의 흐름에서 최적관리가 가능하도록 하는 통합시스템이다.

④ 기업은 ERP를 도입함으로써 기업 내 경영활동에 해당되는 생산, 판매, 재무, 회계, 인사관리 등의 활동을 각 시스템별로 개발·운영하여 의사결정 시 활용한다.

해설 기업은 ERP를 도입함으로써 기업 내 경영활동에 해당되는 생산, 판매, 재무, 회계, 인사관리 등의 업무활동을 통합하여 운영할 수 있다. 답 ④

18 ERP의 의미에 대한 설명 중 기업의 경영활동과 연계하여 볼 때 다음 중 가장 적절하지 않은 설명은?

2018년 6회

① 산업별 Best Practice를 내재화하여 업무 프로세스 혁신을 지원할 수 있다.

② 기업 경영활동에 대한 시스템을 통합적으로 구축함으로써 생산성을 극대화 시킨다.

③ 기업 내의 모든 인적, 물적 자원을 효율적으로 관리하여 기업의 경쟁력을 강화시켜주는 역할을 한다.

④ ERP는 패키지화 되어 있어서 신기술을 도입하여 적용시키는 것은 어렵다.

해설 ERP는 원장형 Database를 사용함으로서 신기술을 도입하여 적용하기가 용이하다. 답 ④

19 다음 중 ERP의 발전과정으로 가장 적절한 것은 무엇인가?

2018년 6회

① MRP Ⅱ → MRP Ⅰ → ERP → 확장형 ERP

② ERP → 확장형 ERP → MRP Ⅰ → MRP Ⅱ

③ MRP Ⅰ → ERP → 확장형 ERP → MRP Ⅱ

④ MRP Ⅰ → MRP Ⅱ → ERP → 확장형 ERP

해설 MRP Ⅰ → MRP Ⅱ → ERP → 확장형 ERP
MRP Ⅰ은 간단하게 MRP라고 표현하여도 무방하다. 답 ④

20 다음 중 ERP 구축 절차를 바르게 나타낸 것은 무엇인가?

2018년 6회

① 분석 → 설계 → 구현 → 구축

② 설계 → 분석 → 구축 → 구현

③ 설계 → 구현 → 분석 → 구축

④ 분석 → 설계 → 구축 → 구현

해설 ERP 시스템 구축은 분석 → 설계 → 구축 → 구현 절차를 따른다. 답 ④

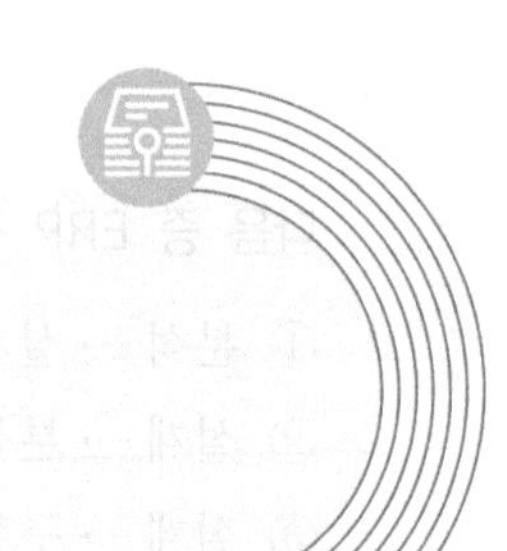

CHAPTER 02 영업관리 (예측 · 판매 · 가격)

SECTION 01 영업관리

01 수요예측(Demand Forecasting)

1 수요예측의 개념 및 원칙

고객의 수요 분석에 기초가 되는 시장 조사나 각종 예측 조사의 결과를 종합하여 장래의 수요를 예측하는 것을 수요예측(Demand Forecasting)이라 한다. 예측기간에 따라 장기 예측, 단기 예측 등으로 구분한다. 수요예측은 산업이나 회사의 생산 활동에 기본이 되는 것으로 구입, 생산, 자금, 판매 등의 계획에 있어서 가장 중요한 요소가 된다. 오늘날 시장 환경은 빠르게 변화되고 있다. 따라서 제품에 대한 수요예측 및 분석은 기업들에게 있어서 매우 중요한 임무로 대두되고 있다.

이러한 수요예측의 올바른 결정을 위해서는 시장의 잠재 수요는 얼마이며, 자사 제품의 차기년도 수요는 어느 정도인가를 파악하는 일이다. 전자는 현재 수요를 파악하는 정성적 기법이 통상적으로 사용되고, 후자는 미래 수요를 파악하는 정량적 기법이 주로 사용되었다. 또 이러한 수요예측에서의 문제는 세분화된 수요 분석, 제품 수요예측 시 기존 자료 미비 그리고 경쟁 상황에 따른 자사 수요 변화에 대한 예측의 어려움 등으로 정확한 예측을 어렵게 할 수도 있다.

2 수요예측의 원칙과 예측오차

(1) 예측기간이 짧을수록 장기예측에 비하여 예측의 적중률이 높아지며, 예측하는 기간이 길어질수록 예측오차는 증가한다.

(2) 수요가 안정적인 기간 또는 기존의 상품이나 서비스에 대한 예측은 신규 상품이나 서비스에 대한 예측보다는 적중률이 높아진다.

(3) 경기변동이나 경제적 요인에 영향을 받아서 수요 패턴이 변화하는 상품이나 서비스 등은 정확한 예측이 곤란하다.

(4) 수요예측의 오차가 발생할 확률은 계절변동이 없는 상품보다 계절변동이 있는 상품이 크다.

(5) 일반적으로 영속성이 있는 상품·서비스가 영속성이 없는 상품·서비스에 대하여 지속적으로 정확한 예측을 하기가 어렵다.

(6) 수요예측 오차발생 확률의 크기 비교

① 장기 예측 > 단기 예측

② 신규 상품 > 기존 상품

③ 계절변동이 있는 상품 > 계절변동이 없는 상품

④ 대체품이 많은 상품 > 대체품이 없는 상품

3 수요예측 방법

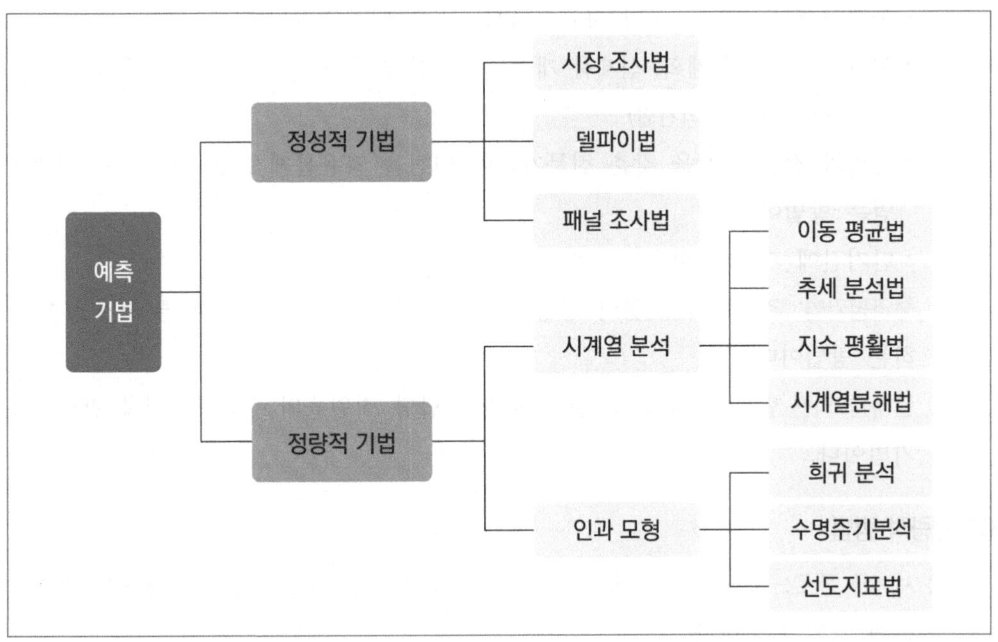

(1) 정성적 방법

정성적 방법은 개인 주관이나 판단, 여러 사람의 의견을 근거로 수요를 예측하는 주관적 방법이다. 사업 전반에 걸친 경향이나 오랜 기간에 걸친 제품군에 대한 잠재적 수요를 예측할 때 사용하며, 기간 예측 면에서 정성적 방법은 중·장기 예측에 많이 사용한다.

① 시장조사법

- 시장에서 조사하려는 내용을 설문지, 직접 인터뷰, 전화 조사, 시제품 발송 등의 방법으로, 소비자 의견을 조사하여 설정된 가설을 검정하는 방법이다.
- 소비자 동향을 직접 조사하므로 비교적 정확도가 높지만 정성적 방법 가운데 시간과 비용이 가장 많이 소요된다.

② 델파이 기법

- 예측하고자 하는 대상의 전문가 집단을 선정하여, 예측 데이터에 대해 설문지를 통한 반복 조사를 실시하여 그 결과를 집계한 후, 전문가의 의견을 정리하여 수요를 예측한다.
- 전문가의 의견을 반영할 수 있으나 시간과 비용이 많이 소요된다는 단점이 있다.
- 불확실성이 크거나 과거 자료가 없는 경우에 주로 사용한다.
- 생산 능력, 설비 계획, 신제품 개발, 시장 전략 등을 위한 장기 예측에 적합하다.

③ 패널 조사법(전문가 의견법)

- 경험과 전문 지식을 갖춘 전문가들이 의견을 자유롭게 교환하여 예측 결과를 얻는 방법이다.
- 단기간에 저렴한 비용으로 예측 결과를 얻을 수 있다.

④ 중역평가법: 조직이나 기업의 경영진들의 지식과 과거 경험에 따른 의견을 반영하는 방법이다.

⑤ 판매원 의견 합성법: 판매 및 영업 지역별 담당 직원들의 수요예측치를 반영하는 기법이다.

(2) 정량적 방법

① 시계열 자료: 특정한 기간에 걸쳐서 관측된 자료로, 서로 다른 시점에서 관측된 값의 계열을 말한다.

② 시계열 자료의 특성

- 경향(추세변동): 시간이 지날수록 수요가 지속적으로 증가하거나 감소하는 형태

이며, 추세적으로 나타나는 장기적 변동을 말한다.

- 계절성(계절변동): 계절성은 기후, 명절, 연휴 기간, 계절에 따라 발생하는 단기적인 수요 변동이다.
- 변동성(순환변동): 시계열의 분산이 시간의 추이에 따라 변하는 성질로, 통계적으로는 평균과 표준편차의 관계를 나타낸다. 변동성이 크다는 것은 표준 편차가 크다는 뜻이다. 수요 변화가 큰 폭으로 일어나면 변동성이 증가하고, 수요 변동 폭이 작으면 변동성이 감소한다는 의미이다. 순환변동은 1년 이상의 기간에 걸쳐 발생하는 일정한 주기 변동이다.
- 비선형성(불규칙변동): 시간에 따라 변하는 값 사이에 존재하는 종속 관계나 인과 관계가 자신의 값 사이의 비선형 관계로 설명되는 경우를 말한다.

③ 시계열 자료 분석의 목적

- 시계열 자료가 가지고 있는 시간에 따른 종속 구조를 파악한다.
- 종속 구조를 효과적으로 나타내는 모형을 개발하여 미래의 값을 예측한다.

④ 시계열 분석

- 단순이동평균법
  - 단순이동평균법은 실제 수요를 기준으로 평균하는 방법이다.
  - 6~12개월간의 안정적인 자료를 바탕으로 하며, 단기 예측값을 구하는 데 유용하다.
  - 자료가 안정적이어야 하며, 가장 최근의 자료를 반영하여 예측하는 방법이다. 예를 들어 4월·5월·6월의 수요(D) 데이터를 바탕으로 3개월 이동 평균법으로 7월 수요를 예측(F)하는 방법은 아래와 같이 산술평균을 구하는 방법과 동일하다.

$$F_7 = \frac{D_4 + D_5 + D_6}{3}$$

- 가중이동평균법
  - 오래된 자료보다 최신 자료에 보다 많은 정보를 담고 있는 경우, 최근 수요에 큰 가중값을 부여하여 값을 계산하고 예측치로 사용한다.
  - 계산이 간편하고, 최근 경향을 반영할 수 있어서 관리에 많이 이용된다. 예를 들어 4월 · 5월 · 6월의 수요(D) 데이터와 가중값이 다음과 같을 때 7월 수요예측(F)은 다음과 같이 나타낼 수 있다. 단, 가중값: 4월 0.2, 5월 0.3, 6월 0.5

$$F_7 = (D_4 \times 0.2) + (D_5 \times 0.3) + (D_6 \times 0.5)$$

▶▶ 필수예제

가중이동평균법을 활용하여 제품의 판매량을 예측하고자 한다. 4개월 동안의 실제 판매량과 가중치(α)는 아래와 같을 때 9월의 제품판매량 예측값은?

월	5	6	7	8
판매량(개)	30	100	120	70
가중치	0.1	0.3	0.4	0.2

해설 $F_9 = (30 \times 0.1) + (100 \times 0.3) + (120 \times 0.4) + (70 \times 0.2)$
$= 3 + 30 + 48 + 14 = 95$

- 추세 분석법
  - 추세 분석법은 근본적으로 회귀분석과 같으며, 시간에 따른 시계열자료의 추세선을 유도함으로써 그 추세선상에서 미래의 수요를 예측하는 방법이다.
  - 인과형 방법인 단순회귀분석에서 특정한 요인을 독립변수로 고려하는 대신 시간을 독립변수로 두고 회귀방정식에서 추세선을 구하는 방법이다.
  - 인과형 예측방법인 회귀 및 다중회귀분석 방법을 참고하기 바란다.
- 지수평활법
  - 차기 예측량은 전기 실제 수요량과 예측량으로 계산하는 방법이다. 차기 예측량은 전기 실제 수요량과 전기 예측량 값에 가중값에 차이를 두어 산출한다. 과거 실적 정보보다 최근 예측 정보에 더 많은 가중값이 반영된다.
  - 추세 지수평활법은 지수평활법에 추세 효과인 평활 상수를 고려하여 수요 예측값을 구하는 방법이다.
  - 결과로 얻은 예측 결과에서 가장 정확히 예측했다고 판단되는 값으로 결정한다. 실제 수요에 적용하는 α(평활화 계수)값은 예측 수요에 적용하는 가중값보다 작게 보통 0.1과 0.4 사이의 값을 사용하는데, 이는 예측값에 과거 오랜 기간 동안의 예측값이 누적되어 있기 때문이다.
  - 평활화 계수 α는 $0 \leq \alpha \leq 1$의 범위에 있으며, α가 클수록 최근의 자료를 중시한다는 것이다.
  - 시계열 자료에 계절 변동과 경향(추세) 변동이 크게 작용하지 않는 경우에 유리하다.

$$F_{n+1} = \alpha D_n + (1-\alpha)[\alpha D_{n-1} + \alpha(1-\alpha) D_{n-2} + \alpha(1-\alpha)^2 D_{n-3} \cdots$$

$$= \alpha D_n + (1-\alpha) F_n \cdots$$

여기서, F_{n+1}: 차기 예측값
F_n: 당기 예측값
D_{n-1}: 전기 실제 수요량
D_{n-2}: 전 전기 실제 수요량
D_n: 당기 실제 수요량

▶▶ 필수예제

㈜동서울에서는 2월에 총 90대의 자전거를 판매하였다. 1월과 2월의 판매 예측치가 75대와 80대인 경우, 3월의 판매 예측치는? (평활상수는 0.1)

해설 당기 예측치 = (α × 전기 실적치) + {(1 − α) × 전기 예측치}
= (0.1 × 90) + (0.9 × 80) = 81(대)

- 시계열 분해법(ARIMA)
  - 시계열의 기본 패턴을 구성요소로 분해해서 시계열의 특성을 분석하고, 다시 집산하여 전체 시계열을 예측한다.
  - 시계열 구성요소가 시간의 흐름에 따라 느리게 변동할 때 효과적인 방법이고, 특히 시계열을 각 구성요소로 분해할 수 있는 장점이 있다.

⑤ 인과형 예측 방법: 수요에 영향을 미치는 요인(독립변수)을 독립변수로 두고, 영향을 나타내는 변수(종속변수)의 관계를 통계적으로 분석하여 수요를 예측하는 것으로, 회귀분석을 많이 사용한다.

- 단순회귀분석: 가장 단순하고 많이 사용하는 형태로, 두 변수 간의 선형 관계를 나타내는 것이다. 즉, 인과 모형중에서 수요예측 설명변수가 1개인 선형회귀분석 목적은 추정되는 직선에서 자료값까지 편차 제곱합이 최소화되는 직선을 구하는 것이다.

$$Y = b_0 + b_1 x$$

여기서, Y = 예측 또는 종속변수
x = 설명 또는 독립변수
b_0 = 직선의 세로축 절편
b_1 = 직선의 기울기

- 다중회귀분석: 수요에 영향을 주는 예측 변수가 2개 이상인 경우에 사용한다.

$$Y = b_0 + b_1 x_1 + b_2 x_2 + \cdots + b_k x_k$$

여기서, Y = 예측 또는 종속변수
$x_k = k$번째 설명 또는 독립변수
b_0 = 상수
$b_k = k$번째 독립변수의 회귀계수

- 선도 지표법: 계량경제모형 예측 방법으로서 각 수요(경제) 변수에 수치를 주어 정량화한다. 이때 변수 간에 관계를 설정한 후, 수요 또는 경기 예측 모형을 만들어 수요(경기)를 예측하는 방법이다.

⑥ 제품의 라이프 사이클 유추법(제품수명주기 유추법)

- 신제품과 비슷한 기존 제품의 제품 수명주기(도입기·성장기·성숙기·쇠퇴기)단계에서 수요 변화에 관한 과거 자료를 바탕으로 수요 변화를 유추하는 방법이다.
- 장점은 중기나 장기수요예측에 적합하고, 비용이 적게 든다.
- 단점은 신제품과 비슷한 기존 제품을 어떻게 선정하는가에 따라 예측 결과가 큰 차이가발생한다.
- 제품수명주기에 따른 매출과 매출총이익 기간에 따라 증가하다가 감소하는 형태이다.
- 다음의 그림을 참고하기 바란다.

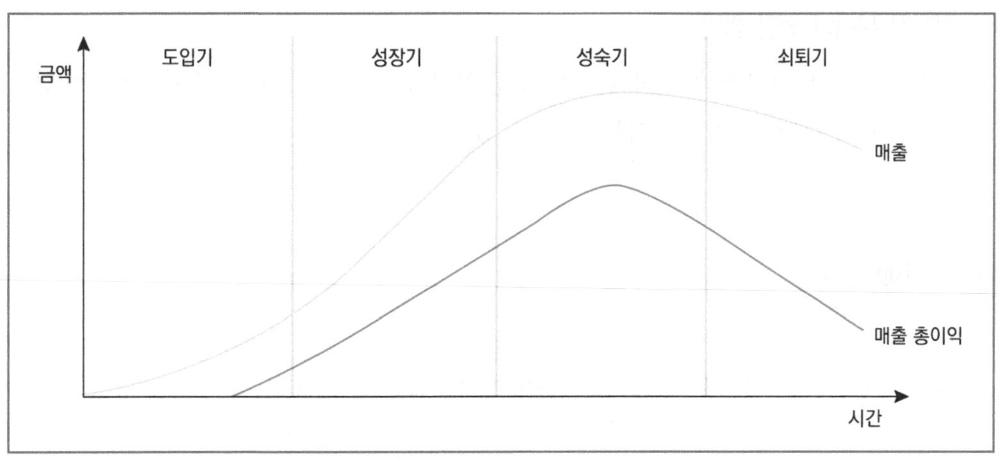

02 판매예측(Sales Forecasting)

1 판매예측의 개념

수요예측 결과를 바탕으로 미래의 서비스 및 제품의 판매량을 추정하는 것이다. 즉, 미래의 일정기간 동안 특정 상품이 어느 정도 판매될 것인가를 추정하는 것이며, 기업의 판매 네트워크와 판매 노력, 잠재소비자의 소비 수준 및 소비성향, 경쟁사 및 업계의 동향, 경제 상태 등을 종합적으로 고려하여 예측한다. 판매 예측한 결과를 바탕으로 판매계획을 수립하는데, 판매활동의 조직화, 판매촉진 및 광고활동 계획을 수립하게 된다.

2 판매예측 방법

판매예측 방법은 수요예측에 의한 방법, 정성적 분석 방법, 정량적 분석 방법이 있다.

(1) 수요예측에 의한 방법

당해 업계의 총수요를 결정하고 자사의 시장점유율 목표를 설정하여 미래 매출액을 예측한다.

미래 예측액 = 당해 업계 총수요예측액 × 자사 목표 시장점유율

(2) 정량적 분석에 의한 방법

수요예측에서 설명한 정량적 분석방법을 참고하기 바란다.

(3) 정성적 분석에 의한 방법

수요예측에서 설명한 정성적 분석방법을 참고하기 바라며, 판매현장에서 영업담당자의 경험과 판단에 의해 예측하는 방법도 있다.

03 판매계획

- 판매계획은 수요 및 판매 예측의 결과를 이용하여 판매목표액을 수립한다.
- 판매계획수립 시 시장점유율을 고려한다.
- 판매계획은 자사의 성장가능성과 인적·물적 자원의 능력까지 고려하여야 한다.
- 판매계획은 경쟁사의 가격·품질·기능 그리고 판촉활동 및 판매경로의 강도 등에 영향을 받는다.

1 중장기 판매목표 수립 및 중요성

판매계획은 수요 및 판매 예측 결과에 따라 시장점유율을 고려하여 전략적이며 지속적으로 조정하면서 수요와 공급의 균형을 맞추는 의사결정 과정이다. 관련 부서 간 합의가 이루어진 단일 판매계획을 수립하고 이를 바탕으로 인력, 생산능력, 자재, 시간 자금을 가장 효과적으로 배분할 수 있도록 한다. 판매계획의 주요 목표는 시장점유율 확대이며, 제품군별, 지역별로 목표매출액을 배분하여 할당한다.

판매목표를 효과적으로 수립하기 위해서는 판매목표와 관련된 기존 자료 수집으로부터 시작한다. 다양한 정량적 방법을 이용하여 판매목표를 산출하며 각각의 방법에 따라 설정된 정량적인 목표를 조정하여 하나의 목표를 이끌어내며, 정량적 방법으로 산출된 영업목표에 주관적인 해석이 포함된 정성적인 요소를 포함시킨다.

(1) 판매계획의 구분

① 장기계획: SWOT 분석과 시장분석을 통해 기업의 경영환경 및 장·단점을 파악하여 신제품 개발, 신시장 개척, 판매경로를 강화하는 계획을 수립한다.

② 중기계획: 제품별 수요 및 판매 예측을 바탕으로 판매량을 예측하고, 경쟁력 강화를 위한 전략을 수립한다. 제품의 디자인, 원가, 품질 등의 개선, 판매촉진을 위한 정책 수립, 판매 경로 및 판매 자원의 활용에 관한 계획을 수립한다.

③ 단기계획: 판매예측에 기초한 연간 목표판매량을 설정하여 지역별 판매 할당, 판매 촉진 실행방안, 판매가격, 판매비용 등을 결정한다.

(2) 판매계획 수립절차

시장조사 → 수요예측 → 판매예측 → 판매목표 설정 → 판매 할당

(3) 판매목표 설정을 위한 원칙

① 도전적이면서 달성 가능해야 한다.

② 목표를 기간으로 구분하며 기간별 목표의 경우에도 세분화하여 구체적으로 작성한다.

③ 물량이나 판매액과 같이 정량화된 판매목표를 수립한다.

④ 판매실적으로 인한 예상 이익과 목표달성에 대한 평가와 보상도 함께 고려해야 한다.

2 연도별 판매목표 수립

(1) 성장성 지표 활용방법

기업의 경영 규모와 경영활동 성과가 이전 연도보다 얼마나 증가했는지를 검토하여 기업의 경쟁력과 미래 가치를 간접적으로 판단할 수 있는 것이 성장성 지표이다.

① 판매 경향 변동을 이용: 판매 및 영업실적 자료를 기초로 매출액(수량)의 경향(추세)을 분석하여 차년도의 판매목표를 결정한다.

② 매출액 증가율을 이용: 작년의 매출액 증가율이 내년에도 동일 비율로 증가한다는 가정하에 목표매출액을 정하는 방법이다.

목표매출액 = 금년도 매출 실적 × (1 + 전년 대비 매출액 증가율) = 금년도 매출 실적 × (1 + 연평균 매출액 증가율)

풀이예제

A기업의 아래 자료를 이용하여 구한 2019년도 목표매출액은?

- 2017년 A기업 매출액: 5억원
- 2018년 A기업 매출액: 10억원

해설 매출액증가율 이용

목표매출액 = 금년도 매출액 실적 × (1 + 전년 대비 매출액 증가율) = 10억원 × (1 + 1) = 20억원

③ 시장점유율을 이용

목표매출액 = 당해 업계 총수요액 × 자사의 목표시장점유율 = 금년도 자사 매출액 × (1 + 시장확대율) × (1 + 시장신장율)

• 시장점유율 = (자사 매출액 / 해당 연도의 업계 총매출액) × 100%
• 시장확대율 = 전년도 대비 자사 시장점유율 증가율
= (금년도 자사 시장점유율 / 전년도 자사 시장점유율) × 100%
• 시장신장율 = 전년도 대비 당해 업계 총매출액 증가율
= (자사 매출액 증가율 / 업계 총매출액 증가율) × 100%

▶▶ 풀이예제

01

성장성지표를 활용하여 A기업의 목표매출액을 결정하려고 한다. 아래의 자료를 반영하여 A기업의 목표매출액을 산출하시오.

- 금년도 A기업의 매출액: 100만원
- 전년 대비 A기업의 시장점유율 증가율: 50%
- 전년 대비 당해 업계 총매출액 증가율: 20%

해설 목표매출액 = 금년도 자사 매출액 × (1 + 시장확대율) × (1 + 시장신장율)
• 시장확대율 = 전년 대비 자사 시장점유율 증가율
• 시장신장율 = 전년 대비 당해 업계 총매출액 증가율
목표매출액 = 100 × 1.5 × 1.2 = 180(만원)

02

B상사는 현재의 시장점유율을 이용하여 목표매출액을 결정하고자 한다. 자사 매출액이 50억, 당해 업계 총매출액이 1,000억, 당해 업계 총수요액이 2,000억일 때 목표매출액은?

해설 • 시장점유율 = (자사 매출액 / 당해 업계 총매출액) × 100% = (50 / 1,000) × 100% = 0.05
• 목표매출액 = 당해 업계 총수요액 × 자사의 목표 시장점유율 = 2,000 × 0.05 = 100(억)

(2) 수익성 지표 활용방법

기업이 영업활동을 통해 벌어들인 영업이익 창출능력을 나타내는 것이 수익성 지표이다.

- 목표 매출액 = 목표이익 / 목표이익률
  = 목표 한계이익 / 목표 한계이익률
  = (목표 매출이익 + 매출원가) / 목표 매출이익률
- 손익분기점 매출액 = 고정비 / (1-변동비율) = 고정비 / 한계이익률

- 이익율 = 이익 / 매출액 × 100%
- 한계이익 = 매출액 – 변동비
- 한계이익율 = (한계이익 / 매출액) × 100%
- 변동비율 = 변동비 / 매출액

CHECK

한계이익은 상품에 투자한 자본이 1년에 어느 정도의 매출 총이익을 획득하는가를 의미한다.

필수예제

01

A기업의 제품 판매단가는 개당 30원, 연간 고정비는 30,000원, 개당 변동비가 20원이다. 만일 이 기업이 연간 목표 판매이익을 60,000원으로 계획할 경우 필요한 판매량은?

해설 목표이익을 감안한 판매량 = (연간 고정비 + 목표 판매이익) / (개당 판매단가 – 개당 변동비)
= (30,000원 + 60,000원) / (30원 – 20원) = 9,000개

02

손익분기점의 매출액을 목표매출액으로 결정하였다. 아래의 자료를 이용하여 손익분기점에서의 목표매출액은?

- 제품단위당 판매가: 1,000원
- 연간 고정비: 80만원
- 제품단위당 변동비: 500원/개

해설 손익분기점 매출액 = 고정비 / (1 – 변동비율) = 80만원 / {1 – (500 / 1,000)} = 160만원

03

A기업은 최근 상품의 판매가격을 단위당 1,000원으로 책정하였다. 상품을 생산하는 데 단위당 변동비는 800원, 고정비는 600,000원이 투입되었다면, 손익분기점 매출수량은?

해설 손익분기점 매출수량 = 고정비 / 단위당 공헌이익 = 600,000 / (1,000 - 800) = 3,000

04

아래는 손익계산서의 자료이다. 손익분기점 분석을 이용하여 목표이익 20만원을 달성하는 데 필요한 목표매출액을 계산하면?

• 매출액: 500만원	• 변동비: 300만원	• 고정비: 100만원

- 한계이익율 = 1 - 변동비율 = 2 / 5 = 0.4
- 손익분기점 = 고정비 / 한계이익율 = 250만원
- 목표이익 매출액 = (고정비 + 목표이익) / 한계이익율 = (100만원 + 20만원) / 0.4
  = 300만원

---

(3) 생산성 지표 활용방법

기업 활동의 성과와 효율(투입량 대비 산출량)을 측정하고 생산 자원의 기여도, 성과 배분의 합리성 여부를 규명하기 위한 것이 생산성 지표이며, 자본 및 노동 생산성으로 구분할 수 있다.

목표매출액 = 영업사원 수 × 영업사원 1인당 평균 목표매출액 = (영업사원 수 × 1인당 목표 경상 이익액) / 1인당 목표 경상 이익률 = 거래처 수 × 거래처 1사당 평균 수주 예상액

▶▶ 필수예제

아래에 주어진 정보를 바탕으로, 생산성 지표를 활용해 목표매출액을 산출하면 얼마인가?

- 거래처 수: 10개
- 영업사원 1인당 평균 목표매출액: 20만원
- 거래처 1사당 평균 수주 예상액: 30만원

해설 생산성 지표를 활용한 목표매출액 산출 방법

- 거래처별 수주액, 판매생산성 등을 활용해 목표매출액을 산출하는 방법임
- 거래처별 수주액을 활용한 목표매출액 = 거래처 수 × 거래처 1사당 평균 수주 예상액
- 판매생산성을 활용한 목표매출액 = 영업사원 수 × 영업사원 1인당 평균 목표매출액
- 목표매출액 = 10개 × 30만원 = 300만원

---

(4) 기타 방법

① 경영간부에 의한 할당액의 합계

② 영업사원의 자율적 판매목표액의 합계

04 판매 할당

판매계획에서 설정된 목표매출액을 달성하기 위해 영업사원별, 제품군별, 지역별로 배분하여 목표판매액을 할당하는 것이 일반적이다.

1 영업거점별 할당을 실시한다.

목표매출액을 할당할 때 가장 먼저 실시하며, 영업활동이 이루어지는 영업거점(지점)별로 목표매출액을 할당한다.

2 영업사원별 할당을 실시한다.

영업거점에 할당된 목표매출액을 각 영업사원별로 할당한다.

3 상품 및 서비스별 할당을 실시한다.

(1) 상품이나 서비스별 시장점유율을 고려

(2) 과거 판매실적을 고려

(3) 교차비율이나 이익 공헌도를 고려

CHECK 한계이익

상품에 투자한 자본이 1년에 어느 정도의 매출 총이익을 획득하는가를 의미한다.

CHECK 교차비율

회사의 이익을 실현하는 데 기여하는 상품들 중에서 상품회전율이 높은 상품인지, 아니면 한계이익율이 높은 상품인지 하나의 비율만으로 파악하기 보다는 두 가지 비율을 활용한 교차비율을 산출하여 비교하면 쉽게 판단할 수 있다.

- 상품회전율이 높을수록 교차비율은 높아진다.
- 한계이익율이 높을수록 교차비율은 높아진다.
- 한계이익이 높을수록 교차비율은 높아진다.
- 평균재고액이 높을수록 교차비율은 낮아진다.

• 교차비율 = 상품회전율 × 한계이익률
= (매출액 / 평균재고액) × (한계이익 / 매출액)
= 한계이익 / 평균재고액 (평균재고액 = (기초재고 + 기말재고) / 2)
= (매출액 – 변동비) / 평균재고액
= (매출액 × 한계이익율) / 평균재고액
= (1 – 변동비율) × 재고회전률

▶▶ 필수예제

아래의 자료를 기초로 교차비율을 산출하시오.

제품	매출액	한계이익	평균재고액
A	2,000	500	200
B	1,600	400	200
C	1,400	200	200

해설 교차비율 = 상품회전율 × 한계이익률 = (매출액 / 평균재고액) × (한계이익 / 매출액)
- 제품 A: (2,000 / 200) × (500 / 2,000) = 2.5
- 제품 B: (1,600 / 200) × (400 / 1,600) = 2.0
- 제품 C: (1,400 / 200) × (200 / 1,400) = 1.0
- 제품 A가 교차비율이 가장 높으므로 목표판매액을 높게 할당함

4 지역 및 시장별 할당을 실시한다.

지역 및 시장을 세분화에 따른 잠재구매력 지수를 산출하여 할당한다.

5 거래처 및 고객별 할당을 실시한다.

자사의 판매유통경로를 기반으로 과거 판매실적, 수주 점유율 등을 고려하여 할당한다.

6 월별 판매할당

연간 매출액을 월별로 12등분하여 평균 매출액을 산출한다.

05 가격전략

가격전략 및 결정은 기업의 생존과 직결되는 중요한 경영 의사결정 사항이다. 가격은 기본적으로 수요자와 공급자가 만나는 장소인 시장에서 결정되는 것이 일반적이지만 시장상황과 기업의 경영 전략에 따라 전략적으로 의사결정을 할 필요가 있다. 고가, 저가, 정가, 할인 등 다양한 정책을 사용할 수 있으며, 영업/마케팅 부서 뿐만 아니라 생산, 품질, 회계(원가) 등 유관 부서와의 협의가 필수적이다.

가격전략의 핵심은 제품 및 서비스 생산에 투하된 원가를 회수하고 적정한 이익을 가산하여 가격을 결정하는 것이며, 판매가격을 결정할 뿐만 아니라 유통채널에서의 가격체계, 리베이트 정책, 할인정책, 가격유지 등 고려사항들을 검토해야 하므로 종합적 의사결정이 요구된다.

CHECK 가격을 결정하는 절차

가격목표 수립 → 가격전략의 방향 → 가격산정법 결정 → 최종 가격

1 가격 결정방법

제품(상품)의 수요(시장), 원가(수익) 등에 기초하여 가격을 결정하는 방법들을 소개한다.

(1) 원가중심 가격결정

① 원가가산 가격결정: 제품 생산자의 제조원가에 일정한 비율의 이익을 가산한 가격을 판매가로 결정한다. 생산자, 도매업자, 소매업자, 최종소비자로 구성되는 유통단계별 가격이 형성되며, 제품이나 서비스의 원가와 이익률만을 이용하여 가격을 결정하기 때문에 내부 자료만으로 가격을 산출할 수 있다는 장점이 있으나, 시장의 수요 상황, 경쟁사의 가격 등을 고려하지 않는다는 한계가 있다. 제품이나 서비스에 대한 가격탄력성이 크지 않고, 경쟁이 치열하지 않을 경우 활용되는 전형적인 가격결정법이다.

- 소매가격 = 소매매입원가(도매가격) + 소매업자 영업비용 + 소매업자 이익
- 소매매입원가 = 생산자가격 + 도매업자 영업비용 + 도매업자 이익
- 도매가격 = 도매매입원가(생산자가격) + 도매업자 영업비용 + 도매업자 이익
- 도매매입원가(생산자가격) = 제조원가 + 생산자 영업비용 + 생산자 이익

▶▶ 필수예제

01

원가가산(코스트 플러스)에 의한 가격 결정방법으로 상품의 판매가격을 결정하고자 한다. 아래에 주어진 가격 구성비용을 이용하여 계산한 소매업자의 판매가격은?

- 제조원가: 5,000원
- 도매매입원가: 7,000원
- 도매 영업비용: 1,000원
- 도매 이익: 1,000원
- 소매업자 영업비용: 2,000원
- 소매업자 이익: 1,000원

해설 도매가격 = (도매매입원가 + 도매 영업비 + 도매 이익) + (소매 영업비 + 소매이익)
= (7,000 + 1,000 + 1,000) + (2,000 + 1,000) = 12,000

02

원가가산에 의한 가격 결정방법으로 상품의 도매가격을 10,000원으로 결정하였다. 원가 구성이 아래와 같을 때, 도매업자의 이익은?

- 제조원가: 5,500원
- 생산자 가격: 7,000원
- 도매업자 영업비용: 1,500원

해설
- 생산자 가격 = 도매매입원가이며,
- 도매가격 = 도매매입원가 + 도매업자 영업비용 + 도매업자 이익이므로,
- 10,000 = 7,000 + 1,500 + 도매업자 이익, 따라서 도매업자의 이익은 1,500원이다.

---

② 가산이익률 가격결정

가격 = (총고정비용 + 총변동비용 + 이익목표) / 총생산량

③ 손익분기점(BEP) 분석에 의한 가격결정: 최소한 어느 정도를 판매할 때 손실을 피할 수 있을 것인지를 고려하여 가격을 결정한다.

- BEP(판매량) = 총고정비용 / (단위당 가격 − 단위당 변동비용)
- BEP(매출액) = 총고정비용 / [1 − (단위당 가격 − 단위당 변동비용)]

④ 목표투자이익률에 따른 가격결정: 기업이 목표로하는 투자이익률을 달성할 수 있도록 가격을 결정하는 방법이다.

가격 = (투자비용 × 투지이익률 목표(%) / 표준생산량) + 단위당 비용

(2) 시장중심 가격결정법

경쟁사를 고려한 적정 가격 수준을 제시하거나, 주된 경쟁사의 제품가격과 동일 또는 비슷한 수준에서 가격을 결정한다. 시장 수요의 변화, 가격탄력성을 바탕으로 제품의 가격을 결정할 수 있는데, 가격탄력성이란 제품의 가격이 상승 혹은 하락에 따라 수요가 감소하거나 증가하는 현상을 말한다.

CHECK

㉠ 가격 결정에 영향을 주는 요인

- 내부적 요인
  - 제품특성: 생산재, 소비재, 필수품, 사치품, 표준품, 계절품
  - 비용: 제조원가, 직간접비, 고정비 및 변동비, 손익분기점
  - 마케팅 목표: 기업생존 목표, 이윤극대화 목표, 시장점유율 목표
- 외부적 요인
  - 고객수요: 소비자 구매능력, 가격탄력성, 품질, 제품이미지, 용도
  - 유통채널: 물류비용, 유통단계별 영업비용, 유통 이익
  - 경쟁환경: 경쟁기업의 가격 및 품질, 대체품 가격
  - 법, 규제, 세금: 독점금지법, 협회 등의 가격 규제, 세금제도

㉡ 가격탄력성

- 가격탄력성은 가격이 1% 변화하였을 때 수요량의 변화 비율을 의미한다.
- 가격탄력성 = 수요변화율 / 가격변화율
- 가격탄력성이 1보다 크면 수요변화가 크다. 즉, 탄력적이라는 의미이다.
- 상품에 대한 수요량은 가격이 상승하면 증가한다.
- 가격탄력성은 - 1부터 1 사이의 값으로 나타난다.
- 대체재가 많고 상품 가격이 소비자의 소득에서 차지하는 비중이 큰 경우 수요가 탄력적이지만, 쌀 등의 생활필수품처럼 반대의 경우라면 수요는 비탄력적이다.
- 가격탄력성은 생필품일 경우 0보다 작게, 사치품일 경우 1보다 크게 나타난다.

2 가격유지 정책

경쟁시장체제하에서 기업이 매출을 증대시키기 위한 수단으로서 가격인하 정책이 일반적인 방법이다. 그러나 완전경쟁시장에서는 판매가격 기준이 형성되어 있는 것이 현실이고 무리한 가격인하 정책으로 인해 경쟁사의 보복적인 행위가 나타날 수 있으므로 서로의 이익을 추구하면서 가격을 유지하는 정책이 필요하다.

(1) 비가격경쟁에 의한 가격유지

가격인하라는 수단이 아닌 광고, 제품 차별화, 판매 계열화, 신제품 개발, Blue Ocean 발굴 및 개척 등 브랜드 이미지나 고객 세분화에 의한 경영 전략에 기초하여 가

격 외적인 관점에서 경쟁구도가 형성되는 경우를 말한다.

(2) 리베이트 전략에 의한 가격유지

리베이트(Rebate)란 판매자가 지급받은 판매대금의 일부를 사례금이나 보상금의 형식으로 지급인에게 되돌려주는 행위를 말한다. 가격할인과는 다른 인센티브의 개념이며 판매촉진이나 고객관리 목적으로도 활용된다.

06 수주관리

1 수주관리의 개념

수주관리는 고객(거래처)으로부터 접수된 주문품을 고객이 원하는 납기일 내에 납품할 수 있도록 관리하는 과정이다. 납품이 지연되면 고객 불만을 야기하여 미래의 판매기회가 줄어들거나 잃을 수 있다.

2 수주관리의 내용

(1) 견적

① 견적은 수주 이전의 활동으로서, 고객의 요청에 따라 판매하고자 하는 물품의 내역과 가격 등을 산출하여 제시한다.
② 견적은 처음 거래를 하는 고객인 경우와 기존의 고객이 신규 상품을 거래하는 경우에 진행되는 것이 일반적이다.
③ 견적은 거래 물품의 시장가격이 변동할 경우에도 진행될 수 있다.

(2) 수주

수주는 고객으로부터 주문품에 대해 주문을 받는 것을 말한다. 주문을 받을 때는 주문품 내역(품목, 수량, 단가 등), 거래처(납품처), 납기, 대금회수조건 등을 확인해야 한다.

(3) 수주등록

수주등록은 고객의 주문내역을 ERP 시스템에 등록(입력)하는 것이며, 수주등록 후에는 고객에게 납기를 통보하게 된다. 주문품목에 대한 생산완료 예정일 및 예정량, 일자별 현재고 및 재고가용량, 약속가능재고(ATP; Available－To－Promise) 등을 고려하여 납기를 결정한다. 수주량 대비 현재고가 충분하여 즉시 출고가 가능하면 고객과 협의하여 수주등록 시 납기를 바로 결정할 수도 있다. 현재고는 부족하지만 추후 생산예정수량이 계획되어 있다면 수주등록 후 생산완료 예정일자를 근거로 고객에게 납기를 통보한다. 만약 재고가 부족하고 예정생산량이 없다면 수주를 등록한 후 해당 제품의 생산 계획일정을 확인하고 고객에게 납기를 통보한다.

필수예제

아래의 [보기]는 A거래처로부터의 수주현황과 기업의 5월 첫째주 재고현황이다. 예정납기일(출고일)을 거래처에 통보하려고 할 때, 가능한 가장 빠른 일자는 몇 일차인가?

- 1일: A거래처 수주량 90
- 1일: 현재고 60
- 2일: 재고 가용량 50
- 3일: 생산완료 예정량 30
- 4일: 생산계획 예정량 20
- 5일: 재고 가용량 70
- 6일: 생산완료 예정량 20
- 7일: 생산계획 예정량 50

해설 A거래처 수주량이 90이므로 재고 가용량이 90 이상인 날을 납기로 결정하고, 5일의 재고 가용량이 70, 6일에 생산완료 예정량이 20이며, 합하면 90이므로 6일차에 예정 납기일을 통보한다.

3 고객중점화 전략

고객중점화 전략은 우량 거래처(고객)를 선정하여 중점 관리함으로써 장기간의 거래를 통한 매출 증대와 판매목표를 달성하기 위한 전략이다.

(1) 고객(거래처) 중점 선정 방법

① ABC 분석(Pareto 분석): 관리해야 할 대상의 수가 많아서 전부를 일정하게 관리하기가 곤란한 경우에, 관리 대상을 A, B, C로 구분하여 중요 고객이나 거래처를 A그룹으로 편성하여 최우선 중점 관리하는 방법이다. A그룹에 속한 고객 수는 적으나 매출실적은 전체 중 70% 이상을 차지하는 고객들이고, 나머지 B와 C그룹 순서로 분류하여 관리한다. 기업 경쟁력, 판매능력, 성장가능성 등의 다양한 요인들을 고려하지 못하는 약점이 있다.

② 매트릭스 분석: ABC 분석방법의 단점을 보완하기 위한 방법으로서, 중요 고객을 선정하는 기준으로 두 가지 요인을 고려하는 방법이다. 고객이나 거래처의 특성을 두 가지 평가기준에 따라 상세히 범주화할 수 있는 장점이 있다. 판매 실적뿐

만 아니라 기업 경쟁력이나 성장 가능성 등을 평가기준으로 포함시킴으로서 우량 고객이나 거래처를 선정할 수 있다.

> ✔ **CHECK**
> 매트릭스 분석은 중점 고객을 선정하는 방법 중 하나로, ABC분석이 다양한 요인들을 고려하지 못한다는 단점을 보완한 것이다. 이 방법은 우량 고객을 선정하기 위해 고려해야 할 서로 다른 2개의 요인을 이용하여 이원표를 구성한 다음, 이원표 내의 위치에 따라 고객을 범주화하고 우량고객을 선정한다.

③ 포트폴리오 분석: 3가지 이상의 가중치를 이용하여 다면 분석함으로서 고객과의 거래상황을 종합적으로 평가하고 관리할 수 있는 방법이다.

07 대금회수

영업활동의 수익성 향상과 대금지급능력 유지를 위해 원활한 자금 운용과 관리를 해야 한다. 매출채권(외상매출금, 어음 등)의 적절한 회수를 하기 위해서는 고객이나 거래처의 신용도 파악, 신용한도 설정, 외상매출금 회수계획 및 회수관리가 필요하다.

1 신용거래와 신용(여신)한도

신용거래란 물품을 인도한 후 물품대금은 일정기간 후에 결제하는 외상거래이며, 신용한도는 거래처마다 외상매출을 허용할 수 있는 금액의 한도를 말한다. 여신한도는 거래처에 외상매출이 가능한 최고 한도액이다.

제품을 생산하여 판매하는 기업의 경우 여신한도 관리는 생산과 연계한 ERP 시스템의 중요한 기능이 되기도 한다. 여신한도와 ERP 시스템의 프로세스는 다음과 같다.

여신한도 → 영업 조정 → 생산 지시(재고 고려) → 자재 구매(청구) → 발주등록 → 자재 입고 → 생산 출하

2 신용한도 설정법

(1) 자금 운용상의 신용한도 설정법

매출채권 한도액 = 매출액 × 자금고정기간 (자금고정기간 = 자금조달기간 / 365일)

① 매출채권 회수기간

- 매출채권을 회수하는 데 소요되는 평균일수
- 매출채권 회수기간 = 365 / 매출채권 회전율

② 매출채권 회전율

- 매출채권이 현금으로 회수되는 속도
- 매출채권 기말잔액이 1년간의 영업활동을 통해 현금인 매출액으로 회전되는 속도
- 매출채권 회전율이 높다는 것은 매출채권이 정상적으로 회수되고 있다는 의미이며, 회수기간이 짧아지므로 수익 증가로 이어진다.
- 매출채권 회전율이 낮아진다는 것은 매출채권 회수기간이 길어지므로 대손발생의 위험이 증가

> • 매출채권 회전율 = 매출액 / 매출채권, 매출채권 = (기초매출채권 + 기말매출채권) / 2
> • 매출채권 회수기간 = 매출채권 잔액 / 매출액 × 365일
> • 매입채무 지급기간 = 매입채무 잔액 / 매출액 × 365일
> • 재고회전기간 = 상품재고잔액 / 매출액 × 365일
> • 자금조달기간 = 재고회전기간 + 매출채권회수기간 − 매입채무지급기간

CHECK

여신한도액은 순운전자본(유동자산 − 유동부채)보다 적게 설정하는 것이 일반적이다.

▶▶ 필수예제

01

A사의 2018년도 매출액은 1,600,000원, 기말 매출채권 잔액은 160,000원일 때, 매출채권이 1회전하는 데 소요되는 기간은?

해설
- 매출채권 회전율 = 매출액 / 매출채권 = 1,600,000원 / 160,000원 = 10
- 매출채권이 연 10회 회전한다는 의미이므로, 1회당 회전기간은 1년(365일)의 1/10인 36.5일이 된다.

02

아래의 자료를 이용하여 매출채권한도액을 계산하시오.

• 매출액: 700만원	• 매출채권잔액: 100만원
• 자금조달기간: 73일	• 재고회전기간: 20일

해설 • 자금고정기간 = 자금조달기간 / 365일
• 매출채권한도액 = 매출액 × 자금고정기간 = 700만원 × (73일 / 365일) = 140만원

③ 순운전자본

- 순운전자본은 단기간에 상환을 고려하지 않고 운용할 수 있는 자본이며, 운영자금의 유동성을 나타낸다.
- 매출채권한도가 순운전자본보다 많아지면, 운영자금조달이 악화될 수 있으므로 외상매출이나 어음 회수기간을 단축해야 하고, 현금지급은 어음지급으로 변경함과 동시에 지급기일을 연장하는 것이 중요하다.

순운전자본 = 유동자산 총액 − 유동부채 총액

- 여신한도액이 순운전자본보다 많아진 경우에 운전자본을 확보하기 위해서 상품재고를 감소시키고, 외상매출금이나 받을어음의 회수기간을 단축하며, 장기 회수기간 거래처를 감소시키고, 외상매입금을 증가시키는 등의 방법이 있다.

(2) 거래처별 여신한도 설정법

거래처별 여신한도는 거래처의 신용도, 판매능력, 담보 등을 고려해서 설정하는 것이 일반적이다. 여신한도액이 순운전자본을 초과할 때는 외상매출을 억제하고 각종 대금 지불은 어음 지불이나 연장 또는 가급적 늦게 지급하는 것이 바람직하다.

① 타사 한도액 준용법: 동일 업종의 경쟁기업이 설정한 한도액을 고려하여 설정하는 방법인데, 경쟁기업의 설정 한도를 구체적으로 파악할 수 있느냐가 관건이 된다.

② 과거 총 이익액의 실적 이용법: 거래처에 대한 과거 3~5년간의 총 이익액의 누계 실적을 산출하여 그 값을 여신한도로 설정하는 현실적인 방법이다.

여신한도액 = 과거 3년간의 회수 누계액 × 평균 총이익율 = 과거 3년간의 (총매출액 − 매출채권 잔액) × 평균총이익율

③ 매출액 예측에 의한 방법: 거래처에 대한 매출 예측액을 거래처의 신용능력으로 간주하여 신용한도를 설정하는 방법이다.

• 여신한도액 = 거래처의 총매입액 × 자사 수주점유율 × 여신기간 • 거래처의 총매입액 = 거래처의 예상매출액 × 매입원가율

④ 매출목표와 회수기간에 의한 방법: 기존의 거래처에 대한 목표매출액과 목표회수액을 설정하고 부서 책임자와 협의하여 승인을 받아 신용한도를 설정하는 방법이다.

⑤ 경영지표에 의한 방법: 거래처의 신용능력을 평가하기 위하여 성장성, 수익성, 안전성, 유동성, 활동성(회수성) 등과 관련된 경영지표(재무비율)나 재무제표(손익계산서, 대차대조표) 자료를 고려하여 여신 한도액을 설정한다.

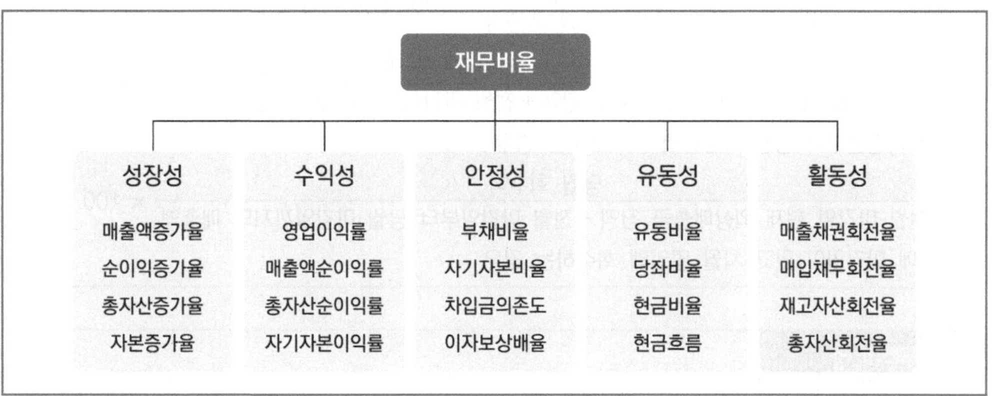

▶▶ 필수예제

거래처의 여신한도액 설정을 위해 경영지표의 측정치를 고려하고자 한다. 재무제표가 있는 경우 회수성을 나타내는 경영지표는 무엇인가?

해설 매출채권회전율

- 재무제표가 있는 경우의 경영지표
  수익성 – 이익율, 안정성 – 자기자본비율, 유동성 – 상품회전율, 회수성 – 매출채권회전율, 성장성 – 자산증가율
- 재무제표가 없는 경우의 경영지표
  수익성 – 수익금액, 안정성 – 차입금 비율, 유동성 – 운영자금, 성장성 – 매출액, 이익 증가율

3 대금회수 관리방법

대금회수 관리는 사전적 관리와 사후적 관리가 있으며, 본 학습서에서는 사전적 관리방법 중심으로 기술하였다. 대금회수의 기본적인 목표는 거래처의 외상매출금 회수율의 향상과 받을어음 기간의 정확한 관리를 통한 완전한 대금회수를 통해 기업의 자금운용을 원활하게 하고 수익성을 향상시키는 것이다. 즉, 대금회수의 사전적 관리는 회수율과 회수기간을 파악하는 것이 중요하다.

(1) 회수율 계산

- 회수율 = $\dfrac{\text{당월 회수액}}{\text{전월말 외상매출금 잔액} + \text{당월 매출액}} \times 100$: 일반적인 경우
- 회수율 = $\dfrac{\text{당월 회수액}}{\text{전전월말 외상매출금 잔액} + \text{당월 매출액}} \times 100$: 월말 마감의 차월 회수인 경우

$$= \frac{\text{전월 마감일부터 당월 마감일까지의 매출대금 총 회수액}}{\text{전월 마감일 현재 외상매출금 잔액} + \text{전월 마감일부터 당월 마감일까지의 매출액}} \times 100$$

: 전월 마감일부터 당월 마감일까지 회수하는 경우

$$= \frac{\text{당월 회수액}}{\text{전월 마감일 현재 외상매출금 잔액} + \text{전월 마감일부터 당월 마감일까지의 매출액}} \times 100$$

: 월중에 마감일이 있고 차월 말일에 회수하는 경우

▶▶ 필수예제

01

월말 마감의 차월 회수방법으로 회수율을 계산하고자 한다. 아래에 주어진 정보를 바탕으로 8월의 회수율을 산출하면?

- 8월 매출액: 1억원
- 8월 회수액: 2억원
- 6월 말 외상매출금 잔액: 3억원

해설 월말 마감의 차월 회수방법에 의한 회수율 계산

회수율 = 당월 회수액 / (전전월말 외상매출금잔액 + 당월매출액) × 100

= 2억원 / (3억원 + 1억원) × 100

= 50%

02

아래에 주어진 정보를 이용하여 당월 말에 마감하고 당월 회수하는 일반적인 대금회수율 계산 방식을 통해 당월의 외상매출금 회수율을 산출하면?

- 전월 회수액: 1,000,000원
- 당월 회수액: 2,000,000원
- 전월 매출액: 12,000,000원
- 당월 매출액: 16,000,000원
- 전월 말 외상매출금 잔액: 4,000,000원
- 당월 말 외상매출금 잔액: 2,000,000원

해설 당월 마감하고 당월 회수하는 일반적인 대금회수율 계산 방식에서

회수율(%) = (당월 회수액) / (전월 말 외상매출금 잔액 + 당월 매출액) × 100이므로

회수율(%) = 2,000,000 / (4,000,000 + 16,000,000) × 100 = 10(%)

(2) 회수기간 계산

$$\text{받을어음 회수기간} = \frac{\text{(각 받을어음 금액} \times \text{각 어음기간)의 합계}}{\text{매출총액}}$$

① 현금의 회수기간: 대금회수는 어음으로 회수하는 경우 이외에 현금으로 회수하는 경우가 있으므로 현금의 회수기간은 0으로 간주한다.

② 여신 잔액에 맞추어 어음기간을 조정하는 경우: 받을어음의 회수기간은 짧을수록 좋다.

$$\text{어음기간} = \frac{\text{(여신 한도액} \times \text{여신기간)} - \text{(현재까지 회수어음금액} \times \text{동 어음기간)}}{\text{외상매출금 잔액}}$$

▶▶ 필수예제

A거래처의 신용한도는 여신기간 30일, 여신한도액 1,000만원으로 설정되어 있다. A거래처의 외상매출금 600만원에 대하여 [보기]와 같이 받을어음을 회수하였다. 이 중, 받을어음 100만원에 대해 여신범위 내에서 가능한 최대 어음기간은?

[보 기]

- 받을어음 200만원(어음기간: 60일)
- 받을어음 300만원(어음기간: 30일)
- 받을어음 100만원(어음기간: ? 일)

해설 여신 잔액에 맞추어 어음기간을 조정할 경우

어음기간 = [(여신한도액 × 여신기간)−{(현재까지 회수된 각 어음금액 × 각 어음기간)의 합계}]
/ 외상매출금잔액
= [(1,000만원 × 30일)−{(200만원 × 60일) + (300만원 × 30일)}] / 100만원
= [30,000만원 − (12,000만원 + 9,000만원)] / 100만원
= 9,000만원 / 100만원 = 90(일)

---

(3) 회수관리

기본적으로 매출채권관리는 수익성과 안정성 관계의 딜레마가 존재한다. 매출채권관리는 신용판매정책을 완화함으로써 얻어지는 매출액 증가에 따른 영업이익 증가의 이점이 있으나, 다른 한편으로는 전체매출액 증가로 야기되는 생산비용 및 재고비용, 자금조달비용과 외상매출금 증가에 따른 대손위험, 회수비용 등의 Trade−off가 존재한다.

기업이 신용판매를 통하여 수익을 높일 수 있으나, 신용판매의 증가로 인한 매출채권의 회수가 지연되거나 대손이 발생하면 기업의 유동성이 악화되므로 사전에 매출채권 회수관리를 통한 재무적 성과를 높일 수 있을 것이다.

CHECK

- 회수율관리: 매출채권 회수율이 낮다는 것은 외상매출채권의 회수시간이 길어진다는 의미이며, 그에 따른 대손발생의 위험이 증가하고 여신한도액도 증가하게 되므로 신용판매와 함께 해당 거래처의 판매대금 회수 실적 자료를 통해 회수율을 확인하는 것이 필요하다.
- 회수기간 단축; 매출채권 회수기간을 단축하려면, 매출채권 규모에서 매출액을 증가시키거나 매출채권을 감축시키면서 매출액을 늘리는 방법이 있다. 또한 매출대금의 현금회수 비율을 높이고 어음기간을 가급적 단축시키는 것이 바람직하다.
- 과실의 유형: 판매자 측에 의한 과실이 발생하였을 때는 과실의 유형에 따른 처리 방안을 미리 마련해 두어야 한다.
  - 할인 약속의 미처리
  - 판매단가 수정의 미처리
  - 판매상품의 교환 또는 반품의 미처리
  - 거래처 판매 기장(입력) 오류의 미수정
  - 클레임건의 수량이나 금액에 대한 미처리
  - 강제판매에 의한 회수곤란
  - 위탁상품 판매대금의 미회수

CHAPTER 02 단원별 기출 확인문제

01 2018년 3회

판매계획에 대한 설명으로 옳지 않은 것은?

① 판매계획은 판매예측의 결과를 이용하여 판매목표액을 수립한다.

② 판매계획수립 시 시장점유율은 고려하지 않는다.

③ 판매계획은 자사의 성장가능성과 인적·물적자원의 능력까지 고려하여야 한다.

④ 판매계획은 경쟁사의 가격·품질·기능 그리고 판촉활동 및 판매경로의 강도 등에 영향을 받는다.

해설 판매계획수립 시에는 시장점유율을 고려하는 것이 일반적이다.

답 ②

02 2018년 3회

A기업은 교차비율을 기준으로 상품을 차등화하여 목표판매액을 할당하려고 한다. 다음 중 A기업의 교차비율 산출 및 목표판매액 할당방법으로 가장 적합하지 않은 것은?

① 교차비율은 한계이익율과 상품회전율의 곱으로 산출한다.

② 교차비율은 한계이익을 평균재고액으로 나눠 산출한다.

③ 매출액이 가장 낮은 상품에 대해 가장 높은 목표판매액을 할당한다.

④ 평균재고액이 가장 낮은 상품에 대해 가장 높은 목표판매액을 할당한다.

해설 매출액이 가장 높은 상품에 대해 가장 높은 목표판매액을 할당한다.
교차비율에 대한 문제가 다수 출제되었음을 참고하기 바란다.

답 ③

03 2018년 3회

가격결정에 영향을 미치는 요인 중에서 가격탄력성에 대한 설명으로 적절한 것은 무엇인가?

① 가격탄력성은 가격이 1% 변화하였을 때 수요량은 몇% 변화하는가를 절대치로 나타낸 크기이다.

② 상품에 대한 수요량은 가격이 상승하면 증가한다.

③ 가격탄력성은 − 1부터 1 사이의 값으로 나타난다.

④ 가격탄력성은 생필품일 경우 0보다 작게, 사치품일 경우 1보다 크게 나타난다.

해설
- 가격탄력성은 가격이 1% 변화하였을 때 수요량의 변화 비율을 의미한다.
- 가격탄력성 = 수요변화율 / 가격변화율, 가격탄력성이 1보다 크면 수요변화가 크다(탄력적)

답 ①

04 2018년 3회

㈜서울소프트웨어는 판매계획에서 설정된 목표매출액을 달성하기 위하여 전국을 지역별로 세분화하여 목표판매액을 할당하려고 한다. 목표판매액의 할당기준으로 사용하기에 가장 적절한 지표는?

① 유통수익율지수　　② 이익공헌도지수
③ 잠재구매력지수　　④ 판매생산성지수

해설 • 지역 및 시장별 할당 지표는 마케팅 활동과 관련된 잠재구매력 지수이다.
• 거래처별 판매할당은 유통수익율 지수, 상품 및 서비스별 판매할당은 이익공헌도 지수이다.

답 ③

05 2018년 3회

거래처의 신용능력을 평가하여 여신한도액을 설정하기 위하여 관련 경영지표를 고려하려고 한다. 경영지표와 세부측정치 간의 관계가 적절하게 연결된 것은?

① 성장성 – 유동비율　　② 안정성 – 상품회전율
③ 유동성 – 자기자본비율　　④ 회수성 – 매출채권회전율

해설 ① 유동성 – 유동비율, ② 유동성 – 상품회전율, ③ 안정성 – 자기자본비율

답 ④

06 2018년 3회

[보기]는 A거래처로부터의 수주현황과 기업의 5월 첫째주 재고현황이다. 예정납기일(출고일)을 거래처에 통보하려고 할 때, 가능한 가장 빠른 일자를 예와 같이 일 단위를 제외하고 숫자로만 기재하시오. (예 10)

[보 기]

• 1일: A거래처 수주량 90　　• 1일: 현재고 60
• 2일: 재고 가용량 50　　• 3일: 생산완료 예정량 30
• 4일: 생산계획 예정량 20　　• 5일: 재고 가용량 70
• 6일: 생산완료 예정량 20　　• 7일: 생산계획 예정량 50

해설 A거래처 수주량이 90이므로 재고 가용량이 90 이상인 날을 납기로 결정하고, 5일의 재고 가용량이 70, 6일에 생산완료 예정량이 20이므로 합하면 90이므로 6일차에 예정 납기일을 통보

답 6

07 다음 [보기]는 손익계산서의 자료이다. 손익분기점 분석을 이용하여 목표이익 20만원을 달성하는 데 필요한 목표매출액을 계산하여 직접 기재하시오. 단, 답안은 예와 같이 숫자로만 기입하시오. (예 10)

2018년 3회

[보 기]

- 매출액: 500만원
- 변동비: 300만원
- 고정비: 100만원

해설
- 변동비율 = 변동비(300만) / 매출액(500만) = 0.6
- 목표매출액 = [고정비(100만) + 목표이익(20만)] / [1 − 변동비율(0.6)] = 300만

답 300만원

08 거래처 Y의 신용한도는 여신기간 60일, 여신한도액 50만원으로 설정되어 있다. 금번 Y의 외상매출액 50만원 중, 일부는 [보기]의 받을어음으로 회수하였다. 잔액 10만원에 대해 가능한 최대 어음기간을 계산하여, 예와 같이 일단위를 제외하고 숫자로만 기재하시오. (예 10)

2018년 3회

[보 기]

- 받을어음 30만원(어음기간: 60일)
- 받을어음 10만원(어음기간: 90일)

해설 어음기간 = [(여신한도 × 여신기간) − (회수어음금액 × 어음기간)합계]/외상매출금 잔액
= [(500만 × 60일) − {(300만 × 60일) + (100만 × 90일)}]/100만 = 30

답 30일

09 손익분기점의 매출액을 목표매출액으로 결정하였다. [보기]의 자료를 이용하여 손익분기점에서의 목표매출액을 구하시오.

2018년 4회

[보 기]

- 매출액: 1,000만원
- 고정비: 80만원
- 변동비: 200만원

① 100만원
② 200만원
③ 300만원
④ 400만원

해설
- 변동비율 = 변동비(200만) / 매출액(1,000만) = 0.2
- 손익분기점 매출액 = 고정비(80만) / [1 − 변동비율(0.2)] = 100만

답 ①

10 다음 중 고객에 대한 과거 판매실적만을 근거로 중점관리 대상인 우량 거래처나 고객을
2018년 4회 선정하는 방법은?

① 파레토분석 ② 매트릭스 분석
③ 6 시그마 분석 ④ 거래처 포트폴리오 분석

해설 Pareto 분석(ABC 분석) 답 ①

11 다음은 수요예측에 대한 설명이다. 옳은 것은?
2018년 4회

① 수요예측이란 일반적으로 잠재수요의 크기만을 추정한다.
② 수요예측에서 예측기간이 길수록 판매액에 대한 예측오차를 줄일 수 있다.
③ 수요예측에서 상품·서비스의 구매 동기가 있어 바로 구매 가능한 경우는 유효수요에 해당한다.
④ 일반적으로 영속성이 있는 상품·서비스 보다 영속성이 없는 상품·서비스에 대하여 지속적으로 정확한 예측을 하기가 어렵다.

해설 ① 수요예측이란 일반적으로 잠재수요와 유효수요를 고려하여 추정한다.
② 수요예측에서 예측기간이 길수록 판매액에 대한 예측오차가 증가한다.
④ 일반적으로 영속성이 있는 상품·서비스가 영속성이 없는 상품·서비스보다 정확한 예측을 하기가 어렵다. 답 ③

12 다음 판매할당 방법 중에서 교차비율을 고려하여 목표판매액을 할당할 수 있는 방법은?
2018년 4회

① 영업사원별 할당 ② 지역 및 시장별 할당
③ 상품 및 서비스별 할당 ④ 거래처 및 고객별 할당

해설 판매할당은 영업거점별 할당, 영업사원별 할당, 상품 및 서비스별 할당, 지역 및 시장별 할당, 거래처 및 고객별 할당 등이 있다. 답 ③

13 다음 중에서 계절변동 등의 변동요인이 포함된 시계열 데이터를 이용하여 판매예측을하
2018년 4회 는 방법은 무엇인가?

① 이동평균법 ② 회귀분석법
③ 델파이법 ④ 수명주기 유추법

해설 이동평균법 외에 가중이동평균법, 지수평활법 등이 있다. 답 ①

14
2018년 4회

원가가산에 의한 가격 결정방법으로 상품의 소매가격을 1,000원으로 결정하였다. 이때 원가 구성이 다음 [보기]와 같은 경우에 소매업자의 이익은 얼마인가? (단, 답안은 예와 같이 단위(원)는 생략하고 숫자로만 작성할 것, 예 50)

[보 기]

- 제조원가: 200원
- 도매가격: 300원
- 소매업자 영업비: 100원

해설
- 소매가격 1,000 = 소매 매입원가(도매가격) 300 + 소매업자 영업비 100 + 소매업자 이익
- 소매업자 이익 = 1,000 − 300 − 100 = 600

답 600

15
2018년 4회

3월 1일에 거래처로부터 제품 100개를 수주하였으며, 파악된 3월의 재고 예상 현황은 [보기]와 같다. 예정납기일(출고일)을 거래처에 통보하려고 할 때, 가능한 가장 빠른 일자를 예와 같이 직접 기재하시오. (예 1월 1일)

[보 기]

- 3월 1일의 현재 재고수량: 90개
- 3월 2일의 재고 가용수량: 60개
- 3월 3일의 생산완료 예정수량: 50개
- 3월 4일의 생산계획 예정수량: 30개

해설
- 100개의 주문에 100개 이상의 재고가 필요함
- 3월 2일(60개) + 3월 3일(50개) = 110개이므로 3월 3일이 예정납기일이 됨

답 3월 3일

16
2018년 4회

외상매출금에 대한 마감일이 22일이며, 차월 말일을 회수일로하는 경우에 외상매출금의 회수율을 계산하려고 한다. 다음 [보기]의 (㉠), (㉡), (㉢)에 적절한 날짜를 순서대로 예와 같이 직접 기재하시오. (예 10, 15, 20)

[보 기]

회수율

$$= \frac{\text{당월 회수액}}{\text{전월 (㉠)일 현재 외상매출금 잔액} + \text{전월 (㉡)일부터 당월 (㉢)일까지의 매출액}} \times 100\%$$

해설
- 마감일이 22일, 차월 말일이 회수일인 경우 회수율은 아래와 같다.
- 회수율 = 당월 회수액 / (전월 22일 현재 외상매출금 잔액 + 전월 23일부터 당월 22일까지의 매출액) × 100

답 22, 23, 22

17 다음은 수요예측에 대한 설명이다. 옳은 것은?

2018년 5회

① 인과모형 분석은 개인의 판단과 의견을 종합적으로 분석하는 수요예측방법이다.
② 시계열분석 자료에는 오랜 세월에 걸쳐 추세적으로 나타나는 순환변동이 포함된다.
③ 판매점 조사에 의한 방법은 외부조사기관 의뢰에 의한 방법 중 하나로 정량적 방법에 속한다.
④ 수요예측을 실시하기 전에 기업은 예측의 목적에 따라 적정한 예측오차를 미리 설정하여야 한다.

해설 ① 인과모형 분석은 수집된 객관적 자료를 기초로 분석하는 수요예측방법이다.
② 시계열분석 자료에는 오랜 세월에 걸쳐 추세적으로 나타나는 경향변동이 포함된다.
③ 판매점 조사에 의한 방법은 정성적 방법에 속한다.

답 ④

18 가격결정 영향을 미치는 다음 요인들 중 외부적 요인에 해당하는 것은?

2018년 5회

① 제품특성 ② 고정비용
③ 마케팅목표 ④ 유통채널

해설 내부적 요인은 제품특성, 비용(원가), 마케팅 활동 등이 있으며, 외부적 요인은 고객의 수요, 유통판매 경로, 경쟁 환경, 관련 법 및 규제, 세금 등이 있다.

답 ④

19 다음 중 상품/서비스별 판매할당에서 교차비율을 구하는 식으로 틀린 것은?

2018년 5회

① 교차비율 = (매출액 − 변동비) / 평균재고액
② 교차비율 = 재고회전률 × 균재고액
③ 교차비율 = (1 − 변동비율) × 재고회전률
④ 교차비율 = (매출액 × 한계이익율) / 평균재고액

해설 교차비율 = 상품회전률 × 한계이익율 = [한계이익 / 평균재고액]

답 ②

20 다음은 경영지표에 의한 거래처별 여신한도 설정법에서 재무제표가 있는 경우 관련된 경영지표의 측정치로 맞게 짝지어지지 않는 것은?

2018년 5회

① 유동성 − 상품회전율 ② 수익성 − 유동비율
③ 안정성 − 자기자본비율 ④ 회수성 − 매출채권회전율

해설 유동성 − 유동비율(경영지표에 의한 여신한도 설정)

답 ②

21 2018년 5회

A기업은 당월마감하고 당월회수하는 일반적인 회수율 계산방식을 통해 외상매출금 회수율을 산출하고 있다. [보기]의 A기업의 관련 자료를 이용할 때, 6월의 외상매출금 회수율은 얼마인가?

[보 기]

- 5월 말 외상매출금 잔액: 400만원
- 6월 매출액: 600만원
- 6월 말 외상매출금 잔액: 600만원
- 6월 외상매출액 회수액: 400만원

① 20%　　② 40%

③ 60%　　④ 80%

해설

$$6월\ 회수율(\%) = \frac{6월\ 회수액\ 400만}{5월\ 말\ 외상매출금\ 잔액\ 400만 + 6월\ 매출액\ 600만} \times 100 = 40\%$$

답 ②

22 2018년 5회

경쟁환경하에서 적정한 이익을 추구하면서 가격을 유지하기 위하여 [보기]와 같은 방법들을 적용할 수 있다. [보기]의 ㉠과 ㉡에 적절한 한글용어를 예와 같이 기입하시오. (예 영업관리, 구매관리)

[보 기]

- 광고·판매, 제품차별화, 판매계열화 등 가격 외적인 면에서 행하여지는 (㉠) 경쟁에 의한 가격유지방법
- 생산업자와 판매업자 간, 또는 도매업자와 소매업자 간에 일정기간의 판매액을 기준으로 판매에 도움을 준 판매업자에게 이익의 일부를 되돌려주는 (㉡)전략에 의한 가격유지방법

답 비가격, 리베이트

23 2018년 5회

거래처(고객)별 여신한도를 결정하기 위하여 "과거 총이익액의 실적 이용법"을 적용하려고 한다. [보기]의 산출식에서 ㉠에 적절한 한글용어를 예와 같이 기입하시오. (예 영업관리)

[보 기]

- 여신한도액 = 과거 3년간의 회수누계액 × 평균총이익율
- 여신한도액 = 과거 3년간의 [총매출액 – (㉠)채권 잔액] × 평균 총이익율

해설 • 과거 총이익의 실적이용법을 이용한 여신한도액
= 과거 3년간(총매출액 – 외상매출 채권잔액) × 평균 총이익율

답 외상매출, 매출

24 2018년 5회

A기업은 유모차를 판매하는 기업이다. [보기]의 자료를 이용하여 A기업의 2019년도 목표매출액을 계산하시오.

[보 기]

- 2017년 A기업 매출액: 4억원
- 2018년 A기업 매출액: 8억원

해설 2019년 목표매출액 = 금년 자사매출실적 × (1 + 전년 대비 매출액 증가율)
= 8억 × (1 + 1) = 16억

답 16억

25 2018년 6회

수요예측의 원칙에 관한 설명으로 옳은 것은?

① 예측오차의 발생확률은 예측하는 기간의 길이에 반비례한다.
② 예측기간이 짧을수록 장기예측에 비하여 예측의 적중률이 떨어진다.
③ 수요가 안정적인 기간은 불안정한 기간에 대한 예측보다 적중률이 떨어진다.
④ 기존의 상품이나 서비스에 대한 예측은 신규 상품이나 서비스에 대한 예측보다는 적중률이 높아진다.

해설 ① 예측오차의 발생확률은 예측하는 기간의 길이에 비례한다.
② 예측기간이 짧을수록 장기예측에 비하여 예측의 적중률이 높아진다.
③ 수요가 안정적인 기간은 불안정한 기간에 대한 예측보다 적중률이 높아진다.

답 ④

26 판매계획은 기업의 판매목표 및 판매활동에 관한 계획이다. 판매계획 순서를 옳게 나열한 것은?
2018년 6회

① 수요예측 → 시장조사 → 판매할당 → 판매예측 → 판매목표설정
② 수요예측 → 시장조사 → 판매예측 → 판매목표설정 → 판매할당
③ 시장조사 → 판매예측 → 수요예측 → 판매할당 → 판매목표설정
④ 시장조사 → 수요예측 → 판매예측 → 판매목표설정 → 판매할당

해설 시장조사 → 수요예측 → 판매예측 → 판매목표설정 → 판매할당

답 ④

27 판매단가는 200원, 단위당 변동비는 120원, 연간 고정비가 50만원인 제품의 손익분기점(BEP)에 해당하는 연간 매출수량은 얼마인가?
2018년 6회

① 6,000개
② 6,250개
③ 6,500개
④ 6,750개

해설
- 변동비율 = 변동비(120) / 매출액(200) = 0.6
- 손익분기점 매출액 = 고정비(50만) / [1 − 변동비율(0.6)] = 1,250,000
- 매출액 1,250,000 = 매출량 × 판매단가(200)이므로
- 매출량 = 1,250,000 / 200 = 6,250개

답 ②

28 지수평활법을 이용하여 3월의 판매량을 예측하려고 한다. 과거의 실제 판매량과 예측판매량이 보기와 같을 때, 3월의 예측판매량으로 옳은 것은? (단, 지수평활상수 α = 0.4이다.)
2018년 6회

[보 기]

월	1	2	3
실제판매량	200	300	100
예측판매량	200		

① 150
② 180
③ 200
④ 240

해설
- 2월 판매예측치 = (1월 매출실적 × 평활상수) + [1월 예측치 × (1 − 평활상수)]
  = (200 × 0.4) + [200 × (1 − 0.4)] = 200
- 3월 판매예측치 = (2월 매출실적 × 평활상수) + [2월 예측치 × (1 − 평활상수)]
  = (300 × 0.4) + [200 × (1 − 0.4)] = 240

답 ④

29 2018년 6회

다음 중 매출채권회전율이 높아졌을 경우에 대한 설명으로 가장 적합하지 않는 것은 무엇인가?

① 자금조달 기간이 길어진다.

② 수익증가의 원인이 된다.

③ 매출채권의 회수기간이 짧아진다.

④ 대손발생의 위험이 낮아진다.

해설 매출채권 회전율이 높아졌을 경우에는 자금조달 기간이 단축된다.

답 ①

30 2018년 6회

[보기]의 (　　)에 공통적으로 들어갈 적절한 한글용어를 예와 같이 기입하시오. (예 영업)

[보 기]

- (　　)분석은 고객 중점화 전략 중 하나로, ABC분석이 다양한 요인들을 고려하지 못한다는 단점을 보완한 분석 방법이다.
- (　　)분석은 우량 거래처나 고객을 선정하기 위해 고려해야 할 서로 다른 2개의 요인을 가로축과 세로축의 기준으로 이원표를 구성한다.

답 매트릭스(또는 메트릭스, 행렬)

31 2018년 6회

A기업은 유모차를 판매하는 기업이다. [보기]의 자료를 이용하여 A기업의 2019년도 목표매출액을 계산하시오. (숫자만 기입)

[보 기]

- 2017년 A기업 매출액: 4억원
- 2018년 A기업 매출액: 8억원

해설 2019년 목표매출액 = 금년 자사매출실적 × (1 + 전년 대비 매출액 증가율)
= 8억 × (1 + 1) = 16억

답 16

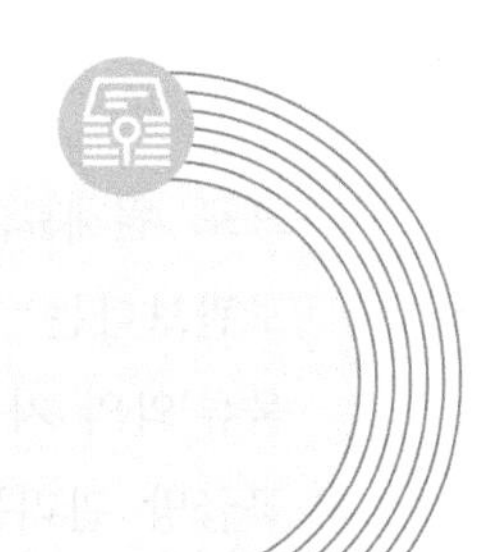

CHAPTER 03 공급망 관리

01 SCM(Supply Chain Management)의 의의

1 SCM의 개념과 최신동향

(1) 공급망의 정의

① 공급망(Supply Chain)이란 '공급(Supply)하는 연결망(Chain)'이라는 뜻으로, 경제 활동에 따른 수요와 공급 관계의 모든 물자, 정보, 자금 흐름의 연결망을 의미한다.

② 공급망은 원자재와 부품의 공급업체에서 생산 공장에 납품되어 생산 과정을 거친 후 물류업체, 유통업체, 고객에 이르기까지 모든 원자재·부품·제품·상품·정보·서비스를 제공하는 것과 관련되는 모든 흐름과 활동을 의미한다.

(2) SCM의 정의

① 물류(Physical Distribution)는 '제품을 물리적으로 생산자로부터 최종 소비자에게 이전하는 데 필요한 포장·보관·하역·운송·정보 등에 관한 행위'이다. [미국물류관리협의회(NCPDM)]

② 로지스틱스(Logistics)는 'Physical Distribution'이 확장 발전되어 '원·부자재의 조달에서부터 제품의 생산·판매·반품·회수·폐기에 이르기까지 구매 조달, 생산, 판매 물류의 통합된 개념의 물류'이다.

③ 공급망관리(Supply Chain Management)는 '원·부자재 공급자로부터 최종 소비자에 이르기까지 전 과정에서 각 기능 간 재화·정보·자금의 흐름을 최적화하고 동기화하여 공급망 전체의 경영효율을 극대화하는 전략'이다.

④ 물류가 상품공급 지향적이라면 로지스틱스는 고객 만족을 위한 고객지향 시스템

으로 원재료, 반제품, 완성품 이외에 정보관리가 포함되어 있고, 로지스틱스는 보관보다는 흐름(Flow)관점을 우선하는 효율화를 촉진한다는 점이 '공급관점의 물류'와의 차이점이 있다.

⑤ 공급망 관리는 공급망 전체의 불확실성에 대응하기 위하여 정보시스템에 의한 기업 간 전략적 협업의 관점이라는 데 차이가 있다.

⑥ 공급망 관리의 흐름도

- 제품의 흐름: 공급자로부터 고객에게 물품을 수송하는 과정이며, 물품 반환이나 애프터서비스 요구 등을 모두 포함한다.
- 정보의 흐름: 구매생산, 판매정보의 동기화를 의미하며, 고객주문에 따른 배송상황의 정보 갱신 등이 포함된다.
- 재정의 흐름: 공급자로부터 최종고객에 이르기까지의 재화의 흐름을 의미하며 신용조건, 대금지불계획, 위탁판매, 권리 및 소유권 합의 등이 포함된다.

아래의 그림에서 물적 유통이 제품의 흐름에 해당된다.

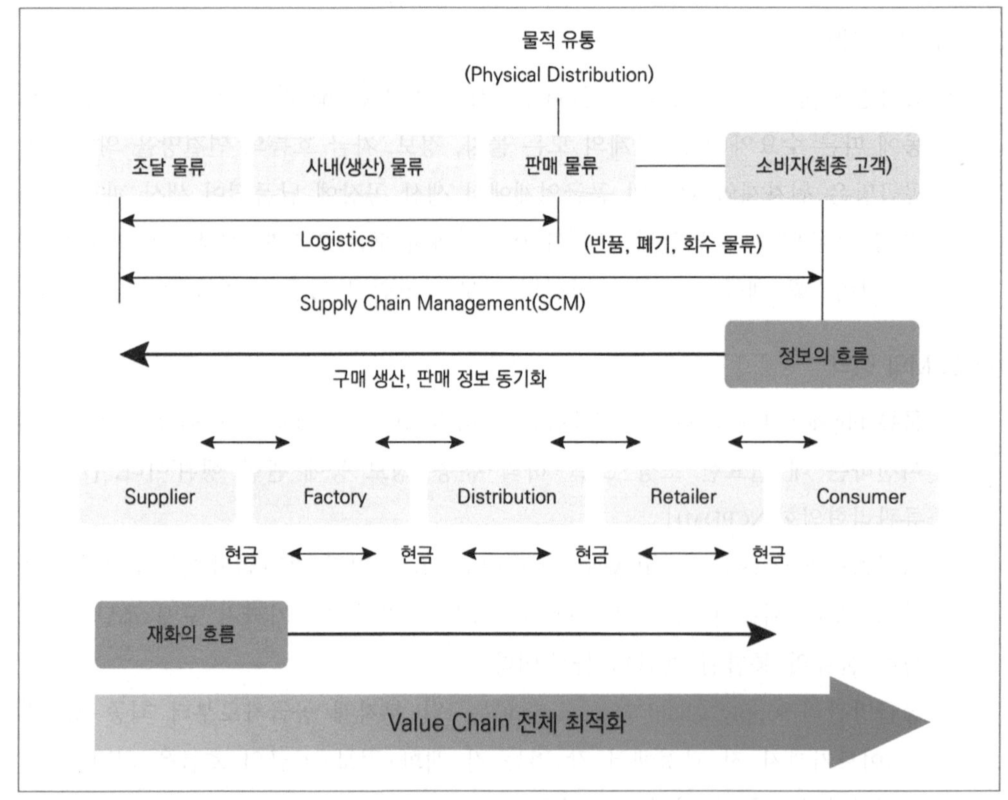

▲ 공급망 관리의 흐름도

(3) 공급망 관리의 필요성

① 기업 간의 경쟁에 있어서 시간적 요소가 깊게 연관되기 시작하고, 기업 간의 연결이 늘어나면서 공급 체인의 복잡화가 현저해졌기 때문에 아웃소싱과 제휴를 모색하게 되었다.

② 공급망을 구성하는 원자재·부품 공급자, 중간부품 제조업체, 완제품 제조업체, 물류업체, 도매상·소매상의 유통업체, 최종 고객에 이르기까지 생산과 서비스의 주체들은 공급망의 거래비용절감을 위하여 시스템통합(Integration)에 의한 실시간(Real Time) 정보동기화와 협업(Collaboration)이 절대적으로 중요하다.

(4) 공급망 관리의 도입효과

① 작업지연시간의 단축

② 철저한 납기관리

③ 수주처리기간의 단축

④ 업무운영 효율화에 의한 비용절감

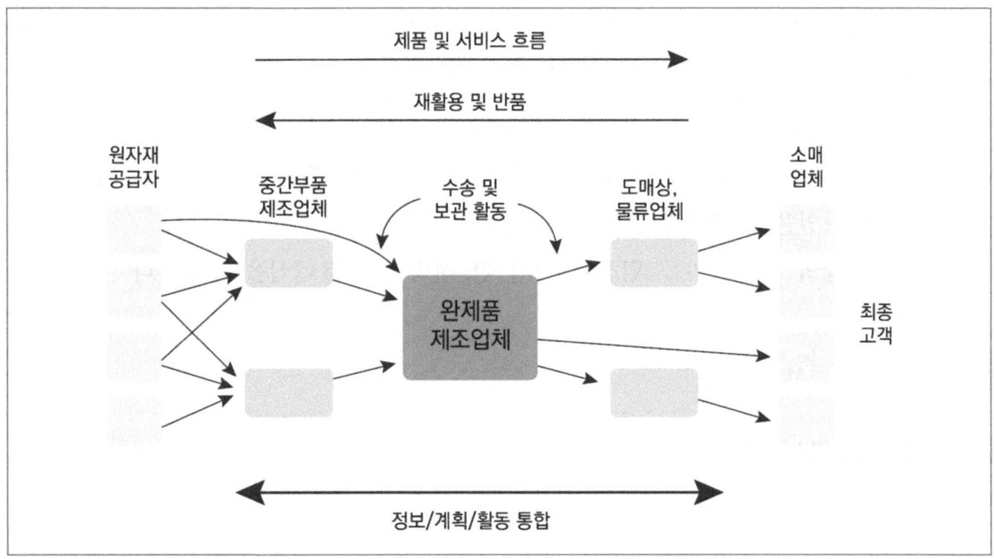

▲ 공급망 구성도

(5) 채찍효과

① 채찍효과 (Bullwhip Effect)는 공급망의 하류(Down Stream)에 해당하는 소매상에서의 고객수요가 공급망의 상류(Up Stream)로 소비자·소매상 → 도매상 → 제조기업 → 원재료 공급자까지 이어지면서 수요예측의 왜곡과 과대한 주문이 확대되고 누적되어 가는 현상이다.

② 수요·공급의 변동은 제품 품절에 의한 고객서비스 수준 하락, 과도한 안전재고, 공급망 상의 비용 상승 등을 초래한다.

③ 채찍효과 원인

- 잦은 수요예측 변경: 변동하는 고객 주문을 반영하여 수요예측, 생산, 발주와 일정계획을 자주 갱신하게 된다.
- 일괄주문방식: 운송비·주문비의 절감을 위하여 대량의 제품을 한꺼번에 발주한다.
- 가격 변동: 불안정한 가격구조, 가격할인 행사 등으로 불규칙한 구매 형태를 유발한다.
- 리드타임(Lead Time) 증가: 조달 리드타임이 길어지면 수요·공급의 변동성·불확실성이 확대된다.
- 과도한 발주: 공급량 부족으로 주문량보다 적게 할당될 때, 구매자가 실제 필요량보다 확대하여 발주하게 된다.

④ 채찍효과 대처방안

- 공급망 전반의 수요정보를 중앙 집중화하여 불확실성을 제거한다.
- 안정적인 가격구조로 소비자 수요의 변동 폭을 조정한다.
- 고객과 공급자가 실시간으로 정보를 공유한다.
- 제품 생산과 공급에 소요되는 주문 리드타임과 주문 처리에 소요되는 정보 리드타임을 단축한다.
- 공급망의 재고관리를 위하여 기업 간 전략적 파트너십을 구축한다.

2 SCM의 프로세스 구조

(1) 공급망 프로세스의 개념

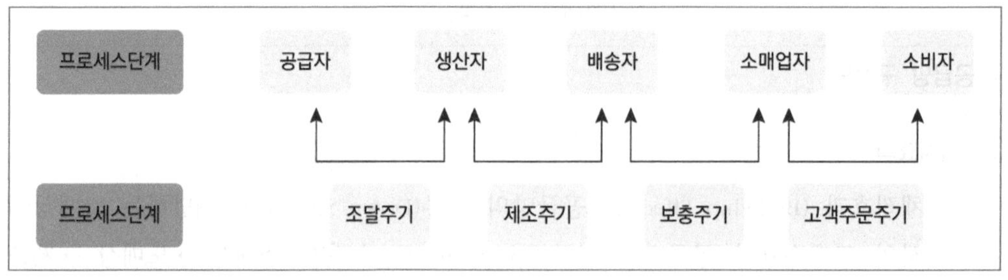

▲ 공급망 프로세스의 구조(Value Chain)

공급망 프로세스는 고객의 수요를 충족하기 위하여 제품생산에 필요한 원자재의 투입부터 제품생산을 거쳐 그 제품을 고객에게 전달하는 활동의 유기적인 과정이다.

(2) 공급망 프로세스의 통합

① 공급망 전체의 공동 이익을 위하여 비전 공유, 고도의 협업, 실시간 정보공유 등의 상호작용이 요구된다.

② 고객요구나 시장 환경에 대응하기 위하여 프로세스를 동기화(同期化)하는 공급망 프로세스 통합이 필요하다.

(3) 공급망 프로세스의 경쟁능력 결정요소

① 비용(Cost): 투입 자원의 효율적 활용과 조직 운영, 낭비 제거와 생산성 향상, 불량품 감축, 원자재 구입비용 감축, 프로세스 표준화, 지속적 프로세스 개선과 개발을 이루는 능력이다.

② 품질(Quality): 우수한 설계 능력으로 성능이 우수한 제품을 설계하거나, 제품이 가져야 할 규격에 부합되도록 제조하는 능력이다.

③ 유연성(Flexibility): 설계 변화와 수요의 환경 변화에 효율적으로 대응하고 고객이 원하는대로 제품이나 서비스를 창출하는 능력이다.

④ 시간(Time): 경쟁사보다 빠르고 고객의 욕구를 충족시켜 줄 수 있는 새로운 제품을 개발하며, 신속하고 정시에 요구한 수량을 배송하는 능력이다.

3 SCM의 정보시스템

(1) 공급망 정보의 특징

① 정보량이 많고 업무내용이 다양하여 획일적 처리가 곤란하다.

② 정보의 발생 장소·처리 장소·전달 장소 등이 광역으로 분산되어 있다.

③ 지역, 계절, 시간에 따라 수요 변화가 현저하므로 유연한 대응시스템이 필요하다.

(2) 공급망관리 정보시스템의 효과

① 고객주문 및 처리시간의 단축으로 고객서비스 향상이 가능하다.

② 재고량 축소로 재고비용을 절감한다.

③ 신속하고 저렴한 운송방법 탐색으로 운송비용을 절감한다.

④ 소비자의 구매 성향을 쉽게 파악하여 최적의 제품 구색이 가능하다.

(3) 공급망관리 정보시스템의 유형

① 창고관리시스템(WMS: WareHouse Management System): 주문피킹, 입출고, 재고관리 등의 자동화를 통하여 신속·정확한 고객대응력과 재고 삭감, 미출고·오출고 예방을 목적으로 한다.

② 효율적 소비자 대응 시스템(ECR: Efficient Consumer Response): 유통업체와 제조업체가 효율적인 상품 보충, 점포 진열, 판매 촉진, 상품 개발을 목적으로 POS 시스템 도입을 통하여 상품을 보충하는 전략이다.

③ 신속 대응 시스템(QR: Quick Response): 미국의 패션의류 산업에서 소매업자와 제조업체가 정보공유를 통하여 효율적인 생산과 공급망 재고량을 최소화하는 전략이다.

④ 크로스도킹 시스템(CD: Cross Docking): 물류센터에 보관하지 않고 당일 입고, 당일 출고하는 통과형 운송 시스템으로 24시간 이내 직송하는 공급망 간 협업 시스템이다.

⑤ 지속적 보충 프로그램(CRP: Continuous Replenishment Program): 제조업체의 효과적인 재고관리와 유통업체의 적시 재고보충이 가능하도록 결품비율을 최소화하고 상호 협력기능을 강화한다.

⑥ 협력사관리재고 시스템(VMI: Vendor Managed Inventory): 유통업체 물류센터의 재고 데이터를 협력사(제조업체)로 전달하면 협력사가 물류센터로 제품을 배송하고 유통업체의 재고를 직접 관리하는 방식으로 재고관리 책임을 협력사에게 위탁하는 성격의 시스템이다.

⑦ 공동재고관리 시스템(CMI: Co-Managed Inventory): VMI에서 한 단계 더 발전한 개념으로 소매업체(유통업체)와 협력사(제조업체)가 공동으로 판촉 활동, 지역 여건, 경쟁 상황을 고려하면서 적절하게 재고수준을 관리하는 방식으로 JMI(Jointly Managed Inventory)라고도 한다.

⑧ 컴퓨터 지원 주문 시스템(CAO: Computer Assisted Ordering): 제조업체의 창고, 유통센터, 소매업체에 이르는 전체 재고를 파악하고 컴퓨터에 의한 자동 주문을 수행하여 효과적인 수배송 계획을 지원해 주어 물류비용을 감소시켜 주는 방식이다.

⑨ 전자 주문 시스템(EOS: Electronic Ordering System): 상품의 부족분을 컴퓨터가 거래처에 자동으로 주문하여 항상 신속하고 정확하게 해당 점포에 배달해 주는 시스템으로, 편의점·슈퍼마켓 등 체인 사업에서 상품을 판매하면 POS데이터를 거래처에 자동적으로 중앙 본부에 있는 컴퓨터에 입력하는 방식이다.

⑩ 전자 조달 시스템(e-procurement): 기업에서 원재료 조달을 위한 파트너 선정, e-카탈로그에 의한 원재료의 물품 수량 결정 및 주문, 전자 대금 지불을 실시간으로 가능하게 해 줌으로써 시간과 비용을 절약한다.

⑪ 협업적 계획 예측 보충 시스템(CPFR: Collaborative Planning-Forecasting and Replenishment): 제조업체가 유통업체와의 협업 전략을 통하여 상품 생산을 공동으로 계획하고, 생산량을 예측하며 상품의 보충을 구현하는 방식이다.

⑫ 카테고리 관리(Category Management): 상품 카테고리 관리자가 POS데이터 분석, 인구 통계학적 특성 파악 등 최적의 상품 믹스를 하는 데 도움이 된다.

⑬ 지연 전략(Postponement): 공장이 아니라 시장 가까이에서 제품을 완성하는 제조 시점 지연을 통해 소비자가 원하는 다양한 수요를 만족시킨다.

⑭ SCP 시스템(Supply Chain Planning): 기업 내부의 영업, 재고, 생산, 일정 계획에 대한 정보교환과 연계 프로세스를 지원해주는 시스템이다.

⑮ SCE 시스템(Supply Chain Execution): 공급망 내의 주문, 수송, 보관, 재고에 관련된 모든 구성원의 정보를 공유하고 관리하는 시스템이다.

02 SCM의 운영

1 공급망 운영전략

(1) 공급망 운영전략의 개념

① 공급망 운영전략이란 경영 전략의 하부 전략으로서 일관성을 유지해야 한다.

② 공급망 운영전략은 공급망이 추구하는 목표를 달성하기 위한 방향을 설정하고 계획을 수립한다.

③ 어떤 전략을 선택하는가에 따라 조직의 예산 및 자원 배분 방안이 달라지므로 전략은 공급망 구조와 운영 등에 영향을 미친다.

④ 공급망 전략의 범위는 영업, 생산, 조달, 물류 기능과 같은 조직 내부 공급망에서 조직 간의 관계까지도 포함한다.

(2) 공급망 운영전략의 유형

① 효율적 공급망 전략: 가장 낮은 비용으로 예측 가능한 수요에 대응하는 공급망 구조를 만드는 것으로, 낮은 재고수준으로 비용 최소화가 가장 중요한 공급망 대응 방안이다.

② 대응적 공급망 전략: 혁신적 제품과 같이 수요예측이 어려운 수요에 이익률은 높은 제품에 빠른 대응 방안을 마련하는 것이 중요하며, 고객서비스를 비용적인 측면보다 우선하는 대응 방안이다.

③ 효율적 공급망과 대응적 공급망 비교

구분	효율적 공급망	대응적 공급망
목표	가장 낮은 비용으로 예측 가능한 수요에 대응함	품절, 가격인하 압력, 불용재고를 최소화하기 위해 예측이 어려운 수요에 신속히 대응함
생산전략	높은 가동율을 통한 낮은 비용 유지	불확실성에 대비한 초과 버퍼 용량을 배치
재고전략	공급망에서 높은 재고 회전율과 낮은 재고수준 유지	불확실한 수요에 대응하기 위해 많은 양의 부품이나 완제품 버퍼 재고를 유지
리드타임 전략	비용을 증가시키지 않는 범위 내에서 리드타임을 최소화	리드타임을 줄이기 위한 방법으로 공격적인 투자
공급자 선정방식	비용과 품질에 근거한 선택	스피드, 유연성, 품질을 중심으로 선택
제품설계 전략	성능은 최대, 비용은 최소로	가능한 제품 차별화를 지연시키기 위해 모듈화 설계 사용
운송전략	낮은 비용 운송모드 선호	신속한 대응 운송모드 선호

2 공급망 운영시스템

(1) 공급망 운영시스템

① 공급망 운영을 위한 시스템은 프로세스, 조직, 인프라로 구성되어 있으며, 이러한 구성요소는 유기적으로 연계되어 있다.

② 공급망 운영 프로세스는 공급망 운영 업무절차에 대한 이해가 필요하고 기업내부의 제품 흐름을 이해하고 있어야 하며, 업무 매뉴얼이나 부서 담당자의 업무기술서, 인터뷰 등을 통해 공급망 프로세스 파악이 가능하다.

- 공급망 가치사슬에 대한 이해를 전제로 산업별로 업무를 분석한 사례를 참조하여 지식을 습득해야 한다.
- 공급망 운영참고(SCOR) 모델의 프로세스를 참조한다.

③ 공급망 조직은 관리수준이 높은 기업을 중심으로 별도의 조직으로 존재하고 역할도 정형화되어 있고, 공급망 운영의 전문성과 전사적인 통제 관점에서 조직과 역할에 대한 이해가 필요하다.

④ 공급망을 효율적으로 운영하기 위해서는 설비와 거점에 대한 구축이 필요하고,

제품의 흐름을 추적할 수 있는 공급망 정보시스템도 구축한다.

(2) 공급망 운영참고(SCOR) 모델

① 공급망 협의회(SCC: Supply Chain Council)에서 개발하여 보급하고 있다.

② 공급망 운영참고(SCOR: Supply Chain Operations Reference) 모델은 공급망관리의 진단, 벤치마킹과 프로세스 개선을 위한 도구이다.

③ 공급망의 설계, 구축, 개선 과정을 효율적으로 수행하는 데 필요한 가이드라인을 제공한다.

④ 공급망 관리의 전략 및 운영 체계를 측정하고, 지속적인 개선에 필요한 가이드라인을 제공하여 공급망 효과의 극대화를 목적으로 한다.

⑤ 공급망 운영참고 모델은 공급망 운영을 계획(Plan)·조달(Source)·생산(Make)·배송(Deliver)·반품(Return)의 5개 프로세스로 분류한다.

⑥ 공급망 운영참고(SCOR) 모델 프로세스

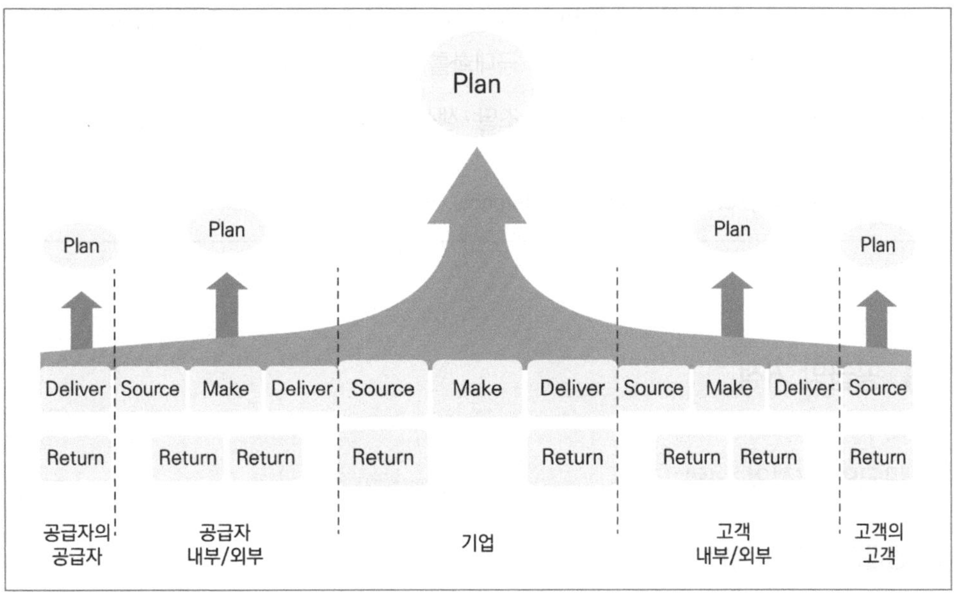

- 계획(Plan): 수요와 공급을 계획하는 단계로, 모든 공장의 모든 제품에 대해 공급자 평가, 수요의 우선순위, 재고 계획, 분배 요구량 파악, 생산 계획, 자재 조달, 개략적 능력을 계획한다.
- 조달(Source): 원료의 공급과 관련된 단계이다. 조달처를 개발하여 조달·입고·검사·보관을 수행하고, 조달 계약, 지불, 납입, 수송, 자재의 품질, 공급자 검증·지도 등 조달 기반 구조를 형성한다.

- 생산(Make): 조달된 자재를 이용하여 제품을 생산하고 검사·포장·보관하는 단계로, 설비·기계 등의 제조 기반시설을 관리하고 제품의 품질 검사와 생산 현황 작업 스케줄을 관리한다.
- 배송(Deliver): 주문을 입력하고 고객정보를 관리하며, 주문 발송과 제품의 포장, 보관, 발송, 창고관리, 배송 기반 구조 관리 등의 활동이다.
- 반품(Return): 공급자에 대한 원재료의 회수 및 고객 활동에서 완제품의 회수, 영수증 관리 등의 활동이다.

필수예제

아래의 괄호 안에 공통으로 들어갈 용어는?

- (　　) 모델은 1996년 미국 공급망협의회에서 개발하여 보급한 공급망관리의 진단, 벤치마킹, 프로세스 개선을 위한 도구이다.
- (　　) 모델은 공급망관리의 전략 및 운영 체계를 측정하고, 지속적인 개선에 필요한 가이드라인을 제공하여 공급망 효과의 극대화를 목적으로 한다.
- (　　) 모델은 공급망 운영을 계획·조달·생산·배송·반품의 5개 프로세스로 분류한다.

해설 SCOR(Supply Chain Operations Reference), 공급망 운영 참고

03 공급망 거점

1 공급망 거점의 의의

(1) 공급망 거점의 개념

① 공급망 생산거점은 예측된 수요와 고객의 주문에 효과적으로 대응하기 위하여 건설하는 생산시설을 의미한다.

② 공급망 물류거점은 공급자와 수요자 중간에 배송의 효율화를 목적으로 설치한 제반 물류시설을 의미한다.

③ 공급망 물류거점의 기능

- 장단기적 보관으로 공급과 수요의 완충기능
- 주문에 적기 대응이 가능하도록 집하, 배송기지 기능

• 운송비 절감을 위한 중개기지 기능
• 고객의 다양한 요구에 대응하기 위한 유통가공·조립 기능
• 품질과 수량을 확인하는 검품이나 선별기능
• 전시(Show Room)역할로 판매 전진기지 기능

2) 공급망 물류거점의 구축

① 공급망 물류거점은 그 수가 많을수록 수주량과 재고량의 불균형을 초래하여 리드타임의 지연 및 안전재고수준의 증대, 물류거점 설립에 따른 자금의 투자를 야기시키며, 제비용의 증대를 가져와 총비용의 상승을 유도하여 경쟁력을 약화시키는 원인으로 작용한다.

② 물류거점의 수를 결정할 때에는 총비용의 최저점에서 결정해야 하며, 여러 대안에 대한 질적인 고려도 병행되어야 한다.

③ 질적인 고려사항으로는 고객만족, 참여기업 경쟁력 향상, 수요 창출 등이 있다.

(3) 물류거점 네크워크 설계의 전략적 중요성

경영 환경은 지속적으로 변화되고 있으며 환경에 대한 대응 속에서 기업의 제한된 자원에 대한 효과적인 배치가 요구된다.

① 고객서비스 요건의 변화: 고객서비스 측면에서 물류거점 설계에 영향을 미치는 요인은 크게 보면 고객대응 납기가 있다. 고객대응 납기는 재고 보유 여부와 물류거점과 수요지 간의 거리에 의해 결정된다. 일반적으로 물류거점수가 증가하면 물류거점과 수요지 간의 거리가 짧아지게 되므로 고객대응 납기가 빨라질 가능성이 높다. 고객서비스 요구는 변화하고 고객 유형 역시 시간에 따라 진화하고 복잡해지며, 새로운 수준의 물류 서비스 요구와 대응을 요구한다. 또한 몇몇 고객은 더 효과적이고 효율적인 물류 서비스를 위해 그들의 요구를 강화하고 다양한 서비스를 요구한다. 이러한 고객 요구에 대응하기 위해 기업은 물류거점 네트워크를 재평가하고 재설계하는 것이 필요하다.

② 고객과 공급시장의 거점 위치 변화: 제조와 물류 시설은 공급망에서 고객과 공급시장 사이에 위치하고 있으며, 지역별 인구 분포나 공급업체 위치 변화와 같은 시장 변화에 따라 기업 물류 네트워크를 재평가하는 원인이 발생한다.

③ 기업 소유관계의 변화: 기업의 소유권과 관련한 합병·인수·매각과 관련된 변화는 오늘날 비교적 흔하게 발생하며, 이에 따른 새로운 물류 네트워크에 따른 재평가가 필요하다.

④ 비용절감 필요: 기업의 우선순위에서 업무의 비용절감에 대한 새롭고 혁신적인 방법이 필요하며, 공급망 전 과정의 운송 중 재고·창고 비용의 절감이 요구된다. 물류 네트워크의 새로운 비용절감 방안을 발견하고 혁신적인 방법을 알기 위해 물류거점 네트워크의 재평가가 필요하다.

⑤ 경쟁력 확보 방안: 기업은 서비스 개선과 비용절감의 목표를 향한 시설의 위치와 관계를 분석하여 시장에서 경쟁에서 살아남기 위한 이점을 발견하고 새로운 운송 대안 등을 검토하기 위해 네트워크 재검토가 필요하다.

2 공급망 물류거점 최적화

(1) 공급망 물류거점 최적화의 개념

① 기업은 비용을 줄이고 고객서비스를 향상시키는 새로운 방법을 지속적으로 찾고 있다.

② 물류 및 제조 시설을 어디에 위치할 것인가는 더 복잡하고 중요시되고 있을 뿐 아니라 공급망 전략 관점에서 물류작업의 효과성과 효율성 향상과 직접적인 관련이 있다.

③ 기업의 물류 네트워크 재설계를 통한 거점 최적화는 시장에서 기업을 차별화할 수도 있다.

(2) 공급망 물류거점 최적화 지표

① 물류거점을 설계할 때 고려되어야 할 지표로는 크게 고객서비스 지표와 비용 지표가 있다.

② 기본적으로 물류거점 설계는 전체 비용을 최소화하며 고객서비스를 최대화하는 것을 목표로 하지만, 어떤 지표를 중점적으로 고려할 것인가에 따라 설계에 큰 영향을 미치게 된다.

③ 거점 최적화의 지표를 목표 수준으로 정하고 최적화에 필요한 제반 요건을 설계한다.

④ 고객서비스 지표

- 고객서비스 측면에서 거점 설계에 영향을 미치는 요인은 고객대응 납기이다.
- 고객대응 납기는 재고보유 여부와 공급망 거점과 수요지 간의 거리에 따라 결정된다.

⑤ 비용 지표

- 주요 비용 항목은 재고비용, 고정 투자비용, 변동 운영비용, 수송비용 등이 고려된다.
- 비용은 공급망 거점의 설계 방식과 거점의 수에 따라 크게 영향을 받는다.
- 통합물류센터는 물류거점수를 전국적으로 1~2개만 유지하여 운영한다.
- 분산형 물류센터는 고객에게 가까운 위치에 전국적으로 10여 개 이상을 위치시킬 수 있다.

(3) 공급망 물류거점 비용 요소

① 공급망 물류거점 설계에서 고려되어야 할 비용 요소

- 재고비용
  - 물류거점에 보유하게 될 재고에 의해 발생되는 제반 비용이다.
  - 물류거점수가 증가함에 따라 처음에는 크게 증가하다가 어느 수준 이상이 되면 완만히 증가하는 경향이 있다.
  - 주로 변동에 대비한 안전재고가 증가함에 따라 발생한다.
- 고정투자비용
  - 물류거점 건설 및 운영에 투입되는 1회성 고정비용이다.
  - 고정적으로 발생하는 인건비 및 초기 설비 투자비용 등을 포함한다.
  - 물류거점수에 비례하여 증가하는 경향이 있다.
- 변동운영비용
  - 물류거점 운영관리에 필요한 제반 비용이다.
  - 변동 운영비용은 물류거점의 규모에 영향을 받는다.
  - 개별 물류거점의 규모가 커지면 변동 운영비용도 커진다.
- 수송비용
  - 물류거점과 생산자·소비자 사이를 연결하는 수배송 관련 비용이다.
  - 물류거점수가 증가함에 따라 재송비용은 서서히 증가한다.
  - 물류거점수가 증가함에 따라 수송비용은 서서히 감소하다가 어느 수준을 넘어서게 되면 오히려 수송비용이 증가한다.

3 공급망 물류거점 운영방식

(1) 직배송 방식

① 생산자 창고만 보유하고 물류거점을 거치지 않고 소비자에게 직접 배송하는 방식이다.

② 직배송 방식은 물류거점 운영과 관련한 제반 비용을 필요로 하지 않아 수송량이 제한적인 경우에 적용한다.

③ 재고비용, 고정 투자비용 등을 최소화 할 수 있으나 운송비용이 상승하고 고객서비스 차원에서는 불리하다.

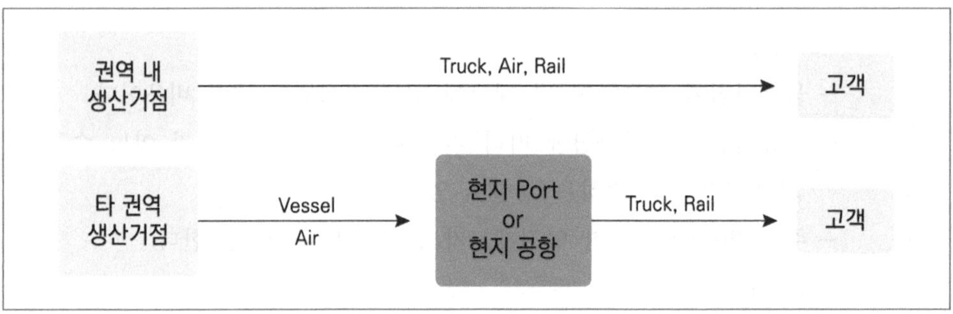

(2) 통합 물류센터 운영방식

① 중앙 물류센터는 전체 공급망의 물품을 통합 운영한다.

② 소비자에게 배송되는 데 걸리는 시간이 긴 반면 비용을 상당히 절감할 수 있다.

③ 특히 재고비용과 고정 투자비용을 대폭 낮출 수 있는 장점이 있다.

④ 상황에 따라 운송비용도 일부 절감이 가능하다.

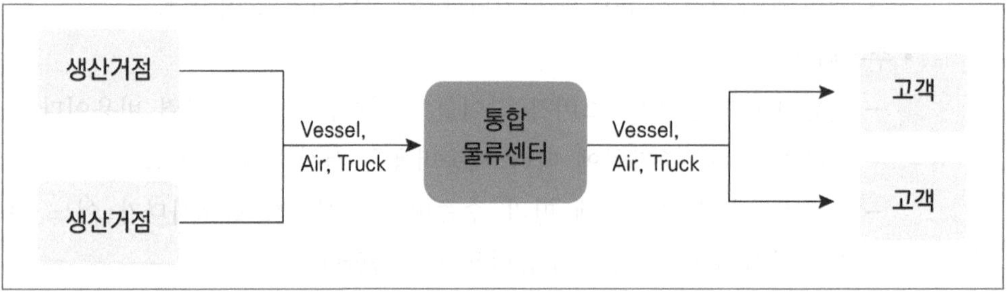

(3) 지역 물류센터 운영방식

① 지역 물류센터는 소비자 근처에 위치한 분산 물류거점이다.

② 지역 물류센터를 여러 개 운영할 경우에는 소비자 서비스가 높아진다.

③ 재고비용과 고정 투자비용이 상승하는 단점이 있다.

(4) 통합·지역 물류센터 혼합 운영방식

① 중앙 물류센터와 지역 물류센터를 혼합하여 사용한다.

② 수요처가 매우 넓은 지역에 분포되거나, 글로벌 공급망인 경우에 주로 적용한다.

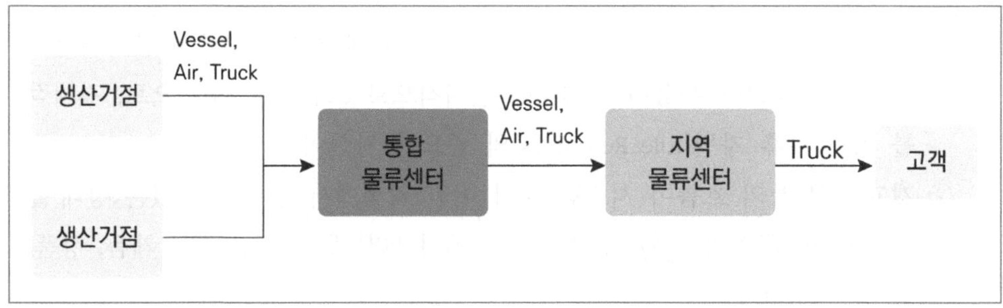

(5) 공급자관리재고(VMI; Vendor Managed Inventory)

① 물류거점의 운영을 자재·부품 공급업체에 일임하고 필요한 경우에 필요한 수량만큼 공급자가 운영하는 물류거점에서 가져오는 방식이다.

② 유통(구매)업체의 물류센터에 있는 각종 데이터가 제조업체로 전달되면 제조업체가 물류센터로 제품을 배송하고 유통업체의 재고를 직접 관리하는 공급망관리 방식이다.

③ 주로 유통업체와 제품 공급업체 간의 유통망이나 완제품 제조업체와 부품 제조업체 간의 부품 조달망에 활발히 이용된다.

④ 공급받는 기업 입장에서는 재고비용을 절감하게 되고, 공급업체 입장에서는 정보 공유를 통해 계획기반 운영체계를 구축할 수 있는 장점이 있다.

⑤ 정보 공유가 제대로 이루어지지 않거나, 공급업체의 물류 운영 능력이 낮은 경우에는 오히려 전체 공급망에 큰 부담이 되는 단점이 있다.

(6) 크로스도킹(Cross - Docking)

① 물류거점에 재고를 보유하지 않고 물류거점이 화물에 대한 '환적'기능만을 제공한다는 특징이 있다.

② 물류거점이 환적기능만을 제공하므로 보관기능보다는 원활한 흐름에 좀 더 초점을 두고 물류센터를 설계한다.

04 재고관리

1 재고관리의 의의

(1) 재고의 개념

① 재고(Inventiry)란 '앞으로 발생될 생산 또는 판매수요를 만족시키기 위하여 비축한 물품', '수요에 부응하기 위하여 일시적으로 보관하는 물품'으로, 경제적 가치를 지닌 유휴 자원(Idle Resources)의 중요한 자산이다.

② 재고는 '물품의 흐름이 시스템 내의 어떤 지점에서 정체되어 있는 상태'를 말하며, 생산에 투입되는 원·부자재, 부품에서부터 재공품, 반제품, 제품, 상품, 소모품 등이 있다.

③ 과잉 재고의 경우 자본을 사용하지 않고 묵히는 것으로 자본 비용이 발생하며, 부족 재고의 경우 수요를 충족하지 못하여 이익의 감소(기회손실)를 초래한다.

(2) 재고의 유형

① 원자재(Raw Material): 회사가 제조 목적으로 외부로부터 들여오는 자재(Material)로 다른 회사에서 제조된 제품이나 천연자원도 포함한다.

② 재공품(WIP: Work In Process): 제조과정 중이며, 생산 현장에 있는 재고

③ 반제품(Semi-finished Goods): 자체 생산한 중간제품과 부분품 등

④ 완제품(Finished Goods): 최종 사용자나 유통센터에 배달 가능한 제품

⑤ 유지보수 운영자재(MRO: Maintenance, Repair and Operating Supplies): 사무나 관리비품, 부속품(Spare Parts), 회사가 운영하는 식당의 재료 등 다양하면서 상대적으로 낮은 원가를 갖는 자재이며 소모성 자재라고도 한다.

(3) 재고의 종류

① 순환재고(Cycle Stock): 수요와 리드타임이 정해진 상황에서 수요 충족을 위해 필요한 수량보다 더 많이 주문하는 경우에 발생하는 재고이다. 주기적으로 일정한 로트 단위에 의해서 조달하기 때문에 발생하므로 주기재고라고도 한다. 주문비용이나 생산준비비용을 줄이거나 할인 혜택을 위해 다량으로 주문할 때 발생할 수 있다.

② 안전재고(Safety Stock): 수요나 리드타임 등의 불확실성으로 인해 미리 확보하는 재고로서 완충 재고라고도 한다. 일반적으로 순환재고량을 초과하여 유지하며,

안전재고량은 수요변동의 범위와 재고이용 가능성에 따라 확률적으로 산출하게 된다.

③ 예상재고(Anticipation Stock): 계절적 요인, 가격의 변화 등을 예상하고 보유하는 재고로서, 계절재고라고도 한다. 성수기의 수요를 대비하여 비수기에 미리 생산 또는 구매하여 보유하게 된다.

④ 수송(운송) 재고(=파이프라인 재고): 운송재고는 생산이나 판매를 위해 한 지역에서 다른 지역으로 운송 중인 완제품 또는 원자재의 재고로 이동하는 모든 재고가 포함된다. 석유류나 화학제품의 제조를 위한 장치산업에서 생산 중에 있는 재공품(Work－in－Process Inventory)을 의미할 수도 있으며, 공장의 입지, 배급망, 운송수단 등에 영향을 받는다.

- 대금을 지급하여 물품에 대한 소유권을 가지고 있으며, 수송 중에 있는 재고이다.
- 수입물품 등과 같이 긴 조달(수송)기간을 갖는 재고이다.
- 제조업체 → 유통업체, 창고 → 대리점, 창고 → 창고 등으로 이동 중인 재고
- 선박이나 철도 등으로 수송 중인 재고
- 정유회사의 수송용 파이프로 이동 중인 재고

(4) 재고관리의 개념

① 재고관리는 생산부문과 판매부문으로부터의 수요에 신속하고 경제적으로 대응하여 안정된 판매활동과 원활한 생산활동을 지원하고 최적의 재고수준을 유지하도록 관리하는 활동을 말한다.

② 재고는 불확실한 기업환경에서 완충역할을 위하여 필요할 수 있으나 과다한 재고는 재고관리비용을 높이는 문제점을 불러오게 된다.

③ 재고관리의 목적은 필요한 품목을, 필요한 수량만큼, 필요한 시기에 최소의 비용으로 공급할 수 있도록 재고를 관리하는 것이다.

2 재고관리 기본 모형

(1) 재고비용

재고비용 = 재고 주문비용 + 재고유지비용 + 재고 부족비용

① 재고 주문비용

- 품목을 발주할 때 발생되는 비용

- 주문서류 작성과 승인, 운송, 검사, 입고활동 등에 소요되는 인력, 설비, 시간 등에서 발생하는 비용
- 이 비용은 발주량에 관계없이 발주할 때마다 일정하게 발생하는 고정비
- 1회 발주량을 크게 할수록 재고 1단위당 비용이 줄어드는 특성을 갖고 있음

② 재고유지비용

- 재고를 일정기간 동안 보관, 유지하는 데 드는 비용
- 재고 구매액에 대한 자본의 기회비용, 창고시설 이용(유지) 비용, 보험료, 취급·보관비용, 도난·감소·파손에 따른 손실비용 등
- 평균재고량에 따라 비용이 달라짐

③ 재고 부족비용

- 재고부족으로 인하여 발생되는 납기지연, 판매기회 상실, 거래처 신용하락, 잠재적 고객상실 등에 관련되는 비용 등
- 정확한 측정은 어렵다.

▶▶ 필수예제

아래는 재고 관련 비용이다. 다음 중 재고를 유지하는 데 소요되는 비용은 얼마인가?

- 창고 임대료, 보관료, 재고 관련 보험료 100,000원
- 발주물품의 수송, 입고 등에 소요되는 비용 150,000원
- 재고보관 중에 도난, 변질, 진부화 등으로 인한 손실 비용 120,000원
- 재고부족으로 인해 발생되는 납기지연 비용 200,000원
- 생산 공정의 변경이나 기계·공구의 교환 등으로 공정이 지연됨으로써 발생하는 비용 250,000원

해설 창고임대료와 재고보관 중에 도난, 진부화 등으로 인한 손실이 재고유지비용에 해당된다.

답 재고유지비용 = 100,000 + 120,000 = 220,000

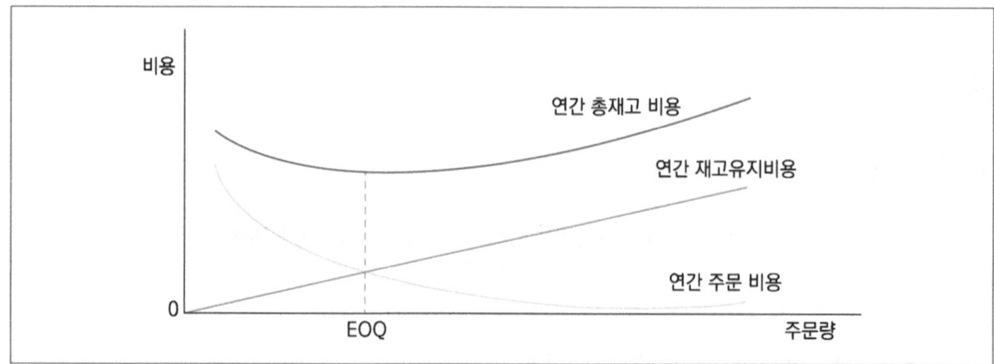

▲ 발주량과 재고비용의 관계

주문량(가로축)이 증가하면 재고유지비용(세로축)은 증가하지만 주문비용은 감소하게 되는 것이 일반적이다. 여기서 재고유지비용과 주문비용을 합성했을 때 총비용이 최저가 되는 지점을 경제적 발주량(주문량)이라 하며, 결국 비용을 절감 또는 최소화하기 위한 이론적인 발주량이다. 산업현장에서는 EOQ(Economic Order Quantity)를 참고하여 기업에 적합한 발주량이나 발주시기를 조절해 나가면 된다는 의미이다.

---

(2) 재고관리의 주요과제

판매 및 주문 수요와 생산 및 납품 조달기간 등을 고려하여 재고비용을 최소화하기 위한 재고관리의 주요 과제는 다음과 같다.

① 경제적 발주량: 1회 주문량을 얼마로 하여야 하는가?

② 발주시기 또는 발주점: 언제 주문하여야 하는가?

③ 적정재고수준(안전재고): 어느 정도의 재고수량을 유지하는 것이 적정한가?

(3) 재고관리 기본모형

재고관리의 주요과제(발주시기, 발주량)를 해결하기 위한 방법은 아래와 같다.

① 고정주문량 발주방식(정량 발주모형, Q System)

- 일정한 사용량을 정해 놓고 미리 정해진 기준량(발주점)까지 사용하면 사전에 결정된 일정량(EOQ)만큼 발주하여 보충하는 재고관리 시스템이다.
- 발주량은 일정하나 발주 간격은 일정하지 않다.
- 재고가 발주점에 도달하였는지를 실시간으로 모니터링해야 하므로 재고파악이 쉽고 조달이 수월한 경우에 적용한다.
- 즉, 입출고 관리를 통한 재고조사와 기록 유지가 용이한 품목, 계속 실사하는 중요 품목, 금액이 높지 않은 B급이나 C급 품목 중 수요 변동이 작은 품목에 적용한다.
- 발주량은 경제적 주문량(EOQ)으로 결정한다.
- 재발주점(ROP, Reorder Point) = 구매 리드타임 동안의 수요 + 안전재고
- 경제적 발주량은 다음의 식을 이용해서 산출한다.

> • 경제적 발주량: $EOQ^{*} = \sqrt{\dfrac{2DC_O}{C_H}}$
>
> D: 연간 수요량, C_O: 1회 발주비용, C_H: 연간 단위당 재고유지비용
>
> • 발주 횟수 = D/Q^{*}

▶▶ 예제

㈜동서울에서는 경제적 주문량 모형을 이용하여 매입 계획을 수립하려고 한다. 경제적 주문량을 계산하시오. 관련 자료는 다음과 같다.

(가) 연간 수요량(D)=10,000개/년
(나) 1회당 주문 비용(Cp)=1,000원
(다) 연간 단위당 재고유지 비용(CH) = 300원/단위·년

해설 EOQ $= \sqrt{\frac{2DC_0}{C_H}} = \sqrt{\frac{2(10,000)(1,000)}{300}} \doteqdot 258(개)$

② 고정주문기간 발주모형(정기 발주모형, P System)

- '일정한 발주 기간'을 정해 놓고 그 시점까지 사용한 양만큼 정기적으로 발주하여 보충하는 재고관리 시스템이다.
- 발주 간격은 일정하나 주문량은 변하여 일정하지 않다.
- 조달이 주기적으로 이루어지는 품목, 여러 품목을 동일 공급자로부터 조달받는 경우, 계속 실사를 요하지 않는 저가 품목에 적용한다.
- 만약, 실사 및 발주 간격이 짧을 때는 금액 및 중요도가 높은 A급 품목에 적용한다.
- 발주량=목표 재고－현 재고
- 목표 재고=검토 주기 동안의 수요＋구매 리드타임 동안의 수요＋안전재고

▶▶ 예제

고정주문기간 발주모형(P System)에 따라 발주량을 결정하려고 한다. 아래의 자료를 이용하여 발주량을 계산하면?

- 검토주기 동안의 수요: 50
- 구매 리드타임 동안의 수요: 10
- 현재고: 5
- 안전재고: 2

해설 발주량 = 목표재고 − 현재고 = 62 − 5 = 57
목표재고 = 검토주기 동안의 수요 + 구매 리드타임 동안의 수요 + 안전재고
= 50 + 10 + 2 = 62

③ 절충형 시스템 (s,S System)

- 정량발주방식과 정기발주방식의 절충형 재고관리 시스템(Min－Max 시스템)이다.
- 일정기간마다 재고수준을 파악하여 최소재고수준(Min) 이하로 감소할 경우 최대재고수준(Max)을 채우기 위해 필요한 만큼 주문하는 것이 일반적이다.
- 정기적으로 재고수준이 검토되지만 사전에 결정된 발주점 이하일 때만 발주한다.
- 발주량이 고정되어 있지 않으며, 현재고 ≤ 발주점이면 (현재고- 발주점)만큼 발주한다.
- 검토주기가 길어서 검토할 때마다 주문하게 되며 정기발주방식과 흡사하다.

▼ 고정주문량 발주모형과 고정주문기간 발주모형의 비교

구분	고정주문량 발주모형(Q)	고정주문기간 발주모형(P)
개요	발주점에 도달하면 정량발주	정기적인 산출량만큼 발주
주문량	정량(EOQ)	산출량(현재고-발주점)
주문시기	비정기적	정기적
재고조사방식	계속적인 조사	정기적인 조사

3 공급망 재고보충

(1) 재고보충의 개념

① 재고보충이란 '부족한 재고량을 파악하여 채우는 것'을 의미

② 공급망에서는 공급업체와 거래처 간의 전략적 파트너십에 따라 수요와 재고정보를 공유하여야 효율적인 재고보충이 가능

(2) 공급망 재고보충 기법

① 유통소요계획(DRP: Distribution Requirements Planning): '유통업체의 수요계획 주문정보를 이용하여 공급처의 소요량과 관련 정보를 계획'하는 방법을 말한다. 생산 공장의 자재소요계획(MRP)에 대응하는 방법으로 유통 소요량을 계획하여 효율적인 물류활동을 통해 재고 관련 비용을 절감하기 위한 것이다.

② 지속적 보충프로그램(CRP: Continuous Replenishment Program): '물품의 사용 판매 자료와 수요예측을 근거로 소비 수요에 기초하여 물품 보충이 자동적으로 이루어지도록 하는 것'을 말한다. 계속적 재고보충이라고도 하며, 공급자가 고객의 수요 및 재고정보를 공유하여 서비스 수준을 유지하면서 도소매업체나 유통센터의 각종 재고를 지속적으로 보충 관리하는 것이다.

③ 공급자 관리재고(VMI: Vendor Managed Inventory): 고객의 재고보충 업무권한을 공급자에게 이관하여 공급자가 거래처의 재고수준을 파악하고 재고 보충량을 결정하여 공급하는 공급자 주도 재고보충관리 방법이다.

④ 공동재고관리(CMI: Collaborative Managed Inventory): 공급업체와 거래처가 수요 및 재고 정보를 공유하며, 거래처의 재고관리 업무를 고객과 공급업체가 공동으로 관리하는 방법이다.

4 유통소요계획

(1) 유통소요계획(DRP)의 개념

유통소요계획(DRP: Distribution Requirements Planning)은 다단계 유통구조하에서 지역배송센터에 재고를 보충하기 위해 중앙물류센터에서 유통 네트워크의 총수요를 예측하여 필요한 수량을 지역배송센터로 배송하는 것이다. 중앙 센터에서는 각 지역 센터에서 예측되어 결정된 자료를 받아 모두 집계하여 분배계획을 수립하게 되며, 각 지역 센터에서는 재고를 관리하면서 미리 설정한 수량(발주점) 아래로 재고가 떨어질 때마다 보충 주문을 하는 것이다.

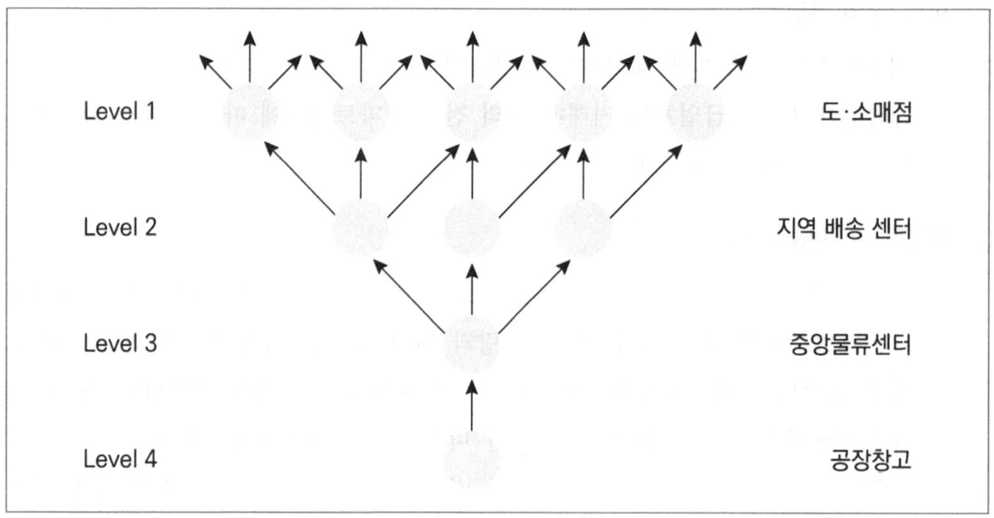

▲ DRP에 의한 다단계 의사결정 구조

(2) 유통소요계획의 기능

MRP(자재소요계획)가 생산에 관한 것이라면, DRP는 유통에 관한 것이다. DRP의 근본적인 목적은 고객의 수요에 대한 정보(시장정보)를 생산계획의 수립에 신속히 반영하고자 하는 것, 그리고 제조업체의 완제품 창고 이후 도 · 소매점에 이르는 유통 단계상의 재고를 줄이고자 하는 것이라고 볼 수 있으며, QR/CR(Quick Response/Continuous Replenishment)의 철학과 일맥상통한다.

다단계 유통 체계를 갖는 판매 물류의 무재고 관리를 실현하기 위해서는 정확한 수요예측을 통한 판매계획이 출발점이 되며, 유통소요계획의 기본이 되며, 판매수요 정보(수요량, 수요 시기)를 보다 정확히 산출해야 하므로 유통 리드타임(Lead Time)이 중요한 문제로 대두된다. 유통 단계별 리드타임은 '발주로부터 제품이 검사과정을 거쳐 납품 처리된 후 일정한 장소에 보관될 때까지의 기간'을 말한다. 물류 거점별 리드타임은 '발주정보 전달시간 + 수주처리시간 + 상품출고시간 + 포장하역시간 + 수송시간 + 검품시간 + 창고 내 이동시간'으로 구성된다.

CHECK 유통 리드타임

- 주문계획 주기와 누적 리드타임 파악: 누적 리드타임을 단축하면 주문생산을 하거나, 단기예측으로 상대적으로 정확도 높은 계획생산이 가능하며, 최소 재고로 고객 서비스 수준을 향상시킬 수 있다.
- 리드타임에 따른 재고량 변동 파악: 결품을 방지하면서 재고를 감축하기 위해서는 보충 기간을 줄여야 한다. 재고는 보충기간동안의 수요량에 비례하기 때문이다.

(3) 유통소요계획의 수립

1) 지역물류센터의 유통소요계획 절차

① 특정 제품에 대한 독립적인 수요인 고객 수요를 예측

② 현재 보유 재고 수준을 고려하여 미래 재고를 예측

③ 입고 예정량을 반영

④ 예측된 미래 재고수준에서 입고가 필요한 시점과 수량을 결정

⑤ 단위 구매량을 고려하여 주문량을 결정

⑥ 리드타임을 고려하여 주문 시점을 결정

[NCS 학습모듈에서 제시한 지역 및 중앙 물류센터의 유통소요계획 수립 사례]

• 기초재고량: 450	• 안전재고량: 100
• 리드타임: 2주	• 단위구매량: 300

① 수요예측: 특정 제품의 유통소요계획을 수립하기 위해 수요를 예측한다.

주차	이전 기간	1	2	3	4	5	6	7	8
수요예측		100	130	100	120	110	100	90	90
수송중재고									
기말재고수준	450								
예정입고량									
주문량									

② 현재 보유 재고수준을 고려하여 미래 재고를 예측

- 현재 보유하고 있는 재고(450)를 가지고 예측된 수요에 대응할 경우, 아래와 같이 4주 차까지의 수요에 대응할 수 있다.(450 = 100 + 130 + 100 + 120) 결국, 4주 차 기말재고는 '0'이다.
- 5주 차 수요에 대응하기 위해서는 최소한 4주 차 이후에는 보충이 이루어져야 한다. 그러나 안전재고 수준을 100으로 가정하였기 때문에 4주 차에 안전재고 100 만큼의 재고 부족이 예상된다.

주차	이전 기간	1	2	3	4	5	6	7	8
수요예측		100	130	100	120	110	100	90	90
수송중재고									
기말재고수준	450	350	220	120	0	-110	-210	-300	-390
예정입고량									
주문량									

③ 입고예정량을 반영하여/④ 예측된 미래 재고수준에서 입고가 필요한 시점과 수량을 결정

- ②에서 예측된 미래 재고 수준에서 입고가 필요한 시점과 수량을 결정하고(4주 차, 6주 차, 10주 차), 리드타임을 고려하여 주문 시점을 결정한다.

당기 기말재고수준 = 전기 기말재고 - 당기 수요예측 + 당기 입고예정량

- 기말 재고수준을 위의 수식으로 계산하고, 계산된 기말 재고수준이 미리 설정한 안전재고 수준 이하로 예상되면 예정 입고량을 최소 구매량 배수로 산출한다. 해당 수량을 리드타임을 고려하여 주문량에 입력한다.
- 아래의 표에서, 4기의 기말 재고 수준 = 3기의 기말 재고 수준 - 4기의 수요 예측 = 120-120 = 0으로 예상된다.

⑤ 단위 구매량을 고려하여 주문량을 결정하고/⑥ 리드타임을 고려하여 주문 시점을 결정

- 4기의 기말재고 수준이 0으로 계산되었으나 최소 구매량(300)만큼 입고되어야 5기의 수요예측 수량과 안전재고 수준을 준수할 수 있다. 안전재고가 100이므로 4기에 입고 예정량 300이 필요하고, 이때 입고되기 위하여 공급 리드타임 2주를 고려해야 하므로 2기에 주문량 300이 계획되었다. 즉 2기에 있는 주문량 300은 주문계획으로서 이때 주문되어야 4기에 해당 수량이 입고 가능하다.

주차	이전 기간	1	2	3	4	5	6	7	8
수요예측		100	130	100	120	110	100	90	90
수송중재고									
기말재고수준	450	350	220	120	300	190	390	300	210
예정입고량					300		300		
주문량			300		300				

2) 중앙유통센터의 통합 유통소요계획 수립

지점별 또는 지역 유통센터별로 수립된 유통소요계획을 중앙유통센터 관점에서 통합한다. 사용 형식은 앞에서 사용한 양식과 동일하지만 리드타임을 생산자에서 중앙유통센터까지 공급되는 기간으로 반영한다.

① 지점별 유통소요계획수립

[지점 A]

- 기초재고량: 450
- 안전재고량: 100
- 리드타임: 2주
- 단위구매량: 300

- 지점 A 유통소요계획

주차	이전 기간	1	2	3	4	5	6	7	8
수요예측		100	130	100	120	110	100	90	90
기말재고수준	450	350	220	120	300	190	390	300	210
예정입고량					300		300		
주문량			300		300				

[지점 B]

• 기초재고량: 550	• 안전재고량: 150
• 리드타임: 2주	• 단위구매량: 400

• 지점 B 유통소요계획

주차	이전 기간	1	2	3	4	5	6	7	8
수요예측		190	200	200	190	200	190	200	200
수송중재고									
재고수준	550	360	160	360	170	370	180	380	180
예정입고량				400		400		400	
주문량		400		400		400			

[지점 C]

• 기초재고량: 850	• 안전재고량: 200
• 리드타임: 1주	• 최소 구매량: 700

• 지점 C 유통소요계획

주차	이전 기간	1	2	3	4	5	6	7	8
수요예측		300	350	350	400	400	450	450	500
수송중재고									
기말재고수준	850	550	900	550	850	450	700	250	450
예정입고량			700		700		700		700
주문량		700		700		700		700	700

② 중앙유통센터의 통합 유통소요계획을 수립한다.

• 가용 보유량: 1,200	• 안전재고량: 300
• 리드타임: 2주	• 최소 구매량: 1,000

• 중앙유통센터의 통합 유통소요계획

주차	이전기간	1	2	3	4	5	6	7	8
수요예측		1,100	300	1,100	300	1,100	0	1,100	1,000
수송중재고	1,000								
기말재고수준	1,200	1,100	800	700	400	300	1,300	1,200	1,200
예정입고량		1,000		1,000		1,000	1,000	1,000	1,000
주문량		1,000		1,000	1,000	1,000	1,000		

▶▶ 필수예제

현재 보유재고 450, 안전재고 100, 주문 리드타임 2주, 최소 구매량이 200인 A지점의 유통소요계획을 수립하려고 한다. 수요예측치가 매주 110일 경우, [보기]에 근거하여 2주 차에 발주해야 할 주문량은 얼마인가?

[보 기]

주	이전기간	1	2	3	4
수요예측		110	110	110	110
수송 중 재고					
기말재고수준	450				
예정입고량					
주문량			(?)		

※ 안전재고: 100, 주문 리드타임: 2주, 최소 구매량: 200

해설 유통소요계획수립

- 당기 기말재고 = 전기 기말재고 - 당기 수요예측량 + 당기 입고예정량
- 4주 차 기말재고 = 450 - 110 - 110 - 110 - 110 = 10
- 산출된 재고에 안전재고(100)를 감안할 경우, 4주 차에 재고부족이 발생함
- 재고부족을 해결하기 위해, 2주 차에 최소 구매량인 200을 주문해야 함

주	이전기간	1	2	3	4
수요예측		110	110	110	110
수송중재고					
기말재고수준	450	340	230	120	210
예정입고량					200
주문량			200		

답 200

05 재고조사

1 재고조사의 개념

재고조사(Inventory Taking, Stocktaking)란 '일정 시점에 재고품, 재고 자산을 조사 확인하는 것'으로, 장부 전산 재고와 현장 실물 재고를 조사하여 정확한 수량·상태·위치를 파악하고, 불용자재를 찾아내고 정비하여 실제 물품과 장부 수량과의 차이를 일치하도록 문제점을 발견하여 개선하는 것이다.

(1) 재고조사의 목적

① 재고 자산의 정확한 수량 파악, 금액 평가, 손실 방지

② 장부 전산 재고와 현장 실물 재고 간 차이, 차이의 원인, 이유 및 정도를 파악하여 재발 방지 조치

③ 재고수준 및 목표 설정, 추이 관리

④ 자산평가, 손실예방, 수불업무의 정확화

⑤ 품질 변화 등 사장품 색출, 잉여품 전환 관리

⑥ 보관 운영 효율화로 위치 정, 상태 점검, 저장 시설의 적합성, 운반 장비 개선 및 정비, 적재방법 개선, 포장방법 개선, 이용률 향상, 불합리한 사항 제거

⑦ 기본 목적은 차이 최소화, 재고 최소화, 문제점 발견 및 개선, 원가 절감, 기업목표 달성

(2) 재고조사의 종류/주기/범위/방법

① 정기 재고조사, 수시로 필요할 때마다 실시하는 부정기 재고조사

② 출하를 중지하고 하는 폐창식 재고조사, 출하면서 하는 개창식 재고조사

③ 조사 주기에 따라 1일, 주간, 월, 분기, 반기, 연간 재고조사

④ 범위에 따라 창고 내, 공장 내, 사내, 사외, 전사, 국외 재고조사

⑤ 대상에 따라 원재료, 재공품, 반제품, 제품, 상품, 부산물, 파손품, 소모품 재고조사

⑥ 목적에 따라 수량 파악 재고조사, 문제점 파악 재고조사, 결산 재고조사

⑦ 구역에 따라 일제 조사, 구역별 조사, 순환 조사, 상시 순환 조사 등으로 구분한다.

2 재고기록 조정

(1) 재고기록 조정의 개념

① 재고기록 조정은 재고조사를 통해 발견된 재고기록의 과부족수량을 일정한 절차에 따라 조정하는 과정이다.

② 재고조사는 재고품목과 수량을 파악하고 재고상태를 확인해 재고관리 활동의 유효성을 확인하는 데 의의가 있다.

③ 재고기록과 실제 기록이 상이한 경우, 즉 재고수량의 과부족은 기록의 오류, 관리의 소홀, 물품 특성에 의한 파손 및 분실 등의 원인으로 발생한다.

④ 재고기록의 조정은 재고통제 부서와 재고기록 담당자가 절차에 따라 시행하되 승인권자의 승인을 받는다.

(2) 재고기록 주요 조정사항

① 출납기록 착오: 재고품목의 입출고 과정에서 담당자가 품목별 수량, 품목명, 계정과목 등을 출납기록부나 ERP 시스템에 잘못 기록하거나 입력하여 올바르게 정정해야 함

② 과거 기록의 누락과 오류: 과거에 원인을 알 수 없는 이유로 기록이 누락되거나 잘못된 오류에 대해서는 담당자의 귀책사유를 확인하고 승인권자의 조치가 필요함

③ 조립품의 분해 또는 조립에 의한 오류: 특정 사유로 인해 조립품을 분해하거나 부품을 조립한 경우에 변동된 수량에 대한 재고기록을 조정함

3 재고자산 평가

(1) 재고자산 평가의 의의

① 재고자산 평가의 개념: 재고자산이란 정상적인 영업과정에서 판매를 위하여 보유하거나 생산과정에 있는 자산 및 생산 또는 서비스 제공과정에 투입된 원재료나 소모품의 형태로 존재하는 자산이다.

② 재고자산의 유형

- 상품: 판매를 목적으로 구입한 상품, 미착상품, 적송품 등
- 제품: 판매를 목적으로 제조한 생산품 · 부산물 등
- 반제품: 자가 제조한 중간제품과 부분품 등
- 재공품: 제품 또는 반제품의 제조를 위하여 제공과정에 있는 것

• 원재료: 원료, 재료, 매입 부분품, 미착원재료 등

• 저장품: 소모품, 소모공구 기구, 비품, 수선용 부분품 및 기타 저장품 등

CHECK 재고자산 평가

• 재고자산의 매출원가는 기업의 이익을 결정하는데 가장 중요한 비용
• 재고자산의 당기매입액과 기초 및 기말 재고액을 통하여 매출원가를 산출
• 재고자산 평가는 기말재고의 자산가액과 매출원가를 결정하는데 매우 중요한 활동
즉, 기초재고액 + 당기매입액 = 매출원가 + 기말재고액

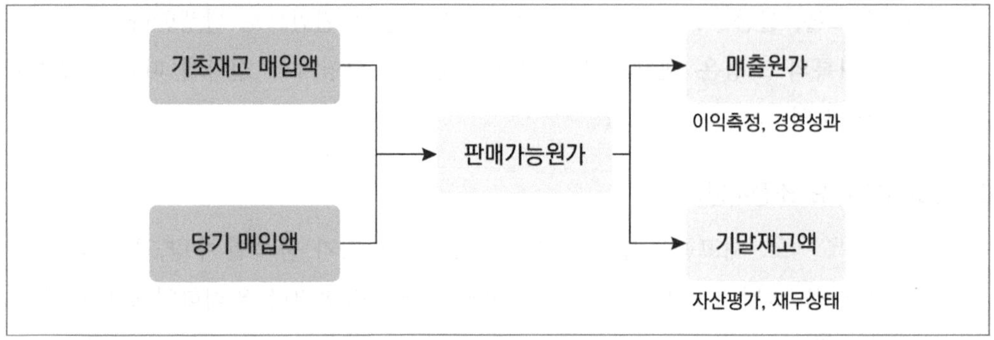

▲ 재고자산 평가의 의미

③ 재고자산 평가는 그림과 같이 재고등식이 성립함을 의미한다. 매출원가를 먼저 결정하면 나머지 금액은 자동적으로 기말재고액이 되는 것이며, 반대로 기말재고액을 먼저 결정하면 나머지 금액은 당기의 매출원가가 된다는 의미이다.

(2) 재고자산의 기록방법

① 계속기록법

• 재고자산의 입출고 시 재고의 증감수량과 금액을 재고수불 기록부에 계속해서 기록하거나 입력하는 방법으로서 거래가 빈번하지 않을 때 적용함

• 기록부에 기재된 내용으로 재고자산의 수량을 파악하므로 장부재고 조사법이라고도 함

• 문제점: 보관과정 중에 발생하는 도난, 분실, 파손 등의 손실이 기말재고수량에 포함되지 않으면 실제 재고수량보다 기말재고수량이 더 많을 수 있으므로 매출원가가 과소평가되어 당기 매출이익이 크게 나타남. 즉, 실제 기말재고수량을 정확히 알 수 없다는 의미임

- 따라서 정확한 재고관리와 재고자산의 감모수량을 파악하기 위해서는 실지재고조사법과 계속기록법을 같이 사용해야 함. 즉, 기말재고수량 결정 후, 이를 실지재고조사에 의한 기말재고수량과 비교하여 실지재고수량이 장부재고수량보다 적을 때 그 차이를 감모수량으로 파악할 수 있음

> • 당기 매출수량 = 장부상의 매출수량
> • 기말 재고수량 = 기초 재고수량 + 당기 매입수량 - 당기 매출량
> = 판매가능 재고수량 - 실제 판매수량
> • 기말 재고액 = 기초 재고액 + 당기 매입액 - 매출원가
> = 총 판매가능원가 - 매출원가

② 실지조사법

- 재고자산의 입출고를 일일이 기록하지 않고 기말에 재고조사를 실시하여 기말재고수량과 당기의 매출수량을 파악함
- 결산일(마감일) 현재 출고기록이 없어서 기말재고로 파악되지 않는 수량, 즉 재자산으로 남아 있지 않는 것은 당기에 모두 매출된 수량으로 간주함
- 문제점
  - 실제 매출수량을 정확하게 파악 못함: 종속적으로 당기의 매출수량이 결정되므로 당기에 발생한 도난이나 증발 및 파손 등에 의한 상품의 감모수량이 모두 판매된 상품수량에 포함되므로 매출원가가 과대평가되고 당기 매출이익이 작게 나타나게 됨
  - 매입내역만 기록할 뿐 매출수량과 매출일자 등을 기재하지 않으므로 매출시점 이후에 매입한 상품도 판매된 것으로 간주될 수 있어 판매 가능한 상품원가 전부를 원가 배분범위로 취급
  - 모든 매출은 모든 매입이 이루어지고 난 후에 이루어진 것으로 간주함
  - 당기 중의 상품매출 시점에서는 원칙적으로 매출원가를 알 수 없게 되며, 결산일에 일괄하여 판매가능한 상품의 원가에서 기말재고액을 차감함으로써 매출원가 산정함

> • 기말 재고량 = 실지 재고조사로 파악한 수량
> • 당기 판매수량 = 기초 재고수량 + 당기 매입수량 - 기말 재고수량
> = 판매가능 재고수량 - 기말 재고수량
> • 매출원가 = 기초 재고액 + 당기 매입액 - 기말 재고액

▶▶ 필수예제

01

아래의 자료에 기초하여 재고자산 기록방법 중 실지조사법에 따라 당기 매출량을 계산하면?

- 실지재고조사로 파악한 수량: 12개
- 기초재고량: 7개
- 당기 매입량: 22개

해설 기말 재고량 = 실지재고조사로 파악한 수량이므로 = 12개
당기 매출량 = 기초재고량 + 당기 매입량 - 기말 재고량
= 7개 + 22개 - 12개 = 17개

답 17

02

아래 자료는 재고자산기록법 중에서 실지조사법을 적용하여 파악된 재고자산 자료이다. 매출원가를 계산하면?

- 실지 재고조사로 파악한 재고액: 200
- 기초 재고액: 300
- 당기 매입액: 500

해설 매출원가 = (기초재고액 + 당기매입액)-기말재고액 = 300 + 500 - 200 = 600

답 600

---

(3) 재고자산 평가방법

① 재고자산 평가방법의 의의

- 재고자산은 매입시점별로 단위원가가 다르므로 매출원가와 기말재고단가를 결정하기 위해서는 매입원가의 적절한 배분이 필요
- 재고자산의 평가방법은 크게 원가법과 저가법으로 구분
- 원가법: 재고자산의 취득원가를 기준으로 자산가액을 평가
- 저가법: 재고자산의 현실적인 가치, 즉 순 실현가능가액이 취득원가보다 하락한 경우에는 순 실현가능가액으로 자산가액을 평가하는 방법
- 원가법에 의한 재고자산 평가방법으로는 개별법, 선입선출법, 후입선출법, 총평균법, 이동평균법 등이 있음

② 재고자산 평가방법의 유형

- 개별법(Specific Identification Method)
  - 재고자산 품목 각각에 대하여 구입가격을 기록한 후, 그 재고자산이 판매되었을 때 구입가격을 매출원가로 기록하는 방법
  - 원가의 흐름과 실물의 흐름이 일치하는 이상적인 방법이나 재고자산 종류가 많고 거래가 빈번한 경우에는 사용이 번거롭고 관리비용이 많이 소요됨
  - 단, 귀금속이나 특수기계를 주문 생산하는 경우 등과 같이 제품별로 원가를 식별할 수 있을 때에 적용함
- 선입선출법(First-in First-out Method)
  - 물량의 실제 흐름과는 관계없이 먼저 매입한 재고자산을 먼저 판매한 것으로 가정하여 매입원가를 매출원가에 적용하는 방법
  - 매출원가는 먼저 매입된 재고자산의 원가가 순차적으로 배분되며, 반면 기말재고자산액은 나중에 매입된 원가가 적용됨
  - 매출원가가 과거의 매입단가로 결정되므로 매입가격 상승기에는 매출이익이 상대적으로 크게 나타남
- 후입선출법(Last-in First-out Method)
  - 최근에 매입한 재고자산을 먼저 판매한 것으로 가정하여 매입원가를 매출원가에 적용하는 방법
  - 매출원가는 최근 매입된 재고자산의 원가가 순차적으로 배분되며, 반면 기말재고자산액은 가장 먼저 매입된 원가가 적용되므로 현행 가치를 나타내지 못함
  - 매입가격 상승기에는 매출이익이 상대적으로 작게 산정되며 기말재고자산액은 최소액으로 평가됨
- 총평균법(Total Average Method)
  - 일정기간(회계기간) 단위로 품목별 총평균원가를 산출하는 방법
  - 기초재고액과 당기 매입재고액의 합계액을 그 자산의 총수량으로 나눈 평균단가에 따라 산출한 취득금액을 그 자산의 평가액으로 함
  - 계산이 간편하고 매출원가가 동일하게 적용됨
  - 총평균법은 실지재고조사법하에서의 평균법이라고 할 수 있음

총평균 단가 = (기초 재고액 + 당기 매입액) / (기초재고량 + 당기 매입량)

• 이동평균법(Moving Average Method)

– 재고자산이 입고될 때마다 재고자산가액의 새로운 평균을 산정하여 매출원가에 적용하는 방법, 즉 자산 취득 시 장부재고금액을 장부재고수량으로 나누어 평균단가를 산출하고 평균단가에 의해 산출한 취득금액을 그 자산의 평가액으로 함

– 매출원가는 매입이 있을 때마다 달라지며, 추가 매입이 발생할 때까지는 동일한 매출원가가 유지됨

이동평균 단가 = (매입직전 재고액 + 신규 매입액) / (매입직전 재고량 + 신규 매입량)

필수예제

아래는 재고자산평가 방법 중에서 총평균법과 이동평균법의 재고단가 계산식이다. (㉠)과 (㉡)에 들어갈 적절한 내용은 무엇인가?

• 총평균단가 = [기초재고액 + (㉠)액] / [기초재고량 + (㉠)량]
• 이동평균단가 = (매입직전재고액 + (㉡)액) / (매입직전재고량 + (㉡)량)

해설 총평균단가 = (기초재고액 + 당기매입액) / (기초재고량 + 당기매입량)
이동평균단가 = (매입직전재고액 + 신규매입액) / (매입직전재고량 + 신규매입량)

---

③ 재고자산 평가방법의 크기 비교

• 매입가격 상승기(인플레이션)를 전제로 각 재고평가방법의 결과 비교
• 기말 재고자산가액 크기: 선입선출법 > 이동평균법 > 총평균법 > 후입선출법
• 매출원가 크기: 후입선출법 > 총평균법 > 이동평균법 > 선입선출법
• 매출 총이익 크기: 선입선출법 > 이동평균법 > 총평균법 > 후입선출법

06 창고관리

1 창고관리의 개념

(1) 창고의 의미

① 창고(WareHouse)란 '물품을 보관하는 시설'

② 창고는 고객의 구매 시점에 결품없이 신속·정확하게 공급하는 것이 주목적

③ 생산·공급 시점과 구매 시점이 다르기 때문에 창고에 재고를 두고 상품을 공급

④ 창고가 주된 용어이며, 상황에 따라 물류센터도 관습적으로 사용

(2) 창고의 기능

① 주문 출하 시 신속 대응하는 서비스 기능

② 구매 조달 시점, 생산 시점, 판매 시점의 조정 완충 기능

③ 대량구매, 대량생산, 대량수송 등의 대량화에 따른 소량 공급에 대한 완충 기능

④ 집하, 분류, 재포장, 검품, 유통 가공 등 유통판매 지원 기능

⑤ 성수기·비수기, 계절적 차이 등의 수급조정 기능

⑥ 물품을 연결하는 거점적 기능

⑦ 수요환경 변화에 신속 대응하는 기능

2 창고관리시스템

(1) 창고관리시스템의 의의

① 창고관리시스템(WMS: WareHouse Management System)이란 '창고를 관리하는 전문 종합정보시스템'을 말함

② 창고 내에서 이루어지는 물품의 입출고관리, 로케이션 관리, 재고 관리, 피킹, 분류, 차량관리 지원, 인원 관리, 작업 관리, 지표 관리 등을 수행하는 정보시스템

(2) 창고관리시스템의 목적

① 창고관리의 효율 향상

② 재고수량 및 금액 관리의 자동계산 효율 향상

③ 창고 보관관리의 가시화

④ 실물(현장) 재고와 장부(전산) 재고와의 차이 일치화

⑤ 보관 면적, 체적의 효율성 극대화

⑥ 피킹 작업의 정확도 및 효율성 향상

⑦ 선입선출의 정확한 실시

⑧ 창고 내 포장 보관관리의 정확도 및 효율성 향상

3 입출고관리

(1) 입고관리

① 입고의 개념

- 입고는 발주, 작업지시 또는 필요에 의하여 정해진 보관 위치로 납품되는 절차
- 입고 적치는 지정된 보관 장소에 물품을 넣고 쌓아 두는 활동
- 입고관리란 지정된 보관 장소인 창고에 물품을 넣고 적치하는 입고 업무를 계획하고 통제하는 활동

② 입고업무 프로세스

- 창고 입고업무 프로세스

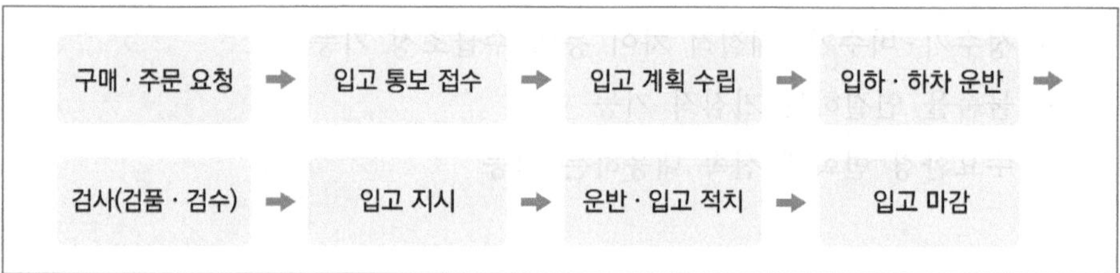

- 입고활동
  - 주문 마감 구매계획에 따라 구매부서에서 공급 협력사에 발주
  - 입고 통보 접수: 발주품목에 대한 구매부서와 협력사로부터 입고 통보
  - 입고 계획수립: 입고 수량, 작업방법, 작업 담당자, 검사 방법, 창고 적치 위치 등을 계획
  - 입하·하차 운반: 물품을 실은 차량이 창고로 들어온 후, 차량에서 물품을 내리는 활동으로 대기 및 작업시간 단축을 위한 효율적인 관리가 필요
  - 검사(검품·검수): 검사는 수량을 확인하는 검수, 품질을 검사하는 검품으로 구분할 수 있으며, 합격·불합격으로 결과 판정
  - 입고 지시: 검사 결과 합격되면 입고를 지시하며, 입고 지시는 품목별 수량, 적치 위치(로케이션), 작업방법, 유의사항 등이 포함
  - 운반·입고 적치: 입고 적치된 물품은 재고가 되며, 재고관리 대상이 됨

– 입고 마감: 품목별 수량, 적치 위치(로케이션), 특이사항 등을 기록 보고하고 마감 처리를 하여 입고 작업을 완료

(2) 출고관리

① 출고의 개념

- 출고란 '창고에서 물품을 꺼낸다'는 뜻으로, 재고를 출고지시서·주문(오더)서를 근거로 꺼내는 작업
- 출고관리란 '지정된 보관 장소인 창고에서 물품을 피킹·분류·검사·출하하는 출고업무를 계획하고 통제하는 활동

② 출고업무 프로세스

- 창고 출고업무 프로세스

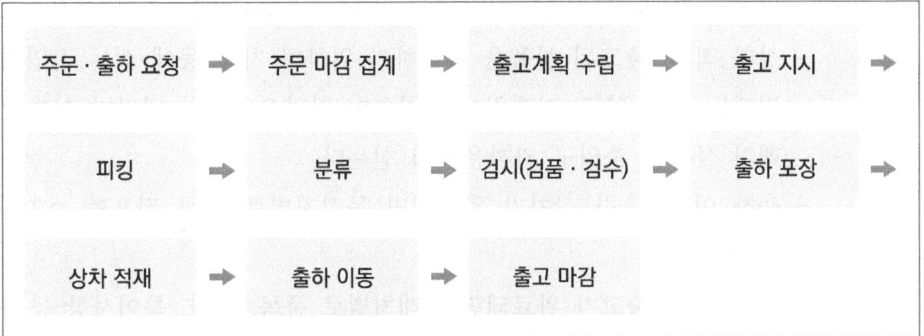

- 출고활동
  – 주문·출하 요청: 생산 또는 판매계획에 따라 생산·판매·영업 부서나 고객·거래처로부터 주문 출고 요청이 접수되며, 주요 내용은 품목, 수량, 출고 단위, 일정(납기), 출고 장소 등
  – 주문 마감 집계: 생산부서·고객·거래처로부터 주문·출하 요청을 받고 마감하여 주문량을 거래처별·품목별로 집계
  – 출고계획 수립: 고객·거래처별, 품목별로 집계한 주문 현황을 기준으로 품명, 품목 코드, 출고 단위, 필요량, 출고량, 과부족, 로케이션 위치 번호, 배부 할당, 출고 방법, 주의사항, 특기사항 등을 기록한 출고계획을 수립
  – 출고 단위는 고객 요구 및 거래단위 조건에 따라 달라지며, 크게 팰릿·박스·낱개(피스) 단위로 구분되고, 이에 따라 피킹·분류·적재 등의 작업이 완전히 달라지게 됨
  – 출고 지시: 출고 계획에 따라 출고 지시서를 발행하여 출고 담당자에게 출

고를 지시하며, 품목별 수량, 재고 위치(로케이션), 작업방법, 유의사항 등이 포함

- 출고 피킹(오더 피킹): 출고 지시서에 따라 해당 물품을 창고에 보관된 재고에서 골라 꺼내는 활동이며, 고객별·품목별·물품 형태별·규모별 등으로 다양하고 복잡하여 업무처리 효율성이 중요함
- 분류: 재고에서 피킹된 물품을 고객별·차량별·지역별·용도별 등으로 구분하여 분류하는 작업으로 병목현상을 해소하기 위해 다양한 분류설비(Sorting Machine)와 시스템을 도입하여 운영함
- 출고 검사: 피킹 후, 분류된 물품에 대한 검수 또는 검품 등의 검사를 거치며 합격품이 출고됨
- 출하 포장: 출고 검사를 마친 합격품에 대해 운송 중 손상이 없도록 고객과 약속된 유닛로드시스템(ULS: Unit Load System) 또는 출하 포장으로 출고
- 상차 적재: 출고된 물품을 출하하기 위하여 차량 등에 싣는 작업이며, 상차 적재는 싣기 쉽고, 거래처에 도착하여 차량으로부터 내리기 쉽게 가까운 거래처 물품을 출입구 가까운쪽에 싣는다.
- 출하 이동: 출하 상차가 완료되면 목적지별로 출하 전표를 소지하고 출하 이동
- 출고 마감: 출고가 완료되면 거래처별로 품목, 수량, 특이사항 등을 기록 보고하고 출고 마감 처리

4 창고보관

(1) 보관의 개념

① 보관(Storage)이란 '물품을 일정한 장소에서 품질 수량 등의 유지와 적절한 관리 아래 일정기간 저장'하는 활동을 의미

② 보관의 기본원칙

- 통로 대면의 원칙: 창고 내의 흐름을 원활히하도록 통로를 중심으로 마주보게 보관
- 높이 쌓기의 원칙: 창고 보관 효율을 높이기 위하여 랙을 이용하여 물품을 높게 쌓는 원칙
- 선입선출의 원칙: 먼저 입고된 물품을 먼저 출고한다는 원칙이며, 재고 회전율이 낮은 품목, 모델 변경이 잦은 품목, 라이프사이클이 짧은 품목, 파손·감모

가 쉬운 품목 등이 주요대상

- 명료성의 원칙: 보관 물품을 쉽게 찾을 수 있도록 명료하게 보관하는 원칙
- 위치 표시의 원칙: 보관 적치한 물품의 위치를 표시
- 회전 대응의 원칙: 입출고 빈도가 높은 화물은 출입구에 가까운 장소에 보관하고, 낮은 경우에는 먼 장소에 보관
- 동일성 및 유사성의 원칙: 동일 물품은 동일 장소에 보관하고 유사품은 가까운 장소에 보관하는 원칙
- 중량 특성의 원칙: 무겁고 대형의 물품은 출입구 가까운 쪽에, 그리고 아래쪽에 보관하여 보관 및 작업 효율을 높이는 원칙
- 형상 특성의 원칙: 표준화된 물품은 랙에 보관하고, 표준화되지 않은 물품은 모양이나 상태에 따라 보관하는 원칙
- 네트워크 보관의 원칙: 보관 물품의 상호 관련 정도에 따라 연계하여 보관 장소를 정하는 원칙

(2) 창고 배치관리

① 창고 배치의 의미

- 창고 배치(레이아웃, Layout)란 '창고 안에 물품을 일정한 공간과 구역으로 구분하여 저장하는 것'을 의미함
- 창고 배치는 창고 내 공간을 용도나 목적에 따라 특정한 구역과 장소로 구분하고 재고의 특성을 고려하여 적절한 구역과 장소에 저장하는 것'을 의미함

② 창고 레이아웃의 기본 원칙

- 창고 내 면적과 공간을 효율적으로 배치
- 입출고 작업이 쉽고 편하게
- 고객 주문에 신속 대응 가능하도록
- 눈으로 보는 관리
- 동선 경로가 짧게
- 출구 쪽으로부터 출하 빈도가 많은 품목순으로 배치
- 중량물이나 오염시킬 품목은 출구 가까운 쪽, 그리고 아래쪽에 배치
- 출고량, 출고 빈도 등을 기준으로 ABC분석을 하여, 중요도 순에 따라 중점 관리가 가능하도록 배치

③ 창고 레이아웃의 기본 원리

- 흐름 방향의 직진성의 원리: 물품, 통로, 운반 기기 및 사람 등의 흐름 방향은

직진성에 중점

- 물품, 사람, 운반 기기의 역행·교차 없애기: 역행이나 통로의 교차는 통로 점유율이 높아지는 원인
- 취급 횟수 최소화: 물품의 임시 저장 등으로 취급 횟수가 증가하지 않도록 유의
- 높낮이 차이의 최소화: 물품의 흐름 과정에서 크기 및 높낮이 차이를 최소화
- 모듈화·규격화 고려: 하역 운반 기기, 랙, 통로 입구 및 기둥 간격의 모듈화 등을 시도하여 보관 및 작업효율을 높여야 함

(3) 창고 위치관리

① 창고 위치관리의 의미: 창고 위치(로케이션, Location)관리는 재고를 효율적으로 찾기 쉽고 꺼내기 쉽도록 창고 배치 구역이나 장소에 주소를 부여하는 활동을 의미

② 창고 위치관리 방식의 선정

- 고정 위치 방식: 정해진 위치에만 특정 재고를 보관하는 방식. 기준보다 많은 재고수량은 별도 보관할 수도 있으며, 재고회전율이 높은 A품목에 적합한 방식
- 자유 위치 방식: 재고를 보관할 위치를 작업자나 자동 시스템이 자유롭게 빈 공간을 선택하여 보관하며, 재고회전율이 낮은 품목에 적합한 방식
- 고정 자유 병행 위치 방식: 특정한 품목군에 대하여 일정한 보관 구역을 설정하지만 그 구역 범위 이내에서는 자유롭게 위치를 선택하는 절충식 보관 방식

07 운송관리

1 운송계획의 의의

(1) 운송의 개념

① 운송은 원재료의 공급자로부터 고객에게 완제품이 인도될 때까지 한 지점에서 다른 지점으로 원자재·반제품·제품 등을 이동시키는 활동

② 수송은 생산공장, 수입처에서 중앙물류센터 간, 또는 중앙물류센터에서 지역물류센터 간 등의 원거리 거점 간의 대량 화물을 이동시키는 활동으로 운송과 동일하게 사용하기도 함

③ 배송은 지역물류센터로부터 소량의 물품을 소형 트럭 등을 이용하여 고객·소비자에게 전달하는 활동

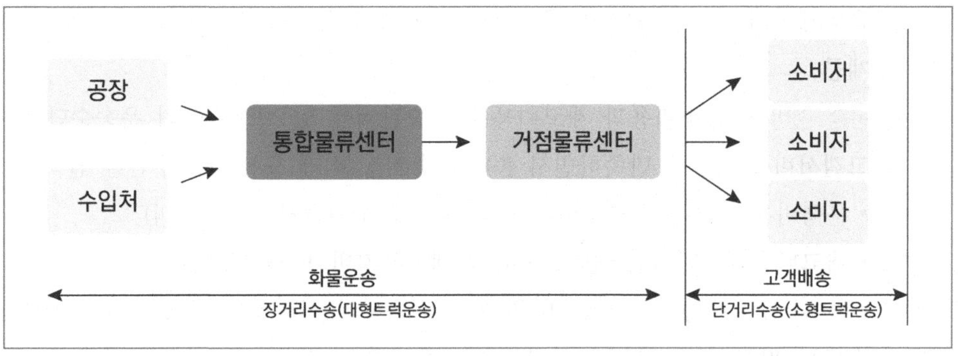

▲ 운송의 영역

(2) 운송계획수립

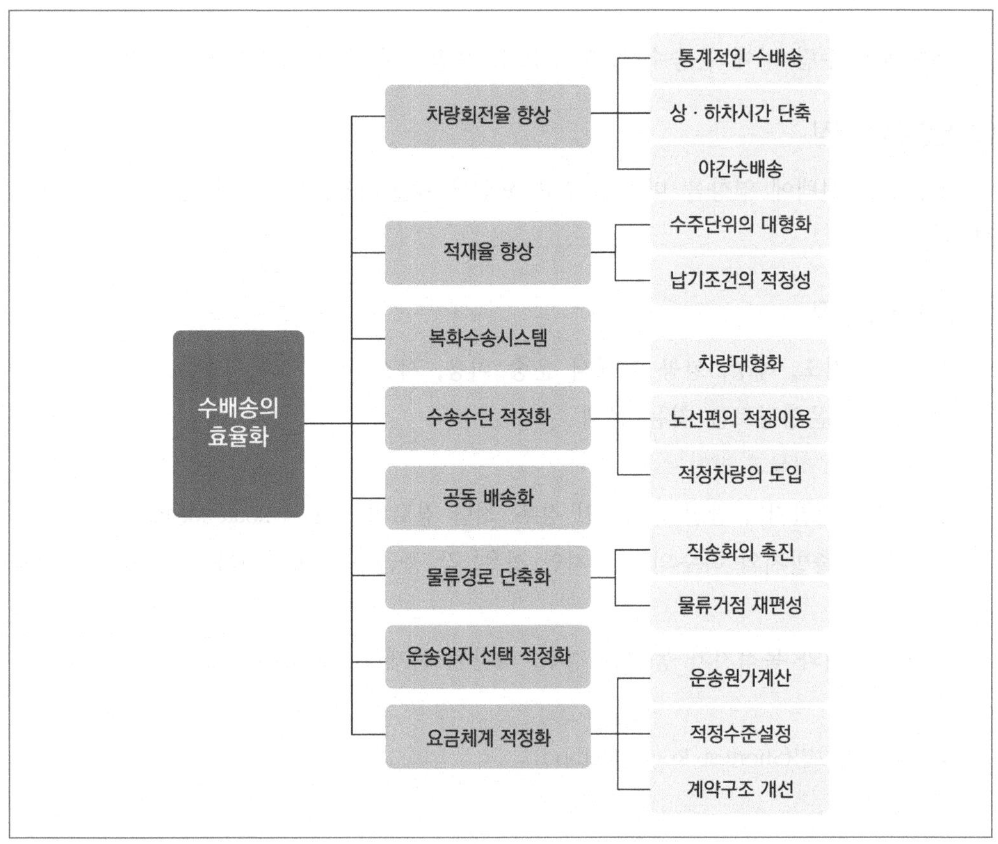

▲ 수배송 효율화를 위한 활동

① 운송계획의 목적은 최소의 총비용으로 고객 만족도를 최대한 높이는 운송서비스 제공

② 운송 총비용: 운송비용과 재고비용은 상충관계에 있으므로 여러 운송수단 중에서 고객서비스 수준을 만족하면서 총비용이 가장 적게 드는 운송수단을 선택해야 함

- 운행비용 = 고정비 + (거리 × 거리당 연료비) + (시간 × 인건비)
- 재고비용 = 주문비(생산 준비비) + 재고유지비 + 재고부족비

③ 운송 서비스: 운송 서비스는 비용 이외에 속도와 신뢰성이 가장 중요한 요소이며, 속도는 평균 운송시간을, 신뢰성은 운송시간의 변동성을 의미함

2 운송계획 제약요인

운송계획 수립 시에 운송수단, 운송경로, 운송방식 등의 제약요인을 고려

(1) 운송수단 결정

운송수단 선택에 영향을 미치는 주요 요인은 운송비용, 운송시간, 운송수단의 신뢰성 등

(2) 운송경로 결정

① 도로, 철도, 해상, 항공 등에서 운송 비용, 시간이나 거리를 최소화 할 수 있는 최상의 운행경로를 찾는 문제

② 운송경로 최적화 방법

- 단일 출발지와 단일 목적지인 경우: 최단 경로법(Shortest Route Method) 해법 적용
- 복수 출발지와 복수의 목적지인 경우: 각 공급지에 목적지를 할당하여 경로 최적화
- 출발지와 목적지가 동일한 경우: 외판원 문제(Traveling Salesman Problem) 해법 적용

③ 최단 경로법(Shortest Route Method)

▶▶ 필수예제

출발지 A에서 도착지 H로 가는 최단경로

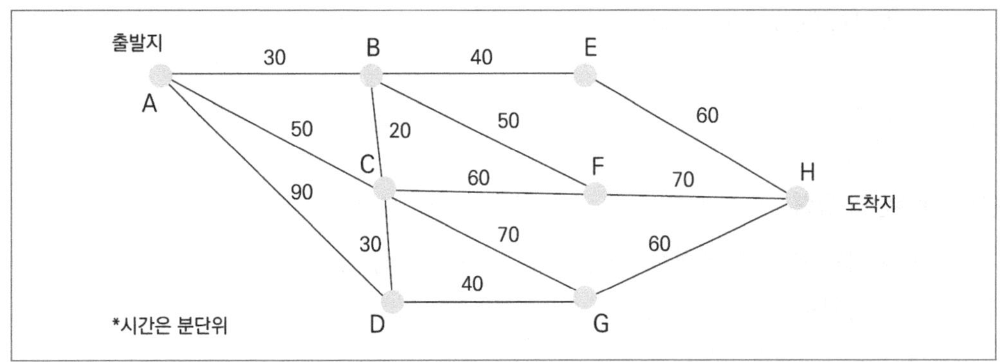

단계	해결된 최종 노드	가장 근접한 미해결 노드	전체 소요시간	가장 근접한 노드	최소 소요시간	최종 연결선
1	A	B	30	B	30	AB*
2	A B	C C	50 30 + 20 =50	C	50	AC
3	A B C	D E D	90 30 + 40 = 70 50 + 30 = 80	E	70	BE*
4	A C E	D D H	90 50 + 30 = 80 30 + 40 + 60 = 130	D	80	CD
5	D E	G H	50 + 30 + 40 = 120 30 + 40 + 60 = 130	G	120	DG
6	E G	H H	30 + 40 + 60 = 130 50 + 30 + 40 + 60 = 180	H	130	EH*

※ (결론) 최단경로는 A → B → E → H, 최소시간은 130분(=30 + 40 + 60)

(3) 운송방식 결정

① 운송방식은 거점을 연계하는 경로와 운송수단을 고려하여 계획

② 운송방식의 유형

- 직배송 방식: 생산지에서 수요지로 하나의 트럭을 할당하여 운영하는 방식으로 1회 운송량이 충분할 경우 매우 효과적인 방식

- 순환배송 방식: 1회 운송량이 많지 않을 경우 여러 목적지의 화물을 하나의 트럭이 처리하는 방식
- 물류거점 간 차량공유 방식: 다수의 물류거점이 운송차량을 공유하여 차량의 공차율을 낮추는 방식

3 운송수단

(1) 운송수단의 유형

① 화물 운송수단의 유형은 화물 차량, 철도, 선박, 항공 운송 및 파이프라인 운송 등 5가지로 구분

② 운송수단 유형별 특성비교

구분	화물 차량	철도	항공	선박	파이프라인
운송량	중·소량화물 단·중거리	대량·중량화물, 중·원거리	중·소량 고가화물 원거리	대량·중량 화물, 중·원거리	대량, 중·원거리
운임	단거리 운송, 탄력적	중거리 운송, 경직적	가장 비싸며, 경직적	원거리 운송, 탄력적	가장 저렴, 경직적
기후	기후 영향 조금 받음	전천후 운송수단	악천후 운행 불가	기후 영향 많음	기후 영향 가장 적게 받음
안전성	조금 낮음	높음	낮음	낮음	매우 높음
중량 제한	있음	거의 없음	있음	없음	있음
일관 운송	쉬움	미흡함	어려움	어려움	쉬움
중량	있음	없음	있음	없음	있음
운송 시간	보통	다소 길다	매우 짧다	매우 길다	다소 길다
화물 수취	편리	불편	불편	불편	불편

(2) 운송수단의 장단점

① 화물 차량 운송

장점	단점
• 문전 배송(Door to door) 가능 • 화물의 파손과 손실이 적음 • 근거리, 소량 운송의 경우 유리 • 일관 운송 가능, 자가 운송이 용이 • 운송 도중 적재 변동이 적음 • 시기에 맞는 배차가 용이 • 하역비·포장비가 비교적 저렴	• 장거리 운행 시 운임 고가 • 교통사고와 공해로 사회적 문제 발생 • 중량 제한이 많아 운송 단위가 작음 • 운행 중 사고 발생률이 높음 • 대량 화물 운송에 부적합

② 철도 운송

장점	단점
• 중·장거리 대량 운송에 적합하고 중·장거리 운송 시 운임이 저렴함 • 중량에 제한을 받지 않음 • 비교적 전천후 교통 수단임(기상·기후의 영향을 적게 받음) • 계획 운송이 가능 • 철도망을 이용한 전국적인 네트워크 구축 • 사고 발생률이 낮아 안정적인 운송수단임	• 고객별 자유로운 운송 요구에 적용이 곤란 • 운임의 융통성이 낮음 • 차량 운행 시간의 사전 계획에 의해 적기 배차의 어려움 • 화주의 문전 수송을 위하여 부가적인 운송수단 필요 • 화차 용적에 대비한 화물의 용적에 제한

③ 선박 운송

장점	단점
• 대량 운송 시 전용선과 전용 하역 장비를 이용한 신속한 운송 및 하역작업 가능 • 화물의 크기나 중량에 제한을 받지 않음 • 화물 운송을 위한 설비의 투자가 불필요(도로·선로 등) • 대량이나 중량 화물의 장거리 운송에 적합하고, 장거리 운송 시 운임이 저렴	• 다른 운송수단에 비해 운항 속도가 느려 운송기간이 많이 소요됨 • 항구(항만) 시설 구축비와 하역비가 비쌈 • 운송 중 기상 상황에 따라 화물 손상 사고가 많이 발생함 • 화물 안전 운송을 위한 포장비용이 많이 듦

④ 항공 운송

장점	단점
• 화물의 운송 속도가 매우 빠름 • 고가, 고부가가치 소형 상품의 운송에 유리함 • 화물의 손상이 적고 포장이 간단하여 포장비가 저렴함 • 납기가 급한 긴급 화물이나 유행에 민감한 화물, 신선도 유지가 요구되는 품목 • 운송에 적합	• 운임이 고가이며, 중량에 제한이 있음 • 기상의 영향이 크며, 이용 가능 지역이 제한됨(항공기 이착륙 가능 지역만 가능) • 대량 및 대형 화물의 운송이 곤란함 • 운송의 완결성이 부족함

⑤ 파이프라인 운송

장점	단점
• 연속하여 대량 운송이 가능함 • 용지 확보가 유리하며, 유지비가 저렴함 • 컴퓨터 시스템에 의한 완전 자동화로 높은 안전성을 유지함 • 환경 친화적인 운송수단으로 평가	• 이용 화물의 제한(유류, 가스 등 액체, 기체 제품) • 송유관 설치 장소 등 특정 장소에 한정 • 용지 확보 및 라인 설치 등 초기 시설 투자비가 많이 소요됨

4 완제품 운송경로

(1) 운송경로 유형

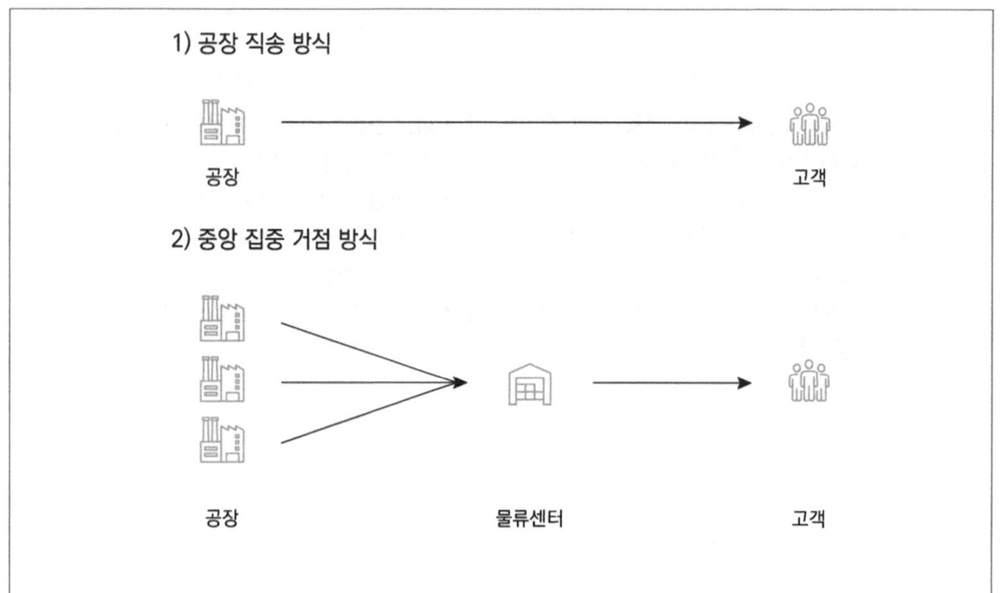

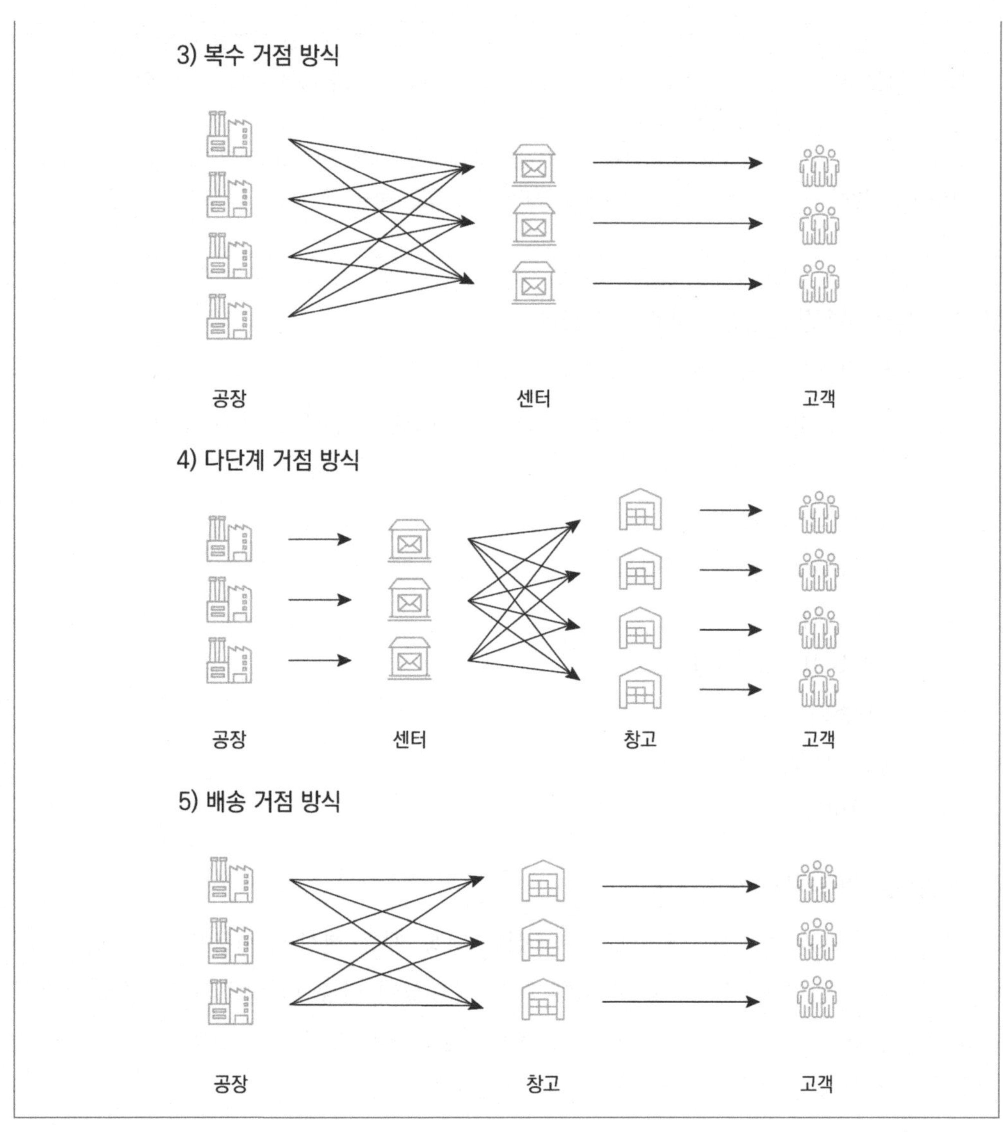

(2) 운송경로 유형별 장단점

구분	장점	단점
공장직영 운송방식	발송 화주에서 도착지 화주 직송(원스톱 운송)	운송차량의 차량 단위별 운송물동량 확보(대량 화물 운송 적합)
중앙 집중 거점 방식	다수의 소량 발송 화주가 단일화주에게 일괄 운송	다수의 화주로부터 집하하여 단일 거래처(소비자) 전제
복수거점 방식	화주별·권역별·품목별로 집하하여 고객처별 공동 운송	물류거점을 권역별 또는 품목별 운영이 요구됨

다단계 거점 방식	권역별·품목별 거래처(소비지) 밀착형 물류거점 운영, 거래처(소비자) 물류 서비스 만족도 향상	물류거점 및 지역별 창고 운영으로 다수의 물류거점 확보 및 운영비 가중
배송거점 방식	고객처별 물류거점 운영으로 고객대응 신속한 대응 가능(물류 서비스 만족도 높음.)	고객 밀착형 물류거점 설치로 다수의 물류거점 확보 및 운영비 가중

(3) 효율적인 운송경로 선정을 위한 고려사항

① 운송화물의 특성

② 리드타임: 수주부터 납품까지의 기간 또는 당해 수주부터 다음 수주까지의 소요기간

③ 운송차량의 적재율

④ 운송 물동량 파악을 통한 차량 수단과 필요 대수

⑤ 운송수단의 선택

⑥ 수·배송 범위와 운송경로

⑦ 수·배송의 비율

⑧ 운송료 산정 기준

⑨ 고객서비스 수준

(4) 운송화물 이력추적관리 시스템

소량 다빈도 운송 서비스의 증가와 도심의 교통 체증 현상은 제품을 예정시간 이내에 도착시키기 위한 운행 중 차량관제에 대한 필요성이 한층 더 강조되고 있다. 따라서 관제의 개념과 목적, 기대 효과, 방법론 등에 대한 이해와 학습을 통하여 차량의 효율적 운행정보 분석과 운영을 할 수 있도록 해야 한다.

① 운송화물 이력추적시스템 개념

- 차량의 위치추적 및 차량과의 통신을 위한 차량관제 시스템이다.
- 기존 범지구 위치결정시스템(GPS: Global Positonig System)·지리정보시스템(GIS: Geographic Information System)·주파수 공용통신(TRS: Trunked Radio Service) 시스템을 이용하여 차량 및 화물 정보를 추적하여 운행 관리 및 고객 정보 서비스를 위한 기본적인 인프라이다.
- 이를 통하여 차량 및 화물의 신속·정확한 이력추적 및 관리 등의 운송정보를 제공하여 고객 만족을 향상시킬 수 있다.

② 운송화물 이력추적 관리의 목적

- 운송 통제를 실행하기 위하여 차량과 실은 제품의 운행정보를 실시간으로 관리하는 것이다.
- 차량의 운행 결과에 대한 통계 집계·분석하는 것이다.
- 분석된 차량의 운행정보를 고객에게 제공하는 것이다.

③ 운송화물 이력추적 시스템의 효율화를 위한 선결 과제

- 최고 경영자의 지대한 관심과 계속적인 지원이 요구되며, 실무 관리자 및 운전자의 참여 의식이 높아야 한다.
- 적절한 유통 재고량을 유지하고, 정확한 물류 계획을 세우기 위하여 수주에서 출하까지 작업의 표준화, 효율화를 통하여 주문의 정확성, 안정화가 이루어져야 한다.
- 운영시스템 유지 보수 담당 인력의 육성과 확보가 필요하며, 공정한 성과평가 제도 도입을 통해 구성원의 내부 만족과 고객만족이 이루어져야 한다.

④ 운송화물 이력추적의 기대효과(물류 담당자 관점)

- 적재효율 증대를 통한 복화 운송비율 증대
- 공차율 감소를 통한 차량의 회전율 향상
- 운행경로의 최적화를 통한 이동 시간 단축
- 운송정보 통계, 분석을 통한 시간, 요일, 월간, 계절별의 차량 배차 활용도 제고

⑤ 운송화물 이력추적의 기대효과(고객사 관점)

- 차량의 예측 가능한 운행 중 정보를 파악하여 도착시간을 사전에 예측할 수 있으며, 이에 따른 후속 공정을 효율적으로 처리할 수 있다.
- 차량의 운행 중에 발생된 전이나 전도사고 등의 돌발 상황을 실시간으로 파악할 수 있으며, 이에 따른 후속 공정을 효율적으로 처리할 수 있다.

CHAPTER 03 단원별 기출 확인문제

01 2018년 3회

공급망의 경쟁능력을 결정하는 4요소 중에서 "유연성"에 대한 설명으로 적절한 것은 무엇인가?

① 투입 자원의 효율적 활용과 조직 운영, 낭비 제거와 생산성 향상, 불량품 감축, 원자재구입 비용 감축, 프로세스 표준화, 지속적 프로세스 개선과 개발을 이루는 능력이다.

② 우수한 설계 능력으로 성능이 우수한 제품을 설계하거나, 제품이 가져야 할 규격에 잘 부합되도록 만드는 능력이다.

③ 설계 변화와 수요의 환경 변화에 효율적으로 대응하고 고객이 원하는 대로 제품이나 서비스를 창출하는 능력이다.

④ 경쟁사보다 빠르고 고객의 욕구를 충족시켜 줄 수 있는 새로운 제품을 개발해 내는 능력이다.

해설 ① 투입 자원의 효율적 활용과 조직 운영, 낭비 제거와 생산성 향상, 불량품 감축, 원 자재구입 비용 감축, 프로세스 표준화, 지속적 프로세스 개선과 개발을 이루는 능 력이다. – 비용
② 우수한 설계 능력으로 성능이 우수한 제품을 설계하거나, 제품이 가져야 할 규격에 잘 부합되도록 만드는 능력이다. – 품질
④ 경쟁사보다 빠르고 고객의 욕구를 충족시켜 줄 수 있는 새로운 제품을 개발해 내는 능력이다. – 시간

답 ③

02 2018년 3회

유통(구매)업체의 물류센터에 있는 각종 데이터가 제조업체로 전달되면 제조업체가 물류센터로 제품을 배송하고 유통업체의 재고를 직접 관리하는 공급망관리 방식에 해당하는 것은?

① 공급자관리재고(VMI: Vendor Managed Inventory)

② 신속대응(QR: Quick Response)

③ 지속적보충프로그램(CRP: Continuous Replenishment Program)

④ 효율적소비자대응(ECR: Eficient Consumer Response)

해설 SCM 정보시스템의 유형 중 공급자관리재고(VMI: Vendor Managed Inventory)
② 신속대응 시스템은 판매업자와 공급급업자가 정보공유를 통해 효율적인 생산과 공급망 재고를 최소화하는 전략
③ 지속적보충프로그램(CRP)은 제조업체의 효율적 재고관리와 유통업체의 적시 재고보충이 가능하도록 결품비율을 최소화하고 상호 협력 기능을 강화
④ 효율적소비자대응(ECR) 시스템은 유통업체와 제조업체가 효율적인 상품 보충, 판매촉진, 상품개발을 목적으로 POS를 도입하여 상품을 보충하는 전략

답 ①

03 2018년 3회 현재 보유재고 450, 안전재고 100, 주문 리드타임 2주, 최소 구매량이 300인 A 지점의 유통소요계획을 수립하려고 한다. 각 주차의 예측된 수요는 [보기]와 같을 때, 2주 차에 발주해야 할 주문량은 무엇인가?

[보 기]

주차	이전기간	1	2	3	4	5
수요예측		100	110	120	120	110
수송중재고						
기말재고수준	450					
예정입고량						
주문량			(?)			

① 100 ② 300

③ 400 ④ 420

해설 안전재고 100을 유지하기 위하여 4주 차에 입고가 필요하며, 리드타임이 2주이므로 2주 차에 미리 주문이 이루어져야 한다. 최소구매량이 300이므로 2주 차의 주문량은 300이다. 답 ②

주차	이전기간	1	2	3	4	5
수요예측		100	110	120	120	110
수송중재고						
기말재고수준	450					
예정입고량						
주문량			300			

04 2018년 3회 다음 중에서 소화물일관운송에 대한 설명으로 적절한 것은 무엇인가?

① 파렛트나 컨테이너와 같은 표준화된 용기를 이용하여 단위화한 정형화물 운송 형태이다.

② 용기에 의한 포장 없이 운송되는 비정형화된 벌크 운송 형태이다.

③ 송유관을 통해 유류(액상)·기체·분말 등을 운송하는 형태이다.

④ 발송화주의 문전에서 도착화주의 문전까지 포괄적인 서비스 제공하는 운송 형태이다.

해설
- 정형 및 비정형 화물은 운송 형태, 소화물일관운송은 운송수단에 의한 분류이며 발송화주의 문전에서 도착화주의 문전까지 서비스를 제공한다.
- 송유관을 통해 유류(액상)·기체·분말 등을 운송하는 형태는 파이프라인이다. 답 ④

05 2018년 3회

출고 지시서에 의하여 창고에 보관된 물품 재고를 꺼내는 것을 의미하는 것으로 올바른 것은?

① 출하 포장 ② 적재 출하
③ 오더 피킹 ④ 입고 적치

해설 오더 피킹(Order Picking)

답 ③

06 2018년 3회

[보기]의 (　　)에 공통적으로 들어갈 용어를 영어약자로 예와 같이 기재하시오. (예 ERP)

[보 기]
- (　　) 모형은 SCC(Suply Chain Council)에서 개발한 공급사슬 프로세스 분석 및 설계 모델이다.
- (　　) 모형은 공급망관리의 진단, 벤치마킹과 프로세스 개선을 위한 도구로 사용된다.
- (　　) 모형은 공급망의 설계, 구축, 개선 과정을 효율적으로 수행하는 데 필요한 가이드라인을 제공한다.

해설 SCOR(Supply Chain Operation Reference), 공급망운영 참고모델은 공급망 운영을 계획(Plan), 조달(Source), 생산(Make), 배송(Delivery), 반품(Return)의 5가지 Process로 구분한다.

답 SCOR

07 2018년 3회

다음 보기는 재고자산 기록방법에 대한 설명이다. [보기]의 (㉠)과 (㉡)에 들어갈 적절한 한글 용어를 순서대로 예와 같이 기재하시오. (예 기초, 기말)

[보 기]
- 계속기록법은 재고 감모손실이 기말(㉠) 수량에 포함되지 않아 매출원가가 과소평가되어 당기매출이익이 크게 나타난다.
- 실지재고조사법은 재고 감모손실이 당기(㉡) 수량에 포함되므로 매출원가가 과대평가되고 당기매출이익이 작게 나타난다.

해설
- 기록방법은 계속기록법과 실지재고조사법이 있다.
- 기말재고액 = 기초재고액 + 당기 매입액 − 매출원가

답 재고매출, 재고자산

08 SCM의 도입효과에 대한 설명으로 적절하지 않은 것은?

2018년 4회

① 작업지연시간의 단축 ② 철저한 납기관리
③ 수주처리기간의 증가 ④ 업무운영 효율화에 의한 비용절감

해설 수주처리기간이 단축된다. 답 ③

09 다음 중 창고관리시스템(WMS: WareHouse Management System)의 기능으로 거리가 먼 것은?

2018년 4회

① 재고의 출하관리 ② 구역별 작업일정 관리
③ 재고의 위치관리 ④ 공급자 선정 관리

해설 창고관리시스템의 기능은 ①, ②, ③과 실물재고와 전산재고의 차이 관리, Picking 작업의 정확성 및 효율성 등이다. 답 ④

10 다음의 재고관리 관련 비용에 관한 설명 중에서 옳지 않은 것은?

2018년 4회

① 주문비용은 주문 서류의 작성과 승인, 운송, 검사, 입고 등에 소요되는 비용이다.
② 생산준비비용은 생산수량에 비례하며, 공정지연으로 발생하는 인력과 시간손실 비용이다.
③ 재고유지 비용은 품목구입에 대한 자본의 기회비용, 창고시설 이용비용, 파손에 따른 손실비용 등이다.
④ 재고부족 비용은 납기지연, 판매기회 상실, 거래처 신용하락, 잠재적 고객상실 등과 관련된 비용이다.

해설 생산준비비용은 생산수량에 비례하지는 않고, 공정지연으로 발생하는 인력과 시간손실비용이다.
답 ②

11 운송경로 결정 시 다수의 소량 발송 화주가 단일 화주에게 일괄 운송하는 장점이 있는 경로 형태는?

2018년 4회

① 복수거점 방식 ② 배송거점 방식
③ 중앙 집중 거점 방식 ④ 공장직영 운송방식

해설 중앙 집중 거점 방식은 다수의 화주로부터 집하하여 단일 거래처에게 운송 답 ③

12 2018년 4회

재고관리 시스템 중 고정주문량모형과 고정주문기간모형을 비교한 내용으로 옳지 못한 것은?

	고정주문량모형	고정주문기간모형
①	주문량이 일정하다.	주문량이 변동한다.
②	주문시기가 변동한다.	주문시기가 일정하다.
③	재고수준을 수시점검한다.	재고수준을 주문시기에만 점검한다.
④	정기적으로 보충하는 저가품의 경우 적용이 용이하다.	재고파악이 쉽고 조달이 수월한 경우 적용이 용이하다.

해설 고정주문량 모형은 재고파악이 용이하고 조달이 용이한 경우 적용하며, 고정주문기간모형은 정기적으로 재고를 보충하는 저가품인 경우에 적용

답 ④

13 2018년 4회

다음 [보기]의 (　　)에 공통적으로 들어갈 한글용어를 예와 같이 기재하시오. (예 정보)

[보 기]

- 공급망(　　　) 참고(SCOR) 모형은 1996년 미국 공급망위원회(Supply Chain Council)에서 제안한 성공적인 SCM을 위한 기준이다.
- 공급망(　　　) 참고(SCOR) 모형은 효율적인 공급망의 설계 및 구축에서부터 지속적인 프로세스 개선 과정을 효율적으로 수행하는 데 필요한 가이드라인을 제공한다.

해설 공급망 운영 참고모델

답 운영

14 2018년 4회

다음 [보기]의 (　　)에 공통적으로 들어갈 적절한 한글 용어를 예와 같이 기재하시오. (예 정보)

[보 기]

- (　　　) 효과는 공급망관리상에서 소비자의 수요정보가 공급자에 이르면서 수요예측의 왜곡과 그에 따른 과대한 주문 활동이 확대되고 누적되어 가는 현상을 말한다.
- (　　　) 효과로 인한 수요·공급의 변동은 제품품절, 과도한 안전재고, 높은 공급망상의 비용상승 등을 초래하게 된다.

해설 채찍효과(Bull-whip Effect)

답 채찍

15 2018년 5회

채찍효과 (Bullwhip Effect)를 줄이기 위한 방안으로 가장 적절치 못한 것은?

① 수요정보의 집중화를 통한 불확실성 제거

② 공급자와 생산자 간 전략적 파트너십 구축

③ 주문 리드타임의 연장

④ POS데이터를 이용한 정보공유

해설 주문 리드타임의 단축

답 ③

16 2018년 5회

다음 중에서 물류거점을 설계할 때 고려할 기본적인 지표로 적절하게 연결된 것은 무엇인가?

① 고객서비스 지표 – 환경 지표

② 고객서비스 지표 – 비용 지표

③ 수익 지표 – 환경 지표

④ 수익 지표 – 비용 지표

해설 물류거점을 설계할 때 고려해야 할 기본적인 최적화 지표는 고객서비스 지표, 비용 지표가 있다.

답 ②

17 2018년 5회

물류거점 운영방식 중 물류거점의 운영을 자재·부품 공급업체에 일임하고 필요한 경우에 필요한 수량만큼 공급자 운영 재고 창고에서 가져오는 방식은?

① 크로스도킹 운영 방식

② VMI(Vendor Managed Inventory) 운영 방식

③ 지역 물류센터 운영 방식

④ 직배송 방식

해설 공급자 관리재고(VMI: Vendor Managed Inventory) 운영 방식

답 ②

18 다음은 재고관리 관련 비용 중 자재를 직접 생산 시의 생산준비비용에 대한 설명이다. 옳은 것은?

2018년 5회

① 생산수량에 비례하여 생산준비마다 발생하는 변동비이다.

② 주문 서류의 작성과 승인, 운송, 검사, 입고 등에 소요되는 비용이다.

③ 1회 생산량, 즉 로트사이즈를 크게 할수록 재고 한 단위당 비용이 감소한다.

④ 생산계획 차질로 인하여 발생하는 생산수량 감소에 따른 매출손실이다.

해설 ① 생산수량에 비례하지는 않음, ② 재고주문비용, ④ 재고부족비용

답 ③

19 매입가격(물가) 상승을 가정할 경우, 매출총이익이 가장 크게 평가되는 재고평가방법은?

2018년 5회

① 선입선출법　　② 이동평균법

③ 총평균법　　④ 후입선출법

해설
- 재고평가방법은 개별법, 선입선출법, 후입선출법, 총평균법, 이동평균법이 있다. 물가가 상승할 경우(인플레이션)에 다음과 같은 순서로 평가된다.
- 기말재고자산가액 및 매출총이익: 선입선출 > 이동평균 > 총평균 > 후입선출
- 매출원가: 선입선출 < 이동평균 < 총평균 < 후입선출

답 ①

20 [보기]에서 설명하고 있는 개념의 (　　)에 공통적으로 들어갈 수 있는 영문용어를 예와 같이 영문 대문자로 직접 입력하시오. (예 ERP)

2018년 5회

[보 기]

- (　　)이란 공급자에서 고객까지의 공급망상의 정보·물자·현금의 흐름에 대해 총체적 관점에서 체인 간의 인터페이스를 통합하고 관리함으로써 효율성을 극대화하는 전략적 기법을 말한다.
- (　　)이란 공급자로부터 소비자에 이르기까지 전 과정에서 각 기능 간의 재화·정보·자금의 흐름을 최적화하고 동기화하여 경영효율을 극대화하는 전략을 말한다.

답 SCM

21 [보기]는 공급망 관리의 경쟁능력을 분석하기 위한 4요소의 일부에 대한 설명이다. [보기] 내용의 (   )에 공통적으로 들어갈 수 있는 적절한 한글용어를 예와 같이 직접 입력하시오. (예 비용)

2018년 5회

[보 기]

- 공급망 경쟁능력을 분석하기 위한 요소로는 비용, 품질, 유연성, (   )이 있다.
- (   ) 중심의 경쟁능력의 첫 번째 의미는 경쟁사보다 빠르게 새로운 제품을 개발해 내는 능력을 의미한다.
- (   ) 중심의 경쟁능력의 두 번째 의미는 경쟁사보다 빠르게 제품을 배달할 수 있는 능력을 의미한다.
- (   ) 중심의 경쟁능력의 세 번째 의미는 고객이 원하는 때에 원하는 수량의 제품을 정확하게 인도하는 능력을 의미한다.

답 시간

22 [보기]에서 설명하는 공급망관리 정보시스템의 유형은 무엇인가?

2018년 6회

[보 기]

물류센터로 입고되는 상품을 물류센터에 보관하지 않고 분류 또는 재포장의 과정을 거쳐 바로 고객 등에게 곧바로 다시 배송하는 시스템

① 크로스도킹(CD: Cross Docking) 시스템
② 신속대응(QR: Quick Response) 시스템
③ 지속적보충프로그램(CRP: Continuous Replenishment Program)
④ 효율적소비자대응(ECR: Efficient Consumer Response)

해설 미국의 월마트에서 개발한 크로스도킹(Cross Docking) 시스템이다. 답 ①

23 재고자산의 매입가격이 지속적으로 상승하는 경우에 매출총이익이 가장 크게 평가되는 재고평가방법은 무엇인가?

2018년 6회

① 선입선출법 ② 이동평균법
③ 총평균법 ④ 후입선출법

해설 매입가격이 상승하는 경우

- 매출총이익과 기말재고자산가액은 선입선출 > 이동평균 > 총평균법 > 후입선출법
- 매출원가는 선입선출 < 이동평균 < 총평균법 < 후입선출법

답 ①

24 2018년 6회

다음 중에서 효율적인 운송경로 선정 시 고려해야 할 사항으로 적절하지 않은 것은 무엇인가?

① 운송화물의 특성
② 고객서비스 수준
③ 운송료 산정 기준
④ 운송수단의 정비 상황

해설 효율적인 운송경로 선정 시 고려해야 할 사항은 ①, ②, ③과 리드타임, 운송차량의 적재율, 운송수단의 선택, 수배송 범위와 운송경로 등이 있다.

답 ④

25 2018년 6회

다음 중에서 효율적인 창고관리를 위한 자재의 보관기준으로 적절하지 않은 것은 무엇인가?

① 입고순으로 출고가 가능하도록 자재를 적재한다.
② 자재별로 저장위치를 구분하고 위치카드 등으로 관리한다.
③ 적재공간을 절약하기 위하여 파레트 사용을 우선한다.
④ 출고가 잦은 자재는 출고장에 가까운 장소에 보관한다.

해설 적재공간을 절약하기 위하여 파레트 사용을 우선하는 것은 아니다. (창고보관의 기본 원칙을 숙지하기 바람)

답 ③

26 2018년 6회

운송경로 결정 시 다수의 소량 발송 화주가 단일 화주에게 일괄 운송하는 장점이 있는 경로 형태는?

① 복수거점 방식
② 배송거점 방식
③ 중앙 집중 거점 방식
④ 공장직영 운송방식

해설 중앙 집중 거점은 다수의 소량 발송화주가 단일 화주에게 일괄운송하는 방식으로서 다수의 화주로부터 집하하여 단일 거래처에게 운송하는 것을 전제로 함

답 ③

27 2018년 6회

[보기]는 재고자산의 기록방법 중에서 계속기록법의 재고자산 평가방법을 설명하고 있다. (　　)에 들어갈 적절한 한글용어를 예와 같이 직접 기입하시오. (예 물류)

[보 기]

- 당기매출량 = 장부상의 매출량
- 기말재고량 = 판매가능 재고량 – 실제 판매량
- 기말재고액 = 기초재고액 + 당기(　　)액 – 매출원가

해설 재고자산 기록방법은 계속기록법과 실지재고조사법이 있으며 두 가지 모두 숙지해야 한다.

답 매입

28 2018년 6회

[보기]의 정보를 참조하여, 제품 A의 재고회전율을 계산하고 예와 같이 직접 기입하시오. (예 10)

[보 기]

- 연간 총판매량: 1,200
- 기초재고량: 200
- 기말 재고량: 400

해설

- 재고회전율은 재고자산의 회전 속도를 의미하며 재고자산이 어느 정도의 속도로 판매되는지를 나타내는 지표이다. 재고회전율이 높을수록 판매가 신속하게 이루어짐을 의미한다.
- 평균재고자산 = (기초재고 200 + 기말재고 400) / 2 = 300
- 재고회전율 = 연간 총판매량 1,200 / 평균재고자산 300 = 4

답 4

CHAPTER 04 구매관리

SECTION 01 구매관리

01 개념

구매(Purchasing)란 대가를 지불하고 필요한 물건을 취득하거나 다른 사람의 손(서비스)을 빌리는 것을 뜻한다. 구매의 대상은 기업에 따라 차이가 있을 수 있으나 생산에 필요한 자재[원자재, 부자재 및 소모성 자재(MRO: Maintenance, Repair, Operating Supplies)], 부품 및 상품, 제조 활동을 지원하는 기계·설비, 보전 자재 및 서비스(정보 시스템, 보안 등)의 세 가지로 분류할 수 있다.

1 구매관리의 정의

구매활동을 계획·조정·통제하고 평가하는 일련의 과정을 구매관리라고 한다. 제조기업에 있어서 구매관리를 더욱 세분하여 정의하면, 기업의 전략 및 생산활동을 효율적으로 수행할 수 있도록 다음의 '6R'을 수행하는 관리 활동이라고 할 수 있다.

필요로 하는 품목, 설비 및 서비스(Right Item)를, 역량있는 협력사(Right Supplier)로부터, 양호한 품질(Right Quality)을 확보하여, 필요한 시기(Right Time)에, 필요한 수량(Right Quantity)만을, 합리적인 비용(Right Price)으로 조달·확보하는 것이다.

2 구매관리의 중요성

구매관리는 기업의 전략 및 운영 계획을 효율적으로 달성할 수 있도록 관리되어야 한다. 기업의 경쟁우위 달성을 위하여 시기 적절한 안정적 공급, 기업 내부 및 고객을 만족시킬 수 있는 품질의 확보, 합리적인 원가에 의한 구매를 통한 기업이윤의 확보, 역량있는 협력사의 발굴 및 관계 유지, 그리고 Q·C·D(Quality/품질·Cost/원가·Delivery/납기) 및 이윤을 위해 지속적인 개선의 중추적 역할을 수행한다.

(1) 구매관리 기능의 변화

과거의 구매관리는 생산활동이 중단되지 않도록 적정품질의 자재를 조달하는 지원기능 시각으로 보았으나, 최근에는 필요한 물품이나 자재의 구매관리를 전략적인 관점에서 이익을 창출하는 기능으로 변화되었다.

전통적 시각	현대적 시각
단기간의 성과 중시	장기간의 전략적 구매 중시
획득비용(가격) 중심	총원가에 집중
비용관리센터	이익관리센터
요청에 지원하는 업무	사전계획적인 업무

(2) 구매관리의 영역별 기능

① 구매전략: 구매방침 설정, 구매계획수립, 구매방법 결정

② 구매실무: 시장조사 및 원가분석, 구매가격 결정, 공급자 선정 및 평가, 계약 및 납기 관리, 규격 및 검사관리

③ 구매분석: 구매활동의 성과평가, 구매활동의 감사

02 구매전략

1 구매방침

구매계획을 수립함에 있어서 우선적인 의사결정이 필요한 사항으로, 품목을 기업 자체적으로 제조·생산할 것인가, 아니면 외부에서 조달할 것인가를 결정하는 것이다. 외주를 보통 '아웃소싱(Outsourcing)'이라고도 하며, 아웃소싱이 구매의 주요업무 대상으로서 그 범위가 점차 확대되고 있는 추세이다. 아웃소싱의 주된 이유는 경쟁우위를 확보하는 데 있다.

(1) 자체생산과 외주 결정

조달방법 의사결정에 중요한 요인으로는 기업의 전략적 요인, 기술 능력, 판매 또는

생산수량 등이 우선 고려 사항이며, 그 다음 요인이 원가이다.

① 전략적 요인: 경영자의 의지, 향후 비즈니스의 중요도, 협력사와의 관계 관리 등 구매품의 원가보다는 전략적인 측면에서 의사결정을 하게 된다.

② 자체 제조기술력 보유 요인: 해당 품목의 자체 제조를 위한 기술력 및 품질수준 확보 여부에 의해 의사결정을 진행하며, 전략적인 측면과 원가측면이 모두 고려될 수 있다.

③ 생산능력 확보 요인: 예상판매 또는 생산수량을 생산할 수 있는 생산능력의 확보 여부와 생산능력 부족 시 설비 투자에 대한 의지에 따라 의사결정이 진행된다.

④ 원가(Cost) 요인: 자체 제조가 가능한 경우에 자체 제조 또는 외주 시의 각각의 비용을 비교하여 유리한 상황으로의 의사결정이 진행된다.

⑤ 기타 요인: 이상의 요인 이외에 외주로 의사결정을 해야 할 경우에 고려해야 할 사항으로는 자체 제조에 관련된 직·간접 인력에 대하여 타 부서 배치, 외주 회사로의 전출, 퇴직 등 외주로 인해 발생할 수 있는 상황의 결정에 대한 노사 관련 요인이 있는데 원만한 노사 합의를 이루어내는 것이 필요하다. 또한 해당 품목의 생산 공정 프로세스 복잡성, 협력사 수와 위치, 구매 리드타임, 결품 시 고객 영향력 등의 요인도 세심하게 고려해야 한다.

(2) 자체 생산/외주 선호 상황

앞의 조달방법 의사결정의 일반적 기준과 동시에 고려해야 할 자체 제조 또는 외주를 선호하는 상황은 다음과 같다.

① 자체 제조를 선호하는 상황: 자체 제조는 제품설계 보안이 중요할 때, 공장 운영을 통합적으로 관리하고자 할 때, 생산 및/또는 품질의 직접적인 관리가 필요할 때, 적절한 협력사가 없을 때, 그리고 공장의 초과 생산능력을 활용하거나 안정적으로 작업 인력을 유지하고자 할 때 유용하다.

② 외주를 선호하는 상황: 외주는 생산 기술 또는 생산 능력이 부족할 때, 생산 품목 수량이 적을 때, 조달, 재고 및 관리 비용을 절감하고자 할 때, 안정적인 작업 인력을 유지하고자 할 때, 그리고 복수의 협력사를 유지하여 원가절감을 추구할 때 유용하다.

2 구매정책

사업 영향력 및 공급 위험도에 의해 분류된 전략 품목, 경쟁 유도 품목, 일반 품목 및 병목 품목의 구매전략을 협력사 관계, 계약 유형, 원가 관리, 협상 포인트 등의 관점에서 고려해야 한다. 가격분석은 시장 또는 경쟁사를 통하여 협력사의 가격이 적절한지를 분석하는 방법으로, 경쟁 협력사가 다수이며 구매품이 표준 또는 규격품으로 구매를 결정할 때 가격이 중요하게 작용된다. 원가분석은 경쟁 협력사가 없거나 구매품이 고객화된 사양 같이 가격 이외의 요소들이 중요한 경우에는, 시장 또는 경쟁사를 통하여 가격 결정이 어렵고 협력사의 원가 구조를 분석할 수밖에 없다.

(1) 구매정책의 주요내용

구매정책은 구매활동에 대한 투명성을 확보함으로서 분쟁의 위험을 사전에 관리하고 개선의 기회로 삼아 구매효과를 극대화하며, 공급자들(Supplier) 간 경쟁체제를 도입하여 자사의 가치를 극대화하고, 전략적 공급사 관리를 통한 구매업무의 집중력을 제고하며, 외부와의 계약 관계에 의해 내/외부적으로 노출될 수 있는 위험(Risk)을 최소화하기 위함이다.

구매정책 내용	세부내용
1. 구매주체 및 역할 정의	• 구매실행 주체결정, 구매 담당자의 역할
2. 구매의 과정	• 협력사 검증, 입찰 및 협상, 협력사 선정, 계약관리, 구매주문
3. 협력사 관계	• 잠제협력사 발굴, 협력사 평가, 협력사 차별화 관리, 특별관리
4. 위기관리	• 책임의 분리
5. 정보관리	• 구매 통합시스템

(2) 구매방식

구매정책에 영향을 주는 요인으로서, 본사가 중심이 되어 구매를 수행하는 집중구매와 사업장 또는 공장이 중심이 되어 구매를 수행하는 분산구매로 나눌 수 있다.

① 집중구매 방식

- 집중구매의 활용 시점: 기업 내의 공장이 여러 곳에 있을 때 공장별로 구매를 하는 것이 아니라, 본사 또는 특정 공장이 중심이 되어 구매를하는 방식이다. 전사적으로 공통으로 사용하여 대량 물량에 의해 구매 금액이 높은 품목, 고도의 기술적 지식을 요하는 시작(試作, Proto-type) 연구, 기술 연구 중에 있는 중요한 품목, 일정 금액 이상의 자본적 지출이 되는 설비 또는 품목, 수입 자재와 같이 구매 전문성이 필요하거나 리드타임이 소요되는 품목, 그리고 고객에게 제품을 공급하는 조건으로 고객이 제공하는 품목을 구매하는 상호구매(Reciprocity Purchasing)하는 품목에 적용한다. 집중구매의 경쟁우위 전략은 가격 또는 원가를 낮추는 데 있다.

- 장점: 집중구매는 구입품의 발주, 독촉, 검사, 대금 지급 등 일련의 구매 업무를 표준화하여 적용할 수 있으므로 구매관리 및 처리비용이 절감되며, 대량으로 구매함으로써 수량할인에 의한 구매가격 인하와 검사 조건, 납품방법 등 거래조건이 유리해진다. 여러 곳의 공장에서 공동으로 사용하는 품목을 정리하여 관리함으로써 표준화와 단순화의 장점을 살릴 수 있으며, 이에 따라 관리하는 품목이 줄고 재고가 감축될 수 있다.

  또한 수입자재와 같이 해외 협력사 선정의 노하우와 수출 국가의 규제 사항 등에 대한 지식이 필요하고, 구매절차가 복잡한 품목에 대하여 전문성을 갖는 구매 전문가를 활용할 수 있어서 거래조건 및 납기 등에서 유리할 수 있다.
- 단점: 집중구매의 단점으로는 공장에서 필요한 품목을 본사에서 구매 처리를 함으로써, 구매절차가 복잡하고 발주에서 입고까지의 구매 리드타임이 증가하게 되며, 특히 긴급을 요하는 품목의 경우에는 납기 준수가 어려울 수 있다. 또한 공장의 품목 재고현황을 정확하게 파악하지 못하는 경우에는 과다 또는 과소 발주가 발생할 수 있으며, 구매 리드타임의 증가로 재고가 증가할 수 있고, 공장의 구매 자주성이 떨어진다는 단점이 있다.

② 분산구매

- 분산구매의 활용 시점: 분산구매는 본사가 아닌 공장이 중심이 되어 필요한 품목을 구매하는 방식으로, 앞에서 설명한 집중구매 품목이 아닌 경우에 적용할 수 있다.
- 장점: 분산구매는 공장이 중심이 되어 구매를 진행함으로써 공장의 자주성이 가능하며, 집중구매보다 구매절차가 복잡하지 않으므로 리드타임이 단축되며, 긴급을 요하는 수요에 대응이 용이하다. 협력사가 공장에서 가까운 곳에 위치하는 경우에는 운임이 저렴하며, 협력사가 공장의 특성 및 공정을 잘 알고 있는 경우에는 각종 지원 및 서비스가 유리하며, 협력사와의 관계도 좋아질 수 있다. 또한 분할 납품 등 공장의 특성 및 요구 조건을 반영한 구매가 가능하다.
- 단점: 분산구매는 집중구매에 비해 수량할인의 장점을 살릴 수 없고, 긴급수요에 대응하기 위해 추가비용이 들 수 있으므로 구매단가가 높아지는 것이 일반적이며, 공장을 중심으로 한 구매가 진행되는 경우가 많기 때문에 원가 의식이 낮아질 수 있다. 공장이 구매의 자주성을 갖는 대신에 공장마다 구매절차 및 구매가격에 차이가 발생할 수 있고, 구매 전문성이 떨어질 수 있다.

3 구매계획

(1) 개념

구매계획은 기업환경, 품목특성, 구매전략, 계획수립 범위(장기·중기 및 단기) 등, 다양한 요인에 의하여 영향을 받는다. 일반적으로 계획·반복 생산을하는 기업의 경우에는 예측을 기초로 구매계획을 수립한다. 반면 수주 생산 또는 프로젝트 생산을 하는 기업의 경우에는 수주한 주문을 기초로 계획을 수립하는데, 계획수립 시점에 수주의 정도에 따라 계획수립의 방법이 달라지고 현실적으로 어려운 경우가 많다.

구매계획은 가격추세, 대용자재, 생산계획, 재고수량, 구매량 및 구매시기, 조달소요시간, 납기 등을 고려하여 구매계획을 수립하며, 경제적 발주량(EOQ) 등을 산출하여 구매단가의 절감을 목표로 구매수량을 결정한다. 설계자, 구매자, 생산자, 공급자 간의 구매물품의 특성(성분, 치수, 형상, 강도, 견고도, 점도, 색상 등)에 대한 견해가 주관적이므로 품질규격을 표준화하고 측정 가능하도록 객관화하여 사전에 결정할 필요가 있다.

구매계획을 수립하기 위해서는 우선 기업의 전략수립 프로세스를 이해해야 한다. 특히 과거의 수동적인 구매의 경우에는 기업전략을 고려하지 않고 단기적인 목표와 운영 측면에만 중점을 두면 되지만, 향후 지향하는 구매 전문가 조직은 기업전략수립에 적극 참여하고 수립된 기업전략을 최적화하는 구매전략 및 계획을 수립하여야 한다.

(2) 구매절차

구매청구 → 공급자 파악 → 견적 → 내부검토 및 승인 → 계약 → 발주서 발송 → 물품 납입 → 검수 및 입고 → 구매결과 내부 통보 → 구매대금결제

(3) 구매방법

① 수시구매: 수시구매는 구매 요청이 있을 때마다 구매하는 전략으로, 과잉구매를 방지함으로서 재고관리 비용 부담이 적고, 설계변경 등에 대응하기 쉬운 장점이 있으며, 계절품목 등 일시적인 수요품목 등에 적합하다. 또한 품목의 단종이 예상되거나 제품 수명주기의 쇠퇴기에 진입하여 향후 소요량이 불확실하여 재고보유가 부담스러운 경우, 공급시장이 구매자에게 유리한 구매자 시장(Buyer's Market)인 경우, 구매 예산에 제한이 있는 경우, 그리고 수주생산의 소요 계획에 따른 필요수량 구매인 경우에 구매한다. 그러나 구매품목 가격이 급격하게 오를 경우, 구매단가가 높아질 수 있으므로 시장 및 재고 상황을 세심하게 모니터링할 필요가 있으며, 발주 횟수가 증가되어 관리비가 증가할 수 있다.

② 예측(시장)구매: 수요예측을 통해 시장 상황이 유리할 때 현재 필요한 수량보다 미래 소요량에 대하여 미리 구매하여 재고로 보유하였다가 생산계획이나 구매 요청에 따라 공급하는 방식이다. 계획 구매를 통해 조달비용절감, 수량할인, 수송비 감소 등의 장점이 있으며, 생산시기가 일정한 품목, 항상 비축이 필요한 상비 저장품 등에 적합하다. 또한 향후 품목의 가격 상승 또는 공급 부족이 예상되는 경우에 필요한 소요량을 사전에 확보할 수 있으므로 생산 중단을 막을 수 있다. 그러나 필요한 소요량 이상으로 재고를 보유함으로써 재고관리 비용이 증가되며, 품목 가격이 하락할 경우에 원가 상승의 요인이 될 수 있고, 품목의 장기 보유에 따른 유실 또는 품질 저하의 우려가 있다.

③ 투기구매: 가격 인상을 대비하여 이익을 도모할 목적으로 가격이 저렴할 때 장기간의 수요량을 소요량 이상으로 미리 구매하여 재고로 보유하는 구매방식이다. 계속적인 가격 상승이 명백한 경우에는 유리하지만 가격 동향의 예측이 부정확하면 손실의 위험이 크다. 또한 필요한 소요량 이상으로 재고를 보유함으로써 재고관리 비용이 증가되며, 품목 가격이 하락할 경우에 원가 상승의 요인이 될 수 있다.

④ 장기계약구매

- 특정 품목에 대해 장기생산계획에 따라 필요한 자재의 장기 소요량을 장기적으로 계약(보통 1년 이상)하여 구매하는 방법이다. 자재의 안정적인 확보가 중요할 때 적용 가능하며 계약방법에 따라 수량할인이 가능하고, 저렴한 가격, 충분한 수량의 확보가 가능하다. 또한 계약기간 동안 해당 품목의 가격 인상이 발생하더라도 고정가 구매계약을 통하여 가격 변동에 대응할 수 있으며, 협력사가 산출된 소요량을 일괄적으로 납품하는 것이 아니라, 계획에 의거하여 지정된 시점에 분할 납입하게 함으로써 재고수준을 낮출 수 있다.
- 반면에 판매 또는 생산계획의 정확도가 높지 않으면 적용하기 어려우며, 시장 상황 또는 설계변경 등에 따른 소요량 변경 등이 있을 경우에 책임 소재를 명확히 할 필요성이 있다.

⑤ 일괄구매: 기업의 소모성 자재(MRO) 또는 사무용품과 같이 소량 다품종 품목을 구매해야 하는 경우에 품목별로 구매처를 선정하는 데 많은 시간과 노력이 필요하므로, 다품종의 품목별로 공급이 가능한 공급처를 선정하여 구매품목을 일괄구매함으로써 구매시간과 비용을 줄이고 구매절차를 간소화할 수 있다. 따라서

발주 횟수가 적어지므로 관리 비용이 절감되고 리드타임 단축 및 재고 감축이 가능하며, 일상적인 반복 발주 업무보다는 핵심 업무에 집중할 수 있다.

반면에, 소량의 잦은 납품으로 협력사의 물류비용이 증가할 수 있으며, 정확한 정보 소통을 위한 업무 체계(정보 시스템 구축, 이메일, 전화, 팩스 등)가 미흡한 경우에는 업무에 혼선이 발생할 수 있다.

4 구매실무

(1) 구매시장 조사

구매시장 조사는 구매품목에 대한 구매가격, 품질, 조달기간, 구매수량, 공급자, 지불조건 등을 결정하기 위한 정보를 수집하고 분석하기 위한 것이며, 합리적 구매계획을 수립하고 공급자 선정 및 구매계약 과정에서 주도적인 협상과 적극적인 구매활동을 하는 것이 시장 조사의 목적이다.

조사방법은 직접조사와 간접조사가 있으며 비용, 시간, 정확성 등을 고려하여 결정하며, 직접조사는 해당 기업이나 판매시장에서 각종 자재의 시세와 변동에 대하여 직접 조사하는 것이고, 간접조사는 신문, 관련 잡지, 기타 협회나 조합, 정부기관에서 발간되는 간행물을 통하여 파악하는 것이다.

① 구매시장 조사의 대상 품목은 생산에 소요되는 모든 자재이지만, 조사 계획의 시점에서 중요도가 가장 높은 자재부터 다루어져야 한다.

- 생산 제품의 주체가 되는 자재
- 생산 제품의 중요한 부품
- 중요 자재와 불가분의 관계에 있는 부자재
- 보조 자재

등으로 분류하여 재료비 구성 분석에 따라 선정한다.

② 구매시장 조사의 추진에서는 크게 원자재와 완성품으로 분류한다.

- 구매 업체의 가격구조를 비교하여 경쟁력 있는 업체를 선정한다.
- 규격, 재질 등의 가격 결정 요소가 구입하고자 하는 규격과 동일하거나 대체 가능품인지 조사한다.

(2) 원가

원가(Cost)는 제품(용역)의 생산에 투입된 경제적 가치를 화폐액으로 측정한 것이다.

제품(용역)의 생산 및 가치는 원재료 매입, 생산 및 가공, 판매, 재고관리 등의 경영 활동에서 증대된다. 이와 같이 생산에 투입된 원가를 정확히 측정하거나 원가 보고의 대상이 되는 것을 원가 대상이라고 하며, 원가 대상은 제품(용역) 외에도 활동, 부문, 공정, 프로젝트, 프로그램 등이 될 수 있다.

원가는 생산에 투입된 원가계산상의 개념이고, 비용은 수익 창출을 위해 지출된 경제적 가치로 손익계산서상의 개념이다. 제품원가는 판매 시점에서 수익(매출)에 대응하는 비용(매출원가)으로 전환되므로 원가와 비용은 기업의 경영 활동에 따른 구분이며, 최종적으로 매출에 대응되어 이익을 산출하는 자료가 된다.

① 원가계산의 목적: 원가계산은 제품이나 서비스의 1단위(예컨대 자동차 1대, 전력 1kw)를 만드는 데 비용이 얼마나 들었는가를 계산하는 일이다. 원가계산은 경영관리에 필요한 원가 자료를 제공하기 위한 관리도구이며, 재무제표를 작성하기 위한 재고자산 평가 및 매출원가 측정, 제품, 서비스 및 고객의 원가 측정 등의 정보를 제공한다. 원가계산의 목적은 다음과 같다.

- 손익 산출(재무회계목적)
- 원가절감(관리회계목적)
- 구매 및 판매가격 결정
- 경영 비교의 기초자료 제공

② 원가의 구성: 원가는 활용 목적에 적합하도록 일반 제품과 다른 원가 구성을 이룬다. 구매원가의 구성은 재화와 용역의 소비 금액 중에서 자산의 형태를 거쳐 제품의 원가를 구성하는 제조원가에 일정 기간에 소비 처리되는 기간 비용인 판매 및 일반관리비와 재료관리비, 이윤을 추가한다.

- 구매 원가 = 제조 원가 + 판매 및 일반 관리비 + 재료 관리비 + 이윤
- 제조 원가 = 재료비 + 노무비 + 경비

③ 원가의 3요소

- 재료비: 제품의 제조를 위해 필수적인 재료나 자재의 사용 비용이다. 당기 원재료 투입액 중에 직접 재료비는 재공품, 간접 재료비는 제조 간접원가에 각각 기록한다.
- 노무비: 제품 생산에 직·간접적으로 참여한 근로자의 임금으로 지출된 원가이다. 당기 노무비 발생액 중에 직접 노무비는 재공품, 간접노무비는 제조 간접원가에 각각 기록한다.

• 경비: 재료비와 노무비를 제외한 기타 원가이다. 당기 경비 발생액 중에 직접 경비는 재공품, 간접경비는 제조 간접원가에 각각 기록한다.

④ 원가의 구성도

			이익	판매 가격
		판매비와 관리비	총원가	
	제조 간접 원가	제조 원가		
직접 재료 원가	직접 원가			
직접 노무 원가				
직접 경비				

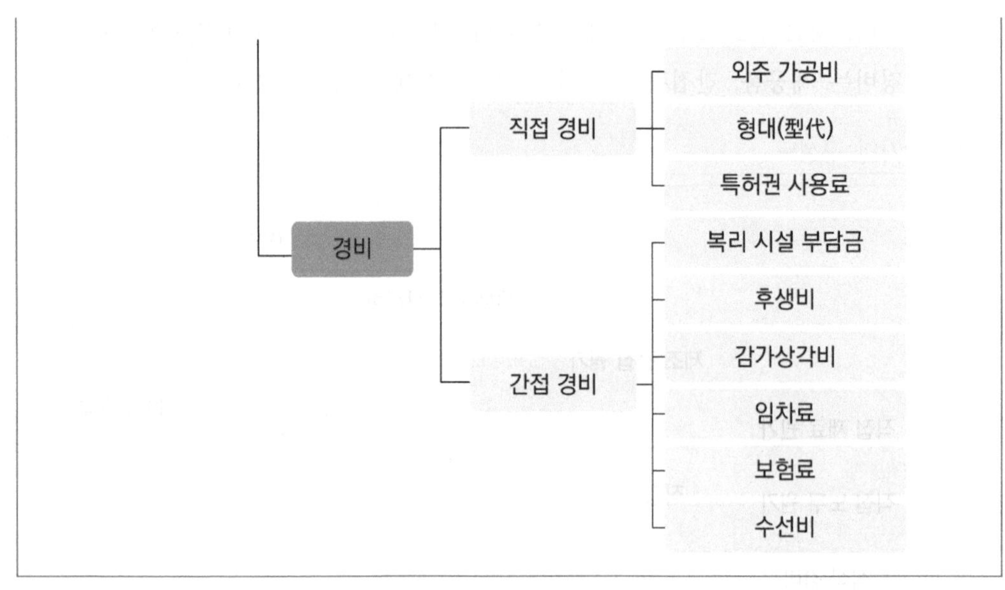

⑤ 직접원가와 간접원가: 원가는 제품(용역)에 투입된 원가의 추적 가능성 여부에 따라 직접원가(Direct Cost)와 간접원가(Indirect Cost)로 구분한다.

- 직접원가(직접비): 직접원가는 생산 요소가 투입될 때 제품 또는 처리 과정별로 구분하여 투입하고, 최종 산출물에 구분하여 집계할 수 있는 원가이며, 직접 재료원가, 직접 노무원가, 직접경비 등이 있다. 즉, 어느 정도의 양을 투입할 것인지를 명확하게 구분하여 관리할 수 있는 원가가 직접비이다.
- 간접원가(간접비): 원가가 투입될 때 제품 또는 처리 과정별로 구분이 곤란하거나 구분의 중요성이 낮은 원가 항목이다. 즉, 제조 현장에서 사용되는 비용 중에서 해당 제품별로 구분이 불가능한 경우, 또는 사용 비용을 구분은 할 수 있으나 구분에 불필요한 노력을 요하는 경우이며, 간접 재료원가, 간접 노무원가, 간접경비 등이 있다.

⑥ 직·간접비 계산의 이해: 일정 기간에 소모된 재료의 사용량 10개 중에 제품 A에 40개, 제품 B에 60개 소비된 것으로 자재 수불부에 기록된 경우, 이 재료비는 직접비로서 제품 A와 제품 B에 각각 40개, 60개씩을 구분하여 부과할 수 있다. 소모 수선비와 같이 어느 제품에 사용량을 정확히 알 수 없는 경우에는 간접비로 구분한다. 예를 들어 제품 A, 제품 B에 각각 생산수량에 비례해서 소모되는 경우라면, 해당 기간의 생산수량 또는 작업시간에 맞추어 쓰인 것으로 하여, 수량 또는 시간을 기준으로 사용량을 제품별로 나누어 부과한다.

⑦ 고정비와 변동비: 조업도에 따른 원가 행태에 따라 변동원가와 고정원가로 분류한다.

- 고정비: 고정원가(Fixed Costs)는 조업도의 변동과 관계없이 일정하게 발생하는 원가로 보험료, 감가상각비, 재산세, 임차료, 광고비, 연구 개발비 등이 있다.
- 변동비: 변동원가(Variable Costs)는 조업도의 변동에 비례하여 증감하는 원가로 직접 재료원가, 직접 노무원가, 변동 제조 간접원가 등이 이에 해당된다.

⑧ 원가의 분류

- 실제원가: 실제 구입가격 및 실제 사용수량(시간)을 기준으로 한 제품의 원가이며, 표준원가와 비교 분석할 수 있다.
- 예정원가: 제품 제조 이전에 제품 제조에 소비될 것으로 예상되는 원가를 예상 산출한 사전 원가로서 공급자가 입찰가 또는 견적가 검토 시 활용한다.
- 표준원가: 사전에 정해진 표준가격 및 표준 사용수량을 기준으로 한 제품의 원가이며, 실제원가와 표준원가의 차이 분석을 통해 성과 평과나 원가 통제에 유용한 정보를 수집할 수 있다.

표준원가 = 표준 수량 × 표준가격

필수예제

아래와 같이 원가구성 비용이 주어졌을 때 판매원가는?

- 판매 및 관리비: 40
- 이익: 40
- 제조간접비: 30
- 직접제조경비: 60
- 직접노무비: 50
- 직접재료비: 60

해설 판매원가 = 제조원가 + 판매 및 관리비 = (직접원가 + 제조간접비) + 판매 및 관리비
= 60 + 50 + 60 + 30 + 40 = 240

(3) 구매가격

구매 담당자의 목표는 원하는 물품을 적정한 공급자로부터 적량을 적기에 적정한 가격으로 구매하는 것이므로 공급자의 제조원가와 가격전략을 파악하는 것이 필요하다.

① 가격결정의 고려사항

- 객관적인 기준 즉, 품목별로 기준가격을 설정하는 것이 바람직하다.

- 구매자 측의 조건과 수주자 측의 조건이 일치하지 않는 상태에서 여러 요인들이 복합하여 결정된다.
- 수급의 균형, 거래선 간의 역학관계라는 구체적인 숫자로 평가되기 어려운 것들의 영향을 받을 수 있다.

② 가격변동 요인

- 원재료 및 부품 등은 국내외 경기 동향에 따른 수급사정과 정치상황, 환율 등에 영향을 받는다.
- 메이커 전문품인 경우는 기술자체의 Know-How가 공급자 측에 있기 때문에 원가분석이 어렵다.
- 시판품, 규격품 등은 비용(원가) 분석은 가능하나, 구매자 측에서 추정하기 어려운 설계 기술, 제조기술로 인하여 상세한 분석은 한계가 있다.
- 부품 사양은 도면이 구매자 측으로부터 제공되기 때문에 가공공정, 사용재료 등을 비교적 쉽게 파악할 수 있으므로 정확한 재료비, 설비비 등을 알면 구매가격을 결정·관리할 수 있다.

③ 구매가격 결정에 영향을 주는 요인: 구매품의 기술수준과 품질, 납입 조건, 거래조건, 시장 동향, 조업도 등이 구매가격에 영향을 주며, 주문량, 납기, 거래 횟수 및 기간 등에 따라 구매가격이 변동될 수 있다.

④ 단계별 구매가격 유형

- 시중가격: 판매자와 구매자의 판단에 좌우되지 않고 시장에서 수요와 공급의 균형에 따라 가격이 변동하는 것이다. 가격이 수시로 변동하므로 가격동향을 판단하여 구입 시기를 결정하여 구매를 유리하게 할 수 있다(예 시가나 환경에 따라 수요 또는 공급의 변동이 심한 야채, 꽃, 어류, 철광, 견사 등).
- 개정가격: 가격 그 자체는 명확히 결정되어 있지는 않으나 업계의 특수성이나 지역성 등으로 일정한 범위의 가격이 자연히 정해져 있는 것으로, 판매자가 그 당시의 환경과 조건에 따라 가격을 정한다(예 자동차 업계에서 모델 변경 전후의 판매가격 등).
- 정가가격: 판매자가 자기의 판단으로 결정하는 가격을 말한다(예 화장품과 약국, 서적, 맥주 등과 같이 전국적으로 시장성을 가진 상품).
- 협정가격: 판매자 다수가 서로 협의하여 일정한 기준에 따라 가격을 결정하는 것이다(예 일반적으로 공공요금 성격을 갖는 교통비, 이발료, 목욕료, 공정거래를 위해 설정된 각종 업계의 협정가격 등).

• 교섭가격: 거래 당사자 간의 교섭을 통하여 결정되는 가격으로 판매자와 공급자 모두 가격결정에 영향을 준다. 거래품목, 거래조건, 기타 거래 환경에 따라 가격이 차이가 날 수 있으므로 교섭기술이 가격결정에 크게 영향을 미친다(예 건축공사, 주문용 기계설비, 광고료 등).

⑤ 구매가격 결정방식: 구매가격의 협상을 위해서 검토하는 가격결정방식은 비용 중심적, 구매자 중심적, 경쟁자 중심적 가격결정 방식이 있다. 아래에서 제시한 방법들은 판매가격 결정에도 활용된다.

• 비용 중심적 가격결정: 제품의 생산과 판매에 소요되는 비용을 충당하고 목표이익을 낼 수 있는 수준에서 가격을 결정하는 방법이다.

– 비용(원가)가산 방식: 사전에 결정된 목표이익을 제품원가에 가산함으로써 가격을 결정하는 가장 단순한 방법이다.

가격 = 제품원가 + 판매관리비 + 목표이익

– 가산이익률 방식: 가산이익율은 판매비용을 충당하고 적정 이익을 남길 수 있는 이익률을 의미한다.

가격 = 제품 단위당 매출원가 × 가산이익률

– 목표 투자이익률 방식: 손익분기점 분석에 의한 가격결정방법을 확대 적용한 것으로서 기업이 사전에 결정한 목표수익률을 기준으로 가격을 산정하는 방법이다.

가격 = [(투자비용 × 목표수익률) / 예상판매량] + 단위당 비용

– 손익분기점 방식: 주어진 가격하에서 총수익이 총비용과 같아지는 매출액이나 매출량을 산출하여 이를 근거로 가격을 결정한다.

BEP 매출액 = 고정비 / {1 − (변동비 / 매출액)}

• 구매자(소비자) 중심적 가격결정: 제품의 생산비용보다는 표적 시장에서 소비자들의 제품에 대한 평가와 그에 따른 수요를 기초로 가격을 결정하는 방식이다.

– 구매가격 예측방식: 소비자의 구매의도, 구매능력 등을 고려하여 소비자가 기꺼이 지불할 수 있는 수준으로 가격 결정

– 지각가치 기준 방식: 소비자들이 직접 지각하는 제품의 가치를 질문하여 소비자가 느끼는 가치를 기준으로 가격 결정, 비용 중심적 방식보다 몇 배 높은 가격을 결정하더라도 소비자는 그 가격을 쉽게 받아들일 수 있음

- 경쟁자 중심적 가격결정: 경쟁사들의 가격을 가격결정에 가장 중요한 기준으로 간주하는 방법으로서 시장점유율을 높이기 위해 일반적으로 가장 많이 활용되는 방식이다.
  - 경쟁기업 가격기준 방식: 자사의 시장점유율, 제품 이미지, 제품 경쟁력 등을 고려하여 경쟁기업의 가격을 기준으로 전략적인 판매가격을 결정
  - 입찰경쟁 방식: 거래처의 공급자 선정 시 입찰경쟁에서 경쟁자를 이기기 위해 전략적으로 가격을 결정

(4) 가격할인 방법

가격할인은 일시에 대량구매를 하는 경우에 구매대금을 연기하여 지불하는 신용판매가 통상적일 때, 거래 즉시 현금지급을 하는 경우, 중간 공급상이나 거래자를 배제하고 제조자로부터 직접 구매하여 구매비용이 절감될 경우에 그 절약 분을 고객에게 환불하는 방법이다. 무역 거래인 경우에 WTO 관세평가협정에서는 가격할인에 대해 특별한 규정이나 해석은 없고 권고의견 5.1의 현금할인이나 15.1의 수량할인만 명백하게 과세가격에서 제외하도록 규정하고 있음을 참고하기 바란다.

① 현금할인 방식: 매매 계약 시 연불(延拂) 또는 어음지불을 대금결제조건으로 하거나 또는 통상적인 거래조건인 경우에 지불기일 이전에 판매대금을 현금 지불하는 거래처에게 판매가의 일부를 차감해주는 방식이다. 할인 폭은 일반적으로 이자 수금비용 대손손실 예측비 등에 해당하는 금액이며 현금지불 거래처를 우대함으로써 자본 회전율을 높일 수 있다.

- 선일부 현금할인(Advanced Dating): 거래일자를 늦추어 기재함으로써 대금지불일자를 연기하여 현금할인의 기산일을 거래일보다 늦추어 잡게 되는 방식이다. 예를 들어, 거래일이 10월 1일인 경우 거래일자를 10월 15일로 기입하고 '3/10 Advanced'을 결제조건으로 하면 할인기산일로부터 10일 이내, 즉 10월 25일까지만 지불이 되면 3%의 현금할인이 적용되도록 하는 방식이다.

CHECK 기산일

기일(期日)을 정해서 날수를 따질 때에 기준이 되는 그 첫날을 의미한다.

- 특인기간 현금할인(Extra Dating): 할인판매 등의 특별기간 동안 현금할인기간을 추가로 적용하는 방식이다. 예를 들어, '3/10 – 60 days Extra'는 거래일로부터 10일 이내의 현금지불에 대하여 3% 할인을 인정하며, 특별히 추가로 60일간 할인기간을 연장한다는 의미로서 거래일로부터 총 70일간 현금할인이 적용되는 방식이다.

- 구매당월락 현금할인(EOM; End-of Month Dating): 구매당월은 할인기간에 산입하지 않고 익월부터 시작하게 되는 방식이다. 예를 들어 3월 25일 거래일의 결제조건이 '3/10 EOM'인 경우 4월 10일까지 대금을 지불하면 3%의 할인을 받는다. 관습상 25일 익월에 행해진 것으로 간주되어 그 할인기간이 익월의 1일부터 기산되어 지는 것이 보통이다.
- 수취일기준 현금할인(ROG; Receipt-of-Goods Dating): 할인기간의 시작일을 거래일로 하지 않고 송장(Invoice)의 하수일을 기준으로 할인하는 방식이다. 무역거래 등의 원거리 수송이 필요할 때 구매거래처의 대금지급일을 연기해 주는 효과가 있다. 예를 들어 '3/10 ROG'인 경우 선적화물 수취일로부터 10일 이내에 현금지급일 경우 3%의 현금할인이 적용되는 방식이다.
- 선불기일 현금할인(Anticipation): 현금할인 이외에도 현금할인 만기일 이전에 선불되는 기일에 비례하여 이자율을 차감해주는 방식이다. 예를 들어 30일 이내에 현금 지불시 2%의 현금할인과 더불어 1%의(조달금리 12%를 12개월로 나눈 값) 선불금 할인을 적용하여 3% 할인효과가 있다.

▶▶ 필수예제

01

아래의 구매계약 정보를 이용할 때, 다음 중에서 현금할인 기한이 가장 늦은 조건은 무엇인가?

- 구매계약 개요
  - 구매 거래계약일: 3월 27일
  - 선일부현금할인 기산일: 4월 2일
  - 선적화물 수취일: 4월 10일

해설 현금할인방식 결제조건

A. "3/10 ROG": 선적화물 수취일인 4월 10일을 기산일로하여 10일 이내 할인
B. "3/10 EOM": 25일 이후 구매이므로 4월 1일을 기산일로하여 10일 이내 할인
C. "3/10 Advanced": 4월 1일을 선일부 현금할인 기산일로하여 10일 이내 할인
D. "3/10 - 10 days, Extra": 계약일인 3월 27일을 기산일로하여 10일 이내 할인하며, 특별할인기간 10일을 추가해 총 12일 이내 할인
따라서 현금할인 기간이 가장 긴 결제조건은 A이며, A의 할인율은 3%이다.

02

아래는 구매대금의 현금할인을 위한 결제조건이다. [보기]의 조건에서 현금할인을 받기 위한 대금지불 기한은 언제까지인가?

> [보 기]
> • 거래일: 5월 25일
> • 결제조건: "3/15 EOM"

해설 3/15 EOM: 25일 이후 구매이므로 6월 1일을 기산일로 하여 15일 이내 할인
따라서 6월 15일

03

아래는 구매대금의 현금할인 결제조건이 각각 제시되어 있다. A, B, C 결제조건에 대한 각각의 할인율은 얼마인가?

> [보 기]
> • A. "5/10 Advanced"의 할인율: (?)%
> • B. "5/5 EOM"의 할인율: (?)%
> • C. "10/30 ROG"의 할인율: (?)%

해설 A "5/10 Advanced": 익월 1일을 할인 기산일로 하여 10일 이내는 5% 할인
B "5/5 EOM": 25일 이후 구매일 경우, 익월 1일을 기산일로 하여 5일 이내는 5% 할인
C "10/30 ROG": 기산일로부터 30일 이내는 10% 할인

---

② 수량할인 방식: 일정거래량 이상의 대량구매에 대한 할인방식으로서 대량판매의 경우 상품회전율이 높아지므로, 보관비와 재고투하 자본비용을 절감할 수 있으며 판매비용의 절감분을 고객에게 환원시키는 할인방식이다. 수량할인은 판매가격 할인효과가 크므로 대량구매와 계속구매 효과가 있다.

- 비누적 수량할인과 누적 수량할인: 비누적 수량할인은 1회 구매량을 기준으로 기준수량 이상을 일시에 구입할 때 판매금액의 일부를 할인(예 1+1)하는 방식이다. 누적 수량할인은 일정기간(비수기, 상품 이월기간 등) 동안의 구매총량이 기준수량 이상일 때 적용하는 수량할인(예 마일리지)이다. 그러나 누적 수량할인에 비하여 비누적 수량할인이 판매비의 절감효과가 크므로 비누적 수량할인 방식이 수량할인의 본래 목적에 더욱 적합한 방법이라고 할 수 있다.
- 품목별 할인과 총합적 할인: 품목별 할인은 품목별 특성에 따라 판매과정에서 비용이 발생하거나 판매 전략에 따라 판매비 절감 효과가 큰 품목에 대한 수량할

인 방법이다. 반면 총합적 할인은 판매비절감 차이가 품목별로 구분하기 어려운 유사한 품목으로 구성된 경우 적용하는 판매총량에 대한 수량할인 방식이다.

- 판매금액별 할인과 판매수량별 할인: 판매금액 또는 판매수량의 단계별 할인율을 차별화하는 방식이다. 예를 들면 판매금액별 할인방식은 100만원 미만까지는 할인율 0%, 100~200만원 2%, 200~500만원 3%, 500만원 이상은 5% 적용 등이다. 판매수량별 할인은 판매금액 대신 판매수량을 적용하는 방법이다. 가격이 변하더라도 할인 적용이 용이하고, 할인율에 따른 판매이익에 대한 효과를 분석할 수도 있다.

(5) 구매계약

① 구매계약의 개념: 구매계약이란 구매자가 공급자로부터 생산물품을 공급받고 경영활동을 영위하기 위해 공급자와 구매자 간의 매매의사를 합의하여 계약을 체결하는 민법상의 법률행위이다. 구매계약을 체결하면 구매자의 발주 요청에 따라 공급자가 물품을 제공하고 대금을 주고받는 거래가 이루어진다. 매매당사자가 매매계약서를 교환하거나 계약서가 상대방에게 전달되면 계약이 성립되며, 구매자가 발주 요청이나 주문서를 전달했을 때 공급자가 구매자의 청구에 대해 승낙을 하면 계약서가 없더라도 계약이 성립된 것으로 간주한다. 구매계약 시 아래와 같은 거래조건을 계약서에 명시하는 것이 일반적이다.

- 대금지불방법
- 가격인하 또는 할인내용
- 선급금, 계약금
- 납품 장소
- 하역 및 배송방법 등

② 구매계약과 일반주문서 처리와의 관계: 거래과정에서 매매당사자 간에 약정한 계약조건에 대해 문제가 발생하거나 분쟁의 위험성을 대비하여 자세하고 명확한 근거를 포함하여 매매계약서를 작성하는 것이 바람직하다. 구매계약 시 계약금액을 기준으로 할 때는 총액방식, 개별가격방식, 희망수량가격방식 등을 이용할 수 있고, 계약수량을 기준으로 할 때에는 확정수량 방식이나 개산수량 방식에 따라 계약금액을 결정한다.

한편, 일반주문서는 법적인 분쟁의 위험성이 상대적으로 적으며, 주문서 번호, 주문수량, 납품자재 스펙, 품질규격, 가격, 납기, 운송조건 등 만족스러운 계약을 보증할 수 있는 모든 자료를 포함한다.

③ 공급업체 선정방법: 시장조사를 통해 가격, 품질, 납기, 거래조건 등의 수집 정보를 바탕으로 공급업체(Supplier) 중에서 최적의 공급자를 선택하는 활동이다. 자사의 품질, 코스트, 납기 등을 만족시킬 수 있는 능력 있는 공급자를 선정하는 것은 대단히 중요하므로 공급자 선정의 객관성을 유지하기 위해서는 품질수준, 생산 또는 공급능력, 품질 시스템, 협력도 등을 평가할 수 있는 공급자 선정 기준을 설정하여야 한다.

이 평가 기준에는 경영 규모를 비롯하여 자재구입 및 공정관리 체계, 각종 검사 절차와 기준, 제조검사 및 시험 설비의 확보, 제품의 보관, 운송, 기술인력 등의 항목이 업종별 가중치를 두어 선정의 척도가 되어야 한다.

CHECK 평점방식

공급 대상 공급자들이 제출한 견적서나 제안서를 바탕으로 경영, 생산, 기술, 품질, 환경 및 안전 등에 대한 분야별 평가항목과 평가기준에 따라 평가대상 공급자들을 평가하여 최고 점수를 획득한 공급자를 선정하는 방식이다. 정량 및 정성적 평가항목을 통해 종합적이고 객관적인 평가가 가능하다.

CHECK 경쟁방식

- 일반 경쟁: 일반 경쟁은 계약의 목적을 공고하여 일정 자격을 갖춘 불특정 다수의 입찰 희망자를 경쟁시켜, 가장 유리한 조건(최저가)을 제시한 자를 낙찰자로 선정하고 그와 계약을 체결하는 방법이다.
- 제한 입찰: 제한 입찰은 계약 실적 등 객관적 기준에 따라 입찰 참가자의 자격을 제한하여 경쟁 입찰에 참가시키고, 그 낙찰자와 계약을 체결하는 방법이다. 일반경쟁방식과 지명경쟁방식의 단점을 보완하고 경쟁의 효과를 높일 수 있다.
- 지명 경쟁: 지명 경쟁은 계약 담당자가 계약의 목적에 비추어 특수한 설비, 신용과 실적 등이 있는 자를 지명하여 경쟁 입찰에 참가시키고, 그 낙찰자와 계약을 체결하는 방법이다. 이 방식은 신용, 실적, 경영상태가 우량한 공급자를 지명할 수 있으므로 구매계약 이행에 대한 신뢰성을 확보하고 구매계약에 소요되는 비용과 절차를 간소화할 수 있다는 장점이 있다.
- 수의 계약: 수의 계약은 경쟁 없이 특정 기업을 공급자로 선정하여 계약을 체결하는 방법이다. 구매품목을 제조하는 공급자가 유일한 경우, 구매 금액이 소액인 경우, 구매조건을 이행할 수 있는 능력을 갖춘 경쟁자가 없는 경우, 경쟁 입찰을 할 수 없는 특별한 상황인 경우 등에 한하여 적용할 수 있다.

CHAPTER 04 단원별 기출 확인문제

01 2018년 3회

기업이 여러 사업장을 가지고 있는 경우, 기업의 구매형태는 본사 집중구매와 사업장별 분산구매 방식으로 구분할 수 있다. 다음 [보기] 중, 분산구매 방식의 장점만으로 짝지어진 것은?

[보 기]

A. 긴급수요에 즉각 대처할 수 있다.
B. 지역구매가 많아 수송비가 줄어든다.
C. 구매수속이 간단하고 구매기간이 줄어든다.
D. 구매가격 조사, 공급자 조사, 구매효과 측정이 용이하다.
E. 전문적인 구매지식과 구매기능을 효과적으로 활용할 수 있다.

① A, B, C　　② B, C, D
③ C, D, E　　④ A, C, E

해설 D, E는 집중구매 방식에 해당된다.
집중구매 방식은 대량구매로 가격이나 거래조건이 유리하고 단순화 및 표준화가 용이하며 전문적 구매지식을 효과적으로 활용할 수 있으며 구매절차를 통일할 수 있다. 답 ①

02 2018년 3회

[보기]는 구매가격의 유형에 대한 설명이다. [보기]의 내용 중에서 설명이 적절한 항목들만을 나열한 것은?

[보 기]

A. 정가가격: 판매자가 자신의 판단으로 가격 결정
B. 협정가격: 거래 당사자 간의 교섭에 의해 가격 결정
C. 시중가격: 시장에서 수요와 공급의 균형에 따라 가격 결정
D. 개정가격: 판매자 다수가 서로 협의하여 일정한 기준에 의해 가격 결정

① A, B　　② B, C
③ C, D　　④ A, C

해설 B: 교섭가격 , D: 협정가격 답 ④

03 다음 중 구매시장조사에 대한 설명으로 가장 적합하지 않은 것은?

2018년 3회

① 시장조사는 구매시장의 정보를 수집하고 분석하는 과정을 의미한다.

② 시장조사는 공급자 선정 및 구매계약 과정에서 주도적인 협상과 적극적인 구매활동을 위해 중요한 기능이다.

③ 직접조사 또는 간접조사의 선택은 비용, 시간, 정확성 등을 고려하여 결정한다.

④ 직접조사는 정부기관을 통해 발간되는 간행물 등을 통해 구매시장을 파악할 수 있다.

해설 간접조사는 정부기관을 통해 발간되는 간행물 등을 통해 구매시장을 파악할 수 있다. 답 ④

04 다음 중 구매방법에 대한 설명으로 가장 적합한 것은?

2018년 3회

① 시장구매는 일시적인 수요품목에 적합하며, 설계변경 등에 대응하기 용이하다.

② 투기구매는 상비저장품목에 적합하며, 계획구매로 조달비용이 절감된다.

③ 장기계약구매는 자재의 안정적인 확보가 필요할 때 적합하며, 계약방법에 따라 충분한 수량의 확보가 가능하다.

④ 수시구매는 업무용, 사무용품 등에 적합하며, 다품종의 품목을 한꺼번에 구매함으로써 구매시간과 비용이 절감된다.

해설 ① 수시구매에 대한 설명
② 시장(예측)구매에 대한 설명
④ 수시구매는 구매 요청이 있을 때마다 구매하는 전략으로, 과잉구매를 방지함으로써 재고 관리비용 부담이 적고, 설계변경 등에 대응하기 쉬운 장점이 있으며, 계절품목 등 일시적인 수요품목 등에 적합하다. 그러나 구매 품목 가격이 급격하게 오를 경우, 구매 단가가 높아질 수 있으므로 시장 및 재고 상황을 세심하게 모니터링 할 필요가 있으며, 발주 횟수가 증가되어 구매시간과 비용이 증가할 수 있다. 답 ③

05 [보기]에 주어진 원가구성 정보를 바탕으로 괄호 안을 각각 채우시오. (단, 답안은 예와 같이 A, B, C의 순서로 숫자로만 작성할 것, 예 15, 20, 25)

2018년 3회

[보 기]

- 직접원가(기초원가): 50원
- 직접경비: 10원
- 직접노무비: 20원
- 제조원가(공장원가): (A)원
- 제조간접비: 20원
- 판매원가(총원가): (B)원
- 판매 및 일반관리비: 10원
- 이익: 10원
- 매출가(판매가격): (C)원

해설 A 제조원가 = 직접원가 500 + 제조간접비 200 = 700
B 판매원가 = 제조원가 700 + 판매비 및 일반관리비 100 = 800
C 판매가격 = 판매원가 800 + 이익 100 = 900 답 700, 800, 900

06
2018년 3회

다음 [보기]는 현금할인 방식에 대한 설명이다. 괄호 안을 채우시오. (단, 답안은 예와 같이 A, B의 순서대로, 숫자로만 작성할 것, 예 15, 20)

[보 기]
'5/10 - 60 days Extra'로 결제조건이 표시된 특인기간 현금할인방식은 거래일로부터 총 (A)일간 현금지불에 대하여 (B)% 할인이 적용된다는 의미이다.

해설 거래일로부터 10일 이내의 현금지불에 대하여 5% 할인을 적용하며, 추가로 60일간 할인기간을 연장한다는 의미이다. 답 70, 5

07
2018년 4회

구매방침에서 자체생산 또는 구매(외주)를 결정하기 위한 구매활동 기준으로 옳은 것은?

① 특허를 지사가 소유하지 않은 품목은 가능한 자체생산을 한다.
② 주요부품이나 중요기술이 포함되지 않는 품목은 가능한 자체생산을 한다.
③ 생산제품 모델변경이 잦은 품목은 가능한 외주생산을 한다.
④ 지속적으로 대량생산을 해야하는 품목은 가능한 외주생산을 한다.

해설 ① 특허를 지사가 소유하지 않은 품목은 가능한 외주생산을 한다.
② 주요부품이나 중요기술이 포함되지 않는 품목은 가능한 외주생산을 한다.
④ 지속적으로 대량생산을 해야 하는 품목은 가능한 자체생산을 한다. 답 ③

08
2018년 4회

사업장별 분산 구매방식과 비교하였을 때, 본사 집중구매 방식을 통해 얻는 상대적 장점으로 옳지 않은 것은?

① 구매비용이 줄어든다.
② 구매절차를 통일하기가 용이하다.
③ 긴급수요에 즉각 대처할 수 있다.
④ 구매가격 조사, 공급자 조사, 구매효과 측정이 수월해진다.

해설 집중구매 방식은 각 사업장이나 부서의 요청사항을 일괄적으로 처리하므로 긴급수요에 즉각 대처할 수는 없다. 답 ③

09 2018년 4회

구매시기와 구매목적 등에 따라 구분한 구매방법에 대한 다음 설명 중에서 옳은 것은?

① 자재의 안정적인 확보가 중요할 때 적절한 구매방법은 일괄구매이다.

② 과잉구매를 방지하고 설계변경 등에 대응하기 용이한 구매방법은 시장구매이다.

③ 장기적으로 낮은 가격이나 충분한 수량의 확보가 가능한 구매방법은 일괄구매이다.

④ 계획구매로 조달비용을 절감하고 수량할인, 수송비의 감소 등 경제적인 구매가 가능한 구매방법은 시장구매이다.

해설 ① 자재의 안정적인 확보가 중요할 때 적절한 구매방법은 장기계약구매이다.
② 과잉구매를 방지하고 설계변경 등에 대응하기 용이한 구매방법은 수시구매이다.
③ 장기적으로 낮은 가격이나 충분한 수량의 확보가 가능한 구매방법은 장기계약 구매이다.

답 ④

10 2018년 4회

다음 [보기]는 구매대금에 대한 현금할인 계약조건이다. 3월 1일에 구매계약을 체결하였다. 3월 10일까지 현금으로 지급할 경우, 구매대금의 20%를 할인하고 특별히 할인기간을 3월 30일까지 연장하도록 계약조건을 작성하려고 한다. 계약조건을 완성하기 위하여 [보기]의 (㉠)과 (㉡)에 들어갈 숫자와 영어 용어를 예와 같이 직접 기재하시오. (예 10, abc)

[보 기]

• 대금결제조건
“(20/10)-(㉠) days, (㉡) Dating”

해설 3월 10일까지 현금을 지급할 경우 20% 할인율을 적용하고 3월 30일까지 20일을 추가로 연장한다는 의미

답 20, Extra

11 2018년 4회

보기의 판매방안과 가격할인 방식이 적절하게 연결된 것은 무엇인가?

[보 기]

㉠ 한 번에 2개 구매 시 1개를 무료로 주는 "2 + 1" 편의점 판매행사
㉡ 쿠폰 10장을 모을 경우 1개를 무료로 주는 커피전문점 판매행사
㉢ 등산바지를 구입할 경우 20% 할인하는 의류전문점 판매행사
㉣ 1일 구매금액이 10만원 이상일 경우 할인권을 증정하는 백화점 판매행사

① ㉠ – 누적 수량할인 방식
② ㉡ – 비누적 수량할인 방식
③ ㉢ – 총합적 할인방식
④ ㉣ – 판매금액별 할인방식

해설 ① ㉠ – 비누적 수량할인 방식
② ㉡ – 누적 수량할인 방식
③ ㉢ – 품목별 할인방식

답 ④

12 2018년 4회

다음 [보기]는 공급자 선정방식에 대한 설명이다. 괄호 안에 공통적으로 들어갈 한글 용어를 예와 같이 기재하시오. (예 구매)

[보 기]

- (　　) 경쟁방식이란 "구매담당자가 과거의 신용과 실적 등을 기준으로 공급자로써 일정한 자격을 갖추었다고 인정되는 다수의 특정한 경쟁참가자에게 경쟁 입찰에 참여하도록하는 방법"을 말한다.
- (　　) 경쟁방식은 신용, 실적, 경영상태가 우량한 복수의 공급자를 선택하여 입찰에 참가하게 하므로 구매계약에 소요되는 비용과 절차를 간소화할 수 있다는 장점이 있다.

해설 공급자 선정 경쟁방식은 일반경쟁, 지명경쟁, 제한경쟁, 수의계약 등이 있다.

답 지명

13 다음은 구매계약에 대한 설명이다. 옳은 것은?

2018년 5회

① 구매계약에 대한 해지는 이미 이행된 계약내용까지 소급하여 포함하고 미래의 계약내용을 무효로 함을 의미한다.

② 구매계약에 대한 해제는 이미 이행된 계약내용은 인정하고 미래의 계약내용을 무효로 함을 의미한다.

③ 구매계약은 매매의사를 합의함으로 성립되는 법률적 행위이므로 모든 구매거래에서 구매계약을 반드시 작성하여야 한다.

④ 구매계약 시 총 계약금액을 결정할 때에 개별가격방식, 희망수량 가격방식 등을 이용한다.

해설 ① 구매계약에 대한 해지는 미래의 계약내용에 대해서만 법률적 효력을 무효로 함을 의미한다.
② 구매계약에 대한 해제는 이미 이행된 계약내용을 소급하여 무효로 함을 의미한다.
③ 구매계약은 매매의사를 합의함으로 성립되는 법률적 행위이지만 모든 구매거래에서 구매계약을 반드시 작성해야 하는 것은 아니다.

답 ④

14 구매계약의 가격할인 방식 중 “Extra Dating” 방식에 대한 설명으로 옳은 것은?

2018년 5회

① 할인판매 등의 특별기간 동안 현금할인기간을 추가로 적용하는 방식

② 구매당월은 할인기간에 산입하지 않고 익월부터 시작하는 방식

③ 거래일자를 늦추어 기입하여 대금지불일자를 연기하여 현금할인의 기산일을 거래일보다 늦추어 잡게되는 방식

④ 할인기간의 시작일을 거래일로 하지 않고 송장의 인수일을 기준으로 할인하는 방식

해설 ② 구매당월은 할인기간에 산입하지 않고 익월부터 시작하는 방식은 구매당월락 현금할인(EOM)
③ 거래일자를 늦추어 기입하여 대금지불일자를 연기하여 현금할인의 기산일을 거래일보다 늦추어 잡게되는 방식은 선일부 현금할인
④ 할인기간의 시작일을 거래일로 하지 않고 송장의 인수일을 기준으로 할인하는 방식은 수취일기준 현금할인(ROG)

답 ①

15 다음은 일반적인 구매절차를 나타낸 것이다. (　　)에 들어갈 순서를 옳게 나열한 것은?

2018년 5회

[보 기]

(　　) → (　　) → (　　) → (　　) → (　　) → 발주처 → 물품납입 → 검수 및 입고 → 구매결과 내부통보 → 구매대금결제

① 구매청구, 공급자파악, 견적, 내부검토 및 승인, 계약
② 구매청구, 견적, 공급자파악, 계약, 내부검토 및 승인
③ 공급자파악, 구매청구, 견적, 내부검토 및 승인, 계약
④ 공급자파악, 견적, 구매청구, 내부검토 및 승인, 계약

해설 구매청구 → 공급자파악 → 견적 → 내부검토 및 승인 → 계약 답 ①

16 "천재지변, 긴급 복구, 긴급한 행사, 원자재의 가격 급등, 그 밖에 이에 준하는 경우로서 입찰에 부칠 여유가 없는 경우" 등에 적용할 수 있는 공급자 선정방식으로 적절한 것은 무엇인가?

2018년 5회

① 수의계약 방식　② 지명경쟁 방식
③ 평점 방식　④ 제한경쟁 방식

해설 공급자선정 경쟁방식은 일반경쟁, 지명경쟁, 제한경쟁, 수의계약이 있다. 답 ①

17 다음 [보기]는 어떤 가격 유형에 대한 설명이다. (　　)에 적절한 한글 용어를 예와 같이 직접 기입하시오. (예 구매)

2018년 5회

[보 기]

(　　)가격이란 가격 그 자체는 명확히 결정되어 있지 않으나, 업계의 특수성이나 지역성 등으로 일정한 범위의 가격이 자연히 정해져 있는 것으로, 판매자가 그 당시의 환경과 조건에 따라 정하는 가격이다.

해설 가격의 유형은 시중가격, 개정가격, 정가가격, 협정가격, 교섭가격이 있다. 답 개정

18 2018년 5회

다음 [보기]에서 설명하는 구매방법의 유형 중에서(㉠)에 적절한 한글 용어를 예와 같이 직접 기입하시오. (예 영업)

> [보 기]
> (㉠)구매는 가격인상을 대비하여 이익을 도모할 목적으로 가격이 낮을 때 장기간의 수요량을 미리 구매하여 재고로 보유하는 구매방식이다.

해설 구매방법은 수시구매, 예측(시장)구매, 투기구매, 장기계약구매, 일괄구매가 있다. 답 투기

19 2018년 6회

"경쟁자 중심적 가격결정 방식"에 대한 설명으로 옳지 않은 것은?

① 경쟁사의 가격을 고려하여 제조원가를 개선한다.
② 경쟁사를 이기기 위해 판매이익을 고려하지 않는다.
③ 경쟁사의 가격을 기준으로 전략적으로 가격을 결정한다.
④ 경쟁 환경을 고려하여 시장점유율을 높이기 위한 방법이다.

해설 경쟁환경을 고려하여 경쟁사의 가격을 기준으로 전략적인 가격결정을 한다. 가격결정방식은 비용중심적, 구매자 중심적, 경쟁자 중심적 방식이 있다. 답 ①

20 2018년 6회

다음 중, 구매계약을 반드시 체결해야하는 경우에 해당하지 않는 것은 무엇인가?

① 거래금액이 평상시보다 많은 경우
② 장기간의 포괄적 거래내용을 정해야 할 필요가 있을 경우
③ 동일한 거래가 여러 차례 반복되는 경우
④ 특별한 계약내용을 추가해야하는 경우

해설 동일한 거래가 여러 차례 반복되는 경우는 구매계약을 반드시 체결해야 할 필요는 없다. 또한 분쟁의 발생을 방지하기 위해서는 구매계약을 체결하는 것이 바람직하다. 답 ③

21 다음 중에서 원가개선을 위하여 서로 비교, 분석하는 평가요소로 활용되는 원가끼리 짝지은 것은 무엇인가?

2018년 6회

① 표준원가 – 예정원가
② 표준원가 – 실제원가
③ 판매원가 – 예정원가
④ 판매원가 – 실제원가

해설 원가는 표준원가, 예정원가, 실제원가 등이 있다. 표준원가는 어떠한 원가손실도 없음을 전제로 이상적인 제조과정을 통해 발생한 비용이다. 예정원가는 과거의 경험과 미래의 제조환경 변화를 고려하여 산출됨을 기대하는 원가이다. 표준원가는 제조과정에서 발생되는 모든 비용을 반영하며, 표준원가와 비교 분석하여 원가 구성을 개선하는 평가요소로 활용된다. 답 ②

22 다음의 구매방법 중 이익을 도모할 목적으로 구매하며, 계속적인 가격상승이 명백한 경우에는 유리하지만 가격동향의 예측이 부정확하면 손실의 위험이 큰 구매방법은?

2018년 6회

① 수시구매
② 예측구매
③ 일괄구매
④ 투기구매

해설 수시구매는 조직의 각 부서에서 구매 요청이 있을 때마다 구매하는 방식이므로 현장의 상황에 시의 적절하게 대응할 수 있다는 장점이 있다. 예측(시장)구매는 과거의 경험과 미래수요를 검토하여 구매조건이 유리한 경우에 미리 구매하는 방식이므로 구매 관련 비용을 절감할 수 있다. 일괄구매는 업무용 혹은 사무용 품목인 다품목별 소량을 판매업자를 통해 필요 품목들을 일괄적으로 구매하는 방식이다. 답 ④

23 [보기]의 원가구성 비용을 이용하여 판매원가를 계산하고 예와 같이 직접 기입하시오. (예 1,000)

2018년 6회

[보 기]

- 직접재료비 = 1,000
- 판매 및 관리비 = 1,500
- 직접노무비 = 2,000
- 제조간접비 = 직접원가의 1/2
- 직접경비 = 1,000
- 이익 = 2,500

해설
- 직접원가 = 직접원가 1,000 + 직접노무비 2,000 + 직접경비 1,000 = 4,000
- 제조원가 = 직접원가 4,000 + 제조간접비 2,000 = 6,000
- 판매원가 = 제조원가 6,000 + 판매 및 일반관리비 1,500 = 7,500

답 7,500

24 2018년 6회

[보기]는 어떤 공급자 선정방식에 대한 설명이다. [보기]의 (　　)에 공통적으로 들어갈 적절한 한글용어를 예와 같이 직접 기입하시오. (예 구매)

[보 기]

- (　　) 경쟁방식은 특정한 자격을 갖춘 모든 대상자를 입찰참가자에 포함시키는 방법이다.
- (　　) 경쟁방식은 일반경쟁방식과 지명경쟁방식의 중간적 성격으로서 두 방식의 단점을 보완하고 경쟁의 장점을 유지시킨다.

답 제한

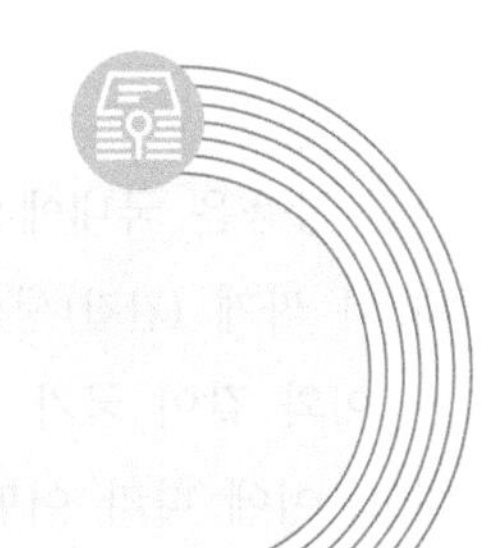

CHAPTER 05 무역관리

SECTION 01 무역관리의 이해

01 무역의 개념 및 무역발생 원인

1 무역의 개념

대외무역법상 무역이라 함은, 물품과 정하는 용역(서비스) 또는 전자적 형태의 무체물(소프트웨어)의 수출입을 말한다. 즉, 국제 간의 물건을 사고팔고 교환하는 것이며, 상품뿐만 아니라 기술과 서비스 분야 및 자본의 이동까지 포함한다는 의미이다.

2 무역발생 원인

무역이 발생하는 이유는 국내에서 판매할 때의 상대가격과 외국에 판매할 때의 상대가격이 다르기 때문인데, 수출이 발생하는 이유는 국내에서 판매할 때보다 외국에 판매할 때 더 높은 상대가격을 받을 수 있기 때문이고, 수입이 발생하는 이유는 국내에서 구입할 때보다 외국에서 구입할 때 더 낮은 상대가격을 지불할 수 있기 때문이다.

데이비드 리카도(David Ricardo)의 비교우위론은 "비교우위를 가진 상품은 국내에서 상대적으로 값싸게 생산되기 때문에, 수출을 통해 더 높은 값을 받고 외국에 판매할 수 있다. 반대로 비교열위를 가진 상품은 국내에서 상대적으로 비싸게 생산되기 때문에, 외국으로부터의 수입을 통해 더 싸게 (간접)생산할 수 있다"고 주장한 것이다.

헥셔－오린 이론(Heckscher－Ohlin Theorem)은 "국내에서 풍부한 생산요소(Abundant Factor)로 만들어진 상품은 상대적으로 값싸게 생산되기 때문에, 수출을 통해 더 높은 값을 받고 외국에 판매할 수 있다. 반대로 국내에서 희귀한 생산요소(Scarce Factor)로 만들어진 상품은 국내에서 상대적으로 비싸게 생산되기 때문에, 외국으로부터의 수입을 통해 더 싸게 (간접)생산할 수 있다"고 주장하였다.

이와 같이 국가 간 기술수준 및 부존자원의 차이는 서로 다른 상품 가격을 만들어내고, 이에 따라 어떤 상품을 수출할 지와 수입할 지를 즉, 무역패턴을 결정짓는다.

02 무역 형태

1 중계무역

수출국에서 거래물건이 제3국으로 옮겨진 후, 물품의 가공이나 형태의 변경 없이 수입국으로 보내지는 무역이다.

2 위탁가공무역

가공임을 지급하는 조건으로 외국에서 가공(제조, 조립, 재생, 개조를 포함)할 원료의 전부 또는 일부를 거래 상대방에게 수출하거나 외국에서 조달하여 이를 가공한 후 가공물품 등을 수입하거나 외국으로 인도하는 수출입을 말한다.

3 삼각무역

세 지역 간의 무역을 의미하며, 두 나라의 수입과 수출이 한 쪽에 치우쳐서 균형을 이루지 못할 경우 제3국이 무역에 동참하는 것이다.

4 구상무역

대금결제 시 화폐가 사용되지 않거나 부분적으로만 이용되는 경우를 총칭하는 것으로, 바터무역(Barter Trade)이라고도 한다. 바터(Barter)란 화폐를 매개로 하지 않고 상품이나 재화를 교역하는 물물교환을 의미했으나, 오늘날에는 물자의 수출과 수입을 하나의 교환방식으로 결부시키는 무역방식을 의미한다.

5 중개무역

물건은 수출국에서 수입국으로 바로 옮겨지지만, 제3자에 의해 수출국과 수입국이 연결된 거래이다. 제3자는 중개업자로서 중개수수료(Commission)를 챙긴다. 제3국으로 물건이 이동하지 않는다는 것이 중계무역과의 차이이다.

03 무역 관계기관

1 무역업 및 무역대리점 신고기관

(1) 한국무역협회(KITA)

해외 바이어 정보를 비롯한 무역에 관한 정보제공, 무역상담, 무역실무지원 등 종합 무역컨설팅 서비스제공 및 교육(무역아카데미) 등

2 수출입 추천기관

(1) 중소기업청

수출인큐베이터 설치, 수출금융지원, 해외규격인증 정보제공 및 획득지원, 온라인 수출지원, 무역촉진단 파견사업, 해외시장정보제공 등 중소기업의 각종 수출지원 등

(2) 중소기업진흥공단

해외시장조사, 해외마케팅, 수출인큐베이터, 무역상담회 등 중소기업의 수출관련 업무지원 및 교육 등

(3) 수출입 업무관련 주무 관서장과 수출입 품목관련 분야의 조합 및 협회

3 수출입관계 금융기관

(1) 한국수출입은행

기업의 수출과 해외투자, 해외자원개발, 주요자원의 수입에 필요한 중장기/단기금융을 지원하는 기관

(2) 한국무역보험공사

무역거래에서 물품대금 등의 손실을 보상하는 정책보험인 수출입 관련 보험의 취급 및 국외기업에 대한 신용조사를 대행하는 기관

(3) 갑종 외국환은행

수출입 대금결제 및 국제투자에 이르기까지 외국환금융기관

4 무역운송 및 보험관계기관

(1) 한국무역보험공사

① 무역거래에서 물품대금 등의 손실을 보상하는 정책보험인 수출입 관련 보험의 취급 및 국외기업에 대한 신용조사를 대행하는 기관

② 기타, 해상보험회사, 선박회사, 운송주선인(Freight Forwarder), 항공사, 항공화물회사

5 무역거래 알선 및 조사기관

(1) 대한상공회의소

외국 상공회의소와의 상의네트워크, 기업정보, 국제통상정보의 제공, 원산지증명 발급, ATA까르네 등의 무역인증업무 등

(2) 대한무역진흥공사(Kotra)

수출상담회, 전시사업, IT수출지원센터 운영 등의 해외시장개척 지원을 비롯하여 통상정보, 오퍼정보 등 무역관련 각종 정보의 제공 등 해외 비즈니스 전반에 대해 지원 및 교육 등

(3) 한국수입업협회

무역상담회, 거래알선, 무역상담, 무역관련 교육 및 정보제공

6 기타 무역 관계기관

(1) 수출입 관련 각종 검사 또는 검량기관

(2) 각종 수출입과 관련한 인·허가기관

(3) 각 지방자치단체

(4) 산업분야별 연구기관 및 단체

04 무역 국내법률

무역 국내법률(국내 무역규범)은 대외무역법, 외국환거래법, 관세법, 수출입공고와 통합공고, 전략물자 수출입 고시, FTA 관세특례법을 포함한다. 우리나라의 경우 대외무역법, 관세법 및 외국환거래법이 무역의 3대 기본법으로서 무역관리의 근간을 이루고 있다.

1 대외무역법

대외무역법은 수출입 관련 사항을 전반적으로 통제하는 규정이며, 지정 및 고시하는 물품의 수출이나 수입을 제한하거나 금지할 수 있다. 대외무역을 진흥하고 공정한 거래 질서를 확립하여 국제수지의 균형과 통상의 확대를 도모함으로써 국민경제를 발전시키는 데 이바지함을 목적으로 한다. 무역업체 및 무역 대리업체의 관리, 수출입공고, 전략물자 수출입공고, 특정거래 형태인정, 수입수량 제한조치, 무역분쟁의 해결 등의 행위에 대한 관리, 수출입 질서유지, 벌칙 등의 행정관리를 한다.

CHECK 대외무역법의 성격

- 수출입 관리를 위한 기본법 및 수출입 질서와 대외 신용의 유지 및 향상
- 국제성 및 무역에 관한 규제 최소화 및 무역 자유화 원칙을 통한 통상 확대
- 무역 및 통상에 관한 진흥법 및 자유롭고 공정한 무역 원칙
- 무역에 관한 통합법
- 위임법적 성격

2 외국환 관리법(거래법)

우리나라와 외국 간의 외국환이 들어오고 나가는 과정을 관리하는 규정이다. 외국환거래의 자유를 보장하고 시장 기능을 활성화하여 국제수지의 균형과 통화가치의 안정을 도모함으로써 국민경제의 건전한 발전에 이바지함을 목적으로 한다. 무역대금의 지급이나 수령과 관련하여 환전절차, 송금절차 등 필요한 사항을 규정할 수 있다. 거주자와 비거주자의 구분, 환율의 결정, 외국환은행과 환전상, 외국환 수급계획, 외국환의 집중 및 결제방법 제한 등의 행정관리를 한다.

CHECK 외국환거래법의 특성

- 원칙 자유·예외 규제
- 위임입법주의
- 속인주의
- 국제주의

3 관세법

수출입 물품의 통관 절차와 관세의 부과 징수에 대해 규정하고 있다. 관세의 부과·징수 및 수출입 물품의 통관을 적정하게하여 관세 수입을 확보함으로써 국민경제의 발전에 이바지하고자 정한 법률이다. 물품의 수출입 또는 반품하려면 해당 물품의 품질, 수량, 규격 및 가격 등의 사항을 세관장에게 신고하여야 한다.

4 기타 법규

(1) 전자거래기본법

전자상거래 관련 국내법제로써 전자거래 전반에 관한 기본 법적 성격을 갖고 있다. 전자문서 및 전자서명에 대한 법적 효력을 부여함과 동시에 전자문서의 법률관계, 전자거래의 안전성 확보, 공인인증기관의 운용지침, 전자거래 촉진정책의 수립과 추진 기반 조성에 따른 제반 내용을 규정하고 있다. 전자거래 활성화를 위한 장애를 제거하고 전자거래에 대해서 전통적인 상행위와 동일한 수준의 법률적인 효력을 부여한다.

(2) 기타 무역관계 법규

전자거래기본법 외에 수출보험법, 수출검사법, 농수산물 수출진흥법, 관세 등 환급에 관한 특례법, 수출지원금융에 관한 제규정, 수출산업공업단지 개발조성법, 수출자유지역 설치법 등이 있다.

▶▶ 필수예제

아래는 A상사의 무역거래 내용이다. 각각의 거래와 관련되어 적용되는 무역거래 기본법은 무엇인가?

가. 태국에서 청바지를 수입하면서 1개당 15달러로 수입가격을 신고하였다.
나. 셔츠 하단에 'MADE IN TAIWAN'으로 인쇄되어 있다.

해설 가. 관세법은 관세의 부과·징수 및 수출입물품의 통관을 적정하게 하고 관세수입을 확보함으로써 국민경제의 발전에 이바지함을 목적으로 한다.
나. 대외무역법은 대외무역을 진흥하고 공정한 거래질서를 확립하여 국제수지의 균형과 통상의 확대를 도모함으로써 국민경제를 발전시키는 데 이바지함을 목적으로 한다.

05 국제 무역규범(무역관계 국제규칙)

매매, 운송, 결제, 보험과 관련하여 다음과 같은 국제 무역규범들이 있다.

계약	국제 규범
매매 계약	CISG(1980), INCOTERMS 2010, New York Convention(1985)
운송	Hague Rules 1924, Hague Visby Rules 1968, Hamburg Rules
결제	UCP600, URC
보험계약	MIA, ICC구약관, 신약관

1 무역관계 규칙

(1) 화환신용장 통일규칙

국제상공회의소(ICC; International Chamber of Commerce)에서 신용장 분쟁해결의 해석에 기초가 되는 '화환신용장 통일규칙(UCP; Uniform Customers and Practice for Documentary Credits)'을 제정하였으며, 2007년 7월 1일에 6차 개정이 되었고 간략하게 'UCP 600'이라고도 한다. 무역거래에서 대금결제와 관련된 신용장 업무를 취급할 때의 준수사항과 해석기준을 정한 통일규칙이다.

(2) 무역조건의 해석에 관한 국제규칙(Incoterms 2010)

국제상공회의소(ICC)가 주관하여 작성한 국제 규칙으로, 무역 거래에서 가장 바탕이 되는 무역가격조건에 대해 원칙적인 해석을 내린 '무역조건의 해석에 관한 국제규칙(International rules for the interpretation of Commercial Terms)'의 약자이다. 국제무역거래 당사자들 간의 법률, 언어, 화폐제도 및 관습이 다르기 때문에 발생하는 무역분쟁을 사전에 예방하기 위하여 제정되었다.

(3) 추심통일규칙(URC522, Uniform Rules for Collections 1995)

ICC에서 제정하였으며 '상업어음류의 추심에 관한 통일규칙을 의미한다. 상업어음뿐만 아니라 금융증권의 추심도 대상으로 하며, 은행거래에 있어서 불가결한 대금결제와 관련된 규칙이다.

(4) 복합운송증권에 관한 UNCTAD/ICC 규칙

유엔무역개발회의 (UNCTAD)와 ICC 합동위원회에서 채택한 규칙으로서, 복합운송인은 복합운송증권을 발행하고 전 운송구간에 대해서 책임을 져야 함을 규정하고 있다.

2 운송과 관련된 조약

Hague Rules(1924), Hague Visby Rules(1968), Hamburg Rules(1978)이 포함된다.

(1) Hague Rules(1924)

헤이그 규칙은 1924년 국제해법회가 주축으로 채택한 선하증권 관련법의 통일을 위한 국제 협약이다. 1921년 Hague에서 전 해운국의 선주, 화주, 은행 및 보험회사 대표자가 참석한 회의에서 채택된 규칙을 말한다. 이 규칙을 기초로 1924년 8월 25일 브뤼셀에서 열린 제5차 해상법에 관한 국제 외교회의에서 소위 '선하증권에 관한 통일조약'이 채택되어 오늘에 이르고 있다.

(2) Hague Visby Rules(1968)

헤이그 규칙의 개정안으로 운송인과 사용인의 책임을 규정한 국제 규칙이다. 원명은 "선하증권에 관한 법률의 약간의 규칙에 관한 국제협약 개정의정서(Protocol to Amend the International Convention for the Unification of Certain Rules of Law relating to Bil of Lading)"이다. 1963년 국제 해사법 회의에 상정되고 비스비에서 논의되어 1968년 브뤼셀에서 채택되었으며, 비스비 의정서라고도 한다. 가장 보편적이고 많은 국가들이 수용하는 규칙이다.

(3) Hamburg Rules(1978)

함부르크 규칙은 새로운 협약의 제정 형식을 취하고 있으나, 헤이그 비스비 규칙을 일부 변경한 개정 협약이다. 헤이그 규칙에 비하여 이 협약의 특징은 항해 과실(航海過失)에 대한 운송인의 면책(免責)이 폐지되는 등 운송인의 책임이 확대되었다는 점이다. 1924년 제정된 선하증권에 관한 통일조약이 개도국 측의 요구로 1978년 3월에 독일

Hamburg에서 Container 조항 등에 대한 대폭적인 개정이 이루어졌는데, 이것을 UN 해상운송법 또는 함부르크 규칙이라 한다.

3 보험 약관

(1) 해상보험법, MIA(Marine Insurance Act 1906)

해상보험에 관한 대표적인 영국법으로, 1906년까지 오랜 기간 동안 축적된 판례법을 성문화한 것이다. 해상보험은 영국을 중심으로 발전되어 왔기 때문에 전통적으로 해상보험에 관해서는 영국의 법률과 관습이 적용되고 있다. 이 법은 해상보험에 관한 관습이나 보편적인 원리를 대부분 수용하고 있기 때문에 아직도 영국 해상보험의 체계를 이루고 있다. 또한 완성도가 높은 것으로 평가되고 있어 많은 국가들이 이 법을 원용하여 자국 해상보험 법률의 모체로 삼고 있다.

(2) 협회적하약관, ICC(Institute Cargo Clauses) 구 약관

런던보험협회가 제정한 적하보험에 관한 약관이며 협회화물약관이라고도 한다. 국제운송에서 사용되는 보험약관으로서, 1912년부터 이용된 구 약관에는 A/R(All Risk), W/A(With Average), FPA(Free from Particular Average) 등 세 가지 종류의 약관이 있다.

(3) 협회적하약관, ICC(Institute Cargo Clauses) 신약관

1982년부터는 구 약관을 일부 수정한 신약관을 사용하고 있다. 신약관은 구 약관의 난해했던 용어를 개정하였고, 약관의 명칭도 IC(A), IC(B), IC(C)로 이름을 쉽게 통일시켰다.

SECTION 02 무역실무

01 무역조건

1 무역계약의 개념

무역계약(Trade Contract)은 수출상이 수입상에게 물품의 인도와 함께 물품의 소유권(Property)을 양도할 것을 약속하며, 수입상은 이를 수령하고 수출상에게 이에 대한 대금을 지급할 것을 약속하는 국제물품매매계약을 말한다. 무역계약은 매매계약을 주 계약으로 하고 운송계약, 보험계약, 외국환거래계약 등의 거래이행을 위한 종속계약을 수반한다.

무역계약이 성립되는 과정은 일반적으로 구매의사가 있는 고객으로부터 구매의사표시(Inquiry: 조회)를 받게 되면, 수출상은 서면이나 전신(fax, telex 또는 e – Mail 등) 등으로 청약(Offer)을 하게 되는데 여기에는 가격, 품질, 수량, 운송, 보험 및 대금결제 방법 등 제조건을 명시하게 된다. 그러나 대부분의 경우에는 가격을 흥정하거나 품질을 결정하기 위한 견품과 가격의 왕래부터 시작되는 것이 일반적이다. 수입자의 주문서(Order Sheet)에 따른 수출자의 주문승낙(Order Confirmation)도 계약이 성립되는 것으로 본다.

2 무역계약의 중요성

실제 무역거래에서는 매매계약서의 작성이 필요하다. 일단 성립된 계약은 매매당사자를 법적으로 구속하는 효과가 있기 때문에 계약내용의 확인이나 이행상의 분쟁예방, 증거가치의 보전을 위해서도 문서에 의한 합의, 즉 매매계약서(Sales Contract)에 의한 수출입 본 계약을 체결하여야 한다. 수출자와 수입자는 장래의 거래를 위하여 상호 간의 포괄적 준칙으로서의 "일반거래조건협정서"(Agreement on General Terms and Conditions of Business)를 작성하여 거래관계가 개설되나 실제에 있어 구체적인 거래는 이후의 청약(Offer)과 승낙(Acceptance) 또는 주문(Order)과 이에 대한 확인(Acknowledgement)에 의하여 계약이 성립된다.

3 무역계약의 구분

수출입 본 계약의 체결에는 개별계약(Case by case Contract), 포괄계약(Master Contract), 독점계약(Exclusive Contract)이 있다.

(1) 개별계약(Case by case Contract)

매매당사자가 거래조건에 상호 합의하여 거래가 성립될 때마다 그 거래에 대한 계약서를 작성하는 것을 말한다. 즉, 매 거래건별로 오퍼(수출자 청약)나 오더(수입자 주문)를 확정한 후 수출입 본 계약을 확정하는 방식으로 통상 거래상대방과 초기 거래의 경우에 주로 이용되며, 매도확약서(Sales Note)나 매입확약서(Purchase Order)가 이 범주에 속한다.

(2) 포괄계약(Master Contract)

동일한 상대방과의 계속 거래 시에 주로 이용되는 방법으로서, 개별계약의 매 거래 시 거래조건 등을 재확인 내지 수출입 본 계약을 체결하는 번거로움을 피하고 문제발생 시 책임이 분명하다. 포괄계약은 향후 수출입거래 시의 준칙으로서 '일반거래조건협정서(Agreement on General Terms and Condition of Business)'를 수출입 본 계약으로 약정하여 무역계약 내용을 확정한다.

(3) 독점계약(Exclusive Contract)

어떤 특정품목의 수출입에 있어서 수출업자는 수입국의 지정수입업자 외에는 동일품목을 오퍼하지 않으며 또 수입업자 역시 수출국의 다른 수출업자로부터는 동일품목을 취급하지 않겠다는 조건으로 맺어지는 독점판매계약이다. 즉, 이 경우 수출업자는 저렴한 가격으로 Offer해야 하고, 동일한 품목을 구매자가 소재하는 다른 업자에게 Offer하지 않아야 하며, 다른 상사의 명의나 제3자를 통하여 구매자 소재지의 시장을 침투하지 않아야 하고, 해당품목의 품질을 보장해 주어야 한다. 그리고 수입업자는 최대한으로 물품을 판매해야 하고, 가능한 한 가장 높은 가격을 받고, 수출업자 이외의 타상사의 물품을 취급치 않고, 일정한 기간 동안 최소한의 판매를 보장해야 한다.

4 일반거래조건협정서

일반거래조건협정서는 무역거래를 할 때마다, 구체적으로 약정해야하는 사항을 제외하고, 개별 거래에 공통으로 적용되는 기본적인 거래조건을 양 당사자 간에 합의하여 결정하고, 문서화하여 각각 서명하여 교환하는 계약의 거래조건에 관한 일반적 협정서를 말한다.

일반거래조건 협정서는 매매 계약의 기본 조건인 품질, 수량, 가격, 인도, 결제 및 보험 등 기초적인 협의 이외에 거래 형태, 거래 방법, 절차, 그리고 분쟁이 발생 시 해결 방법 등을 포함하고 있다.

(1) 일반거래조건협정서 필요성

무역거래는 국제 간의 매매이기 때문에 양 당사자가 알고 있는 관습상의 상이점을 조정해 놓을 필요가 있으며, 미래의 구체적인 개별 거래를 보다 간단·신속하게 그리고 오해나 분쟁을 방지하기 위해서 당사자 간의 장기적인 거래 또는 당해 계약에 적용될 일반거래조건에 관해 협정을 할 필요가 있다.

(2) 일반거래조건협정서 작성 시기

① 당사자 간에 거래관계 개설에 합의가 이루어진 후

② 청약과 승낙이 이루어진 후

(3) 일반거래조건협정서 내용

① 거래 형태에 관한 조건: 당사자 사이의 거래가 본인 대 본인(Principal to Principal)의 거래인지, 본인 대 대리인(Principal to Agent), 대리인 대 대리인(Agent to Agent)의 거래인지를 명시한다.

② 계약 성립에 관한 조건: 계약을 성립시키는 청약과 승낙에 관한 것을 명시한다.

③ 계약 물품에 관한 조건: 품질, 수량, 가격, 선적, 지급, 보험, 포장 등에 관한 기본 조건을 명시한다.

④ 분쟁 해결에 관한 조건: 클레임의 처리와 중재합의, 중재지, 중재인 등에 관한 내용을 명시한다.

02 무역거래조건의 국제규범(INCOTERMS)

1 국제규범의 필요성

무역 거래는 국제 간의 거래이다. 국내 거래와 달리 법률, 상관습, 언어 등이 서로 다르므로 국내 거래보다 훨씬 더 복잡하다고 할 수 있다. 특히 국제 매매계약 시에 여러 가지 조건 중 가장 민감한 부분이 가격조건이다. 가격조건(Terms of Price)이란 무역거래에서 발생되는 여러 가지 비용을 수출업자와 수입업자 중 누가 부담하느냐를 나타내는 거래조건이다. 국내거래와는 달리 무역은 원거리 거래이므로 수출지에서 수입지까지 상품이 이동될 때마다 발생되는 비용을 누가 어디까지 부담하여 단가에 반영할 것인지를 매 계약 시마다 협상한다면 번거롭기에 사전에 통일시켜 정형화할 필요가 있다.

국제 민간조직기구인 국제상업회의소(International Chamber of Commerce; ICC)는 국제적으로 통일된 규칙의 제정을 필요로 하여, '무역거래조건의 해석에 관한 국제규칙'을 제정하게 되었다. 이 통일규칙을 "INCOTERMS"라고 하며, INternational COmmercial TERMS를 조합한 것이다. 이 국제규칙은 무역관습의 변화에 따라 총 7번에 걸쳐 개정되어 현재 2010년도에 개정되어 'Incoterms 2010'이라 하며, 11가지 거래조건을 사용하고 있다. 무역실무에서 익혀야 할 중요한 국제규칙이다.

2 INCOTERMS의 규정내용

인코텀즈는 무역거래를 할 때 거래 당사자 간의 법률관계(권리와 의무)를 각 가격조건별로 정형화시켰다.

(1) 비용부담의 분기점(Allocation of Cost)

무역계약을 이행할 때 발생하는 비용부담의 이전시점으로 수출단가 산정의 기준이 된다.

(2) 위험부담의 분기점(Transfer of Risk)

수출화물이 이동과정 중에 발생될 수 있는 위험 즉, 멸실 및 손상 등에 대한 책임이 매도인으로부터 매수인에게로 이전되는 시점을 말한다.

(3) 물품의 인도시점(Delivery of Goods)

화물에 대한 소유권이 매도인에게서 매수인에게로 이전되는 시점을 말한다. 매도인의 위험부담의 분기점은 물품의 인도시점과 항상 일치한다.

(4) 기타 당사자의 의무

운송계약 체결, 선박 수배 및 통지, 선적 통지, 보험 부보, 서류의 전달 등이 있다.

3 가격조건별 비용 및 위험부담

인코텀즈(INCOMTERMS)는 수출자의 창고에서 수입자의 창고까지 운송도중 발생하는 비용과 위험을 누가 어느 지점까지 부담하느냐를 정리해서 정형화한 거래조건이다. 또한 수출입가격의 산출기준 및 근거가 될 뿐만 아니라 수출입거래 당사자들의 권리, 의무 등 법률관계의 기초가 된다. 즉, 11개 조건을 수출지에서부터 E그룹(EXW), F그룹(FCA, FAS, FOB), C그룹(CFR, CIF, CPT, CIP), D그룹(DAT, DAP, DDP)으로 구분하고 있다. Incoterms2010에서는 이들 조건 중, FAS, FOB, CFR, CIF 네 조건은 해상 및 내륙수로 운송에 사용되는 규칙인 해상전용 조건으로 규정해 놓고, 나머지 조건은 운송방식에 관계없이 모두 사용되는 규칙의 2개의 큰 틀로 나누고 있다.

인코텀즈를 이해하는 데에는 몇 가지 먼저 알아두어야 할 내용이 있다. 첫째, 각 조건의 뒤에는 반드시 특정한 장소가 표기되어야 한다. 수출상이 여기까지 비용부담을 하였다는 의미이다. 둘째, 이 조건들의 주체는 항상 수출상(Seller)이라는 것이다. 즉 수출상이 각 조건의 뒤에 표시한 장소까지 비용과 위험을 분담하는 것이고, 나머지는 수입상(Buyer)의 부담 책임이라고 이해하면 좋다. 다만 C그룹만은 비용과 위험의 분기점이 서로 다르다. 셋째, 수출상이 부담하는 책임의 범위가 E그룹 → F그룹 → C그룹 → D그룹으로 커진다.

4 Incoterms 2010 유형 및 수송형태

종전 버전인 Incoterms 2,000에서는 E(Departure), F(Main Carriage Unpaid), C(Main Carriage Paid), D(Arrival) 그룹으로 분류하였으나 개정된 Incoterms 2010에서는 운송방식에 따라 제1그룹인 '운송방식 불문 규칙(Rules for any mode or modes of Transport)'과 제2그룹인 '선박 운송 전용규칙(Rules for sea and inland waterway Transport)'의 두 가지로 분류하였다.

Incoterms 2010 거래조건의 자세한 내용은 아래와 같으며, FAS(Free Alongside Ship), FOB(Free On Board), CFR(Cost and Freight), CIF(Cost Insurance and Freight)는 선박 운송 전용규칙에 해당된다.

5 Incoterms 2010의 규정

(1) 선적지 인도 조건(Group E)

① EXW(공장 인도) (insert named place of Delivery): 매도인이 자신의 영업 구내 또는 기타 지정 장소(예컨대, 작업장, 공장, 창고 등)에서 물품을 매수인의 처분하에 두는 때에 인도한 것으로 되는 것을 의미한다.

(2) 운송비 미지급 인도조건(Group F)

① FCA(운송인 인도) (insert named place of Delivery): 매도인이 물품을 자신의 영업 구내 또는 기타 지정 장소에서 매수인이 지정한 운송인이나 제3자에게 인도하는 것을 의미한다.

- 매도인의 영업장 구내: 운송수단상에 적재된 때 인도
- 기타장소: 지정된 장소에서 양하할 준비를 갖춘 매도인의 운송수단

② FAS(선측 인도) (insert named port of Shipment): 물품이 지정 선적항에서 매수인에 의하여 지정된 본선의 선측(예컨대, 부두 또는 바지선)에 놓이는 때에 매도인이 인도한 것으로 되는 것을 의미한다.

③ FOB(본선 인도) (insert named port of Shipment): 매도인이 물품을 지정 선적항에서 매수인에 의하여 지정된 본선에 적재하여 인도하거나 이미 그렇게 인도된 물품을 조달하는 것을 의미한다.

(3) 운송비 지급 인도조건(Group C)

① CFR(운임 포함 인도) (insert named port of destination): 매도인은 물품을 지정 목적항까지 운송하는 데 필요한 계약을 체결하고 그에 따른 비용과 운임을 부담하는 것을 의미하며, 위험은 본선 적재 시 이전한다.

② CIF(운임·보험료 포함 인도) (insert named port of destination): 매도인이 목적항까지의 운임과 보험료를 지급하는 거래규칙이다. 물품의 멸실 또는 손상의 위험은 물품이 본선에 적재된 때에 이전한다.

③ CPT(운송비 지급 인도) (insert named place of destination): 매도인이 합의된 장소(당사자 간에 이러한 장소의 합의가 있는 경우)에서 물품을 자신이 지정한 운송인이나 제3자에게 인도하고 매도인이 물품을 지정 목적지까지 운송하는 데 필요한 계약을 체결하고 그 운송비용을 부담하여야 하는 것을 의미한다.

④ CIP(운송비·보험료 지급인도) (insert named place of destination): 매도인이 지정된 목적지까지 운송 및 보험계약을 체결하고 물품의 운송비와 보험료를 지급

하되, 물품의 모든 위험과 추가적인 비용은 물품이 선적지에서 자신의 운송인에게 인도된 때에 이전하는 거래규칙이다.

▶▶ 필수예제

INCOTERMS 2010의 거래조건 중 지정된 선박에서 화물이 본선 난간(Ship's Rail)을 통과했을 때 수출자가 인도의무를 이행한 것으로 보는 거래조건은?

답 FOB(Free On Board)

---

(4) 도착지 인도 조건(Group D)

① DAT(터미널 인도) (insert named terminal at port or place of destination): 물품이 도착 운송수단으로부터 양하된 상태로 지정 목적항이나 지정 목적지의 지정 터미널에서 매수인의 처분하에 놓이는 때에 매도인이 인도한 것으로 되는 조건이다.

② DAP(도착지 인도) (insert named place of destination): 물품이 지정 목적지에서 도착 운송수단에 실린 채 양하 준비된 상태로 매수인의 처분하에 놓이는 때에 매도인이 인도한 것으로 되는 조건이다.

③ DDP(관세 지급 인도) (insert named place of destination): 수출통관된 물품이 지정 목적지에서 도착 운송수단에 실린 채 양하 준비된 상태로 매수인의 처분하에 놓이는 때에 매도인이 인도한 것으로 되는 조건이다. DDP는 수입지에 매도인의 지점이나 수입 대리점이 있을 경우에 사용이 적합한 규칙이지만, 매도인이 수입지에서 수입 수속을 이행할 수 없는 경우에는 사용할 수 없다.

▼ 운송수단별 비교

해상 및 내수로 전용 (Sea and Inland waterway)	복합 운송 (Any modes of Transport)
FAS, FOB, CFR, CIF	EXW, FCA, CPT, CIP, DAT, DAP, DDP
선박운송 전용	운송수단에 관계 없음

▼ 항공운송 시 적합한 조건

해상 및 내수로 전용 (Sea and Inland waterway)	항공 운송 (Air Transport)
FOB	FCA
CFR	CPT
CIF	CIP

6 인코텀즈 2020의 주요 개정내용

현재 사용 중인 '인코텀즈2010' 이전은 '인코텀즈2,000'이듯이, 인코텀즈는 10년 주기로 개정되어 왔다. 2020년 1월 1일부터 시행되는 인코텀즈의 2020년 개정안에 대한 주요내용을 소개한다.

(1) EXW와 DDP 조건 삭제

EXW(Ex Works, 공장인도조건)는 수출 경험이 별로 없는 기업들이 사용해 왔고, DDP(Delivered Duty Paid, 관세지급인도조건)는 물류와 통관업무까지 취급하는 국제택배업체들이 송부한 샘플이나 부품 등을 매수자의 문전까지 인도하는 데 주로 이용되는 등 주로 국내 영업에 이용되어 왔으며, EU 관내에서의 물품의 자유로운 이동을 보장하는 통관지침(Customs Code)과 상충되는 점이 보여, 수출입 통관 시에 매도자와 매수자의 책임문제가 지적되어 왔기에 삭제하게 되었다.

(2) FAS 조건 삭제

사용 빈도가 낮아 FAS(Free Alongside Ship, 선측인도조건) 조건도 삭제된다. FAS는 주로 무기물이나 곡물류에서 사용되었으나 선적할 선박이 지연되거나 너무 일찍 도착했을 경우 화물의 도착과 관련하여 문제의 소지가 있어 이들 상품에 적합한 새로운 조건이 필요했었다.

(3) FCA를 내륙 FCA와 해상 FCA로 구분 신설

FCA(Free Carrier, 운송인인도조건) 조건은 사용빈도가 높아 내륙 FCA(Terrestrial Delivery)와 해상 FCA(Maritime) 이렇게 두 가지로 나누어진다. FCA조건은 무역거래에서 약 40% 정도로 가장 많이 이용되어 왔으며, 특히 수출지에서 매도자 문전, 육상터미널, 항구, 공항 등 여러 장소에서 이용되어 왔기에, 이번에 이를 내륙용 FCA와 해상용 FCA 둘로 나누게 되었다.

(4) CNI(COST AND INSURANCE) 조건 신설

기존의 FCA와 CFR(Cost and Freight, 운임포함조건)/CIF(Cost, Insurance and Freight, 운임 보험료포함조건)사이의 갭을 메꾸기 위한 새로운 조건으로, 수출자가 보험료를 지불하고, 운임은 지불하지 않는 조건이며, 위험의 이전은 항구에서 수출자에서 수입자로 넘어가는 조건이다.

(5) DDP조건 대체할 DTP와 DPP조건으로 분리 신설

DDP는 삭제되고 DDP를 대체할 DTP와 DPP가 만들어진다. 수출자가 수입자 국가의 관세, 부가세를 지불하는 것으로 인해 많은 문제가 야기되었던 DDP를 대체하여, DTP(Delivered at Terminal Paid)와 DPP(Delivered at Place Paid) 조건이 만들어진다.

① DTP(Delivered at Terminal Paid): 물품이 수입지 항구, 공항, 운송센터의 터미널에 인도될 때 수출자가 관세를 부담하여야 한다.

② DPP(Delivered at Place Paid): 물품이 터미널 이외의 장소(수입자의 문전 등)에서 인도될 때 수출자가 관세를 부담하여야 한다.

(6) FOB와 CIF조건의 컨테이너 운송 적용

인코텀즈 2010에서는 물품이 컨테이너 운송을 이용하지 않을 경우에는 FOB(Free On Board, 본선인도조건)와 CIF조건보다 FCA나 CIP(Carraige and Insurance Paid to, 운송비보험료지급인도조건)조건의 사용을 권장하였으나, 수출입업체는 물론 포워더, 물류업체 등의 대리업체까지도 적용하지 못해 왔다. FOB는 18세기 말부터 영국에서 사용되어 왔으나, ICC에서도 이러한 변화에 적절히 대처하지 못했고, CIF조건과 함께 아주 오랫동안 이용되어온 조건이다. 컨테이너 운송이 전 세계 무역의 약 80%를 차지할 만큼 중요하기에 이번 인코텀즈2020에서는 컨테이너운송에 사용될 수 있도록 하였다.

▼ Incoterms 2010과 Incoterms 2020의 비교

그룹	Incoterms 2010	Incoterms 2020	변경 내용
E	EXW	-	삭제
F	FCA	FCA(Terrestrial Delivery)	2개로 분리
		FCA(Maritime)	
	FAS	-	삭제
	FOB	FOB	-
C	CFR	CFR	
	-	CNI(Cost and Insurance)	신설
	CIF	CIF	-
	CPT	CPT	-
CIP	CIP	-	
D	DAT	DAT	
	DAP	DAP	
	DDP	DTP(Delivered at Terminal Paid)	2개로 분리
		DPP(Delivered at Place Paid)	
계	11	12	

SECTION 03 무역대금결제

수출입 거래 시 수반되는 대금결제에 대하여 수출자는 상품을 선적하기 전에 수출 대금부터 받기를 원하고 수입자는 상품을 인수한 후 수입 대금을 지급하는 것을 원한다. 무역계약 단계에서 거래 쌍방은 상호 간의 신뢰도, 상대의 신용도, 상품의 특성, 수출입 관행, 해당 국가의 수출·입 조건 등 여러 가지를 고려하여 대금 결제방식을 결정해야 한다.

대금결제방식에는 추심결제 방식에 해당하는 신용장 방식과 무신용장 방식이 있으며 송금결제방식 등이 있다.

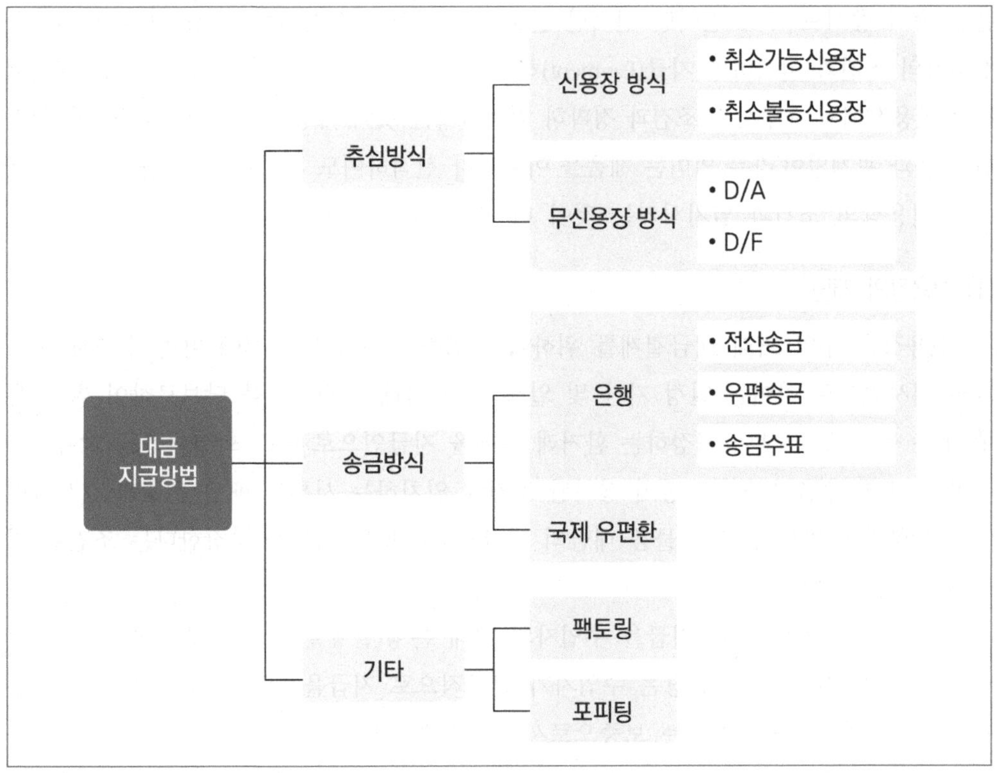

01 추심방식

추심방식은 신용장 방식과 무신용장 방식이 있다.

1 신용장(L/C: letter of Credit) 방식

신용장 방식에 의한 대금결제는 매매 당사자 사이의 매매거래에 제3자인 은행의 대금 지급확약에 해당하는 신용장을 발행한 개설은행에 의한 대금결제를 요건으로 한다. 신용장에서 명시한 조건(Terms and Conditons)이 이루어진다면 지급을 확실히 약속하고 그 반대로 그러한 조건이 이루어지지 않는다면 지급을 거절할 수도 있다. 신용장은 개설 은행이 쓴 약속의 증서로 그 조건이란 선적한 물품과 관계없이 선적서류(Shiping Documents)가 신용장의 조건과 일치하면 지급(Payment)하겠다는 뜻이므로 수익자(Beneficiary)는 선적서류를 신용장에서 요구하는 조건과 정확히 일치시키는 것이 가장 중요하다. 여기에서 '선적한 물품과 관계없이'라는 의미는 제품을 아무거나 선적하여도 된다는 뜻이 아니라 선적서류를 신용장의 조건과 일치시키는 것이 더 중요하다는 것이다.

(1) 신용장의 개념

신용장은 무역 거래 대금결제를 위하여 수입자의 요청과 지시에 따라 수출자 또는 그의 지시인으로 하여금 일정 기간 및 일정 조건 아래 선적서류를 담보로하여 발행 은행 또는 동 발행 은행이 지정하는 환거래 은행을 지급인으로 하는 화환어음을 발행하는 것이다. 또한 수출자가 신용장에 명시된 조건에 일치하는 서류를 매입 은행에 제시하면 이를 상환하여 발행 은행이 물품 대금의 지급·인수 또는 매입을 보장한다는 조건부 지급 확약 증서를 말한다.

따라서 수입자의 대금 지급을 수입자의 거래 은행(발행 은행)이 보증하여 주는 증서 역할을 하게 된다. 즉, 신용장은 수입자가 궁극적으로 지급을 하지 못하게 되더라도 수출자는 지급을 받을 것이라는 보증으로서의 역할을 한다는 것이다.

(2) 신용장의 특징

신용장은 매매 계약과 별개이며(독립성의 원칙), 매매계약서에 언급된 물품이나 실제로 매수인에게 도착된 물품 여하에 관계가 없다. 은행은 신용장에서 요구하는 서류만을 가지고 대금 지급 여부를 판단해야 하고(추상성의 원칙), 수입자의 입장에서 신용장이 물품의 품질을 보장할 수는 없으며 수출자의 입장에서는 양질의 물품을 공급하였더라도

서류상의 하자로 인한 대금결제의 지연 또는 지급 거절을 방지할 수 없다(신용장 거래의 한계성)

(3) 신용장 통일규칙

무역거래에서 대금결제의 주요 수단인 신용장의 거래관습도 국가마다 상이하기 때문에 당사자 간 신용장 조건 해석기준이 달라 대금결제관련 분쟁과 혼란이 발생하였다. 이에 국제상업회의소(ICC)는 신용장 조건 해석기준을 세계적으로 통일하기 위한 노력의 결과, 1933년 6월에 "상업화환신용장에 관한 통일규칙 및 관례"(Unifom Customs and Practice for Commercial Documentary Credits), 즉 화환신용장통일규칙을 제정하게 되었다. 신용장통일규칙은 그 후 6차에 걸쳐서 개정되었는데, 2007년 제6차 개정된 화환신용장 통일규칙을 "UCP 600"으로 통칭하고 있다.

신용장통일규칙은 국제상업회의소의 범세계화 노력에 힘입어 이제는 전세계 170여 개국에서 채택하고 있는 국제규칙으로 발전하였다. 이처럼 신용장통일규칙은 신용장거래당사자에게 신용장의 해석기준과 준거법을 제공함으로써 분쟁예방은 물론 국제무역 대금결제를 원활히 수행할 수 있도록 하고 있다.

(4) 신용장의 종류

① 선적서류의 요구 여부에 따른 구분

- 화환 신용장(Documentary L/C): 신용장에 의해 발행되는 환어음에 운송증권 등 선적서류가 반드시 첨부되어야 개설은행이 지급, 인수 또는 매입할 것을 확약하는 상업신용장이며, 대부분의 신용장이 이에 속한다. 수입업자가 물품을 입수하기 위해 요구하는 선하증권 등의 운송서류가 구체적으로 명시되어야 하며, 개설은행이 신용장에 명시된 운송서류 혹은 환어음을 지급, 연 지급, 인수 또는 매입할 것을 약정하는 내용이 명시된다. 아래에서 기술하는 일람불신용장, 기한부신용장, 전대신용장 등이 화환신용장에 해당된다.
- 무담보(무화환) 신용장(Clean L/C): 금융 어음이나, 금전수령증 같은 서류만을 요구하고, 선하증권 등의 선적서류를 요구하지 않는 신용장이며, 운임, 보험료, 수수료 등의 무역 외 거래의 결제에 이용되는 경우가 많다. 주로 본사가 해외 지사에 지급보증을 하기 위해 사용한다.

② 대금지급 시기에 따른 구분

- 일람불(일람출급) 신용장(Sight L/C): 개설 은행에 제시된 선적서류에 하자가 없는 한, 선적서류 및 환어음이 지급인에게 제시되면 그 즉시 수출 대금을 지급

받을 수 있도록 확약된 신용장이다. 여기서 '즉시'의 의미는 개설 은행에 서류를 접수한 익일부터 5일 이내의 기간을 뜻한다.

- 기한부 신용장(Usance L/C): 개설 은행에 제시된 선적서류에 하자가 없는 한 해당 환어음을 인수하고 만기일(어음 지급일)에 수출 대금을 지급받을 수 있도록 확약된 신용장이다.

③ 기타 신용장

- 기탁 신용장(Escrow L/C): 신용장에 의하여 발행되는 어음의 매입 대금을 수익자에게 지급하지 않고 수출자와 수입상이 합의한 Escrow 계정에 입금해 두었다가 그 수익자가 수입상을 상대로 Counter L/C를 개설할 때 수입하는 상품의 대금결제용으로만 인출할 수 있도록 제한을하는 신용장이다.
- 보증 신용장(Stand-by L/C): 상품의 대금결제를 목적으로하는 화환 신용장이 아니고 주로 금융이나 보증을 위해 발행되는 특수한 신용장이다. 보증 신용장은 주로 현지 금융을 보증하거나 국제 입찰 시 계약 보증금이나 이행 보증금 등을 조달할 때 이용된다.
- 내국 신용장(Local L/C): 원 신용장의 수익자인 수출자가 국내에 있는 원료 공급자, 하청 업자 또는 생산 업자에게 자기가 받은 신용장을 담보로 자기의 거래은행으로 하여금 새로운 신용장을 개설하도록 요청하는데, 이때 개설된 신용장을 말한다.
- 전대신용장(Red Clause Credit): 수출상이 일정한 조건하에 매입은행으로 하여금 신용장금액의 일부를 수익자 앞으로 전대하여 줄 것을 허용하고 그 전대금 상환을 보증하는 신용장을 말한다.

(5) 신용장의 효용

수출자에게 유리한 점	수입자에게 유리한 점
• 수출대금 회수불능의 위험제거 • 매매계약 이행불능의 위험제거 • 수출대금의 원활한 회수 • 무역금융의 활용 • 외환 변동의 위험제거	• 상품 인수불능의 위험제거 • 상품 인수시기의 예측 • 신용의 강화 • 금융의 수혜

(6) 신용장의 구성요소 및 내용

① 신용장 자체에 관한 사항

- 개설은행명(Issuing Bank): 발행의뢰인의 의뢰를 받아 신용장을 발행(개설)하는 은행, 신용장은 개설은행이 수익자에게 어음발행의 권한을 부여함
- 신용장의 종류(Type of Credit): 취소불능신용장
- 신용장 번호(Credit Number): 개설은행이 자율적으로 부여
- 신용장 통지번호(Advice Number)
- 발행일자(Date of Issue)
- 신용장 유효기간(Expiry Date)
- 신용장 개설의뢰인(Applicant): 거래은행인 개설은행에 신용장의 발행을 신청한 수입자
- 수익자명(Beneficiary): 신용장의 수취인은 통상 수출자
- 통지은행명(Advising Bank): 통상 통지은행은 수출상의 소재지에 있는 개설은행
- 신용장 금액(Amount of the Credit): 신용장에 의해 발행되는 어음의 최대한도

② 환어음에 관한 사항

- 신용장 Nego 가능 은행: 수익자가 발행은행을 지급인으로하여 발행한 환어음을 매입하는 은행, 신용장의 매입, 지급, 인수가능 은행
- 환어음 대금지급방법
- 환어음 발행인(Drawer): 환어음의 발행인이 곧 신용장의 수익자(Beneficiary)
- 환어음 발행통수: 분실사고 예방
- 환어음의 지급기일(Tenor)
- 환어음 지급인(Drawee): 개설의뢰인이나 개설은행, 개설은행의 예치환거래은행

③ 상품에 관한 사항

- 물품명세(Covering Details): 상품명, 수량, 규격, 단가, 가격조건 등

④ 서류에 관한 사항

- 선하증권(Bill of Lading)의 표시: 선하증권의 발행과 그 내용에 관한 신용장상의 조건
- 상업송장(Commercial Invoice): 신용장 개설의뢰인 앞으로 작성, 상업송장상의 화물의 명세(Description)는 신용장의 물품 명세와 일치
- 포장명세서(Packing List)

• 보험증권(Insurance Policy)과 보험증명서(Insurance Certificate)

⑤ 운송에 관한 사항

• 선적지(Point of Shipment): 상품의 선적항(Port of Loading), 발송지, 수탁지
• 선적일자(Shipping Date): 상품의 최종선적일(Latest date for Shipment)
• 도착지(Point of Destination): 물품의 최종 목적지명, 양륙항(Port of Discharge)
• 분할선적(Partial Shipment): 분할선적의 여부를 표시
• 환적(Transhipment): 운송물품을 다른 운송방법으로 이적 또는 재적재함을 의미

(7) 신용장에 의한 무역거래

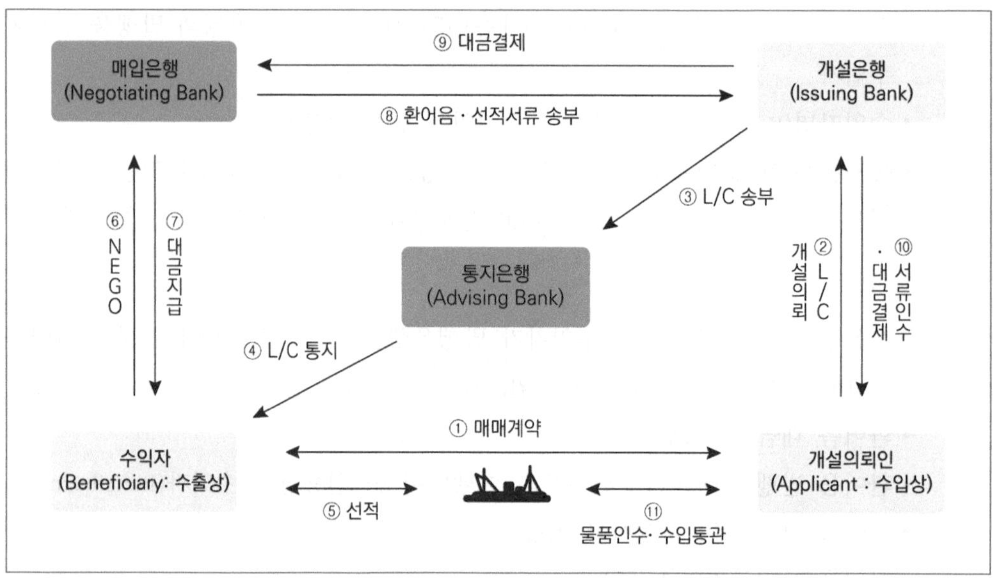

① 수출상과 수입상이 매매계약 체결 시 대금결제조건으로 취소불능화환신용장방식에 의해 결제할 것을 약정한다.

② 수입상은 계약에 따라 신용장 개설의뢰인(Applicant)으로서 거래은행에 신용장개설신청서(Application for Commercial Letter of Credit)를 제출하여 신용장의 발행을 의뢰하고그 조건을 지시한다.

③ 개설은행은 수입상의 신용장개설 의뢰와 지시에 따라서 신용장 개설수수료(Issuing charge of Credit)를 징수한 후 신용장을 발행하고 우편(Mail)이나 전신(Cable)으로 통지은행 앞으로 송부하면서 수출상인 수익자에게 통지할 것을 요청한다.

④ 통지은행은 신용장이 도착하면 그 적격성을 확인한 후 매도인인 수익자에게 통지한다.

⑤ 수익자는 계약물품의 수출통관을 마친 뒤 지정운송인(Carrier)에게 물품을 인도완료하거나 선적하고 선박회사로부터 운송서류(Transport Documents)를 발급받는다.

⑥ 수익자는 신용장에서 요구하는 서류를 준비하고 환어음(Bill of Exchange; Draft)을 작성하여 매입은행(Negotiation Bank)에 제시하고 수출환어음의 매입(Negotiation)을 의뢰한다.

⑦ 매입은행은 신용장 조건과 수익자가 제시한 서류의 일치여부를 심사하고, 신용장에서 요구하는 모든 조건에 일치하면 수익자에게 대금을 지급한다.

⑧ 매입은행은 매입한 환어음과 선적서류를 신용장상의 지시에 따라 개설은행 앞으로 송부하여 대금결제를 요청한다.

⑨ 개설은행은 매입은행에서 송부해 온 서류를 재심사하고 서류가 신용장의 모든 조건에 일치하면 매입은행에 대금결제를 이행한다.

⑩ 개설은행은 서류가 송부되어 오면 수입상에게 서류도착 통지를 하고, 수입상은 개설은행에 수입대금을 결제한 후 서류를 인수한다.

⑪ 수입상은 선박회사로부터 화물도착 통지를 받고 수입지 세관에서 수입통관을 거친 후 선박회사에 선하증권(B/L)을 제시하고 화물인도지시서(Delivery Order: D/O)를 발급받아 수입물품을 인수한다.

2 추심결제(무신용장) 방식

(1) 추심결제 방식의 개념

수출상(채권자)이 먼저 계약물품을 선적한 후 수출지에 있는 거래외국환은행을 통하여 수입상(채무자)에게 대금을 청구하고 수입지에 있는 추심은행을 통하여 수출대금을 회수하는 무역방식이며, 일람불거래방식인 지급인도조건(D/P, Document Against Payment) 방식과 기한부거래방식인 인수인도조건(D/A, Document Against Acceptance) 방식이 있다.

일람불방식인 D/P의 경우에는 추심은행과 수입상이 어음 및 선적서류와 현금을 서로 교환하는 것이 특징이나, 외상거래인 D/A의 경우에는 추심은행이 제시하는 인수증에 수입상이 “Accepted”라는 의사표시와 서명날인을 하면 추심은행이 선적서류를 넘겨주고 어음만기일에 현금을 추심하게 된다. 따라서 추심결제방식에 있어서는 지급 및 인수의 근거가 “어음”이 되므로 어음의 존재가 필수불가결의 요건이 되며 관련은행의 역할은 매매당사자를 대신하여 수출대금을 추심하거나 송금해 주며, 은행이 대금지급의 책임을 부담하지는 않는다.

CHECK 추심

은행이 수표나 어음을 소지한 사람의 의뢰를 받아, 지급인에게 제시하고 돈을 지급하게 하는 일을 의미한다.

(2) 추심결제 방식의 종류

① 일람불거래방식인 지급인도조건(D/P, Document Against Payment) 방식

어음에 대해서 지급이 이루어지면 선적서류를 인도하는 방식이다. 어음에 대해 지급이 이루어져야 하기 때문에 어음은 일람불로 발행된다. D/P 조건에서는 수출상이 물품을 선적하고 수입상을 지급인으로하는 일람출급 환어음(Sight Bill)을 발행하여 자신의 거래은행(추심 의뢰 은행)을 통하여 수입상의 거래은행 앞으로 어음 대금을 추심하게 된다. 추심은행은 이를 수입상에게 제시하여 대금을 지급받고 운송서류를 인도하게 된다.

추심은행은 어음 지급인이 지급 거절하거나 선적서류 접수일로부터 2주 이내에 결제하지 않을 때에는 (D/P) 그 내용을 추심 의뢰 은행 앞으로 통지하며, 지급거절을 통지한 후 60일 이내에 아무런 지시가 없는 경우에는 추심 관련 서류를 추심 의뢰 은행으로 반송한다.

② 기한부거래방식인 인수인도조건(D/A, Document Against Acceptance) 방식

지급인의 어음 인수만으로 선적서류가 인도되는 조건이다. 인수만으로도 서류를 인도받기 때문에 어음은 기한부 어음이 발행된다. D/A 조건에서는 수출상이 물품선적 후 수입상을 지급인으로하는 기한부어음(Usance Bill)을 발행하여 자신의 거래 은행을 통하여 수입상의 거래은행 앞으로 어음 대금을 추심하게 된다. 추심은행이 수입상으로부터 어음의 인수(Acceptance)를 받고 서류를 인도하면 수입상은 어음의 만기일에 어음에 대해 지급해야 한다. 어음 지급인이 인수 거절하거나 선적서류 접수일로부터 2주 이내에 인수하지 않을 때에는 추심은행은 그 내용을 추심 의뢰 은행 앞으로 통지한다.

③ D/A와 D/P의 구분

추심의뢰서에는 상업서류가 인수인도 또는 지급인도의 어느 조건으로 인도되어야 하는지를 명시하여야 하며, 그러한 명시가 없는 경우에는 상업서류는 단지 지급인도의 조건으로만 인도되어야 하며, 또한 추심은행은 서류의 인도지연으로 인하여 발생하는 모든 결과에 대하여 책임을 지지 않는다.

어음지급서류인도조건(D/P)과 어음인수서류인도조건(D/A) 거래는 별도로 명백한 합의가 없거나 해당국의 법률이나 규정에 위배되지 않는 한 국제상업회의소(ICC)가 제정한 "추심에 관한 통일규칙"(Uniform Rules for Collections, 1995 Revision ICC publication No. 522; URC 522)의 적용을 받는다. '추심에 관한 통일규칙'에서의 추심이란 은행이 접수된 지시에 따라 다음과 같은 목적으로 금융 서류, 상업 서류를 취급하는 것을 의미한다고 정의하고 있다. 송금 결제방식과 같이 신용장이 수반되지 않는 무신용장 방식이다.

CHECK 추심의 목적

- 지급 및/또는 인수 취득
- 서류 지급 인도 또는 인수 인도
- 기타의 제조건으로 서류 인도

(3) 추심 결제방식의 거래과정

수출자가 매매계약에 일치하는 물품을 수입자 앞으로 선적한 후 계약서에 명시된 지급인(수입자: Drawee)으로 환어음(Bil of Exchange)을 첨부하여 거래은행에 추심 의뢰하면 이 은행이 수입자의 거래 은행에 다시 의뢰한다. 수입자는 추심은행에 대금을 결제한다.

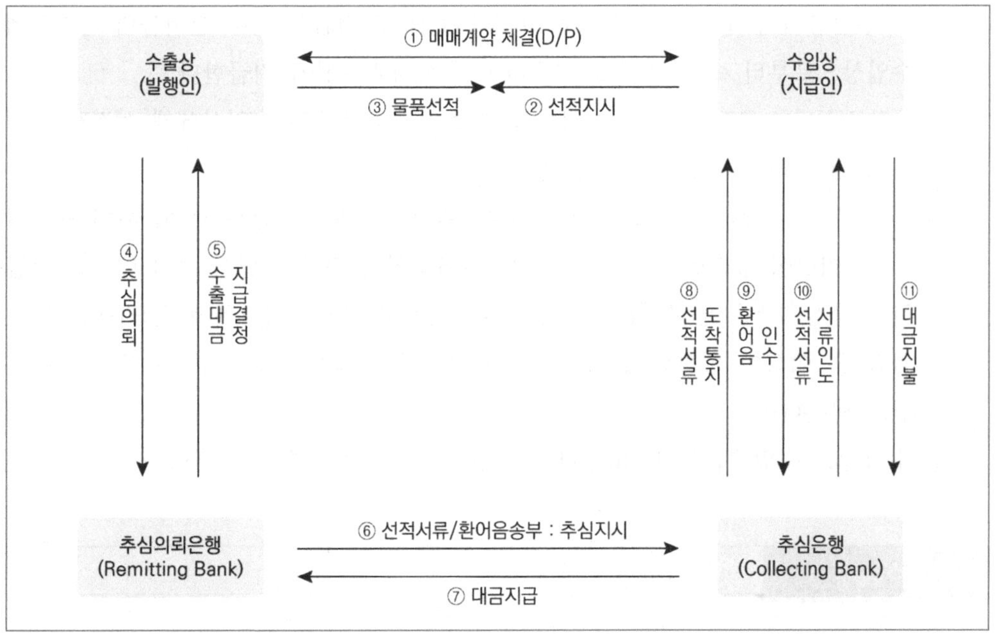

① 계약체결: 수출상과 수입상은 대금결제조건을 D/P, 또는 D/A로하는 매매 계약을 체결한다.

② 선적지시: 수입상은 수출상에게 약정기한에 선적해 줄 것을 지시한다.

③ 물품선적: 수출상은 수출통관 및 선적을 완료하고 선적사실을 통지한다.

④ 추심의뢰: 수출상은 선적서류들이 첨부된 일람불환어음(Sight Bill), 또는 기한부환어음을 추심지시서와 함께 수입상을 지급인으로하는 추심의뢰은행에 추심을 의뢰한다.

⑤ 대금지급 결정

- 추심전지급(Bill Purchased): 수출상이 추심의뢰 시 추심의뢰은행이 환어음을 매입하고 수출대금을 선지급(Payment in Advance)한다. 추심서류에는 하자가 없어야 하며 부도의 경우에 대비하여 수출상은 담보를 제공하여야 한다.
- 추심후지급(Bill Collection): 수입상으로부터 수입대금을 추심한 후 수출상에게 후지급(Deferred Payment)하는 방법이다.

⑥ 추심지시: 추심의뢰은행은 수입상이 거주하는 지역의 추심은행에 환어음과 관련 선적서류들을 송부하여 추심을 의뢰하고 예치환거래은행을 지급인으로 지정하여 동 은행의 수출상계좌에 입금시켜주도록 지시한다.

⑦ 추심대금 지급: 추심 전 지급일 경우 추심은행은 자기 책임하에 대금을 선 지급한 후 수입상에게 대금을 청구한다. 그러나 추심 후 지급인 경우 환어음의 만기일에 수입상으로부터 수입 대금을 영수하여 추심의뢰은행에 지급한다.

⑧ 선적서류 도착 통지, 서류제시: 서류를 접수한 추심은행은 수입상에게 선적서류 내도 통지를 하고 서류를 제시한다.

⑨~⑩ 어음 인수, 대금지급(또는 서류인도): 수입상은 첨부된 선적서류와 환어음을 일람 후 이상이 없으면 추심은행으로부터 어음의 인수를 하면서 즉시 대금을 지급하고 추심은행은 입금대금을 확인한 후 선적서류를 수입상에게 인도(D/P) 또는 일람 후 이상이 없으면 환어음상에 인수의사를 표시하고 은행으로부터 서류를 인도 받는다(D/A).

⑪ 수입상은 수입대금을 Usance기간(수입어음의 지급유예기간) 이후에 지급한다.

▶▶ 필수예제

[보기]는 무역대금결제방식에 대한 설명이다. [보기] 아래의 (　　)에 공통적으로 들어갈 결제방식은?

[보 기]

• (　　)방식은 수입자가 대금지급을 해야 추심은행이 선적서류를 인도하는 방식이다.
• (　　)방식은 일람불(요구불) 거래방식으로 추심은행과 수입업자가 환어음과 선적서류를 현금과 교환하는 방식이다.

답 지급인도조건

---

02 송금 결제방식

1 송금 결제방식의 개념

신용장이 수반되지 않는 무신용장 방식이며 수입자가 송금 수표(D/D), 우편 송금(M/T), 전신 송금(T/T), 현금, 수표 등을 수출자에게 보내는 방식이다. 일반적으로 전신 송금(T/T: Telegraphic Transfer)을 가장 많이 이용하고 있다. 수입자의 수출 대금 미지급(Unpaid) 발생 시 독촉 또는 한국무역보험공사의 무역 보험을 활용한다.

2 송금 결제방식의 특징

(1) 환어음이 존재하지 않으므로 어음법이 적용되지 않으며 해당되는 국제 규칙이 없다.
(2) 서류 및 대금결제는 수출자와 수입자 간 개인적 책임하에 직접 처리한다.
(3) 대금결제는 수입지의 은행을 통해 수출자에 송금되고 서류는 은행을 경유할 필요 없이 국제 특송으로 전달한다.
(4) 소액 거래, 샘플 거래, 본점과 지사 간의 거래, 신용을 믿을 수 있는 거래 등에 이용된다.
(5) 은행 수수료가 적으며 신속하게 처리된다.

3 지급방법에 따른 송금 결제방식 형태

(1) 송금 수표 방식(D/D: Demand Draft)

수입자가 물품 대금에 상당하는 현금을 은행에 입금하고 요구불의 송금 수표를 은행으로부터 발행받아 이를 수출자 앞으로 직접 우송하는 방식이다. 주로 개인적으로 소액을 송금하고 물품을 인수하는 경우에 많이 이용된다.

(2) 우편 송금 방식(M/T: Mail Transfer)

수입자의 요청에 따라 송금 은행이 송금 수표 대신에 지급 은행에 일정한 금액을 지급하여 줄 것을 위탁하는 지급 지시서에 해당하는 우편환을 발행하고, 이를 송금 은행이 직접 지급 은행 앞으로 우송하는 방식이며 실무에서는 거의 사용하지 않는다.

(3) 전신환송금 방식(T/T: Telegraphic Transfer)

수입자의 요청에 따라 송금 은행이 지급 은행에 대하여 일정 금액을 지급하여 줄 것을 위탁하는 지급 지시서를 우편환으로 발행하는 대신에 전신환의 형식으로 발행하고, 이를 송금 은행이 직접 지급 은행 앞으로 송신하는 방식이다. 실무에서는 가장 많이 사용되는 송금 방식이다.

4 지급 시기에 따른 송금 결제방식 형태

(1) 사전 송금 방식(Advance Remittance before Shipment)

사전 송금 방식은 수입자가 계약 상품을 선적하기 전에 수출자에게 무역 대금 전액을 미리 송금하여 지급하고, 수출자는 계약서의 약정 기일 이내에 계약 상품을 선적하는 것으로 수출자에게 가장 유리한 방법이다. 반면 수입자 입장에서는 대금결제 후 상품 수령이 가능해 수출자 신용 리스크가 있으므로 상호 오랜 거래 관계를 통한 신뢰가 있어야 가능하다. 사전 송금 방식은 단순 송금 방식 또는 선지급 방식이다. 주문과 동시에 송금한다는 의미이므로 주문 지급(CWO: Cash With Order)이라고도 하며 'T/T in Advance', 'Prior to Ship' 등으로도 부른다.

(2) 사후 송금 방식(Later Remittance after Shipment)

수출자가 대금을 받기 전에 수입자에게 상품과 선적서류를 발송하고, 수입자는 상품을 수령한 후에 물품 대금을 수출자에게 전신환 방식으로 송금하여 결제한다. 수입자 입장에서는 상품 수령 후 대금 지급이 가능해 수입자 신용 리스크가 있으므로 상호 오랜 거래 관계를 통한 신뢰가 있어야 가능하다.

(3) 동시 결제방식

동시 결제 방식은 물품 또는 서류가 인도되는 동시에 대금을 지급하는 방식이다. 선적 이후에 상품 대금이 결제되기 때문에 사후 송금 방식으로도 볼 수 있으며 대금 상환도 방식이라고도 한다.

① 서류 상환 결제 방식(CAD: Cash Against Document): 수출자가 화물을 선적한 후 선하증권, 보험증권, 상업 송장과 같은 선적서류를 수입자 또는 그 대리인에게 인도하면서 대금을 결제받는 방식으로, 대금 회수가 신속하다. 하지만 수입자의 신용 상태가 불량할 경우 이미 선적한 물품에 대한 대금 회수가 지연되거나 불가능해질 수도 있다.

② 현품 인도 결제 방식(COD: Cash On Delivery): 수출자가 물품을 선적한 후 수입지에 있는 수출자 또는 그 대리인에게 선적서류를 송부하고, 물품이 목적지에 도착하면 수입자는 물품 인수 후 물품과 상환하여 그 대금을 결제하는 방식이다. 수입자는 물품의 품질이나 수량 등을 직접 검사한 후 수입 대금을 결제할 수 있으므로 매우 유리하지만, 수출자 입장에서는 대금 회수가 오래 걸리게 된다.

CHECK

무역 결제 방식은 과거에는 신용장 방식이 많이 활용되었으나 지금은 송금 방식이 대부분이다. 한국무역협회 통계에 따르면 지난해 송금방식 수출거래 비중은 67.1%에 달한다. 신용장 방식과 추심방식은 각각 9.4%이며 기타 14.1%였다.

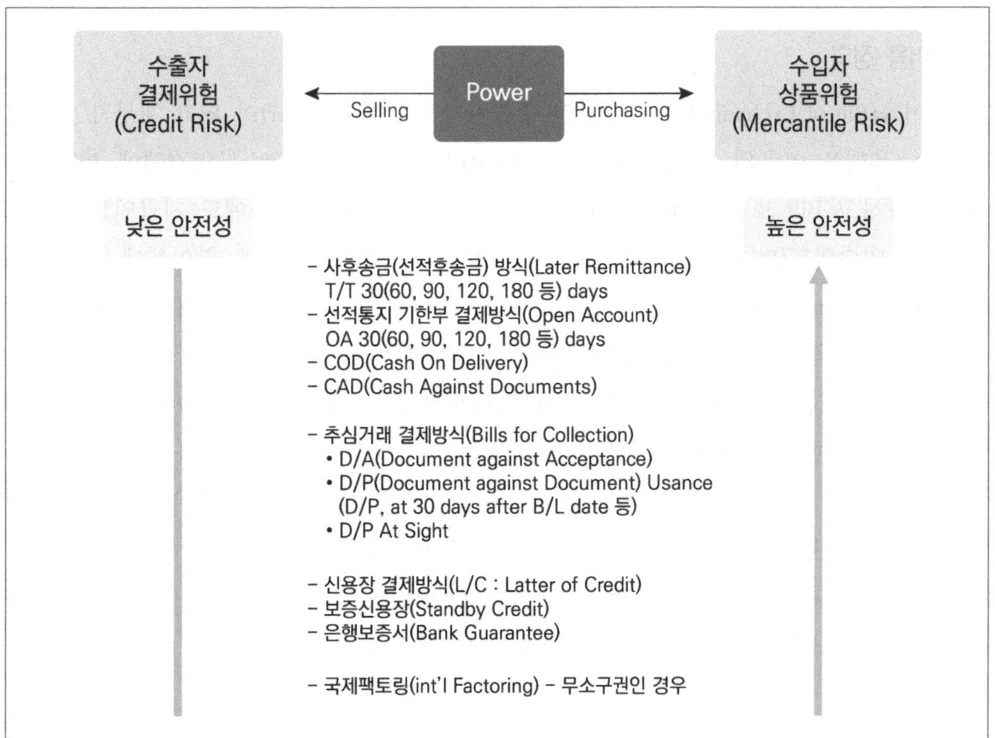

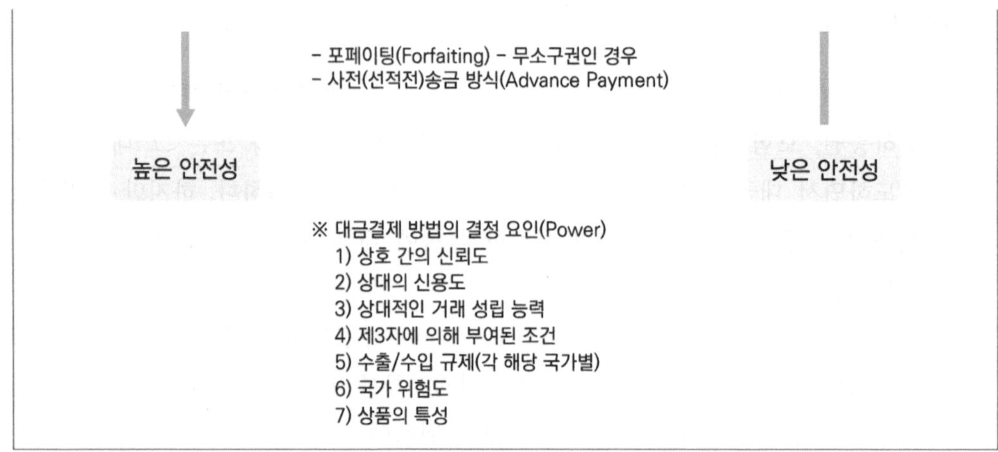

▲ 대금 결제방식별 안정성(선호도)

03 서류

1 환어음의 개념

(1) 환어음 정의

환어음(Bill of Exchange)은 채권자인 수출자가 발행인(Drawer)이 되고 채무자인 수입자 또는 은행을 어음의 지급인(Drawee 또는 Payer)으로 발행되는 무역결제에 사용되는 어음을 말하고 Bill 또는 Draft라고도 부른다. 신용장 결재의 경우에도 지급인도(D/P)조건 또는 인수인도(D/A)조건 어음 결제의 경우와 마찬가지로 이 환어음에 선적서류(Shipping Documents)를 첨부한 화환어음(Documentary Bill)으로서 수출지의 은행에 제시하여 수출대금을 지급받는다. 이것을 화환어음의 매입(Negotiation)이라 한다.

환어음은 어음의 발행인이 자신과 채무 관계에 있는 제3자에게 어음에 기재된 일정한 금액을 일정한 기일에 어음상의 수령인 또는 지시인에게 지급할 것을 위탁하는 유가증권이다. 무역 거래에서 사용되는 환어음은 발행지와 지급지가 서로 다른 국가 간에 취결되는 외국환 어음이다. 국제 간의 환어음 거래는 182년 영국에서 제정된 환어음법(Bill of Exchange Act, 182)과 국제상업회의소(ICC)에 의해 제정된 '추심에 관한 통일규칙'(Uniform Rules for Collection, 195개정)에 의해 처리되고 있다.

(2) 환어음의 요건(필수 기재 사항 8가지)

① 환어음의 표시
② 일정 금액의 무조건 지급 위탁 문구
③ 지급인의 명칭
④ 만기일 표시
⑤ 지급지 표시
⑥ 지급받을 자 또는 지급받을 자를 지시할 자의 명칭
⑦ 발행일 및 발행지 표시
⑧ 발행인의 기명 날인 또는 서명

(3) 대금결제 기간에 따른 분류

① 일람출급(일람불) 환어음(Sight Bill): 어음이 지급인에게 제시되면 어음 대금이 즉시 지급되는 환어음으로, 제시된 때가 어음의 만기가 된다. 어음상에 만기일이 기재되지 않은 경우 일람 출급으로 간주한다.

② 기한부 환어음(Usance Bill): 어음이 지급인에게 제시된 후 일정 기간이 경과한 후에 어음 대금이 지급되는 환어음이다.

- 일람 후 정기 출급 환어음: 지급인이 환어음을 인수한 후 일정한 기간이 경과하면 그 대금을 지급해야하는 환어음
- 발행 일자 후 정기 출급 환어음: 환어음의 발행 일자로부터 일정한 기간이 경과하면 지 급인이 그 대금을 지급해야하는 환어음
- 확정 일자 후 정기 출급 환어음: 확정된 날로부터 일정 기간이 경과한 후에 어음 대금을 지급해야하는 환어음
- 확정일 출급 환어음: 환어음에 확정된 미래의 특정 일자에 대금을 지급해야하는 환어음

(4) 첨부서류 유무에 따른 분류

① 화환 어음: 선적서류가 첨부된 환어음이며 매도인이 발행인, 매수인이 지급인, 외국환 은행이 수령인이 된다.

② 무화환 어음: 선적서류가 첨부되지 않은 환어음으로, 무담보 어음이라고도 한다.

▶▶ 필수예제

아래의 (   )에 공통적으로 들어갈 환어음의 유형은?

- 금년도 A기업의 매출액: 100만원
- 전년 대비 A기업의 시장점유율 증가율: 50%
- 전년 대비 당해 업계 총매출액 증가율: 20%

- (   )환어음은 지급인에게 제시된 날부터 일정 기간이 지난 후에 지급이 이루어지는 어음이다.
- (   )환어음의 지급유형은 어음의 지급기일에 따라 ⓐ 일람 후 정기출급 ⓑ 일부 후 정기출급 ⓒ 확정일 후 정기출급 등으로 구분된다.

답 기한부

2 선적서류

선적서류(Shipping Document)란 무역거래에 있어서 수출화물의 선적을 증명하는 서류를 의미하며, 선하증권, 보험증권, 상업 송장 등이 있다. 수출자는 신용장 방식으로 수출 계약에 의하여 신용장을 통지받아 물품을 선적하고 수출대금을 회수하기 위하여 거래 외국환 은행에 수출 환어음 매입을 신청할 때, 수입자는 수입물품을 인수할 때 선적서류가 필요하다.

(1) 선하증권(B/L: Bill of Lading)

선하증권은 선박회사와 화주가 해상운송계약을 체결한 후 발행하는 운송서류이다. 즉, 화주에게서 의뢰받은 화물을 적재 또는 적재를 위해 화물을 수취하였음을 증명하고, 해당 화물을 일정한 조건하에 수화인 또는 그 지시인에게 인도할 것을 약속한 유가증권이다. 따라서 B/L을 인도하는 것은 화물에 대한 권리를 이전한다는 것을 의미한다.

그러나 항공화물인 경우에 항공화물운송장은 단순하게 화물을 수취했다는 사실을 증명하는 영수증에 불과하며 유통이 불가능하다는 점에서 차이가 있으며, 선하증권이라고도 한다.

① Master B/L: 해상운송에서 여러 송화인으로부터 소량화물(LCL, Less than Container Load)들을 모아 집화하여 선적할 때 선박회사가 전체의 화물에 대하여 운송주선인 앞으로 발행하는 선하증권을 말하며, 집화 선하증권이라고 한다. 또한, 한 명의 송화인이 FCL(Full Container Load)화물을 한 명의 수화인에게 선적할 때에도

Master B/L이 발행된다.

② House B/L: House B/L이란 각기 다른 화주의 화물을 혼재(Consolidation)하는 운송주선인(Freight Forwarder)이 개별 화주 앞으로 발행하는 선하증권을 말한다.

(2) 항공화물운송장

항공화물운송장(Air Waybill: AWB)은 항공사가 화물을 항공으로 운송하는 경우 송화인과 항공사 간에 운송계약 체결을 증명하는 육상의 운송장(Waybill)과 화물상환증(Carriage Note), 해상의 선하증권(Bill of Lading)에 해당하는 기본적인 운송 서류이다. 운송계약은 화주 또는 그 대리인이 운송장에 서명을 하거나 해당 항공사가 인정한 항공화물대리점이 서명을하여 발행한 순간부터 유효하며, 운송장상 명기된 수하인(Consignee)에게 인도되는 순간에 종료하게 된다.

항공운송장의 기본적인 성격은 선하증권과 같으나 선하증권은 화물의 수취를 증명하는 동시에 유가증권적 성격을 가지고 유통되고 있으나, 항공화물운송장은 화물의 수취를 증명하는 영수증에 불과하며 유통이 불가능하다. 미국에서는 항공화물운송장을 Air Waybill, 유럽에서 Consignment Note 또는 Air Consignment Note라 칭하고 있다.

▼ 선하증권과 항공화물운송장의 비교

선하증권	항공화물운송장
유가증권	유가증권이 아닌 단순한 화물운송장
유통성(Negotiable)	비유통성(Non negotiable)
지지식(무기명식)	기명식
본선 선적 후 발행	수취 후 발행
운송인 작성	송화인 작성

▶▶ 필수예제

아래의 괄호 안에 공통적으로 들어갈 선적서류를 나타내는 용어는?

- (　　)는 운송위탁인과 운송회사 간에 체결한 해상운송계약을 근거로 선박회사가 발행하는 유가증권이다.
- (　　)의 소지자는 선박회사에 대하여 화물의 인도를 청구할 수 있으므로 화물에 대한 소유권리증 뿐만 아니라 채권으로서의 효력을 가진다.

답 선하증권

(3) 보험증권(IP, Insurance Policy)

보험증권은 보험자(보험회사)가 보험계약의 내용을 기재하고 서명하여 보험계약자에게 교부하는 서류이다. 보험증권은 보험계약의 성립 및 그 내용을 증명하기 위한 증거가 된다. 보험증권은 수출물품이 보험계약이 체결된 사실을 분명하게 하기 위한 증명문서로 수입업자의 요청으로 발행되는 경우가 많다.

① 해상보험증권: 피보험자, 보험자, 피보험목적물, 담보위험, 보험가액, 부보금액(보험금액), 위험의 시기(始期)와 종기(終期), 피보험자에 대한 손해보상의 약속 등 '해상'운송화물에 대한 보험계약의 내용을 상세하게 표시한 증서를 말한다. 보험증권은 보험계약 성립의 증거로서 보험자가 피보험자의 청구에 따라 발급하는 것으로서, 계약서도 유가증권도 아니고 단지 증거증권에 지나지 않지만, 해상적화보험인 경우에는 선적서류의 하나로서 배서(背書, Endorsement)에 의해 화물의 매수인에게 양도되므로, 일종의 유가증권과 같은 효력을 가진다. 선적서류로서의 보험증권은 해상보험증권을 의미한다.

② 항공보험증권: 피보험자, 보험자, 피보험목적물, 담보위험, 보험가액, 부보금액(보험금액), 위험의 시기(始期)와 종기(終期), 피보험자에 대한 손해보상의 약속 등 "항공"운송화물에 대한 보험계약의 내용을 상세하게 표시한 증서를 말한다. 항공화물하주보험은 항공회사가 수송화물에 일괄적으로 보험에 들어주는 것으로 화주는 또는 화주를 대리하여 복합운송주선업체, 항공특송서비스 제공업체는 항공사에 화물운송계약을 체결할 때 동시에 보험증권을 받을 수 있으므로 화주가 보험회사를 찾아갈 필요가 없다.

③ 협회적하약관: 협회적하약관이란 해상보험과 관련한 국제 표준약관으로 협회적하약관(Institute Cargo Clause: ICC)이 런던보험자협회(ILU)가 주축이 되어 1912년에 제정되었으며, 1982년도에 개정된 협회적하약관은 아래의 세 가지 기본약관과 협회전쟁약관, 협회동맹파업약관 등으로 구성된다. 이 약관의 목적은 화물의 종류나 특성에 따라 보상 범위를 확장하거나 제한하기 위하여 사용되었다. ① Institute Cargo Clause(A); A Clause, ② Institute Cargo Clause(B); B Clause, ③ Institute Cargo Clause(C); C Clause로 구성되는데, ICC(B)와 ICC(C)는 ICC(A)에 비하여 부보하지 않는 위험이 많으므로, 화물의 종류에 따라서 부가위험을 특약으로 약정해야 한다. 부가위험으로는 도난·발화·불착손(TPND), 갑판유실(WOB), 좌초·침몰·화재·충돌(SSBC) 등이 있으며, 추가보험료를 지급하고

부보해야 이들 위험에 의한 손해를 보장받을 수 있다. 한국은 1983년 3월 1일부터 신약관을 시행하고 있다.

부보(附保)란 보험에 가입하고자 하는 대상의 경제적 평가액에 대하여 보험에 들고자 하는 금액을 의미한다.

(4) 상업 송장(CI: Commercial Invoice)

상업 송장은 매도인인 수출자가 인도한 물품이 계약 내용과 일치한다는 것을 입증하기 위하여 발행하는 서류이며 선적된 물품의 명세서가 된다. 상업 송장은 판매자(수출업자)에게는 대금 청구서로서의 역할을 하고, 구매자에게는 매입명세서로서의 역할을 한다. 또한 계약 물품의 가격을 계산하고 대금을 청구하는 데 필요하며 수입 통관 수화물 수령 안내서 및 세관의 과세 가격 산정에 필요하다. 수출자가 물품을 수출하여 수입국에서 관세를 부과할 때 수입자가 세금을 줄이기 위하여 상업 송장의 금액 등을 낮게 책정하는 경우가 있는데 이를 방지하기 위하여 수입국에서 공신력 있는 기관으로 상업 송장의 인증을 요구하는 경우가 있다. 이때 신청 승인하는 것을 C/I 증명이라고 한다.

(5) 기타 선적서류

① 포장 명세서(PL: Packing List): 포장된 물품의 순중량, 총중량, 용적, 포장 형태, 내용 명세, 개수, 기호, 화인 등이 기재된 서류이다.

② 원산지 증명서(CO: Certificate of Origin) 해당 물품이 해당국에서 생산·제조 또는 가공되었다는 것을 증명하는 서류이며 상공회의소가 발행하는 일반용 원산지 증명서 그리고 특혜관세용 원산지 증명서가 있다.

③ 영사 송장(CI: Consular Invoice): 수출국에 주재하고 있는 수입국의 영사가 송장 기재 가격의 정당성을 심사한 후에 작성하는 서류이다. 수입 물품의 정확한 측정을 통해 수입자의 외화 도피 및 관세 포탈을 방지하거나 수출국 주재 공관의 사증료 징수를 통한 수입 증대 목적으로 이용된다.

④ 세관 송장(CI: Customs Invoice): 수입세의 과세 가격 기준 결정, 덤핑 유무 판정, 쿼터 품목 통관 기준량 계산, 수입통계 등의 목적으로 이용되는 서류이며 수입국에서 규정한 특정 양식의 송장에 수출자가 직접 작성한다.

04 수출물품 확보

1 로컬(Local) 거래의 개념

외국으로 물품을 수출하기 위해서는 원자재 또는 완제품이 필요하며, 이때 필요한 원자재나 완제품은 가능한 국산 원자재이나 완제품을 이용하는 것이 국가 경쟁력을 높이는 방법이다. 따라서 수출용 원자재 또는 완제품이 국내 업체 간에 거래될 때 국가는 기업에게 많은 혜택을 주게 된다.

로컬(Local) 거래는 외화 획득을 위하여 수출용 원자재, 수출용 제품 등을 국내의 공급자와 거래하는 경우를 뜻하며, 이때 물품을 공급하는 국내 공급자 입장에서는 로컬 수출 또는 간접 수출이라고 하며 수출용 원자재 또는 수출용 완제품 공급업체도 수출 실적으로 인정받을 수 있다. 수출자는 국내 공급자와의 협업으로 국내 공급선과의 안정적 거래 관계를 유지해야 한다. 로컬 거래를 하기 위해서는 한국은행의 무역금융 취급 세칙에서 정한 내국 신용장, 또는 대외무역 관리규정에 의해서 정한 구매확인서를 이용한다.

2 내국 신용장

수출자는 통지 은행으로부터 신용장을 받은 후 수출 이행에 필요한 완제품이나 원자재를 국내에서 조달해야 한다. 현재 수출 신용장의 국내 통지는 대부분의 통지 은행과 KTNET(한국무역정보통신)을 경유하여 송수신되고 국외 은행의 통지는 SWIFT(국제은행 간 통신협정)로 송수신되고 있다.

해외에서 받은 수출 신용장을 근거로 국내의 납품 업체나 하청 업체에 발행하는 제2의 신용장이 내국 신용장이다. 수출 신용장을 Master L/C라고 하는 반면 내국 신용장은 Local L/C라고 한다. 내국 신용장 개설 신청 전에 구매 업체와 공급업체는 필요 시 사전에 물품매도확약서를 주고받는데 이것은 필수가 아닌 선택이다. 송금 방식의 수출, 무역 금융한도가 부족한 업체는 내국 신용장을 개설할 수 없다.

(1) 구매자(수출자) 입장에서 본 내국 신용장의 용도 및 이점

내국 신용장은 수출업체가 수출물품을 제조·가공하는 데 소요되는 수출용 원자재 또는 수출용 완제품을 국내 다른 업체로부터 원활하게 조달하기 위하여 국내 공급업체를 수익자로하여 외국환은행인 발행은행이 지급 보증한 국내용 신용장이다. 구매자(수출

자) 입장에서 본 내국 신용장의 용도 및 이점은 다음과 같다. 첫째, 내국 신용장에 의하여 수출용 원자재 또는 완제품을 간편하고 원활하게 조달할 수 있다. 둘째, 수출자는 내국 신용장에 의하여 조달된 원자재의 결제 자금을 무역 금융으로 지원받을 수 있으며, 과거 수출 실적에 의하여 산정된 무역 금융 융자 한도 내에서만 개설이 가능하다. 셋째, 내국 신용장을 이용하여 물품을 구매하였을 경우 물품 공급 후에 대금을 지급하므로 자금에 대한 부담을 덜 수 있다.

(2) 수익자(국내 공급자) 입장에서 본 내국 신용장의 용도 및 이점

수익자(국내 공급자) 입장에서 본 내국 신용장의 용도 및 이점은 다음과 같다. 첫째, 내국 신용장은 수출자(개설 의뢰인)의 거래 은행이 그 공급 대금의 지급을 보증한 것이므로 대금 회수의 확실성이 보장된다. 둘째, 수익자는 거래 외국환은행에 내국 신용장 어음을 매각하거나 외국환은행을 통하여 추심하는 방식에 의해 물품 대금을 신속·확실하게 회수할 수 있다. 셋째, 수취한 내국 신용장을 근거로 공급 물품을 제조·가공하는 데 필요한 자금(무역금융: 생산 자금 및 원자재 자금)을 지원받을 수도 있다. 넷째, 내국 신용장을 이용한 국내 공급 실적은 수출 실적으로 인정되므로 관세가 환급되며 세제상 부가가치세 영세율 적용 대상이 된다.

3 구매확인서(구매승인서)

(1) 구매확인서의 개념

구매확인서는 물품 등을 외화 획득용 원료, 외화 획득용 용역, 외화 획득용 전자적 형태의 무체물 또는 물품으로 사용하기 위하여 국내에서 구매하고자 하는 경우 외국환은행의 장 또는 KTNET에서 내국 신용장에 준하여 발급하는 증서이다. 최근 내국 신용장보다는 구매확인서 비중이 높아지는 추세이다(구매확인서는 1,128,717건 89%, 내국 신용장은 134, 81건 1%, 2016년 KTNET 발급 건수 통계 기준)

CHECK

- 발급 은행은 무역대금 지급을 보증하지는 않는다.
- 수출용 원자재 공급업체에게 부가가치세를 영세율로 적용한다.
- 통상 외국환은행장이 내국신용장 취급규정에 준하여 발급한다.
- 국내에서 외화 획득용 원료 등의 구매를 원활하게 하고자 발급한다.

(2) 구매확인서의 용도

구매확인서는 무역금융 한도 부족, 비금융 대상 수출 신용장 등으로 인하여 내국 신용장개설이 어려운 상황에서 국내의 외화 획득용 원료 등 구매를 원활하게 하고자 외국환은행장이 내국 신용장 취급 규정에 준하여 발급하는 증서이다. 은행이 그 대금 지급을 보증한 것이 아니므로 대금 지급에 관해서는 계약 자유의 원칙에 따라 전적으로 거래 당사자 간의 계약에 따라 정한다. 실무적으로는 내국 신용장 개설 한도가 부족하여 내국 신용장을 개설할 수 없는 경우에 구매확인서를 주로 이용하고 있다. 최근 내국 신용장보다는 구매확인서 발급 비중이 높아지는 추세다. 내국 신용장은 구매확인서에 비해 시간이나 수수료가 많이 들기 때문이다. 구매확인서는 Local L/C와 동일하게 수출실적의 인정, 부가가치세 영세율 적용을 받을 수 있다.

(3) 물품수령증명서의 개념

물품수령증명서는 공급업체로부터 물품을 수령받은 사람이 발급하는 문서이다. 내국 신용장 수익자로부터 해당 물품을 인수한 개설 의뢰인은 이에 해당하는 물품수령증명서를 발급하여야 한다. 물품수령증명서는 직수출의 경우에는 선하증권과 동일한 효력을 지닌다.

05 환율

1 정의

환율(Foreign Exchange Rate)이란 자국 통화와 외국 통화의 교환 비율로, 외국환이라는 상품에 대한 자국화의 가격을 말한다. 필연적으로 한 나라의 통화는 국내에서만 통용력을 갖는 것이 원칙이나 외국에서 구매력을 나타내기 위하여 외국 내에서 통용력을 가지고 있는 외화와의 교환이 필요하게 된다. 이 외화와의 교환 비율을 환율이라 하며, 환율이 얼마인가하는 것은 국제 거래의 직접 당사들에게 거래 외적인 측면에서 환차 이익과 환차 손실에 직접적인 영향을 미친다.

2 환율 표시방법

(1) 자국화 표시 환율과 외화 표시 환율

환율을 자국화와 외화의 교환 비율이라고 하면 외화와 자국화 중 어느 것을 기준으로 해서도 환율을 표시할 수 있다. 즉, 환율을 외국 통화 한 단위와 교환되는 자국화의 단위 수로써 표시할 수도 있고 역으로 자국화 한 단위와 교환되는 외국 통화의 단위수로써 표시할 수도 있다.

(2) 국제 외환 시장에서의 환율 표시법

① 유럽식 표기법(European Term): 일반적으로 외환 시장에서 거래되는 통화의 대부분은 미 달러화를 기준 통화로하여 표시된다.

② 미국식 표기법(American Term): 예외적으로 영국 파운드화, 유로화, 호주 달러, 뉴질랜드 달러 등은 미 달러화를 표시통화로 사용하는데, 이들은 유럽식 표기법과 반대로 환율을 표시한다. 즉, 영국 파운드화(GBP), 유로화(EUR), 호주 달러(AUD), 뉴질랜드 달러(NZD)가 기준 통화가 되고 미 달러화가 표시 통화가 되어 환율이 표시된다.

(3) 기준 통화와 표시 통화

① 기준 통화(Reference Curency): 환율 표시에서 기준이 되는 통화

예 USD/KRW에서 USD, EUR/USD에서 EUR

② 표시 통화(Quoted Curency): 기준 통화 한 단위당 표시되는 통화

예 USD/KRW에서 KRW, EUR/USD에서 USD

(4) 매도율(Offer Rate)과 매입율(Bid Rate)

외환 시장에서는 통상 두 개의 숫자로 환율을 표시하고 있는데, 그중의 하나는 외환 딜러나 은행이 상대방으로부터 외화를 사고자하는 매입 환율(Bid Rate)이고 다른 하나는 팔고자 하는 매도 환율(Offer Rate)이다.

3 우리나라의 환율

우리나라의 환율은 크게 나누어 매매기준율(=시장평균 환율, 기준 환율), 재정된 매매기준율, 외국환 매매율(외국환은행 간 매매율, 외국환은행 대고객 매매율이 있으며 수출업체가 은행에 서류를 매입하거나 기타 수출입 거래에 적용하는 환율은 외국환 매매 중 외국환은행 대고객 매매율이다. 외국환은행 대고객 매매율은 다시 대고객 매매기준율, 전신환 매매율, 현찰 매매율, 여행자수표 매도율로 구분된다.

4 종류별 내용

(1) 전신환(T/T) 매매율

매매기준율을 기준으로 외환매매에 따른 환리스크 부담에 대한 보험료 같은 성격과 수수료를 가감하여 전신환 매매율을 결정한다. 이러한 전신환 매매율은 다른 대고객 매매율의 기준이다.

① 환어음의 결제를 전신으로 행하는 경우에 환어음의 송달이 1일 이내에 완료되어 우송 기간동안 금리가 환율에 영향을 미치지 않는 순수한 의미의 환율이다.
② 기업이나 개인이 전신을 통해 수출입 대금 또는 자녀유학 자금을 송금할 때 (또는 송금 받을 때) 기준이 되는 환율로서, 송금환율로 불리기도 한다.
③ 대고객 전신환 매입률 = 매매기준율 − 매매이익(Margin) (1% 정도)
④ 대고객 전신환 매도율 = 매매기준율 + 매매이익(Margin) (1% 정도)

(2) 일람불환어음 매입율

환어음을 매입한 후 지급은행에 제시하여 매입은행으로 어음대금이 입금될 때까지 상당한 기간이 소요되므로 그 기간에 대한 금리에 해당하는 부분만큼을 공제하게 된다.

일람불환어음 매입율 = 전신환 매입률 − 환가료

(3) 기한부어음 매입율

일람후정기출급환어음 매입률 = 전신환 매입률 − 환가료(일람불환어음 매입률 환가료에 환어음 기간 이자를 포함한 환가료)

(4) 현찰 매매율

현찰은 그 보관비용이나 운송비용 등이 발생하므로 그만큼 매매 마진폭이 크다.

현찰매매율 = 매매기준율 ± 매매이익(Margin) (2% 정도)

(5) 여행자수표(Traveler's Check)

여행자수표 매도율 = 전신환매도율 + 매매이익(Margin)

SECTION 04 통관실무

01 관세와 관세선

관세는 조세법률주의에 의하여 국가 재정수입 및 국내 산업의 보호와 경제정책 등에 따라 관세선(Customers Line)을 통과하는 수입물품에 대하여 부과하는 세금을 말한다. 화물의 국가간 이동에는 나라마다 특수한 목적을 위하여 각종의 규제를 가하고 있고, 이러한 규제는 세관에서 통관이라는 절차를 통하여 실현되고 있다. 세관장이 관세를 부과하기 위해서는 과세물건, 납세의무자, 세율, 과세표준 등이 확정되어야 한다.

통관(Customs Clearance)이란 '관세선(Customers Frontier)을 통과하는 것', 즉 '관세선을 지키는 관문이 세관이므로 세관을 통과하는 것'을 의미한다.

관세 환급제도는 환급특례법에 의한 관세 환급은 우리나라 수출물품에 대한 국제가격 경쟁력을 제고시키기 위한 수출지원 제도로서 수출용 원재료를 수입할 때에 납부하였거나 납부할 관세 등을 수출 등에 제공하였을 경우 수출자 또는 수출물품의 생산자에게 되돌려주는 제도이다.

1 ERP관세 납부

수입신고가 수리 된 후에 관세를 납부해야 수입물품 출고가 가능하며, 사후 납부업체로 지정이 된다면 추후에 세금 납부가 가능하다. 납세의무자가 납세고지를 받은 날부터 15일 이내에 관세액을 납부해야 하며, 자진납세신고를 한 경우에는 납세신고 수리일부터 15일 이내에 관세액을 납부해야 한다.

2 관세 환급의 개요

(1) 관세 환급의 의미

환급이란 국가가 부과·징수한 조세를 특정한 요건이 구비되었을 때 되돌려 주는 것을 말한다. 관세 환급은 물품의 수출입과 관련하여 이미 징수한 조세를 환급하게 되는 경우로 과오납금, 무역계약 위반을 이유로 수입 통관 물품의 재수출, 수입 통관 물품의 지정보세구역 내 멸실, 그리고 일반적인 물품의 수출이 대상이 된다.

(2) 관세법에 의한 환급

관세법에 의한 환급 대상에는 과오납금, 위약 물품 등의 환급, 지정보세구역 내 멸실 등에 의한 환급이 해당된다. 관세법상 관세 환급을 받는 경우에는 수입 통관할 때 관세와 같이 납부하였던 부가가치세까지 환급받는다는 것이 환급특례법상 관세 환급과 다르다.

(3) 환급특례법에 의한 환급

환급특례법에 의한 환급이란 수출물품 제조를 위한 원재료 또는 구매 물품을 수입할 때 납부하였거나 납부하여야 할 관세 등을 수출자 또는 수출품의 생산자에게 되돌려주는 것을 의미한다. 환급특례법에서의 관세란 수입할 때 납부한 부가가치세를 제외한 나머지 조세, 즉, 관세, 개별소비세, 주세, 교육세, 교통·에너지·환경세, 농어촌특별세를 의미한다.

3 관세 환급 방법

(1) 개별 환급 제도

개별 환급이란 수출자가 수출물품 생산에 소요된 원재료의 양을 계산한 다음 이러한 원재료가 수입될 때 납부한 관세 등을 합산한 금액을 신청에 따라 환급하는 것이다. 관세 환급 제도는 개별 환급을 기본으로 한다. 개별 환급 방법에 의한 환급액 또는 양도세액의 산출은 수출사실 확인, 소요원재료 확인, 납부세액 확인 등 세 가지 기본적인 사실의 대조 확인을하는 것이다. 즉, 수출물품 제조에 소요된 원재료의 품명·규격·수량과 동 원재료의 수입 시 납부세액을 원재료별로 확인하여 환급금을 산출한다.

(2) 간이 정액 환급 제도

정액 환급이란 정부가 각종 자료를 활용하여 특정 수출물품별로 환급액을 미리 정하여 고시한 다음, 해당 물품을 수출한 환급권자가 신청을 하면 고시된 금액을 기준으로 계산한 다음 환급하는 것을 말한다. 정액 환급 방법의 하나인 간이 정액 환급제도는 중소기업의 수출지원을 위해 중소기업기본법상 개별 환급을 받을 능력이 없는 중소기업의 수출을 지원하고 환급 절차를 간소화하기 위하여 중소기업 수출업자에게 간이 정액 환급률표(매년 단위로 고시함)에 의해 환급해주는 제도이다.

환급 신청 년도의 직전 2년간 매년도 환급액이 6억원 이하인 중소기업에서 제조한 수출물품에 대한 환급액 산출 시(내국 신용장등에 의한 국내거래 물품의 기초 원재료 납세증명서 발급 시 포함) 정부가 정하는 일정 금액(간이 정액 환급율표상의 금액)을 수출물품 제조에 소요된 원재료의 수입 시 납부세액으로 보고 환급액등을 산출한다.

▶▶ 필수예제

아래의 (　　　)에 적절한 한글용어는?

> 관세란 외국에서 수입되고 외국으로 수출되는 물품에 대하여 국가가 법률에 의하여 부과하는 조세이다. 관세를 과세하기 위해서는 과세요건인 과세물건, 납세의무자, 세율, (　　　)이 정해져야 한다.

답 과세표준

02 수출통관

1 수출통관의 개념

수출통관(Export Customs Clearance)이란 수출물품에 대해 수출신고를 받은 세관장이 수출신고사항을 확인하여 일정한 요건을 갖추었을 때 수출신고인에게 수출면허를 허용하는 것으로, 수출 승인된 사항 및 현품이 수출신고사항과 일치하는지의 여부를 대조 확인하여 양자가 서로 부합된 때 수출신고가 수리된다. 수출신고는 수출물품을 제조공장 등 세관검사를 받고자하는 장소에 장치한 후에야 가능하다.

수출물품의 통관 절차는 수출물품에 대하여 세관에 수출신고를 한 후 수출신고 수리를 받아 물품을 우리나라와 외국 간을 왕래하는 운송수단에 적재하기까지의 절차를 말한다.

2 수출신고 절차

수출신고 → 수출신고 심사 → 수출물품 검사 → 수출신고 수리 → 수출신고필증 교부

(1) 수출신고

수출자는 수출물품이 장치된 소재지를 관할하는 세관장에게 관세청 전자통관시스템(UNI-PASS)을 이용하여 수출신고를 할 수 있다.

(2) 수출신고 심사

① 검사 대상 또는 서류 제출 대상이 아닌 물품은 수출통관시스템에서 자동으로 수리된다.

② 자동 수리 대상이 아닌 물품 중 검사가 생략되는 물품으로 세관 직원이 신고 내용을 심사 후 수리한다.

③ 우범 물품으로 선별된 물품 중 세관장이 검사가 필요하다고 판단한 물품에 대하여 수출물품을 실제로 검사하고 심사 후 수리한다.

(3) 수출물품 검사

수출물품에 대하여는 검사 생략이 원칙이나 현품의 확인이 필요할 경우에는 실제로 검사하고 수리한다.

(4) 수출신고 수리

수출신고된 물품에 대한 신고서의 처리방법은 자동 수리, 심사 후 수리 및 검사 후 수리가 있다.

(5) 수출신고필증 교부

수출신고가 수리된 물품은 수출신고필증을 교부하고, 수출신고 수리일로부터 30일 이내에 우리나라와 외국 간을 왕래하는 운송수단에 적재하여야 한다.

03 수입 통관

수입 통관(Import Customs Clearance)이란 수입물품에 대해 수입신고를 받은 세관장이 수입신고사항을 확인하여 일정한 요건을 갖추었을 때 수입신고인에게 수입을 허용하는 것으로, 수입 승인된 사항 및 현품이 수입신고사항과 일치하는지의 여부를 대조 확인하여 양자가 서로 부합된 때 수입신고가 수리된다.

1 수입통관 절차

수입신고 → 수입신고 심사 → 물품 검사 → 수입신고 수리 → 수입신고필증 교부

(1) 수입신고

수입자는 수입물품이 장치된 소재지를 관할하는 세관장에게 관세청 전자통관시스템(UNI-PASS)을 이용하여 수입신고를 할 수 있다.

(2) 수입신고 심사

물품검사, 서류제출 심사, 전산화면 심사 결과 이상이 없으면 수리한다.

(3) 수출신고 수리 및 수입신고필증 교부

수입신고서를 수신한 관할세관은 수입신고서를 심사(전산화면 심사, 서류제출 심사, 물품 검사)하고, 이상이 없으면 수입신고필증을 교부하여 수입화주가 관세 등을 납부할 수 있게 한다.

2 수입신고 시기의 구분

수입신고는 다음의 시기 중 하나를 선택하여 할 수 있다.

(1) 보세구역 장치 후 수입신고(일반적인 경우)

수입하려는 물품을 지정 장치장 또는 보세창고에 반입하거나 보세구역이 아닌 장소에 장치한 자는 그 반입일 또는 장치일로부터 30일 이내에 수입신고를 하여야 한다.

(2) 출항 전 수입신고

출항부터 입항까지의 기간이 단기간인 경우 등 당해 선박 등이 출항한 후에 신고하는 것이 곤란하다고 인정되어 출항하기 전에 신고하게 할 필요가 있는 때에는 그 신고시기를 조정할 수 있다.

(3) 입항 전 수입신고

수입하려는 물품의 신속한 통관이 필요한 때에는 해당 물품을 적재한 선박이나 항공기가 입항하기 전에 수입신고를 할 수 있다. 이 경우 입항 전 수입신고가 된 물품은 우리나라에 도착한 것으로 본다.

(4) 보세구역 도착 전 수입신고

수입 물품을 선(기)적한 선박 등이 입항하여 당해 물품을 통관하기 위하여 반입하고자 하는 보세구역에 도착하기 전에 수입신고하는 것을 말한다.

01 2018년 3회

다음 중 신용장에 대한 수입자의 효용으로 가장 적합하지 않은 것은?

① 신용장을 담보로 은행으로부터 무역금융 지원을 받을 수 있다.

② 신용장에는 최종선적일과 유효기간이 명시되어 있어 계약상품이 적기에 도착할 것이라고 확신할 수 있다.

③ 선적서류보다 수입물품이 먼저 도착하는 경우에는 화물을 선취하여 상품을 판매하는 기간동안 대금결제를 연기받는 효과를 가질 수 있다.

④ 수출자는 대금회수를 위해 신용장에서 요구한 운송서류를 정확히 제시해야 하므로 계약상품이 제대로 선적될 것이라는 확신을 가질 수 있다.

해설 신용장을 담보로 은행으로부터 무역금융 지원을 받을 수 있는 것은 수출자에 대한 효용이다. 수출자 효용은 수출대금 회수 보장, 매매계약 이행 보장, 외환변동위험 회피, 수출대금 신속 회수 등이 있다.

답 ①

02 2018년 3회

보기는 추심결제방식 중 지급인도조건(D/P)의 거래절차의 일부이다. 다음 중에서 순서가 올바르게 연결된 것은 무엇인가?

[보 기]

㉠ 추심은행은 선적서류를 수입자에게 제시하고 대금결제 요청

㉡ 추심은행은 추심의뢰은행에게 수입자의 대금결제 사실통지

㉢ 수출자는 추심의뢰은행에게 선적서류를 제출하고 추심의뢰

㉣ 추심의뢰은행은 수출자에게 대금결제

① ㉢ – ㉠ – ㉡ – ㉣

② ㉢ – ㉠ – ㉣ – ㉡

③ ㉢ – ㉡ – ㉠ – ㉣

④ ㉢ – ㉣ – ㉠ – ㉡

해설 수출자는 추심의뢰은행에게 선적서류를 제출하고 추심의뢰 → 추심은행은 선적서류를 수입자에게 제시하고 대금결제 요청 → 추심은행은 추심의뢰은행에게 수입자의 대금결제 사실통지 → 추심의뢰은행은 수출자에게 대금결제

답 ①

03

2018년 3회

다음 [보기]와 같은 상황에 적용 가능한 INCOTERMS(2010)의 거래조건으로 가장 적절한 것은 무엇인가?

[보 기]

- 한국 수입업자 '갑'이 중국 수출업자 '을'로부터 PC 10대를 수입한다.
- 수출통관과 수속비용은 '을'이 부담한다.
- '을'은 물품을 상하이항에서 선박에 선적한다.
- '을'은 물품이 인천항에 도착할 때까지의 해상운임과 보험료를 부담한다.
- 수입통관과 수속비용은 '갑'이 부담한다.

① CFR　　② CIF

③ FOB　　④ DDP

해설 CIF(Cost, Insurance and Freight; 운임 및 보험료 지급 인도조건)

① CFR(Cost and Freight; 운임포함 인도조건)

③ FOB(Free on Board; 본선 인도조건)

④ DDP(Delivered Duty Paid; 관세지급 인도조건)

답 ②

04

2018년 3회

다음 중 구매확인서에 관한 설명으로 가장 적합하지 않은 것은?

① 발급 은행은 무역금융 한도 내에서 대금 지급을 보증한다.

② 수출용 원자재 공급업체에게 부가가치세를 영세율로 적용한다.

③ 통상 외국환은행장이 내국신용장 취급규정에 준하여 발급한다.

④ 국내에서 외화 획득용 원료 등의 구매를 원활하게 하고자 발급한다.

해설 발급 은행은 무역대금 지급을 보증하지는 않는다.

답 ①

05 2018년 3회

[보기]는 외국환은행 대고객 매매율의 종류에 관한 설명이다. 괄호 안에 공통적으로 들어갈 용어는? (단, 답안은 예와 같이 한글로 작성할 것, 예 매매기준율)

[보 기]

- (　　)은 환어음의 결제를 전신으로 행하는 경우에 환어음의 송달이 1일 이내에 완료되어 우송기간 동안 금리가 환율에 영향을 미치지 않는 순수한 의미의 환율이다.
- (　　)은 기업이나 개인이 전신을 통해 수출입 대금 또는 자녀유학 자금을 송금할 때 (또는 송금 받을 때) 기준이 되는 환율로서, 송금환율로 불리기도 한다.

해설
- 현찰 매매율: 외국환은행이 고객과 외화 현찰거래를 할 때 적용한다.
- 일람출급환어음 매매율: 환어음의 우송기간에 대한 금리를 전신환 매매율에서 가감하여 결정한다.
- 기한부어음 매입율: 일람출급환어음 매입율에서 어음기간 동안의 금리비용을 차감한 것이다.

답 전신환 매매율

06 2018년 3회

다음 [보기]는 관세환급제도에 대한 설명이다. (　　)에 공통적으로 들어갈 한글 용어를 예와 같이 직접 기재하시오. (예 환급)

[보 기]

- 관세환급 방법에는 정액 환급과 개별환급방식이 있으며, 개별환급방식은 수출품의 생산에 소요된 (　　)의 소요량을 기준하여 환급액을 산출하는 방법이다.
- 수출품의 생산에 국산(　　)의 사용을 촉진하기 위하여 필요한 경우에는 관세환급을 제한할 수 있다.

해설 관세환급제도는 수입할 때 징수하였던 관세를 수입자에게 환급하는 제도이다. 세관장은 수입 품목에 대하여 관세를 징수한 후, 환급 청구자의 신청에 따라 2년 이내에 수입된 당해 수출용 원재료에 대한 관세를 환급하고 있다.

답 원재료

07 무역대금결제방식 중 추심결제 방식에 관한 설명으로 가장 적합하지 않은 것은?

2018년 4회

① 대금지급 의무자는 지급 확약한 추심은행에 있다.

② 환어음은 통상 수입자를 지급인으로하여 발행된다.

③ 선적서류는 통상 은행을 경유하여 수입자에게 전달된다.

④ 수입자가 추심은행에 수입대금을 지급한 후에 수출자가 선적서류를 발송하게 된다.

해설 은행은 무역대금 지급 의무가 없다. 추심방식은 지급인도조건 방식(D/P, Documents Against Payment)과 인수인도조건 방식(D/A, Documents Against Acceptance)이 있다.
추심의뢰은행은 수출자를 대신하여 수입 거래은행에 대금 지급 청구서(환어음) 및 선적서류를 발송하며, 추심은행은 수입자에게 어음 및 선적서류를 제시하여 수출대금을 전달받아 수출자에게 지급한다.

답 ①

08 다음 중 항공화물운송장(AWB)과 선하증권(B/L)이 공통적으로 갖는 특징으로 가장 적절한 것은 무엇인가?

2018년 4회

① 유가증권 ② 소유권의 증명

③ 소유권의 양도가능성 ④ 대출의 담보가능성

해설 항공화물운송장(AWB)과 선하증권(B/L)은 운송화물의 인수확인, 영수증, 소유권 증명 등의 역할을 한다. B/L은 유가증권, AWB는 비유가증권이다.

답 ②

09 관세의 과세요건에 대한 다음 설명 중에서 옳지 않은 것은 무엇인가?

2018년 4회

① 과세물건은 신고된 수출입물품을 말한다.

② 납세의무자는 원칙적으로 수입자이다.

③ 과세표준은 과세물건의 가격 또는 수량을 말한다.

④ 세율은 관세율표를 따른다.

해설 과세물건은 과세 부과대상으로서 수입신고 물품이다.

답 ①

10 외국환은행 대고객매매율(환율)의 유형 중 현찰매매율에 관한 설명으로 옳은 것은?

2018년 4회

① 외국환은행이 고객과 외화현찰거래를 할 때 적용하는 환율

② 환어음의 결제를 전신으로 행하는 경우 적용되는 환율

③ 일람출급환어음의 매매에 적용되는 환율

④ 기한부환어음을 매입할 때 적용하는 환율

해설 ② 전신환(T/T) 매매율: 환어음의 결제를 전신으로 행하는 경우 적용되는 환율
③ 일람출급환어음 매매율: 일람출급환어음의 매매에 적용되는 환율
④ 기한부환어음 매매율: 기한부환어음을 매입할 때 적용하는 환율

답 ①

11 다음 [보기]의 (   )에 공통적으로 들어갈 한글 용어를 예와 같이 직접 기재하시오. (예 무역)

2018년 4회

[보 기]

- 상업신용장은 무담보신용장(Clean L/C)과 (   )신용장(Documentary L/C)으로 구분한다.
- 무역대금의 결제수단으로 주로 이용되는 것은 (   )신용장이다.
- (   )신용장은 신용장에 명시된 조건과 첨부되어 있는 선적서류가 일치될 경우에만 신용장개설은행이 대금지급을 보증하는 신용장이다.

답 화환(화물환, 하환)

12 다음 [보기]에서 설명하는 송금결제방식의 (   )에 공통적으로 들어갈 영어 용어를 예와 같이 약자로 직접 기재하시오. (예 CIA)

2018년 4회

[보 기]

- (   )방식은 사전송금방식으로서 선불(CIA; Cash in Advance)방식이라고도 한다.
- (   )방식은 수입자의 신용을 파악하기 어려운 경우에 주로 사용하며, 미리 물품대금이 결제되지 않으면 수출자가 선적을 하지 않는 방식이다.

해설 송금방식은 사전송금방식과 사후송금방식이 있다. 사전송금방식은 주문불방식, 일부선불 방식(Advance Money), 누진불방식(Progressive Payment)이 있으며, 사후송금방식은 연불방식(Deffered Payment), 현물상환불방식(COD; Cash on Delivery), 서류상환불방식(CAD; Cash Against Documents), 상호계산 방식(Current Account), 청산결제방식(O/A, Open Account)이 있다.

답 CWO

13 신용장의 수출자에 대한 효용으로 옳지 않은 것은?

2018년 5회

① 대금결제 연기효과 ② 매매계약 이행 보장

③ 외환변동위험 회피 ④ 무역금융 활용가능

해설 대금결제 연기효과는 수출자에 대한 효용이다. 답 ①

14 추심결제방식 중 지급인도조건(D/P)의 다음 거래절차 중 가장 먼저 이루어지는 절차는?

2018년 5회

① 추심의뢰은행이 수출상에게 대금지급

② 추심은행이 수입상에게 서류인도 후 추심의뢰은행으로 대금송금

③ 수입상이 추심은행으로 대금지급

④ 수출상이 제품선적 후 추심의뢰은행 앞 추심의뢰

해설 추심결제방식 중 지급인도조건(D/P) 방식은 수출상이 제품선적 후 추심의뢰 은행 앞으로 추심을 의뢰한다. 답 ④

15 다음의 대금 결제방식 중 대금지급 시기 측면에서 다른 결제방식과 성격이 다른 결제방식은?

2018년 5회

① CAD ② CWO

③ L/C at Sight ④ D/P

해설 CWO는 사전 송금방식에 해당한다. CAD, L/C at Sight, D/P는 사후 송금방식 답 ②

16 항공화물운송장(Air Waybill)에 대한 설명으로 옳지 않은 것은?

2018년 5회

① 항공운송계약에서 화물의 수령확인, 영수증, 세관신고서로서의 역할을 한다.

② 운송의뢰인이 작성하며, 창고반입 후 발행된다.

③ 양도성과 유통성을 가지고 있다.

④ 선하증권과 달리 기명식으로 발행된다.

해설 항공화물운송장(Air Waybill)은 비유통성, 선하증권은 양도성과 유동성이 있음 답 ③

17 2018년 5회

다음 [보기]는 신용장에 의한 거래과정을 나열하고 있다. 무역거래 이행과정을 순서대로 올바르게 나열하여 예와 같이 순서대로 직접 기입하시오. (예 1234)

[보 기]

1. 선사가 목적항까지 선적화물 수송
2. 수출상이 수출신고
3. 수입상이 개설은행에 신용장 개설 신청
4. 수입상이 선사에 선하증권(B/L) 제시

해설 신용장에 의한 거래과정
수입상이 개설은행에 신용장 개설 신청 → 수출상이 수출신고 → 선사가 목적항까지 선적화물 수송 → 수입상이 선사에 선하증권(B/L) 제시

답 3 2 1 4

18 2018년 5회

다음 [보기]는 관세법상 관세의 납부기한에 대한 규정이다. 각각의 ( ) 안에 들어갈 동일한 숫자는? (숫자로만 기입할 것)

[보 기]

- 관세의 납부는 납세의무자가 관세액을 결정하여 자진 신고한 경우에는 수입신고가 수리된 날로부터 ( )일 이내
- 세관장이 납부세액을 결정하여 납부고지서를 발부한 경우에는 납세고지서를 받은 날로부터 ( )일 이내

해설 15(일)로 규정하고 있다.

답 15

19 2018년 6회

[보기]에서 설명하는 무역형태에 해당하는 유형은 무엇인가?

[보 기]

수입 물품을 그대로 제3국에 수출하여 매매차액의 취득을 목적으로하는 무역 형태

① 중계무역
② 위탁무역
③ 삼각무역
④ 구상무역

해설 중계무역, 중개무역은 수출자와 수입자가 따로 존재하고 이 관계를 중개하는 중개인으로 수수료를 받는 무역 형태이다.

답 ①

20
2018년 6회

다음 [보기]의 그림은 신용장거래를 기준으로 한 무역거래절차 중 일부이다. (가)와 (나)에 해당하는 내용으로 가장 적절한 것은?

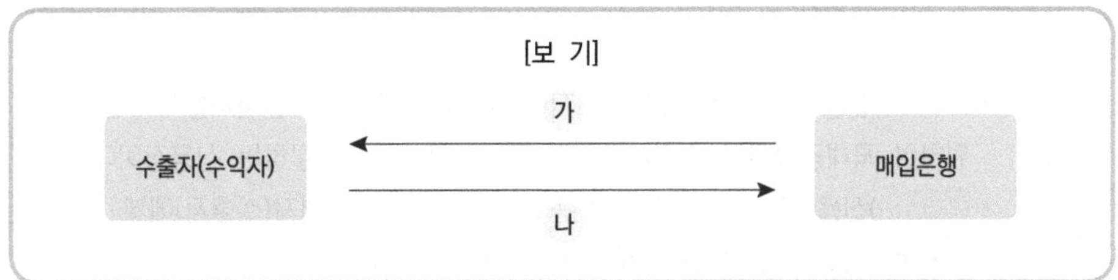

① (가) 추심의뢰, (나) 대금지급　② (가) 상환청구, (나) 상환
③ (가) NEGO, (나) 대금지급　④ (가) L/C개설, (나) 추심

해설
- NEGO: 수출자가 매입은행에 B/L을 포함한 선적서류를 확인한 후 수출자에게 대금지불을 요청하는 것
- 대금지급: 매입은행이 L/C와 선적서류를 확인한 후 수출자에게 대금결제를하는 것

답 ③

21
2018년 6회

[보기]에서 설명하는 환어음에 해당하는 유형은 무엇인가?

[보 기]
- 지급인에게 제시된 날부터 일정 기간이 지난 후에 지급이 이루어지는 어음
- 어음의 지급기일에 따라 ⓐ 일람 후 정기출급 환어음 ⓑ 일부 후 정기출급 ⓒ 확정일후 정기출급 등으로 구분된다.

① 일람불환어음　② 기한부환어음
③ 화환어음　④ 무담보환어음

해설 무역대금의 결제수단으로 이용되는 일반적인 방법은 화환신용장이다. 일람불환어음은 신용장에서 요구하는 서류를 제시하면 서류상의 하자가 없는 한 개설은행이 신용장 대금 전액을 지불하는 형식이다. 화환어음은 수출대금결제용으로 사용되는 선적서류가 첨부된 어음이다. 무담보환어음은 환어음만으로 결제가 될 수 있으며, 주로 운임, 수수료, 보험료 지급 등에 활용하지만 현재는 거의 사용하지 않는다.

답 ②

22
2018년 6회

5월 25일 거래계약 체결 후 현금할인을 위한 결제조건을 "4/10 EOM"으로 약정하였다. 대금 할인을 받기 위한 대금지급 기한은 언제인가?

① 5월 29일　② 5월 31일
③ 6월 4일　④ 6월 10일

해설 관습상 구매 당월은 할인기간에 포함하지 않고 익월인 6월 10일까지 현금을 지불하면 4% 할인이 적용된다.

답 ④

23 2018년 6회

다음 [보기]는 신용장의 유형에 대한 설명이다. (　　)에 공통으로 들어갈 적절한 한글 용어를 예와 같이 직접 기입하시오. (예 무역)

[보 기]

- (　　)신용장은 원신용장을 소지한 수출자가 필요한 원자재를국내에서 조달하기 위하여 국내공급자를 수익자로하여 국내에서 다시 개설하는 신용장이다.
- (　　)신용장의 수익자인 국내공급자도 국내의 구매자(수출자)에게 판매하는 것이지만 수출로 인정되므로 무역금융 혜택을 받을 수 있다.

해설 신용장의 종류
신용장은 무담보신용장(Documentary Clean L/C), 화환신용장(Documentary L/C), 특수신용장(Special L/C)가 있다.

답 내국, 로컬

24 2018년 6회

다음 [보기]의 (　　)에 공통으로 들어갈 적절한 한글용어를 예와 같이 직접 기입하시오. (예 무역)

[보 기]

- (　　)란 외국에서 수입되고 외국으로 수출되는 물품에 대하여 국가가 법률에 의하여 부과하는 조세이다.
- (　　)를 과세하기 위해서는 과세요건인 과세물건, 납세의무자, 세율, 과세표준이 정해져야 한다.

해설 관세는 조세법률주의에 의하여 국가 재정수입 및 국내 산업의 보호와 경제정책등에 따라 관세선(Customers Line)을 통과하는 수입물품에 대하여 부과하는 세금이다. 세관장이 관세를 부과하기 위해서는 과세물건, 납세의무자, 세율, 과세 표준 등이 확정되어야 한다. 관세는 수입신고가 처리된 날로부터 15일 이내 또는 납세고지서를 받은 날로부터 15일 이내에 납부해야 한다.

답 관세

PART 02

실무 완전 정복

물류 1급

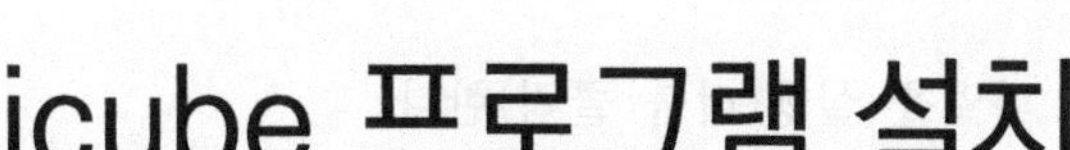

CHAPTER 01 icube 프로그램 설치

01 ERP icube 설치

icube는 ㈜더존에서 개발한 ERP 프로그램으로서 한국생산성본부(KPC)에서 주관하는 ERP 정보관리사 자격시험의 실무 문제를 해결하는 데 사용한다. icube 프로그램은 KPC와 ㈜더존의 홈페이지에서 다운로드 받을 수 있으며, 설치방법은 다음과 같다.

1 핵심ERP icube 설치폴더 구조

- RequireServer 폴더: 설치 시 필요한 필수 구성요소 폴더 (.Netframework 2.0, WindowsInstaller 4.5)
- SQLEXPRESS폴더: SQL Server 2008 Express 폴더
- autorun: CD/DVD일때 자동 실행 설정 파일
- CoreCubeSetup: 설치 실행 파일

2 설치 실행

(1) CoreCubeSetup 파일을 실행(더블 클릭)한다.
아래의 화면과 같이 사용자 PC에 저장된 폴더에서 실행하면 된다.

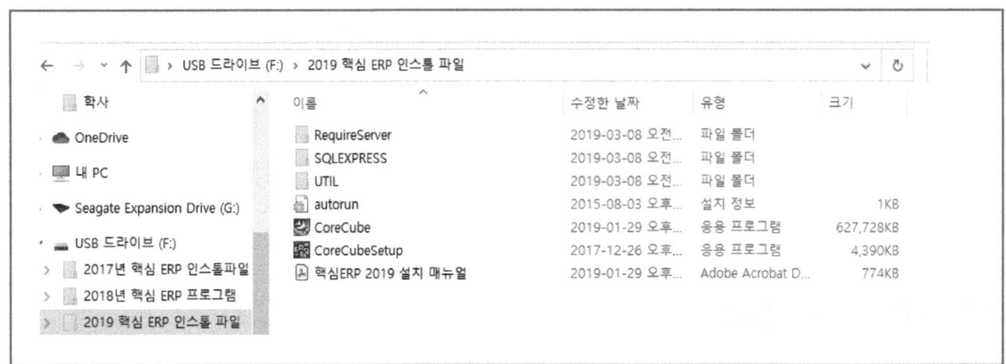

(2) icube 사용권 확인 후 '예(Y)' 버튼을 클릭한다.

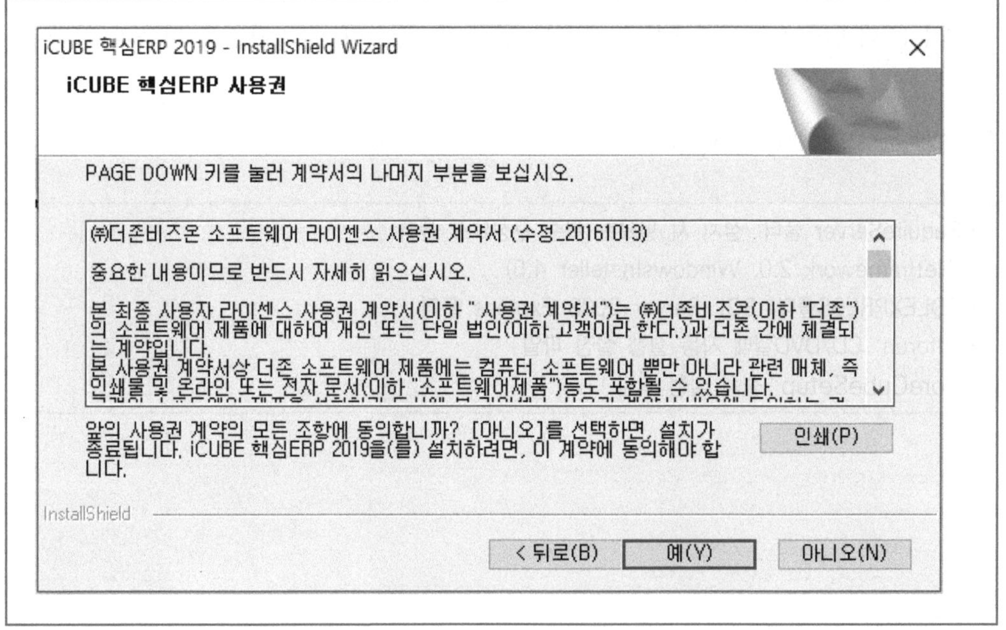

(3) SQL Server 2008 설치파일의 압축이 자동으로 해제되고, SQL Server 2008이 자동으로 설치된다. (이미 SQL Server 2008 엔진이 설치되어 있으면 설치되지 않는다.)

iCUBE 핵심ERP 2019 - InstallShield Wizard

설치 상태

iCUBE 핵심ERP 2019 설치 프로그램이 요청한 작업을 수행 중입니다.

설치 중

C:₩iCUBECORE₩iCUBECORE_DB₩DZCORECUBE.mdf

InstallShield

취소

(4) 프로그램 설치가 종료되면 아래의 화면이 나타나며, '완료' 버튼을 클릭한다.

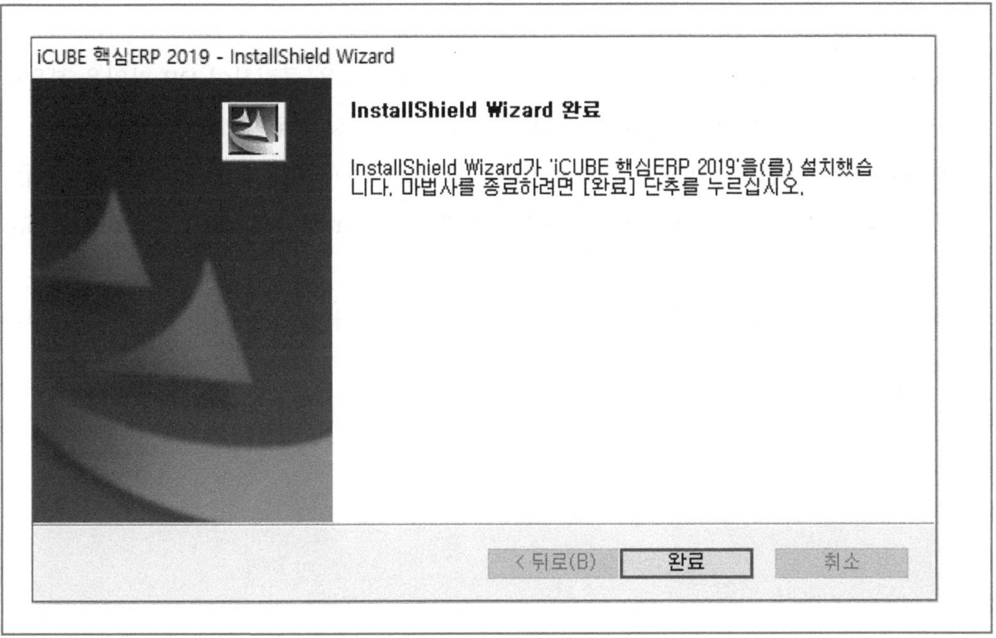

(5) 설치가 정상적으로 완료되면 아래의 로그인 화면이 나타나며, 프로그램 운용을 위한 Data Base의 복원을 준비한다.

02 DB 복원

icube 프로그램의 로그인 화면의 하단에 있는 'DB Tool'을 클릭하여 DB 파일을 복원함으로써 정상적인 프로그램 운용이 가능하다. 2019년 정기시험 4회(7/27)의 실무시험에 적용한 DB 파일을 웹하드 홈페이지에서 미리 다운로드 받아 학습자 PC에 저장해 두어야 한다. DB 파일은 두 가지인데, 파일명은 'DZCORECUBE.mdf'와 'DZCORECUBELOG.idf'이다.

학습자 PC에 DB 파일의 저장이 완료되었다면 다음의 절차에 따라 복원 작업을 수행한다.

(1) 로그인 화면 하단 좌측의 DB Tool을 클릭하여 아래의 화면에서 'DB 복원'을 선택한다.

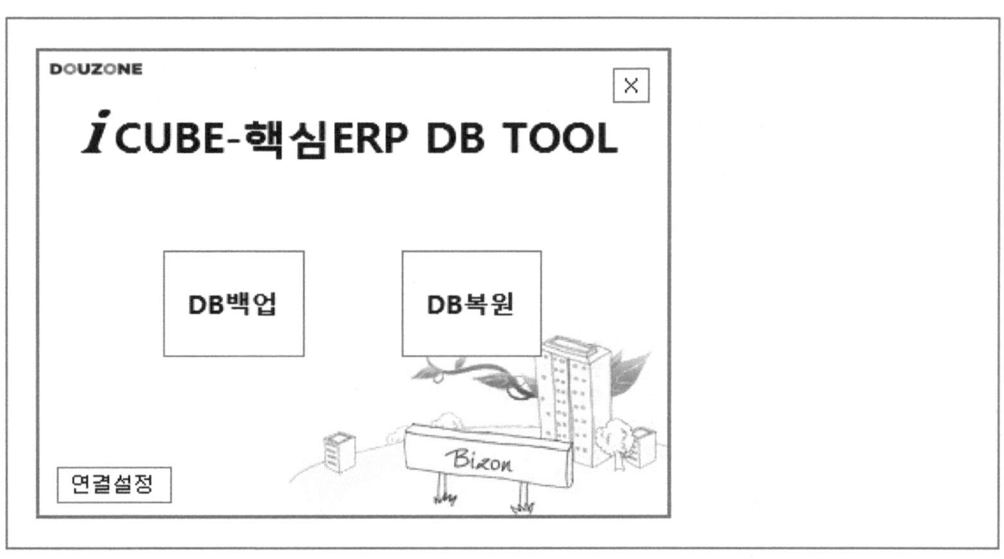

(2) DB 복원 화면에서 '다른백업폴더 복원'을 선택하고 확인을 클릭한 후, DB가 저장된 폴더를 지정하여 확인을 클릭하면 DB 복원이 진행된다.

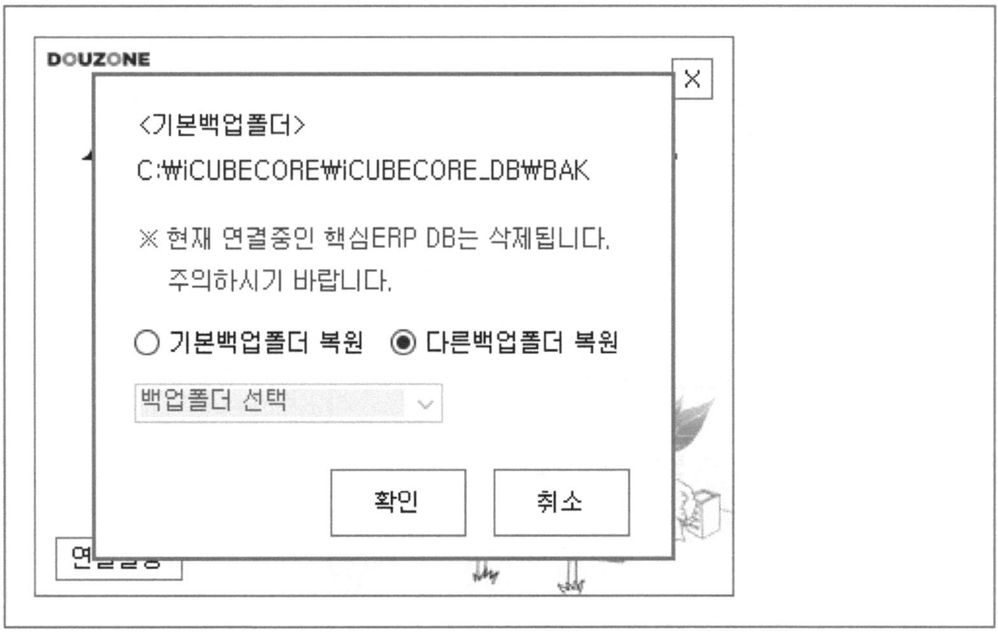

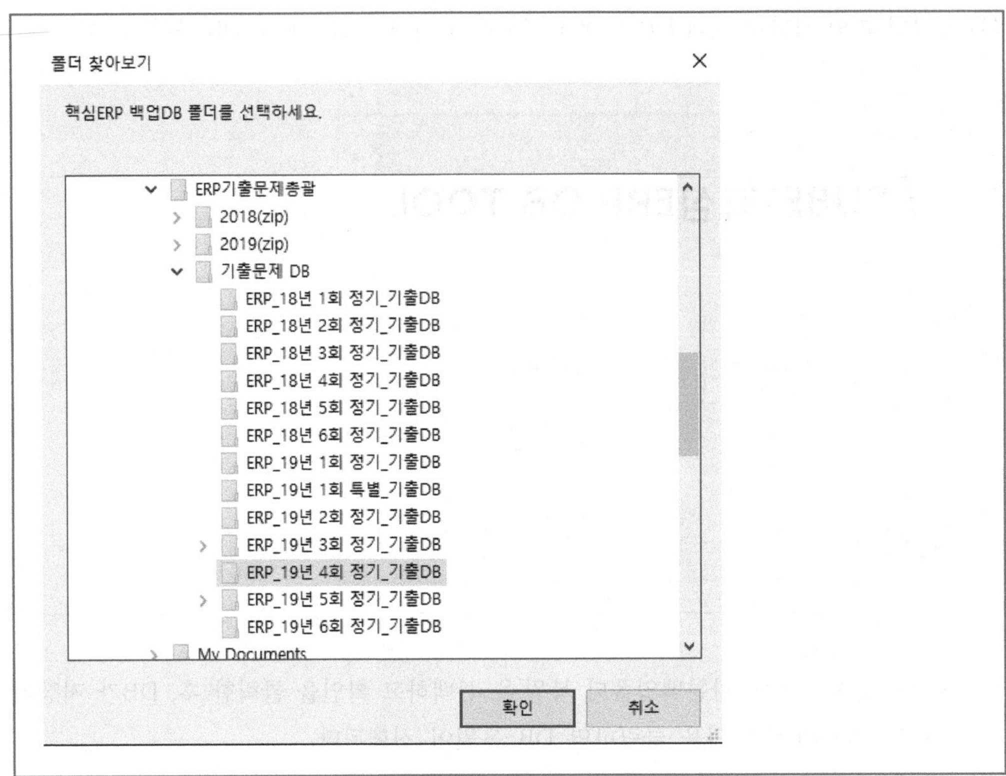

(3) DB 복원이 완료되었으면 확인을 클릭한다.

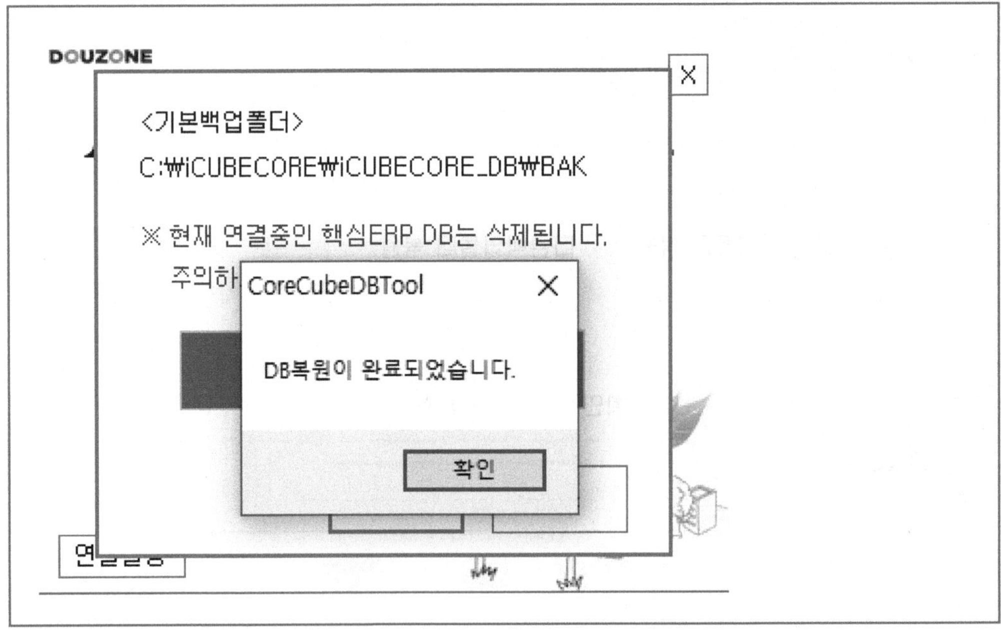

(4) 프로그램 로그인

icube 프로그램을 다시 실행 후, 회사코드 3004, 회사명 물류1급 회사B, 사원코드 ERP13L01, 사원명 홍길동을 각각 입력하여 로그인을 클릭한다. 사원암호는 입력하지 않아도 무방하다.

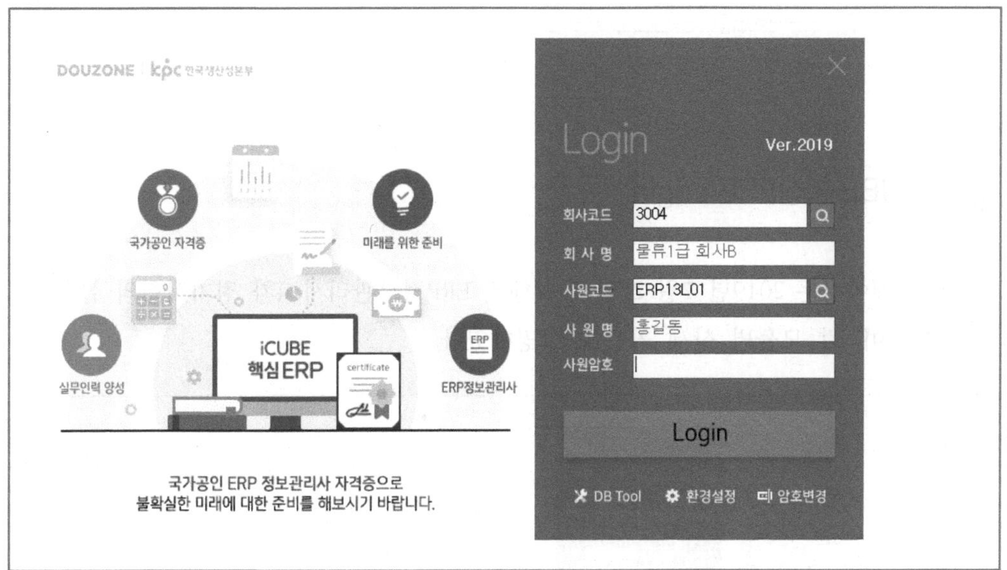

✔ CHECK

icube 프로그램 설치가 원활하지 않다면 프로그램 설치와 관련된 전문적인 텍스트 및 동영상 파일을 KPC, ㈜더존, 웹하드 홈페이지에서 제공하고 있으므로 검색하여 해결하기 바란다.

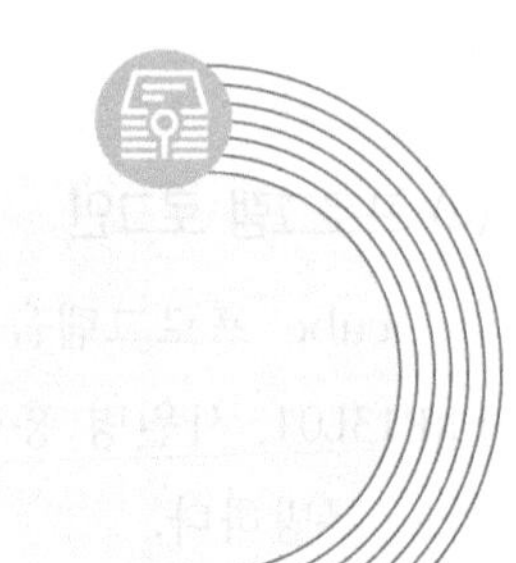

CHAPTER 02 시스템관리

01 iCUBE 핵심ERP Login

본 교재에서는 2019년 7월 27일에 시행된 ERP정보관리사 4차 정기시험의 실무 DB를 적용하여, 각 모듈별 상세 기능을 설명하였다.

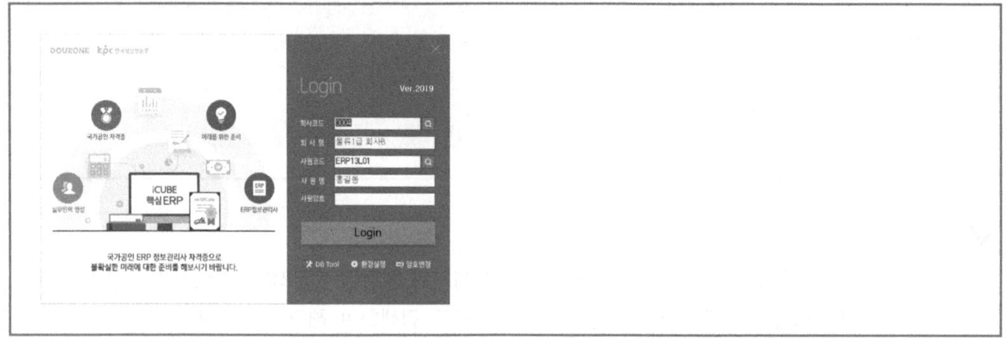

위의 로그인 화면 하단에 있는 'DB Tool' 기능을 활용하여 해당 DB를 복원한 후, 회사코드 3004, 물류1급 회사B를 선택하고, 사원코드 ERP13L01, 홍길동을 선택하여 로그인하면 아래와 같은 화면이 나타나는데, 사원암호는 입력할 필요가 없다.

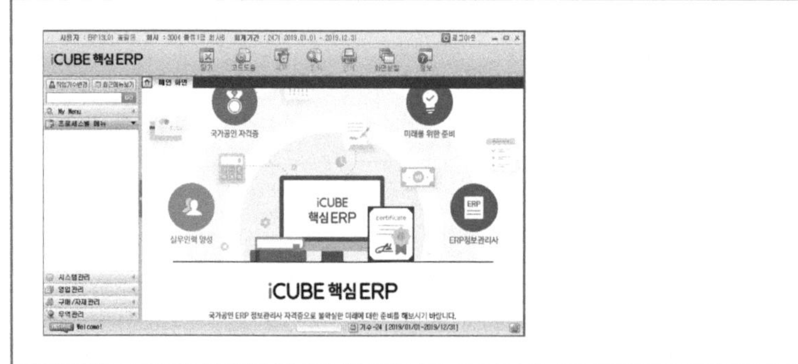

02 회사등록정보

1 회사등록

위치: 시스템관리 ▷ 회사등록정보 ▷ 회사등록

회사의 사업자등록증을 근거로 회사정보를 등록하는 단계이다. 구축 초기에 등록을 하며, 회사가 등록되면 자동으로 사업장등록에 본사 하나가 등록된다. 두 개 이상의 회사를 관리할 경우나 사업자정보가 변경이 되어 한 회사코드로 관리할 수 없는 경우에는 회사를 추가시키는데, 사업자등록증을 보고 그대로 입력하면 된다.

CHECK 유의사항

- 노란색으로 처리된 데이터 입력 필드(field)는 반드시 입력해야 할 필수사항이며, 모든 프로그램에서 동일하게 적용된다. 사업자등록번호는 세무신고 시 중요한 DATA이므로, 입력 시 사업자등록번호로 쓰일 수 없는 번호가 입력되면 사업자등록번호가 붉은색으로 표시된다. 따라서 입력 시 붉은 색이 되면 다시 확인한 후 재입력하도록 한다.
- 아래의 화면에서는 회사명이 '코드 3004', '회사명 물류1급 회사B'로 나타나는데, 2019년 7월 정기 4차 시험의 실무DB를 적용하였기 때문이다.

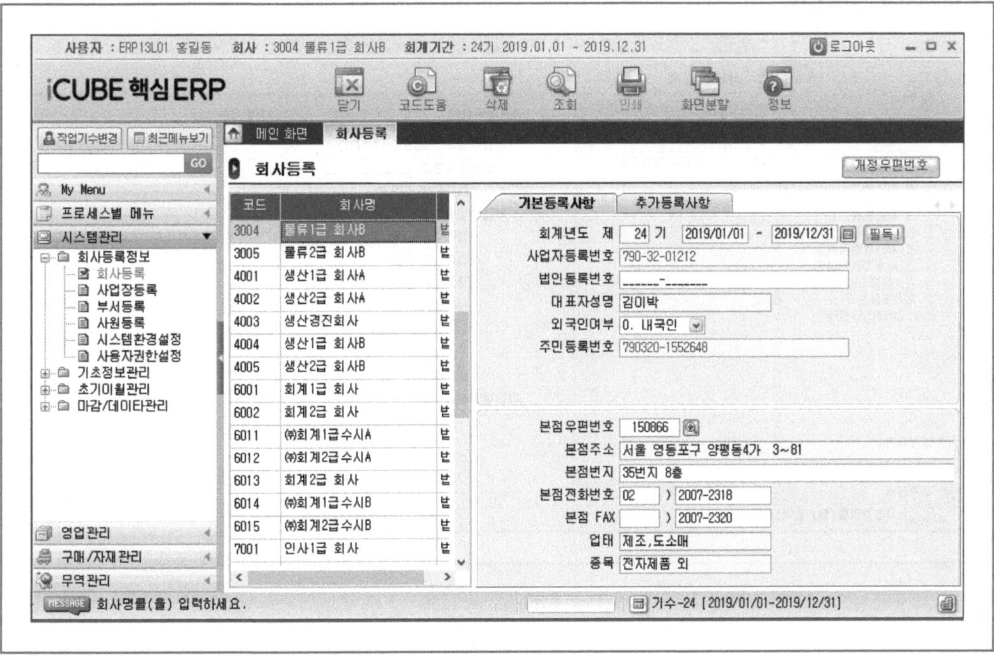

2 사업장등록

위치: 시스템관리 ▷ 회사등록정보 ▷ 사업장등록

사업장등록은 회사등록에서 입력한 회사의 사업장에 대해서 입력하는 단계이며, 구축 초기 등록을 한다. 회사가 등록되면 자동으로 사업장등록에 본사 하나가 등록된다. 두 개 이상의 사업장을 관리하고자 하는 경우에는 사업장을 추가시킨다. 본사에서 영업, 관리를 하고 지사에서 공장을 운영하거나, 여러 개의 공장을 운영하는 경우 등에 사용한다.

CHECK 유의사항

사업자등록번호는 세무신고 시 중요한 DATA이므로 입력 시 사업자등록번호로 쓰일 수 없는 번호가 입력되면 사업자등록번호가 붉은색으로 변한다. 따라서 입력 시 붉은 색이 되면 다시 확인한 후 재입력하도록 한다. 회사 하나에는 하나의 본점만 존재할 수 있다. 본점을 이동하는 경우에는 본점이 아닌 사업장의 본점여부에 '1. 여'를 입력하면 기존 본점은 '0. 부'로 본점여부가 수정된다. (본점 사업장에서 본점여부에 '0. 부'를 입력할 수 없다.)

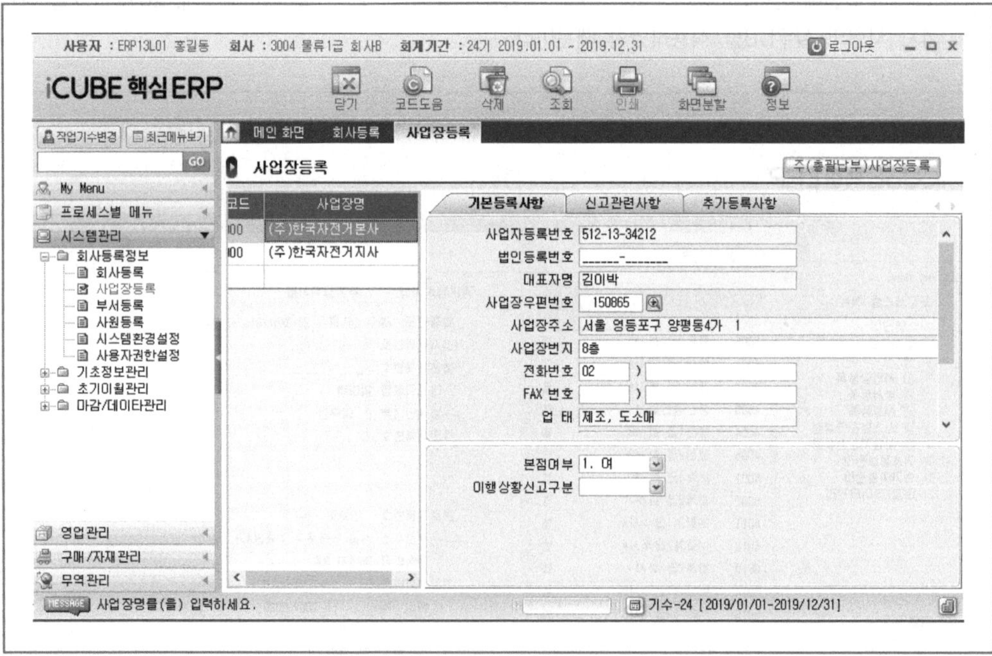

3 부서등록

위치: 시스템관리 ▷ 회사등록정보 ▷ 부서등록

부서등록은 등록한 회사의 조직 구조를 반영하는 것으로 업무 영역에 따라 아래의 그림과 같이 여러 부서를 등록하여 관리하게 된다. 부문등록 버튼을 누르면 부문등록화면이 팝업으로 생성되며, 부서등록과 유사하게 추가, 수정, 삭제를 할 수 있다. (부문도 하위단계에 부서가 존재하면 삭제할 수 없다.)

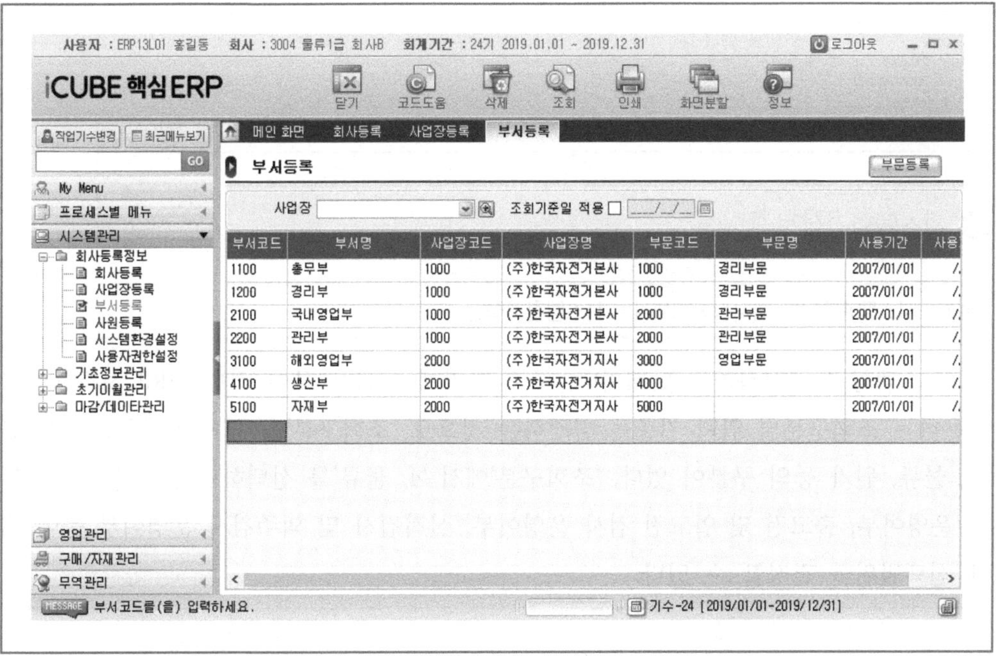

4 사원등록

위치: 시스템관리 ▷ 회사등록정보 ▷ 사원등록

사원등록은 부문 혹은 부서에 소속된 사원을 등록하는 단계이다. 구축 초기 등록을 한다. 향후 조직변경이나 인원 변동이 있을 경우와 시스템사용권한 변동이 있을 경우에 수정이나 추가를 한다. 조회 버튼을 누르면 아래의 화면이 나타난다.

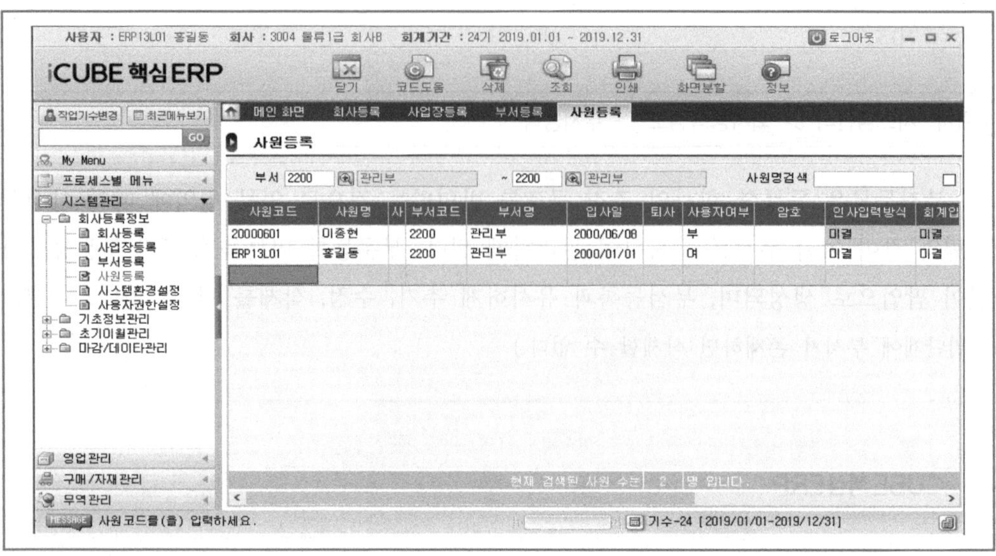

5 시스템환경설정

위치: 시스템관리 ▷ 회사등록정보 ▷ 시스템환경설정

시스템환경을 설정하는 단계이다. 구축 초기에 등록을 해야 하며, ERP 시스템에서 사용하는 조회구분별 입력 기준을 설정하는 것으로 '조회구분'을 펼치면 공통, 회계, 인사, 물류, 원가 등의 구분이 있다. '조회구분'에서 '4. 물류'를 선택하면 출고 및 입고 의뢰 운영여부, 출고전 및 입고전 검사 운영여부, 실적검사 및 외주검사 운영여부 등에 대해 선택범위를 결정할 수 있다.

6 사용자권한설정

위치: 시스템관리 ▷ 회사등록정보 ▷ 사용자권한설정

사용자권한등록을 설정하는 단계이다. 구축 초기에 등록을 하며, 사원등록에서는 사용자의 입력방식과 사용등급을 설정하였고, 이 단계에서는 사용자의 메뉴사용 권한을 설정한다. '조회구분'과 '구분'은 이전 메뉴와 동일하게 사용된다.

CHECK 작업방법

- 권한설정을 하고자 하는 사원을 선택한다.
- 각 모듈별로 사용 가능한 메뉴를 등록한다. 모듈 선택은 탭으로 할 수 있고, 사용설정을 하고자 하는 메뉴는 중단에서 선택하여 더블클릭을 하면 우측으로 해당 메뉴가 이동이 되며 등록이 된다.
- 추가, 삭제, 수정, 권한에 대한 권한을 부여한다.
- 전 메뉴를 등록 시키고 모든 권한을 부여하기 위해서는 [권한설정] 버튼을 누르고, 조회권한을 설정한다.
- 이미 등록된 사용 가능한 메뉴를 삭제하기 위해서는 해당 사용가능 메뉴를 더블클릭하면 된다.
- 전 메뉴에 대한 권한을 삭제하기 위해서는 [권한해제] 버튼을 누른다.

▶▶ 실무예제

아래 [보기]의 조건으로 데이터를 조회한 후 물음에 답하시오.

[보 기]

- 모듈구분: B. 영업관리
- 영업관리사원명: 홍길동
- 메뉴그룹: 영업분석

다음 중 홍길동 사원에게 접근권한이 있는 메뉴는 무엇인가?

① 수주마감처리　　② 매출채권회전율

③ 추정매출원가보고서　　④ 미수채권연령분석표

해설 모듈구분에서 B. 영업관리를 선택하면 홍길동 사원의 권한설정 내역이 조회된다. 사용자권한 설정메뉴의 가장 우측 테이블에서 권한이 부여된 메뉴를 확인할 수 있다. 또는 좌측 메뉴트리에서 보이지 않는 메뉴를 선택해도 옳은 답을 선택할 수 있다. 답 ①

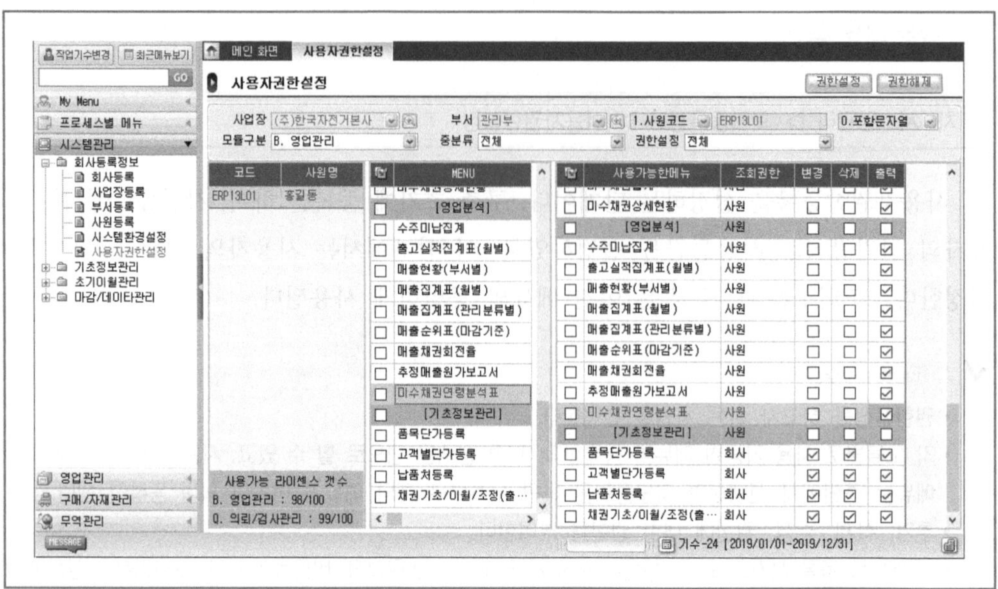

03 기초정보관리

1 일반거래처등록

위치: 시스템관리 ▷ 기초정보관리 ▷ 일반거래처등록

일반거래처등록은 회사에서의 매입과 매출 관련 거래처를 등록하는 단계이며, 판매처, 구매거래처 등을 등록한다.

▶▶ 실무예제

다음 중 거래처명과 일반거래처정보가 다르게 연결된 곳은 어디인가?

① ㈜대흥정공 – 업태: 제조외

② ㈜하나상사 – 대표자성명: 김재영

③ ㈜하진해운 – 거래처약칭: ㈜하진운송

④ ㈜형광램프 – 사업자번호: 104 – 21 – 40013

해설 일반거래처등록을 실행하면 거래처 내역이 조회되며, 우측 창에 해당 거래처 정보를 확인할 수 있다.
③ ㈜하진해운 – 거래처약칭: ㈜하진해운

답 ③

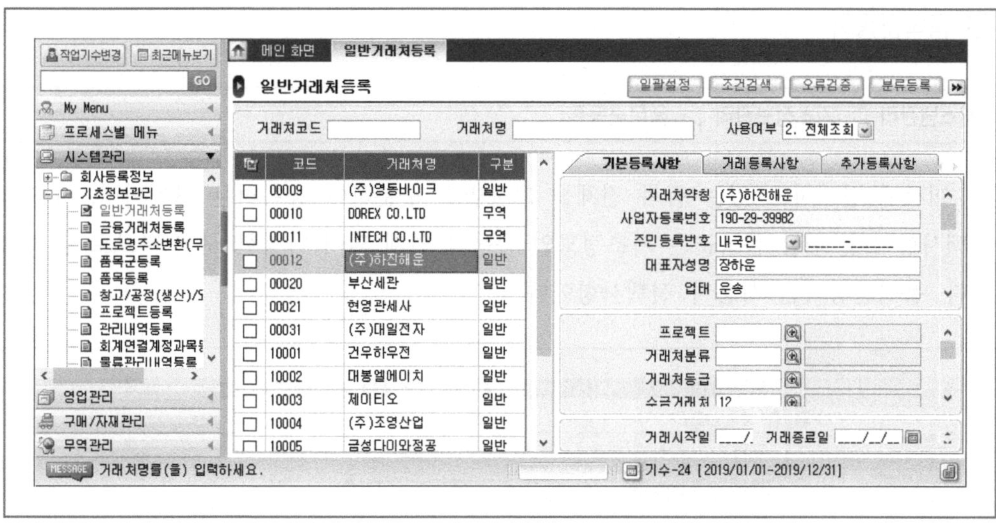

2 금융거래처등록

위치: 시스템관리 ▷ 기초정보관리 ▷ 금융거래처등록

금융거래처를 등록하는 메뉴이다. 금융기관, 정기예금, 정기적금, 카드사, 신용카드를 등록한다. 기본등록사항은 금융거래처 구분에 따라 세부 항목들이 다르게 표시된다. 금융거래처 구분에 따라 다르게 관리되어야 할 항목들이 기본등록사항에 표시된다. 고정자금등록을 통해 정기적으로 사용되는 자금내역을 등록하여 관리할 수 있다. 고정자금등록은 구분이 금융기관일 때만 활성화된다.

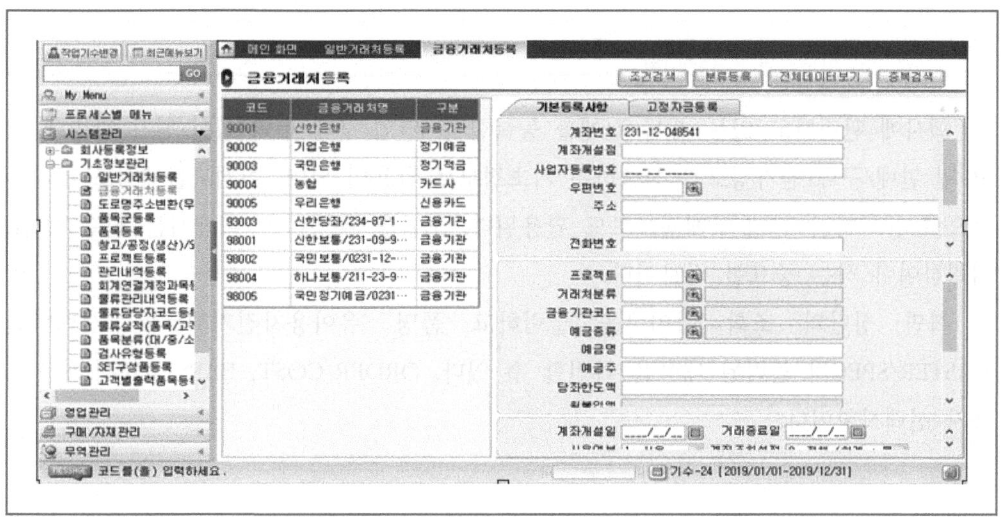

3 품목군등록

시스템관리 ▷ 기초정보관리 ▷ 품목군등록

회사에 관리하고 있는 품목 전체를 그룹별로 구분하여 등록하는 단계이며, 사용자 선택사항이다. 해당 품목군은 기초정보인 품목과 연계 되어 다양한 분석 자료로 활용이 된다. 품목군등록은 사용자 선택사항이다.

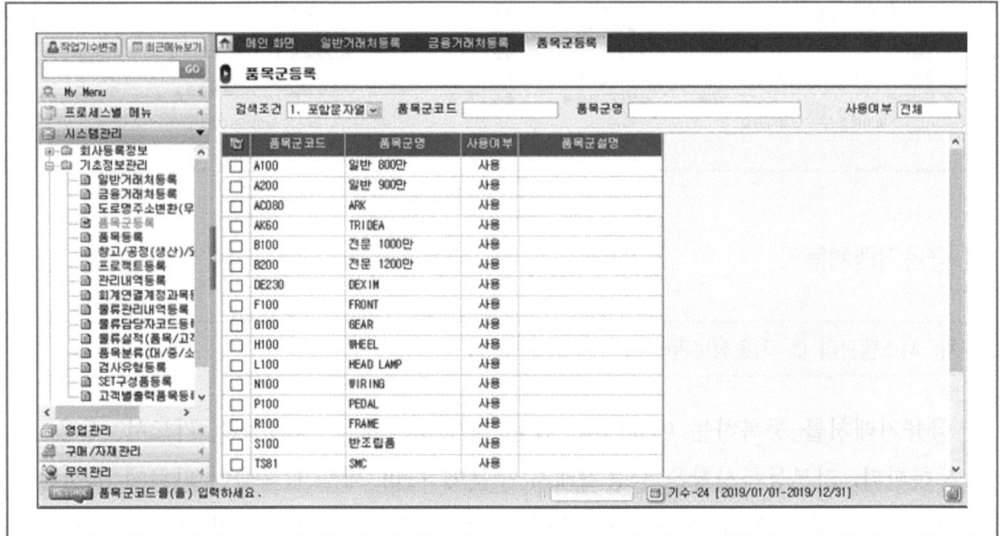

4 품목등록

위치: 시스템관리 ▷ 기초정보관리 ▷ 품목등록

회사에 관리하고 있는 품목 전체를 등록한다. 영업/구매/무역/생산/원가 관리에 재고 및 판매/구매/원가정보를 산출하는 기초정보로 활용이 되며, 회계모듈에서도 관리항목으로 등록하여 판매/구매정보로도 활용된다. 모듈을 운영하기 위해서는 필수적으로 입력하여야 하는 중요한 정보이다.

화면 상단의 조회 아이콘을 클릭하고 품명 '유아용자전거세트'을 선택하면 MASTER/SPEC의 입력된 내용을 확인할 수 있다. ORDER/COST, BARCODE정보는 사용자 선택사항이다.

CHECK MASTER/SPEC 주요 필드 설명

- 계정구분: 원자재, 부자재, 제품, 반제품, 상품, 저장품, 비용, 수익으로 구성되어 있다. 회계처리 시 해당 계정을 기준으로 분개된다.
- 조달구분: 품목을 마련하는 조달 기준으로 구매, 생산, Phantom으로 구성되어 있다.
- 재고단위: 입/출고, 재고관리, 생산/외주 시 사용되는 단위
- 관리단위: 영업의 주문, 구매의 발주 시 사용되는 단위
- 환산계수: 재고단위와 관리단위가 다른 경우 동일한 정보로 활용할 수 있게 하는 기초 정보이다.
  환산계수 = 관리단위 / 재고단위
- 품목군: 품목의 특성별로 그룹(Group)화하여 관리하는 기초 정보이다.
- LOT 여부: 품목의 입출고 시 LOT 관리 여부를 설정한다. 입/출고, 생산시점에 따라 품질이 차이가 발생하여 추후에 관리가 필요한 품목들을 관리하는 기능이다.
- SET품목: 한 개 이상의 상품이나 제품들을 재구성하여 판매 단위로 재생성하는 품목을 의미한다.
- 검사여부: 검사 Process 운영 시 검사 품목의 대상 여부를 설정하는 항목이다.
- 사용여부: 품목의 사용 여부를 설정하는 항목으로서 '부'로 설정하는 경우에는 입력화면, 출력화면의 코드 도움 시 나타나지 않는다.
- Phantom은 공정상 잠시 존재하지만, 구매 및 수불 활동이 없는 품목이다.

CHECK ORDER/COST 주요 필드 설명

- LEAD TIME: 품목의 조달 시 소요되는 기간을 의미하며, 일(日) 단위로 설정한다. 조달구분이 '구매'인 경우 발주에서 입고까지의 소요되는 일자를 의미하며, 조달구분이 '생산'인 경우 지시에서 생산 완료까지의 소요되는 일자를 의미한다. (회사 기준)
- 안전재고량(Safety Stock): 수요와 공급을 감안한 재고량을 의미한다. (회사 기준)
- 일별생산량(Daily Capacity): 품목 생산 시 일별 가능한 수량을 의미하며. 재고단위 기준의 가능한 수량을 의미한다. (회사 기준)
- 표준원가: 기업이 이상적인 제조 활동을 하는 경우에 소비될 원가로서 품목단가, 거래처별 단가 산정 시 기준이 되는 단가이다.
- 실제원가: 제조작업이 종료되고 제품이 완성된 후에 제조를 위해 발생한 가치의 소비액을 산출한 원가이다. 견적단가, 거래처별 단가 산정 시 기준이 되는 단가이다.

▶▶ 실무예제

다음 중 품목등록 메뉴를 통해 관리할 수 없는 항목은 무엇인가?

① 품목군　　② 최대판매가
③ 안전재고량　　④ LEAD TIME

해설 품목등록을 실행하여 조회하면 우측 창에 있는 해당 품목의 ORDER/COST 탭에서 표준원가, 실제원가 그리고 최저판매가를 확인할 수 있다. ② 최대판매가 정보는 없음 답 ②

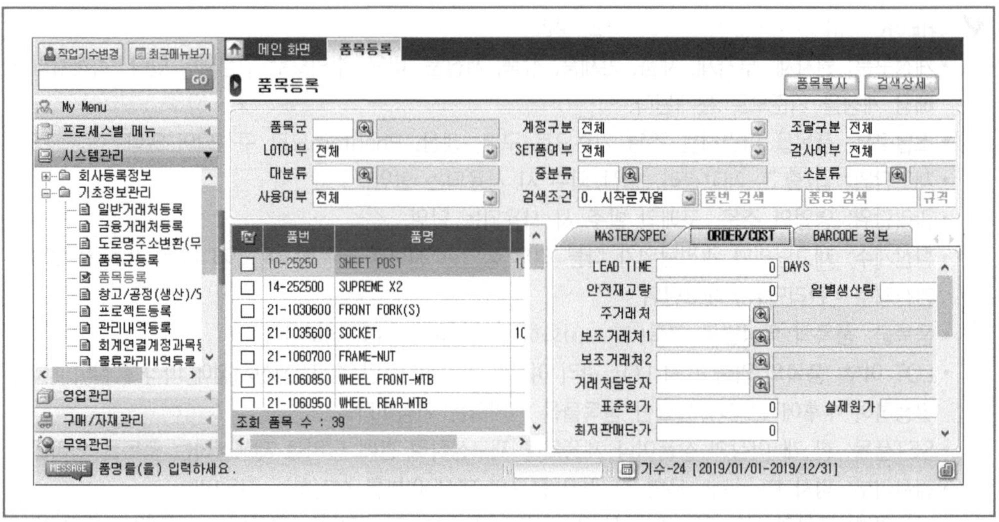

5 창고/공정(생산)/외주공정등록

위치: 시스템관리 ▷ 기초정보관리 ▷ 창고/공정(생산)/외주공정등록

사업장별로 관리하는 창고 및 공정 외주에 대한 기준정보를 등록하여 관리하며, 재고수불이 발생하는 창고, 공정(생산, 외주)을 설정한다. 생산, 물류 모듈을 사용하기 위해 반드시 필요한 단계이다.

CHECK 용어 설명

- 창고코드: 문자/숫자/문자 + 숫자 혼용하여 입력 가능하며 최대 4자리까지 가능하다.
- 입고기본위치: 품목의 입고가 발생할 때 가장 많이 사용되는 창고 및 위치를 설정하여 입고에 관한 데이터를 입력할 때 자동으로 반영하기 위해서 등록하는 필드이다.
- 출고기본위치: 품목의 출고가 발생할 때 가장 많이 사용되는 창고 및 위치를 설정하여 출고에 관한 데이터를 입력할 때 자동으로 반영하기 위해서 등록하는 필드이다.
- 사용여부: 해당 창고의 사용, 미사용 여부를 선택한다.
- 위치코드: 창고에 종속되는 관계로 숫자/문자/숫자 + 문자 4자리로 입력한다.
- 가출고 거래처: 가출고는 샘플이나 선출고 시 매출이 미확정일 경우 일정재고를 자사의 자산관리하에 거래처, 대리점, 특수매장에 임시 출고를 하고자 할 경우에 사용한다.
- 부적합여부: 품목의 상태에 따라 적합과 부적합으로 구분을 할 수 있다.
- 가용재고여부: 가용재고란 미래에 발생할 수 있는 거래에 대해서 예상해서 재고값을 설정하는 것으로 가용재고의 여부를 결정하는 필드이다. '여'는 가용재고 산출 시 해당 장소에 대하여 가용재고를 포함하는 것이고 '부'는 가용재고를 포함하지 않는 것이다.

▶▶ 실무예제

㈜한국자전거본사에서 활용중인 창고와 장소(위치)의 가용재고여부를 연결한 것 중 옳지 않은 것은 무엇인가?

① 상품창고 – 상품장소 – 여

② 부재료창고 – 원자재창고위치 – 여

③ 부품창고 – 부품장소 – 부

④ 완성품창고 – 제품_부산장소 – 부

해설 창고/공정(생산) / 외주공정등록을 실행하여 창고/장소 탭에서 조회한다. 조회 내역 중 각 창고명을 클릭하면 하단창에서 해당 창고의 위치명을 확인할 수 있다. ③ 부품창고 – 부품장소 – 여 **답** ③

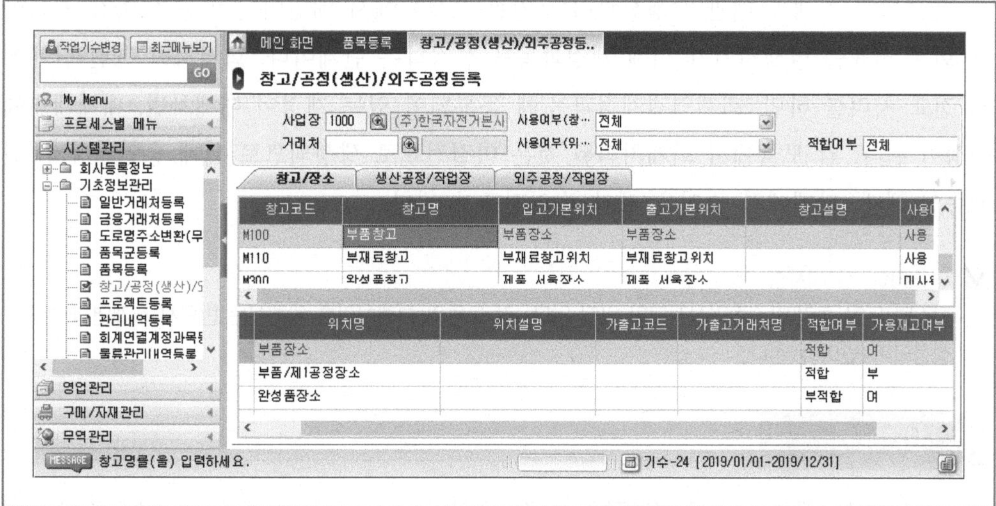

6 프로젝트등록

시스템관리 ▷ 기초정보관리 ▷ 프로젝트등록

특정 TF team을 일정기간동안 운영할 때 프로젝트를 등록하고 수급등록을 하는 단계이다.

7 관리내역등록

위치: 시스템관리 ▷ 기초정보관리 ▷ 관리내역등록

시스템 전반에서 사용하는 코드 관리 단계이다. 예금종류, 거래처등급 등의 관리항목을 등록하며, 회계 모듈에서 주로 사용된다.

CHECK 버튼 설명

관리항목등록: 출력구분 '회계', '인사'에서 관리항목을 추가하는 버튼이다. 아이콘을 누르면 관리항목등록 화면이 팝업으로 생성되며, 코드, 항목명, 수정여부, 등록일을 입력하고 [확인] 버튼을 누른다.

8 회계연결계정과목등록

위치: 시스템관리 ▷ 기초정보관리 ▷ 회계연결계정과목등록

영업관리/자재 구매관리/생산관리/무역관리 모듈에서 매입이나 매출을 마감 처리한 후 회계 전표를 발생시키기 위해 계정과목을 설정하는 단계이다. 회계처리 관련 단계에서 전표 처리를 하면 '회계연결계정과목'에 등록되어 있는 계정이 대체차변, 대체대변에 생성이 된다. 각 모듈에서 회계처리된 것은 미결전표로 생성되므로 회계 승인권자가 '전표승인/해제' 단계에서 승인을 해야 승인전표가 된다.

CHECK 유의사항

시스템 도입 초기에는 초기설정되어 있지 않다. 각 모듈의 회계처리를 위해서는 반드시 회계연결 계정이 설정되어 있어야 한다.

실무예제

한국자전거본사 '자재관리' 모듈의 전표코드가 'DOMESTIC_구매'에 해당하는 '계정코드'를 찾으시오.

① 10800 ② 13800

③ 25100 ④ 25500

해설 회계연결계정과목등록을 실행한 후 모듈과 전표코드를 각각 입력하여 조회하면 전표명과 계정코드를 확인할 수 있다.

답 ③

9 물류관리내역등록

위치: 시스템관리 ▷ 기초정보관리 ▷ 물류관리내역등록

물류(영업/구매(자재)/무역)/생산(외주)모듈 운영 시 관리항목의 특성과 업무 분석의 특성에 따라 관련된 코드를 등록한다. 화면 좌측의 코드 및 관리항목명은 시스템에서 제공이 되며, 화면 우측의 관리내역코드 및 관리항목명은 입력이나 수정 가능하다. 사용여부가 '미사용'인 항목은 다른 단계에서 사용이 불가능하다.

▶▶ 실무예제

한국자전거본사 물류관리를 위한 지역그룹의 '관리항목명'이 아닌 것을 찾으시오.

① 서울　　② 경기

③ 제주　　④ 울산

해설 물류관리내역등록을 실행한 후 좌측 창의 지역그룹구분을 클릭하면 우측 창에서 해당 관리항목 내역을 확인할 수 있다. ④ 울산이 없음

답 ④

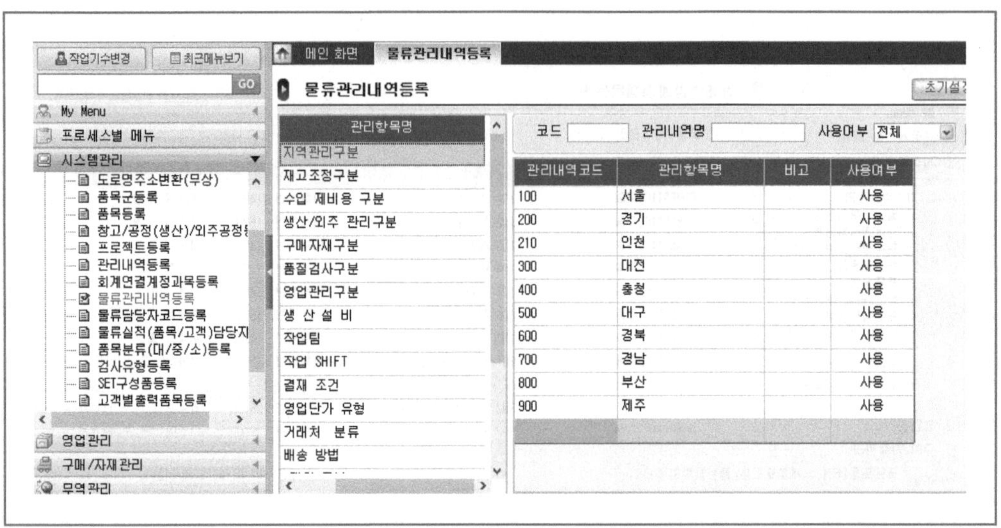

10 물류담당자코드등록

위치: 시스템관리 ▷ 기초정보관리 ▷ 물류담당자코드등록

물류(영업, 구매/자재, 무역)에서 차후 프로세스의 효율적인 관리를 위해서 담당자를 등록한다. '사원등록'에서 등록한 사원은 담당업무가 변화할 수 있기 때문에 담당자로 등록하여 관리하는 것이 효율적이다. 담당자를 그룹화시켜 효율적으로 관리할 수도 있다. 등록된 담당자코드는 품목이나 거래처별 물류실적담당자등록에서 등록하여 차후 프로세스에서 이용된다.

▶▶ 실무예제

한국자전거본사 '물류담당자코드'와 '사원명'이 일치하지 않는 것을 찾으시오. (단, 기준일자는 2019년 8월 5일)

① 1000 – 노희선　　② 2000 – 이종현
③ 6000 – 한국민　　④ 5001 – 오진형

해설 물류담당자코드등록을 실행한 후 기준일자를 입력하여 조회하면 담당자코드와 사원명 등을 확인할 수 있다.
① 1000 – 김종욱

답 ①

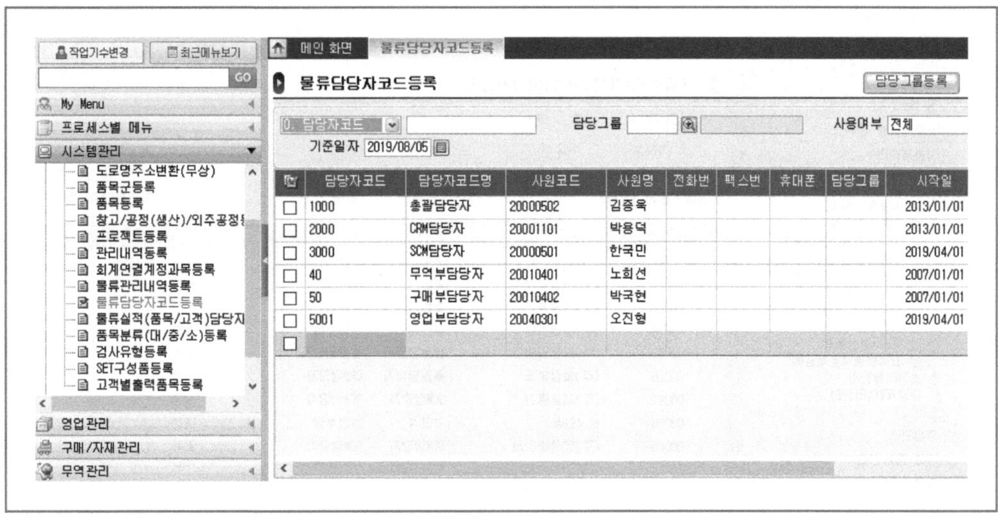

11 물류실적(품목/고객)담당자등록

위치: 시스템관리 ▷ 기초정보관리 ▷ 물류실적(품목/고객)담당자등록

물류담당자코드등록 단계에서 등록한 물류담당자를 조회하여 거래처나 품목별로 담당자코드를 등록한다. 품목별등록에서는 품목별 영업, 구매 자재의 담당자를 설정하고, 거래처별 등록에서는 영업, 구매의 담당자와 지역, 거래처(고객)분류, 기본단가유형을 설정한다. 지역, 거래처 분류, 기본단가유형은 관리내역등록에서 등록된 데이터가 조회된다. 물류실적(품목/고객)담당자코드는 영업관리 프로세스에 많이 활용된다.

▶▶ 실무예제

다음 중 물류실적(품목/고객)담당자등록에 대한 설명이 바르지 않은 것을 고르시오.

① ㈜대흥정공은 구매/영업은 같은 담당자가 관리한다.

② 성민석은 ㈜제동기어의 영업담당자다.

③ 노희선은 구매담당자로만 지정되어 있다.

④ 정영수가 영업관리를 담당하는 거래처는 없다.

해설 물류실적(품목/고객)담당자등록을 실행 후 거래처 탭에서 조회하면 거래처별 영업, 구매, 외주 담당자 등을 확인할 수 있다. ③ 노희선은 담당자로 지정되어 있지 않다. 답 ③

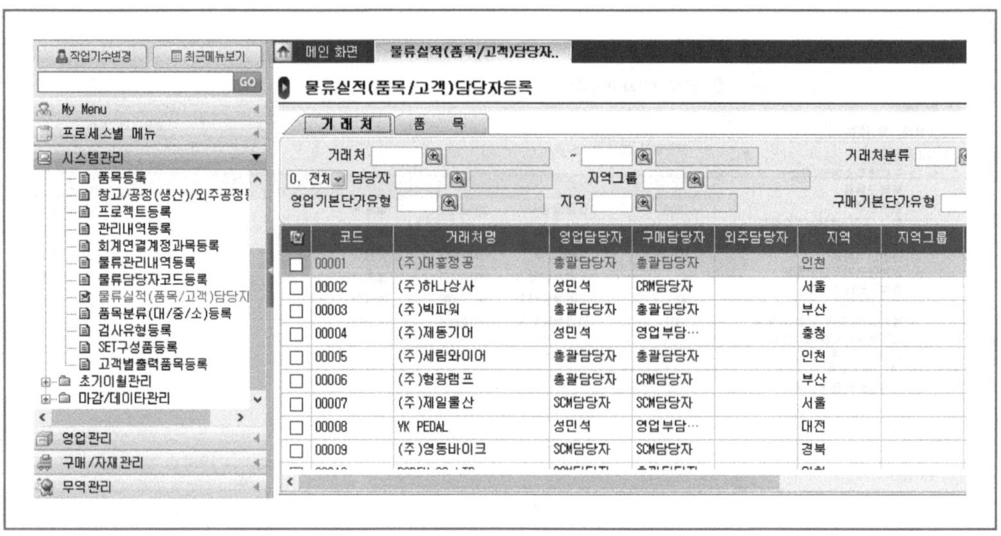

12 품목분류(대/중/소)등록

위치: 시스템관리 ▷ 기초정보관리 ▷ 품목분류(대/중/소)등록

품목의 효율적인 관리를 위해서 그룹화로 관리하는 품목군과 달리 품목을 특성에 따라 분류화하여 관리하고자 대분류, 중분류, 소분류로 등록할 수 있다. 품목분류(대/중/소)등록 단계에서 품목분류를 등록하면 '품목등록' 단계에서도 동일하게 적용된다.

▶▶ 실무예제

다음 중 '품목군'과 '대분류'가 일치하지 않는 것을 찾으시오.

① WHELL − PCB ② FRAME − PIPE

③ GEAR − PCB ④ SMC − PACKING

해설 품목분류(대/중/소)등록을 실행 후 조회하면 품명별 품목군의 대, 중, 소 분류 내역을 확인할 수 있다. ② FRAME - FRAME

답 ②

13 검사유형등록

위치: 시스템관리 ▷ 기초정보관리 ▷ 검사유형등록

물류 모듈의 입고검사/출고검사 관련 단계에서 각 품목별에 대한 검사내역을 관리하기 위해 등록한다. 검사구분은 구매, 외주, 공정, 출하 검사가 있으며, 검사유형별 검사유형질문을 등록할 수 있다.

CHECK 유의사항

- 입력할 때 코드, 검사 유형명, 사용여부는 필수 입력 값이다.
- 삭제를 할 때 먼저 디테일 부분을 먼저 삭제하고 헤더부분을 삭제한다.
- 입력 필수는 빨간색으로 표시된다.

▶▶ 실무예제

검사구분이 '11. 구매검사'일 때 '검사유형질문'이 등록된 검사유형은?

① 외관검사 ② 전수검사

③ 샘플검사 ④ 파레트검사

해설 검사유형등록을 실행 후 검사구분에서 11.구매검사를 선택하여 조회하면 검사유형을 확인할 수 있으며, 검사유형을 각각 클릭하면 하단 창에서 해당 검사유형질문도 확인할 수 있다. 답 ④

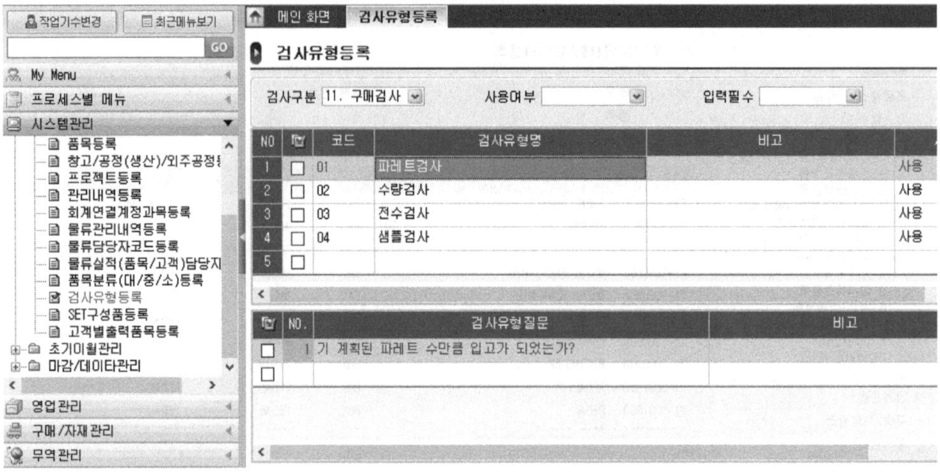

14 SET구성품등록(2018년 신규 추가메뉴)

위치: 시스템관리 ▷ 기초정보관리 ▷ SET구성품등록

두 가지 이상의 품목을 SET품으로 구성할 때 SET품(모품목, HEADER), SET구성품(자품목, DETAIL)을 등록한다. '품목등록' 단계에서 'SET품목'에 '1. 여'로 등록된 품목이 조회된다.

CHECK 유의사항

품목등록 시 재고단위와 관리단위가 같지 않은 경우 SET구성품등록 시 주의하여 등록하여야 한다.

▶▶ 실무예제

SET품 모품목이 'PS-DARKGREEN'인 경우에 세트 구성품인 것은?

① HEADLAMP　　② FRAME

③ PEDAL　　④ PS－WHITE

해설 SET구성품등록을 실행 후 조회하면 셋트품등록 내역이 나타나며, 하단 창에서 해당 셋트품의 구성품 내역을 확인할 수 있다.

답 ④

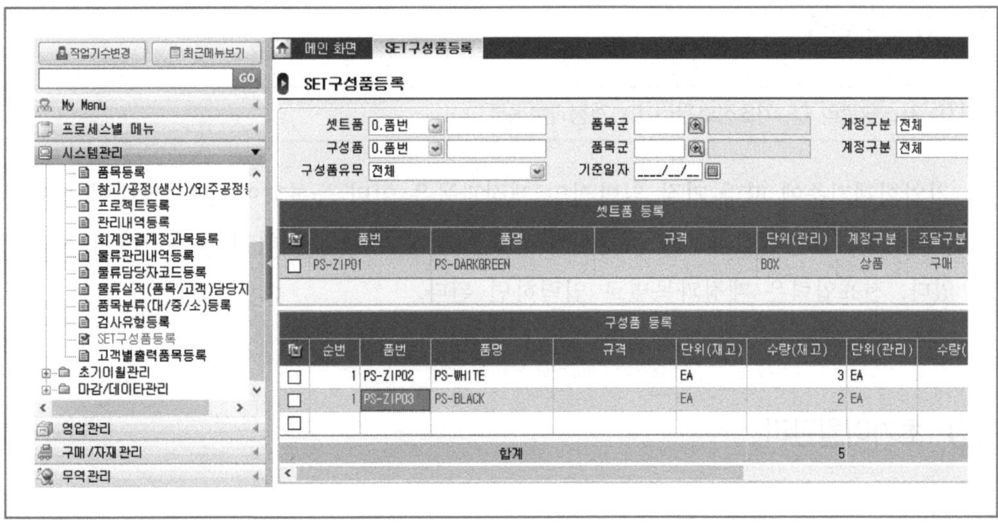

⑮ 고객별출력품목등록(2018년 신규 추가메뉴)

위치: 시스템관리 ▷ 기초정보관리 ▷ 고객별출력품목등록

고객별출력품목등록은 한 품목에 대해서 고객별로 품번, 품명, 규격, 관리단위, 환산계수 등이 회사에서 등록한 정보와 다를 수 있다. 이때 고객마다 요구하는 품번, 품명, 규격, 관리단위를 세금계산서나 거래명세서 등 출력 시 선택하여 고객의 요구에 맞도록 출력하기 위해 등록한다.

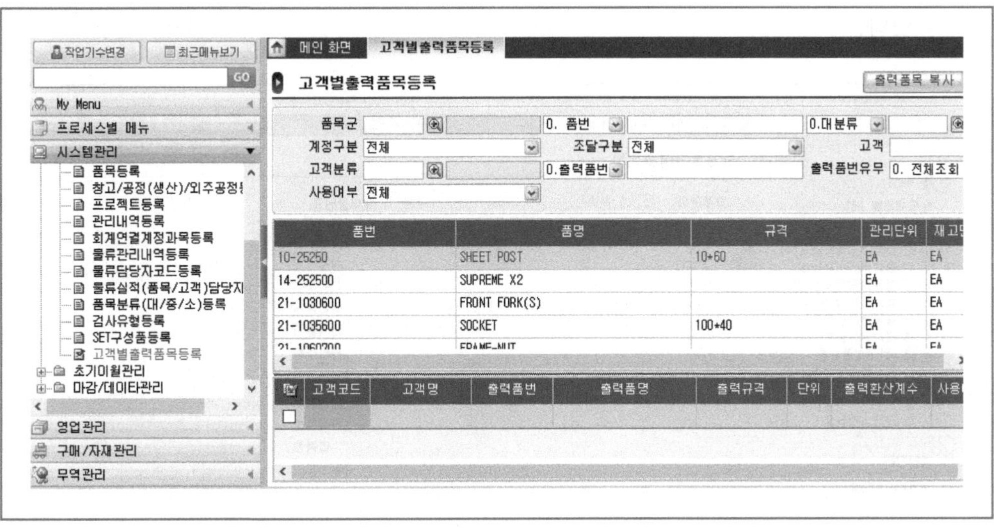

16 계정과목등록

위치: 시스템관리 ▷ 기초정보관리 ▷ 계정과목등록

기업회계기준에 따라 가장 일반적인 계정과목은 이미 등록되어 있는 상태이므로 회사의 특성에 따라 계정과목을 계정과목코드 체계에 따라 수정하거나 추가하여 사용할 수 있다. 전표입력은 계정과목별로 입력하면 된다.

04 초기이월관리

1 회계초기이월등록

위치: 시스템관리 ▷ 초기이월관리 ▷ 회계초기이월등록

사업장별로 계정과목별, 거래처별 전기분 대차대조표, 손익계산서, 제조원가보고서를 조회, 입력한다. 프로그램을 설치한 당기의 자료는 자동으로 차기로 이월이 되지만, 전기의 자료는 프로그램에 반영되어 있지 않으므로 초기이월관리에서 입력해주어야 한다. 입력한 전기분 금액이 당기의 각 장부에 이월금액으로 반영된다. 대차대조표의 경우 차변과 대변항목을 올바르게 입력하였다면 잔액은 '0'이 될 것이고, 손익계산서의 경우 잔액은 '당기 순이익'이 될 것이다. 차기에는 '마감및년도이월' 단계에서 회계이월작업을 할 수 있다.

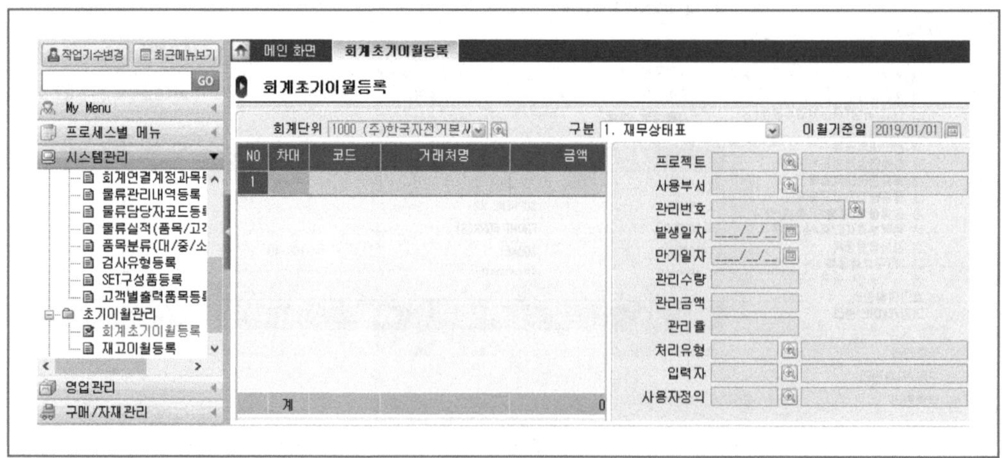

2 재고이월등록

위치: 시스템관리 ▷ 초기이월관리 ▷ 재고이월등록

대상년도 말의 기말재고를 차기의 기초재고로 반영하여 이월시킨다. 재고이월 작업 후에 대상년도 재고를 수정하지 않으면 '자재마감/통제등록' 단계에서 마감등록을 해야 한다.

05 마감/데이타관리

1 영업마감/통제등록

위치: 시스템관리 ▷ 마감/데이타관리 ▷ 영업마감/통제등록

영업모듈에서 사업장별 단가정보, 품목코드 도움 정보, 전 단계 적용정보와 사업장 단위의 마감일자 정보 및 입력일자 정보를 통제하기 위해 설정하는 단계이다. 판매단가를 적용하면 견적, '수주등록' 시 단가를 자동으로 반영할 수 있다.

CHECK 주요 필드 설명

- 판매단가: 수출관리 모듈에서 품목에 적용할 단가의 유형을 선택한다. 선택하고자 하는 항목(품목 단가, 고객별단가, 고객&품목유형별단가, 품목유형별단가, 직전단가(품목/거래처), 통합단가)에 대해서 설정을 해야 견적(수출)이나 주문등록(수출), 출고(수출) 시 해당 단가 적용이 된다.
- 마감일자: 마감일자 이전의 영업 품목 이동(출고)을 통제한다. 재고평가를 하였을 경우에는 마감일자가 재고평가월의 마지막 일자로 자동 설정되고 사용자가 직접 마감일자를 입력할 수도 있다.

실무예제

㈜한국자전거본사에서는 사용하는 판매단가를 품목단가에서 고객별단가로 변경하려고 한다. 다음 중 판매단가를 설정하는 메뉴는 무엇인가?

① 사용자권한설정 ② 시스템환경설정

③ 영업마감/통제등록 ④ 물류관리내역등록

해설 영업마감/통제등록에서는 판매단가를 적용 안 함, 품목단가, 고객별단가, 고객&품목유형별단가 등 일곱가지 중에서 한 가지를 선택할 수 있다. **답** ③

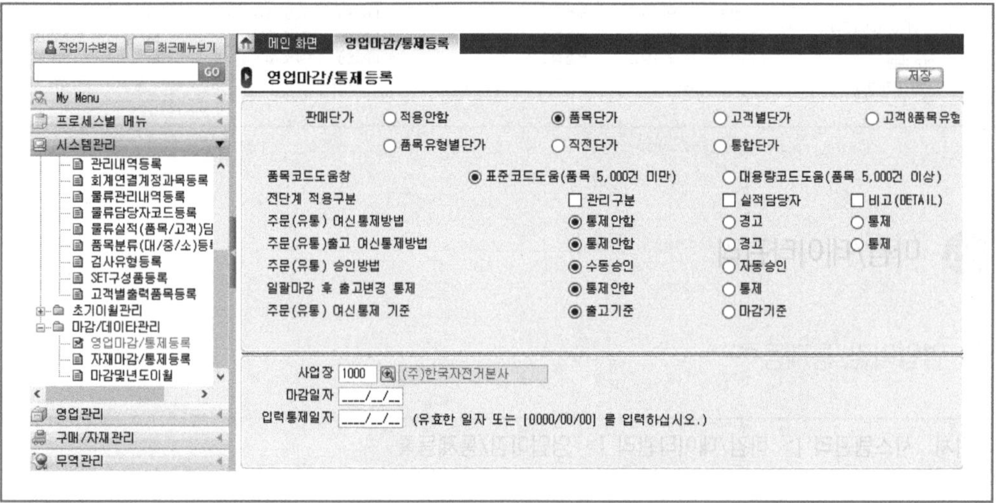

2 자재마감/통제등록

위치: 시스템관리 ▷ 마감/데이타관리 ▷ 자재마감/통제등록

구매/자재관리 혹은 수입모듈에 대한 사업장별 단가정보, 재고평가정보, 사업장이동평가정보, 품목코드도움 정보, 재고일괄집계기능, 재고집계방식정보, 재고(-)통제여부정보, 전 단계 적용정보와 사업장 단위의 마감일자 정보 및 입력일자 정보를 통제하기

위해 설정한다. 구매단가를 적용하면 발주나 입고처리 시 단가를 자동으로 반영할 수 있다.

CHECK 주요 필드 설명

- 구매단가: 구매/자재관리 – 기초정보관리 모듈에서 품목에 적용할 단가의 유형을 선택한다. 선택하고자 하는 항목(품목단가, 고객별단가, 구매관리단가, 품목유형별 단가, 직전단가(품목/거래처))에 대한 설정을 하여 발주나 입고처리 시 해당 단가가 적용된다.
- 재고평가방법: 총평균법, 이동평균법, 선입선출법 중 회사별 선정된 재고평가 방법을 선택하여 재고평가 시 이용이 된다. 방법을 수시로 변경하여서는 안 되고, 기업에서 방침을 변경하고 신고를 한 후 적용시점에 맞추어 변경을 하여야 한다.
- 마감일자: 마감일자 이전의 발주품목 이동(입고)을 통제한다. 재고평가를 하였을 경우에는 마감일자가 재고평가 월의 마지막 일자로 자동 설정되고 사용자가 직접 마감일자를 입력할 수도 있다.
- 입력통제일자: 수불과 관련 없는 메뉴(예 청구등록(수입)/발주등록(수입))에서 입력 통제일자와 같거나 이전일자로 데이터를 등록, 삭제, 변경할 수 없도록 하는 기능이다.
- 일괄 마감 후 입고변경통제: 마감 처리된 내역에 대하여 입고 수량 및 금액에 대한 변경을 통제한다.
- 재고평가방법의 평가설정: 재고평가 방법이 선입선출이거나 후입선출일 경우 영업출고반품 또는 구매입고반품 내역에 대하여 반품된 수량에 대한 단가 설정 시 어떤 단가를 적용할 것인지 설정하는 기능이다. – 영업출고반품과 구매입고반품 모두 출고/입고처리 메뉴의 예외 입/출고 내역을 적용받아 반품을 등록한다.

▶▶ 실무예제

다음 중 자재마감/통제등록에 대한 설정으로 옳은 것을 고르시오.

① 단가 등록 시 예외입고처리 시 거래처마다 다른 단가를 자동으로 반영할 수 있다.

② 재고평가 이후 재고금액은 수정할 수 있다.

③ 출고처리 시 재고가 없는 품목은 출고할 수 없도록 통제 중이다.

④ 발주등록 시 적용한 구매자재구분이 입고처리에 반영될 수 있도록 설정되어 있다.

해설 구매단가는 품목단가로 거래처와 상관없이 품목마다 동일한 단가를 반영한다. 재고평가방법은 총평균법(평가내역 수정 가능)으로 맞는 설명이다. 재고 통제는 사용하지 않도록 설정되어 있으며, 출고처리 시 재고가 없어도 출고가 가능하다. 전단계 적용여부의 관리구분이 체크되어 있지 않으므로 발주의 관리구분은 입고에 자동 적용되지 않음

답 ①

3 마감및년도이월

위치: 시스템관리 ▷ 마감/데이타관리 ▷ 마감및년도이월

회계처리 등 모든 입력 작업을 마치고, 결산을 완료한 후에 마감 및 이월 작업을 행하면, 기존자료의 추가입력 및 수정이 불가능하게 되어 기존의 입력한 자료가 안전하게 보존될 수 있다. 차기회계연도로 회계정보의 이월을 통해, 당기의 재무제표를 다음연도의 초기이월 데이터로 이월할 수 있다.

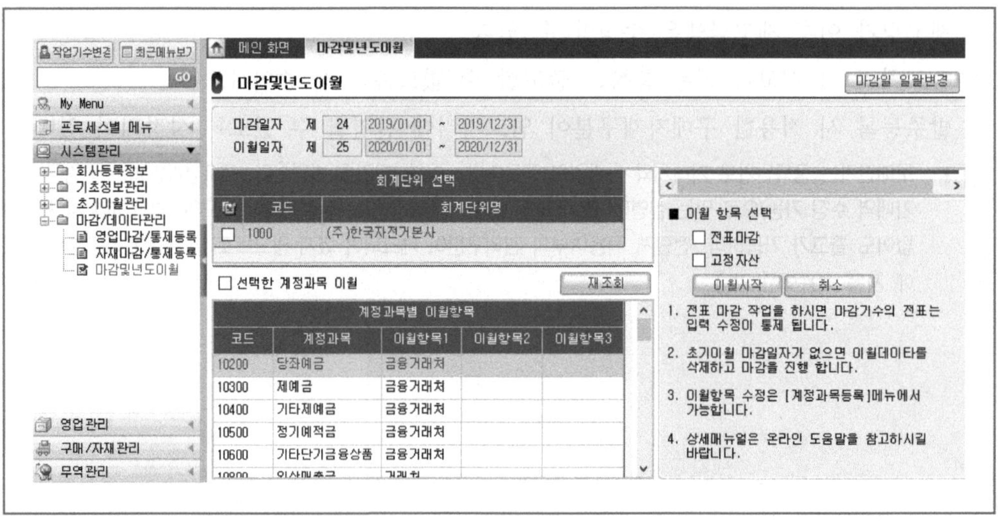

4 사원별단가/창고/공정통제설정

위치: 시스템관리 ▷ 마감/데이타관리 ▷ 사원별단가/창고/공정통제설정

메뉴별로 사원단가통제, 창고/공정통제를 설정한다. [시스템관리] – [회사등록정보] – [시스템환경설정]에서 조회구분 '4. 물류'의 사원별 창고 및 단가입력 통제 적용 여부를 '1. 운영함'으로 설정했을 경우에 적용된다.

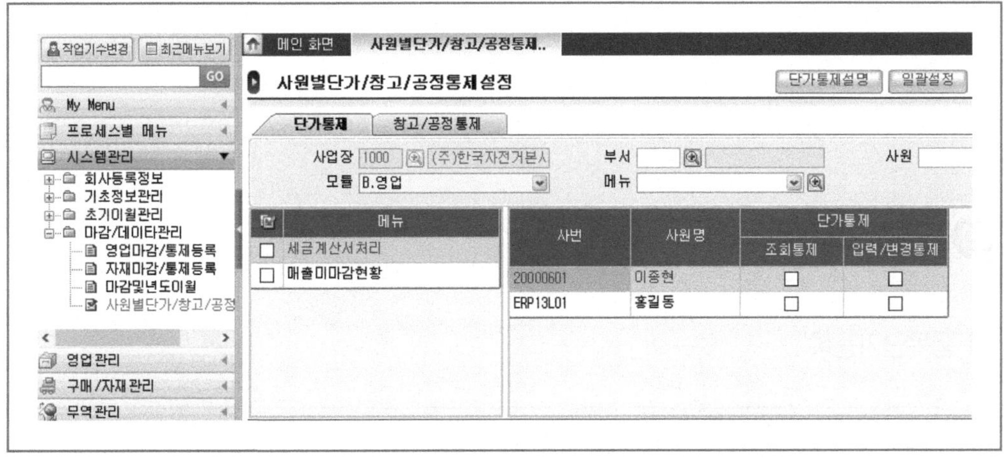

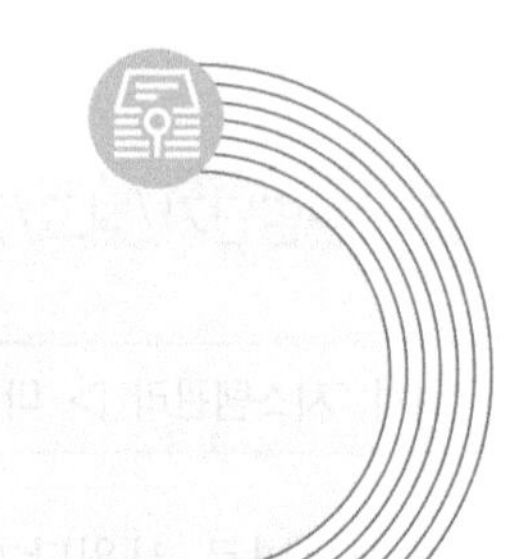

CHAPTER 03 영업관리

01 기초정보관리

1 품목단가등록

위치: 영업관리 ▷ 기초정보관리 ▷ 품목단가등록

품목에 대한 구매단가 및 판매단가를 등록한다. [영업마감/통제등록]에서의 '판매단가'나 [자재마감/통제등록]에서의 '구매단가'가 '품목단가'로 선택되어 있을 때 [품목단가등록]에서 입력한 단가가 반영된다.

CHECK 용어 설명

- 환산표준원가: 품목등록에서 등록한(표준원가 × 환산계수)
- 환산계수: 재고단위와 관리단위가 다른 경우 동일한 정보로 활용할 수 있게 하는 기초정보이다.
  (환산계수 = 관리단위 / 재고단위)
- 재고단위: 입/출고, 재고관리, 생산외주 시 사용되는 단위
- 관리단위: 영업의 주문, 구매의 발주 시 사용되는 단위

▶▶ 실무예제

다음 중 품목별 판매단가와 환산표준원가를 비교했을 때 영업 이익이 제일 높을 것으로 예상되는 품목은 무엇인가? (단, 계정구분: 제품)

① 체인 ② 의자

③ 바구니 ④ 타이어

해설 품목단가등록을 실행 후 판매단가 탭에서 조회하면 품목별로 표준원가대비 환산표준원가, 구매단가, 판매단가 등을 확인할 수 있다. ④ 타이어 마진이 6,000으로 제일 높다. 답 ④

	품명	규격	재고단	관리단	환산계수	환산표준원가	구매단가	최저판매가	판매단가
01	체인		EA	EA	1.000000	3,000	3,500	0	6,000
02	의자		EA	EA	1.000000	5,000	4,000	1,000	10,000
03	바구니		EA	EA	1.000000	1,500	2,500	0	3,000
04	타이어		EA	EA	1.000000	6,000	5,500	0	12,000
05	자물쇠		EA	EA	1.000000	2,000	850	0	4,000
	일반자전거(P-GRA…		EA	EA	1.000000	135,000	190,000	180,000	230,000
	산악자전거(P-20G)		EA	EA	1.000000	147,000	210,000	210,000	280,000
	5단기어자전거		EA	EA	1.000000	250,000	250,000	0	320,000
	200 X 600 PIPE	200*600	EA	EA	1.000000	10,100	9,850	0	11,000

2 고객별단가등록

위치: 영업관리 ▷ 기초정보관리 ▷ 고객별단가등록

품목에 대하여 거래처별로 구매단가 및 판매단가를 관리, 적용하고자 할 경우 등록한다. 거래처별로 품목에 대한 구매단가 및 판매단가가 차이가 있을 경우 사용하며, [영업마감/통제등록]에서 '판매단가' 항목이 '고객별단가'로 선택되었을 때와 [자재마감/통제등록]에서 '구매단가' 항목이 '거래처별단가'로 선택되었을 때 [고객별단가등록]에서 입력한 단가가 반영된다.

[영업관리] – [고객별단가등록]은 [구매/자재관리] – [거래처별단가등록]과 동일한 기능이다.

▶▶ 실무예제

㈜대흥정공에서 구매하는 품목별 환산표준원가가 일치하지 않는 것은?

① 유아용자전거 – 85,000 ② 일반자전거 – 100,000

③ 산악자전거(P–20G) – 147,000 ④ 5단기어자전거 – 280,000

해설 거래처에 ㈜대흥정공을 선택 후 조회하면 품목별로 계정, 환산표준원가 등을 확인할 수 있다. ④ 5단기어자전거 - 250,000 답 ④

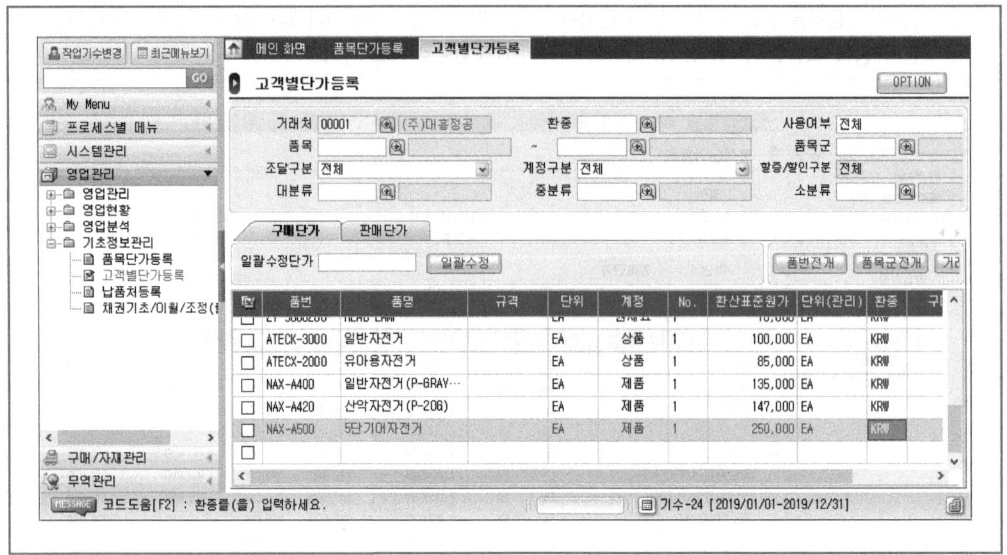

3 납품처등록

위치: 영업관리 ▷ 기초정보관리 ▷ 납품처등록

등록된 거래처의 주소지와 실제로 납품해야 하는 주소지가 다를 경우에 납품처 정보를 등록한다.

▶▶ 실무예제

다음 중 ㈜하나상사의 납품처 중 옳지 않는 것을 고르시오.

① 분당지점 ② 산본지점

③ 대전지점 ④ 수원지점

해설 납품처등록에서 조회하면 고객 내역이 조회되며, 각 고객별로 클릭하면 우측 창에서 해당 납품처와 운반비 등을 확인할 수 있다. ④ 수원지점 → 대구지점

답 ④

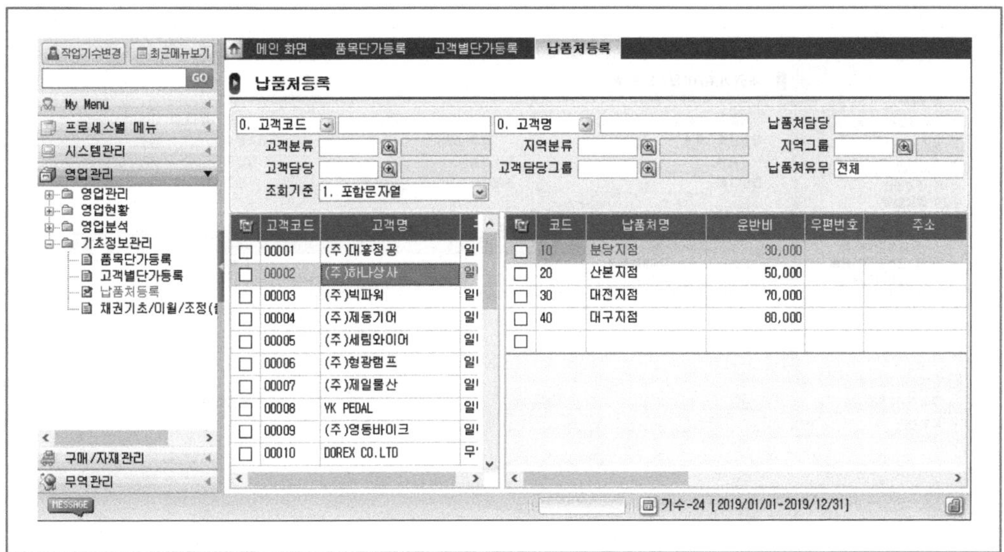

4 채권기초/이월/조정(출고기준)

위치: 영업관리 ▷ 기초정보관리 ▷ 채권기초/이월/조정(출고기준)

각 사업장별로 채권에 대한 기초정보 및 조정정보를 등록하고, 차기 년도로 채권을 이월시킨다.

CHECK 용어 설명

- 채권기초: 고객별 '기초미수채권'
- 채권이월: 당해연도 기말의 미수채권을 차기년도로 이월할 경우 이월미수채권을 조회
- 채권조정: 해당 거래처의 실제 미수채권과 장부상의 미수채권이 다를 경우에 채권을 조정

▶▶ 실무예제

㈜한국자전거본사의 고객인 ㈜대흥정공의 2019년도 기초미수채권의 합으로 옳은 것은?

① 49,667,750 ② 5,932,705

③ 109,467,280 ④ 6,065,620

해설 사업장과 해당연도, 고객을 입력 후 조회하면 고객별 기초미수채권을 확인할 수 있다.
② 5,932,705(= 1,450,000 + 4,482,705)

답 ②

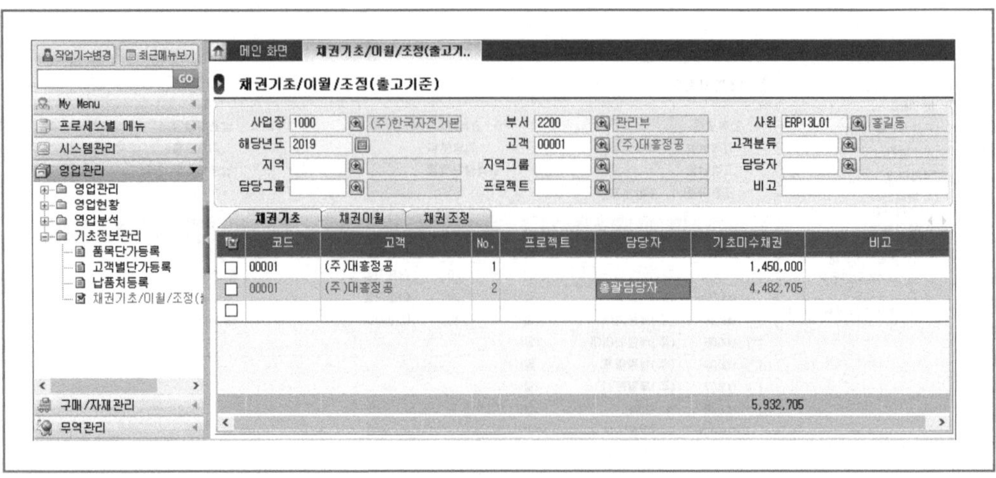

02 영업관리

1 판매계획등록

위치: 영업관리 ▷ 영업관리 ▷ 판매계획등록

품목을 기준으로 사업장별, 계획년도별로 월별 판매계획과 관련한 계획수량, 예상단가를 등록한다. 기초계획 탭은 계획년도의 월별 판매계획 내역을 등록하고, 수정계획 탭은 기초계획에 입력한 내용의 수정계획을 등록한다.

CHECK 용어 설명

- 계획수량: 월 단위 판매계획수립 시 판매 예상 수량을 등록한다.
- 예상단가: 월 단위 판매계획수립 시 판매 예상 단가를 등록한다.

CHECK 버튼 설명

- 복사: 똑같은 데이터를 입력할 때 기 등록되어 있는 데이터를 활용하여 데이터를 복사하는 기능
- 단가설정: 단가 변경 시 일괄적으로 단가를 변경하는 기능

CHECK 유의사항

- 수정계획반영 항목의 수정계획수량, 수정계획단가, 수정계획금액이 존재하는 품목에 대해 서는 기초계획 탭에서 삭제되지 않는다. 삭제 시 수정계획을 먼저 삭제하고 난 후에 기초계획을 삭제하면 된다.
- 복사버튼을 사용할 때 그 품목의 수정계획까지 반영된다

▶▶ 실무예제

아래의 [보기] 내용을 입력 후 질문에 답하시오.

[보 기]

- 사원: 홍길동
- 사업장: ㈜한국자전거본사
- 계획년도: 2019년 7월
- 수정계획반영: 3. 수정계획수량 및 단가반영

㈜한국자전거본사의 2019년 7월, 일반자전거의 기초판매계획 수량으로 옳은 것은?

① 120EA ② 200EA

③ 240EA ④ 300EA

해설 [보기]의 조건을 입력 후 기초계획 탭에서 조회하면 품목별 판매계획 수량을 확인할 수 있다. **답** ②

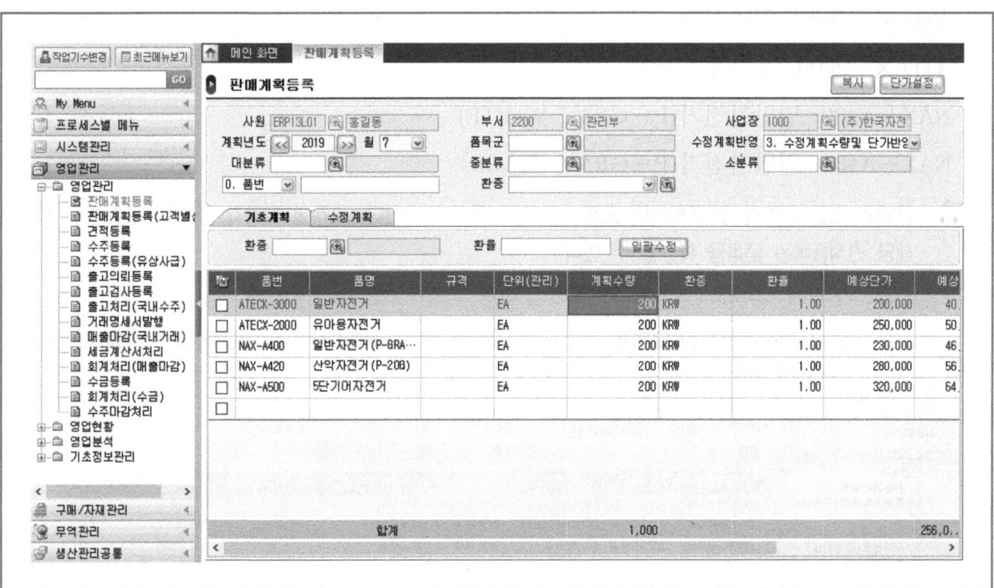

2 판매계획등록(고객별상세)/(2018년 신규 추가메뉴)

위치: 영업관리 ▷ 영업관리 ▷ 판매계획등록(고객별상세)

사업장과 계획년도에 고객별로 판매할 판매계획을 등록한다. 매출예상금액은(수량 × 단가)로 자동 산출되며, 수금예상금액 등을 조회할 수 있다.

3 견적등록

위치: 영업관리 ▷ 영업관리 ▷ 견적등록

고객은 필요한 제품을 구매하기 위해 해당회사에 구매할 제품의 사양이나 단가 등을 요청하게 되는데 이를 견적 요청이라 한다. 견적등록은 고객으로부터 견적 요청을 받은 품목, 수량, 단가, 구분 등에 판매물품에 대해 견적 내역을 거래처에 제시하는 자료로써 견적 내역을 등록한다. 여기서 입력된 자료는 차후 프로세스인 [수주등록] 시 견적등록 내역을 적용받을 수 있다.

▶▶ 실무예제

㈜한국자전거본사의 2019년 3월 1일부터 3월 5일까지 견적이 발급된 품목이 아닌 것은 무엇인가?

① ATECK－3000, 일반자전거

② ATECX－2000, 유아용자전거

③ NAX－A400, 일반자전거(P－GRAY WHITE)

④ NAX－A401, 일반자전거(P－GRAY BLACK)

해설 문제의 조건을 입력 후 조회하면 고객별 견적 내역이 나타난다. 고객별로 각각 클릭을 하면 하단 창에서 해당 견적등록된 품목을 확인할 수 있다. 답 ④

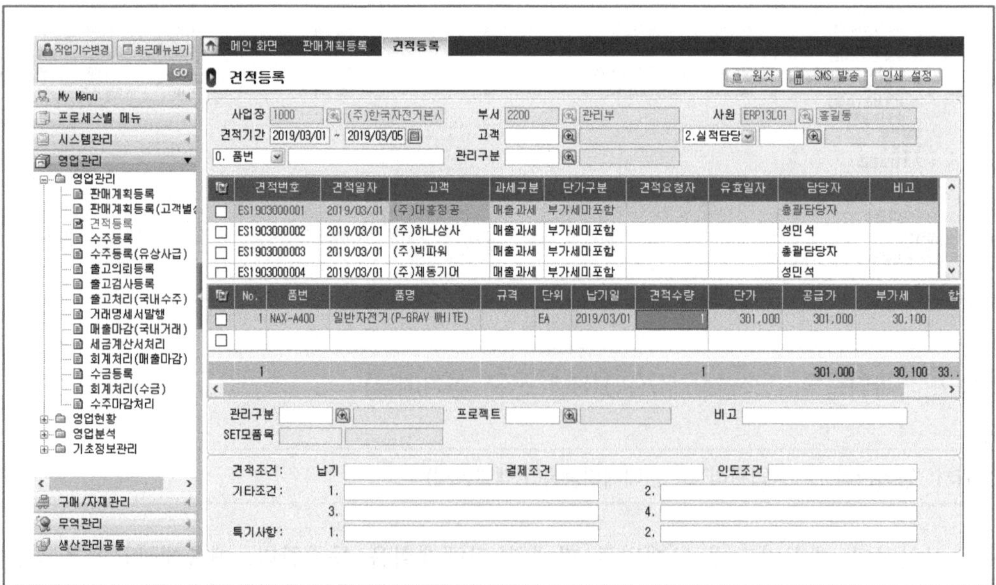

4 수주등록

위치: 영업관리 ▷ 영업관리 ▷ 수주등록

고객으로부터 수주받은 내역을 등록한다. 우측 상단의 '견적적용 조회' 버튼을 이용하여 견적등록 내역을 적용받아 수주등록을 할 수 있으며, 직접 등록할 수도 있다. 재고확인 버튼을 이용하여 각 품목별 관리단위와 재고단위의 현재고, 가용재고, 입고예정량을 확인할 수 있다.

CHECK 버튼 설명

- 견적적용조회: 견적등록된 내역을 조회하는 화면이며, 해당 견적 내역을 선택한 후 화면 우측 상단의 [선택적용] 아이콘을 클릭하면 주문등록 화면에 적용이 된다. 견적내역은 미 마감된 견적이며, 견적잔량 > 0인 경우에만 조회된다.
- 재고확인: 하단의 품목을 선택 후 재고 확인 버튼 클릭 시 해당 사업장 기준으로 해당 품목의 수량을 관리/재고단위별로 관리할 수 있다. 해당 품목이 입고된 창고(장소)의 적합여부/가용재고여부에 따라서 재고확인 시의 재고수량이 다르게 조회된다.

▶▶ 실무예제

㈜한국자전거본사의 2019년 7월 11일부터 7월 15일까지의 수주등록 내역에서 유아용자전거 품목의 주문수량은 몇 개인가?

① 6EA ② 7EA

③ 8EA ④ 10EA

해설 문제의 조건을 입력 후 조회하면 고객별 주문일자 등을 확인할 수 있으며, 해당 주문건을 클릭하면 하단 창에서 주문내역을 확인할 수 있다. 답 ④

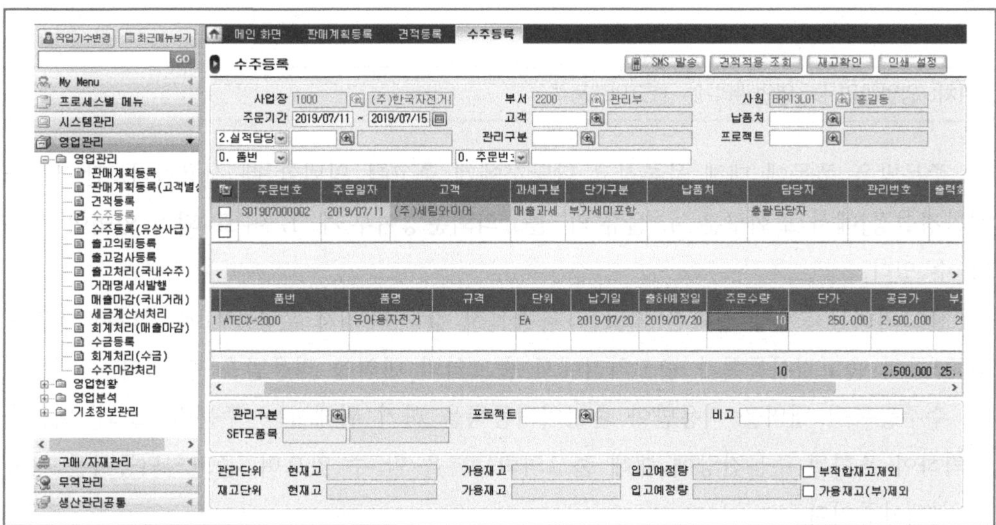

5 수주등록(유상사급)

위치: 영업관리 ▷ 영업관리 ▷ 수주등록(유상사급)

생산관리 모듈의 외주관리 프로세스와 연계된 프로그램으로서, 외주생산 지시에 사용될 자재를 외주업체에 [유상]으로 공급할 때 등록한다. 외주발주확정(외주처별), 외주발주확정(품목별)에서 청구된 자재 중 구분이 '유상'인 품목을 적용받아 주문내역을 등록한다. 이 데이터는 [영업관리] – [출고처리]와 연동되어 [유상사급] 내역을 적용받는다.

✔ CHECK

- 유상사급: 모기업(원청사)이 외주업체(하청업체)에 반제품 또는 완제품에 필요한 원재료 등 필요한 물품을 공급할 때 해당 물품을 유상으로(물품대금을 받고) 공급하고, 외주업체에서 생산된 반제품 또는 완제품을 납품(공급)받을 때 물품대금에 임가공비를 포함하여 대금을 지급하는 것을 말한다.
- 무상사급: 모기업(원청사)이 외주업체(하청업체)에 반제품 또는 완제품에 필요한 원재료 등 필요한 물품을 공급할 때 해당 물품을 무상으로(물품대금을 받지 않고) 공급하고, 외주업체에서 생산된 반제품 또는 완제품을 납품(공급)받을 때 임가공비만 지급하는 것을 말한다.

✔ CHECK 버튼 설명

- 요청적용조회: [외주발주확정(외주처별)], [외주발주확정(품목별)]에서 청구된 자재 중 구분이 '유상'인 품목을 적용받아서 주문내역을 등록한다.
- 재고확인: 하단의 품목을 선택 후 재고 확인 버튼 클릭 시 해당 사업장 기준으로 해당 품목의 수량을 관리/재고단위별로 관리할 수 있다. 해당 품목이 입고된 창고(장소)의 적합여부/가용재고여부에 따라서 재고확인 시의 재고수량이 다르게 조회된다.

6 출고의뢰등록

위치: 영업관리 ▷ 영업관리 ▷ 출고의뢰등록

주문받은 품목에 대해 물류창고 담당자에게 출고를 의뢰할 때 사용한다. 단, [시스템환경설정]에서 조회구분 '4. 물류'의 '출고의뢰운영여부'가 '1. 여'로 되어 있어야 사용할 수 있다.

출고의뢰등록에서 입력한 자료는 환경설정 값(의뢰/검사 운영여부)에 따라서 영업관리 모듈의 출고검사등록과 출고처리에서 출고의뢰 내역을 적용받을 수 있다.

수주등록된 내역을 적용받아 출고의뢰등록을 하기 위해서는 '주문적용조회' 버튼을 클릭하여 조회된 주문잔량에 대해 출고의뢰등록을 할 수 있으며, 출고의뢰등록은 사용자 선택사항이다.

CHECK 버튼 설명

- 주문적용조회: 주문등록에 입력된 내용이 조회되는 화면이며, 조회조건에 주문기간 등을 입력한 후 조회한다. 의뢰등록을 하고자 하는 내용을 선택하고 [선택적용] 버튼을 누르면 출고의뢰등록 화면에 내용이 자동으로 반영된다.
- 재고확인: 하단의 품목을 선택 후 재고 확인 버튼 클릭 시 해당 사업장 기준으로 해당 품목의 수량을 관리/재고단위별로 관리할 수 있다. 해당 품목이 입고된 창고(장소)의 적합여부/가용재고여부에 따라서 재고확인 시의 재고수량이 다르게 조회된다.

실무예제

- 사업장: ㈜한국자전거본사
- 고객: ㈜하나상사
- 의뢰기간 및 주문기간: 2019년 7월 01일 ~ 7월 31일

㈜한국자전거본사의 주문기간 2019년 7월 01일부터 7월 31일 기간에 ㈜하나상사의 주문번호 SO1907000001의 출고의뢰등록이 가능한 품목이 아닌 것은?

① 산악자전거　　② 일반자전거

③ 유아용자전거　　④ PS－BLACK

해설 [보기]의 조건을 입력 후 조회한다. '의뢰일자 필드'의 빈 공간에서 '주문적용 조회' 버튼을 클릭하여 고객, 주문기간을 각각 입력한 후, 주문적용(건별) 탭에서 조회 버튼을 누르면 수주등록에서 등록된 내역이 나타난다. 주문번호 SO1907000001, ㈜하나상사를 클릭하면 하단 창에서 ㈜하나상사의 등록된 주문내역을 확인할 수 있다. 답 ①

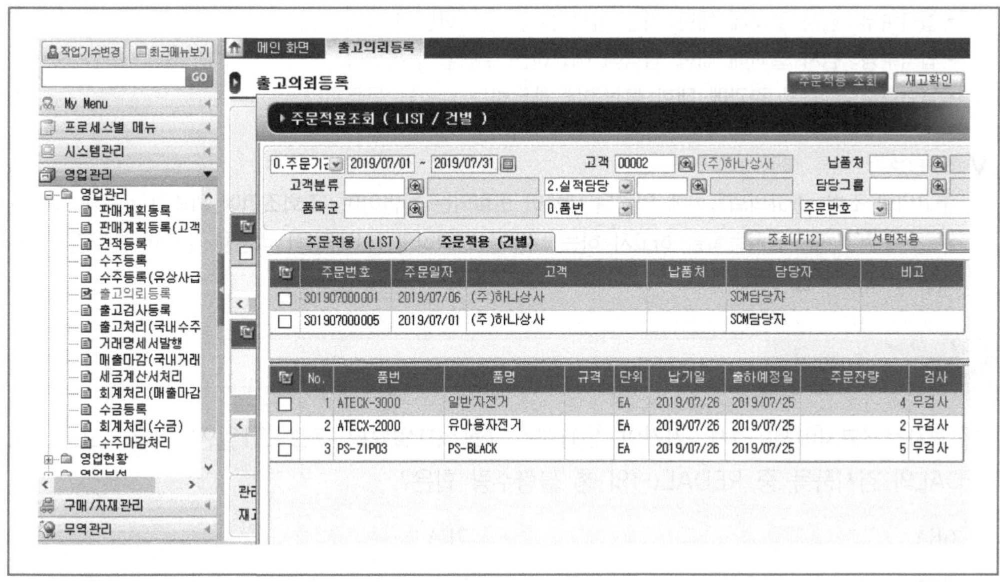

7 출고검사등록

위치: 영업관리 ▷ 영업관리 ▷ 출고의뢰등록

고객에게 출고하기 전 검사품목에 대하여 검사유형, 검사내역을 기준으로 출고검사등록을 한다. 출고검사번호의 순번을 기준으로 하여 검사내역과 불량내역을 등록한다. 단, [시스템환경설정]에서 조회구분 '4. 물류'의 '출고전검사 운영여부'가 '1. 여'로 되어 있어야 사용할 수 있다.

[시스템관리] – [기초정보관리] – [검사유형등록]에 등록된 검사유형을 조회하여 검사내역을 등록할 수 있으며, [수주등록]이나 [출고의뢰등록]에서 검사여부가 '검사'로 설정되어야 출고검사를 등록할 수 있다.

CHECK 용어 설명

- 출고창고: 검사대상 품목이 출고될 창고로서 이 화면에서 등록한 출고창고는 후 프로세스인 출고처리에 그대로 반영된다. 출고의뢰를 적용받았을 경우에는 출고창고가 자동으로 등록되며 수정되지 않는다. 주문적용을 받아 등록 시에는 출고창고를 직접 등록하여야 한다.
- 검사기간: 검사등록 내역을 등록한 기간 의미
- 검사담당: 시스템관리 > 기초정보관리 > 물류담당자코드에 등록된 항목 선택
- 검사유형: 시스템관리 > 기초정보관리 > 검사유형에 등록되어 있는 항목 중 선택
- 검사구분: 전수검사 또는 샘플검사 중 선택
- 검사내역: 시스템관리 > 기초정보관리 > 검사유형등록에 등록되어 있는 항목 중 선택
- 불량내역: 시스템관리 > 기초정보관리 > 불량유형등록에 등록되어 있는 항목 중 선택
- 시료 수: 샘플링검사에 검사 대상이 되는 시료의 수량을 의미한다.
- 합격여부: 검사 결과에 대한 최종 합격여부를 등록하는 항목이다.
- 합격수량: 검사 결과에 대한 합격에 해당하는 수량을 등록한다.
- 불합격수량: 검사 결과에 대한 불합격에 해당하는 수량을 등록한다.

CHECK 버튼 설명

출고의뢰 조회: 출고의뢰등록에 입력된 내용이 조회되는 화면이며, 조회조건에 의뢰기간 등을 입력한 후 조회한다. 출고검사등록을 하고자 하는 내용을 선택하고 [선택적용] 버튼을 누르면 출고검사등록 화면에 내용이 입력된다.

▶▶ 실무예제

㈜한국자전거본사에서 검사 기간이 2019년 7월 01일부터 7월 31일인 경우, 고객 YK PEDAL의 검사품목 중 PEDAL(S)의 총 불량수량 합은?

① 6EA　　② 7EA

③ 8EA　　④ 9EA

해설 검사기간을 입력하여 조회한다. 조회된 고객 YK PEDAL을 클릭하면 하단 창에 검사품목 내역이 나타나며, 품목을 각각 클릭하면 해당 품목의 검사내역과 불량내역을 확인할 수 있다. 답 ①

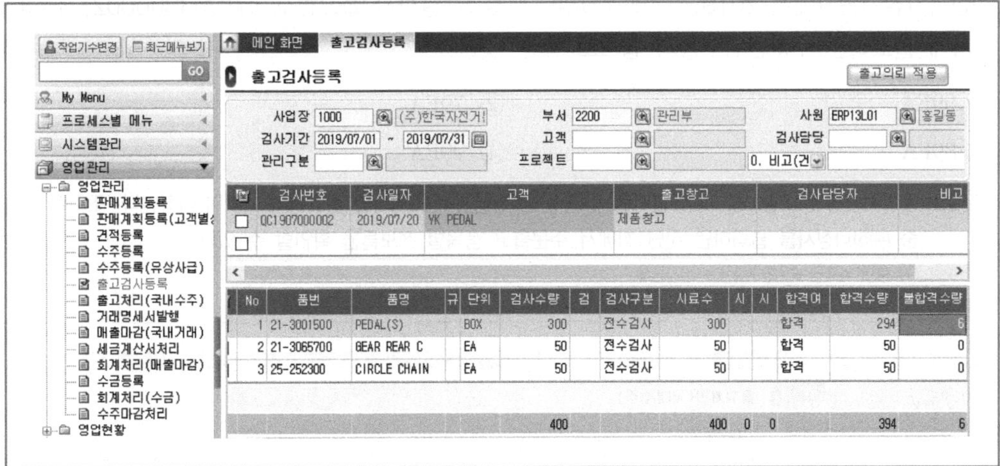

8 출고처리(국내수주)

위치: 영업관리 ▷ 영업관리 ▷ 출고처리(국내수주)

고객에게 출고되는 시점에 기 등록된 출고내역을 등록한다. 재고 수불 관리에 실질적인 영향을 미치며 재고증감 여부가 결정된다.

CHECK 탭 설명

- 예외출고 탭: 기 출고된 건을 처리할 경우(반품처리), 견적/주문 없이 출고 건을 처리한다.
- 주문출고 탭: 환경설정 값(의뢰/검사 운영여부)에 따라서 영업관리 > 견적등록, 주문등록, 출고의뢰등록, 출고검사등록 내역을 적용받아 출고처리할 수 있다.
- 유상사급 탭: 주문등록 유상사급에 등록된 데이터에 대해서 적용받아 출고처리할 수 있다.

CHECK 버튼 설명

- 의뢰적용: 출고의뢰등록에서 등록한 내역을 조회하는 화면으로서, 주문출고 탭에서 [조회] 버튼을 누르면 활성화된다. [의뢰적용] 아이콘을 누르면 의뢰적용 조회화면이 팝업으로 뜬다. 출고로 적용할 출고의뢰내용을 선택한 후 [선택적용] 버튼을 누르면 주문출고 탭에서 출고내용에 자동 반영된다.
- 검사적용: 출고검사등록 메뉴에서 등록된 내역이 조회되는 화면이며, 주문출고 탭에서 [조회] 버튼을 누르면 활성화된다. [검사적용] 아이콘을 누르면 검사적용 조회 화면이 팝업으로 뜬다. 출고로 적용할 출고검사 내역을 선택한 후 [선택적용] 버튼을 누르면 주문출고 탭에 출고내용이 입력된다.

▶▶ 실무예제

㈜한국자전거본사에서 2019년 3월 1일부터 3월 31일까지 출고번호 IS1903000002, ㈜하나상사에 출고하는 주문단위수량의 합으로 옳은 것은?

① 69EA　　② 79EA

③ 89EA　　④ 99EA

해설 출고기간과 출고창고를 각각 입력한 후 주문출고 탭에서 조회하면 출고처리 내역이 나타난다. 조회된 내역 중 ㈜하나상사를 클릭하면 하단 창에서 주문출고 품목별 정보들을 확인할 수 있다.

④ 99(= 15 + 24 + 18 + 42)EA

답 ④

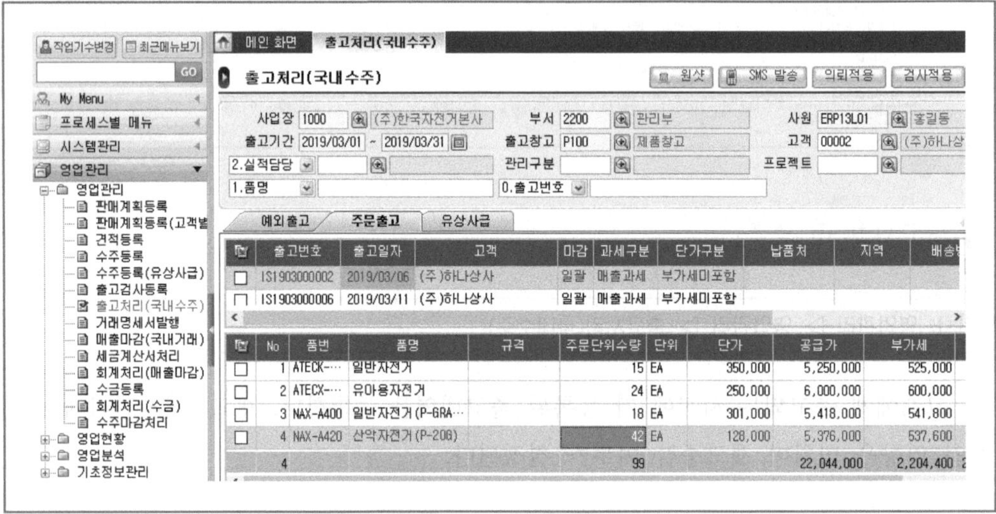

9 거래명세서발행

위치: 영업관리 ▷ 영업관리 ▷ 거래명세서발행

출고처리에 등록된 내역 또는 반품처리된 내역을 기준으로 거래명세서를 발행하고 출력한다. 우측 상단의 '인쇄/E-MAIL 설정' 버튼을 이용하여 거래명세서를 출력할 수 있다.

▶▶ 실무예제

다음 중 7월 한 달간의 거래명세서발행에 대한 설명으로 옳지 않은 것은?

① 인쇄한 횟수를 출력횟수로 확인할 수 있다.

② 인쇄/E－MAIL 설정 버튼을 통하여 출력 옵션을 선택할 수 있다.

③ 출고 정보를 수정하려면 출고처리(국내수주) 메뉴에서 수정해야 한다.

④ 출고처리(국내수주) 메뉴에서 등록한 출고 건 중 반품이 아닌 출고 내역만 조회된다.

해설 출고기간을 입력 후 조회하면 조회내역을 확인할 수 있다. ④ 출고처리(국내수주) 메뉴에서 등록한 출고 건의 모든 내역이 조회된다. 답 ④

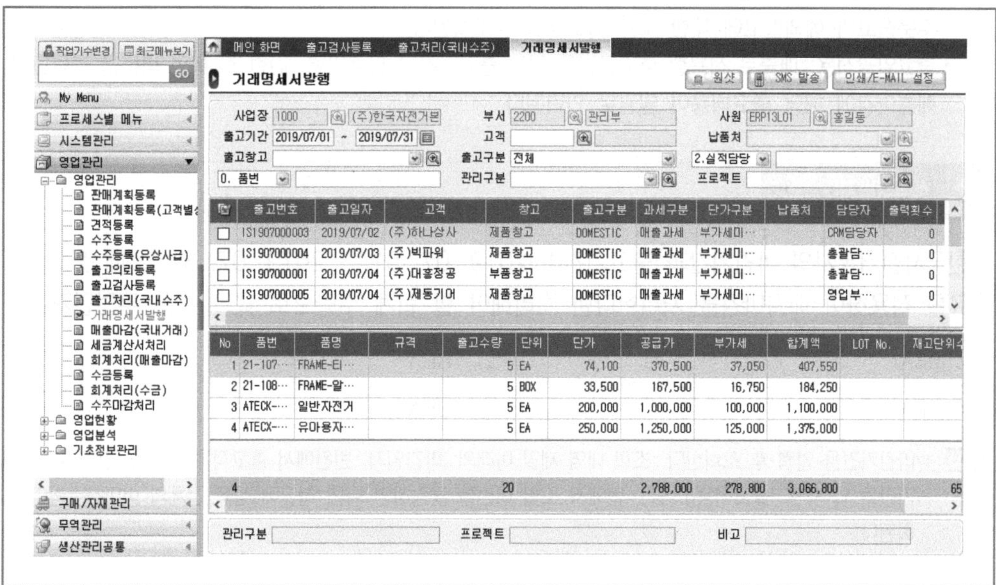

10 매출마감(국내거래)

위치: 영업관리 ▷ 영업관리 ▷ 매출마감(국내거래)

국내 출고처리 혹은 반품 건에 대한 매출마감을 처리한다. 우측 상단의 '출고적용'이나 '출고일괄적용' 버튼을 이용하여 등록된 출고 내역을 적용받아 매출마감을 할 수 있다. 매출마감 정보를 이용하여 회계연결계정에 설정된 항목에 의해 회계전표가 발행되며, 재고평가 시 출고수량 대상이 된다.

매출마감이 되지 않은 내역은 재고 감소에 영향을 주며, 재고평가 대상에서 제외된다. 마감 항목을 선택해서 '계산서처리' 버튼을 이용하여 세금계산서를 발행할 수 있다.

CHECK 용어 설명

- 마감구분: 건별 출고처리를 함과 동시에 매출마감이 처리되고, 일괄은 출고처리에서 매출마감이 되지 않고 매출마감처리에서 일괄적으로 처리된다. (출고처리에서 건별로 처리하면 매출마감에서는 처리할 필요가 없다.)

- 관리구분: 시스템관리 > 기초정보관리 > 물류/생산 > 물류관리 내역에서 영업관리 내역으로 등록된 내역 선택

CHECK 버튼 설명

- 계산서 처리: 선택된 매출 마감 건에 대해 세금계산서 처리하는 버튼이다.
- 출고적용: 국내 출고처리 등록된 내역이 조회되는 화면이다. 출고적용 화면이 팝업으로 뜨며, 매출마감으로 적용할 출고내용을 선택한 후 [확인] 버튼을 누르면 출고내용이 입력된다. (마감이 되지 않은 주문출고와 예외출고에 대한 모든 출고내용이 조회된다.)
- 출고일괄적용: 매출로 적용할 출고조건을 입력(출고기간은 필수입력 값)한 후 확인 버튼을 클릭한다. 매출마감에 해당 출고내용이 일괄로 입력된다.

실무예제

㈜한국자전거본사의 마감기간과 출고기간이 2019. 07. 01. ~ 2019. 07. 31.일 때 출고처리 자료를 적용하여 매출마감을 처리한다면 처리해야 할 합계 수량으로 옳은 것은 무엇인가?

① 80EA　　② 78EA

③ 75EA　　④ 72EA

해설 마감기간을 입력 후 조회한다. 조회 내역 제일 아래의 '마감일자' 빈칸에서 출고적용 버튼을 클릭하여 출고기간을 입력 후 '출고적용(LIST)' 탭에서 조회 버튼을 클릭하면 화면 하단에 품목 전체의 미마감수량이 조회된다.

답 ④

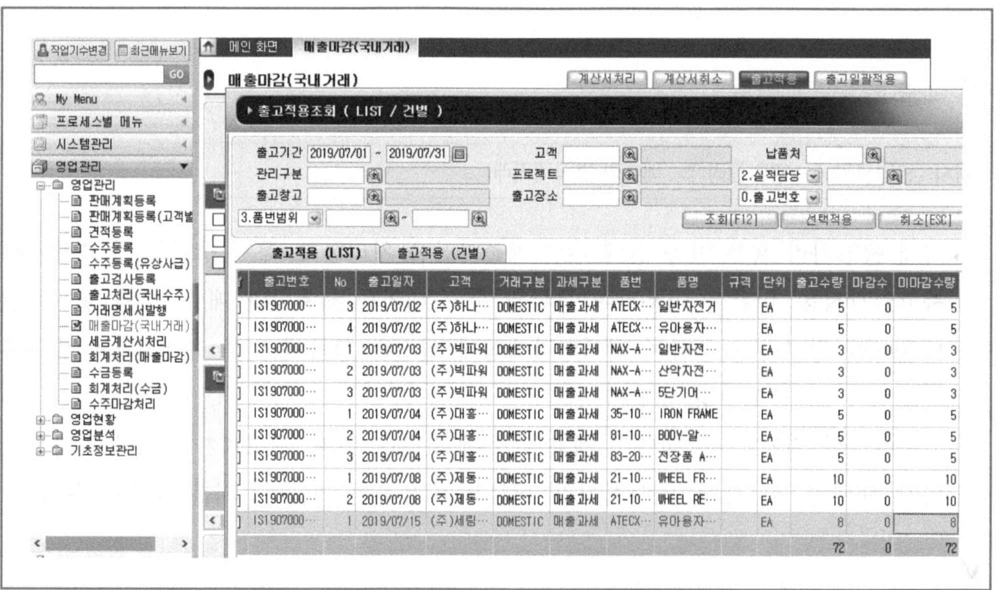

출고번호	No	출고일자	고객	거래구분	과세구분	품번	품명	규격	단위	출고수량	마감수	미마감수량
IS1907000···	3	2019/07/02	(주)하나···	DOMESTIC	매출과세	ATECK···	일반자전거		EA	5	0	5
IS1907000···	4	2019/07/02	(주)하나···	DOMESTIC	매출과세	ATECX···	유아용자···		EA	5	0	5
IS1907000···	1	2019/07/03	(주)빅파워	DOMESTIC	매출과세	NAX-A···	일반자전···		EA	3	0	3
IS1907000···	2	2019/07/03	(주)빅파워	DOMESTIC	매출과세	NAX-A···	산악자전···		EA	3	0	3
IS1907000···	3	2019/07/03	(주)빅파워	DOMESTIC	매출과세	NAX-A···	5단기어···		EA	3	0	3
IS1907000···	1	2019/07/04	(주)대흥···	DOMESTIC	매출과세	35-10···	IRON FRAME		EA	5	0	5
IS1907000···	2	2019/07/04	(주)대흥···	DOMESTIC	매출과세	81-10···	BODY-알···		EA	5	0	5
IS1907000···	3	2019/07/04	(주)대흥···	DOMESTIC	매출과세	83-20···	전장품 A···		EA	5	0	5
IS1907000···	1	2019/07/08	(주)제동···	DOMESTIC	매출과세	21-10···	WHEEL FR···		EA	10	0	10
IS1907000···	2	2019/07/08	(주)제동···	DOMESTIC	매출과세	21-10···	WHEEL RE···		EA	10	0	10
IS1907000···	1	2019/07/15	(주)세림···	DOMESTIC	매출과세	ATECX···	유아용자···		EA	8	0	8
										72	0	72

11 세금계산서처리

위치: 영업관리 ▷ 영업관리 ▷ 세금계산서처리

매출마감에서 등록된 매출 건을 기준으로 세금계산서 및 계산서를 발행한다. '마감적용'이나 '마감일괄적용' 버튼을 이용하여 마감된 내역을 적용받아 처리할 수 있으며, 물품대금을 받은 상태이면 '영수', 아직 미수인 경우에는 '청구'를 선택한다.

CHECK 버튼 설명

- 마감적용: 세금계산서를 처리할 때 매출마감에 등록된 내용을 건별로 조회하고 선택할 때 사용
- 마감일괄적용: 세금계산서를 처리할 때 매출마감에 등록된 내용을 일괄적으로 선택할 때 사용

▶▶ 실무예제

다음 [보기] 중 새로운 출고 건을 등록하고 세금계산서 처리 작업을 하기 위해 반드시 활용되어야 하는 메뉴를 모은 것으로 가장 옳은 것은 무엇인가?

[보 기]

가. 출고등록	나. 매출마감
다. 수주등록	라. 세금계산서처리

① 가, 나　　　② 나, 라

③ 라　　　④ 가, 다, 라

해설

- 매출마감 메뉴에서도 세금계산서 처리가 가능하다.
- 출고등록 없이는 매출마감을 할 수 없다.
- 출고나 매출마감 없이는 세금계산서 처리를 할 수 없다.
- 매출마감 없이는 세금계산서 처리를 할 수 없다.

답 ①

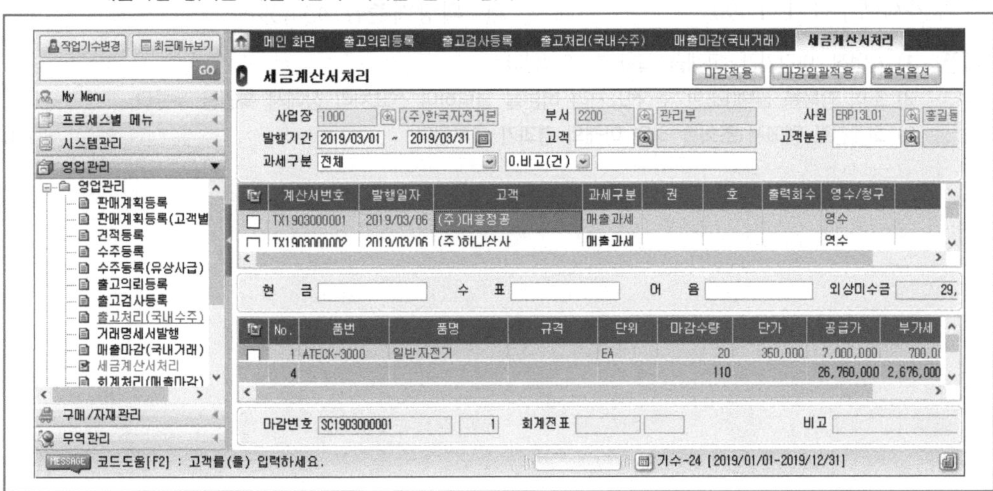

12 회계처리(매출마감)

위치: 영업관리 ▷ 영업관리 ▷ 회계처리(매출마감)

전표발행을 위해 매출마감 내역을 기준으로 '전표처리' 버튼을 이용하여 회계처리한다. 영업관리 모듈에서 등록된 자료는 회계관리 모듈에 영향을 주므로 반드시 회계처리로 이관하는 작업을 실행해야 하며, 이관하기 전에는 회계연결계정과목이 설정되어 있어야 처리가 가능하다.

CHECK 작업방법

- '매출마감' 탭에서 우측 상단의 '전표처리' 버튼을 클릭하여 전표를 생성할 수 있으며, '전표취소' 버튼을 클릭하여 생성된 전표를 취소할 수 있다.
- '회계전표' 탭을 이용하여 생성된 전표를 조회할 수 있다.
- 생성된 전표의 상태는 '미결'이며, 회계 모듈에서 승인처리를 해야 '승인'으로 된다.

CHECK 버튼 설명

전표처리: 전표로 발행되지 않은 매출마감 데이터를 회계 모듈로 이관시키기 위한 버튼이다. 부가세 신고 사업장을 선택한 후 [확인] 버튼을 클릭하면 전표가 발행된다. '전표금액 0 제외'를 체크하면 합계액이 '0'인 매출마감 건은 회계전표가 발행되지 않는다.

▶▶ 실무예제

㈜한국자전거본사의 마감기간: 2019. 07. 01. ~ 2019. 07. 31. 기간에 ㈜제동기어의 매출마감 내역을 전표처리하였을 때, 전표의 대체차변에 들어가는 계정과목으로 옳은 것은 무엇인가?

① 상품매출 394,900　　② 상품매출 1,350,000

③ 부가세예수금 174,490　　④ 외상매출금 434,390

해설 1) 사업장, 마감기간, 고객을 입력 후 조회한다.
2) 조회 항목을 선택(☑)한 후 전표처리 버튼을 클릭하여 전표처리 창에서 확인을 누른다.
3) 회계전표 탭에서 조회를 하면 아래의 결과가 출력된다.

답 ④

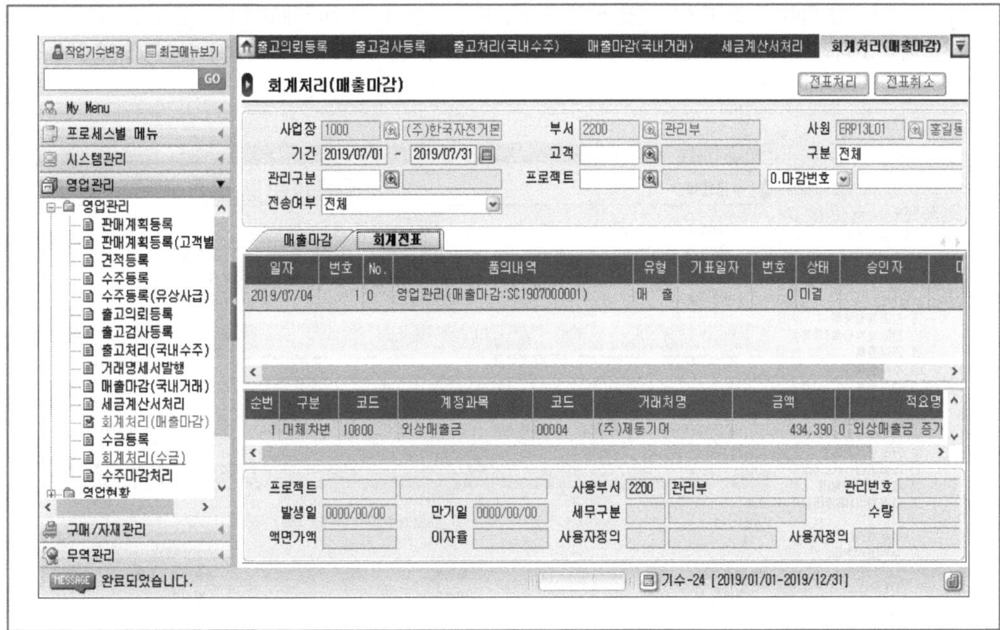

13 수금등록

위치: 영업관리 ▷ 영업관리 ▷ 수금등록

고객별로 수금(정상수금, 선수금)한 내역을 등록하며, 선수금(계약금)에 대한 정리사항을 등록할 수 있다.

CHECK 버튼 설명

- 선수금정리: 디테일에서 선수금 내역을 선택한 후 [선수금정리] 아이콘을 누르면 선수금정리 화면이 팝업으로 뜬다. 정리금액을 입력하고 [확인] 버튼을 누르면 헤드의 정리잔액에 선수금액에서 정리금액을 차감한 금액으로 수정된다. 선수금정리도 회계처리(수금)에서 전표를 발행해야 한다.
- 수금구분: 현금 ~ 잡 손실까지는 수금구분 명을 수정할 수 없고, 기타1 ~ 기타4까지에 대한 수금구분 명의 수정이 가능하며 회계연결계정과목 설정메뉴와 연동하여 전표가 분개된다.

실무예제

㈜한국자전거본사에서 수금기간: 2019. 07. 01. ~ 2019. 07. 31. 기간 동안 등록된 수금내역 중 선수금 정리가 필요한 거래처는 어디인가?'

① 00001, ㈜대흥정공 ② 00002, ㈜하나상사

③ 00003, ㈜빅파워 ④ 00004, ㈜제동기어

해설 수금기간을 입력 후 조회하면 수금등록된 조회내역이 나타난다. 각 거래처(고객)별로 클릭하면 하단 창에서 해당 고객의 정상수금 및 선수금 정보를 확인할 수 있다. ② 00002, ㈜하나상사 선수금 500,000

답 ②

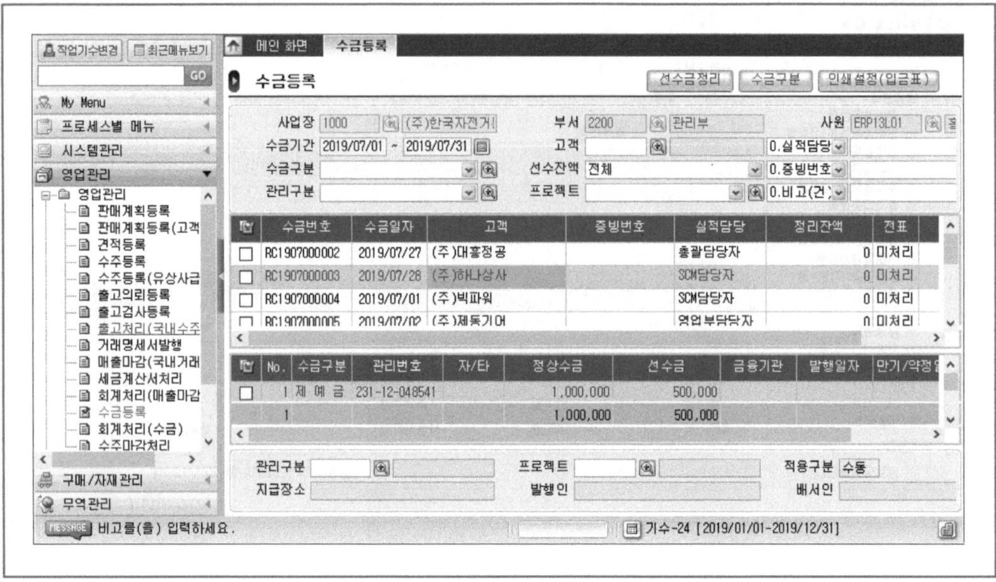

14 회계처리(수금)

위치: 영업관리 ▷ 영업관리 ▷ 회계처리(수금)

수금등록에서 등록한 내역에 대해서 전표생성 및 삭제를 하는 기능이다. '전표처리' 버튼을 이용하여 전표를 생성하고, 생성된 전표는 '회계전표' 탭에서 확인한다. 전표 상태는 '미결'이며, 회계 모듈에서 승인처리를 해야 '승인'으로 된다. 전표처리 및 취소는 수금, 선수정리 탭에서 작업을 하고 전표조회는 회계전표 탭에서 한다.

CHECK 탭 설명

- 수금 탭: [수금등록]에서 등록된 수금을 적용받아 전표를 생성 및 삭제할 수 있다.
- 선수정리 탭: [수금등록]에서 등록된 선수금정리를 적용받아 전표를 생성 및 삭제할 수 있다.
- 회계전표 탭: 회계전표 탭은 선수금 탭과 선수정리 탭에서 생성한 전표를 조회할 수 있다.

실무예제

다음 중 회계처리(수금) 메뉴의 선수정리 탭에서 등록된 선수금 정리내역을 전표처리했을 때 발생한 전표의 대체대변에 대한 내용으로 옳은 것은?

[보 기]

- 사업장: 1000, ㈜한국자전거본사
- 기간: 2019. 07. 26. ~ 2019. 07. 31.
- 수금번호: RC1907000003

① 선수금 – 선수금 정리

② 제예금 – 제예금 입금 대체

③ 외상매출금 – 외상매출금 선수금(제예금)

④ 외상매출금 – 외상매출금 선수금 대체

해설 1) [보기]의 조건을 입력 후 '선수정리' 탭에서 조회를 한다.
2) ㈜하나상사를 선택(☑) 한 후 '전표처리' 버튼을 클릭하여 확인을 한다.
3) 회계전표 탭에서 조회를 하면 하단 창에서 전표처리 결과를 확인할 수 있다. 답 ④

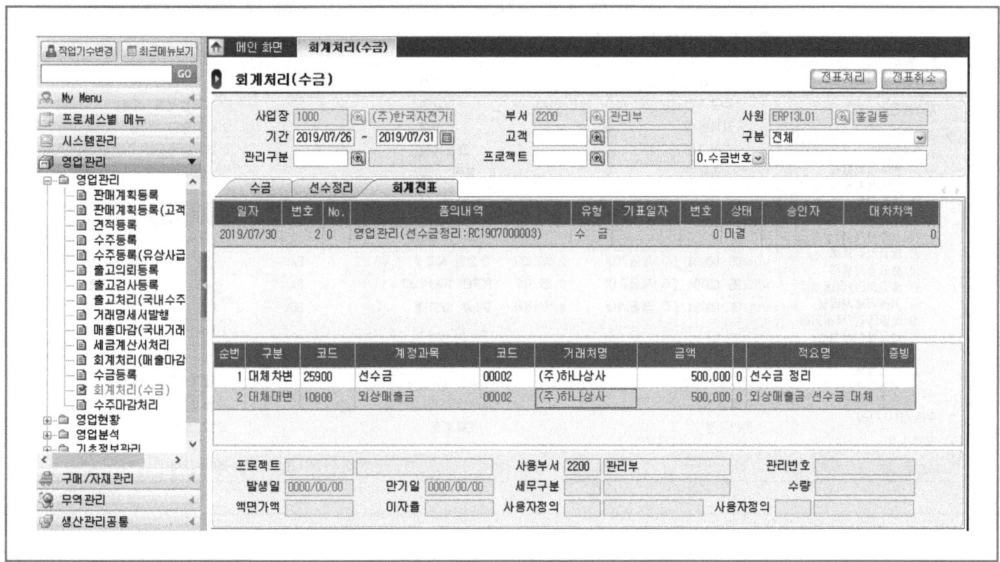

15 수주마감처리

위치: 영업관리 ▷ 영업관리 ▷ 수주마감처리

수주등록에서 등록한 내역 중 수주 잔량이 남아 있는 상태에서 주문취소 등의 사유로 출고처리(국내수주)를 하지 않고 해당 수주 건을 마감하는 단계이다. 수주마감처리를 하면 출고의뢰, 출고처리, 출고검사 내역에서 제외되며, 수주마감처리는 사용자 선택사항이다.

CHECK 버튼 설명

- 일괄마감처리: 진행구분이 진행인 주문 건에 대하여 선택된 주문내역을 일괄마감처리한다.
- 일괄마감취소: 진행구분이 마감인 주문 건에 대하여 선택된 마감처리 주문내역을 마감을 취소한다.

▶▶ 실무예제

㈜한국자전거본사에서 2019. 01. 01. ~ 2019. 01. 31. 기간 동안의 수주 건을 일괄마감처리 기능을 이용하여 마감할 수 있는 수량의 합은?

① 863EA ② 895EA

③ 1,067EA ④ 1,536EA

해설 주문기간을 입력 후 조회하면 마감처리 내역이 나타나며 주문수량과 주문잔량을 확인할 수 있다.
③ 1,067EA

답 ③

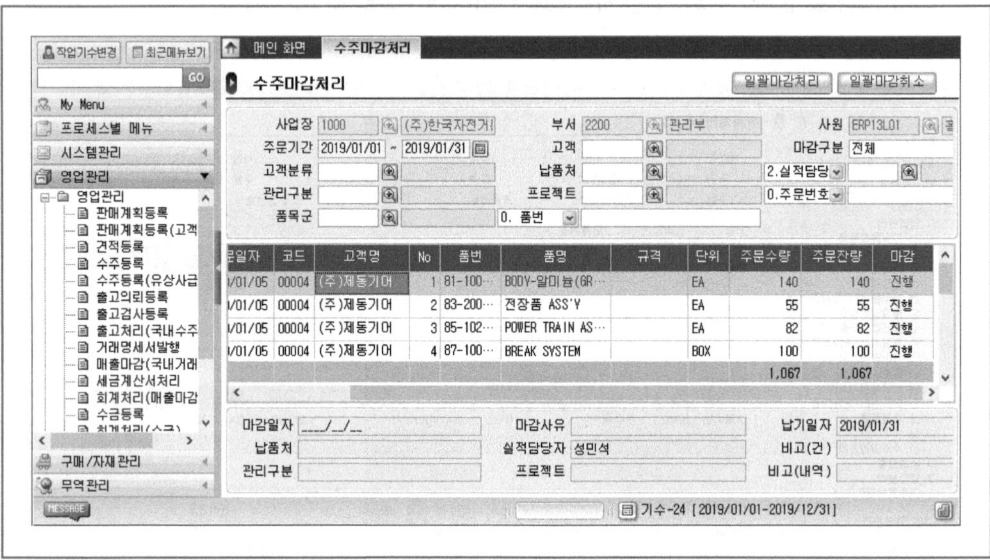

03 영업현황

영업관리 모듈에서 등록한 내역의 현황을 조회할 수 있는 프로그램 모듈이다.

1 판매계획현황

위치: 영업관리 ▷ 영업현황 ▷ 판매계획현황

계획년도의 품목별, 품목군별, 월별 판매계획에 등록한 내역을 조회한다.

CHECK 용어 설명

- 연초수량: 계획년도, 월별로 최초로 수립한 품목의 판매수량
- 수정수량: 연초수립 이후 계획변경 등으로 변경된 품목의 판매수량
- 차이수량: 연초수량 - 수정수량의 차이수량

▶▶ 실무예제

2019년도 판매계획의 연초수량과 수정수량이 동일한 품목은 무엇인가?

① ATECK-3000, 일반자전거

② ATECX-2000, 유아용자전거

③ NAX-A400, 일반자전거(P-GRAY WHITE)

④ NAX-A500, 5단기어자전거

해설 계획년도를 입력 후 조회하면 품목별 연초수량, 수정수량, 차이수량 등을 확인할 수 있다.
④ NAX-A500, 5단기어자전거: 200

답 ④

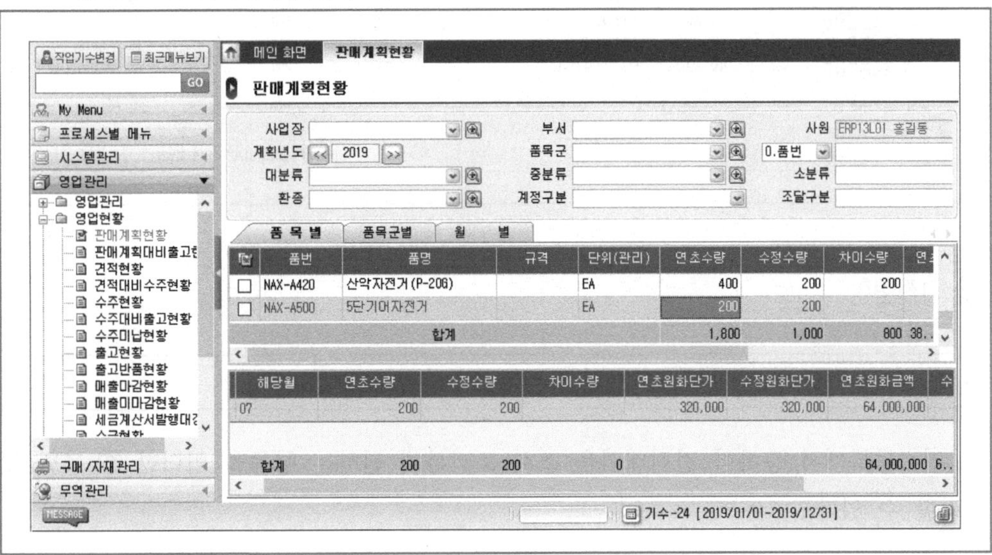

2 판매계획대비출고현황

위치: 영업관리 ▷ 영업현황 ▷ 판매계획대비출고현황

계획년도의 계획월에 대해서 품목별, 품목군별, 월별로 출고내역을 조회한다.

실무예제

2019년도 1월 ~ 9월 동안 판매계획대비 출고수량이 제일 적은 품목은 무엇인가?

① ATECK－3000, 일반자전거
② ATECX－2000, 유아용자전거
③ NAX－A400, 일반자전거(P－GRAY WHITE)
④ NAX－A500, 5단기어자전거

해설 계획년도와 기간(월)을 입력 후 조회하면 품목별 계획수량, 출고수량 등을 확인할 수 있다.
④ NAX-A500, 5단기어자전거: 6EA

답 ④

품번	품명	규격	단위	계획수량	출고수량	계획금액
ATECK-3000	일반자전거		EA	200	481	40,000,000
ATECX-2000	유아용자전거		EA	200	507	50,000,000
NAX-A400	일반자전거(P-GRAY···		EA	200	622	46,000,000
NAX-A420	산악자전거(P-20G)		EA	200	577	56,000,000
NAX-A500	5단기어자전거		EA	200	6	64,000,000
				1,000	2,193	256,000,000

3 견적현황

위치: 영업관리 ▷ 영업현황 ▷ 견적현황

견적등록에서 등록한 견적내역을 조회 조건하에 원하는 항목을 입력한 후 조회 및 출력할 수 있다.

4 견적대비수주현황

위치: 영업관리 ▷ 영업현황 ▷ 견적대비수주현황

견적등록한 데이터 중 수주등록이 이루어진 내역을 견적기간별로 조회 및 출력할 수 있다. 견적 내역별로 수주등록이 적용된 내역을 상세하게 조회 및 출력을 한다.

▶▶ 실무예제

2019년도 7월 한 달 동안 견적대비 수주실적이 있는 고객(거래처)은 어디인가?

① ㈜대흥정공　　② ㈜하나상사
③ ㈜빅파워　　④ ㈜제동기어

해설 견적기간을 입력 후 조회하면 고객별 견적대비 주문수량 등을 확인할 수 있다. ② ㈜하나상사　답 ②

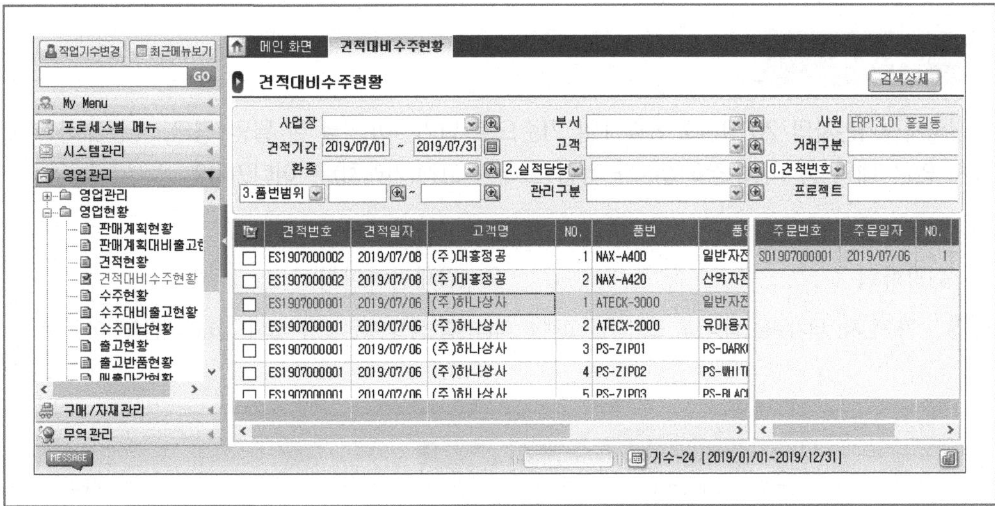

5 수주현황

위치: 영업관리 ▷ 영업현황 ▷ 수주현황

수주등록한 내역을 조회 조건에 따라 원하는 항목을 입력한 후 조회 및 출력할 수 있다.

6 수주대비출고현황

위치: 영업관리 ▷ 영업현황 ▷ 수주대비출고현황

수주등록한 내역을 기준으로 출고처리 한 진행내역을 조회 및 출력할 수 있다.

7 수주미납현황

위치: 영업관리 ▷ 영업현황 ▷ 수주미납현황

납기일, 출하예정일을 기준으로 출고처리가 되지 않은 주문내역을 조회조건에 따라 상세하게 조회 및 출력할 수 있다. 기준일자와 납기일을 비교하여 미납일수를 산출할 수도 있다.

▶▶ 실무예제

㈜한국자전거본사의 2019년도 8월 1일 기준으로 납기일이 7월 한 달인 경우, 주문대비 출고되지 않은 내역 중 미납 경과일수가 가장 오래된 고객(거래처)은 어디인가?

① ㈜대흥정공 ② ㈜하나상사

③ ㈜빅파워 ④ ㈜세림와이어

해설 기준일자, 납기일을 입력 후 조회하면 고객별 미납현황 등을 확인할 수 있다. ④ ㈜세림와이어 – 24일

답 ④

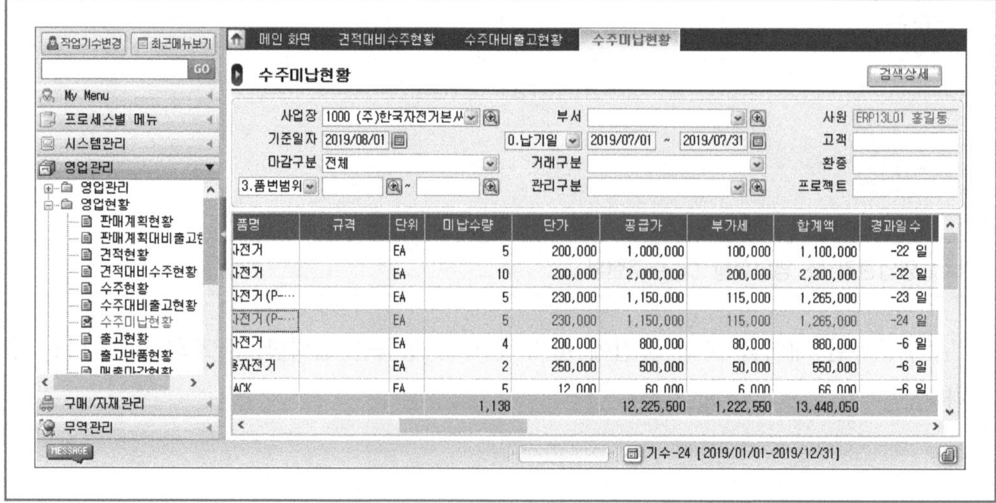

8 출고현황

위치: 영업관리 ▷ 영업현황 ▷ 출고현황

출고기간에 대해서 일자별, 고객별, 품목별 등의 출고된 현황을 조회한다.

9 출고반품현황

위치: 영업관리 ▷ 영업현황 ▷ 출고반품현황

출고처리 된 내역 중 출고수량이 (−)인 품목을 반품기간별로 조회할 수 있다.

▶▶ 실무예제

㈜한국자전거본사의 2019년도 3월 한 달간 출고된 품목 중 반품처리된 수량의 합은?

① −10EA　　　　② −8EA

③ −6EA　　　　④ −4EA

해설 반품기간을 입력 후 조회하면 고객별 반품 품목 및 수량 등을 확인할 수 있다. 답 ④

10 매출마감현황

위치: 영업관리 ▷ 영업현황 ▷ 매출마감현황

매출마감에서 등록한 내역을 상세하게 조회 및 출력할 수 있다.

11 매출미마감현황

위치: 영업관리 ▷ 영업현황 ▷ 매출미마감현황

출고처리된 내역을 기준으로 매출마감이 처리되지 않은 내역을 조회 및 출력할 수 있다.

12 세금계산서발행대장

위치: 영업관리 ▷ 영업현황 ▷ 출고현황

세금계산서 처리된 내역을 조회 및 출력할 수 있다.

13 수금현황

위치: 영업관리 ▷ 영업현황 ▷ 수금현황

국내 수금처리된 내역을 조회 및 출력할 수 있다.

14 받을어음현황

위치: 영업관리 ▷ 영업현황 ▷ 받을어음현황

수금등록에서 등록된 수금내역 중에서 받을어음에 대한 내역을 조회 및 출력할 수 있다.

15 미수채권집계

위치: 영업관리 ▷ 영업현황 ▷ 미수채권집계

고객별/담당자별/프로젝트별로 조회기간 내의 출고기준 및 마감기준으로 채권상태를 집계하여 조회 및 출력할 수 있다.

▶▶ 실무예제

㈜한국자전거본사의 2019년도 7월 한 달간 국내(출고기준), 미수기준은 0, 발생기준일 때 미수금잔액이 가장 많은 고객은?

① ㈜대흥정공　　　② ㈜하나상사
③ ㈜빅파워　　　④ ㈜조영산업

해설 사업장, 조회기간, 조회기준, 미수기준을 입력 후 조회하면 고객별 미수금 잔액을 확인할 수 있다.
④ ㈜조영산업, 8,539,910　　　답 ④

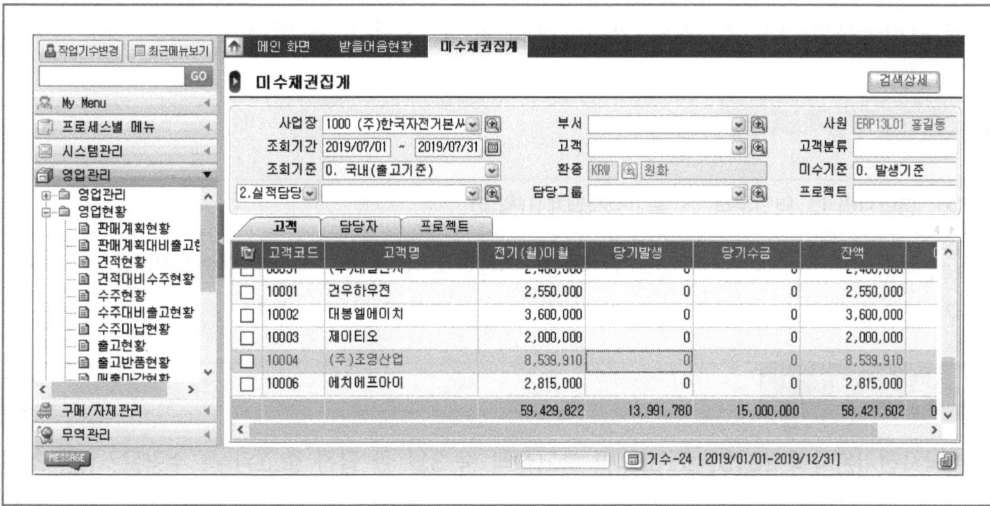

16 미수채권상세현황

위치: 영업관리 ▷ 영업현황 ▷ 미수채권상세현황

고객별/담당자별/프로젝트별로 조회기간 내의 출고기준 및 마감기준으로 채권상태를 조회 및 출력할 수 있다.

04 영업분석

영업관리 모듈에서 등록한 내역을 분석할 수 있는 프로그램 모듈이다.

1 수주미납집계

위치: 영업관리 ▷ 영업분석 ▷ 수주미납집계

수주등록에 등록된 데이터 중 출고되지 않은 주문 미납내역을 고객별/품목별/담당자별/관리구분별/프로젝트별로 집계하여 조회 및 출력할 수 있다.

2 출고실적집계표(월별)

위치: 영업관리 ▷ 영업분석 ▷ 출고실적집계표(월별)

출고처리한 데이터를 기준으로 해당(조회)년도의 월별로 고객별/품목별/담당자별/관리구분/프로젝트별로 조회 기준에 따라 조회 및 출력할 수 있다.

▶▶ 실무예제

㈜한국자전거본사의 2019년도 고객별 출고실적 중 3월 한 달간 출고된 총 수량은? (단, 조회기준은 수량)

① 2,101EA　　② 2,218EA

③ 2,251EA　　④ 2,278EA

해설 해당연도와 조회기준을 입력 후 고객 탭에서 조회하면 고객별 / 월별 출고수량을 확인할 수 있다.

답 ①

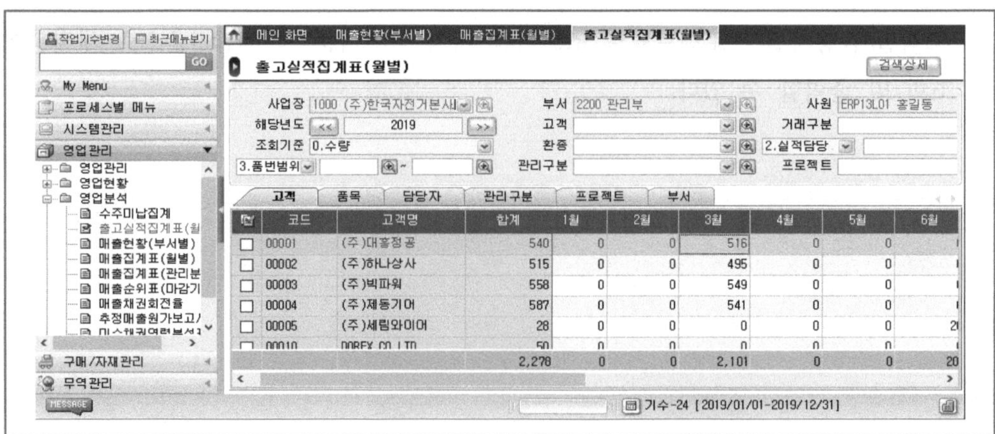

3 매출현황(부서별)

위치: 영업관리 ▷ 영업분석 ▷ 매출현황(부서별)

매출마감에서 등록한 부서별 내역을 상세하게 조회 및 출력할 수 있다.

4 매출집계표(월별)

위치: 영업관리 ▷ 영업분석 ▷ 매출집계표(월별)

해당 연도에 대한 거래처별/품목별/담당자별/관리구분별/프로젝트별로 월별 매출 실적수량이나 금액을 조회할 수 있다.

5 매출집계표(관리분류별)

위치: 영업관리 ▷ 영업분석 ▷ 매출집계표(관리분류별)

해당 연도에 대한 거래처분류별/지역분류별/지역그룹/담당그룹별로 매출마감을 한 내역을 시스템관리 > 기초정보관리 > 물류실적(품목/고객)담당자등록 메뉴에서 설정한 데이터를 바탕으로 월별 매출 실적 수량이나 금액을 조회할 수 있다.

6 매출순위표(마감기준)

위치: 영업관리 ▷ 영업분석 ▷ 매출순위표(마감기준)

매출마감 처리된 내역을 바탕으로 매출기간 내 조회기준(수량, 금액)에 대한 점유율을 산출하여 순위를 산출하여 조회 및 출력하는 현황이다. 고객별/품목별/담당자별/관리구분별/프로젝트별/부서별로 조회할 수 있다.

▶▶ 실무예제

㈜한국자전거본사의 2019년도 7월 한 달간 매출실적이 가장 많은 품목은 무엇인가? (단, 조회기준은 원화금액)

① ATECK－3000, 일반자전거

② ATECX－2000, 유아용자전거

③ NAX－A400, 일반자전거(P－GRAY WHITE)

④ NAX－A500, 5단기어자전거

해설 매출기간과 조회기준을 입력 후 품목 탭에서 조회하면 품목별 매출금액을 확인할 수 있다.
③ NAX-A400, 일반자전거(P－GRAY WHITE) 답 ③

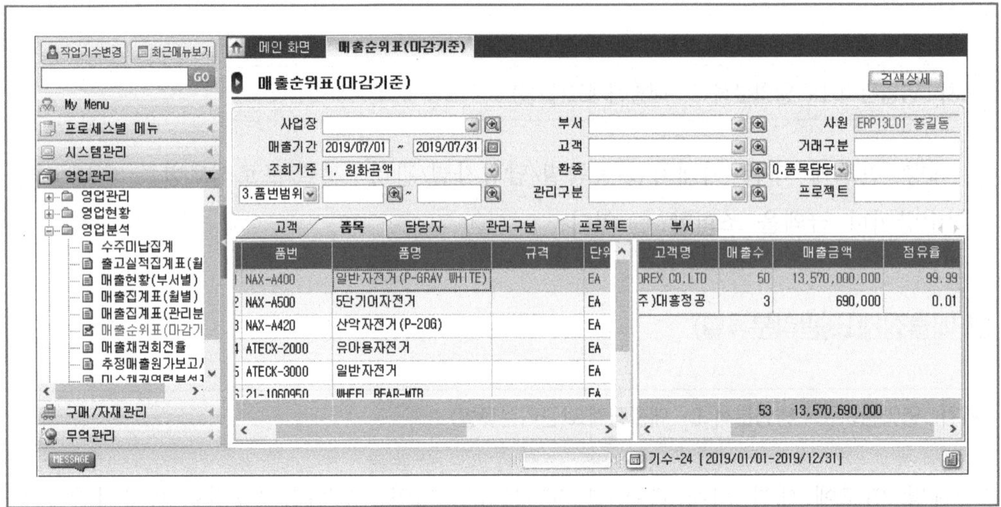

7 매출채권회전율

조회기간, 조회기준(출고기준, 마감기준)에 따라서 고객별 평균매출채권, 순매출액, 대상일수, 일평균매출액, 회전율, 회수기간을 분석한다.

위치: 영업관리 ▷ 영업분석 ▷ 매출채권회전율

▶▶ 실무예제

㈜한국자전거본사의 2019년도 7월 한 달간 조회기준은 출고기준일 때 매출채권 회전율이 가장 우수한 고객은?

① ㈜대흥정공 ② ㈜하나상사

③ ㈜빅파워 ④ ㈜세림와이어

해설 사업장, 조회기간, 조회기준을 입력 후 조회하면 고객별 매출채권 회전율을 확인할 수 있다. ② ㈜하나상사, 1.33(회수기간이 짧고 회전율이 높을수록 채권회수가 우수함) 답 ②

8 추정매출원가보고서

위치: 영업관리 ▷ 영업분석 ▷ 추정매출원가보고서

매출기간, 조회기준(매출액, 이익)에 따라서 해당 담당자(품목, 고객, 실적) 각각의 고객별, 품목별, 담당자별, 관리구분별, 프로젝트별, 부서별로 발생한 매출 마감된 내역을 근거로 추정이익을 분석한다.

▶▶ 실무예제

㈜한국자전거본사의 2019년도 7월 한 달간 추정매출원가대비 이익율이 가장 적은 품목은 무엇인가? (단, 조회기준은 이익)

① ATECK-3000, 일반자전거

② ATECX-2000, 유아용자전거

③ WHEEL FRONT-MTB

④ NAX-A500, 5단기어자전거

해설 매출기간과 조회기준을 입력 후 품목 탭에서 조회하면 품목별 이익율을 우측 창에서 확인할 수 있다.
③ WHEEL FRONT-MTB, 7.69 답 ③

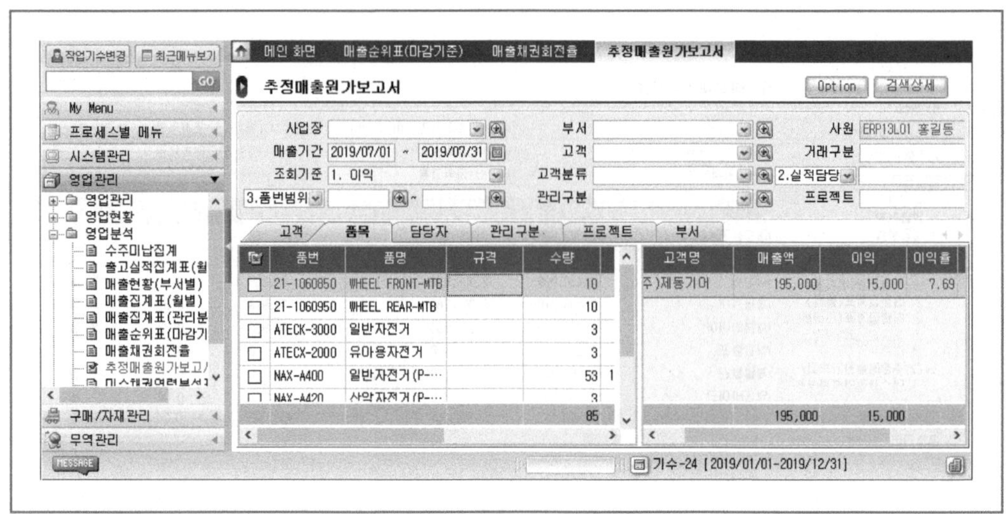

9 미수채권연령분석표

위치: 영업관리 ▷ 영업분석 ▷ 미수채권연령분석표

기준일자, 조회기준(출고기준, 마감기준)에 대해 잔액보유(전체, 잔액보유분) 조건을 기준으로 고객(월), 고객(분기), 담당(월), 담당(분기), 프로젝트(월), 프로젝트(분기)별로 미수채권 금액과 비율을 분석한다.

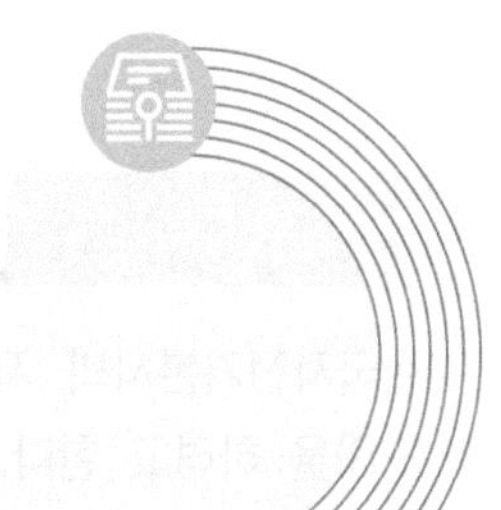

CHAPTER 04 구매 · 자재관리

01 구매관리

1 주계획작성(MPS)

위치: 구매/자재관리 ▷ 구매관리 ▷ 주계획작성(MPS)

주계획구분인 0. 판매계획, 1. 주문, 2. Simulation 중 회사에 적합한 주계획(Master Plan)의 기준을 선택한 후 전 단계(판매계획, 주문)내역을 적용하여 등록하거나, 직접 입력하여 등록한다. 계정이 상품, 제품, 반제품인 품목만을 주계획작성에 등록하며, 등록된 정보는 소요량전개(MRP)에 반영된다.

CHECK 용어 설명

- 계획구분: 주계획작성의 기준이 될 구분을 선택한다. 계획구분으로는 0. 판매계획, 1. 주문, 2. Simulation 중 하나만 선택한다.
- 계획일: 계획품목의 입고 계획을 등록한다.
- 단위: 품목등록에서 등록한 재고단위가 표시된다.
- 고객: 계획구분이 1. 주문 또는 0. 판매계획 중 고객별상세로 적용 시 고객이 반영된다.
- 계획수량: 재고단위를 감안한 계획수량을 등록한다.

CHECK 버튼 설명(주문적용)

- 계획구분이 0. 주문인 경우에만 [주문적용] 버튼이 나타난다.
- 옵션에 주문등록(영업(국내), 수출), 주문등록(유통)) 중 체크한 주문내역만 조회된다.
- 적용 후 계획 수량을 분할하여 계획일을 등록할 수 있으며, 주문잔량이 관리된다.
- 적용 후 계획일을 입력하여야 하며, 계획일은 납기일 또는 생산완료일을 의미한다.

▶▶ 실무예제

㈜한국자전거본사의 자재부에서는 2019년 3월 한 달간의 주문잔량을 적용하여 주계획작성(MPS)을 하려고 한다. 품목별 주문잔량의 합을 연결한 것으로 옳은 것은?

① 일반자전거 1,270EA

② 유아용자전거 1,132EA

③ 산악자전거(P-20G) 574EA

④ 일반자전거(P-GRAY WHITE) 550EA

해설 사업장, 계획기간, 계획구분 '1. 주문'을 각각 입력 후 조회한다. '주문적용' 버튼을 클릭하여 주문기간과 품명 '산악자전거'를 입력한 후 조회 버튼을 누르면 해당 품명의 주문잔량 합계를 확인할 수 있다.

답 ③

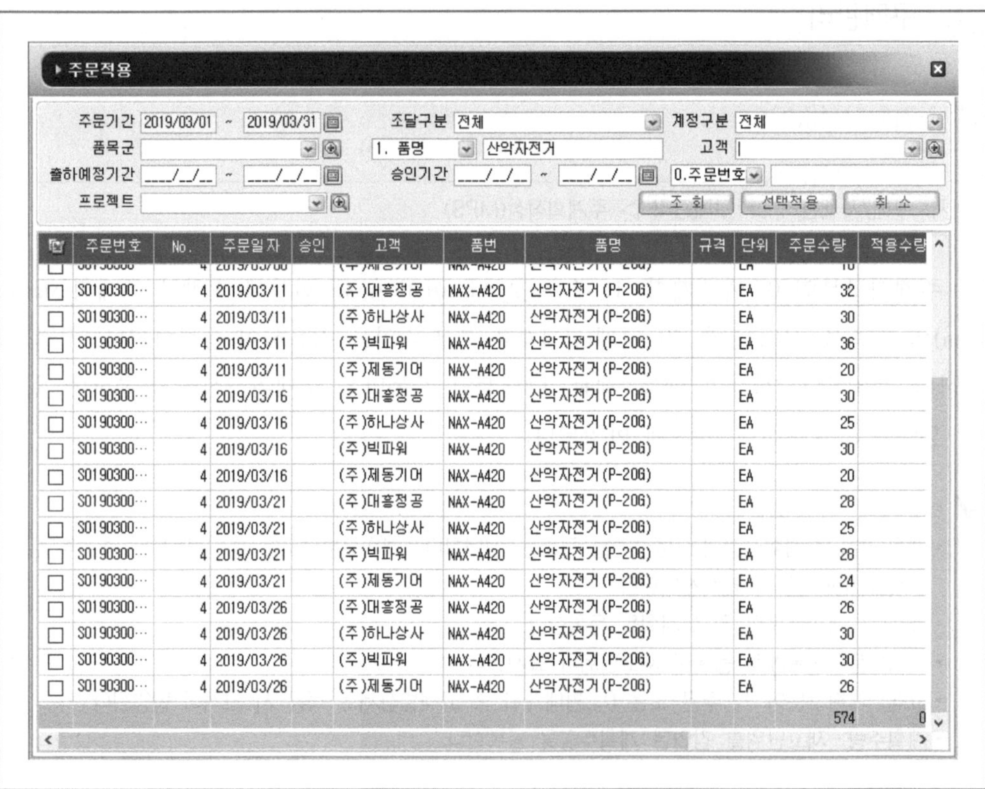

주문번호	No.	주문일자	승인	고객	품번	품명	규격	단위	주문수량	적용수량
S0190300···	4	2019/03/11		(주)대흥정공	NAX-A420	산악자전거(P-20G)		EA	32	
S0190300···	4	2019/03/11		(주)하나상사	NAX-A420	산악자전거(P-20G)		EA	30	
S0190300···	4	2019/03/11		(주)빅파워	NAX-A420	산악자전거(P-20G)		EA	36	
S0190300···	4	2019/03/11		(주)제동기어	NAX-A420	산악자전거(P-20G)		EA	20	
S0190300···	4	2019/03/16		(주)대흥정공	NAX-A420	산악자전거(P-20G)		EA	30	
S0190300···	4	2019/03/16		(주)하나상사	NAX-A420	산악자전거(P-20G)		EA	25	
S0190300···	4	2019/03/16		(주)빅파워	NAX-A420	산악자전거(P-20G)		EA	30	
S0190300···	4	2019/03/16		(주)제동기어	NAX-A420	산악자전거(P-20G)		EA	20	
S0190300···	4	2019/03/21		(주)대흥정공	NAX-A420	산악자전거(P-20G)		EA	28	
S0190300···	4	2019/03/21		(주)하나상사	NAX-A420	산악자전거(P-20G)		EA	25	
S0190300···	4	2019/03/21		(주)빅파워	NAX-A420	산악자전거(P-20G)		EA	28	
S0190300···	4	2019/03/21		(주)제동기어	NAX-A420	산악자전거(P-20G)		EA	24	
S0190300···	4	2019/03/26		(주)대흥정공	NAX-A420	산악자전거(P-20G)		EA	26	
S0190300···	4	2019/03/26		(주)하나상사	NAX-A420	산악자전거(P-20G)		EA	30	
S0190300···	4	2019/03/26		(주)빅파워	NAX-A420	산악자전거(P-20G)		EA	30	
S0190300···	4	2019/03/26		(주)제동기어	NAX-A420	산악자전거(P-20G)		EA	26	
									574	0

2 소요량전개(MRP)

위치: 구매/자재관리 ▷ 구매관리 ▷ 소요량전개(MRP)

주계획작성에서 등록한 계획 내역 또는 판매계획에서 등록한 계획 내역을 통해서 각 계획품목의 발주예정시기, 소요(납기)일자 및 예정수량을 산출한다. 소요량전개를 할 때 입력하는 날자가 예정발주일보다 이전이면 예정발주일이 자동으로 계산되며, 예정발주일보다 이후이면 입력하는 날자가 예정발주일이다.

CHECK 용어 설명

- 전개구분: 소요량전개의 기준이 될 구분을 선택한다.
  0. 판매계획: 영업관리의 판매계획등록 데이터가 반영됨
  1. 주문전개: 영업관리의 수주등록 데이터가 반영됨
  2. 모의전개(Simulation): 판매계획이나 수주등록 데이터가 아닌 MPS에서 임의로 입력
  3. 생산계획: 생산관리의 생산계획등록 데이터가 반영됨
- 소요일자: 계획품목이 필요한 납기일을 의미한다.
- 예정발주일: 품목등록에서 등록한 리드타임을 소요일자를 기준으로 감안한 일자를 의미한다.
- 단위: 재고단위를 의미한다.

CHECK 버튼 설명(소요량전개)

- 클릭 시 BOM등록에서 모품목을 기준으로 자품목이 자동으로 반영된다.
- 반영 시 계획일자의 모품목의 시작일, 종료일이 포함된 경우에만 자품목이 반영된다.

CHECK 버튼 설명(소요량취합)

- 전개로 인하여 산출된 동일한 자품목이 있는 경우 산출된 예정수량이 합산된다.
- 합산 시 예정발주일은 산출된 것 중 제일 빠른 발주일을 기준으로 표시된다.
- 시스템환경설정에서 구매포장단위수량 적용여부를 '여'로 설정했을 경우 조달 구분이 '구매'인 품목에 한하여 구매포장단위수량이 적용된다.

▶▶ 실무예제

다음 중 (주)한국자전거본사의 2018년 8월 한 달간 주계획작성(주문전개) 내역을 근거로 소요량전개 및 소요량 취합을 수행한 후 품명 HEAD LAMP 의 예정발주수량은 몇 개인가?
(단, 전개기준은 설정하지 않는다.)

① 360EA ② 322EA

③ 315EA ④ 313EA

해설 사업장을 입력 후 조회를 하면 전개구분 '1. 주문전개' 기준 내역이 나타나며, '소요량전개' 버튼을 클릭하고 또한 '소요량취합' 버튼을 클릭하면 품명별로 소요량이 취합된 것을 확인할 수 있다. 아래의 화면에서 계획기간이 2018년도로 나타난 것은 2018년도 정기시험의 기출문제를 활용하였기 때문이다. 답 ②

3 청구등록

위치: 구매/자재관리 ▷ 구매관리 ▷ 청구등록

수급하고자 하는 품목에 대하여 청구구분에 따라 구매 발주, 생산(외주) 지시를 자재 및 재고 담당에게 청구한다. '소요량적용' 버튼을 이용해서 산출된 품목에 대한 내역을 적용하여 입력할 수도 있으며, 직접 등록하여 청구할 수도 있다.

CHECK 버튼 설명(소요량적용/소요량일괄적용)

- [소요량적용] 버튼을 클릭한다. 조회 조건을 입력한 후 [조회] 버튼을 클릭한다.
- 조회된 내역 중 청구등록에 적용한 내역은 체크박스를 체크하여 [선택적용] 버튼을 클릭한다. 소요수량을 분할하여 적용할 수 있다.
- [소요량일괄적용] 버튼을 이용해서 청구품목 전체의 소요수량을 적용할 수도 있다.
- 소요수량을 분할하여 적용할 경우에는 소요수량에 청구수량을 차감한 잔량(소요수량)이 나타난다.

실무예제

아래 [보기]의 조건으로 데이터를 조회한 후 물음에 답하시오.

[보 기]

- 사업장: 1000, ㈜한국자전거본사
- 요청일자: 2019. 07. 01. ~ 2019. 07. 31.

다음 중 [보기]의 기간 동안 구매 청구된 품목이 아닌 것은 무엇인가?

① WHEEL FRONT－MTB　　② WHEEL REAR－MTB

③ FRAME－티타늄　　④ FRAME－알미늄

해설 [보기]의 조건을 입력 후 조회한다. 조회 내역을 클릭하면 해당 청구일자의 구매품목을 하단 창에서 확인할 수 있다. 답 ④

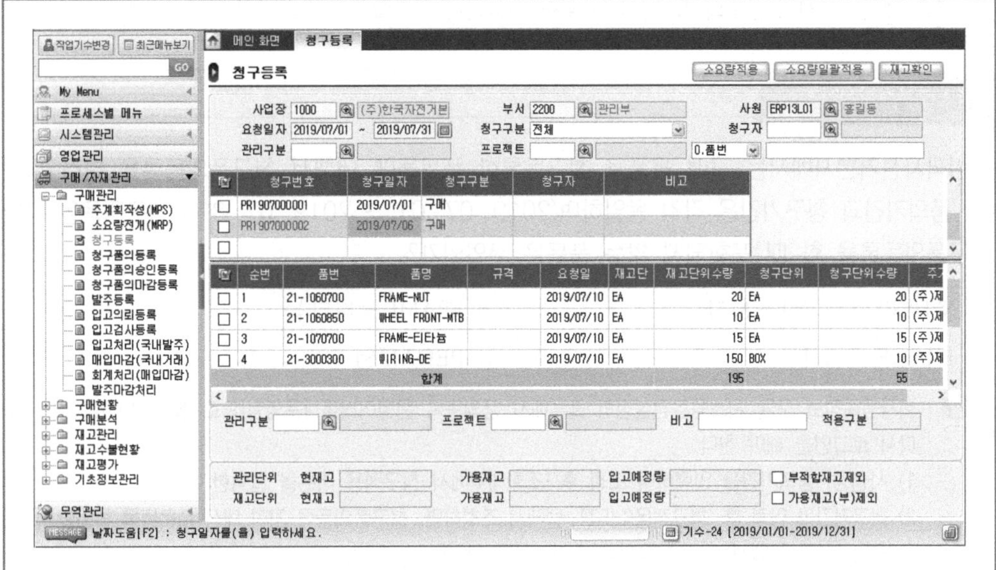

4 청구품의등록(2018년 신규 추가메뉴)

위치: 구매/자재관리 ▷ 구매관리 ▷ 청구품의등록

구매품에 대하여 품의과정을 통해서 승인을 득한 후 구매발주 처리를 한다. 청구적용을 통하여 청구품의를 처리할 수 있지만, 청구작업을 생략하고 직접 청구품의를 입력하여 품의작업을 등록할 수 있다.

단, 시스템환경설정에서 조회구분 4. 물류의 품의등록 운영여부가 운영함으로 선택되어야 하며, 사용자 선택사항이다.

CHECK 버튼 설명

- [청구적용] 버튼은 전 단계인 청구등록에서 등록한 데이터를 조회한다. 조회 조건을 입력한 후 [조회] 버튼을 클릭하여 조회된 청구내역 중 적용하고자 하는 청구요청건을 선택한 후 [선택적용] 버튼을 클릭하면 품의등록에 자동으로 적용된다. 청구등록 내역을 적용 시에는 설정한 구매단가가 등록된 경우 자동으로 단가가 적용되며, 변경도 가능하다.
- [선택적용] 버튼은 청구등록에 주거래처가 등록이 되어 있더라도, 청구품의등록 시 주거래처가 아닌 직접 거래처를 입력하여 청구품의를 등록할 수 있는 버튼이다.

- [일괄적용] 버튼은 품의 품목 중에서 품목등록에 주거래처가 등록되어 있는 품목에 대하여 주거래처별로 자동집계되어 청구품의를 작성하고자 할 때 처리하는 버튼이다. 청구잔량이 남아 있는 청구내역에 대하여 '마감'처리한 경우에는 조회되지 않는다.

CHECK 버튼 설명(재고확인)

조회 내역 중 선택 품목의 재고수량을 화면 하단에서 확인할 수 있다.

▶▶ 실무예제

㈜한국자전거본사에서는 구매 물품을 청구등록한 품목들에 대해서 청구품의등록을 하려고 한다. 품의기간과 청구기간은 각각 동일하며(2019. 07. 01. ~ 2019. 07. 31.) 청구적용을 받아 청구품의등록을 할 때 포함되지 않는 품목은 무엇인가?

① WHEEL FRONT－MTB　　② FRAME－티타늄

③ FRAME－NUT　　④ PEDAL(S)

해설 회사등록정보 모듈 시스템환경설정의 물류에서 품의등록 운영여부를 [운영함]으로 설정하여 로그아웃 후 다시 로그인을 해야 한다.

1) 사업장, 품의기간을 입력하여 조회 후, 조회내역에서 청구적용 버튼을 클릭한다.
2) 청구기간을 입력 후 '청구적용(LIST)' 탭에서 조회하면, 청구품의등록 처리 대상 품목들을 확인할 수 있으며, 하단 창에서는 해당 품목의 주거래처를 확인할 수 있다.

또한, 4가지 품의 품목에 대해 '선택적용' 혹은 '일괄적용' 처리하여 청구품의등록을 완료할 수 있으므로 연습해 보기 바란다. 답 ④

5 청구품의승인등록(2018년 신규 추가메뉴)

위치: 구매/자재관리 ▷ 구매관리 ▷ 청구품의승인등록

선행 단계에서 등록한 청구품의등록 내역을 조회하여 승인권자가 '승인처리' 또는 '승인취소'를 처리한다. 시스템환경 설정에서 품의등록운영 여부를 '여'로 선택한 경우에만 메뉴를 운영할 수 있다.

6 청구품의마감등록(2018년 신규 추가메뉴)

위치: 구매/자재관리 ▷ 구매관리 ▷ 청구품의마감등록

청구품의등록에 등록된 내역 중에서 품의취소 등의 사유로 더 이상 진행되지 않는 내역을 선택하여 등록된 품의를 마감 처리한다. 즉, 청구품의내역의 승인잔량을 마감 혹은 미마감 처리 할 수 있는 단계이다.

7 발주등록

위치: 구매/자재관리 ▷ 구매관리 ▷ 발주등록

구매품을 매입하기 위하여 구매처에 발주한 내역을 등록하며, 국내 발주 건에 속한 내역만을 등록한다.

CHECK 용어 설명

- 단위: 품목등록에서 등록한 관리단위를 의미한다.
- 단가유형: 단가유형 필드는 단가유형 중 품목유형별, 거래처&품목유형별, 통합단가 등 단가 유형이 필요한 단가를 운영할 경우에만 필드가 나타난다.
- 검사: 시스템환경설정 항목 중 입고검사여부에서 '여'로 선택한 경우에만 필드가 나타난다. 검사구분을 사용자가 변경할 수 있다.

CHECK 버튼 설명

- 청구적용 조회: 청구등록, 청구품의등록에서 등록한 내역 중 청구구분이 '구매'인 내역 중 잔량이 남아 있는 내역만 조회된다. 청구잔량이 없거나, 청구잔량이 있더라도 청구품의마감등록에서 '마감'으로 처리한 내역은 조회되지 않는다.
- 청구일괄적용: 청구품목 중 품목등록의 항목에서 주거래처가 등록된 품목에 대해서만 일괄적으로 주거래처를 기준으로 발주 건으로 집계되어 자동으로 발주등록을 할 수 있다. 시스템환경설정의 항목 중 품의등록운영여부에서 '부'인 경우에만 버튼이 활성화가 된다.
- 품의승인적용 조회: 청구품의등록에서 등록한 내역 중 승인잔량이 남아 있는 내역만 조회된다. 승인잔량이 없거나, 승인잔량이 있더라도 청구품의마감등록에서 '마감'으로 처리한 품의내역은 조회되지 않는다. 수량은 품의수량 기준이 아니며 승인수량이 적용되는 기준이 된다. 시스템환경설정의 항목 중 품의등록운영여부에서 '여'인 경우에만 버튼이 활성화가 된다.

- 주문적용 조회: 청구등록에서 등록한 내역 중 주문잔량이 남아 있는 내역만 조회된다. 주문잔량이 없거나, 주문잔량이 있더라도 주문내역 중 '마감' 처리한 내역은 조회되지 않는다. 버튼이 나열된 화면에서 [»]를 클릭하여 나머지 버튼들을 펼칠 수 있다.
- [주문일괄적용] 버튼은 구매품목 중 품목등록 항목의 주 거래처가 등록되어 있는 품목에 대하여 자동으로 발주를 생성하는 기능이다. 주문잔량이 없거나, 주문잔량이 있더라도 주문내역 중 '마감' 처리한 내역은 해당되지 않는다.
- 재고확인: 조회된 내역 중 선택항목에 대한 현재고량을 조회할 수 있다.

▶▶ 실무예제

아래 [보기]의 조건으로 데이터를 조회한 후 물음에 답하시오.

[보 기]

- 사업장: 1000, ㈜한국자전거본사
- 발주기간: 2019. 07. 01. ~ 2019. 07. 31.
- 청구기간: 2019. 07. 01. ~ 2019. 07. 31.
- 거래처: ㈜세림와이어

다음 중 청구적용 조회 버튼을 이용하여 발주등록을 실행할 때 청구일자가 7월 6일인 경우의 청구가능 품목은 무엇인가?

① 21－1060700, FRAME－NUT

② 21－1070700, FRAME－티타늄

③ ATECK－3000, 일반자전거

④ ATECX－2000, 유아용자전거

해설 1) [보기]의 조건을 입력 후 조회를 한 후, 청구적용 조회 버튼을 클릭한다.
2) 청구기간을 입력 후, 조회하면 발주등록 가능한 품목을 확인할 수 있다.
만약, 청구적용 조회 및 청구일괄적용 버튼이 비활성화 상태면 시스템환경설정의 물류에서 품의등록운영여부를 0. 운영 안 함으로 수정 후 로그아웃하여 다시 로그인하면 활성화 된다. 답 ①

CHECK 조회내역의 청구품목 중 가용재고 수량이 제일 적은 품목을 찾는 문제를 푸는 방법

[보기]의 조건을 입력 후 조회를 한다. 조회 내역 하단 창에서 품목을 선택하여 재고확인 버튼을 누르면 제일 하단에서 해당 품목의 가용재고량을 확인한다. 재고단위 가용재고가 음수(-)인 21-3000300, WIRING-DE 품목이 -9,315로 제일 적다. 또한 메인 화면에서 청구적용 조회 및 청구일괄적용 버튼이 비활성화 상태면 시스템환경설정의 물류에서 품의등록운영여부를 0. 운영 안함으로 수정 후 로그아웃하여 다시 로그인하면 활성화 된다.

8 입고의뢰등록

위치: 구매/자재관리 ▷ 구매관리 ▷ 입고의뢰등록

구매 발주한 내역에 대하여 의뢰창고로 입고를 요청 시 등록한다.

CHECK 유의사항

- 사용자권한설정이 되어 있다 하더라도 시스템환경설정 항목 중 입고의뢰운영여부에서 '여'로 선택한 경우에만 메뉴를 사용할 수 있고, 입고의뢰등록을 직접 등록할 수 없다.
- 시스템환경설정 항목 중 입고검사운영여부가 '부'인 경우에는 입고처리가 적용되며, '여'인 경우에는 검사구분에 따라서 '검사'인 경우에는 입고검사에 적용되며, '무검사'인 경우에는 입고처리에 적용된다.

▶▶ 실무예제

아래 [보기]의 조건으로 데이터를 조회한 후 물음에 답하시오.

[보 기]

- 사업장: 1000, ㈜한국자전거본사
- 의뢰기간: 2019. 03. 01. ~ 2019. 03. 31.
- 발주기간: 2019. 03. 01. ~ 2019. 03. 31.

다음 중 입고의뢰등록을 실행할 때 발주적용조회 버튼을 사용하여 등록하려고 한다. ㈜하나상사 품목의 발주잔량은 몇 개인가?

① 12EA ② 8EA

③ 4EA ④ 1EA

해설 [보기]의 조건을 입력한 후 조회한다. 발주적용조회 버튼에서 의뢰기간을 입력 후, 발주적용(건별) 탭에서 발주기간과 ㈜하나상사를 입력하여 조회하면 하단 창에서 발주잔량(입고의뢰 가능수량)을 확인할 수 있다.

답 ④

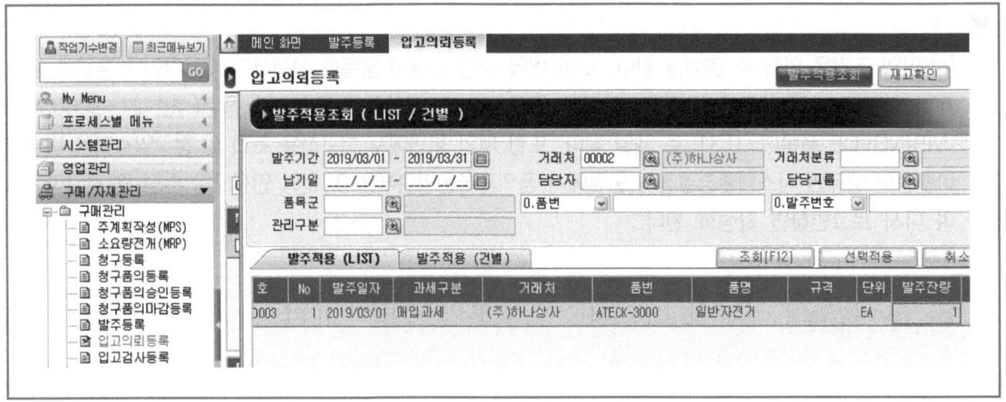

9 입고검사등록

위치: 구매/자재관리 ▷ 구매관리 ▷ 입고의뢰등록

발주한 품목에 대하여 창고로 입고하기 전 검사를 한다. 입고의뢰등록에서 검사구분이 '무검사'가 아닌 '검사'로 설정된 경우에만 조회되어 검사를 진행할 수 있으며 직접 입력하여 등록할 수 없다.

CHECK 유의사항

- 사용자권한설정이 되어 있다 하더라도 시스템환경설정 항목 중 입고검사운영여부에서 '여'로 선택한 경우에만 메뉴를 오픈할 수 있다. 해당 설정 항목은 사용 중 변경할 경우 이후 프로세스에 계속해서 영향을 미칠 수 있으므로 절대로 변경하지 않는 것이 중요하다.
- 시스템환경설정 항목 중 입고의뢰운영여부가 '여'인 경우에는 입고의뢰 내역이 적용되며, '부'인 경우에는 발주등록에서 등록한 내역을 적용하여 입고검사를 등록할 수 있다.

10 입고처리(국내발주)

위치: 구매/자재관리 ▷ 구매관리 ▷ 입고처리(국내발주)

발주품목을 입고 시 처리하며, 물품이 창고에 입고되는 시점으로 수량 수불이 증가되는 시점에 등록한다. 수량에 '-'를 표시 시에는 반품을 의미하며, 예외입고 탭을 통하여 처리한다. 입고적용 탭을 이용하여 입고처리를 하며, 발주입고 탭을 이용해서 해당 품목에 대해 입고처리를 완료할 수 있다.

CHECK 용어 설명

- 입고창고: 조회 조건이면서 필수 입력 항목이다. 현재 속한 사업장만 조회가 되며, 사용여부가 '여'인 창고만 조회가 된다.

• 마감: 이후 프로세스인 매입마감과 관련하여 처리하는 방식을 결정하는 구분이다. '건별'은 입력과 동시에 매입마감이 자동으로 처리되며, '일괄'인 경우에는 매입마감에서 사용자의 처리 방법에 따라 마감을 처리할 수 있다. (매입마감에서 입고처리된 내역을 적용받아 처리한다.)
• 장소: 입고창고에 속하여 입고할 장소를 선택한다. 선택과 동시에 입고장소에 재고가 증가된다.
• LOT No.: 정상 입고 시 품목등록 항목 중 LOT 여부가 '여'인 경우 반드시 LOT번호를 반드시 직접 입력하여야 한다. 반품인 경우에는 코드도움을 통하여 기 입고된 내역을 조회하여 LOT번호를 선택하여야 한다.
• 재고단위수량: 발주단위와 재고단위가 다른 품목에 대하여 입고 시 발주단위에 환산계수를 감안하여 계산을 한 경우 차이가 난 수량을 재고단위수량을 수정하여 입력할 수 있다.

▶▶ 실무예제

아래 [보기]의 조건으로 데이터를 조회한 후 물음에 답하시오.

[보 기]

• 사업장: 1000, ㈜한국자전거본사
• 입고기간: 2019. 03. 01. ~ 2019. 03. 31.
• 입고창고: P100, 제품창고

다음 중 예외입고 처리된 품목이 아닌 것은 무엇인가?

① 열쇠 ② 의자
③ 바구니 ④ 체인

해설 [보기]의 조건을 입력한 후 예외입고 탭에서 조회하면 하단 창에서 품목을 확인할 수 있다. 답 ①

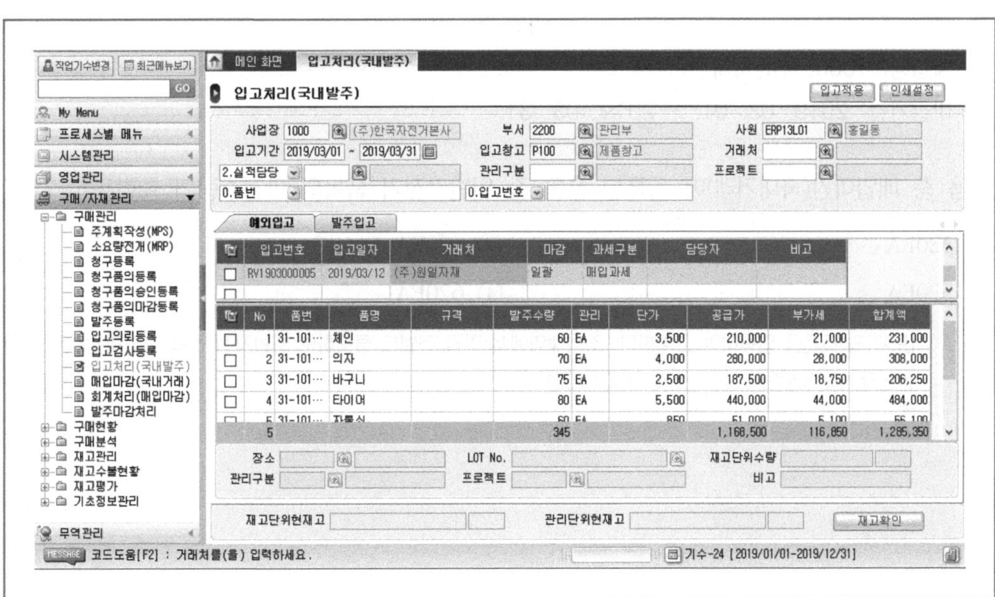

11 매입마감(국내거래)

위치: 구매/자재관리 ▷ 구매관리 ▷ 매입마감(국내거래)

입고처리 혹은 입고반품에 대한 내역을 적용하여 매입마감을 처리하는 단계이다. 매입마감 데이터를 기준으로 회계연결계정과 연동하여 미결전표가 발행된다.

CHECK 용어 설명

- 마감구분: 건별은 입고처리를 함과 동시에 매입마감이 처리되고, 일괄은 입고처리에서 매입마감이 되지 않고 매입마감처리에서 일괄적으로 처리된다.
- 과세구분: 과세, 영세, 면세, 기타가 있으며, 이는 회계처리 시 반영되는 중요한 정보로 활용된다.
- 전표: 매입마감 건에 대하여 회계처리 여부를 확인할 수 있는 항목이다. (입력항목 아님)

CHECK 버튼 설명

- 입고적용: 입고내역에서 등록한 내역을 조회하는 팝업창이 나타난다. 매입으로 적용할 입고내용을 선택한 후 [확인] 버튼을 누르면 자동으로 매입마감에 반영된다. 입고내역에 대하여 입고 수량을 분할하여 마감처리가 가능하며, 공급가액은 수정 가능하다.
- 입고일괄적용: 입고처리에 등록한 내역을 일괄적으로 매입마감 처리 시 사용하는 화면으로서, 조회조건에 필수항목은 반드시 입력하여야 하며, 마감일자, 입고기간은 매입마감 처리 시 등록되는 항목이다.

▶▶ 실무예제

아래 [보기]의 조건으로 데이터를 조회한 후 물음에 답하시오.

[보 기]

- 사업장: 1000, ㈜한국자전거본사
- 마감기간: 2019. 03. 01. ~ 2019. 03. 31.

다음 중 매입마감(국내거래)에 등록된 품목 중 일반자전거 품목의 마감수량의 총합은?

① 320EA ② 420EA
③ 520EA ④ 620EA

해설 [보기]의 조건을 입력하여 조회한다. 조회내역에서 마감 건별로 클릭하여 일반자전거 품목의 마감수량을 합산한다. ③ 520EA(=100+120+140+160)

답 ③

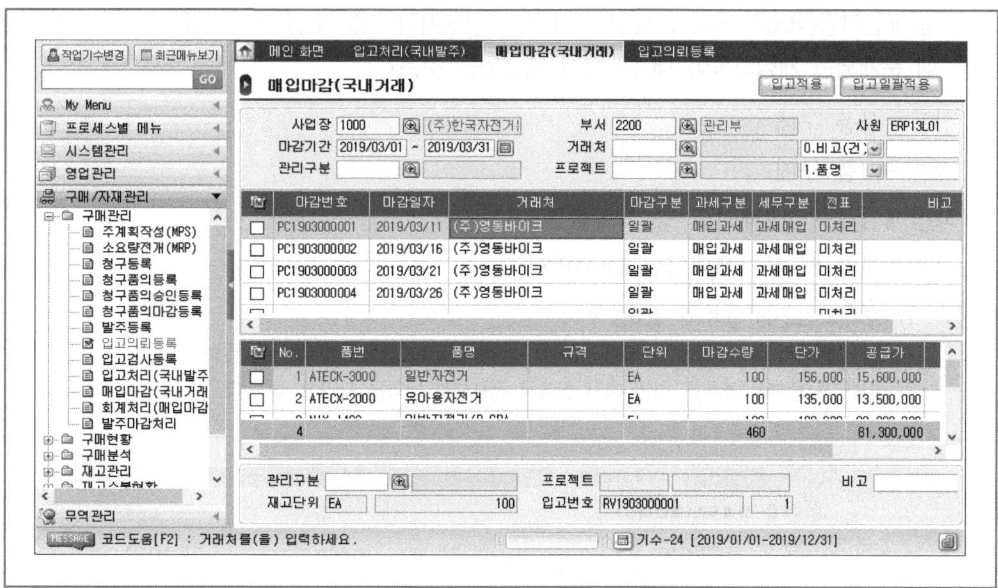

12 회계처리(매입마감)

위치: 구매/자재관리 ▷ 구매관리 ▷ 회계처리(매입마감)

매입마감(국내거래) 내역을 기준으로 회계부서에 미결전표를 발행 시 매입전표를 발행한다.

CHECK 버튼 설명

- 전표처리: 회계처리 조회 내역 중 선택한 항목에 대해 전표처리를 할 수 있다.

CHECK 유의사항

- 전표 처리된 건 중 전표를 취소하고자 할 경우에는 전표승인을 한 전표에 대해서는 취소가 되지 않으며, 승인을 먼저 해제한 후 전표취소를 하여야 한다.
- 전표처리 전에 물류 기초정보 중 회계연결계정과목등록 메뉴에서 국내지급과 관련한 계정이 정확히 설정된 것을 확인한 후 생성하여야 한다.

▶▶ 실무예제

아래 [보기]의 조건으로 데이터를 조회한 후 물음에 답하시오.

[보 기]

- 사업장: 1000, ㈜한국자전거본사
- 기간: 2019. 03. 01. ~ 2019. 03. 31.

다음 중 매입마감(국내거래)에 등록된 내역 중 마감일자가 3월 26일 매입마감 건을 전표처리하였을 때 분개되는 계정과목이 대체대변에 해당되는 것은?

① 상품 - 상품 구매

② 제품 - 제품 구매

③ 외상매입금 - 외상매입금 증가(상품 구매)

④ 부가세대급금 - 부가세대급금_DOMESTIC

해설 1) [보기]의 조건을 입력 후 조회를 한다.
2) 조회내역에서 마감일자가 3/26인 항목을 선택(☑)하여 '전표처리' 버튼을 클릭한 후 확인
3) 회계전표 탭에서 조회를 하면 하단 창에서 전표생성 내역을 확인할 수 있다. 답 ③

13 발주마감처리

위치: 구매/자재관리 ▷ 구매관리 ▷ 발주마감처리

구매 거래처에 발주한 내역 중 더 이상 회사에서 필요하지 않은 경우에 취소처리할 수 있다.

CHECK 버튼 설명 [일괄마감처리]

- 발주잔량이 남은 것 중 마감 할 내역의 선택박스에 체크한 후 [일괄마감처리] 버튼을 클릭한다.
- 마감일자와 마감사유를 입력한 후 [일괄마감]을 클릭한다.
- 발주 내역을 마감한 후에는 이후 프로세스에 내역정보를 조회할 수 없다.

▶▶ 실무예제

아래 [보기]의 조건으로 데이터를 조회한 후 물음에 답하시오.

[보 기]

- 사업장: 1000, ㈜한국자전거본사
- 발주기간: 2019. 03. 01. ~ 2019. 03. 31.

다음 중 [보기]의 기간에 발주된 품목 중 발주잔량이 제일 많은 품목은 무엇인가?

① 볼트100　　② 일반자전거(P－GRAY WHITE)

③ 산악자전거(P－20G)　　④ 유아용자전거

해설 [보기]의 조건을 입력 후 조회하면 발주마감처리 대상 품목들이 조회되며, 각 품목별 발주수량 및 발주잔량을 확인할 수 있다. ② 일반자전거 51(= 1 + 50)　　답 ②

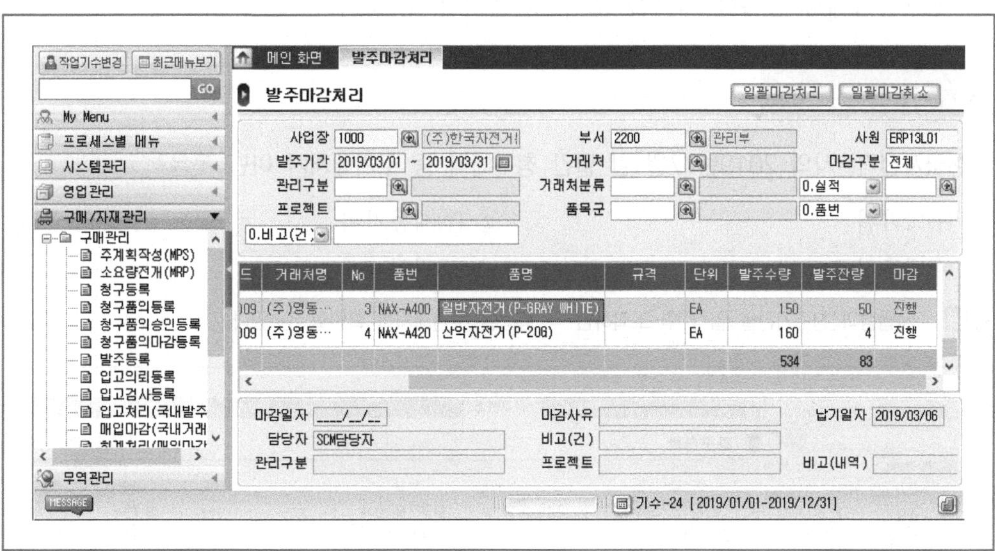

02 구매현황

1 소요량전개현황

위치: 구매/자재관리 ▷ 구매현황

소요량전개 프로그램에서 산출된 내역을 조회 및 출력할 수 있다.

2 청구현황

위치: 구매/자재관리 ▷ 구매현황

청구등록에서 등록한 내역을 조회 및 출력할 수 있다.

▶▶ 실무예제

㈜한국자전거본사의 2019년 7월 한 달간 청구내역 중 주거래처가 아닌 곳은?

① ㈜빅파워　　② ㈜제동기어

③ ㈜대흥정공　　④ ㈜원일자재

해설 사업장과 청구기간을 입력 후 조회하면 각 품목별 주거래처를 확인할 수 있다. 답 ①

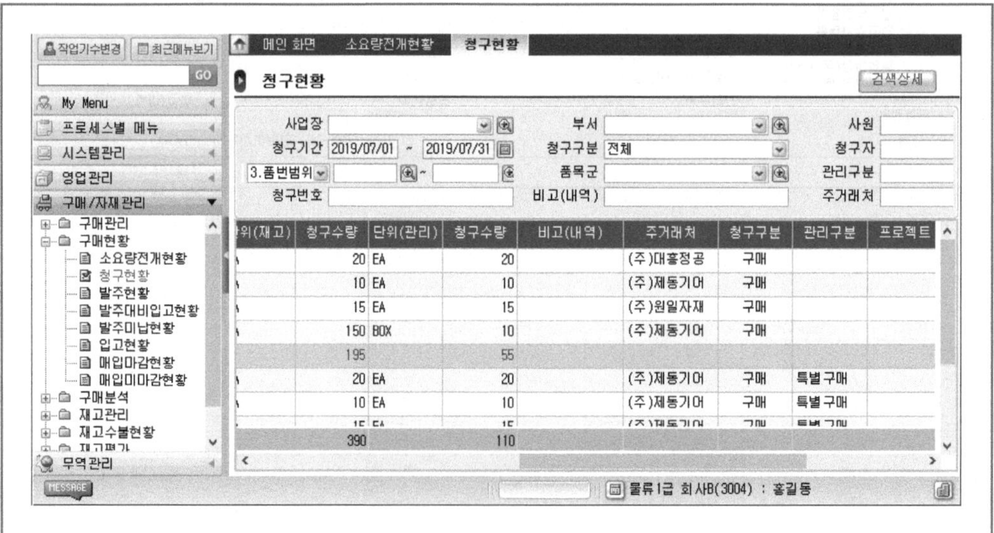

위(재고)	청구수량	단위(관리)	청구수량	비고(내역)	주거래처	청구구분	관리구분	프로젝트
	20	EA	20		(주)대흥정공	구매		
	10	EA	10		(주)제동기어	구매		
	15	EA	15		(주)원일자재	구매		
	150	BOX	10		(주)제동기어	구매		
	195		55					
	20	EA	20		(주)제동기어	구매	특별구매	
	10	EA	10		(주)제동기어	구매	특별구매	
	390		110					

3 발주현황

위치: 구매/자재관리 ▷ 발주현황

구매 거래처에 발주한 내역을 검색조건(발주일, 거래처, 품목, 거래구분, 관리구분, 프로젝트)을 이용하여 조회 및 출력할 수 있다.

▶▶ 실무예제

㈜한국자전거본사의 2019년 7월 한 달간 발주내역 중 거래처가 아닌 곳은?

① INTECH CO. LTD ② ㈜제동기어

③ ㈜세림와이어 ④ ㈜형광램프

해설 사업장과 발주기간을 입력 후 정렬조건에서 거래처별을 선택하여 조회하면 각 거래처별 발주현황을 확인할 수 있다. 답 ②

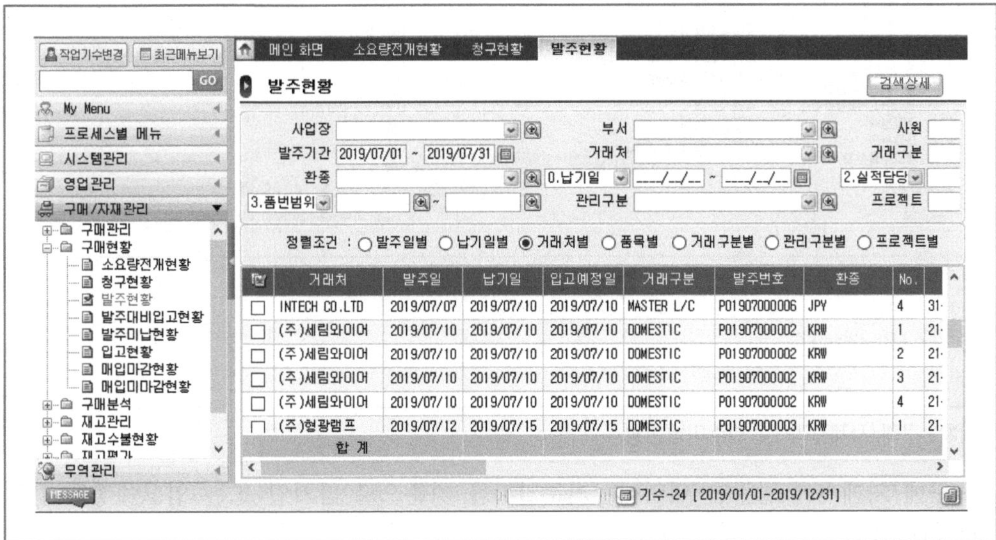

4 발주대비입고현황

위치: 구매/자재관리 ▷ 발주대비입고현황

발주등록한 내역을 기준으로 입고처리로 적용한 상세한 내역에 대하여 조회 및 출력할 수 있다.

▶▶ 실무예제

㈜한국자전거본사의 2019년 3월 발주대비 입고내역을 감안할 경우, 거래처 ㈜영동바이크에 발주한 ATEX-3000 일반자전거 품목의 입고수량은?

① 325EA ② 425EA

③ 525EA ④ 625EA

해설 발주기간과 거래처를 입력 후 조회한다. 조회 내역 중 일반자전거 품목을 각각 클릭하면 발주수량 대비 입고수량을 우측 창에서 확인할 수 있다. ④ 625EA(= 105 + 100 + 120 + 140 + 160) 답 ④

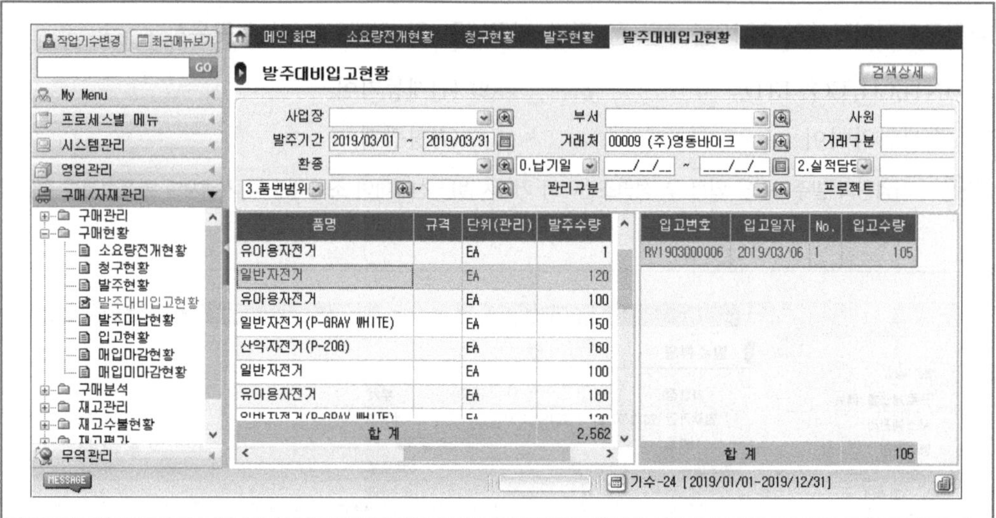

5 발주미납현황

위치: 구매/자재관리 ▷ 발주미납현황

구매 거래처에 발주한 내역 중 기준일자를 기준으로 납기일 또는 입고예정일에 입고처리되지 않은 현황을 조회 및 출력할 수 있다.

▶▶ 실무예제

아래 [보기]의 조건으로 데이터를 조회한 후 물음에 답하시오.

[보 기]

- 사업장: 1000, ㈜한국자전거본사
- 기준일자: 2019. 07. 10.
- 조회조건: 0. 납기일 2019. 07. 01. ~ 2019. 07. 10.

다음 중 [보기]의 조건을 만족하는 발주 미납수량의 총 합계는 무엇인가?

① 15EA ② 25EA
③ 35EA ④ 45EA

해설 [보기]의 조건을 입력 후 조회하면 각 품목별 발주 미납수량을 확인할 수 있다. 답 ④

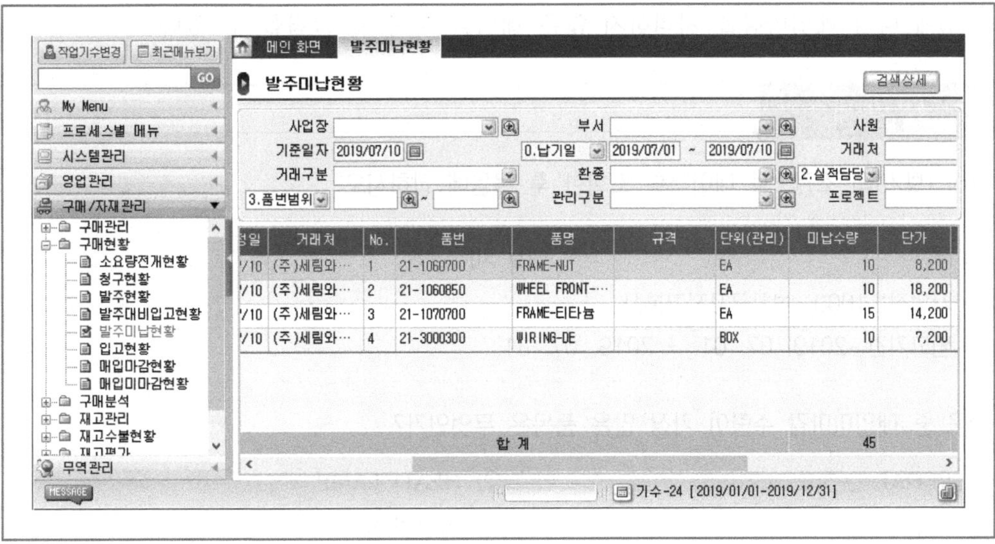

6 입고현황

위치: 구매/자재관리 ▷ 입고현황

입고처리에서 등록한 내역을 검색조건(일자, 거래처, 품목, 거래구분, 관리구분, 프로젝트)에 따라 입고된 현황을 조회 및 출력할 수 있다.

7 매입마감현황

위치: 구매/자재관리 ▷ 매입마감현황

매입마감(국내)에서 등록한 내역을 기준으로 검색조건(일자, 거래처, 품목, 거래구분, 관리구분, 프로젝트)에 따라 매입마감된 현황을 조회 및 출력할 수 있다.

8 매입미마감현황

위치: 구매/자재관리 ▷ 매입미마감현황

입고처리 등록 내용을 기준으로 검색조건(일자, 거래처, 품목, 거래구분, 관리구분, 프로젝트)에 따라 매입마감을 처리하지 않은 내역을 조회 및 출력할 수 있다.

▶▶ 실무예제

아래 [보기]의 조건으로 데이터를 조회한 후 물음에 답하시오.

[보 기]

- 사업장: 1000, ㈜한국자전거본사
- 입고기간: 2019. 07. 01. ~ 2019. 07. 31.

다음 중 매입미마감 수량이 가장 많은 품목은 무엇인가?

① PEDAL　　② HEAD LAMP

③ 체인　　④ 일반자전거

해설 [보기]의 조건을 입력 후 품목별로 조회하면 매입미마감된 수량을 확인할 수 있다. ③ 체인 300EA

답 ③

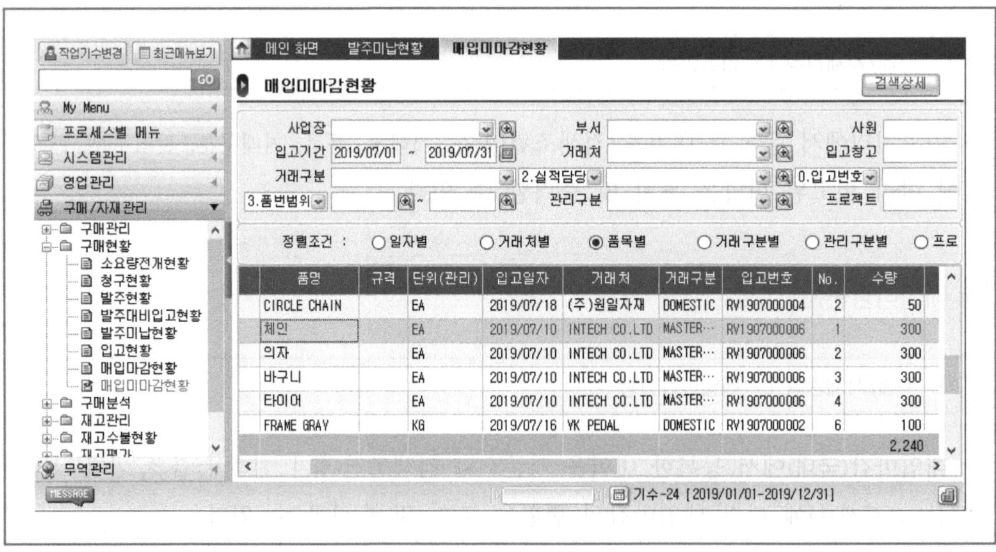

03 구매분석

1 발주미납집계

위치: 구매/자재관리 ▷ 구매분석 ▷ 발주미납집계

구매 거래처에 발주한 내역 중 기준일자를 기준으로 납기일 또는 입고예정일과 비교하여 경과 일수를 산출하여 미 입고된 내역을 항목별(거래처, 품목, 담당자, 관리구분, 프로젝트, 부서 등)로 집계하여 조회 및 출력할 수 있다.

▶▶ 실무예제

아래 [보기]의 조건으로 데이터를 조회한 후 물음에 답하시오.

[보 기]

- 사업장: 1000, ㈜한국자전거본사
- 매입기간: 2019. 03. 01. ~ 2019. 03. 31.

다음 중 3월 한 달간 미납수량이 가장 적은 품목은 무엇인가?

① 일반자전거(P-GRAY WHITE)　　② 볼트 100

③ 일반자전거　　④ 유아용자전거

해설　[보기]의 조건을 입력 후 품목 탭에서 조회하면 품목별 미납수량을 확인할 수 있다. ② 볼트 100 1EA

답 ②

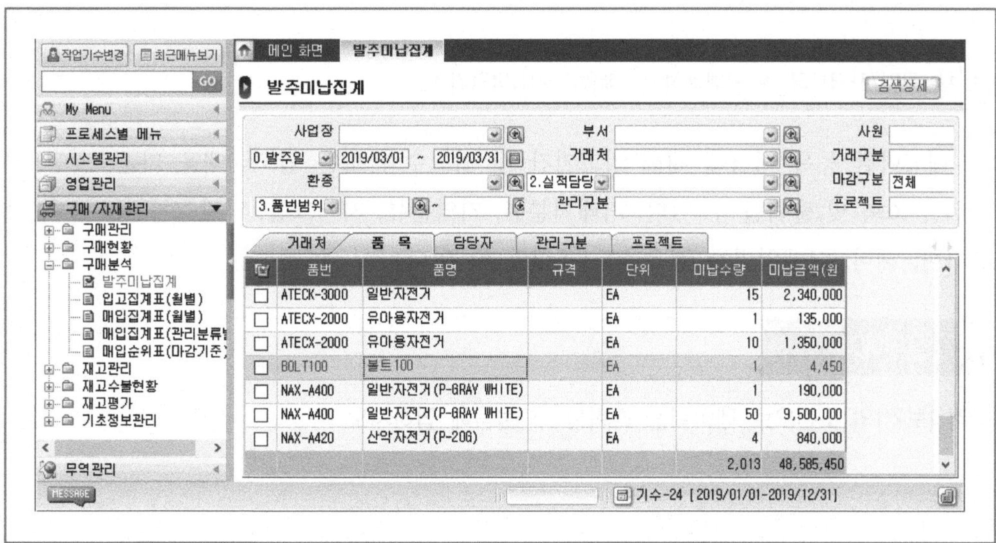

2 입고집계표(월별)

위치: 구매/자재관리 ▷ 구매분석 ▷ 입고집계표(월별)

입고처리한 내역을 기준으로 해당(조회)년도의 월별로 항목별(거래처, 품목, 담당자, 관리구분, 프로젝트, 부서 등) 조회 기준에 따라 집계하여 조회 및 출력할 수 있다.

3 매입집계표(월별)

위치: 구매/자재관리 ▷ 구매분석 ▷ 매입집계표(월별)

매입마감(국내)한 내역을 기준으로 해당(조회)년도의 월별로 항목별(거래처, 품목, 담당자, 관리구분, 프로젝트, 부서 등) 조회 기준에 따라 집계하여 조회 및 출력할 수 있다.

4 매입집계표(관리분류별)

위치: 구매/자재관리 ▷ 구매분석 ▷ 매입집계표(관리분류별)

매입마감(국내)한 내역을 기준으로 해당(조회)년도의 월별, 관리분류별(거래처분류, 지역분류, 지역그룹, 담당그룹)로 조회 기준에 따라 집계하여 조회 및 출력할 수 있다.

5 매입순위표(마감기준)

위치: 구매/자재관리 ▷ 구매분석 ▷ 매입순위표(마감기준)

매입마감 등록 내역에 대해 입고기간 내 입고수량 또는 입고금액을 기준으로 매입순위를 조회 및 출력할 수 있다. 거래처분류, 지역분류, 지역그룹, 담당그룹별로 조회 가능하며, 헤더, 디테일별로 점유율도 조회할 수 있다.

▶▶ 실무예제

아래 [보기]의 조건으로 데이터를 조회한 후 물음에 답하시오.

[보 기]

- 사업장: 1000, ㈜한국자전거본사
- 매입기간: 2019. 04. 01. ~ 2019. 04. 30.
- 조회기준: 1.원화금액

다음 중 매입 마감을 기준으로 4월 한 달간 가장 많은 금액의 매입이 이뤄진 품목은 무엇인가?

① FRAME－티타늄　　② WHEEL REAR－MTB

③ WHEEL FRONT－MTB　　④ FRAME－알미늄

해설 [보기]의 조건을 입력 후 거래처 탭에서 조회하면 각 품목별 매입수량 및 매입금액을 확인할 수 있다.
④ FRAME-알미늄 5,711,141,774

답 ④

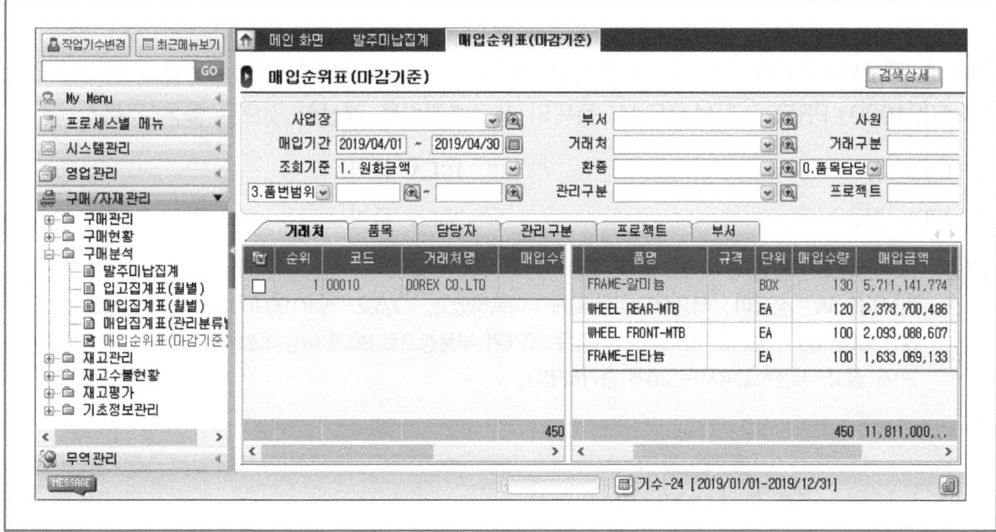

품명	규격	단위	매입수량	매입금액
FRAME-알미늄		BOX	130	5,711,141,774
WHEEL REAR-MTB		EA	120	2,373,700,486
WHEEL FRONT-MTB		EA	100	2,093,088,607
FRAME-티타늄		EA	100	1,633,069,133
			450	11,811,000,..

04 재고관리

1 재고이동등록(창고)

위치: 구매/자재관리 ▷ 재고관리 ▷ 재고이동등록(창고)

동일한 사업장에 속한 창고(장소)에서 다른 창고(장소)로 재고를 이동할 때 등록한다. 자재마감/통제등록 단계의 마감일자가 이동일자 이전인 경우에는 신규입력, 수정, 삭제할 수 없다.

창고, 장소 단위의 수량재고는 변동(증감)이 있으나, 금액재고(재고평가)에 해당되는 재고 및 전사/사업장 내의 현재고 수량에는 영향이 없다(창고/장소의 수량에만 증감이 발생되기 때문에 재고평가의 대상이 되지 않는다).

▶▶ 실무예제

아래 [보기]의 조건으로 데이터를 조회한 후 물음에 답하시오.

> [보 기]
> - 사업장: 1000, ㈜한국자전거본사
> - 이동기간: 2019. 07. 21. ~ 2019. 07. 25.
> - 품번: 88-1001000

다음 중 재고이동등록(창고) 메뉴에 등록된 재고수불로 인해 제품창고의 제품장소 위치에 있는 88-1001000, PRESS FRAME-W 품목의 재고변화량을 계산한 것으로 옳은 것은?

① 10EA 감소　　② 10EA 증가

③ 20EA 감소　　④ 20EA 증가

해설 [보기]의 조건을 입력 후 조회한다. 7/21에 MV1907000001 부품창고에 있는 88-1001000, PRESS FRAME-W 품목이 제품창고로 50개 이동하였고, 7/22 MV1907000002 제품창고에 있는 88-1001000, PRESS FRAME-W 품목 30개가 부품창고로 30개 이동하였으므로 결국 부품창고에서는 20개 출고, 제품창고에서는 20개 증가하였다. 답 ④

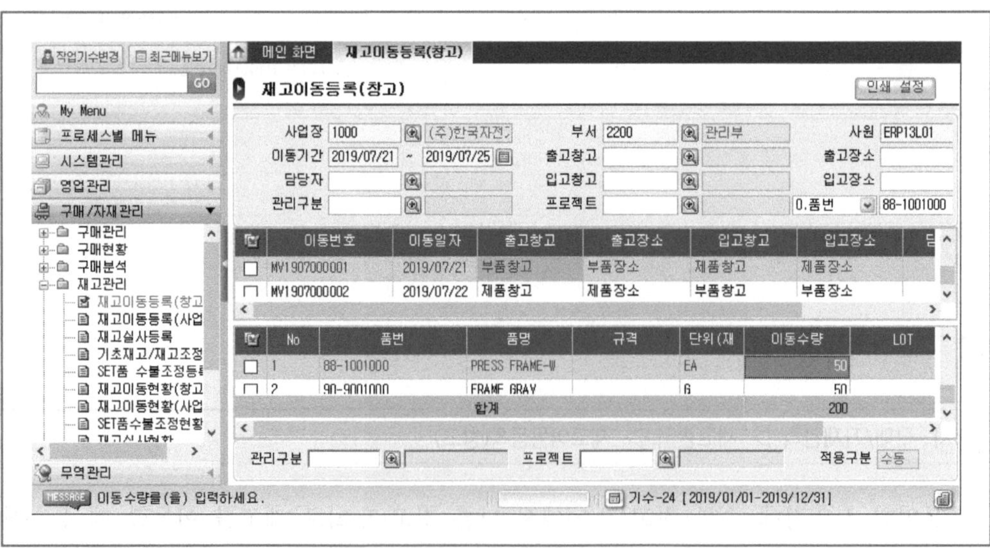

2 재고이동등록(사업장)

위치: 구매/자재관리 ▷ 재고관리 ▷ 재고이동등록(사업장)

다른 사업장에 속한 창고(장소)에서 타 사업장에 속한 창고(장소)로 재고를 이동할 때 등록한다. 자재마감/통제등록 단계의 마감일자가 이동일자 이전인 경우에는 신규입력, 수정, 삭제할 수 없다.

CHECK 버튼 설명

단가적용: 사업장이동 데이터를 입력 시 이동 단가를 자동으로 반영하기 위하여 설정하는 [단가설정] 옵션 기능이다.

3 재고실사등록

위치: 구매/자재관리 ▷ 재고관리 ▷ 재고실사등록

전산재고와 실물재고의 차이를 분석하는 단계로서 사업장에 속한 창고, 장소 단위로 실사가 가능하며, 실사구분은 정기, 기타로 구분하여 실사를 할 수 있다.

CHECK 용어 설명

- 전산재고: 일괄전개 또는 재고전개를 이용하여 재고기준일의 재고를 자동으로 반영된다.
- 실사재고: 창고, 장소에 실존하는 품목의 재고를 수동으로 반영한다.
- 차이수량: 전산재고에서 실사재고를 차감한 수량을 의미한다.
- 처리구분: [조정처리]를 이용하여 생산자재출고처리, 외주자재출고처리에 반영된 자재에 대하여 적용한 수량이 있는 경우 처리구분이 '처리'로 변경된다.
- 조정수량: [조정처리]를 이용하여 생산자재출고처리, 외주자재출고처리에 반영된 자재에 대하여 적용한 수량을 의미한다.

CHECK 버튼 설명

- 일괄전개: 창고, 장소를 입력한 후 재고기준을 입력한다. [일괄전개] 버튼을 클릭하면 해당 창고, 장소에 있는 전산재고가 있는 품목과 전산재고수량이 자동으로 반영된다.
- 재고전개: 창고, 장소를 입력한 후 재고기준을 입력한다. 전산재고에는 없으나, 실물재고에 있는 경우에 디테일의 품목을 선택한 후 [재고전개] 버튼을 입력하면 전산재고수량이 자동으로 반영된다.
- 조정처리: 차이수량이 발생한 품목으로 기준으로 처리구분이 '미처리'이면서 차이수량이 '0' 보다 크고 조정수량이 '0'보다 작은 품목으로 실적을 기준으로 자재출고수량이 BOM 필요수량을 대비하여 작은 경우 자동으로 반영하는 기능이다.
- 조정취소: 조정 처리한 데이터를 기준으로 취소할 경우 사용하는 기능이다.

4 기초재고/재고조정등록

위치: 구매/자재관리 ▷ 재고관리 ▷ 기초재고/재고조정등록

재고와 관련하여 조정(증가, 감소)이 필요할 경우 등록하는 단계로서 사업장에 속한 창고, 장소를 등록한 조정품목을 선택하여 조정수량을 등록한다.

CHECK 탭 설명

- [기초조정] 탭은 ICUBE를 처음 도입한 후 기초재고를 등록하는 탭이다.
- [입고조정], [출고조정] 탭은 전산재고와 실물재고가 차이가 발생한 경우 이 둘의 재고를 동일하게 맞추는 작업 시 등록하는 화면이다.

CHECK 용어 설명

- 조정일자: 재고를 증가 또는 감소시키는 일자를 등록한다.
- 창고: 사업장에 속한 창고만 조회가 가능하며, 사용여부가 '여'인 창고만 조회된다.
- 장소: 출고창고에 속한 장소만 조회되며, 사용여부가 '여'인 장소만 조회된다.
- 단가: [기초조정], [입고조정] 탭에서 등록한 단가에 대해서는 재고평가의 입고단가에 자동으로 반영된다.

CHECK 버튼 설명

- 재고실사적용: 재고실사를 통하여 전산재고와 실물재고의 차이를 통하여 분석된 차이수량을 재고조정 정보에 반영코자 할 경우 적용하는 화면이다.
- 단가적용: 재고조정 데이터를 입력 시 조정단가를 자동으로 반영하기 위하여 설정하는 [단가설정] 옵션 기능이다.

▶▶ 실무예제

아래 [보기]의 조건으로 데이터를 조회한 후 물음에 답하시오.

[보 기]

- 사업장: 1000, ㈜한국자전거본사
- 조정기간: 2019. 07. 01. ~ 2019. 07. 31.

[보기]의 기간 중 불량으로 반품 처리한 품목은 무엇인가?

① 10 – 1450000, SEAT CLAMP ② 10 – 352,0000, CRANK ARM
③ 21 – 3065700, GEAR REAR C ④ 81 – 1002001, BREAK SYSTEM

해설 [보기]의 조건을 입력 후 조회한다. '불량으로 반품' 처리되었으므로 출고조정 탭에서 조회하여 하단 창에서 품목을 클릭하면 제일 하단의 '비고'에서 확인할 수 있다. 답 ③

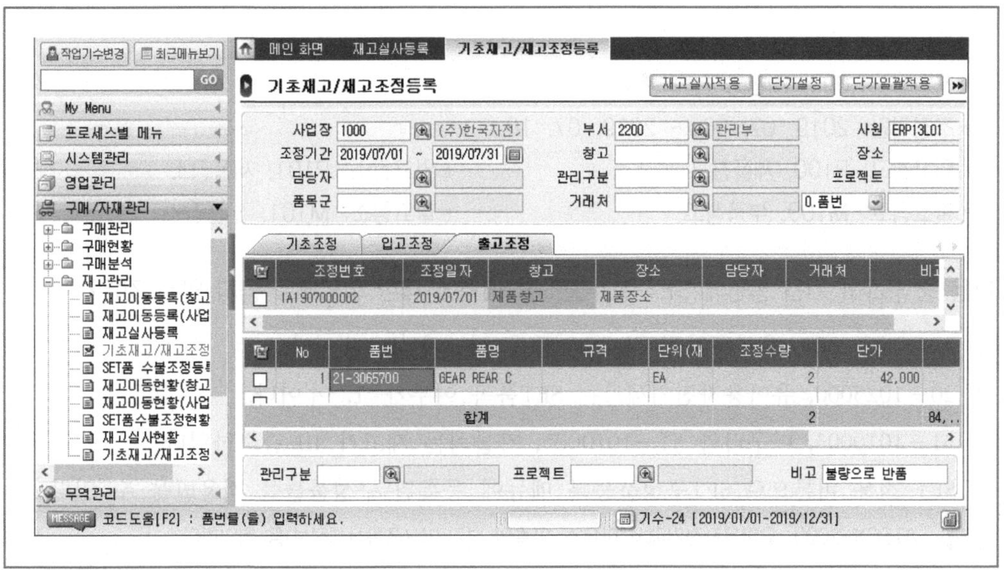

5 SET품 수불조정등록(2018년 신규 추가메뉴)

위치: 구매/자재관리 ▷ 재고관리 ▷ SET품 수불조정등록

상품, 제품, 반제품을 판매할 목적으로 "수불이 일어난 SET 모품목과 자품목의 재고를 조정하기 위하여 등록하는 단계이다. 헤더(Header)에 SET 모품목을 입력하고 저장한 뒤, 상단의 [SET 적용] 버튼을 눌러 SET 모품목을 구성하는 자품목들을 적용받아 하단의 디테일(Detail)에 출고조정수량을 입력한다. 헤더의 SET 모품목은 재고가 증가되며, 디테일의 SET 자품목은 재고가 감소된다.

CHECK 버튼 설명(SET 적용)

- 헤더의 데이터를 입력한 후 커서의 위치를 디테일 구성품번에 이동한 후 [SET 적용] 버튼을 클릭하면 상단의 화면과 같이 적용도움창이 나타난다.
- SET구성품 등록에서 등록된 내용을 기준으로 SET구성품과 입고수량을 곱하여 산출한 적용수량이 자동으로 산출되며, 산출된 수량을 적용하고자 할 경우 왼쪽에 있는 체크박스를 선택한 후 [확인]을 클릭하면 디테일에 구성품목과 조정수량이 자동으로 반영된다.

▶▶ 실무예제 **물류 2급 실무문제**

다음의 문제는 물류 2급에서 출제된 내용이므로 '물류 2급 B'로 로그인하여 풀기 바란다.

아래 [보기]의 조건으로 데이터를 조회한 후 물음에 답하시오.

[보 기]

- 사업장: 1,000, ㈜한국자전거본사
- 조정기간: 2019. 07. 06. ~ 2019. 07. 10.
- 입고창고: P100, 제품창고
- 입고장소: P101, 제품장소
- 출고창고: M100, 부품창고
- 출고장소: M101, 부품장소

다음 중 [보기] 기간 동안에 SET품 수불조정 내역에 대한 설명으로 옳지 않은 것은?

① ATECX−2000, 유아용자전거는 SET품목 여부가 '1. 여'이다.

② 20−1025000, 유아용자전거세트는 SET품목 여부가 '1. 여'이다.

③ 31−1010003, 바구니와 31−1010005, 자물쇠는 재고가 10 감소하였다.

④ SET 적용 버튼으로 SET구성품등록 메뉴에 등록된 구성품들을 적용받을 수 있다.

해설 ATECX-2000, 유아용자전거에서 마우스 우측의 부가기능(품목상세정보)을 확인한다. 답 ①

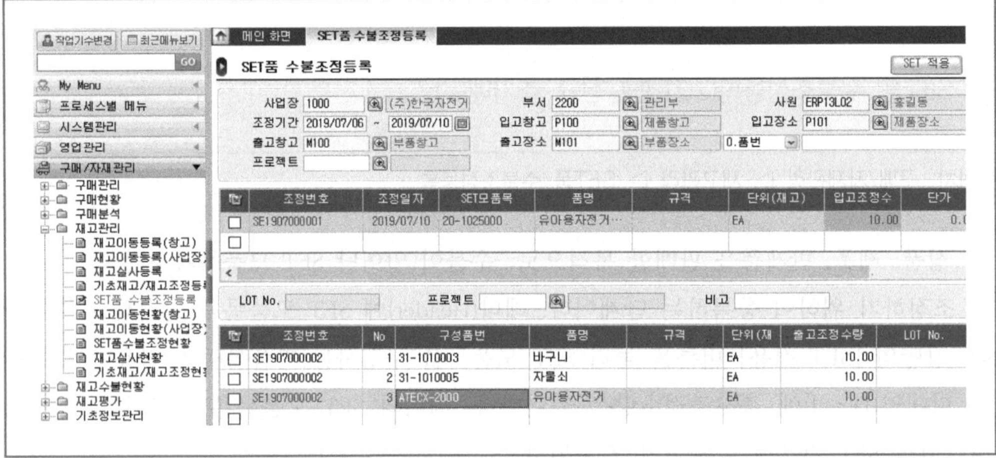

6 재고이동현황(창고)

위치: 구매/자재관리 ▷ 재고관리 ▷ 재고이동현황(창고)

재고이동등록(창고)에서 등록한 내역을 상세하게 조회 및 출력할 수 있다.

7 재고이동현황(사업장)

위치: 구매/자재관리 ▷ 재고관리 ▷ 재고이동현황(사업장)

재고이동등록(사업장)에서 등록한 내역을 상세하게 조회 및 출력할 수 있다.

8 SET품수불조정현황

위치: 구매/자재관리 ▷ 재고관리 ▷ SET품수불조정현황

SET품수불조정등록에서 등록한 내역을 상세하게 조회 및 출력할 수 있다.

9 재고실사현황

위치: 구매/자재관리 ▷ 재고관리 ▷ 재고실사현황

재고실사등록에서 등록한 내역을 상세하게 조회 및 출력할 수 있다.

10 기초재고/재고조정현황

위치: 구매/자재관리 ▷ 재고관리 ▷ 기초재고/재고조정현황

기초재고/재고조정등록에서 등록한 내역을 상세하게 조회 및 출력할 수 있다.

05 재고수불현황

1 재고현황(전사/사업장)

위치: 구매/자재관리 ▷ 재고수불현황 ▷ 현재고현황(전사/사업장)

해당연도를 기준으로 전사(전사업장), 사업장을 기준으로 재고상태를 조회 및 출력한다.

▶▶ 실무예제

아래 [보기]의 조건으로 데이터를 조회한 후 물음에 답하시오.

[보 기]

- 사업장: 1000, ㈜한국자전거본사
- 해당연도: 2019년
- 계정: 4. 반제품

다음 중 2019년 현재 ㈜한국자전거본사 사업장에 가장 많은 재고수량(재고단위)을 보유하고 있는 반제품은 무엇인가?

① 81－1001000, BODY － 알미늄(GRAY－WHITE)

② 83－2000100, 전장품 ASS'Y

③ 87－1002001, BREAK SYSTEM

④ ATECK－3000, 일반자전거

해설 [보기]의 조건으로 입력 후 조회하면 품목별 재고수량과 안전재고량 등을 확인할 수 있다.
③ 87-1002001, BREAK SYSTEM이 333으로 가장 많이 보유하고 있다. 답 ③

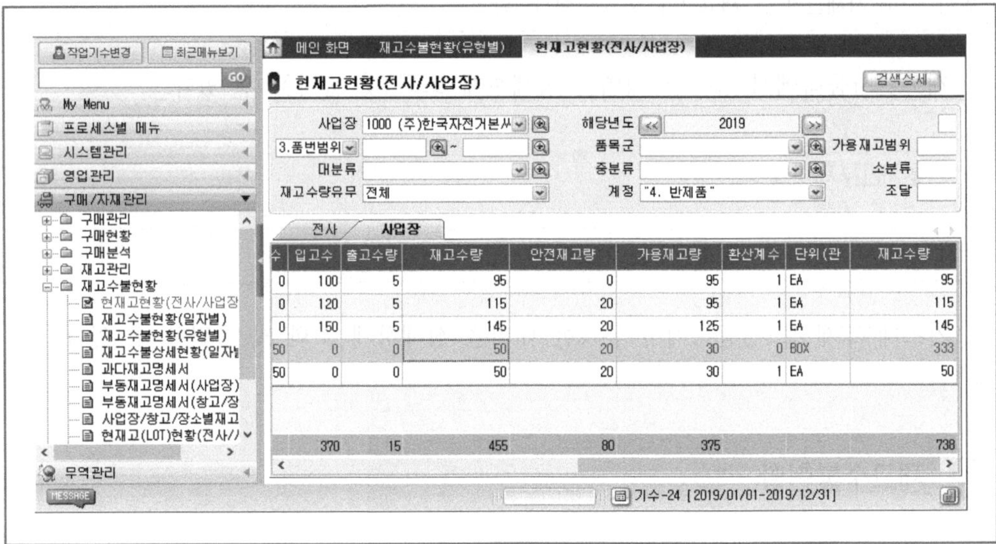

2 재고수불현황(일자별)

위치: 구매/자재관리 ▷ 재고수불현황 ▷ 재고수불현황(일자별)

사업장, 해당연도, 누계기간 기준으로 조회하고자 하는 수불기간에 대해 재고의 입출고와 관련한 내역을 조회 및 출력하며, 수불기간은 누계기간 이후의 일자여야 한다.

3 재고수불현황(유형별)

위치: 구매/자재관리 ▷ 재고수불현황 ▷ 재고수불현황(유형별)

사업장, 해당연도를 기준으로 조회하고자 하는 수불기간에 대해 수불유형별로 재고 입출고와 관련한 내역을 조회 및 출력한다.

▶▶ 실무예제

아래 [보기]의 조건으로 데이터를 조회한 후 물음에 답하시오.

[보 기]

- 사업장: 1000, ㈜한국자전거본사
- 수불기간: 2019. 07. 01. ~ 2019. 07. 31.

다음 중 2019년 7월 한 달간 전체 품목의 출고된 수량의 합은?

① 524 ② 624

③ 724 ④ 824

해설 [보기]의 조건을 입력 후 조회하면 전체 품목의 입고 및 출고 수량 합계를 확인할 수 있다. 답 ②

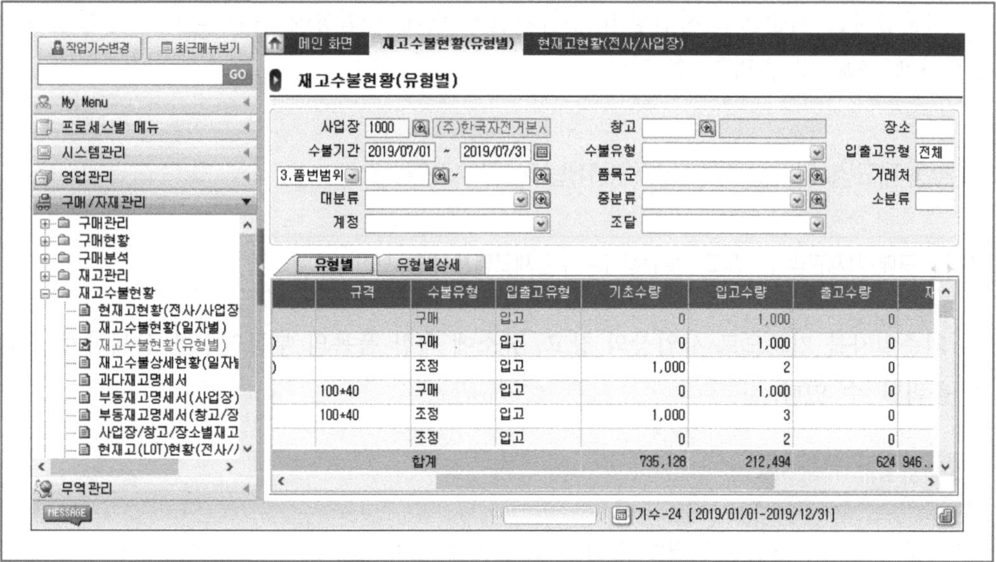

4 재고수불상세현황(일자별)

위치: 구매/자재관리 ▷ 재고수불현황 ▷ 재고수불상세현황(일자별)

사업장, 누계기간을 기준으로 수불기간에 대해 유형별, 유형별상세 탭으로 재고 입출고와 관련한 내역을 조회 및 출력할 수 있다.

5 과다재고명세서(2018년 신규 추가메뉴)

위치: 구매/자재관리 ▷ 재고수불현황 ▷ 과다재고명세서

재고평가등록에서 평가한 내역 중 사업장, 마감기간을 선택하면 평균사용량에 평가배수를 대비하여 과다수량이 산출되며, 출고단가를 곱하여 과다재고금액을 상세하게 조회 및 출력할 수 있다.

6 부동재고명세서(사업장)/(2018년 신규 추가메뉴)

위치: 구매/자재관리 ▷ 재고수불현황 ▷ 부동재고명세서(사업장)

기준일자를 기준으로 사업장의 수불기간에 대해 사업장에 속한 품목의 부동일수를 상세하게 조회 및 출력할 수 있다.

7 부동재고명세서(창고/장소)/(2018년 신규추가메뉴)

위치: 구매/자재관리 ▷ 재고수불현황 ▷ 부동재고명세서(창고/장소)

기준일자를 기준으로 사업장의 창고, 장소에 속한 품목의 부동일수를 상세하게 조회 및 출력할 수 있다.

▶▶ 실무예제

아래 [보기]의 조건으로 데이터를 조회한 후 물음에 답하시오.

[보 기]

- 사업장: 1000, ㈜한국자전거본사
- 기준일자: 2019. 01. 31.
- 수불기간: 2019. 01. 01. ~ 2019. 01. 31.

다음 중 ㈜한국자전거본사의 제품창고에 있는 재고품목의 부동일을 확인하고 싶다. 조달구분이 구매이고 계정구분이 상품인 유아용자전거 품목의 부동일은 며칠인가?

① 29일 ② 30일
③ 31일 ④ 32일

해설 [보기]의 조건을 입력 후 '창고' 탭에서 '제품창고'를 선택하여 조회하면 30일을 확인할 수 있다.

답 ②

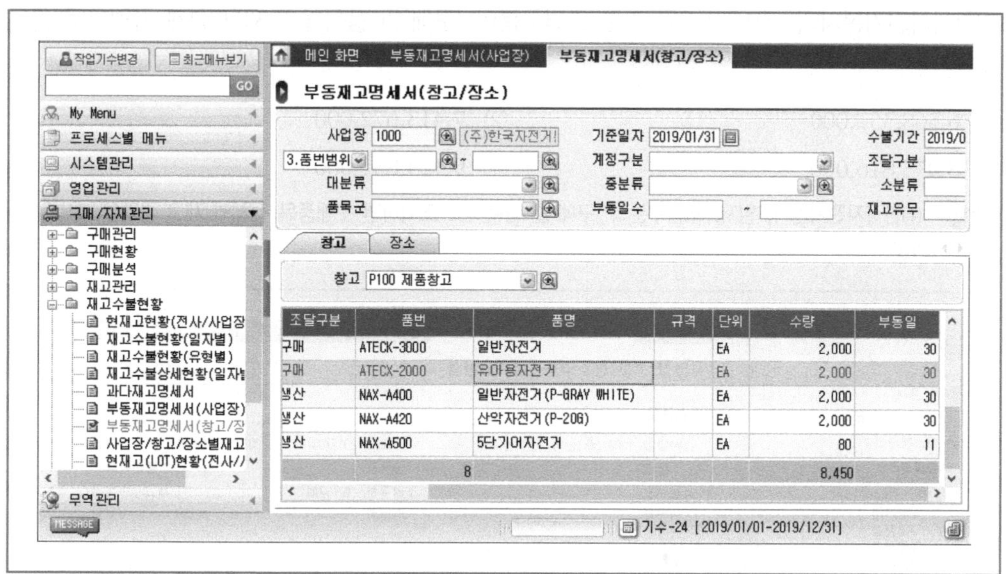

8 사업장/창고/장소별재고(금액)현황(2018년 신규추가메뉴)

위치: 구매/자재관리 ▷ 재고수불현황 ▷ 사업장/창고/장소별재고(금액)현황

사업장/창고/장소별로 품목군 대, 중, 소 분류별 재고를 수량 또는 금액기준으로 확인할 수 있다. 조회하고자 하는 사업장, 창고, 장소별로 재고상태와 [단가옵션]을 적용하여 해당하는 재고의 집계기준으로 입출고 및 재고를 [단가옵션]과 적용하여 조회 및 출력한다.

CHECK 버튼 설명

- OPTION: 품목별 원가금액을 구하는 단가설정옵션 창이다. 조달 구분에 따라 구매품과 생산품으로 나뉘어 원가금액을 산정
- 표준원가(품목등록): 품목등록의 표준원가를 단가로 사용
- 실제원가(품목등록): 품목등록의 실제원가를 단가로 사용
- 재고평가평균단가: 지정한 월의 재고평가 내역 중 출고단가를 단가로 사용
- 생산표준원가: 표준원가등록에서 지정한 월의 표준원가를 단가로 사용
- 생산품 단가 적용 안 함: 단가 적용 하지 않음(단가 0으로 적용됨)

▶▶ 실무예제

㈜한국자전거본사의 2019년 8월 기준 조달구분이 '구매'인 품목들의 재고 합계 금액으로 옳은 것은?

① 6,568,357,000　　② 7,413,672,000

③ 8,975,816,000　　④ 9,124,852,000

해설 ㈜한국자전거본사, 일자, 조달구분의 '구매'를 입력하고 조회하면 구매품목 전체의 재고 금액을 확인할 수 있다. 답 ④

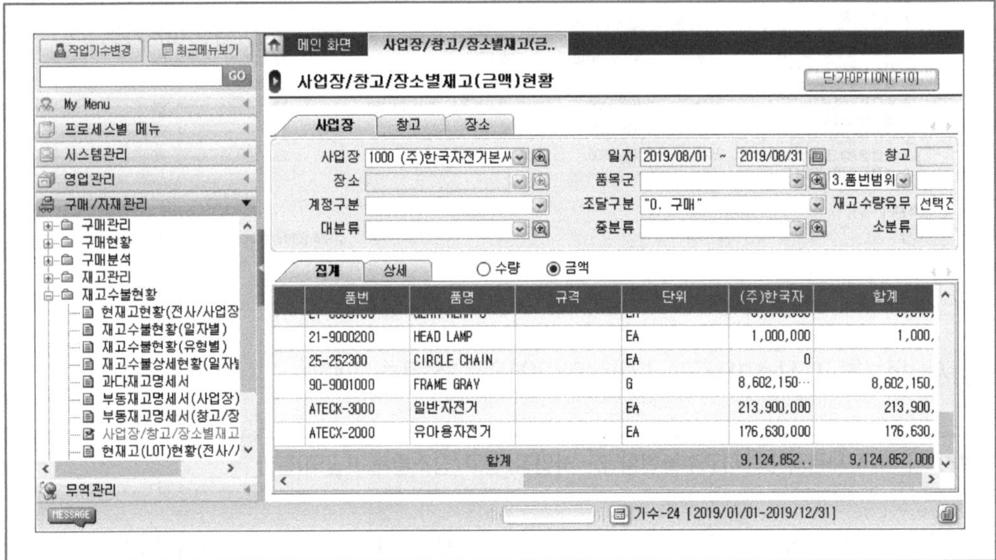

9 현재고(LOT)현황(전사/사업장)/(2018년 신규추가메뉴)

위치: 구매/자재관리 ▷ 재고수불현황 ▷ 현재고(LOT)현황(전사/사업장)

해당연도를 기준으로 전사, 사업장별 LOT품목의 재고상태를 조회 및 출력한다.

▶▶ 실무예제

아래 [보기]의 조건으로 데이터를 조회한 후 물음에 답하시오.

[보 기]

- 사업장: 1000, ㈜한국자전거본사
- 해당연도: 2018년
- 품번: TTS-230. TABLET X230

다음 중 ㈜한국자전거본사에서의 SADDLE의 현재고수량으로 옳은 것은?

① 773 ② 683

③ 747 ④ 603

해설 [보기]의 조건을 입력 후 '사업장' 탭에서 조회하면 재고수량을 파악할 수 있다. 답 ③

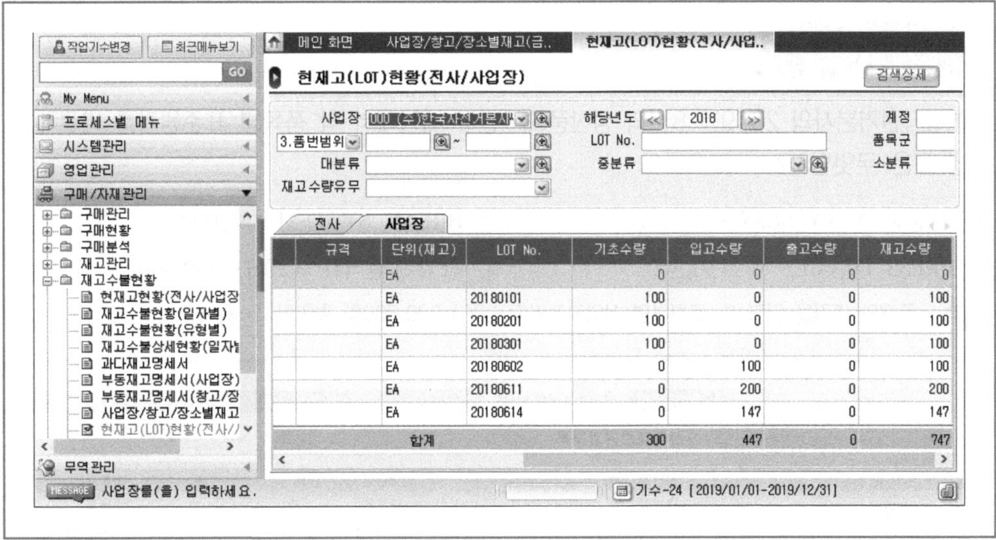

10 현재고(LOT)현황(창고/장소)/(2018년 신규추가메뉴)

위치: 구매/자재관리 ▷ 재고수불현황 ▷ 현재고(LOT)현황(창고/장소)

해당연도를 기준으로 사업장에 속한 (창고/장소별) 기준으로 LOT품목의 재고상태를 조회 및 출력한다.

06 재고평가

1 생산품표준원가등록

위치: 구매/자재관리 ▷ 재고평가 ▷ 생산품표준원가등록

조달구분이 생산인 제품, 반제품에 대하여 사업장을 기준으로 년도의 월별로 표준원가를 등록하는 단계로서, 재고평가 시 생산품의 입고단가에 반영된다. 사업장 간의 재고이동 시에도 입고 사업장의 매입원가로 적용할 수 있다.

CHECK 버튼 설명

- 일괄전개
  - 품목 중 제품, 반제품 중 품목, 품목군, 계정을 이용하여 [적용] 버튼을 클릭하면 범위에 속한 품목이 자동으로 전개된다.
  - 표준원가에 금액을 입력 시에는 품목이 전개되기 때문에 자동으로 반영된다.

▶▶ 실무예제

㈜한국자전거본사의 2019년 8월의 생산품표준원가 내역에서 각 품목별 표준원가를 바르게 나타낸 것은 무엇인가?

① 전장품 ASS'Y 58,000　　② BREAK SYSTEM 86,000

③ PRESS FRAME－W 130,300　　④ 산악자전거(P－20G) 209,800

해설　문제의 조건을 입력 후 조회하면 산악자전거(P-20G) 209,800를 확인할 수 있다.　답 ④

2 재고평가작업

위치: 구매/자재관리 ▷ 재고평가 ▷ 재고평가작업

사업장, 기수, 월, 조달을 기준으로 재고에 대하여 입출고 시 금액에 대한 수불을 평가할 때 자동으로 출고단가, 재고수량, 재고금액을 산출할 수 있다.

CHECK 버튼 설명

- 재고평가
  - 재고를 평가할 기수와 시작년월, 종료년월에 해당되는 헤더의 체크 박스를 선택한 후 [재고평가] 버튼을 입력하면 자동으로 평가 금액이 산출된다.
  - 기 등록된 재고평가 데이터에서 [재고평가] 버튼을 다시 누르면 '재고평가'가 다시 산출되므로 신중해서 [재고평가] 버튼을 클릭한다.
- 수불내역: 재고평가작업에서 평가한 내역 중 사업장, 마감기간을 선택하면 평가한 품목에 대하여 수불일자, 수불구분(유형)별로 내역을 상세하게 조회 및 출력할 수 있다.

실무예제

㈜한국자전거본사의 2019년 1월부터 6월까지 구매품의 재고평가를 실행하여 품목별 기초금액이 올바른 것은 무엇인가?

① 체인, 966,000 ② 일반자전거, 200,000,000

③ 유아용자전거, 197,656,000 ④ 자물쇠, 596,000

해설 '구매품' 탭에서 조회하면 시작년월과 종료년월이 나타나며, 해당 기수를 클릭하면 재고평가 품목들을 조회할 수 있다.

답 ②

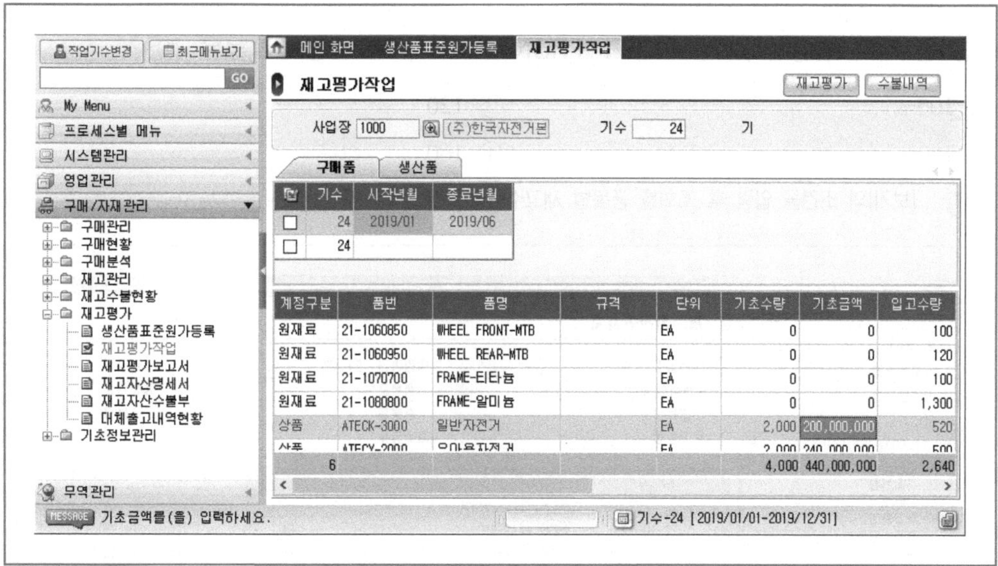

3 재고평가보고서

위치: 구매/자재관리 ▷ 재고평가 ▷ 재고평가보고서

재고평가작업에서 평가한 내역을 사업장, 마감기간을 선택하여 상세하게 조회 및 출력할 수 있다.

4 재고자산명세서

위치: 구매/자재관리 ▷ 재고평가 ▷ 재고자산명세서

재고평가작업에서 평가한 내역 중 사업장, 마감기간을 선택하면 기말재고수량, 기말재고금액을 상세하게 조회 및 출력할 수 있다.

▶▶ 실무예제

아래 [보기]의 조건으로 데이터를 조회한 후 물음에 답하시오.

[보 기]

- 사업장: 1000, ㈜한국자전거본사
- 마감기간: 2019/01 ~ 2019/06

다음 중 재고자산명세서에서 WHEEL FRONT-MTB의 재고수량으로 옳은 것은?

① 100　　② 120

③ 140　　④ 160

해설 [보기]의 조건을 입력 후 조회를 품목별 재고수량을 확인할 수 있다. 답 ①

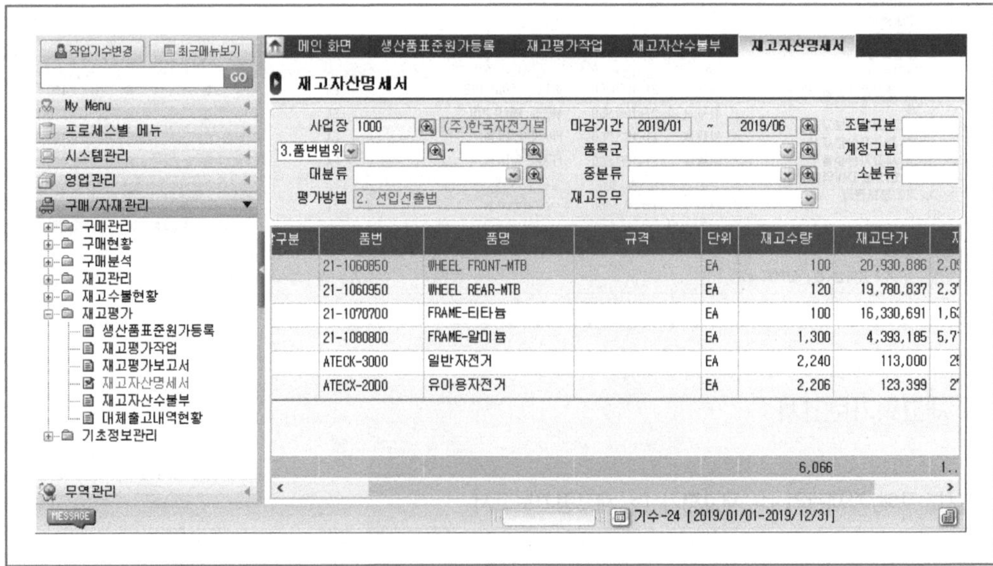

구분	품번	품명	규격	단위	재고수량	재고단가	재
	21-1060850	WHEEL FRONT-MTB		EA	100	20,930,886	2,0
	21-1060950	WHEEL REAR-MTB		EA	120	19,780,837	2,3
	21-1070700	FRAME-티타늄		EA	100	16,330,691	1,6
	21-1080800	FRAME-알미늄		EA	1,300	4,393,185	5,7
	ATECK-3000	일반자전거		EA	2,240	113,000	2
	ATECX-2000	유아용자전거		EA	2,206	123,399	2
					6,066		1..

5 재고자산수불부

위치: 구매/자재관리 ▷ 재고평가 ▷ 재고자산수불부

재고평가작업에서 평가한 내역 중 사업장, 마감기간을 선택하면 평가한 품목에 대하여 수불일자, 수불구분(유형)별로 내역을 상세하게 조회 및 출력할 수 있다.

▶▶ 실무예제

아래 [보기]의 조건으로 데이터를 조회한 후 물음에 답하시오.

[보 기]

- 사업장: 1000, ㈜한국자전거본사
- 마감기간: 2019/01 ~ 2019/06

다음 중 재고자산수불부에서 FRAME-알미늄 품목의 차기이월되는 재고수량으로 옳은 것은?

① 1200　② 1300

③ 1400　④ 1600

해설 [보기]의 조건을 입력 후 조회하면 하단 창에서 차기이월 재고수량을 확인할 수 있다. 답 ②

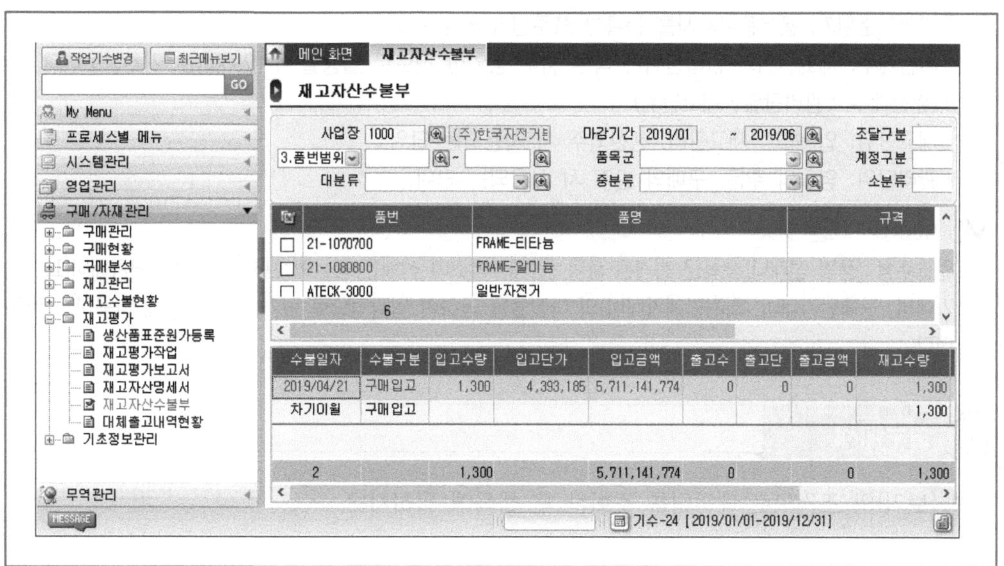

6 대체출고내역현황

위치: 구매/자재관리 > 재고평가 > 대체출고내역현황

재고평가작업에서 평가한 내역 중 대체출고로 처리된 내역을 조회할 수 있다. 사업장, 마감기간을 선택하면 평가한 품목에 대하여 품목등록에서 설정한 해당 품목의 계정구분에 따라 정상출고처리가 아닌 출고 내역이 조회된다.

07 기초정보관리

1 품목단가등록

위치: 구매/자재관리 ▷ 기초정보관리 ▷ 품목단가등록

품목에 대한 구매단가 및 판매단가를 등록하는 단계로서, 모든 거래처(고객)에 동일하고 유일한 단가만을 사용할 경우에 활용한다. 영업마감/통제등록, 자재마감/통제등록에서 단가적용의 '품목단가'를 선택 시 입력한 금액이 영업, 구매/자재 모듈에 반영된다.

CHECK 용어 설명

- 환산표준원가: 품목등록세서를 등록한 표준원가 × 환산계수
- 환산계수: 재고단위와 관리단위가 다른 경우 동일한 정보로 활용할 수 있게하는 기초정보이다.
  (환산계수 = 관리단위 / 재고단위)
- 재고단위: 입/출고, 재고관리, 생산외주 시 사용되는 단위
- 관리단위: 영업의 주문, 구매의 발주 시 사용되는 단위

CHECK 버튼 설명

일괄수정 : 품번 전개나 품목군 전개된 품목 중 체크박스에 선택된 품목에 한해서 설정한 단가대비(표준원가대비, 구매단가대비, 최저판매가대비)의 마진율을 곱하여 일괄적으로 단가를 등록할 때 사용하는 버튼이다.

▶▶ 실무예제

아래 [보기]의 조건으로 데이터를 조회한 후 물음에 답하시오.

[보 기]

- 계정구분: 4. 반제품
- ㈜한국자전거본사는 영업업무에서 품목단가를 사용한다.

다음 중 구매단가보다 판매단가가 낮아 판매할 경우 손실이 발생할 가능성이 있는 품목은?

① 35−1025050, IRON FRAME

② 83−2000100, 전장품 ASS'Y

③ 85−1020400, POWER TARIN ASS'Y(MTB)

④ 87−1002001, BREAK SYSTEM

해설 [보기]의 조건을 입력 후 판매단가 탭에서 조회하면 각 품목별 구매 및 판매단가를 확인할 수 있다. 구매단가보다 판매단가가 많으면 손실이 발생할 가능성이 있음 답 ④

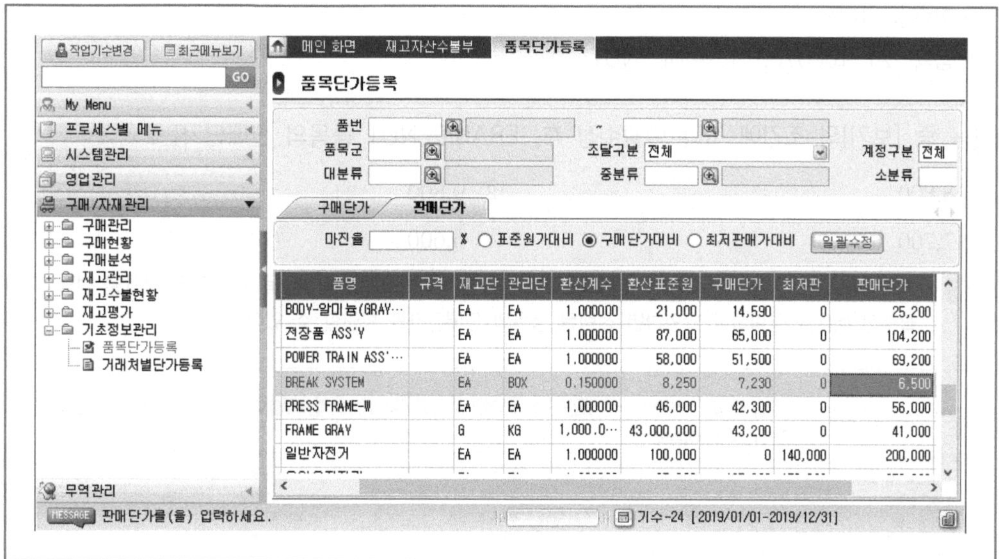

2 거래처별단가등록

위치: 구매/자재관리 ▷ 기초정보관리 ▷ 거래처별단가등록

품목에 대하여 거래처별, 환종별로 구매단가 및 판매단가를 관리, 적용하고자 할 경우 등록하는 단계로서 거래처별로 품목에 대한 구매단가 및 판매단가가 차이가 있을 경우에 사용한다. 영업마감/통제등록, 자재마감/통제등록에서 단가적용의 '고객(거래처)별단가' 선택 시 입력한 금액이 반영된다.

CHECK 용어 설명

- 환산표준원가: 품목등록에서 등록한 (표준원가 × 환산계수)
- 구매단가: 원재료, 부재료 상품 등을 구입할 때 발생하는 비용을 직접 입력한다.

▶▶ 실무예제

아래 [보기]의 조건으로 데이터를 조회한 후 물음에 답하시오.

[보 기]

- 거래처: ㈜제동기어
- 단가수정대상: 판매단가
- 단가수정기준: 구매단가
- 할증율: 10%
- 품목: 21-1060700, FRAME-NUT

다음 중 [보기]의 조건에 따라 일괄수정 후, FRAME-NUT 품목의 판매단가는?

① 8,800　　② 9,800

③ 7,700　　④ 6,600

해설 거래처를 입력 후 판매단가 탭에서 [보기]의 조건을 입력하여 조회한다. 품목: FRAME-NUT을 선택 후 일괄수정 버튼을 클릭하여 확인하면 선택된 품목의 판매단가를 확인할 수 있다. 답 ①

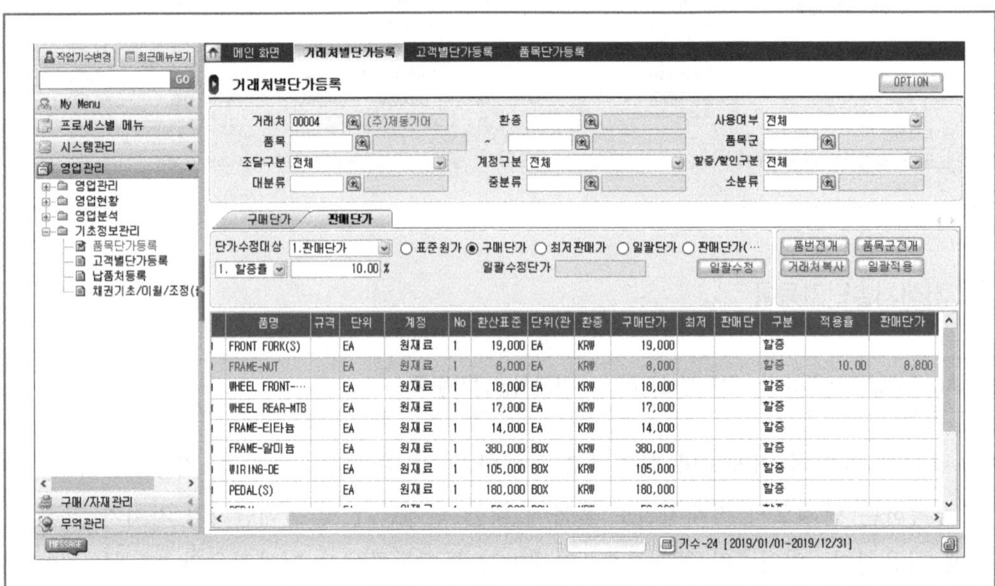

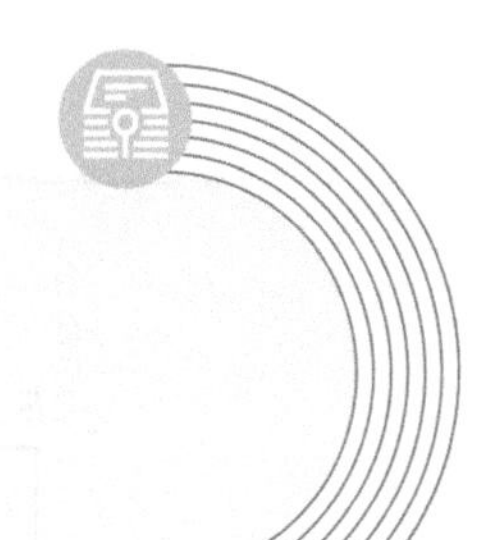

CHAPTER

05 무역관리

01 MASTER L/C(수출)

무역관리 프로그램은 수출과 수입 업무로 구분하여 수출입 진행관리를 지원하는 모듈(Module)로 구성된다. 또한 수출 및 수입 모듈별로 구매승인서, Master L/C, Local L/C, 기타 등 4가지 모듈 중에서 해당 무역거래 구분이나 조건에 따라 사용자가 선택하여 사용할 수 있도록 프로그램이 구성되어 있다. Master L/C 관련 문제는 Master L/C(수출)과 Master L/C(수입) 모듈을 사용하며, 그 이외의 문제는 기타(수출)과 기타(수입) 모듈을 활용하면 된다.

본 교재에서 제시한 메뉴 사용방법과 문제 풀이는 그 상황에 적합한 모듈을 선택해서 활용하였으므로 기출문제 정답 및 해설 부분을 확인하기 바란다.

아래의 그림은 무역관리에 포함된 모듈별 활용 메뉴 체계를 나타낸 것이다. Master L/C는 Master L/C(수출)와 Master L/C(수입) 모듈을 활용하며, T/T, D/A, D/P는 기타(수출)과 기타(수입) 모듈을 활용하는 것이다.

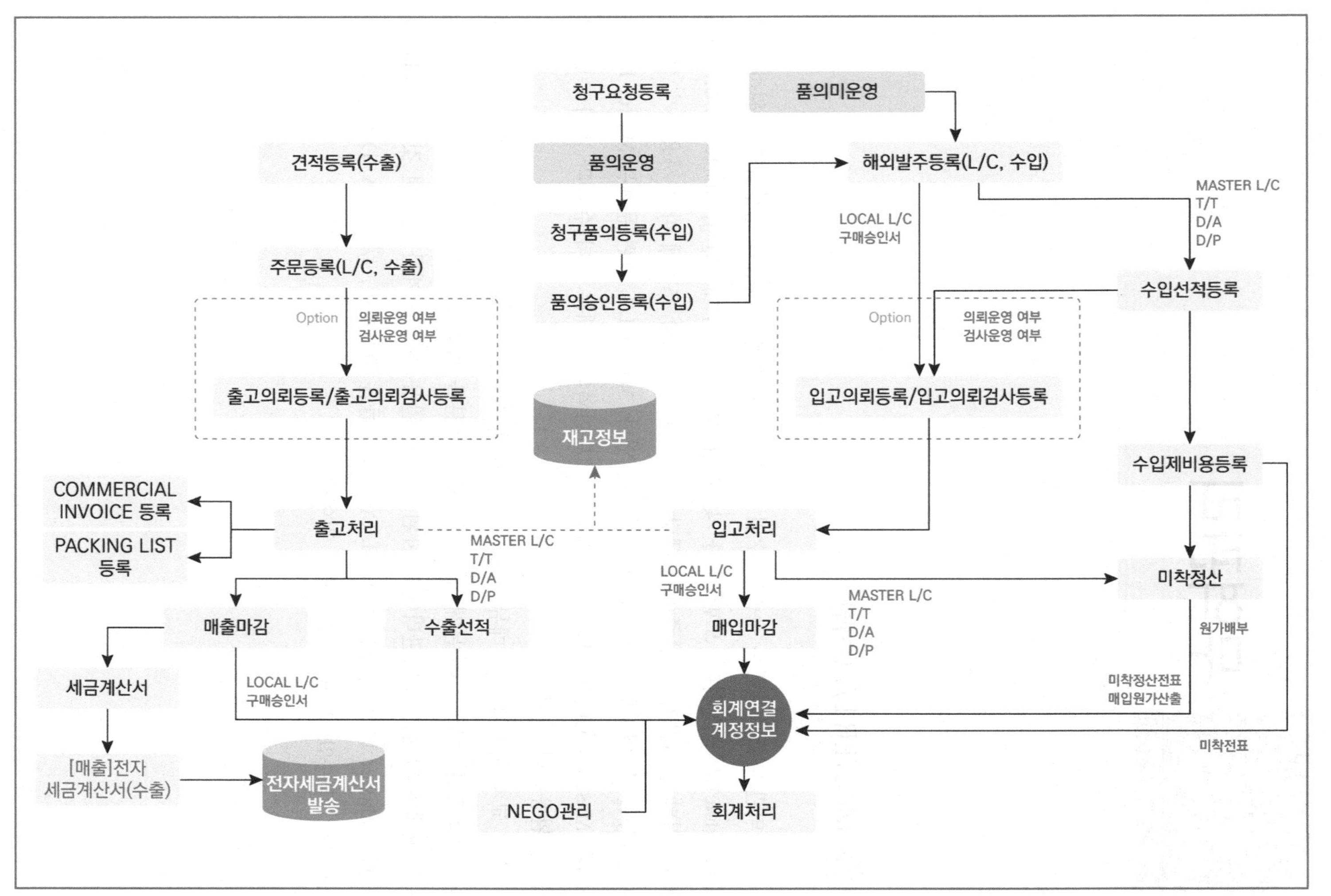

청구요청등록
품의미운영
견적등록(수출)
품의운영
해외발주등록(L/C, 수입)
MASTER L/C
T/T
D/A
D/P
LOCAL L/C
구매승인서
청구품의등록(수입)
주문등록(L/C, 수출)
품의승인등록(수입)
수입선적등록
Option
의뢰운영 여부
검사운영 여부
출고의뢰등록/출고의뢰검사등록
재고정보
입고의뢰등록/입고의뢰검사등록
수입제비용등록
COMMERCIAL INVOICE 등록
PACKING LIST 등록
출고처리
입고처리
MASTER L/C
T/T
D/A
D/P
LOCAL L/C
구매승인서
미착정산
매출마감
수출선적
매입마감
원가배부
세금계산서
LOCAL L/C
구매승인서
미착정산전표
매입원가산출
회계연결
계정정보
미착전표
[매출]전자
세금계산서(수출)
전자세금계산서
발송
NEGO관리
회계처리

1 견적등록(수출)/(2018년 신규추가메뉴)

위치: 무역관리 ▷ MASTER L/C(수출) ▷ 견적등록(수출)

해외 고객으로부터 견적 요청을 받은 품목에 대하여 내역을 등록한다. 견적등록 시 사용하며, 과세구분에 대한 설정이 없기 때문에 환종에 관한 설정과 환종에 따른 외화단가, 외화금액이 나타나고, 사용자 선택사항이다.

CHECK 용어 설명

- 환종: 시스템관리 > 기초정보관리 > 회계인사 > 관리내역등록의 항목 중 환종에서 사용여부에 사용으로 설정한 환종(화폐 종류)만 사용 가능하다.
- 외화단가: 각 품목에 대한 외화단가를 등록하는 필드이다.
- 외화금액: 견적수량 × 외화단가
- 관리구분: 견적 순번별로 관리할 관리구분 코드를 조회하여 등록한다.
  시스템관리 > 물류/생산 > 관리내역등록(물류/생산) 메뉴의 항목 중 영업관리구분에 등록한 관리구분을 조회하여 등록한다.

2 견적마감처리(수출)/(2018년 신규추가메뉴)

위치: 무역관리 ▷ MASTER L/C(수출) ▷ 견적마감처리(수출)

견적등록에서 등록된 견적내역 중에서 견적취소 등의 사유로 더 이상 차후 프로세스에 반영되지 않게 하기 위해서 견적을 마감처리한다. 또한 마감처리된 건을 다시 활용하기 위해서 마감을 취소할 수 있다.

CHECK 버튼 설명

- 일괄마감처리: 선택된 견적내용을 일괄마감 처리한다.
- 일괄마감취소: 선택된 마감처리된 견적내용을 일괄마감 취소한다.

3 L/C등록

위치: 무역관리 ▷ MASTER L/C(수출) ▷ L/C등록

L/C(Letter of Credit)주문을 등록하는 기능으로, 거래유형에 따라 LOCAL L/C, 구매승인서 MASTER L/C를 구분하여 등록한다. 신용장(L/C)은 무역거래에 있어 대금결제의 신속, 정확 안정성을 확보하기 위해 수입업자의 거래은행이 유사시 지급을 보증한 증서이다. 수출업자에게 물건을 선적해 보낸 뒤 L/C를 자신의 거래은행에 맡기고 돈을 미리 받는다. 수출업자의 거래은행은 L/C를 근거로 수입업자의 거래은행에서 대금을 회수한다.

CHECK 용어 설명

- 내국신용장(LOCAL L/C): 무역업체가 국내에서 수출용완제품을 구매하여 국내에 공급하고자 하는 경우 그 업체의 의뢰에 따라 외국환은행이 국내의 완제품 또는 원자재 공급업체를 수익자로하여 개설한 지급보증서이다.
- MASTER L/C: 이국 간 무역거래자 사이에서 이용되는 L/C를 말한다. L/C 중 특별히 LOCAL이라는 구분을 하지 않으면 MASTER L/C로 간주한다.
- L/C 구분: LOCAL L/C, 구매승인서, MASTER L/C 중 하나를 선택한다.
- L/C번호: L/C번호를 등록(영어/숫자/영어 + 숫자를 혼용하여 20자리까지 입력이 가능)
- 환종: 시스템관리 > 기초정보관리 > 관리내역등록에 환종에서 사용여부가 '사용'으로 되어 있는 환종 중에서 하나를 선택한다.
- 단가유형: 시스템관리 > 기초정보관리 > 관리내역등록에 영업단가유형에 등록된 항목 중에 사용여부가 '사용'인 항목 중 하나를 선택한다.
- 외화단가: 환종에 해당되는 단가를 등록한다.
- 외화금액: 주문수량 * 외화단가의 금액이다.

CHECK 버튼 설명

- 저장: L/C 추가나, 변경된 내용이 있을 때 반드시 저장 버튼을 클릭해야 저장이 된다.
- L/C 추가: L/C를 추가할 때 사용하는 버튼으로 추가 버튼을 클릭하여 L/C번호, L/C주문일, 고객, 환종, 품번, 납기일을 입력하고 저장버튼을 클릭하면 L/C가 추가 등록된다.
- 견적적용 조회: L/C등록 화면에서 [견적적용 조회] 버튼을 누르면, 견적적용 조회 화면이 팝업으로 뜬다. L/C등록에 적용할 견적내용을 선택한 후, [선택적용] 버튼을 누르면 L/C등록 탭에 주문 내용이 등록된다. 여러 건의 견적을 일괄적으로 적용하고자 할 경우 고객, 거래구분, 환종이 같은 경우에만 적용된다.

▶▶ 실무예제

아래 [보기]의 조건으로 데이터를 조회한 후 물음에 답하시오.

[보 기]

- 사업장: 1000, ㈜한국자전거본사
- 주문기간: 2019. 07. 06. ~ 2019. 07. 10.
- L/C 구분: 3.MASTER L/C
- L/C번호: MLC1907 - 008

수출 업무를 하기 위해 다음과 같이 L/C를 등록하였다. 다음 중 L/C의 입력된 정보로 옳지 않는 것은?

① 환종: USD
② 가격조건: EXW
③ 선적항: BUSAN PORT
④ L/C 주문일: 2019. 07. 08.

해설 [보기]의 조건을 입력 후 조회하면 L/C등록 조회 창이 나타난다. 조회 창에서 해당 건을 선택 후, 선택항목 편집 버튼을 클릭하면 L/C등록 정보를 확인할 수 있다. ② 가격조건: EXW → FOB 답 ②

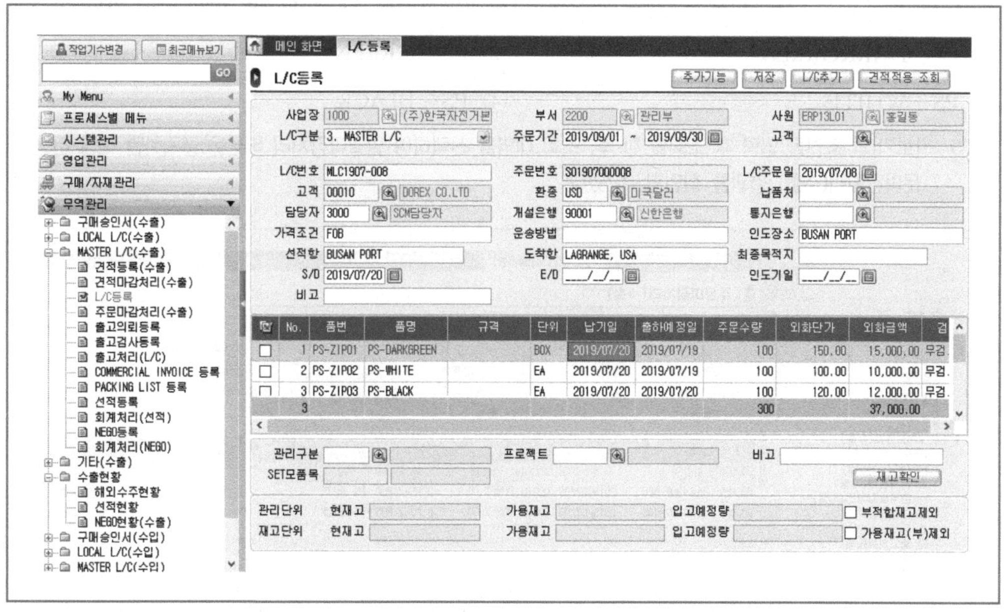

4 주문마감처리(수출)/(2018년 신규추가메뉴)

위치: 무역관리 ▷ MASTER L/C(수출) ▷ 주문마감처리(수출)

주문등록(L/C)와 주문등록(수출)에서 등록된 주문내역 중에서 주문취소 등의 사유로 더 이상 차후 프로세스에 반영되지 않게 하기 위해서 주문을 마감 처리할 수 있다. 또한 마감처리된 건을 다시 활용하기 위해서 마감 건을 취소할 수도 있다.

✔ CHECK 버튼 설명

- 일괄마감처리: 선택된 주문내역을 일괄마감 처리한다.
- 일괄마감취소: 선택된 마감처리된 견적 내역을 일괄마감 취소한다.

▶▶ 실무예제

아래 [보기]의 조건으로 데이터를 조회한 후 물음에 답하시오.

[보 기]

- 사업장: 1000, ㈜한국자전거본사
- 주문기간: 2019. 07. 01. ~ 2019. 07. 31.

다음 중 [보기]의 기간 동안 등록된 L/C를 마감처리하였을 때 해당 품목이 아닌 것은?

① PS－DARKGREEN ② PS－GREEN

③ PS－WHITE ④ PS－BLACK

해설 [보기]의 조건을 입력 후 조회를 한 후, 조회 내역을 선택하여 일괄마감처리 버튼을 클릭하면 해당 건의 주문마감처리(수출) 결과를 확인할 수 있다. 답 ②

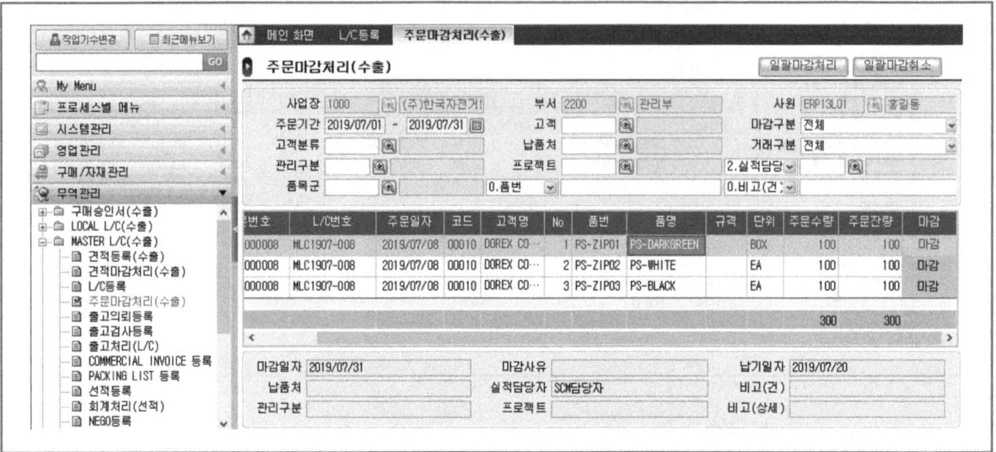

5 출고의뢰등록

위치: 무역관리 ▷ MASTER L/C(수출) ▷ 출고의뢰등록

수출할 품목을 고객에게 출고하고자 하는 품목을 창고에서 출고처리하기 위해 출고의뢰하는 단계이다.

CHECK 버튼 설명

주문적용조회: 주문등록에 입력된 내용이 반영되는 화면이며, 조회조건에 주문기간 등을 입력한 후 조회한다. 의뢰등록하고자 하는 내용을 선택하고 [선택적용] 버튼을 누르면 출고의뢰등록 화면에 내용이 입력된다.

실무예제

아래 [보기]의 조건으로 데이터를 조회한 후 물음에 답하시오.

[보 기]

- 사업장: 1000, ㈜한국자전거본사
- 의뢰 및 주문기간: 2019. 07. 01. ~ 2019. 07. 31.

다음 중 [보기]의 기간 동안 주문적용 조회 적용을 받아 출고의뢰등록을 하는 품목들 중 출하예정일이 7월 20일인 품목으로 옳은 것은?

① PS－DARKGREEN ② PS－GREEN

③ PS－WHITE ④ PS－BLACK

해설 [보기]의 조건을 입력 후 조회한다. 주문적용 조회 버튼을 클릭하여 주문기간을 입력 후 조회한다. 조회 내역을 각각 클릭하면 하단 창에서 주문건별 납기일 및 출하예정일을 확인할 수 있다. 답 ④

6 출고검사등록

위치: 무역관리 ▷ MASTER L/C(수출) ▷ 출고검사등록

고객에게 출고하고자 하는 품목에 대해 고객에게로 출고하기 전 품목검사를 하는 단계이다. 각각의 품목에 대한 검사를 실시한 후 합격여부와 검사내역과 불량내역 등을 등록한다.

CHECK 버튼 설명

주문의뢰 적용: 주문등록에 입력된 내용이 반영되는 화면이며, 조회조건에 주문기간 등을 입력한 후 조회한다. 출고검사등록하고자 하는 내용을 선택하고 [선택적용] 버튼을 누르면 출고검사등록 화면에 내용이 입력된다.

7 출고처리(L/C)

위치: 무역관리 ▷ MASTER L/C(수출) ▷ 출고처리(L/C)

해외수출품목에서 대한 출고처리 및 반품처리하는 단계로서, 품목이 창고에서 출고되는 시점에 등록한다. 주문적용, 의뢰적용, 검사적용을 이용하여 출고처리할 수 있다. 재고 수불 관리에 실질적인 영향을 미치며 재고감소가 발생하는 동시에 채권(출고기준)이 증가하는 시점이다. 또한 마감구분이 건별인 경우는 재고평가 대상이 된다.

CHECK 버튼 설명

- 출고적용: 거래구분이 LOCAL L/C 혹은 구매승인서일 때 출고처리(L/C) 화면에서 활성화되어 있다. [출고적용] 버튼을 누르면 출고적용 조회 화면이 팝업으로 뜬다. 출고적용할 이전 출고내용을 선택한 후 [선택적용] 버튼을 누르면 출고처리(L/C) 화면에 (-)로 출고내용이 입력된다.
- 의뢰적용: 출고의뢰등록 작업은 실행하고 출고검사등록 작업은 실행하지 않았을 때 (무검사)출고의뢰등록 데이터를 적용하여 출고처리를 한다.
- 검사적용: 출고의뢰등록과 출고검사등록 작업을 실행한 후, 출고검사등록 데이터를 적용하여 출고처리를 한다.

▶▶ 실무예제

아래 [보기]의 조건으로 데이터를 조회한 후 물음에 답하시오.

[보 기]
• 사업장: 1000, ㈜한국자전거본사 • 출고기간: 2019. 07. 01. ~ 2019. 07. 31.

다음 중 [보기]의 기간 출고 할 품목과 주문단위수량이 옳은 것은?

① PS－DARKGREEN, 30EA ② 일반자전거, 40EA
③ 일반자전거(P－GRAY WHITE), 50EA ④ 일반자전거(P－20G), 50EA

해설 [보기]의 조건을 입력 후 조회한다. 하단 창에서 출고건의 품목별 주문단위수량을 확인할 수 있다.

답 ③

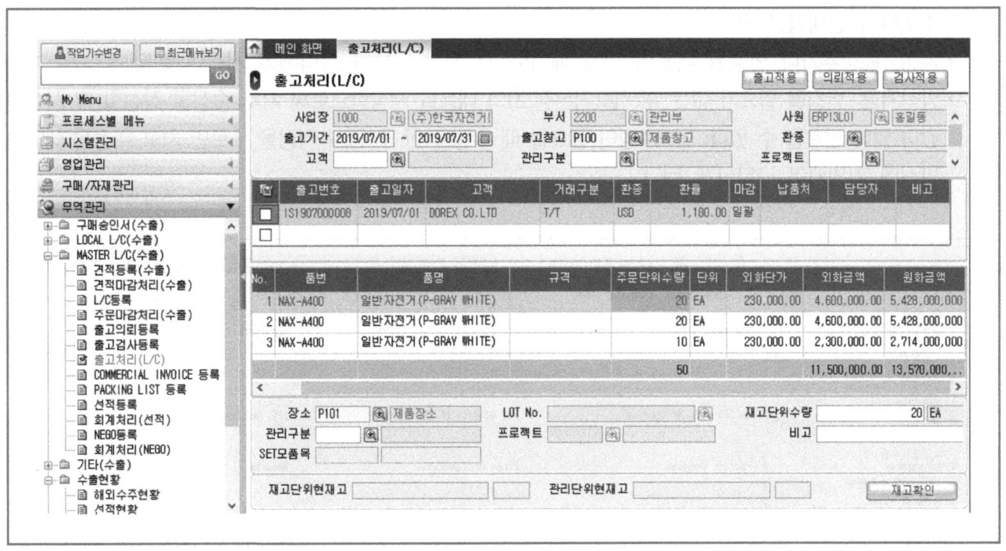

8 COMMERCIAL INVOICE 등록

위치: 무역관리 ▷ MASTER L/C(수출) ▷ COMMERCIAL INVOICE 등록

상업송장(Commercial Invoice)은 거래상품의 주요사항을 상세히 명기한 것으로 수출자에게는 수출대금 청구서로서의 역할을 하고, 수입자에게는 매입명세서로서의 역할을 하여 수입신고시 과세가격의 증명자료가 된다. 해외거래관련 COMMERCIAL INVOICE (상업송장)을 등록한다.

CHECK 용어 설명

- No. & Date of Invoice: 상업송장번호 및 송장일이다.
- No. & Date of L/C: L/C번호 및 L/C개설일이다.
- Description of Goods: 제품관련 설명을 나타낸다.
- Quality/Unit: 제품수량/단위(제품의 특성에 따른 측정단위)
- Unit-Price: 제품 단위당 가격
- Amount: 총 가격(제품수량 × 제품단위당 가격)

CHECK 버튼 설명

- 신규추가: 상업송장을 추가할 때 사용하는 버튼으로 추가 버튼을 클릭하고 출고조회를 적용받은 후 송장번호 및 송장일을 기입한 후 저장한다.
- 출고조회: [출고조회] 버튼을 누르면 출고적용 조회 화면이 팝업으로 뜬다. 출고적용할 이전 출고내용을 선택한 후 [선택적용] 버튼을 누르면 출고처리 내역이 자동으로 송장의 Description of Goods 부분으로 자동 입력된다. 출고처리 내역 중 거래구분이 T/T, D/A, D/P, MASTER L/C로 입력된 데이터만

조회하여 선택적용 가능하다.

- 저장: 송장추가나 변경된 내용이 있을 때 반드시 저장 버튼을 클릭해야 저장이 된다.
- 양식저장: 변경될 필요가 없는 부분들(기본정보)의 내용을 저장함으로써 차후 송장을 작성할 때 작성시간이 많이 단축될 수 있다. 단, 수정이 필요할 때 수정을 한 후 양식 저장을 누르면 차후 수정된 내역이 양식에 기입되어 나타나게 된다.

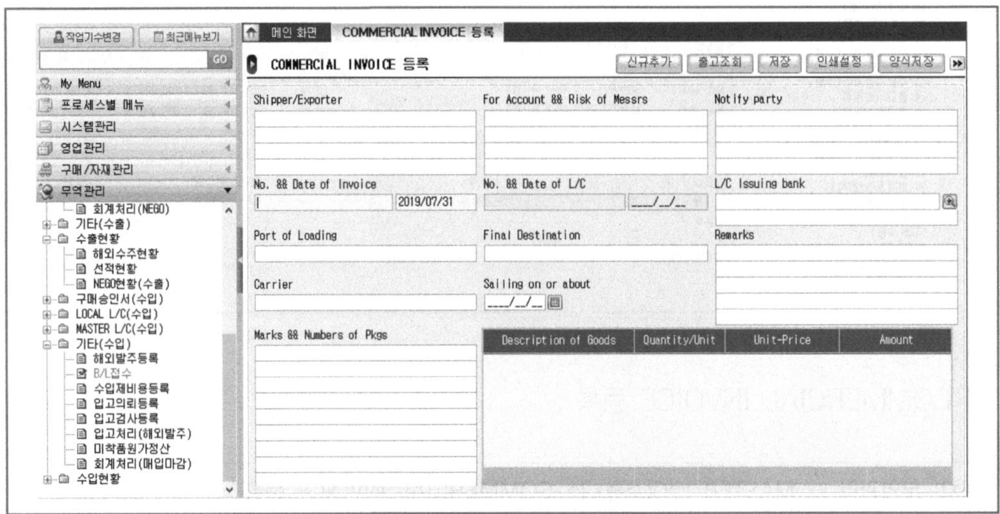

9 PACKING LIST 등록

위치: 무역관리 ▷ MASTER L/C(수출) ▷ PACKING LIST 등록

PACKING LIST란 포장에 관한 사항을 상세히 기재한 서류를 말한다. 포장 내의 수량과 순중량, 총중량 용적·포장의 일련번호 등을 기재한다. 해외거래 관련 PACKING LIST를 등록하는 단계이다.

CHECK 용어 설명

- NET - WEIGHT: 제품의 순중량
- GROSS-WEIGHT: 순중량 + 외부 포장재료(또는 포장용기)의 중량을 포함한 총중량
- MEASUREMENT: 선적물품의 부피를 나타내는데 통상 용적(Measurement)의 계산단위는 CBM (Cubic Meter)을 주로 사용
- C/T NO. FROM: 카톤(박스)의 시작번호를 말한다.
- C/T NO. TO: 카톤의 끝번호를 말한다. (총수량)

CHECK 버튼 설명

- 중량계산: 품목에 대한 중량을 자동계산할 때 사용한다. (품목등록의 MSTER/SPEC 등록의 중량이 적용된다.)
- 신규추가: PACKING LIST를 추가할 때 사용하는 버튼으로 추가 버튼을 클릭하고 송장 조회를 적용받은 후 순중량, 총중량, 용적, 카톤수를 입력 후 저장한다.
- 송장조회: [송장조회] 버튼을 누르면 송장조회 화면이 팝업으로 뜬다. 송장적용을 할 건에 대해서 선택한 후 [확인] 버튼을 누르면 송장의 내역에 품명과 출고수량이 기입되게 된다.
- 저장: PACKING LIST 추가나, 변경된 내용이 있을 때 반드시 저장 버튼을 클릭해야 저장이 된다.

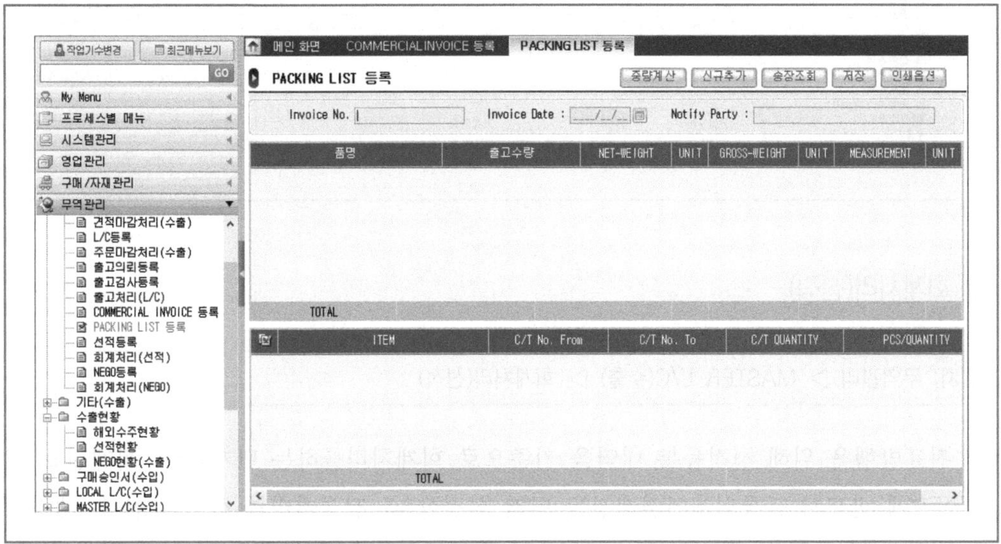

10 선적등록

위치: 무역관리 ▷ MASTER L/C(수출) ▷ 선적등록

해외 주문건의 출고 후 선적할 품목의 데이터에 대하여 등록하는 단계이다. 이 화면에서 처리할 수 있는 거래유형으로는 D/A, D/P, T/T, MASTER L/C에 대해서만 처리하며 선적을 등록하는 동시에 매출마감이 되어서 별도의 매출마감은 필요 없다. 선적등록된 수량이 재고평가 시 출고수량 대상이 된다.

CHECK 버튼 설명

- 출고적용 조회: [출고적용] 버튼을 누르면 출고적용 조회 화면이 팝업으로 뜬다. 선적등록할 출고내용을 선택한 후 [확인] 버튼을 누르면 출고내용이 선적등록 화면에 입력된다.
- 출고일괄적용: [출고일괄적용] 버튼을 누르면 입고일괄적용 조회 화면이 팝업으로 뜬다. 선적 등록할 출고조건을 입력하고 [확인] 버튼을 누르면 해당 출고내용이 일괄로 선적등록 화면에 입력된다.

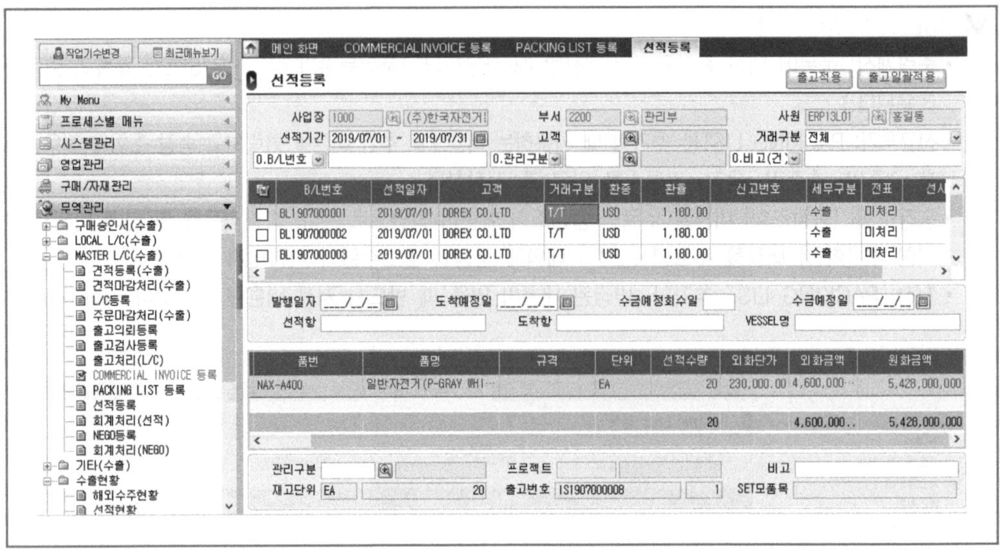

11 회계처리(선적)

위치: 무역관리 ▷ MASTER L/C(수출) ▷ 회계처리(선적)

전표발행을 위해 선적등록 내역을 기준으로 회계처리를하는 단계이다. 회계전표 처리 이전에 반드시 물류회계연결계정을 먼저 설정한 후 전표처리를 하여야 한다. 계정과목 설정은 재경팀 담당자나 전표 확인 담당자가 확인 후 작업하는 것이 좋다.

전표처리된 건 중 전표삭제 처리하고자 할 경우에는 회계전표에 전표 건이 승인으로 처리되어 있으면 전표삭제되지 않는다. 생성된 미결전표에 대한 승인작업은 회계관리 > 전표/장부관리 > 전표승인/해제 프로그램에서 수행한다.

CHECK 탭(용어) 설명

- 매출마감: 매출마감 내역에 대해 회계처리를 한다.
- 수출선적: 전표발행을 위해 수출선적 내역을 기준으로 회계처리를 한다.
- 회계전표: 전표처리한 내역에 대해 조회한다.

CHECK 버튼 설명

전표생성: 전표로 발행되지 않은 선적등록 데이터를 회계 모듈로 이관시키기 위한 버튼이다. 부가세 신고 사업장을 선택한 후 [확인] 버튼을 클릭하면 전표가 발행된다. '전표금액 0 제외'를 체크하면 합계액이 '0'인 매출마감 건은 회계전표가 발행되지 않는다.

▶▶ 실무예제

[보 기]

• 사업장: 1000, ㈜한국자전거본사
• 기간: 2019. 07. 01. ~ 2019. 07. 31.

다음 중 수출선적 조회 내역건에 대해 전표처리를 하였을 때 생성된 전표에 대한 내용으로 옳지 않는 것은?

① 대체차변 – 선수금 – 선수금 정리

② 대체차변 – 외상매출금 – 외상매출금 증가(제품)

③ 대체대변 – 제품매출 – 제품 매출

④ 대체대변 – 부가세예수금 – 부가세예수금_해외수출

해설 [보기]의 조건을 입력 후 수출선적 탭에서 조회한다. 조회 내역들을 선택(☑)하여 '전표처리' 버튼을 클릭하면 전표가 생성된다. 회계전표 탭에서 조회하여 조회 건별로 클릭하면 하단 창에서 생성된 전표의 내용을 확인할 수 있다. 답 ① 대체차변 – 선수금 – 선수금 정리

12 NEGO등록

위치: 무역관리 ▷ MASTER L/C(수출) ▷ NEGO등록

선적등록한 내역에 대해서 (NEGO등록, NEGO선입정리)내역을 등록하는 단계로서, MASTER L/C, LOCAL L/C , D/A, D/P, T/T건에 대한 거래내역만 등록할 수 있다. NEGO선입정리 탭은 T/T선입건에 대해서 등록할 수 있다.

CHECK 용어 설명

- 형태: NEGO 후 보관할 환종의 환산금액 형태를 선택하는 것으로 외화순대체와 원화 CONVERT가 있다.
- 외화순대체: NEGO 당시의 환종으로 처리하는 방법이다.
- 원화CONVERT: NEGO 당시의 환율을 NEGO 금액을 환산하여 원화금액으로 처리하는 방법이다.
- B/L번호: NEGO한 내역의 매출 선적번호를 선택한다.
- 증빙번호: 수금내역을 증빙할 수 있는 문서나 자료의 번호기록
- 매출환율: 선적등록 시 환율이 자동으로 반영된다.
- 적용환율: NEGO 시의 환율을 직접 입력한다.
- 외화차손익: 형태과 원화 CONVERT인 경우 매출 시 적용환율과 선적등록 시 매출환율의 차이로 발생하는 금액이다.

실무예제

아래 [보기]의 조건으로 데이터를 조회한 후 물음에 답하시오.

[보 기]

- 사업장: 1000, ㈜한국자전거본사
- NEGO기간: 2019. 07. 01. ~ 2019. 07. 05.

다음 NEGO번호 중 수출 선적번호 BL1907000002에 근거하여 등록된 번호는 무엇인가?

① NG1907000001 ② NG1907000002

③ NG1907000003 ④ NG1907000004

해설 [보기]의 조건으로 조회하여 내역 건별로 클릭하면 하단 창에서 해당 건의 선적번호를 확인할 수 있다.

답 ③

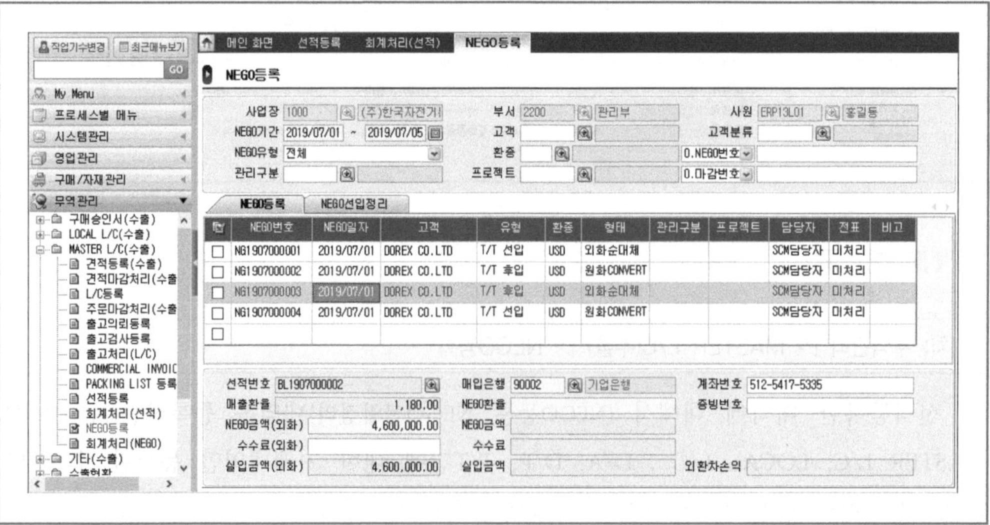

13 회계처리(NEGO)

위치: 무역관리 ▷ MASTER L/C(수출) ▷ 회계처리(NEGO)

수금, 선수정리, NEGO, NEGO정리에 등록된 내역에 대해서 전표생성 및 삭제를 하는 단계로서 데이터 확인은 회계전표 탭에서 확인한다.

▶▶ 실무예제

[보 기]

- 사업장: 1000, ㈜한국자전거본사
- 기간: 2019. 07. 01. ~ 2019. 07. 31.

NEGO 조회내역건에 대해 전표처리를 하였을 때 NEGO번호 NG1907000002 전표에 대한 설명으로 옳지 않는 것은?

① 대체차변 – 제예금 – NEGO 금액(원화) 보통예금 입금

② 대체차변 – 수출제비용 – NEGO 수수료(원화) 공제

③ 대체대변 – 외환차익 – 외환차익 감소

④ 대체대변 – 외상매출금 – 외상매출금(원화) 감소

해설 [보기]의 조건을 입력 후 NEGO 탭에서 조회한다. 조회 내역들을 선택(☑)하여 '전표처리' 버튼을 클릭하면 전표가 생성된다. 회계전표 탭에서 조회하여 NEGO번호 NG1907000002를 클릭하면 하단 창에서 생성된 전표의 내용을 확인할 수 있다. ③ 대체대변 – 외환차익 – 외환차익 증가 답 ③

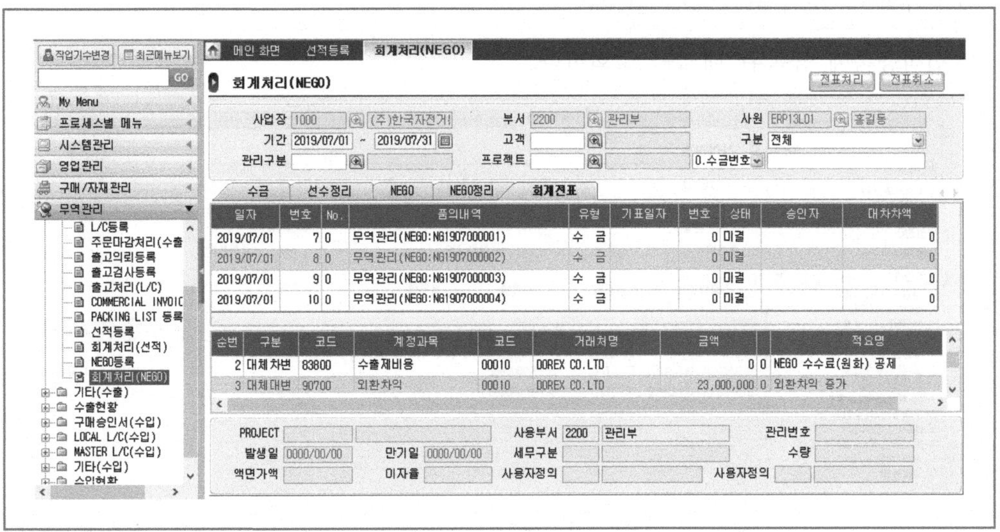

02 수출현황

1 해외수주현황

위치: 무역관리 ▷ 수출현황 ▷ 해외수주현황

주문마감처리(수출)된 내역을 주문기간별로 조회한다.

2 선적현황

위치: 무역관리 ▷ 수출현황 ▷ 선적현황

선적등록에 등록된 내역을 조회한다.

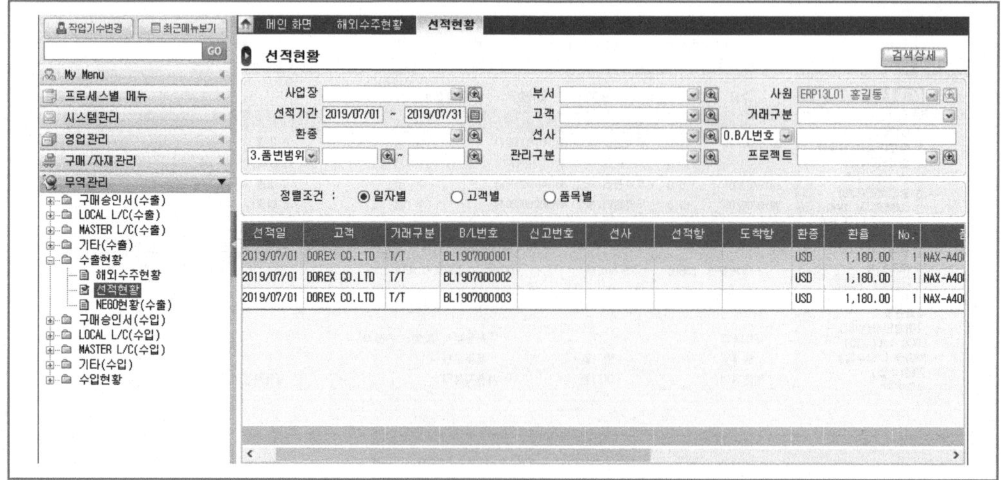

3 NEGO현황(수출)/(2018년 신규추가메뉴)

위치: 무역관리 ▷ 수출현황 ▷ NEGO현황

NEGO등록 단계에서 NEGO가 발생한 관련내역을 조회한다.

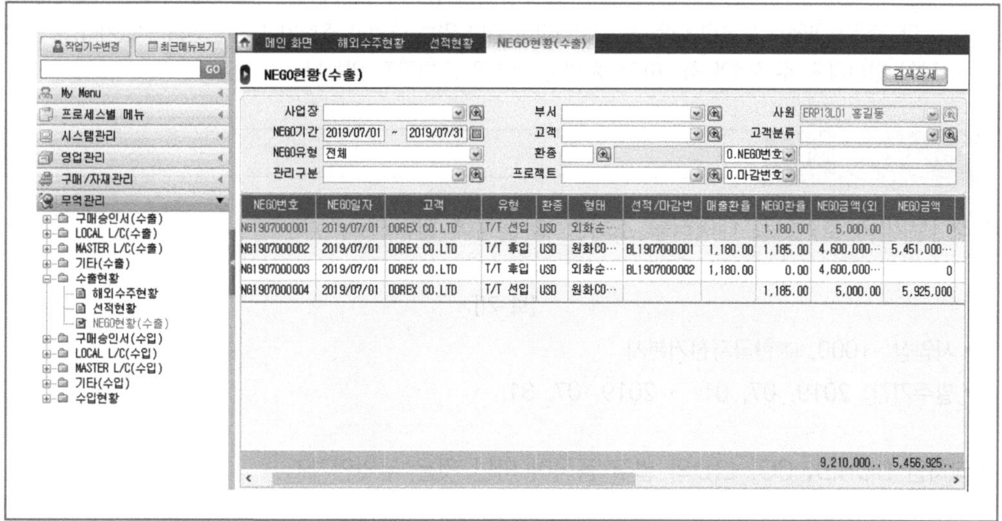

03 기타(수입)

1 해외발주등록

위치: 무역관리 ▷ 기타(수입) ▷ 해외발주등록

L/C주문을 제외한 해외발주를 등록하며, 거래유형에 따라 T/T, D/A, D/P 건을 구분하여 등록하는 단계이다. 매입을 위해 수입거래처로 발주서를 발송하기 위해 등록한다.

CHECK 용어 설명 [거래구분]

- T/T: 전산환 송금을 의미하며, 수입대금 지급을 거래 은행을 이용하여 간편하게 송금한다.
- D/A: 인수인도조건으로 수출자가 발행한 화환어음을 인수함으로써 선적서류가 수입자에게 인도되며, 약정기일 후에 수입대금을 지급하는 방식이다.
- D/P: 지급인도조건으로 수출자가 발행한 화환어음 금액을 수입자가 지불해야만 선적서류를 인도하는 방식이다.

CHECK 버튼 설명

- 청구적용 조회: [청구적용 조회] 버튼을 누르면, 청구적용 조회 창 화면이 팝업으로 뜬다. 해외발주등록에 적용할 청구내용을 선택한 후 [선택적용] 버튼을 누르면 발주등록 화면에 발주 내용이 등록된다.
- 품의승인적용: [품의적용] 버튼을 누르면, 품의승인적용 창 화면이 팝업으로 뜬다. 발주등록에 적용할 청구내용을 선택한 후 [선택적용] 버튼을 누르면 발주등록 화면에 발주 내용이 등록된다.
- 주문적용조회: [주문적용 조회] 버튼을 누르면, 주문등록된 내역에 대하여 주문적용 창 화면이 팝업으로 뜬다. 주문등록에서 등록한 내역 중 주문잔량이 남아 있는 내역만 조회된다. 주문잔량이 없거나, 주문잔량이 있더라도 주문내역 중 '마감' 처리한 내역은 조회되지 않는다.

▶▶ 실무예제

아래 [보기]의 조건으로 데이터를 조회한 후 물음에 답하시오.

[보 기]

- 사업장: 1000, ㈜한국자전거본사
- 발주기간: 2019. 07. 01. ~ 2019. 07. 31.

거래처인 DOREX CO. LTD의 발주 품목이 아닌 것은 무엇인가?

① SHEET POST　　② PS－WHITE

③ SUPREME X2　　④ FRONT FORK(S)

해설 [보기]의 조건을 입력 후 조회를 하면, 거래처별 발주 품목을 하단 창에서 확인할 수 있다. 답 ②

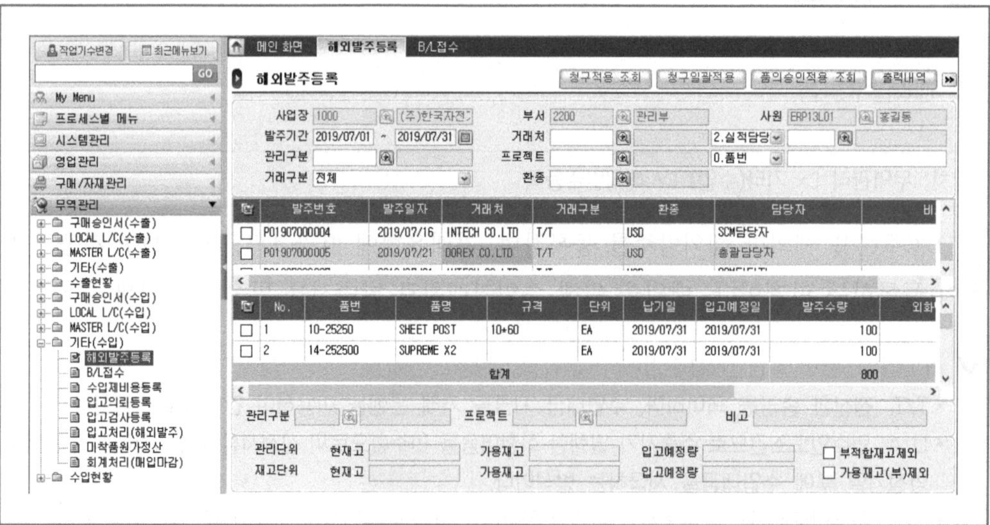

2 B/L접수

위치: 무역관리 ▷ 기타(수입) ▷ B/L접수

해외발주등록된 MASTER L/C, T/T, D/A, D/P에 대해서 선적내용을 등록하는 단계이다. 선하증권(B/L; Bill of Lading)은 선박회사가 발행하는 유가증권으로서, 수출자가 운송화물을 선적하였음을 증명하는 서류이다. 수출자가 B/L을 발급받아서 수입자에게 인도되어야 수입자는 수입절차를 진행하게 된다.

CHECK 버튼 설명

- 부가기능: 거래처정보와 거래처에 대한 채무에 대한 정보를 확인할 수 있다.
- 저장: L/C 추가나, 변경된 내용이 있을 때 반드시 저장 버튼을 클릭해야 저장이 된다.
- B/L 추가: B/L을 추가할 때 사용하는 버튼으로 추가 버튼을 클릭하여 B/L번호, B/L주문일, 품번, 납기일을 입력하고 저장버튼을 클릭하면 B/L이 등록된다.
- L/C - 발주적용: 발주등록에 입력된 내용이 반영되는 화면이며, 조회조건에 발주기간 등을 입력한 후 조회한다. 선적등록하고자 하는 내용을 선택하고 [선택적용] 버튼을 누르면 B/L접수 화면에 내용이 입력된다.

실무예제

아래 [보기]의 조건으로 데이터를 조회한 후 물음에 답하시오.

[보 기]

- 사업장: 1000, ㈜한국자전거본사
- 선적기간: 2019. 07. 16. ~ 2019. 07. 16.
- 거래구분: T/T
- 발주기간: 2019. 07. 16. ~ 2019. 07. 16.
- 발주번호: PO1907000004
- 환율: 1,180원

다음 중 L/C - 발주적용 기능을 통해 해외발주 건을 B/L 접수를 하려고 한다. [보기]의 내용에 대해 선적일을 2019. 07. 16.으로 등록할 때 계산되는 원화금액 합계액으로 옳은 것은?

① 106,318,000 ② 106,768,500

③ 107,219,000 ④ 107,669,500

해설 [보기]의 조건을 입력 후 조회한다. L/C - 발주적용 버튼을 클릭하여 조건입력 후 조회한다. 조회 내역을 선택하여 선택적용 탭을 누르면 B/L접수 상황을 화면에서 확인할 수 있다. 답 ①

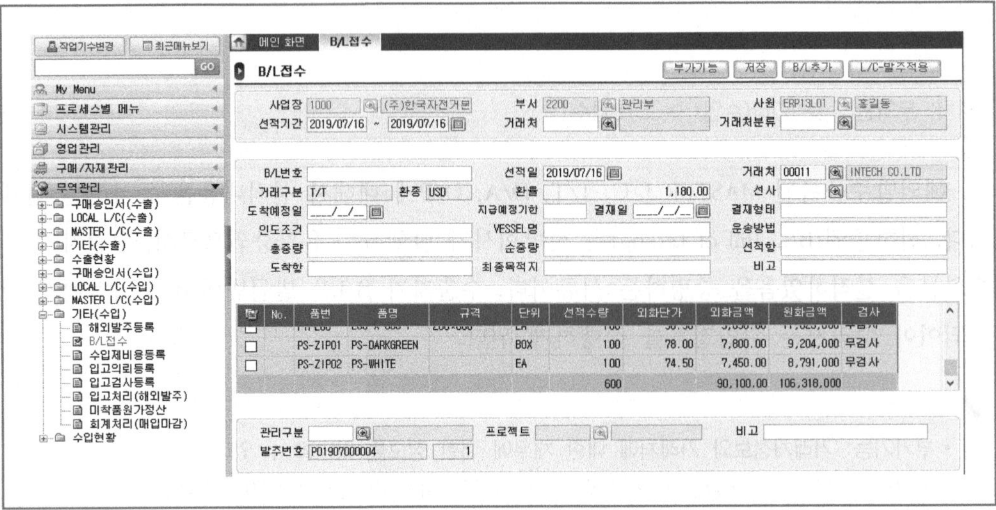

3 수입제비용등록

위치: 무역관리 ▷ 기타(수입) ▷ 수입제비용등록

수입선적등록에 등록된 선적항목을 수입할 때 추가적으로 발생하는 부가적인 비용(B/L 결제대금, 관세, 부가세, 하역비, 운반비 등)을 등록한다. 거래구분이 MASTER L/C, T/T, D/A, D/P인 내역에 대하여 수입제비용을 등록할 수 있는데, 수입제비용 항목은 물류관리내역등록에서 등록할 수 있다.

CHECK 주요 필드 설명

- 배부여부: 수입제비용 등록에 등록된 기타비용을 미착정산등록에서 배부처리여부에 따라 배부와 미배부로 나타난다.
- 전표: 회계처리에서 전표처리여부를 나타낸다. (입력항목이 아님)
- 세무구분: 회계모듈의 전표입력 메뉴에서 세무구분으로 반영된다.
- 원가구분: 선적등록에서 등록되어 있는 품목에 대한 원가는 물품대로 반영되고 수입 제비용에서 등록한 추가적인 비용은 기타로 표시된다.

▶▶ 실무예제

아래 [보기]의 조건으로 데이터를 조회한 후 물음에 답하시오.

[보 기]

- 사업장: 1000, ㈜한국자전거본사
- 등록기간: 2019. 07. 21. ~ 2019. 07. 25.

다음 중 비용번호: EC1907000001에 대한 설명으로 옳지 않은 것은?

① 수입제비용 합계는 49,242,750원이다.

② 비용명의 항목은 물류관리내역등록에서 등록할 수 있다.

③ 여러 개의 B/L번호의 제비용을 한 비용번호로 관리할 수 있다.

④ 배부여부의 값은 미착품원가정산 메뉴에서 배부처리에 대한 여부이다.

해설 수입제비용등록은 B/L번호 기준으로 등록되므로 한 B/L번호의 제비용만 등록해야 한다. 답 ③

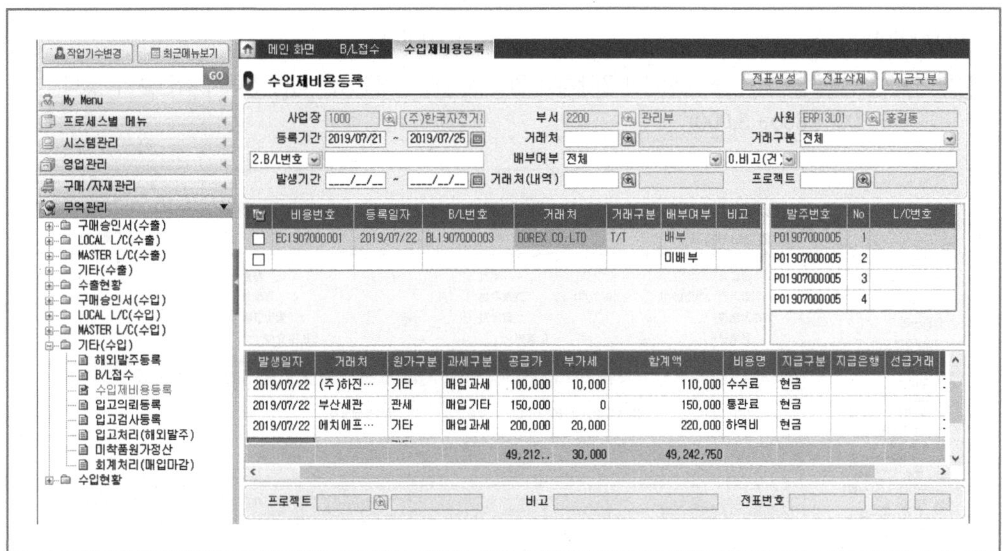

4 입고의뢰등록

위치: 무역관리 ▷ 기타(수입) ▷ 입고의뢰등록

수입 거래처에 발주한 물품을 납품받아 창고에 입고시키기 위하여 물류창고 담당자에게 입고처리를 요청하는 단계이다. 해외 발주(B/L 접수) 내역이나 선적 내역을 적용받아 입고의뢰를 등록할 수 있으며, 사용자 선택사항이다. 거래구분이 LOCAL L/C와 구매승인서일 때 발주적용 버튼을, 거래구분이 MASTER L/C, T/T, D/A, D/P일 때는 선적적용 버튼을 이용하여 등록할 수 있다.

▶▶ 실무예제

아래 [보기]의 조건으로 데이터를 조회한 후 물음에 답하시오.

[보 기]

- 사업장: 1000, ㈜한국자전거본사
- 의뢰기간: 2019. 07. 01. ~ 2019. 07. 31.
- 거래구분: T/T

[보기]의 기간 동안 수입한 품목의 입고의뢰를 등록할 때 의뢰수량의 합으로 옳은 것은?

① 3,800EA　　② 3,900EA

③ 4,000EA　　④ 4,100EA

해설 [보기]의 조건을 입력 후 조회하면 거래처별 입고 품목과 의뢰수량을 하단 창에서 확인할 수 있다.
① 3,800(= 800 + 3,000)

답 ①

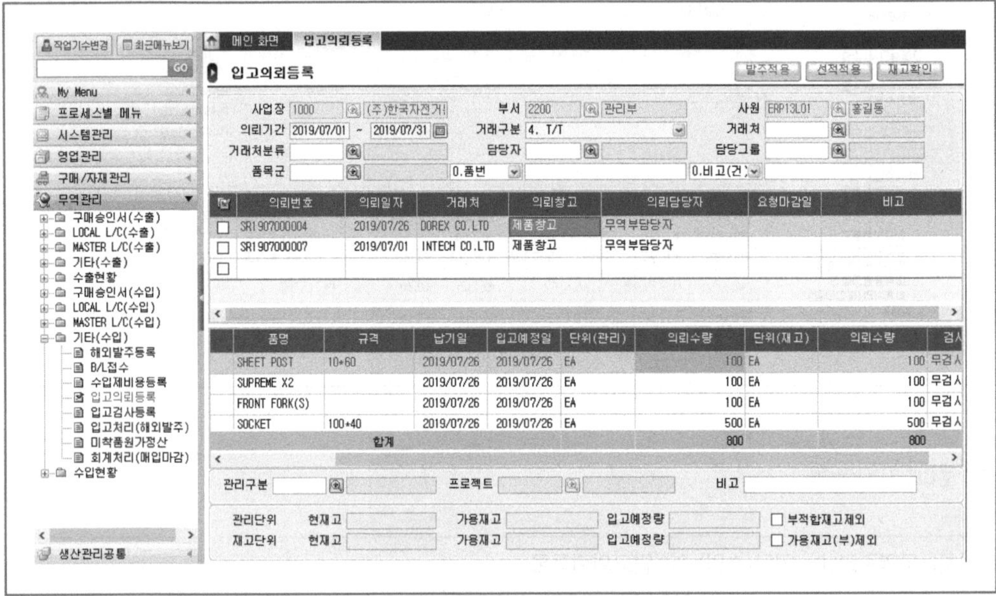

5 입고검사등록

위치: 무역관리 ▷ 기타(수입) ▷ 입고검사등록

수입 품목에 대해 창고로 입고시키기 전 입고 검사를 하는 단계이다. 검사구분이 검사로 등록되어 있는 수입 품목에 대하여 검사내역과 불량내역을 등록하며, 무검사 품목은 자동으로 입고처리된다.

CHECK 버튼 설명

- 발주적용 조회: 발주등록에 입력된 내용이 반영되는 화면이며, 조회조건에 발주기간 등을 입력한 후 조회한다. 입고검사등록하고자 하는 내용을 선택하고 [선택적용] 버튼을 누르면 입고검사등록 화면에 내용이 입력된다.
- 선적적용조회: 선적등록에 입력된 내용이 반영되는 화면이며, 조회조건에 선적기간 등을 입력한 후 조회한다. 입고검사등록하고자 하는 내용을 선택하고 [선택적용] 버튼을 누르면 입고검사등록 화면에 내용이 입력된다.
- 의뢰적용: 입고의뢰된 내용이 반영되는 화면이며, 조회조건에 의뢰기간 등을 입력한 후 조회한다. 입고검사등록하고자 하는 내용을 선택하고 [선택적용] 버튼을 누르면 입고검사등록 화면에 내용이 입력된다. 시스템환경설정메뉴에서 입고의뢰 운영여부에 '1. 여'로 선택되어져 있을 때 입고의뢰적용 아이콘이 활성화된다.

6 입고처리(해외발주)

위치: 무역관리 ▷ 기타(수입) ▷ 입고처리(해외발주)

품목 입고를 처리하며 물품이 창고에 입고되는 시점에 등록하는 화면이다. 재고 수불 관리에 실질적인 영향을 미치며 재고증감 여부가 결정된다. 입고적용, 발주적용, 선적적용, 입고의뢰적용, 입고검사적용을 이용하여 입고처리할 수 있다.

CHECK 버튼 설명

- 의뢰적용: 입고의뢰등록에 등록된 내역이 조회되는 화면으로서 [의뢰적용] 아이콘을 누르면 의뢰적용 조회 화면이 팝업으로 뜬다. 입고로 적용할 입고의뢰내용을 선택한 후 [선택적용] 버튼을 누르면 발주입고 탭에 입고내용이 입력된다.
- 검사적용: 입고검사등록에 등록된 내역이 조회되는 화면이며, [검사적용] 아이콘을 누르면 검사적용 조회 화면이 팝업으로 뜬다. 입고로 적용할 입고검사내용을 선택한 후 [선택적용] 버튼을 누르면 입고처리 화면에서 입고내용이 입력된다.

▶▶ 실무예제

아래 [보기]의 조건으로 데이터를 조회한 후 물음에 답하시오.

[보 기]

- 사업장: 1000, ㈜한국자전거본사
- 입고창고: P199, 제품창고
- 입고기간: 2019. 07. 01. ~ 2019. 07. 31.
- 거래구분: T/T

[보기]의 기간 동안 수입한 품목을 제품창고에 입고처리하였다. 입고처리 품목 중 INTECH CO. LTD 거래처의 FRONT FORK(S)의 현재 재고량으로 옳은 것은?

① 800EA ② 900EA

③ 1,000EA ④ 1,100EA

해설 [보기]의 조건을 입력 후 조회한다. INTECH CO. LTD 거래처를 클릭하면 입고처리 품목 내역을 하단 창에서 확인할 수 있으며, FRONT FORK(S) 품목을 클릭한 후 제일 하단에 있는 재고확인 탭을 누르면 해당 품목의 현재 재고량을 확인할 수 있다. 답 ④

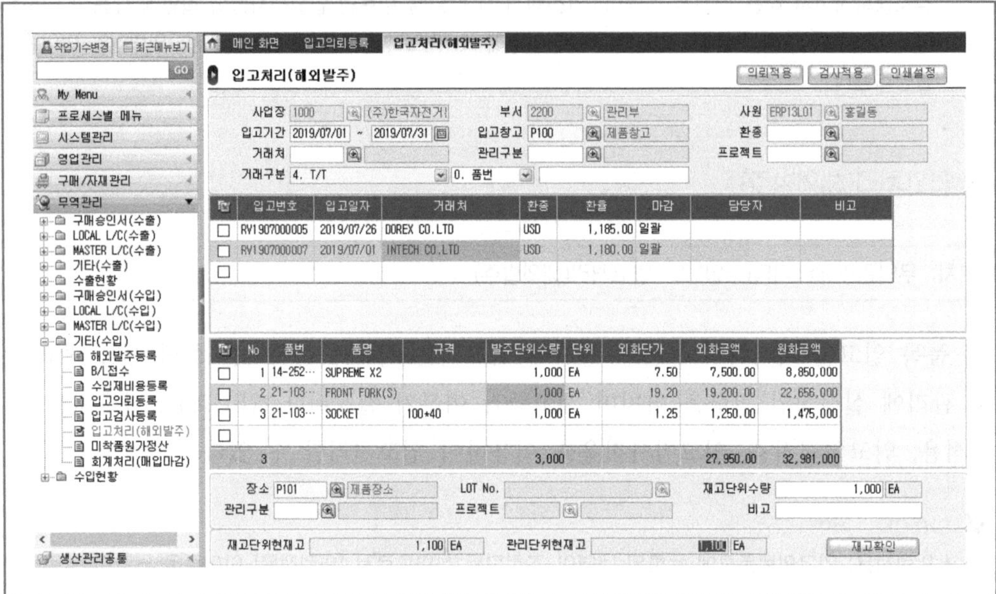

7 미착품원가정산

위치: 무역관리 ▷ 기타(수입) ▷ 미착품원가정산

수입제비용 등록에서 발생한 비용을 품목별, 프로젝트별로 비용을 배부하여 매입비용을 결정하는 단계로서 수입제비용에 등록된 내역에 대해서 배부처리한다. 미착정산 배부처리된 수량이 재고평가 시 입고수량 대상이 되어 원가를 계산한다.

입고처리(수입) 시 거래구분이 MASTER L/C, T/T, D/A, D/P로 입력된 데이터만 미착정산배부등록메뉴에서 조회하여 배부처리 가능하다.

CHECK 버튼 설명

- 배부처리: 수입하면서 발생한 기타비용(수입제비용에 등록된 비용)을 각 품목별 혹은 프로젝트별로 배부하여 원가를 산출하기 위한 버튼이다.

- 배부취소: 배부처리된 건을 취소하는 버튼이다.
- 배부조정: 배부처리된 품목에 대해서 원가를 다시 조정하기 위해서 사용하는 버튼이다. (배부비율과 배부금액에 대해서만 조정할 수 있다.)

▶▶ 실무예제

아래 [보기]의 조건으로 데이터를 조회한 후 물음에 답하시오.

[보 기]

- 사업장: 1000, ㈜한국자전거본사
- 입고기간: 2019. 07. 21. ~ 2019. 07. 30.

B/L 번호 BL1907000003의 미착품원가정산 내역 중 배부(관세)의 배부 금액이 제일 큰 품목은 무엇인가?

① 10 – 25250, SHEET POST

② 14 – 252500, SUPREME X2

③ 21 – 1030600, FRONT FORK(S)

④ 21 – 1035600, SOCKET

해설 [보기]의 조건을 입력 후 조회한다. 조회 내역 중 B/L 번호: BL1907000003을 선택하고 배부조정 버튼을 클릭하면 품목별 내역을 확인할 수 있다. 답 ③

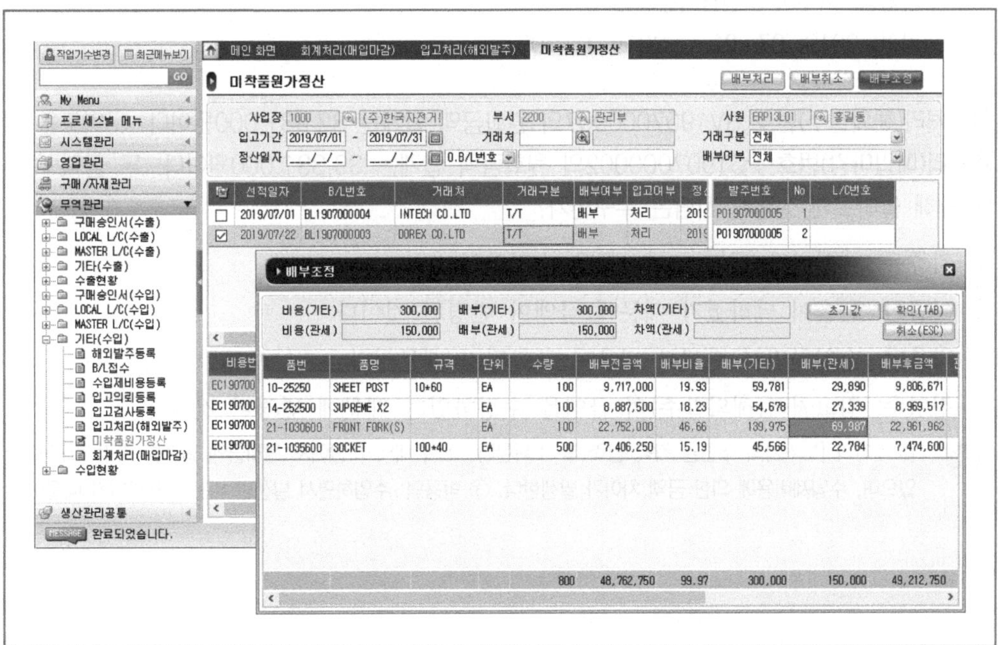

8 회계처리(매입마감)

위치: 무역관리 ▷ 기타(수입) ▷ 회계처리(매입마감)

지급, 선수정리, NEGO, NEGO정리에 등록된 내역에 대해서 전표생성 및 삭제를하는 단계로서 데이터 확인은 회계전표 탭에서 확인한다.

▶▶ 실무예제

아래 [보기]의 조건으로 데이터를 조회한 후 물음에 답하시오.

[보기1]

- 무역모듈 입고처리(해외발주)
  - 사업장: 1000, ㈜한국자전거본사
  - 입고기간: 2019. 07. 01. ~ 2019. 07. 05.
  - 창고: P100, 제품창고
  - 거래구분: 4. TT

[보기2]

- 무역모듈 회계처리(매입마감)
  - 사업장: 1000, ㈜한국자전거본사
  - 기간: 2019. 07. 01. ~ 2019. 07. 05.

입고처리(해외발주)번호 RV1907000007의 원화금액 합계는 32,981,000원이다. 무역모듈 회계처리(매입마감)번호 PC1907000002의 원화금액 합계는 33,331,000원이다. 두 금액 차이에 대해 올바르게 설명한 사람은 누구인가?

① 김종욱: 매입마감 메뉴에서 금액을 수정하였다.

② 이종현: 환율이 달라졌기 때문에 금액이 변경된 것이다.

③ 박용덕: 수입하면서 발생한 비용이 포함되기 때문이다.

④ 정영수: 입고처리(해외발주)의 금액을 수정하였기 때문에 변경된 것이다.

해설 [보기1]과 [보기2]의 조건을 각각 입력 후 조회한다. 조회 내역 하단에서 원화금액 합계를 각각 확인할 수 있으며, 수입제비용에 의한 금액 차이가 발생한다. ③ 박용덕: 수입하면서 발생한 비용이 포함되기 때문이다.

답 ③

03 수입현황

1 L/C개설및해외발주현황

위치: 무역관리 ▷ 수입현황 ▷ L/C개설및해외발주현황

발주등록(수입)에 등록된 내역을 발주기간별로 조회한다.

2 수입선적현황

위치: 무역관리 ▷ 수입현황 ▷ 수입선적현황

선적등록(수입)에 등록된 내역을 선적기간별로 조회한다.

3 미착품원가정산현황

위치: 무역관리 ▷ 수입현황 ▷ 미착품원가정산현황

미착정산배부현황에 관한 내역을 B/L별로 상세하게 조회한다.

▶▶ 실무예제

아래 [보기]의 조건으로 데이터를 조회한 후 물음에 답하시오.

> [보 기]
>
> • 사업장: 1000, ㈜한국자전거본사
>
> • 정산 및 선적기간: 2019. 07. 01. ~ 2019. 07. 31.

[보기]의 기간 동안 미착품원가정산 처리가 된 내역 중 INTECH CO. LTD 거래처의 배부금액 합으로 옳은 것은?

① 330,000 ② 350,000

③ 370,000 ④ 390,000

해설 [보기]의 조건을 입력 후 조회한다. INTECH CO. LTD 거래처를 클릭하면 미착품원가정산 처리가 된 내역을 하단 창에서 확인할 수 있다. 답 ②

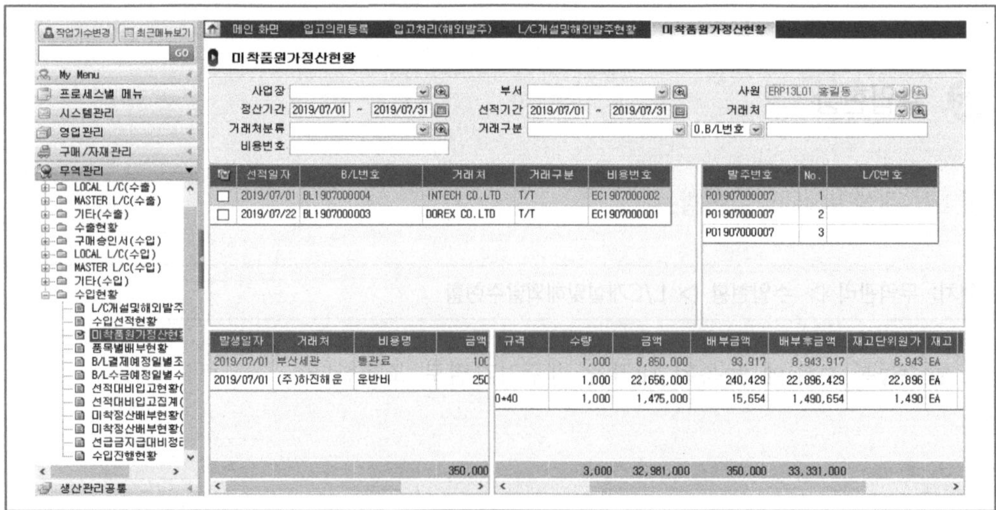

4 품목별배부현황

위치: 무역관리 ▷ 수입현황 ▷ 품목별배부현황

수입 시 발생한 제비용을 배부한 수입 건에 대해 각 B/L별로 수입원가에 배부한 금액을 상세하게 조회한다.

5 B/L결제예정일별조회

위치: 무역관리 ▷ 수입현황 ▷ B/L결제예정일별조회

수입 건의 B/L 결제예정일을 B/L 접수시 입력한 결제예정일로 관리한다.

6 B/L수금예정일별수금반제현황(2018년 신규추가메뉴)

위치: 무역관리 ▷ 수입현황 ▷ B/L수금예정일별수금반제현황

선적등록(수출)의 수금예정일이 등록된 선적 건에 대하여 NEGO등록(수출)의 NEGO 금액과 외화 및 원화금액을 조회할 수 있다. 수입현황 모듈에 속해 있지만 수출 건과 관련된 메뉴이다.

7 선적대비입고현황(수입)/(2018년 신규추가메뉴)

위치: 무역관리 ▷ 수입현황 ▷ 선적대비입고현황(수입)

선적등록(B/L접수)한 내역 중 입고내역의 입고수량을 조회할 수 있다.

8 선적대비입고집계(수입)/(2018년 신규추가메뉴)

위치: 무역관리 ▷ 수입현황 ▷ 선적대비입고집계(수입)

선적등록(B/L접수)한 내역 중 입고된 내역의 입고수량, 선적잔량을 조회할 수 있다.

9 미착정산배부현황(수입)/(2018년 신규추가메뉴)

위치: 무역관리 ▷ 수입현황 ▷ 미착정산배부현황(수입)

미착정산배부등록에 입력된 내역을 조회할 수 있다.

10 미착정산배부현황(수입_품목별)/(2018년 신규추가메뉴)

위치: 무역관리 ▷ 수입현황 ▷ 미착정산배부현황(수입_품목별)

미착정산 배부내역을 품목별로 조회한다.

11 선급금지급대비정리현황(INCOME)/(2018년 신규추가메뉴)

위치: 무역관리 ▷ 수입현황 ▷ 선급금지급대비정리현황(INCOME)

지급등록(수입)에서 등록한 지급 내역 중 선급금 정리내역을 조회할 수 있다.

12 수입진행현황

위치: 무역관리 ▷ 수입현황 ▷ 수입진행현황

수입 건에 대한 진행현황을 발주기간별로 조회한다.

▶▶ 실무예제

아래 [보기]의 조건으로 데이터를 조회한 후 물음에 답하시오.

[보 기]

- 사업장: 1000, ㈜한국자전거본사
- 정산 및 선적기간: 2019. 07. 01. ~ 2019. 07. 31.

[보기]의 기간 동안 수입진행현황 내역 중 INTECH CO. LTD 거래처의 발주수량과 입고수량의 합으로 옳은 것은?

① 4,600 – 4,000 ② 4,800 – 4,200
③ 5,000 – 4,400 ④ 5,200 – 4,800

해설 [보기]의 조건을 입력 후 거래처별 탭에서 조회한다. INTECH CO. LTD 거래처를 클릭하면 수입진행현황 내역을 확인할 수 있다.

답 ②

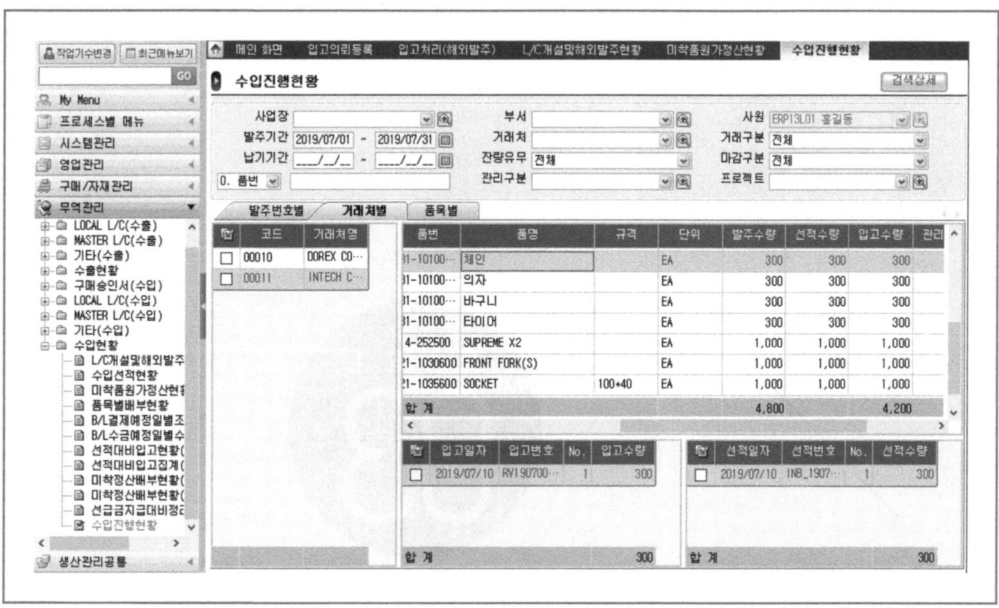

PART 03

최신기출 완전 정복

물류 1급

2019년도 제6회 물류 1급 이론/실무

2019년도 제5회 물류 1급 이론/실무

2019년도 제4회 물류 1급 이론/실무

2019년도 제3회 물류 1급 이론/실무

2019년도 제2회 물류 1급 이론/실무

2019년도 제1회 물류 1급 이론/실무

2019년도 제6회 물류 1급 이론

01 다음 중 ERP 시스템의 도입효과로 가장 적절하지 않은 것은 무엇인가?

① ERP 시스템 도입을 통해 부문최적화를 달성할 수 있다.
② ERP 시스템 도입을 통해 정보공유와 자원의 최적화가 가능해진다.
③ ERP 시스템 도입을 통해 비용절감과 생산성 향상이 가능해진다.
④ ERP 시스템 도입을 통해 데이터의 정합성이 확보된 통합관리를 실현할 수 있다.

02 다음 중 ERP와 기존의 정보시스템(MIS) 특성 간의 차이점에 대한 설명으로 가장 적절하지 않은 것은 무엇인가?

① 기존 정보시스템의 업무범위는 단위업무이고, ERP는 통합업무를 담당한다.
② 기존 정보시스템의 전산화 형태는 중앙집중식이고, ERP는 분산처리구조이다.
③ 기존 정보시스템은 수평적으로 업무를 처리하고, ERP는 수직적으로 업무를 처리한다.
④ 기존 정보시스템의 데이터베이스 형태는 파일시스템이고, ERP는 관계형 데이터베이스 시스템(RDBMS)이다.

03 상용화 패키지에 의한 ERP 시스템 구축 시, 성공과 실패를 좌우하는 요인으로 보기 어려운 것은 다음 중 무엇인가?

① 시스템 공급자와 기업 양쪽에서 참여하는 인력의 역량
② 기업환경을 최대한 고려하여 개발할 수 있는 자체개발인력 보유 여부
③ 제품이 보유한 기능을 기업의 업무환경에 얼마만큼 잘 적용하는지에 대한 요인
④ 사용자 입장에서 ERP 시스템을 충분히 이해하고 사용할 수 있는 반복적인 교육훈련

04 다음 중 클라우드 ERP의 특징 혹은 효과에 대하여 설명한 것이라 볼 수 없는 것은 무엇인가?

① 안정적이고 효율적인 데이터관리
② IT자원관리의 효율화와 관리비용의 절감
③ 원격근무 환경 구현을 통한 스마트워크 환경 정착
④ 폐쇄적인 정보접근성을 통한 데이터 분석기능

05 다음 중 ERP의 선택기준으로 볼 수 없는 것은 무엇인가?

① 커스터마이징의 최대화
② 자사에 맞는 패키지 선정
③ 현업 중심의 프로젝트 진행
④ TFT는 최고의 엘리트 사원으로 구성

06 수요예측 및 판매예측을 위한 계량적 분석에서 고려되어야 할 시계열 데이터에 포함되어 있는 변동요인이 아닌 것은?

① 추세변동
② 순환변동
③ 계절변동
④ 규칙변동

07 수요예측 방법 중 다음 [보기]의 설명에 해당하는 것으로 옳은 것은?

[보 기]

제품의 기간별 판매량 자료를 이용하여 기간에 따라 가중치를 두어 평균을 계산하고 추세를 통해 미래수요를 예측하는 방법

① 이동평균법
② 지수평활법
③ 시장조사법
④ 다중회귀분석

08 다음 가격결정에 영향을 미치는 요인들 중에서 '소비자구매능력, 가격탄력성, 품질, 제품이미지'와 관련된 요인은 무엇인가?

① 제품특성 ② 고객수요
③ 유통채널 ④ 경쟁환경

09 다음 중 3가지 이상의 요소를 다면적으로 동시에 분석할 수 있는 고객(거래처) 중점선정 방법으로 가장 알맞은 것은?

① 거래처 포트폴리오 분석 ② 파레토 분석
③ 매트릭스 분석 ④ 이원표 분석

10 다음 중 매출채권회전율이 높아졌을 경우에 대한 설명으로 가장 적합하지 않은 것은 무엇인가?

① 자금조달 기간이 짧아진다.
② 매출채권의 회수기간이 짧아진다.
③ 수익증가의 원인이 된다.
④ 대손발생의 위험이 높아진다.

11 제품 A에 대한 매출액 예측을 위해 지수평활법을 사용하고자 한다. 5월과 6월의 판매예측치가 각각 150개와 200개이고, 6월의 실제 판매량이 250개였다. 7월의 판매 예측치를 지수평활법을 이용하여 계산하고 예와 같이 기입하시오. (예 10개) (단, 지수평활상수 $\alpha = 0.4$)

답 (   )

12 다음 보기에서 설명된 특성을 갖는 수요 및 판매예측에 있어 정성적 방법은 무엇인가? (한글로 표기하시오)

[보 기]

㉠ 판매예측에 대한 전문가들의 예측치가 수렴될 때까지 의견 조사과정을 반복
㉡ 판매예측을 위한 질문지를 작성하여 전문가 예측치를 조사
㉢ 다른 전문가들의 예측치와 자신의 예측치를 비교하게 하고 다시 의견을 조사함

답 (   )

13 기업이 회사의 자금조달기간을 이용하여 연간 총여신한도액을 설정하려고 한다. [보기]의 자료를 이용하여 연간 총 여신한도액을 계산하고 예와 같이 기입하시오. (예 10만원)

[보 기]

• 매출액: 700만원
• 매출채권잔액: 100만원
• 재고회전기간: 20일
• 자금조달기간: 73일

답 (   )

14 채찍효과 (Bullwhip Effect) 발생의 원인으로 가장 적절치 못한 것은?

① 잦은 수요예측 변경
② 리드타임 증가
③ 과도한 발주
④ 실시간 주문방식

15 [보기]에서 설명하는 공급망관리 정보시스템의 유형은 무엇인가?

[보 기]

제조업자의 효과적인 재고 관리를 통해 유통업자에게 적시 보충이 가능하도록 하여 결품비율을 낮추고, 상호 협업 기능을 강화해 주는 시스템

① 크로스도킹(CD: Cross Docking) 시스템
② 신속대응(QR: Quick Response) 시스템
③ 지속적보충프로그램(CRP: Continuous Replenishment Program)
④ 효율적소비자대응(ECR: Efficient Consumer Response)

16 재고관리 시스템 중 고정주문량모형과 고정주문기간모형을 비교한 내용으로 옳지 못한 것은?

	고정주문량모형	고정주문기간모형
①	주문량이 일정하다.	주문량이 변동한다.
②	주문시기가 변동한다.	주문시기가 일정하다.
③	재고수준을 주문시기에 점검한다.	재고수준을 수시점검한다.
④	재고파악이 쉽고 조달이 수월한 경우 적용이 용이하다.	정기적으로 보충하는 저가품의 경우 적용이 용이하다.

17 SCM의 도입효과에 대한 설명으로 적절하지 않은 것은?

① 작업지연시간의 단축
② 철저한 납기관리
③ 수주처리기간의 단축
④ 하청업체의 재고 증가

18 다음 중에서 파이프라인 운송에 대한 설명으로 적절한 것은 무엇인가?

① 파렛트나 컨테이너와 같은 표준화된 용기를 이용하여 단위화한 정형화물 운송 형태이다.
② 용기에 의한 포장 없이 운송되는 비정형화된 벌크 운송 형태이다.
③ 송유관을 통해 유류(액상)·기체·분말 등을 운송하는 형태이다.
④ 발송화주의 문전에서 도착화주의 문전까지 포괄적인 서비스 제공하는 운송 형태이다.

19 다음 보기에서 설명하는 재고자산 평가방법을 한글용어로 예와 같이 직접 기입하시오. (예 ~법)

[보 기]

먼저 매입한 재고자산을 먼저 매출하는 것으로 가정하여 매입원가를 매출원가에 적용하는 방법으로, 매입가격(물가) 상승을 가정할 경우 매출총이익이 가장 크게 평가되는 평가방법

답 (   )

20 제품 X의 연간 수요량이 10,000개, 1회당 주문비용이 10,000원, 단위당 재고유지비용이 50원이면 제품 X의 경제적 주문량(EOQ)은?

답 (   )

21 구매관리 업무영역은 구매전략, 구매실무, 구매분석으로 구분된다. 다음 중 구매전략 영역으로 옳은 것은?

① 시장조사 및 원가분석
② 공급자 선정 및 평가
③ 구매방법 결정
④ 구매가격 결정

22 "경쟁자 중심적 가격결정 방식"에 대한 설명으로 옳지 않은 것은?

① 경쟁사의 가격을 고려하여 제조원가를 개선한다.
② 판매이익 보다는 경쟁기업의 가격을 기준으로 삼는다.
③ 경쟁사의 가격을 기준으로 전략적으로 가격을 결정한다.
④ 경쟁 환경을 고려하여 시장점유율을 높이기 위한 방법이다.

23 가격할인 방식 중 특별기간 현금할인 방식에서 '5/20 – 30 days Extra'로 결제조건이 표시되는 경우 현금할인이 적용되는 총기간은 며칠인가?

① 5일
② 20일
③ 30일
④ 50일

24 다음 중에서 구매(외주)보다는 자체생산이 바람직한 경우는?

① 자사가 고유기술을 보호해야하는 경우
② 표준화되지 않은 다수 품목들을 반복적으로 소량구매(생산)하는 경우
③ 기술 진부화가 예측되는 경우
④ 제품 구성에서 중요 기술이 포함되지 않는 경우

25 코스트 플러스 방식에 따라 판매가격을 결정하려고 한다. 다음 [보기]의 자료를 이용하여 판매단가를 계산하고 예와 같이 직접 기입하시오. (예 10만원)

[보 기]

- 총 고정비: 200만원
- 총 변동비: 300만원
- 매출량: 100개
- 목표 이익: 300만원

답 (   )

26 다음 [보기]의 원가구성 비용을 이용하여 제조원가를 계산하고 예와 같이 직접 기입하시오. (예 100)

[보 기]

- 판매 및 관리비: 60
- 이익: 20
- 제조간접비: 40
- 직접재료비: 150
- 직접경비: 100
- 직접노무비: 100

답 (   )

27 다음 중에서 선하증권(B/L)에 대한 설명으로 적절하지 않은 것은?

① 소유권을 양도가능하다.

② 창고 반입 후 발행된다.

③ 정당한 소지인이면 화물을 인도한다.

④ 선박회사가 발행한다.

28 무역대금 결제방식 중 추심(Collection)결제방식에 대한 설명으로 옳은 것은?

① 추심은행(Collecting Bank)은 수출자를 대신하여 수출지에서 수입자 거래은행에게 환어음과 선적서류를 발송하는 은행이다.

② 지급인도조건방식(D/P)은 수입자가 대금을 지급한 이후 추심은행이 선적서류를 인도하는 방식으로 진행된다.

③ 은행의 지급확약이 있기에 상호 성실한 계약이행에 의존하여 결제가 진행된다.

④ 추심방식에는 지급인도조건방식(D/P)만 있다.

29 다음 [보기]의 설명에 해당하는 송금방식의 유형으로 옳은 것은?

[보 기]

미리 물품대금이 결제되지 않으면 수출자가 선적을 하지 않는 방식이며, 수출자가 대금회수를 확실히 보장받는 방법이다. 수입자의 신용을 파악하기 어려운 경우에 주로 사용한다.

① 일부선불방식
② 누진불방식
③ 주문불방식
④ 연불방식

30 다음 중 구매확인서에 관한 설명으로 가장 적합하지 않은 것은?

① 내국신용장과 달리 발급 은행은 지급보증을 하지 않는다.
② 수출용 원자재 공급업체에게 부가가치세를 부과한다.
③ 통상 외국환은행장이 내국신용장 취급규정에 준하여 발급한다.
④ 국내에서 외화 획득용 원료 등의 구매를 원활하게 하고자 발급한다.

31 환율의 유형 중에서 보기가 설명하는 외국환은행 대고객매매율의 유형을 한글 용어로 예와 같이 직접 기입하시오. (예 ~율)

[보 기]

외국환은행이 고객과 외화현찰거래를 할 때 적용하는 환율

답 (　　　　　　　　)

32 다음 [보기]의 (　　)에 공통적으로 들어갈 적절한 한글 용어를 예와 같이 직접 기입하시오. (예 무역)

[보 기]

- 관세를 과세하기 위해서는 과세요건인 과세물건, 납세의무자, 세율, (　　)이 정해져야 한다.
- (　　)은 세액을 결정하는 데 기준이 되는 과세물건의 가격 또는 수량을 말한다.

답 (　　　　　　　　)

2019년도 제6회 물류 1급 실무

01 아래 [보기]의 조건으로 데이터를 조회한 후 물음에 답하시오.

[보 기]

• 사업장: 1000, ㈜한국자전거본사
• 탭: 창고/장소

다음 중 적합여부가 '부적합'이며 가용재고여부가 '부'인 위치코드와 위치명으로 옳은 것은?

① M103, 완성품장소
② M320, 제품_부산장소
③ 1200, 원자재창고위치
④ M102, 부품/제1공정장소

02 아래 [보기]의 조건으로 데이터를 조회한 후 물음에 답하시오.

[보 기]

• 품목군: S100, 반조립품
• 대분류: 1,000, FRMAE

다음 중 [보기]의 조건으로 입력되어진 품목으로 옳지 않은 것은?

① 83−2000100, 전장품 ASS'Y
② 90−9001,000, FRAME GRAY
③ 87−1002001, BREAK SYSTEM
④ 88−1001000, PRESS FRAME−W

03 아래 [보기]의 조건으로 데이터를 조회한 후 물음에 답하시오.

[보 기]

0.품번: 35-1025050

다음은 [보기]의 조건에 해당하는 품번에 대한 고객별 출력품목에 대한 질문이다. 다음 중 입력되어진 고객명과 출력품명으로 연결한 것으로 옳지 않은 것은?

① 고객명: 건우하우전 출력품명: FRAME
② 고객명: ㈜하나상사 출력품명: SHEET POST
③ 고객명: ㈜제일물산 출력품명: SHEET FRAME
④ 고객명: ㈜하진해운 출력품명: IRON FRAME LAMP

04 아래 [보기]의 조건으로 데이터를 조회한 후 물음에 답하시오.

[보 기]

- 사업장: 1000, ㈜한국자전거본사
- 견적기간: 2019/10/01 ~ 2019/10/11

다음 중 [보기]의 견적기간 동안 발생한 견적내역 중 단가구분이 부가세포함으로 견적등록된 견적번호로 옳은 것은?

① ES1910000001 ② ES1910000002
③ ES1910000003 ④ ES1910000004

05 아래 [보기]의 조건으로 데이터를 조회한 후 물음에 답하시오.

[보 기]

- 사업장: 1000, ㈜한국자전거본사
- 주문기간: 2019/10/13 ~ 2019/10/19
- 견적기간: 2019/10/13 ~ 2019/10/19

㈜한국자전거본사의 홍길동 사원은 수주등록 시 견적적용 조회를 통하여 견적을 적용받아 수주등록을 입력한다. 다음 중 견적적용 조회 시 견적잔량이 가장 많이 남아 있는 품목으로 옳은 것은?

① 31−10100001, 체인 ② 31−10100002, 의자
③ 31−10100003, 바구니 ④ 31−10100004, 타이어

06 아래 [보기]의 조건으로 데이터를 조회한 후 물음에 답하시오.

[보 기]

- 사업장: 1000, ㈜한국자전거본사
- 출고기간: 2019/11/01 ~ 2019/11/09
- 출고창고: P100, 제품창고
- 탭: 주문출고

다음 중 [보기]의 조건으로 등록된 출고처리(국내수주)의 출고번호별 설명으로 옳지 않은 것은?

① 출고번호 IS1911000001번은 주문적용을 받아 입력되었다.

② 출고번호 IS1911000004번의 내역에 대한 주문번호는 SO1911000003번이다.

③ 출고번호 IS1911000005번의 내역에 대한 품목들의 공급가의 합은 750,000이다.

④ 출고번호 IS1911000003번은 매출마감(국내거래) 까지 자동으로 데이터가 생성되었다.

07 아래 [보기]의 조건으로 데이터를 조회한 후 물음에 답하시오.

[보 기]

- 사업장: 1000, ㈜한국자전거본사
- 마감기간: 2019/11/10 ~ 2019/11/16
- 조건: 출고건별 체크함
- 마감일자: 출고일자 반영 체크함
- 과세구분: 전체
- 출고기간: 2019/11/10 ~ 2019/11/16
- 적용후 조회 체크함

㈜한국자전거본사의 홍길동 사원은 매출마감(국내거래)을 입력할 때 출고일괄적용 기능을 이용하여 입력한다. 다음 [보기]의 조건으로 매출마감(국내거래)을 입력하였을 때 합계액의 합이 가장 큰 고객으로 옳은 것은?

① ㈜대흥정공　　② ㈜제동기어

③ ㈜형광램프　　④ ㈜제일물산

08 아래 [보기]의 조건으로 데이터를 조회한 후 물음에 답하시오.

[보 기]

- 사업장: 1000, ㈜한국자전거본사
- 기간: 2019/11/01 ~ 2019/11/09
- 전표처리 시 부가세사업장: 1000, ㈜한국자전거본사

다음 중 [보기]의 기간 동안 발생한 매출마감(국내거래) 내역에 대하여 전표처리를 하였을 때 부가세예수금에 대한 계정과목의 금액이 가장 큰 마감번호로 옳은 것은?

① SC1911000001
② SC1911000006
③ SC1911000007
④ SC1911000008

09 아래 [보기]의 조건으로 데이터를 조회한 후 물음에 답하시오.

[보 기]

- 사업장: 1000, ㈜한국자전거본사
- 수금기간: 2019/10/27 ~ 2019/10/30

다음은 영업관리의 수금등록 메뉴에 입력된 선수금에 대한 질문이다. [보기]의 기간 동안에 입력된 선수금에 대하여 수금번호별 정리금액이 가장 큰 수금번호로 옳은 것은?

① RC1910000001
② RC1910000002
③ RC1910000003
④ RC1910000004

10 아래 [보기]의 조건으로 데이터를 조회한 후 물음에 답하시오.

[보 기]

- 사업장: 1000, ㈜한국자전거본사
- 주문기간: 2019/10/27 ~ 2019/10/31
- 마감구분: 0. 마감

㈜한국자전거본사의 홍길동 사원은 [보기]의 조건으로 수주마감처리된 주문내역에 대하여 마감사유를 확인 중이다. 다음 중 [보기]의 조건으로 처리된 마감사유에 해당하지 않는 것은?

① 납기지연　　② 배송지연
③ 고객변심　　④ 재고부족

11 아래 [보기]의 조건으로 데이터를 조회한 후 물음에 답하시오.

[보 기]

0. 고객명: ㈜하나상사

다음 중 [보기]의 조건으로 입력된 하나상사의 납품처 중 운반비에 대한 비용이 가장 큰 납품처로 옳은 것은?

① 10, 분당지점　　② 20, 산본지점
③ 30, 대전지점　　④ 40, 대구지점

12 아래 [보기]의 조건으로 데이터를 조회한 후 물음에 답하시오.

[보 기]

- 사업장: 1000, ㈜한국자전거본사
- 계획기간: 2019/10/01 ~ 2019/10/31
- 계획구분: 0. 판매계획
- 계획년도: 2019
- 계획월: 10
- 계획일: 2019/10/01

다음 중 [보기]의 조건으로 판매계획적용 기능을 이용하여 주계획작성(MPS) 입력 시 계획수량이 가장 큰 품목으로 옳은 것은? (단, OPTION의 판매계획은 판매계획(품목기준)을 체크한다.)

① ATECK－3000, 일반자전거
② ATECX－2000, 유아용자전거
③ NAX－A420, 산악자전거(P－20G)
④ NAX－A400, 일반자전거(P－GRAY WHITE)

13 아래 [보기]의 조건으로 데이터를 조회한 후 물음에 답하시오.

[보 기]

- 사업장: 1000, ㈜한국자전거본사
- 요청일자: 2019/10/01 ~ 2019/10/10
- 청구구분: 0. 구매

다음 중 [보기]의 조건으로 입력된 청구등록 내역에 대한 설명으로 옳지 않은 것은?

① 청구된 품목들의 총 청구단위수량은 75이다.

② 품목 PS－ZIP02, PS－WHITE는 계정구분이 '상품'이다.

③ 품목 14－252500, SUPREME X2는 주거래처가 ㈜형광램프이다.

④ 품목 21－1060700, FRAME－NUT는 LOT 여부가 '사용'인 품목이다.

14 아래 [보기]의 조건으로 데이터를 조회한 후 물음에 답하시오.

[보 기]

- 사업장: 1000, ㈜한국자전거본사
- 발주일자: 2019/10/13 ~ 2019/10/19
- 청구기간: 2019/10/13 ~ 2019/10/19

㈜한국자전거본사의 홍길동 사원은 발주등록 시 청구적용 기능을 이용하여 발주등록을 입력한다. 다음 중 [보기]의 조건으로 입력된 청구내역 중 청구잔량이 가장 많은 품목으로 옳은 것은?

① 21－1035600, SOCKET

② 14－252500, SUPREME X2

③ 21－1070700, FRAME－티타늄

④ 21－1030600, FRONT FORK(S)

15 아래 [보기]의 조건으로 데이터를 조회한 후 물음에 답하시오.

[보 기]

- 사업장: 1000, ㈜한국자전거본사
- 입고기간: 2019/10/21. ~ 2019/10/21
- 입고창고: M100, 부품창고
- 탭: 예외입고

다음 중 [보기]의 조건으로 입력된 입고처리(국내발주) 내역에 대하여 입고적용 기능을 이용하여 입고반품처리된 품목으로 옳은 것은?

① 21－3065700, GEAR REAR C

② 21－1030600, FRONT FORK(S)

③ 21－1060950, WHEEL REAR－MTB

④ 21－1060850, WHEEL FRONT－MTB

16 아래 [보기]의 조건으로 데이터를 조회한 후 물음에 답하시오.

[보 기]

- 사업장: 1000, ㈜한국자전거본사
- 마감기간: 2019/10/31 ~ 2019/10/31

다음 중 [보기]의 조건으로 입력된 매입마감(국내거래) 내역 중 합계액의 합이 가장 큰 거래처로 옳은 것은?

① ㈜대흥정공

② ㈜하나상사

③ ㈜세림와이어

④ ㈜영동바이크

17 아래 [보기]의 조건으로 데이터를 조회한 후 물음에 답하시오.

[보 기]

- 사업장: 1000, ㈜한국자전거본사
- 이동기간: 2019/10/27 ~ 2019/10/31
- 내용
  1. ㈜한국자전거본사 사업장은 ㈜한국자전거지사 사업장으로부터 2019년 10월 30일 품목 21-1070700, FRAME-티타늄의 자재 이동요청을 받아 50EA의 자재를 이동하였다.
  2. ㈜한국자전거본사 사업장의 부품창고, 부품장소에서 ㈜한국자전거지사 사업장의 부품창고_인천지점, 부품/반제품_부품장소로 자재를 이동하였다.

다음 중 [보기]의 내용으로 재고 이동처리를 진행한 이동번호로 옳은 것은?

① MV1910000001　② MV1910000002

③ MV1910000003　④ MV1910000004

18 아래 [보기]의 조건으로 데이터를 조회한 후 물음에 답하시오.

[보 기]

- 사업장: 1000, ㈜한국자전거본사
- 조정기간: 2019/10/31 ~ 2019/10/31
- 탭: 출고조정
- 조정번호: IA1910000001

다음 중 [보기]의 조건으로 입력된 재고조정 내역에 대한 설명으로 옳은 것은?

① 부품창고, 부품장소에 있는 품목 21－1070700, FRAME－티타늄의 재고가 30EA 만큼 감소하였다.

② 부품창고, 부품장소에 있는 품목 21－1080800, FRAME－알미늄의 재고가 40EA 만큼 증가하였다.

③ 부품창고, 부품장소에 있는 품목 87－1002001, BREAK SYSTEM의 재고가 20EA 만큼 감소하였다.

④ 부품창고, 부품장소에 있는 품목 88－1001000, PRESS FRAME－W의 재고가 30EA 만큼 증가하였다.

19 아래 [보기]의 조건으로 데이터를 조회한 후 물음에 답하시오.

[보 기]

- 사업장: 1000, ㈜한국자전거본사
- 해당연도: 2019년 10월

다음 중 [보기]의 조건으로 입력된 생산품표준원가에 대하여 품목등록의 실제원가보다 표준원가가 더 많이 입력된 품목으로 옳은 것은?

① NAX－A500, 5단기어자전거

② 35－1025050, IRON FRAME

③ NAX－A420, 산악자전거(P－20G)

④ NAX－A400, 일반자전거(P－GRAY WHITE)

20 아래 [보기]의 조건으로 데이터를 조회한 후 물음에 답하시오.

[보 기]

- 사업장: 1000, ㈜한국자전거본사
- L/C 구분: 3. MASTER L/C
- 주문기간: 2019/11/01 ~ 2019/11/01

다음 중 [보기]의 조건으로 입력된 L/C등록 정보에 대한 설명으로 옳지 않은 것은?

① 고객: 00010, DOREX CO.LTD
② 환종: USD, 미국달러

③ 담당자: 40, 무역부담당자
④ 개설은행: 90002, 기업은행

21 아래 [보기]의 조건으로 데이터를 조회한 후 물음에 답하시오.

[보 기]

- 사업장: 1000, ㈜한국자전거본사
- 선적기간: 2019/11/01 ~ 2019/11/30
- 선적일자: 2019/11/05
- 조건: 고객일괄 체크함
- 출고기간: 2019/11/01 ~ 2019/11/30

다음 [보기]의 조건으로 선적등록을 출고일괄적용 기능을 이용하여 입력한 후 고객 DOREX CO.LTD의 원화금액이 가장 큰 품목으로 옳은 것은?

① ATECK-3000, 일반자전거

② ATECX-2000, 유아용자전거

③ NAX-A420, 산악자전거(P-20G)

④ NAX-A400, 일반자전거(P-GRAY WHITE)

22 아래 [보기]의 조건으로 데이터를 조회한 후 물음에 답하시오.

[보 기]

- 사업장: 1000, ㈜한국자전거본사
- NEGO기간: 2019/10/27 ~ 2019/10/31
- NEGO번호: NG1910000001

다음 중 [보기]의 조건으로 입력된 NEGO등록 정보에 대한 설명으로 옳지 않은 것은?

① NEGO환율은 1,210이다.

② 외화차손익은 1,500,000이다.

③ 실입금액은 185,130,000이다.

④ 선적번호는 BL1910000002이다.

23 아래 [보기]의 조건으로 데이터를 조회한 후 물음에 답하시오.

[보 기]

- 사업장: 1000, ㈜한국자전거본사
- 발주기간: 2019/10/01 ~ 2019/10/15

다음 [보기] 조건의 해외발주등록 내역 중 거래처 DOREX CO.LTD에 발주한 품목 21-1060850, WHEEL FRONT-MTB의 발주수량의 합으로 옳은 것은?

① 250 ② 300

③ 400 ④ 500

24 아래 [보기]의 조건으로 데이터를 조회한 후 물음에 답하시오.

[보 기]

- 사업장: 1000, ㈜한국자전거본사
- 등록기간: 2019/10/20 ~ 2019/10/26

다음 중 [보기]의 조건으로 입력된 수입제비용 내역 중 물품대에 대한 합계액이 가장 큰 비용번호로 옳은 것은?

① EC1910000001 ② EC1910000002

③ EC1910000003 ④ EC1910000004

25 아래 [보기]의 조건으로 데이터를 조회한 후 물음에 답하시오.

[보 기]

- 사업장: 1000, ㈜한국자전거본사
- 입고기간: 2019/11/05 ~ 2019/11/05
- 정산일자: 2019/11/05

다음 중 [보기] 조건의 미착품원가정산 내역에 대하여 배부처리 후 품목 21-1060950, WHEEL REAR-MTB의 배부후 금액으로 옳은 것은?

① 2,860,077 ② 5,405,860

③ 6,285,885 ④ 6,600,178

2019년도 제5회 물류 1급 이론

01 다음 중 ERP 도입의 예상 효과로 적절하지 않은 것은 무엇인가?

① 사이클 타임 감소
② 고객서비스 개선
③ 개별 업무 시스템 구축
④ 최신 정보기술 도입

02 다음 중 ERP 구축 순서로 맞는 것은 무엇인가?

① 설계 – 분석 – 구현 – 구축
② 설계 – 분석 – 구축 – 구현
③ 분석 – 설계 – 구축 – 구현
④ 분석 – 설계 – 구현 – 구축

03 다음 중 'Best Practice' 도입을 목적으로 ERP 패키지를 도입하여 시스템을 구축하고자 할 경우 가장 바람직하지 않은 방법은 무엇인가?

① BPR과 ERP 시스템 구축을 병행하는 방법
② ERP 패키지에 맞추어 BPR을 추진하는 방법
③ 기존 업무처리에 따라 ERP 패키지를 수정하는 방법
④ BPR을 실시한 후에 이에 맞도록 ERP 시스템을 구축하는 방법

04 다음 중 ERP 구축절차의 구축단계에 해당되지 않는 것은 무엇인가?

① 모듈조합화
② 출력물제시
③ 패키지 설치
④ 추가개발 또는 수정기능 확정

05 [보기]는 무엇에 대한 설명인가?

[보 기]
비용, 품질, 서비스, 속도와 같은 핵심적 부분에서 극적인 성과를 이루기 위해 기업의 업무프로세스를 기본적으로 다시 생각하고 근본적으로 재설계하는 것

① BPR
② JIT
③ TQM
④ 커스터마이징

06 한국기업은 지수평활법을 이용하여 3월의 판매량을 예측하였다. 3월의 실제판매량과 예측판매량이 보기와 같을 때, 1월의 예측판매량으로 옳은 것은? (단, 지수평활상수 α = 0.5이다)

[보 기]

월	1	2	3
실제판매량	200	220	240
예측판매량			240

① 260 ② 280
③ 300 ④ 320

07 판매계획은 기업의 판매목표 및 판매활동에 관한 계획이다. 다음의 판매계획 순서 중 가장 먼저 이루어져야 하는 것은?

① 수요예측 ② 시장조사
③ 판매할당 ④ 판매목표설정

08 원가가산(코스트 플러스)에 의한 가격 결정방법으로 상품의 판매가격을 결정하고자 한다. 다음 [보기]에 주어진 가격 구성비용을 이용하여 계산한 소매업자의 판매가격은 얼마인가?

[보 기]

- 제조원가: 5,000원
- 도매매입원가: 7,000원
- 도매 영업비용: 1,000원
- 도매 이익: 1,000원
- 소매업자 영업비용: 2,000원
- 소매업자 이익: 1,000원

① 8,000원 ② 10,000원
③ 12,000원 ④ 14,000원

09 거래처 여신한도를 설정하기 위하여 경영지표를 이용하여 거래처의 신용능력을 평가하려고 한다. 다음 중에서 재무제표의 자기자본비율로 파악할 수 있는 경영지표는 무엇인가?

① 수익성 ② 안전성
③ 유동성 ④ 성장성

10 A사의 2018년도 매출액은 1,600,000원, 기말 매출채권 잔액은 160,000원일 때, 매출채권이 1회전하는 데 소요되는 기간은 얼마인가?

① 28.5일 ② 32.5일
③ 36.5일 ④ 42.5일

11 손익분기점의 매출액을 목표매출액으로 결정하였다. [보기]의 자료를 이용하여 손익분기점에서의 목표매출액을 구하시오.

[보 기]

- 제품단위당 판매가: 1,000원
- 연간 고정비: 80만원
- 제품단위당 변동비: 500원/개

답 (   )

12 성장성지표를 활용하여 A기업의 목표매출액을 결정하려고 한다. [보기]의 자료를 반영하여 A기업의 목표매출액을 계산하고 예와 같이 기입하시오. (예 10만원)

[보 기]

- 금년도 A기업의 매출액: 100만원
- 전년 대비 A기업의 시장점유율 증가율: 50%
- 전년 대비 당해 업계 총매출액 증가율: 20%

답 (   )

13 거래처(고객)별 여신한도를 결정하기 위하여 "과거 총이익액의 실적 이용법"을 적용하려고 한다. [보기]의 산출식에서 ㉠에 적절한 한글용어를 예와 같이 기입하시오. (예 영업관리)

[보 기]
- 여신한도액 = 과거 3년간의 회수누계액 × 평균총이익율
- 여신한도액 = 과거 3년간의 [(㉠) − 외상매출채권 잔액] × 평균 총이익율

답 ( )

14 다음 중 [보기]에서 설명하는 용어로 옳은 것은?

[보 기]
공급망에서 소매상의 고객수요가 공급자까지 전달되면서 수요예측의 왜곡과 그에 따른 과대한 주문 활동이 확대되고 누적되어 가는 현상

① 밴드왜건효과
② 채찍효과
③ 네트워크효과
④ 베블런효과

15 물류거점 운영방식 중 물류거점에 재고를 보유하지 않고 물류거점이 화물에 대한 '환승' 기능만을 제공함으로써 보관기능보다는 원활한 흐름에 좀 더 초점을 맞추는 방식은?

① 크로스도킹 운영 방식
② VMI(Vendor Managed Inventory) 운영 방식
③ 지역 물류센터 운영 방식
④ 직배송 방식

16 다음 재고관리 비용에 관한 설명 중에서 옳지 않은 것은?

① 주문비용은 주문 서류의 작성과 승인, 운송, 검사, 입고 등에 소요되는 비용이다.
② 생산준비비용은 생산수량에 관계없이 일정하게 발생하는 고정비용이다.
③ 재고유지 비용은 품목구입에 대한 자본의 기회비용, 창고시설 이용비용, 파손에 따른 손실비용 등이다.
④ 재고부족 비용은 생산라인 변경 등에 의해 공정이 지연됨으로써 발생하는 인력과 시간 손실비용이다.

17 재고자산 평가방법 중 선입선출법(FIFO)에 대한 설명으로 옳은 것은?

① 나중에 매입한 상품을 먼저 출고한다.
② 물가 상승 시 세금이 줄어든다.
③ 물가 상승 시 기말재고자산이 과대 표시된다.
④ 물가 상승 시 재무상태 측면에서 보수적인 회계처리 방법이다.

18 운송경로의 주요 유형 중 중앙 집중 거점방식을 설명하는 것은?

① 발송 화주에서 도착지 화주에게 직송하는 원스톱 운송이 가능하다.
② 다수의 소량 발송 화주가 단일화주에게 일괄 운송하는 방식이다.
③ 고객처별 물류거점 운영으로 고객 요구에 신속한 대응이 가능하다.
④ 화주별·권역별·품목별로 집하하여 고객처별 공동 운송하는 방식이다.

19 [보기]는 공급망 프로세스의 경쟁능력을 결정하는 4가지 요소 중에서 어떤 요소에 대한 설명이다. [보기]의 (　　)에 공통적으로 들어갈 수 있는 적절한 한글용어를 예와 같이 입력하시오. (예 비용)

[보 기]

- 공급망 경쟁능력을 분석하기 위한 4가지 요소로는 비용, 시간, 유연성, (　　)이 있다.
- (　　)은 고객 욕구를 만족시키는 척도이며 소비자에 의해 결정된다.

답 (　　　　　)

20 고정주문기간 발주모형(P System)에 따라 발주량을 결정하려고 한다. [보기]의 자료를 이용하여 발주량을 계산하고 예와 같이 입력하시오. (예 10)

[보 기]

- 검토주기 동안의 수요: 50
- 현재고: 5
- 구매 리드타임 동안의 수요: 10
- 안전재고: 2

답 (　　　　　)

21 구매시기와 구매목적 등에 따른 구매방법 중 [보기]의 설명에 해당하는 구매방법으로 옳은 것은?

> [보 기]
> 과잉구매를 방지하고 설계변경 등에 대응하기가 용이한 장점이 있으며 계절품목 등 일시적 수요품목 등에 적합하다.

① 예측구매
② 시장구매
③ 수시구매
④ 일괄구매

22 다음 구매가격의 결정방식 중 코스트플러스(비용가산)방식에 대한 설명으로 옳은 것은?

① 구매가격을 소비자가 느끼는 가치를 토대로 결정한다.
② 구매가격을 소비자가 기꺼이 지불할 수 있는 수준으로 결정한다.
③ 구매가격을 제품원가에 판매관리비와 목표이익을 가산하여 결정한다.
④ 구매가격을 기업이 목표로하는 투자이익률을 달성할 수 있도록 가격을 결정한다.

23 기업이 여러 사업장을 가지고 있는 경우, 기업의 구매형태는 본사 집중구매와 사업장별 분산구매 방식으로 구분할 수 있다. 다음 [보기] 중 분산구매 방식의 장점만으로 짝지어진 것은?

> [보 기]
> A. 구매수속이 간단하고 구매기간이 줄어든다.
> B. 구매가격 조사, 공급자 조사, 구매효과 측정이 용이하다.
> C. 긴급수요에 즉각 대처할 수 있다.
> D. 해당 지역과 호의적인 관계를 유지할 수 있다.
> E. 전문적인 구매지식과 구매기능을 효과적으로 활용할 수 있다.

① A, B, C
② B, C, D
③ C, D, E
④ A, C, D

24 다음 구매방법 중에서 가격인상을 대비하여 이익을 도모할 목적을 가지고 있으며, 계속적인 가격상승이 명백한 경우에 유리하지만 가격동향의 예측이 부정확하면 손실 위험이 큰 구매방법은 무엇인가?

① 수시구매
② 시장구매
③ 예측구매
④ 투기구매

25 다음 [보기]는 가격 유형에 대한 설명이다. [보기]의 ( )에 적절한 가격 유형을 한글 용어로 예와 같이 직접 기입하시오. (예 구매)

[보 기]

( )가격이란 일반적으로는 공정거래를 위해 판매자 다수가 서로 협의하여 일정한 기준에 따라 결정한 가격이다.

답 ( )

26 다음 [보기]에는 구매대금의 현금할인 결제조건이 각각 제시되어 있다. [보기]의 A, B, C 결제조건에 대한 각각의 할인율은 얼마인지 (㉠), (㉡), (㉢)의 순서대로 예와 같이 기입하시오. (예 15, 20, 25)

[보 기]

A. "5/10 Advanced"의 할인율: (㉠)%
B. "5/5 EOM"의 할인율: (㉡)%
C. "10/30 ROG"의 할인율: (㉢)%

답 ( )

27 다음 중에서 내국신용장(Local L/C)에 관한 설명으로 옳지 않은 것은?

① 원신용장을 근거로 국내공급자를 수익자로하여 국내에서 다시 개설하는 신용장이다.
② 내국신용장의 개설의뢰인은 즉 원신용장(Master L/C)을 소지한 수출자이다.
③ 내국신용장의 개설은행은 수익자에게 대금의 지급보증을 하지 않는다.
④ 내국신용장의 수익자는 무역금융혜택을 받을 수 있다.

28 다음 중 INCOTERMS2010의 거래조건 중 지정된 선박에서 화물이 본선 난간(Ship's Rail)을 통과했을 때 수출자가 인도의무를 이행한 것으로 보는 거래조건은?

① CIF ② FOB

③ CFR ④ DAP

29 다음 중 선하증권에 대한 설명으로 옳은 것은?

① 항공회사가 발행하는 유가증권이다.

② 선하증권은 기명식으로만 발행된다.

③ 선하증권 소지자는 운송회사에게 화물 인도를 청구할 수 있다.

④ 선하증권은 양도성이 없다.

30 외국환은행 대고객매매율(환율)의 유형 중 "전신환매매율"에 관한 설명으로 옳은 것은?

① 외국환은행이 고객과 외화현찰거래를 할 때 적용하는 환율

② 환어음의 결제를 전신으로 행하는 경우 적용되는 환율

③ 일람출급환어음의 매매에 적용되는 환율

④ 기한부환어음을 매입할 때 적용하는 환율

31 다음 [보기]의 ( )에 적절한 한글 용어를 예와 같이 직접 기입하시오. (예 무역)

[보 기]

관세란 외국에서 수입되고 외국으로 수출되는 물품에 대하여 국가가 법률에 의하여 부과하는 조세이다. 관세를 과세하기 위해서는 과세요건인 과세물건, 납세의무자, 세율, ( )이 정해져야 한다.

답 ( )

32 다음 [보기]는 무역대금결제방식에 대한 설명이다. [보기]의 (   )에 공통적으로 들어갈 결제방식을 한글 용어로 예와 같이 직접 기입하시오. (예 무역)

[보 기]

- (   )방식은 수입자가 대금지급을 해야 추심은행이 선적서류를 인도하는 방식이다.
- (   )방식은 일람불(요구불) 거래방식으로 추심은행과 수입업자가 환어음과 선적서류를 현금과 교환하는 방식이다.

답 (   )

2019년도 제5회 물류 1급 실무

01 [보기]는 품목 정보에 대한 내용이다. 다음 중 잘못 설명한 것을 고르시오.

① [10-25250, SHEET POST]는 부재료 계정이다.
② [21-1030600, FRONT FORK(S)]는 발주에서 입고까지 7일이 소요된다.
③ [21-1080800, FRAME-알미늄]은 표준원가가 실제원가 보다 더 높게 책정되어 있다.
④ [21-1060850, WHEEL FRONT-MTB]는 환산계수가 2이므로 생산 시 짝수로 생산해야 한다.

02 다음 [보기] 중 사용 중인 출하검사유형이 아닌 것은 무엇인가?

① 01, 조립검사
② 02, 외관검사
③ 03, 포장검사
④ 04, 기능검사

03 [물류실적(품목/고객)담당자등록] 메뉴에 대한 설명이다. 다음 중 잘못 설명한 것을 고르시오.

① 영업모듈에서 사용하는 거래처별 기본납품처를 설정할 수 있다.
② [물류담당자코드등록]에서 등록된 담당자를 영업담당자로 입력할 수 있다.
③ [관리내역등록]에서 등록된 지역관리구분 내역을 적용받을 수 있다.
④ 구매담당자로 설정해두면 발주등록에서 거래처를 입력할 때 담당자로 자동 반영된다.

04 아래 [보기]의 조건으로 데이터를 조회한 후 물음에 답하시오.

[보 기]

- 사업장: 1000, ㈜한국자전거본사
- 견적기간: 2019. 09. 01. ~ 2019. 09. 05.

[보기] 기간 중에 견적 수량이 가장 많은 품목은 무엇인가?

① 21-1030600, FRONT FORK(S)
② 21-1035600, SOCKET
③ 21-1060700, FRAME-NUT
④ 21-1060850, WHEEL FRONT-MTB

05 아래 [보기]의 조건으로 데이터를 조회한 후 물음에 답하시오.

[보 기]
• 사업장: 1000, ㈜한국자전거본사
• 주문기간: 2019. 09. 01. ~ 2019. 09. 05.

[보기] 기간의 주문내역 중에 입력 방법이 다른 주문을 고르시오.

① SO1909000001　② SO1909000002
③ SO1909000003　④ SO1909000004

06 아래 [보기]의 조건으로 데이터를 조회한 후 물음에 답하시오.

[보 기]
• 사업장: 1000, ㈜한국자전거본사
• 검사기간: 2019. 09. 06. ~ 2019. 09. 10.

[보기] 기간의 [NAX-A420, 산악자전거]의 출고검사 중 불량수량이 가장 많은 불량유형은 무엇인가?

① 1,000, 찍힘　② 2,000, 긁힘
③ 3,000, 변색　④ 4,000, 파손

07 다음 중 2019년 09월 11일에 수주등록된 품목 중 출고대비 잔량의 합계가 가장 많은 품목은 무엇인가?

① ATECX－2000, 유아용자전거　② NAX－A400, 싸이클
③ NAX－A420, 산악자전거　④ PS－ZIP01, PS－DARKGREEN

08 영업관리 모듈의 [거래명세서발행] 메뉴에 대한 설명으로 잘못된 것을 고르시오.

① [인쇄/E－MAIL설정]으로 인쇄물 제목을 변경할 수 있다.
② 출고내역을 수정하기 위해서는 출고처리(국내수주)에서 수정해야 한다.
③ 매출마감되지 않은 출고 내역에 대한 거래명세서를 출력하는 메뉴이다.
④ [인쇄/E－MAIL설정]으로 출력물의 품번, 품명에 대한 정렬조건을 설정할 수 있다.

09 아래 [보기]의 조건으로 데이터를 조회한 후 물음에 답하시오.

> [보 기]
> • 사업장: 1000, ㈜한국자전거본사
> • 수금기간: 2019. 09. 01. ~ 2019. 09. 05.

[보기] 기간의 수금내역에 대한 설명으로 잘못된 것을 고르시오.

① ㈜대흥정공에서 현금 1,000,000원을 보냈다.
② ㈜하나상사의 선수금은 2019년 9월 5일에 정리하였다.
③ ㈜제동기어의 수금 내역은 아직 회계전표처리되지 않았다.
④ ㈜빅파워는 신한은행 통장으로 1,000,000원을 입금하였다.

10 아래 [보기]의 조건으로 데이터를 조회한 후 물음에 답하시오.

> [보 기]
> 작업내용: ㈜대흥정공의 9월 매출을 2019년 09월 25일로 매출마감하라.

[보기]의 작업내용으로 등록된 ㈜대흥정공의 매출마감 합계액의 총액은 얼마인가?

① 1,104,550원
② 1,215,005원
③ 2,344,800원
④ 2,579,280원

11 아래 [보기]의 조건으로 데이터를 조회한 후 물음에 답하시오.

> [보 기]
> • 조회기간: 2019. 09. 01. ~ 2019. 09. 30.
> • 조회기준: 0. 출고기준

매출채권회전율은 순매출액을 평균매출채권으로 나눈 값이다. 다음 거래처 중 9월 회전율이 가장 큰 거래처는 어디인가?

① 00001, ㈜대흥정공
② 00002, ㈜하나상사
③ 00003, ㈜빅파워
④ 00004, ㈜제동기어

12 아래 [보기]의 조건으로 데이터를 조회한 후 물음에 답하시오.

[보 기]

- 사업장: 1000, ㈜한국자전거본사
- 계획기간: 2019. 09. 01. ~ 2019. 09. 10.
- 계획구분: 0. 판매계획

㈜한국자전거본사는 판매계획을 토대로 2019년 09월 10일 4개의 상품에 대하여 주계획을 작성하였다. 계획일 맞춰 상품을 모두 구매한다는 가정 하에 가장 빨리 발주등록을 해야하는 품목은 무엇인가?

① ATECK－3000, 일반자전거
② ATECX－2000, 유아용자전거
③ PS－ZIP01, PS－DARKGREEN
④ PS－ZIP02, PS－WHITE

13 아래 [보기]의 조건으로 데이터를 조회한 후 물음에 답하시오.

[보 기]

- 사업장: 1000, ㈜한국자전거본사
- 품의기간: 2019. 09. 01. ~ 2019. 09. 05.

[보기] 기간의 청구품의내역 중 [발주등록] 메뉴에서 품의 가능 수량이 10EA인 청구품의 내역을 고르시오.

① PS1909000001
② PS1909000002
③ PS1909000003
④ PS1909000004

14 아래 [보기]의 조건으로 데이터를 조회한 후 물음에 답하시오.

[보 기]

- 사업장: 1000, ㈜한국자전거본사
- 발주기간: 2019. 09. 06. ~ 2019. 09. 10.

[보기] 기간의 발주내역 중 청구품의를 적용받은 발주번호를 고르시오.

① PO1909000005
② PO1909000006
③ PO1909000007
④ PO1909000008

15 아래 [보기]의 조건으로 데이터를 조회한 후 물음에 답하시오.

> [보 기]
> • 사업장: 1000, ㈜한국자전거본사
> • 입고기간: 2019. 09. 06. ~ 2019. 09. 10.

[보기] 기간 중 입고수량 합계가 작은 품명부터 큰 품명으로 올바르게 나열한 것은?

① [FRAME–알미늄] – [FRAME–NUT] – [WIRING–DE] – [FRAME–티타늄]
② [FRAME–알미늄] – [FRAME–NUT] – [FRAME–티타늄] – [WIRING–DE]
③ [FRAME–알미늄] – [FRAME–티타늄] – [FRAME–NUT] – [WIRING–DE]
④ [FRAME–NUT] – [FRAME–알미늄] – [FRAME–티타늄] – [WIRING–DE]

16 아래 [보기]의 조건으로 데이터를 조회한 후 물음에 답하시오.

> [보 기]
> • 사업장: 1000, ㈜한국자전거본사
> • 입고기간: 2019. 09. 11. ~ 2019. 09. 15.
> • 입고창고: P100, 제품창고
> • 입고장소: P101, 제품장소
> • 출고창고: P100, 제품창고
> • 출고장소: P101, 제품장소

[SET품 수불조정등록] 메뉴에서 [보기]의 데이터에 대한 설명으로 잘못된 것은?

① [ATECK–3000, 일반자전거]의 SET 품목여부는 [1. 여]이다.
② [TTS–230, 가족용하이킹세트]는 [P101, 제품장소]의 재고수량이 10 증가했다.
③ [ATECX–2000, 유아용자전거]는 [P101, 제품장소]의 재고수량이 20 감소했다.
④ [31–10100005, 자물쇠]는 [TTS–230, 가족용하이킹세트]의 SET구성품으로 등록되어 있다.

17 다음은 [현재고현황(전사/사업장)] 메뉴의 전사 탭에 대한 설명이다. 잘못 설명한 것을 고르시오.

① 안전재고량은 [품목등록] 메뉴의 안전재고량을 나타낸다.
② [재고이동등록(창고)]에 입력된 수량은 재고수량에 영향이 없다.
③ [재고이월등록] 메뉴에서 [재고이월]한 수량은 기초수량에 반영된다.
④ [기초재고/재고조정등록] 메뉴의 기초조정 탭에 입력한 수량은 입고수량에 반영된다.

18 아래 [보기]의 조건으로 데이터를 조회한 후 물음에 답하시오.

[보 기]

- 사업장: 1000, ㈜한국자전거본사
- 실사기간: 2019. 09. 01. ~ 2019. 09. 05.

㈜한국자전거본사는 2019년 09월 01일 재고실사를 실시하였다. 전산재고와 실사재고가 차이가 발생하여 이를 [기초재고/재고조정등록] 메뉴로 ERP에 반영하려고 한다. [보기]의 내용 중 잘못 설명한 것을 고르시오.

① [NAX－A500, 30단기어자전거]의 차이수량이 0이므로 조정등록하지 않는다.
② [NAX－A420, 산악자전거]의 차이수량이 －1이므로 출고조정 탭에 수량 1로 등록한다.
③ [ATECK－3000, 일반자전거]의 차이수량이 1이므로 입고조정 탭에 수량 －1로 등록한다.
④ [ATECX－2000, 유아용자전거]의 차이수량이 2이므로 출고조정 탭에 수량 2로 등록한다.

19 아래 [보기]의 조건으로 데이터를 조회한 후 물음에 답하시오.

[보 기]

- 사업장: 1000, ㈜한국자전거본사
- 입고기간: 2019. 09. 21. ~ 2019. 09. 21.
- 입고창고: P100, 제품창고

입고번호 [RV1909000003]을 [회계처리(매입마감)] 메뉴를 통하여 [전표처리]를 하고자 한다. 적요명이 [상품 구매]로 분개되는 금액은 얼마인가? (문제풀이에 필요한 데이터를 생성할 필요가 있다면 일자는 모두 2019년 09월 21일로 생성하여 푸시오.)

① 1,000,000원 ② 1,100,000원

③ 2,000,000원 ④ 2,200,000원

20 ㈜한국자전거본사는 거래처 [00010, DOREX CO. LTD]와 전신환 매매로 수출하였다. 수주등록, 출고처리, 선적등록을 무역관리 모듈로 등록할 때 사용하는 메뉴 순서를 가장 올바르게 나열한 것을 고르시오. (가정: 출고의뢰, 출고검사는 사용하지 않는다.)

① [L/C등록] – [선적등록] – [출고처리(L/C)]

② [B/L접수] – [출고처리(L/C)] – [선적등록]

③ [해외수주등록] – [출고처리(해외수주)] – [선적등록]

④ [해외수주등록] – [출고처리(L/C)] – [매출마감(LOCAL L/C)] – [선적등록]

21 아래 [보기]의 조건으로 데이터를 조회한 후 물음에 답하시오.

[보 기]

- 사업장: 1000, ㈜한국자전거본사
- 출고기간: 2019. 09. 26. ~ 2019. 09. 26.
- 출고창고: P100, 제품창고
- 고객: 00010, DOREX CO. LTD
- 출고일자: 2019. 09. 26.
- 환율: 1,200

[출고처리(L/C)] 메뉴에서 2019년 09월 26일에 [주문적용] 기능을 사용하여 등록된 출고 건의 원화금액 합계액으로 옳은 것은?

① 160,000원 ② 192,000,000원

③ 211,200,000원 ④ 960,000,000원

22 아래 [보기]의 조건으로 데이터를 조회한 후 물음에 답하시오.

[보 기]
- 사업장: 1000, ㈜한국자전거본사
- 발주기간: 2019. 09. 26. ~ 2019. 09. 30.
- L/C 구분: 3. MASTER L/C
- L/C번호: IB190926 - 02

위의 [보기] 조건으로 조회된 수입L/C 데이터에 입력된 가격조건은 무엇인가?

① CIF
② DAT
③ DDP
④ FOB

23 아래 [보기]의 조건으로 데이터를 조회한 후 물음에 답하시오.

[보 기]
- 사업장: 1000, ㈜한국자전거본사
- NEGO기간: 2019. 09. 28. ~ 2019. 09. 30.

NEGO번호(NG1909000002)에 대하여 잘못 설명한 것을 고르시오.

① 외환차손익은 6,400,000원이다.
② 관련된 선적번호는 BL1909000001이다.
③ NEGO당시의 환율로 환산하여 원화금액으로 처리하였다.
④ 회계전표처리를 한다면 외상매출금(원화) 감소 금액은 실입금액인 389,400,000원이다.

24 아래 [보기]의 조건으로 데이터를 조회한 후 물음에 답하시오.

> [보 기]
> • 사업장: 1000, ㈜한국자전거본사
> • 등록기간: 2019. 09. 28. ~ 2019. 09. 30.

수입제비용번호(EC1909000001)에 대하여 잘못 설명한 것을 고르시오.

① 물품대 항목은 물품에 대한 외화금액 합계이다.

② 비용명의 항목은 [물류관리내역]에서 등록할 수 있다.

③ 입력된 제비용 내역은 미착품원가정산의 대상에 포함된다.

④ 배부여부와 상관없이 [수입제비용등록] 메뉴에서 비용에 대한 전표를 처리할 수 있다.

25 아래 [보기]의 조건으로 데이터를 조회한 후 물음에 답하시오.

> [보 기]
> • 사업장: 1000, ㈜한국자전거본사
> • 입고기간: 2019. 09. 30. ~ 2019. 09. 30.
> • B/L번호: BL1909000002
> • 정산일자: 2019. 09. 30. ~ 2019. 09. 30.

다음 중 [보기]의 B/L 건을 미착품원가정산 배부처리한 후 조회되는 [21 - 3065700, GEAR REAR C] 품목의 배부 후 금액은 얼마인가?

① 51,240,000 ② 51,800,000

③ 183,000,000 ④ 185,000,000

2019년도 제4회 물류 1급 이론

01 원가, 품질, 서비스, 속도와 같은 주요 성과측정치의 극적인 개선을 위해 업무프로세스를 급진적으로 재설계하는 것으로 정의할 수 있는 것은 무엇인가?

① BSC(Balanced Scorecard)

② BPR(Business Process reengineering)

③ CALS(Commerce At Light Speed)

④ EIS(Executive Information System)

02 ERP 구축 방법 중 분석단계에 해당되지 않는 것은?

① 현재업무 파악 ② 현업요구사항 분석

③ 주요 성공요인 도출 ④ GAP 분석

03 다음은 ERP의 특징을 설명한 것이다. 특징과 설명을 연결한 것으로 적절하지 않은 것은 무엇인가?

① Open Multi – vendor: 특정 H/W 업체에만 의존하는 open 형태를 채용, C/S형의 시스템 구축이 가능하다.

② 통합업무시스템: 세계 유수 기업이 채용하고 있는 Best Practice Business Process를 공통화, 표준화시킨다.

③ Parameter 설정에 의한 단기간의 도입과 개발이 가능: Parameter 설정에 의해 각 기업과 부문의 특수성을 고려할 수 있다.

④ 다국적, 다통화, 다언어: 각 나라의 법률과 대표적인 상거래 습관, 생산방식이 시스템에 입력되어 있어서 사용자는 이 가운데 선택하여 설정할 수 있다.

04 ERP 도입 시 고려해야 할 사항으로 가장 적절하지 않은 것은?

① 경영진의 강력한 의지 ② 임직원의 전사적인 참여

③ 자사에 맞는 패키지 선정 ④ 경영진 중심의 프로젝트 진행

05 다음 중 차세대 ERP의 비즈니스 애널리틱스에 관한 설명으로 가장 적절하지 않은 것은 무엇인가?

① 비즈니스 애널리틱스는 구조화된 데이터(Structured Data)만을 활용한다.
② ERP 시스템 내의 방대한 데이터 분석을 위한 비즈니스 애널리틱스가 ERP의 핵심요소가 되었다.
③ 비즈니스 애널리틱스는 질의 및 보고와 같은 기본적 분석기술과 예측 모델링과 같은 수학적으로 정교한 수준의 분석을 지원한다.
④ 비즈니스 애널리틱스는 리포트, 쿼리, 대시보드, 스코어카드뿐만 아니라 예측모델링과 같은 진보된 형태의 분석기능도 제공한다.

06 다음 수요예측에 대한 설명 중 틀린 것은?

① 수요예측이란 일반적으로 잠재수요와 유효수요의 합의 크기를 추정하는 것이다.
② 수요예측에서 실제 판매액에 대한 예측오차를 줄이려면 예측기간을 길게 가져가야 한다.
③ 수요예측에서 상품·서비스의 구매 동기가 있어 바로 구매 가능한 경우는 유효수요에 해당한다.
④ 영속성이 없는 상품·서비스 보다 영속성이 있는 상품·서비스에 대해 정확한 예측을 하기가 더 어렵다.

07 [보기]는 성장지표를 활용한 목표매출액 결정법 중 시장확대율을 이용한 목표매출액을 계산하는 공식이다. ㉠에 들어갈 내용으로 옳은 것은?

[보 기]
목표매출액 = 금년도 자사 매출액 × (1 + 시장확대율) × (1 + ㉠)

① 시장신장률
② 시장점유율
③ 경쟁사 점유율
④ 경쟁사 신장률

08 다음 중 교차비율을 이용한 목표판매액 차등화 할당에 관한 설명으로 가장 옳지 않은 것은?

① 교차비율은 한계이익률에 비례한다.
② 교차비율은 상품회전율에 반비례한다.
③ 한계이익이 동일할 경우 평균재고액이 낮을수록 교차비율이 높다.
④ 한계이익이 100이고 평균재고액이 50인 상품보다 한계이익이 50이고 평균재고액이 20인상품에 더 높은 목표판매액을 할당해야 한다.

09 고객(거래처) 중점 선정 방법 중 우량 거래처나 고객을 선정하기 위해 고려해야 할 서로 다른 2개 요인을 가로축과 세로축으로 배열하여 중점관리 대상을 보다 선명하게 파악할 수 있는 방법은?

① 거래처 포트폴리오 분석
② 매트릭스 분석
③ ABC 분석
④ 회귀분석

10 다음 중에서 재무제표가 없는 경우 경영지표가 나타내는 경영현황의 관계가 적절하게 연결된 것은 무엇인가?

① 차입금 비율 – 안전성
② 수익의 정도 – 회수성
③ 자금수지 상황 – 성장성
④ 매출액의 신장 – 수익성

11 3월의 판매량 예측을 위해 지수평활법을 활용하고자 한다. 과거의 실제판매량과 예측판매량이 [그림]과 같을 때, 3월의 예측판매량은 얼마인가? (단, 모든 판매량의 단위는 "개"이며, 지수평활상수 α = 0.2이고, 답은 단위를 제외하고 숫자로만 작성하시오)

[그 림]

구분	1월	2월	3월
실제 판매량	150	160	
예측 판매량	100		?

답 (   )

12 원가가산에 의한 가격 결정방법으로 상품의 도매가격을 10,000원으로 결정하였다. 원가구성이 [보기]와 같을 때, 도매업자의 이익은 얼마인가? (답은 단위를 제외하고 숫자로만 작성하시오)

[보 기]

- 제조원가: 5,500원
- 생산자 가격: 7,000원
- 도매업자 영업비용: 1,500원

답 (   )

13 [보기]에 주어진 정보를 이용하여 당월 말에 마감하고 당월 회수하는 일반적인 대금회수율 계산 방식을 통해 당월의 외상매출금 회수율을 산출하면? (답은 단위를 제외하고 숫자로만 작성하시오)

[보 기]

- 전월 회수액: 1,000,000원
- 당월 회수액: 2,000,000원
- 전월 매출액: 12,000,000원
- 당월 매출액: 16,000,000원
- 전월 말 외상매출금 잔액: 4,000,000원
- 당월 말 외상매출금 잔액: 2,000,000원

답 (   )

14 다음 중 채찍효과의 원인으로 옳지 않은 것은?

① 변동하는 고객 주문을 반영하는 과정에서 수요예측, 생산, 발주와 일정 계획이 자주 갱신되었다.

② 운송비와 주문비의 절감을 위하여 대량의 제품을 한꺼번에 발주하였다.

③ 불안정한 가격구조, 가격할인 행사 등이 불규칙한 구매 형태를 유발하였다.

④ 제품 생산과 공급에 소요되는 주문 리드타임과 주문 처리에 소요되는 정보 리드타임이 단축되었다.

15 다음 중 각 공급망 물류거점 운영방식에 대한 설명이 잘못된 것은?

① 직배송방식: 재고비용과 고정투자비용, 그리고 운송비용을 절감할 수 있으며, 고객서비스 품질을 향상할 수 있다.
② 통합 물류센터 운영방식: 소비자에게 배송되는 데 걸리는 시간이 긴 반면 비용은 상당히 절감할 수 있다.
③ 지역 물류센터 운영방식: 재고비용과 고정투자비용이 상승한다는 단점이 있다.
④ 공급자관리재고 운영방식: 공급업체의 물류 운영 능력이 낮거나 정보 공유가 제대로 이루어지지 않을 경우 전체 공급망에 큰 부담이 될 수 있다.

16 다음 중 재고관리의 기본모형 중 고정주문기간 발주모형(P System)에 대한 설명과 가장 거리가 먼 것은?

① 재고량을 정기적으로 조사하여 일정한 목표 수준까지의 부족수량을 발주한다.
② 발주량 = 목표재고수량 − 현재재고수량이다.
③ 주로 재고파악이 쉽고 조달이 수월한 경우에 적용한다.
④ 수요가 일정한 경우에는 발주량도 일정하지만 수요가 수시로 변동하면 발주량도 수시로 변동한다.

17 다음 중 항공 운송의 장점과 가장 거리가 먼 것은?

① 화물의 운송 속도가 빠르다.
② 고가, 고부가가치 대형 상품의 운송에 유리하다.
③ 화물의 손상이 적고 포장이 간단하여 포장비가 저렴하다.
④ 긴급성이 있거나 신선도 유지가 요구되는 품목 운송에 적합하다.

18 다음 중 창고에 물품을 보관하는 기본원칙으로 가장 적절하지 않은 것은?

① 랙을 이용해 물품을 높게 쌓는다.
② 먼저 입고된 물품을 먼저 출고한다.
③ 무겁고 대형의 물품은 출입구에서 먼 창고 안쪽에 배치한다.
④ 표준화된 물품은 랙에 보관하고, 표준화되지 않은 물품은 모양이나 상태에 따라 보관한다.

19 [보기]의 괄호 안에 공통으로 들어갈 용어를 쓰시오. (답은 영문 약자로 작성하시오)

[보 기]

- ( ) 모델은 1996년 미국 공급망협의회에서 개발하여 보급한 공급망관리의 진단, 벤치마킹, 프로세스 개선을 위한 도구이다.
- ( ) 모델은 공급망관리의 전략 및 운영 체계를 측정하고, 지속적인 개선에 필요한 가이드라인을 제공하여 공급망 효과의 극대화를 목적으로 한다.
- ( ) 모델은 공급망 운영을 계획·조달·생산·배송·반품의 5개 프로세스로 분류한다.

답 ( )

20 [보기]의 자료에 기초하여 재고자산 기록방법 중 실지조사법에 따라 당기 매출량을 계산하여 기입하시오. (답은 단위를 제외하고 숫자로만 작성하시오)

[보 기]

- 실지재고조사로 파악한 수량: 12개
- 기초재고량: 7개
- 당기 매입량: 22개

답 ( )

21 다음의 구매관리 업무 중에서 구매분석 활동에 해당하는 것은?

① 구매방침 설정 ② 규격 및 검사관리
③ 구매계획수립 ④ 구매활동 감사

22 다음 중 [보기]와 같은 비용으로 구성된 원가의 명칭으로 옳은 것은?

[보 기]

직접원가 + 제조간접비

① 직접원가 ② 매출가
③ 판매원가 ④ 제조원가

23 다음 중 [보기]에서 설명하는 공급자선정 방식은 무엇인가?

[보 기]

- 입찰에 의하지 않고 특정 기업을 공급자로 선정하여 구매계약을 체결하는 방법이다.
- 구매품목을 제조하는 공급자가 유일한 경우, 구매금액이 소액인 경우, 경쟁입찰을 할 수 없는 특별한 상황인 경우 등에 적용할 수 있다.

① 수의계약방식　　② 일반경쟁방식
③ 지명경쟁방식　　④ 제한경쟁방식

24 다음 [보기]에서 원가를 근거로하는 구매가격 결정방식끼리 연결된 것은?

[보 기]

㉠ 손익분기점분석 방식
㉡ 구매가격예측 방식
㉢ 목표투자이익율 방식
㉣ 경쟁기업 가격기준 방식

① ㉠ – ㉢　　② ㉠ – ㉣
③ ㉡ – ㉢　　④ ㉡ – ㉣

25 구매가격할인 방식 중에서 [보기]의 괄호 안에 공통적으로 들어갈 용어는? (답은 한글로 작성하시오)

[보 기]

- (　　) 현금할인방식은 할인판매 등의 특별기간 동안 현금할인기간을 추가로 적용하는 방식이다.
- (　　) 현금할인방식에서 결제조건이 '3/10 – 60 days Extra'로 결제조건이 표시되는 경우는 총 70일간 현금할인이 적용된다.

답 (　　　　　　)

26 구매방법은 구매시기와 구매목적 등에 따라 구분할 수 있다. [보기]의 괄호 안에 공통적으로 들어갈 구매방법을 나타내는 용어를 쓰시오. (답은 한글로 작성하시오)

[보 기]

- (　　) 구매방식은 가격 인상을 대비하여 이익을 도모할 목적으로 가격이 저렴할 때 장기간의 수요량을 미리 구매하여 재고로 보유하는 방식이다.
- (　　) 구매방식은 계속적으로 가격 상승이 명백한 경우에 유리하지만, 가격 동향의 예측이 부정확하면 손실의 위험이 크다.

답 (　　　　　　)

27 우리나라에는 수출입 관련 등록 및 승인권한을 각 무역기관장에게 위임하고 있기 때문에 다양한 무역관계기관이 존재한다. 다음 중 무역관계기관에 위임되는 업무의 근거가 되는 법령은 무엇인가?

① 대외무역법　　② 외국환거래법
③ 전자거래기본법　　④ 관세법

28 신용장의 구성요소 중에서 '신용장 자체에 관한 사항'에 해당하지 않는 것은 무엇인가?

① 개설은행명(Issuing Bank)
② 수익자명(Beneficiary)
③ 개설의뢰인(Applicant)
④ 원산지서류 제시기간(Period of Presentation)

29 다음 중 추심결제방식의 일종인 지급인도조건방식(D/P)에 관한 설명으로 옳지 않은 것은?

① 수입자가 대금지급을 해야 추심은행이 선적서류를 인도한다.
② 추심은행과 수입업자가 환어음과 선적서류를 현금과 교환한다.
③ 추심의뢰은행의 지시대로 대금을 송금한다.
④ 지급인도조건방식(D/P)은 기한부거래에 해당한다.

30 다음 중 외국환은행 대고객매매율의 각 세부 유형에 대한 설명이 바른 것은?

① 전신환 매매율: 외국환은행이 고객과 외화현찰거래를 할 때 적용하는 환율이다.
② 현찰매매율: 환어음의 우송기간에 대한 금리를 전신환 매매율에서 가감하여 정한다.
③ 일람출급환어음 매매율: 환어음의 송달이 1일 이내에 완료되므로 우송기간동안의 금리가 환율에 영향을 미치지 않는다.
④ 기한부어음 매입률: 일람출급환어음 매입률에서 어음기간 동안의 금리를 차감한 것이다.

31 [보기]는 무역거래를 위해 사용되는 서류에 대한 설명이다. 괄호 안에 공통적으로 들어갈 용어를 쓰시오. (답은 한글로 작성하시오)

[보 기]

• (　　)은/는 수출대금지급에 대한 은행의 확약서이다.
• (　　)을/를 발행한 개설은행이 수출자에게 여기에 기재된 여러 조건에 일치하고 약정기간 내에 요구되는 서류가 제시되었을 때 수출대금을 지급하겠다고 약속하는 내용의 지불 보증서이다.

답 (　　　　　)

32 [보기]의 괄호 안에 공통적으로 들어갈 선적서류를 나타내는 용어를 쓰시오. (답은 한글로 작성하시오)

[보 기]

• (　　)은/는 운송위탁인과 운송회사 간에 체결한 해상운송계약을 근거로 선박회사가 발행하는 유가증권이다.
• (　　)의 소지자는 선박회사에 대하여 화물의 인도를 청구할 수 있으므로 화물에 대한 소유권리증 뿐만 아니라 채권으로서의 효력을 가진다.

답 (　　　　　)

01 [물류실적(품목/고객)담당자등록] 메뉴에 대한 설명이다. 다음 중 잘못 설명한 사람은 누구인가?

① 김과장: 거래처별 등록에서는 거래처의 영업담당자를 등록할 수 있다.
② 이대리: 영업담당자는 [사원등록]에 사용자여부가 '여'인 사원만 등록할 수 있다.
③ 박대리: 거래처별 등록의 지역, 거래처 분류는 물류관리내역등록 메뉴에서 등록된 데이터가 조회된다.
④ 정차장: 품목별 등록에서는 품목의 영업담당자, 구매담당자, 자재담당자, 생산담당자를 등록할 수 있다.

02 아래 [보기]의 조건으로 데이터를 조회한 후 물음에 답하시오.

[보 기]

- 모듈: 자재관리
- 전표코드: DOMESTIC_구매

다음 중 회계처리(매입마감)에서 사용되는 계정과목이 아닌 것은?

① 계정코드: 14700, 계정코드명: 제품
② 계정코드: 14900, 계정코드명: 원재료
③ 계정코드: 25100, 계정코드명: 외상매입금
④ 계정코드: 25500, 계정코드명: 부가세예수금

03 아래 [보기]의 조건으로 데이터를 조회한 후 물음에 답하시오.

[보 기]

품번: NAX-A420

다음 품목에 대해 고객별출력품목을 설정하여 주문서를 인쇄하려고 한다. 고객과 출력품명을 연결한 것으로 옳지 않는 것은?

① ㈜제일물산 – MTB(P – 20G)
② ㈜영동바이크 – 산악자전거 20G
③ DOREX CO. LTD – DOR MTB(P – 20G)
④ 제이티오 – NEO MTB(20G)

04 아래 [보기]의 조건으로 데이터를 조회한 후 물음에 답하시오.

[보 기]

- 사업장: 1000, ㈜한국자전거본사
- 계획년도: 2019년 7월
- 수정계획반영: 3. 수정계획수량 및 단가반영

다음 중 [보기]의 기간에 계획된 품목별 판매 예상금액으로 옳은 것은 무엇인가?

① ATECK－3000, 일반자전거 40,000,000

② ATECX－2000, 유아용자전거 46,000,000

③ NAX－A420, 산악자전거(P－20G) 50,000,000

④ NAX－A400, 일반자전거(P－GRAY WHITE) 56,000,000

05 아래 [보기]의 조건으로 데이터를 조회한 후 물음에 답하시오.

[보 기]

- 사업장: 1000, ㈜한국자전거본사
- 주문기간: 2019. 07. 06. ~ 2019. 07. 10.
- 견적기간: 2019. 07. 06. ~ 2019. 07. 10.
- 고객: ㈜하나상사

[보기]의 견적 기간에 등록된 ㈜하나상사의 견적 건을 적용받아 수주를 등록하고자 할 때 견적잔량이 가장 많이 남아 있는 품목은 무엇인가?

① ATECK－3000, 일반자전거

② PS－ZIP01, PS－DARKGREEN

③ PS－ZIP02, PS－WHITE

④ NAX－A420, 산악자전거(P－20G)

06 아래 [보기]의 조건으로 데이터를 조회한 후 물음에 답하시오.

[보 기]

- 사업장: 1000, ㈜한국자전거본사
- 기간: 2019. 07. 26. ~ 2019. 07. 31.
- 수금번호: RC1907000003

다음 중 회계처리(수금) 메뉴의 선수정리 탭에서 등록된 선수금 정리내역을 전표처리했을 때 발생한 전표의 대체대변에 대한 내용으로 옳은 것은?

① 선수금 – 선수금 정리

② 제예금 – 제예금 입금 대체

③ 외상매출금 – 외상매출금 선수금 대체

④ 외상매출금 – 외상매출금 감소(제예금)

07 아래 [보기]의 조건으로 데이터를 조회한 후 물음에 답하시오.

[보 기]

- 사업장: 1000, ㈜한국자전거본사
- 조회기간: 2019. 07. 01. ~ 2019. 07. 31.
- 조회기준: 0. 국내(출고기준)
- 미수기준: 0. 발생기준

㈜한국자전거본사는 출고기준으로 채권을 관리한다. [보기] 중 미수채권 잔액이 가장 적은 거래처로 옳은 것은?

① 00001, ㈜대흥정공 ② 00002, ㈜하나상사

③ 00003, ㈜빅파워 ④ 00004, ㈜제동기어

08 ㈜한국자전거본사는 고객 ㈜세림와이어로부터 2019년 07월 11일에 ATECX-2000, 유아용자전거를 10개 수주받고, 8개 출고하였다. 그 후 고객 요청에 의해 수주 잔량 취소 요청을 받았다면 활용해야 하는 메뉴는 무엇인가?

① 수주등록 ② 수주마감처리

③ 출고처리(국내수주) ④ 매출마감(국내거래)

09 아래 [보기]의 조건으로 데이터를 조회한 후 물음에 답하시오.

> [보 기]
> • 사업장: 1000, ㈜한국자전거본사
> • 검사기간: 2019. 07. 16. ~ 2019. 07. 20.

[보기]의 검사기간에 품목 21-3001500, PEDAL(S)를 출고검사하였다. 다음 중 불량 수량이 가장 많은 불량유형은 무엇인가?

① 1,000, 파손 ② 2,000, 찍힘

③ 3000, 긁힘 ④ 4000, 마모

10 아래 [보기]의 조건으로 데이터를 조회한 후 물음에 답하시오.

> [보 기]
> • 사업장: 1000, ㈜한국자전거본사
> • 조회기간: 2019. 07. 01. ~ 2019. 07. 31.
> • 조회기준: 0. 출고기준

㈜한국자전거본사의 2019년 7월 한 달간 매출채권회전율을 계산하였다. 다음 중 회전율이 가장 큰 고객은?

① 00001, ㈜대흥정공 ② 00002, ㈜하나상사

③ 00003, ㈜빅파워 ④ 00004, ㈜제동기어

11 아래 [보기]의 조건으로 데이터를 조회한 후 물음에 답하시오.

> [보 기]
> 계정구분: 4. 반제품

㈜한국자전거본사는 영업업무에서 품목단가를 사용한다. 다음 중 구매단가보다 판매단가가 낮아 판매할 경우 손실이 발생할 가능성이 있는 품목은?

① 35－1025050, IRON FRAME

② 83－2000100, 전장품 ASS'Y

③ 85－1020400, POWER TARIN ASS'Y(MTB)

④ 87－1002001, BREAK SYSTEM

12 아래 [보기]의 조건으로 데이터를 조회한 후 물음에 답하시오.

[보 기]

• 사업장: 1000, ㈜한국자전거본사
• 요청일자: 2019. 07. 01. ~ 2019. 07. 05.

다음 청구내역 중 품목의 주거래처와 청구요청한 거래처가 다른 품목은?

① 21－1060700, FRAME－NUT

② 21－1060850, WHEEL FRONT－MTB

③ 21－1070700, FRAME－티타늄

④ 21－3000300, WIRING－DE

13 아래 [보기]의 조건으로 데이터를 조회한 후 물음에 답하시오.

[보 기]

• 사업장: 1000, ㈜한국자전거본사
• 발주기간: 2019. 07. 06. ~ 2019. 07. 10.
• 발주번호: PO1907000002

다음 발주 항목 중 청구적용을 받지 않고 직접 입력한 품목은 무엇인가?

① 21－1060700, FRAME－NUT

② 21－1060850, WHEEL FRONT－MTB

③ 21－1070700, FRAME－티타늄

④ 21－3000300, WIRING－DE

14 ㈜한국자전거본사에서 설정된 재고평가방법은 무엇인가?

① 총평균 ② 이동평균

③ 선입선출 ④ 후입선출

15 아래 [보기]의 조건으로 데이터를 조회한 후 물음에 답하시오.

> [보 기]
> • 사업장: 1000, ㈜한국자전거본사
> • 입고기간: 2019. 07. 16. ~ 2019. 07. 20.

[보기]의 입고기간 중 품목과 입고수량 합계가 잘못 연결된 것은?

① 품목: 21－3001600, PEDAL 합계: 180

② 품목: 21－3065700, GEAR REAR C 합계: 200

③ 품목: 21－9000200, HEAD LAMP 합계: 250

④ 품목: 90 － 9001,000, FRAME GRAY 합계: 200

16 아래 [보기]의 조건으로 데이터를 조회한 후 물음에 답하시오.

> [보 기]
> • 사업장: 1000, ㈜한국자전거본사
> • 이동기간: 2019. 07. 21. ~ 2019. 07. 25.
> • 품번: 88-1001000

다음 중 재고이동등록(창고) 메뉴에 등록된 재고수불로 인해 제품창고의 제품장소 위치에 있는 88-1001000, PRESS FRAME-W의 재고변화량을 계산한 것으로 옳은 것은?

① 10EA 감소　② 10EA 증가

③ 20EA 감소　④ 20EA 증가

17 아래 [보기]의 조건으로 데이터를 조회한 후 물음에 답하시오.

> [보 기]
> • 사업장: 1000, ㈜한국자전거본사
> • 의뢰기간: 2019. 07. 11. ~ 2019. 07. 15.
> • 의뢰번호: SR1907000003

다음 중 입고의뢰에 대한 설명 중 잘못된 설명을 하는 사람은 누구인가?

① 김종욱: 21－1060700, FRAME－NUT의 검사여부는 검사로 변경할 수 없다.

② 이종현: 21－1060700, FRAME－NUT의 프로젝트는 B－001, 특별할인판매로 변경할 수 없다.

③ 박용덕: 21－1060700, FRAME－NUT의 관리구분은 P10, 정기구매로 변경할 수 있다.

④ 정영수: 21－1060700, FRAME－NUT의 의뢰수량을 8EA로 변경할 수 있다.

18 아래 [보기]의 조건으로 데이터를 조회한 후 물음에 답하시오.

[보 기]

- 사업장: 1000, ㈜한국자전거본사
- 해당연도: 2019년
- 계정: 4. 반제품

다음 중 2019년 현재 ㈜한국자전거본사 사업장에 가장 많은 재고수량(재고단위)을 보유하고 있는 반제품은 무엇인가?

① 81 － 1001000, BODY － 알미늄(GRAY－WHITE)

② 83 － 2000100, 전장품 ASS'Y

③ 87 － 1002001, BREAK SYSTEM

④ ATECK－3000, 일반자전거

19 아래 [보기]의 조건으로 데이터를 조회한 후 물음에 답하시오.

[보 기]

- 사업장: 1000, ㈜한국자전거본사
- 조정기간: 2019. 07. 01. ~ 2019. 07. 05.
- 작업내용: 작업도중 불량이 발견되어 반품 처리하였다.

다음 중 [보기]와 같은 사유로 등록된 재고조정 품목은 무엇인가?

① 21－1060850, WHEEL FRONT－MTB ② 21－1080800, FRAME－알미늄

③ 21－2001600, PEDAL ④ 21－3065700, GEAR REAR C

20 아래 [보기]의 조건으로 데이터를 조회한 후 물음에 답하시오.

[보 기]

- 사업장: 1000, ㈜한국자전거본사
- 주문기간: 2019. 07. 06. ~ 2019. 07. 10.
- L/C구분: 3. MASTER L/C
- L/C번호: MLC1907 - 008

수출 업무를 하기 위해 다음과 같이 L/C를 등록하였다. 다음 중 L/C의 입력된 정보로 옳지 않은 것은?

① 환종: USD
② 가격조건: EXW
③ 선적항: BUSAN PORT
④ L/C 주문일: 2019. 07. 08.

21 아래 [보기]의 조건으로 데이터를 조회한 후 물음에 답하시오.

[보 기]

- 사업장: 1000, ㈜한국자전거본사
- 선적기간: 2019. 07. 16. ~ 2019. 07. 16.
- 거래구분: T/T
- 발주기간: 2019. 07. 16. ~ 2019. 07. 16.
- 발주번호: PO1907000004
- 환율: 1,180원

다음 중 L/C - 발주적용 기능을 통해 해외발주 건을 B/L 접수를 하려고 한다. [보기]의 내용을 선적일을 2019. 07. 16.으로 등록할 때 계산되는 원화금액 합계액으로 옳은 것은?

① 106,318,000
② 106,768,500
③ 107,219,000
④ 107,669,500

22 아래 [보기]의 조건으로 데이터를 조회한 후 물음에 답하시오.

[보 기]

- 사업장: 1000, ㈜한국자전거본사
- 등록기간: 2019. 07. 21. ~ 2019. 07. 25.
- 비용번호: EC1907000001

다음 중 수입제비용에 대한 설명으로 옳지 않은 것은?

① 물품대는 48,762,750원이다.

② 비용명의 항목은 물류관리내역에서 등록할 수 있다.

③ 여러 개의 B/L번호의 제비용을 한 비용번호로 관리할 수 있다.

④ 배부여부의 값은 미착품원가정산 메뉴에서 배부처리 여부이다.

23 아래 [보기]의 조건으로 데이터를 조회한 후 물음에 답하시오.

[보 기]

- 사업장: 1000, ㈜한국자전거본사
- NEGO기간: 2019. 07. 01. ~ 2019. 07. 05.

다음 NEGO번호 중 수출 선적번호 BL1907000001에 근거하여 등록된 번호는 무엇인가?

① NG1907000001

② NG1907000002

③ NG1907000003

④ NG1907000004

24 아래 [보기]의 조건으로 데이터를 조회한 후 물음에 답하시오.

[보 기]

- 사업장: 1000, ㈜한국자전거본사
- 입고기간: 2019. 07. 21. ~ 2019. 07. 30.
- B/L 번호: BL1907000003

BL1907000003의 미착품원가정산 내역 중 배부(관세)의 배부 금액이 제일 큰 품목은 무엇인가?

① 10－25250, SHEET POST

② 14－252500, SUPREME X2

③ 21－1030600, FRONT FORK(S)

④ 21－1035600, SOCKET

25 아래 [보기]의 조건으로 데이터를 조회한 후 물음에 답하시오.

[보기1] 무역모듈 입고처리(해외발주)

- 사업장: 1000, ㈜한국자전거본사
- 입고기간: 2019. 07. 01. ~ 2019. 07. 05.
- 입고창고: P100, 제품창고
- 거래구분: 4. T/T

[보기2] 무역모듈 회계처리(매입마감)

- 사업장: 1000, ㈜한국자전거본사
- 기간: 2019. 07. 01. ~ 2019. 07. 05.

입고처리(해외발주)번호 RV1907000007의 원화금액 합계는 32,981,000원이다. 무역모듈 회계처리(매입마감)번호 PC1907000002의 원화금액 합계는 33,331,000원이다. 두 금액 차이에 대해 올바르게 설명한 사람은 누구인가?

① 김종욱: 매입마감 메뉴에서 금액을 수정하였다.

② 이종현: 환율이 달라졌기 때문에 금액이 변경된 것이다.

③ 박용덕: 수입하면서 발생한 비용이 포함되기 때문이다.

④ 정영수: 입고처리(해외발주)의 금액을 수정하였기 때문에 변경된 것이다.

01 다음 중 ERP의 도입 목적에 해당한다고 볼 수 없는 것은 무엇인가?

① 재고관리 능력의 향상
② 시스템 표준화를 통한 데이터 일관성 유지
③ 폐쇄형 정보시스템 구성으로 자율성, 유연성 극대화
④ 클라이언트/서버 컴퓨팅 구현으로 시스템 성능 최적화

02 다음 중 ERP 도입 효과로 가장 적합하지 않은 것은 무엇인가?

① 불필요한 재고를 없애고 물류비용을 절감할 수 있다.
② 업무의 정확도가 증대되고 업무 프로세스가 단축된다.
③ 의사결정의 신속성으로 정보공유의 시간적 한계가 있다.
④ 업무시간을 단축할 수 있고 필요인력과 필요자원을 절약할 수 있다.

03 ERP의 성공적인 구축을 위한 주요 요인이라 볼 수 없는 것은 무엇인가?

① IT 중심의 프로젝트로 추진하지 않도록 한다.
② 최고경영층이 프로젝트에 적극적 관심을 갖도록 유도한다.
③ 회사 전체적인 입장에서 통합적 개념으로 접근하도록 한다.
④ 기업이 수행하고 있는 현재 업무방식만을 그대로 잘 시스템으로 반영하도록 한다.

04 ERP 구축절차 중 모듈조합화, 테스트 및 추가개발 또는 수정 기능 확정을 하는 단계는 무엇인가?

① 구축단계　② 구현단계
③ 분석단계　④ 설계단계

05 다음 중 클라우드 서비스 기반 ERP와 관련된 설명으로 가장 적절하지 않은 것은 무엇인가?

① ERP 구축에 필요한 IT인프라 자원을 클라우드 서비스로 빌려 쓰는 형태를 IaaS라고 한다.

② ERP 소프트웨어 개발을 위한 플랫폼을 클라우드 서비스로 제공받는 것을 PaaS 라고 한다.

③ PaaS에는 데이터베이스 클라우드 서비스와 스토리지 클라우드 서비스가 있다.

④ 기업의 핵심 애플리케이션인 ERP, CRM 솔루션 등의 소프트웨어를 클라우드 서비스를 통해 제공받는 것을 SaaS라고 한다.

06 수요예측의 개념에 대한 설명으로 옳지 않은 것은?

① 수요예측의 오차가 발생할 확률은 예측하는 기간의 길이에 비례한다

② 수요예측은 잠재수요는 제외하고 유효수요만을 추정한다.

③ 단기예측은 장기예측보다 오차범위가 더 작게 나타난다.

④ 6개월의 수요예측은 3년의 수요예측에 비해 예측차이의 위험성이 적다.

07 판매예측 활동 중 델파이 방법에 관한 설명으로 가장 적절하지 않은 것은?

① 회사 내 주요 간부들의 의견을 모아 수요예측

② 판매예측에 대한 전문가들의 예측치가 수렴될 때까지 의견조사과정을 반복

③ 판매예측을 위한 질문지를 작성하여 전문가 예측치를 조사함

④ 다른 전문가들의 예측치와 자신의 예측치를 비교하게 하고 다시 의견을 조사함

08 H상사는 현재의 시장점유율을 이용하여 목표매출액을 결정하고자 한다. 자사 매출액이 50억, 당해 업계 총매출액이 1,000억, 당해 업계 총수요액이 2,000억일 때 목표매출액은?

① 50억　　② 100억

③ 150억　　④ 200억

09 가격결정에 영향을 미치는 다음 요인들 중 내부적 요인에 해당하는 것은?

① 고객수요　　② 원가

③ 유통채널　　④ 경쟁환경

10 여신한도액이 순운전자본보다 많아지는 경우 운전자본을 확보하기 위한 방법으로 옳지 않은 것은?

① 장기회수기간 거래처 감소 ② 지급어음 기일 연장
③ 어음지급을 현금지급으로 변경 ④ 상품재고 감소

11 제시된 판매량 자료를 근거로하여 4개월 단순이동평균법을 이용하여 8월의 예측판매량을 계산하고 직접 기입하시오. (단, 답안은 예와 같이 숫자만 기입할 것, 예 100)

월	2월	3월	4월	5월	6월	7월	8월
판매량(개)	400	300	400	600	400	800	?

답 ( )

12 원가가산에 의한 가격 결정방법으로 상품의 소매가격을 1,100원으로 결정하였다. 상품의원가구성이 [보기]와 같을 경우, 소매가격에 반영된 소매업자의 이익을 계산하여 직접 기입하시오. (단, 답안은 예와 같이 숫자만 기입할 것, 예 100)

[보 기]

- 제조원가: 250원
- 도매가격: 500원
- 소매업자 영업비용: 200원

답 ( )

13 A거래처의 신용한도는 여신기간 30일, 여신한도액 1,000만원으로 설정되어 있다. A거래처의 외상매출금 600만원에 대하여 [보기]와 같이 받을어음을 회수하였다. 이 중, 받을어음 100만원에 대해 여신범위 내에서 가능한 최대 어음기간을 계산하여 직접 기입하시오. (단, 답안은 예와 같이 숫자만 기입할 것, 예 100)

[보 기]

- 받을어음 200만원(어음기간: 60일)
- 받을어음 300만원(어음기간: 30일)
- 받을어음 100만원(어음기간: ? 일)

답 ( )

14 채찍효과 (Bullwhip Effect)의 원인으로 옳지 않은 것은??

① 리드타임 감소
② 잦은 수요예측 변경
③ 배치(batch) 주문방식
④ 과도한 발주

15 계절적인 수요급등, 가격 급등으로 인한 생산중단 등이 예상될 때, 향후 발생할 수요를 대비하여 미리 생산하여 보관하는 재고는 무엇인가?

① 예상재고(비축재고)
② 파이프라인 재고
③ 순환재고
④ 수송재고

16 매입가격(물가) 상승을 가정할 경우, 기말재고액이 가장 작게 평가되는 재고자산 평가방법으로 옳은 것은?

① 선입선출법
② 이동평균법
③ 총평균법
④ 후입선출법

17 다음 중에서 수배송 효율화를 위한 활동에 해당하지 않는 것은?

① 차량회전율 향상
② 운송차량 소형화
③ 적재율 향상
④ 공동 배송화

18 운송경로의 유형 중에서 [보기]와 같은 장단점을 갖는 방식은 무엇인가?

[보 기]

- 화주별, 권역별, 품목별로 집하하여 고객처별로 공동 운송할 수 있다는 장점이 있다.
- 물류거점을 권역별 또는 품목별 운영이 요구되는 단점을 갖는다.

① 복수거점 방식
② 배송거점 방식
③ 중앙 집중 거점 방식
④ 공장직영 운송방식

19 다음 [보기]에 공통적으로 들어갈 용어를 한글로 예와 같이 직접 기입하시오. (예 공급)

[보 기]

• 공급망 프로세스의 경쟁능력은 비용, 품질, (　　), 시간의 4가지 요소로 결정된다.
• 공급망 프로세스의 경쟁요소에서(　　　)은/는 설계변화와 수요변화에 효율적으로 대응할 수 있는 능력을 나타낸다.

답 (　　　　　　　　)

20 [보기]는 재고자산기록법 중에서 실지조사법을 적용하여 파악된 재고자산 자료이다. 매출원가를 계산하고 예와 같이 직접 기입하시오. (단, 답안은 예와 같이 숫자만 기입할 것, 예 100)

[보 기]

• 실지 재고조사로 파악한 재고액: 200
• 기초 재고액: 300
• 당기 매입액: 500

답 (　　　　　　　　)

21 다음 중에서 자체생산보다는 구매(외주)가 바람직한 경우로 옳은 것은?

① 지속적으로 대량생산을 해야 하는 경우
② 표준화된 다수 품목들을 반복적으로 대량 생산하는 경우
③ 생산제품 모델변경이 잦은 경우
④ 제품의 구성에서 전략적인 중요성을 가진 부품의 경우

22 다음의 원가 구성 요소들에 대한 산출식 중에서 구성이 옳지 않은 것은?

① 직접원가 = 직접재료비 + 직접노무비 + 직접경비
② 제조원가 = 직접원가 + 판매비와 관리비
③ 판매원가 = 제조원가 + 판매비와 관리비
④ 판매가 = 판매원가 + 이익

23 다음 중 본사집중구매의 장점으로 옳지 않은 것은?

① 대량구매로 가격이나 거래조건을 유리하게 정할 수 있다.
② 구매절차를 통일하기 유리하다.
③ 긴급수요의 경우에 유리하다.
④ 구매비용이 줄어든다.

24 다음 중 구매방법에 대한 설명으로 옳은 것은?

① 예측구매는 계절품목 등 일시적인 수요품목에 적합하다.
② 수시구매는 생산시기가 일정한 품목 또는 항상 비축이 필요한 상비 저장품목 등에 적합하다.
③ 장기계약구매는 품종별로 공급처를 선정하여 구매품목을 일괄 구매하는 방법이다.
④ 투기구매는 계속적인 가격상승이 명백한 경우에 유리하다.

25 [보기]는 제조과정을 반영하는 원가의 유형의 일부에 대한 설명이다. 괄호 안에 공통으로 들어갈 한글 용어를 예와 같이 직접 기입하시오. (예 구매)

[보 기]

• (　　)원가는 과거 제조경험을 고려하고 향후 제조환경을 반영하여 미래 산출될 것으로 기대하는 추정원가이다.
• 공급자가 입찰 또는 견적에서 제시하는 가격은 이 (　　)원가를 기초로 한다.

답 (　　　　　　)

26 경쟁입찰방식 중 구매담당자가 과거의 신용과 실적 등을 기준으로 하여 공급자로서 적합한 자격을 갖추었다고 인정하는 다수의 특정한 경쟁참가자들을 정하여 경쟁입찰에 참가하도록 하는 방법은 무엇인가? (한글로 기재하시오)

답 (　　　　　　)

27 INCOTERMS에서 정한 인도조건에 대한 규칙 중에서, 본선에 물품을 선적하는 비용까지만 수출업자가 부담하는 조건에 해당하는 것은?

① FCA ② FOB
③ CFR ④ CIF

28 다음 중 신용장 사용으로 인하여 수입업자가 얻게 되는 효용으로 옳지 않은 것은?

① 상품인수를 보장받을 수 있다.
② 대금결제를 연기하는 효과가 있다.
③ 상품 인수시기를 예측할 수 있다.
④ 입수한 신용장을 담보로 무역금융을 지원받을 수 있다.

29 다음 중 일람불신용장(Sight Credit)방식에 대한 설명으로 옳은 것은?

① 개설은행에 환어음을 제시하는 즉시 대금을 지불
② 대금결제는 어음상의 약정기간이 경과한 후에 대금결제
③ 선적서류를 받기 전 미리 수출대금 중 일부 금액을 지급할 수 있도록 보증
④ 개설은행이 수출자가 발행한 환어음의 지급, 매입을 약속하는 취소가능 신용장

30 다음 선하증권에 대한 설명으로 옳은 것은?

① 운송위탁인(화주)가 발행하는 유가증권이다.
② 운송목적지에서 명기된 수하인에게만 전달된다.
③ 화물에 대한 채권으로서 효력을 갖는다.
④ 배서 또는 인도로 소유권을 양도할 수 없다.

31 [보기]의 (　　)에 공통적으로 들어갈 환어음의 유형을 예와 같이 한글로 직접 기입하시오. (예 무역)

[보 기]

- (　　)환어음은 지급인에게 제시된 날부터 일정 기간이 지난 후에 지급이 이루어지는 어음이다.
- (　　)환어음의 지급유형은 어음의 지급기일에 따라 ⓐ 일람 후 정기출급 ⓑ 일부 후 정기출급 ⓒ 확정일후 정기출급 등으로 구분된다.

답 (　　　　　　)

32 [보기]의 (　　)에 들어갈 환율의 유형을 예와 같이 한글로 직접 기입하시오. (예 무역)

[보 기]

- 외국환은행 대고객매매율은 외국환은행이 고객과 외환거래를 할 때 적용하는 환율이다.
- (　　)매매율은 외국환은행이 고객과 외화현찰거래를 할 때 적용하는 환율이다.

답 (　　　　　　)

2019년도 제3회 물류 1급 실무

01 아래 [보기]의 조건으로 데이터를 조회한 후 물음에 답하시오.

[보 기]

- 모듈구분: B. 영업관리
- 사원명: 홍길동
- 메뉴그룹: 영업분석

다음 중 홍길동 사원에게 접근권한이 없는 메뉴는 무엇인가?

① 매출순위표(마감기준) ② 매출채권회전율
③ 추정매출원가보고서 ④ 미수채권연령분석표

02 아래 [보기]의 조건으로 데이터를 조회한 후 물음에 답하시오.

[보 기]

사용여부: 1. 사용

다음 중 나머지 셋과 거래처등급이 다른 거래처로 옳은 것은?

① 파이오네호코리아 ② ㈜원일자재
③ 금호상사 ④ 해리즌엔지니어링

03 아래 [보기]의 조건으로 데이터를 조회한 후 물음에 답하시오.

[보 기]

메뉴명: 프로젝트 등록

홍길동 사원은 프로젝트 등록 메뉴를 통해 프로젝트 분류 정보를 입력하려고 하였으나 코드도움에 해당 정보가 등록되어 있지 않음을 발견하였다. 다음 중 프로젝트 분류를 등록하기 위해서 홍길동 사원이 활용해야 하는 메뉴로 옳은 것은?

① 관리내역등록 ② 물류관리내역등록
③ 프로젝트등록 ④ 검사유형등록

04 아래 [보기]의 조건으로 데이터를 조회한 후 물음에 답하시오.

[보 기]

- 사업장: 1000, ㈜한국자전거본사
- 견적기간: 2019. 05. 01. ~ 2019. 05. 05.
- 관리구분: 우수고객매출

다음 중 일반자전거에 대해 우수고객매출 구분으로 견적을 발행해 준 거래처로 옳은 것은?

① ㈜대흥정공
② ㈜하나상사
③ ㈜빅파워
④ ㈜제동기어

05 아래 [보기]의 조건으로 데이터를 조회한 후 물음에 답하시오.

[보 기]

- 사업장: 1000, ㈜한국자전거본사
- 주문기간: 2019. 05. 06. ~ 2019. 05. 10.
- 요청기간: 2019. 05. 06. ~ 2019. 05. 10.
- 품명: CIRCLE CHAIN

다음 중 수주등록(유상사급) 메뉴의 요청적용 조회 기능을 통해 조회되는 CIRCLE CHAIN 품목의 수주요청이 등록된 메뉴로 가장 옳은 것은?

① 판매계획등록
② 견적등록
③ 청구등록
④ 외주발주확정

06 아래 [보기]의 조건으로 데이터를 조회한 후 물음에 답하시오.

[보 기]

- 사업장: 1000, ㈜한국자전거본사
- 출고기간: 2019. 05. 11. ~ 2019. 05. 15.
- 출고창고: P100. 제품창고
- 출고일자: 2019. 05. 11.
- 조건: 고객일괄
- 출고장소: P101. 제품장소
- 마감구분: 1. 일괄
- 주문기간: 2019. 05. 11. ~ 2019. 05. 15.

다음 중 [보기]의 조건으로 출고처리(국내수주) 메뉴에서 주문일괄적용 기능을 통해 출고처리 했을 때 출고되는 산악자전거 품목의 합계 수량으로 옳은 것은?

① 150EA ② 155EA
③ 160EA ④ 165EA

07 아래 [보기]의 조건으로 데이터를 조회한 후 물음에 답하시오.

[보 기]

- 사업장: 1000, ㈜한국자전거본사
- 마감기간: 2019. 05. 16. ~ 2019. 05. 20.

다음 중 매출마감(국내거래) 메뉴에서 직접 삭제할 수 없는 마감 건은 무엇인가?

① SC1905000006 ② SC1905000007
③ SC1905000008 ④ SC1905000009

08 아래 [보기]의 조건으로 데이터를 조회한 후 물음에 답하시오.

[보 기]

메뉴명: 세금계산서처리

다음 중 세금계산서처리 메뉴를 설명한 내용으로 옳지 않은 것은 무엇인가?

① 매출마감 데이터 적용받아 등록하여 세금계산서를 발행한다.

② 매출마감 데이터를 적용받지 않고 본 메뉴에서 하단의 품목을 직접 입력하는 것은 불가하다.

③ 매출마감(국내거래) 메뉴에서도 계산서처리가 가능하다.

④ 세금계산서 처리를 한 출고 마감 건만 회계처리가 가능하다.

09 아래 [보기]의 조건으로 데이터를 조회한 후 물음에 답하시오.

[보 기]

- 사업장: 1000, ㈜한국자전거본사
- 수금기간: 2019. 05. 01. ~ 2019. 05. 05.
- 선수금정리조건: 매일 500,000원씩 2일에 걸쳐 정리

[보기]의 기간에는 선수금 1,000,000원이 포함된 총 4건의 수금건이 등록되어 있다. 다음 중 [보기]의 조건으로 선수금을 정리한 수금건으로 옳은 것은?

① RC1905000001
② RC1905000002
③ RC1905000003
④ RC1905000004

10 아래 [보기]의 조건으로 데이터를 조회한 후 물음에 답하시오.

[보 기]

- 사업장: 1000, ㈜한국자전거본사
- 견적기간: 2019. 05. 26. ~ 2019. 05. 31.
- 견적번호: ES1905000005

다음 중 견적보다 많은 수량의 수주가 접수된 품목은 무엇인가?

① 일반자전거
② 유아용자전거
③ 산악자전거
④ 30단기어자전거

11 아래 [보기]의 조건으로 데이터를 조회한 후 물음에 답하시오.

[보 기]

• 사업장: 1000, ㈜한국자전거본사
• 수금기간: 2019. 05. 06. ~ 2019. 05. 10.

[보기]의 기간에 ㈜대흥정공에서 발행한 어음 중 만기/약정일이 가장 늦은 어음의 관리번호로 옳은 것은?

① 20190506 ② 20190507
③ 20190508 ④ 20190509

12 아래 [보기]의 조건으로 데이터를 조회한 후 물음에 답하시오.

[보 기]

• 사업장: 1000, ㈜한국자전거본사
• 계획기간: 2019. 05. 01. ~ 2019. 05. 05.
• 계획구분: 0. 판매계획
• 계획년도: 2019년
• 계획월: 5월

다음 중 [보기]의 조건으로 주계획작성(MPS) 메뉴에서 판매계획적용 기능을 통해 등록 가능한 품목의 총 수량으로 옳은 것은?

① 2,500 ② 4,500
③ 7,000 ④ 8,800

13 아래 [보기]의 조건으로 데이터를 조회한 후 물음에 답하시오.

[보 기]

• 사업장: 1000, ㈜한국자전거본사
• 요청일자: 2019. 05. 01. ~ 2019. 05. 05.

[보기]의 기간에 입력된 청구등록 건 중 품목 정보에서의 조달구분과 청구등록의 청구구분 값이 일치하지 않는 청구 건은 무엇인가?

① PR1905000001 ② PR1905000002
③ PR1905000003 ④ PR1905000004

14 아래 [보기]의 조건으로 데이터를 조회한 후 물음에 답하시오.

[보 기]
- 사업장: 1000, ㈜한국자전거본사
- 발주기간: 2019. 05. 06. ~ 2019. 05. 10.
- 관리구분: 특별구매

다음 중 특별구매로 발주한 품목은 무엇인가?

① WHEEL FRONT－MTB ② WHEEL REAR－MTB
③ FRAME－티타늄 ④ FRAME－알미늄

15 아래 [보기]의 조건으로 데이터를 조회한 후 물음에 답하시오.

[보 기]
- 사업장: 1000, ㈜한국자전거본사
- 입고기간: 2019. 05. 11. ~ 2019. 05. 15.
- 입고창고: P100. 제품창고
- 작업내용: 입고번호 RV1905000002를 통해 입고한 WHEEL REAR-MTB 품목 1,100EA 중 10EA를 반품하였다.

다음 중 [보기]의 작업내용에 의해 등록된 예외입고 건으로 옳은 것은?

① RV1905000005 ② RV1905000006
③ RV1905000007 ④ RV1905000008

16 아래 [보기]의 조건으로 데이터를 조회한 후 물음에 답하시오.

[보 기]

• 사업장: 1000, ㈜한국자전거본사
• 마감기간: 2019. 05. 16. ~ 2019. 05. 20.
• 조건: 거래처일괄 마감일자: 2019. 05. 20.
입고기간: 2019. 05. 16. ~ 2019. 05. 20.

다음 중 [보기]의 조건으로 매입마감(국내거래) 메뉴에서 입고일괄적용 기능을 통해 매입마감되는 WHEEL FRONT-MTB 품목의 총 수량으로 옳은 것은?

① 430 ② 350
③ 250 ④ 120

17 아래 [보기]의 조건으로 데이터를 조회한 후 물음에 답하시오.

[보 기]

• 사업장: 1000, ㈜한국자전거본사
• 매입기간: 2019. 06. 01. ~ 2019. 06. 05.
• 조회기준: 0. 수량

다음 중 매입순위표(마감기준) 메뉴에서 품목별 매입 수량과 매입 점유율을 조회한 값으로 옳지 않은 것은?

① WHEEL FRONT-MTB: 매입수량 431, 점유율 27.28
② FRAME-알미늄: 매입수량 428, 점유율 26.34
③ WHEEL REAR-MTB: 매입수량 372, 점유율 23.54
④ FRAME-티타늄: 매입수량 349, 점유율 22.09

18 아래 [보기]의 조건으로 데이터를 조회한 후 물음에 답하시오.

[보 기]

• 사업장: 1000, ㈜한국자전거본사
• 조정기간: 2019. 05. 01. ~ 2019. 05. 05.
• 입고창고: P100. 제품창고
• 입고장소: P101. 제품장소
• 출고창고: P100. 제품창고
• 출고장소: P101. 제품장소

다음 중 SET품 가족용하이킹세트 100EA를 입고시키기 위해 출고조정된 일반자전거의 수량으로 옳은 것은?

① 100
② 200
③ 400
④ 800

19 아래 [보기]의 조건으로 데이터를 조회한 후 물음에 답하시오.

[보 기]

업무지시: 우수고객인 ㈜대흥정공에는 싸이클을 229,900원에 판매하고 일반고객인 ㈜하나상사에는 232,000원에 판매하는 고객별 가격 차별정책을 도입하려 한다.

다음 중 [보기]의 업무지시를 ERP 시스템에 적용하기 위해 사용해야 하는 메뉴를 연결한 것으로 옳은 것은?

① 자재마감/통제등록 – 품목단가등록
② 자재마감/통제등록 – 고객별단가등록
③ 영업마감/통제등록 – 품목단가등록
④ 영업마감/통제등록 – 고객별단가등록

20 아래 [보기]의 조건으로 데이터를 조회한 후 물음에 답하시오.

> [보 기]
> - 사업장: 1000, ㈜한국자전거본사
> - 주문기간: 2019. 05. 01. ~ 2019. 05. 05.
> - 거래구분: 4. T/T

다음 중 해외고객인 DOREX CO. LTD가 주문한 일반자전거 수량으로 옳은 것은?

① 60 ② 80

③ 100 ④ 120

21 아래 [보기]의 조건으로 데이터를 조회한 후 물음에 답하시오.

> [보 기]
> - 사업장: 1000, ㈜한국자전거본사
> - 출고기간: 2019. 05. 06. ~ 2019. 05. 10.
> - 출고창고: P100. 제품창고
> - 주문번호: SO1905000014

다음 중 DOREX CO. LTD로부터 수주받은 SO1905000014 수주 건의 출고 시 적용 환율로 옳은 것은?

① 1,050 ② 1,100

③ 1,150 ④ 1,200

22 아래 [보기]의 조건으로 데이터를 조회한 후 물음에 답하시오.

> [보 기]
> - 사업장: 1000, ㈜한국자전거본사
> - 선적기간: 2019. 05. 11. ~ 2019. 05. 15.
> - 출고기간: 2019. 05. 11. ~ 2019. 05. 15.
> - 출고번호: IS1905000022

다음 중 [보기]에 해당하는 출고건에 포함된 출고품목 중 미선적수량이 가장 많은 품목은 무엇인가?

① 일반자전거
② 유아용자전거
③ 싸이클
④ 산악자전거

23 아래 [보기]의 조건으로 데이터를 조회한 후 물음에 답하시오.

[보 기]

• 사업장: 1000, ㈜한국자전거본사
• 기간: 2019. 05. 16. ~ 2019. 05. 20.
• B/L번호: BL1905000002

다음 중 [보기]의 선적번호를 전표처리하여 발행되는 전표에 포함되는 계정과목이 아닌 것은?

① 상품매출
② 제품매출
③ 부가세대급금
④ 외상매출금

24 아래 [보기]의 조건으로 데이터를 조회한 후 물음에 답하시오.

[보 기]

• 사업장: 1000, ㈜한국자전거본사
• NEGO기간: 2019. 05. 11. ~ 2019. 05. 20.

다음 중 선적번호 BL1905000001에 근거하여 등록된 NEGO 건은 무엇인가?

① NG1905000002
② NG1905000003
③ NG1905000004
④ NG1905000005

25 아래 [보기]의 조건으로 데이터를 조회한 후 물음에 답하시오.

[보 기]

- 사업장: 1000, ㈜한국자전거본사
- 주문기간: 2019. 06. 01. ~ 2019. 06. 30.

다음 중 6월 한 달간 DOREX CO. LTD 고객으로부터 해외수주를 받은 총 수주금액(외화금액)으로 옳은 것은?

① 56,017,750 ② 58,445,950

③ 59,758,450 ④ 73,708,450

2019년도 제2회 물류 1급 이론

01 ERP의 특징으로 가장 적절하지 않은 것은 무엇인가?

① 기능형 데이터베이스 채택
② 실시간 정보처리 체계 구축
③ 다국적, 다통화, 다언어 지원
④ 파라미터 지정에 의한 프로세스의 정의

02 다음 중 BPR의 필요성이라고 볼 수 없는 것은 무엇인가?

① 경영 환경 변화에의 대응방안 모색
② 정보기술을 통한 새로운 기회의 모색
③ 기존 업무 방식 고수를 위한 방안 모색
④ 조직의 복잡성 증대와 효율성 저하에 대한 대처방안 모색

03 다음 중 ERP의 발전과정으로 가장 적절한 것은 무엇인가?

① MRP Ⅱ → MRP Ⅰ → ERP → 확장형 ERP
② ERP → 확장형 ERP → MRP Ⅰ → MRP Ⅱ
③ MRP Ⅰ → ERP → 확장형 ERP → MRP Ⅱ
④ MRP Ⅰ → MRP Ⅱ → ERP → 확장형 ERP

04 다음은 조직의 효율성을 제고하기 위해 업무흐름 뿐만 아니라 전체 조직을 재구축하려는 혁신전략기법들이다. 이 중 주로 정보기술을 통해 기업경영의 핵심과 과정을 전면 개편함으로써 경영성과를 향상시키려는 경영기법인데 매우 신속하고 극단적인 그리고 전면적인 혁신을 강조하는 이 기법은 무엇인가?

① 지식경영
② 벤치마킹
③ 리스트럭처링
④ 리엔지니어링

05 ERP 도입을 고려할 때 선택기준으로 적절하지 않은 것은?

① 자사에 맞는 패키지를 선정한다.
② 경영진이 확고한 의지를 가지고 진행한다.
③ 현업 중심의 프로젝트를 진행한다.
④ 업무 효율성 향상이 중요하므로 수익성 개선은 고려하지 않는다.

06 수요예측 및 판매예측의 특성에 관한 설명으로 가장 옳지 않은 것은?

① 미래의 잠재적인 수요도 수요예측에는 포함한다.
② 예측기간이 짧을수록 실제치와 예측치 사이의 오차는 커진다.
③ 기존의 상품에 대한 예측은 신규상품에 대한 예측보다 적중률이 높다.
④ 수요가 안정적인 기간에 대한 예측은 불안정한 기간에 대한 예측보다 적중률이 높다.

07 A기업은 최근 개발한 상품의 판매가격을 단위당 1,000원으로 책정하였다. 상품을 생산하는 데 단위당 변동비는 800원, 고정비는 600,000원이 투입되었다면, 손익분기점 매출수량은 얼마인가?

① 1,000개　　② 1,500개
③ 3,000개　　④ 5,000개

08 목표판매액을 차등화하기 위하여 고려할 수 있는 지표 중에서 상품별 이익공헌도를 가장 잘 반영하는 지표는 무엇인가?

① 교차비율　　② 재고회전비율
③ 한계비율　　④ 매출이익비율

09 거래처에 대한 과거의 매출액 실적 등, 단일 요인만을 근거로 중점고객을 선정하는 방법은 무엇인가?

① ABC 분석　　② 매트릭스 분석
③ 손익분기점 분석　　④ 거래처포트폴리오 분석

10 거래처의 여신한도액 설정을 위해 경영지표의 측정치를 고려하고자 한다. 재무제표가 있는 경우 회수성을 나타내는 경영지표로서 가장 적절한 것은?

① 매출채권회전율
② 상품회전율
③ 자기자본비율
④ 매출액 대비 경상이익률

11 제품의 단기수요예측을 위한 방법으로 지수평활법을 적용하고자 한다. 과거의 실제판매량이 보기와 같을 때, 9월의 수요예측량을 계산하여 직접 기입하시오. (단, 지수평활상수 α = 0.3, 8월의 예측판매량은 80)

월	6	7	8	9
실제판매량	54	62	70	

답 (   )

12 Y 기업의 제품 판매단가는 개당 30원, 연간 고정비는 30,000원, 개당 변동비가 20원이다. 만일 이 기업이 연간 목표 판매이익을 60,000원으로 계획할 경우 필요한 판매량을 계산하여 예와 같이 직접 기입하시오. (예 100)

답 (   )

13 [보기]의 자료를 이용하여 매출채권한도액을 계산하시오.

[보 기]

• 매출액: 700만원
• 매출채권잔액: 100만원
• 자금조달기간: 73일
• 재고회전기간: 20일

답 (   )

14 [보기]는 공급망 운영전략 유형인, 효율적 공급망 전략과 대응적 공급망전략의 특성을 나타내고 있다. 효율적 공급망 전략의 특성으로 바르게 연결한 것은 무엇인가?

[보 기]

㉠ 예측 가능한 안정적 수요를 갖고 이익율이 낮은 제품에 대응
㉡ 혁신적 제품과 같이 수요예측이 어렵고, 이익률은 높은 제품에 빠르게 대응
㉢ 낮은 재고수준과 비용 최소화가 가장 중요한 목적
㉣ 고객서비스를 비용적인 측면보다 우선하는 대응

① ㉠ - ㉢
② ㉠ - ㉣
③ ㉡ - ㉢
④ ㉡ - ㉣

15 공급망 물류거점 운영방식 중에서 [보기]와 같은 특성을 갖는 운영방식은 무엇인가?

[보 기]

• 중앙 물류센터는 전체 공급망의 물품을 통합 운영한다.
• 소비자에게 배송되는 데 걸리는 시간이 긴 반면, 비용을 상당히 절감할 수 있다.
• 특히 재고비용과 고정 투자 비용을 대폭 낮출 수 있는 장점을 갖는다.
• 상황에 따라 운송 비용도 일부 절감이 가능하다.

① 통합 물류센터 운영방식
② 지역 물류센터 운영방식
③ 통합·지역 물류센터 혼합 운영방식
④ 크로스도킹 운영방식

16 재고자산 평가방법에 대한 설명이다. 재고자산이 입고될 때마다 재고자산가액의 새로운 평균을 산정하여 매출원가에 적용하는 방법은 무엇인가?

① 개별법
② 선입선출법
③ 총평균법
④ 이동평균법

17 다음 그림에서 설명하고 있는 운송경로의 유형으로 옳은 것은?

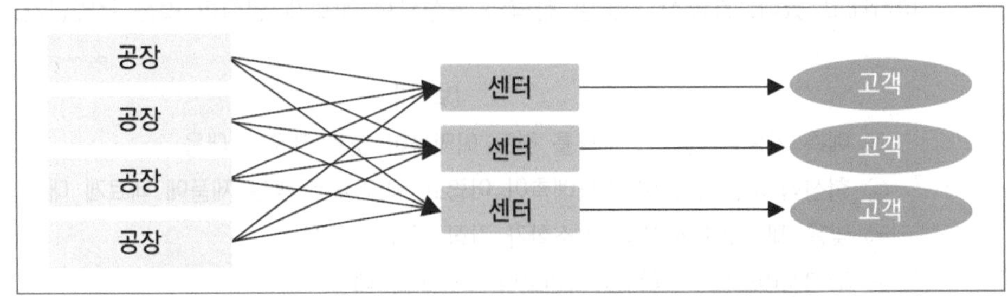

① 공장 직송 방식
② 중앙 집중 거점 방식
③ 배송거점 방식
④ 복수거점 방식

18 물품을 창고에 보관할 때 보관의 기본 원칙으로 적절하지 않은 것은?

① 창고 내의 흐름을 원활히 하도록 통로를 중심으로 마주보게 보관한다.
② 창고 보관 효율을 높이기 위하여 랙을 이용하여 물품을 높게 쌓는다.
③ 입출고 빈도가 높은 화물은 출입구에 가까운 장소에 보관하고, 낮은 경우에는 먼 장소에 보관한다.
④ 재고회전율이 낮은 품목은 나중에 입고된 물품을 먼저 출고한다.

19 다음 [보기]는 재고의 어느 유형에 대한 설명이다. ( )에 공통적으로 들어갈 적절한 한글 용어를 기입하시오.

[보 기]

- ( ) 재고는 조달기간의 불확실, 생산의 불확실, 또는 그 기간 동안의 수요량이 불확실한 경우 등 예상외의 소비나 재고부족 상황에 대비하여 보유하는 재고이다.
- ( ) 재고는 품절 및 미납주문을 예방하고 납기준수와 고객서비스 향상을 위해 필요하다.

답 (   )

20 다음 [보기]의 (   )에 공통적으로 들어갈 적절한 운송수단의 유형을 한글로 기입하시오.

> [보 기]
> • (   ) 운송은 중·장거리 대량 운송에 적합하고 중·장거리 운송 시 운임이 저렴하다.
> • (   ) 운송은 화물중량에 제한을 받지 않는다.
> • (   ) 운송은 사고 발생률이 낮아 안정적인 운송수단이다.

답 (   )

21 구매관리의 개념은 시대적 변화에 따라 변화하고 있다. 다음 중 현대적인 시각에서 중시하는 구매관리의 기능으로 적절한 것은?

① 총원가에 집중
② 단기간의 성과 중시
③ 비용관리센터
④ 요청에 지원하는 업무

22 [보기]는 일반적인 구매절차를 나타낸 것이다. (   )에 들어갈 순서를 옳게 나열한 것은?

> [보 기]
> 구매청구 → 공급자 파악 → (   ) → 내부검토 및 승인 → 계약 → 발주 → (   ) → (   ) → 구매결과 내부통보 → 구매대금결제

① 물품납입, 검수 및 입고, 견적수령
② 물품납입, 견적수령, 검수 및 입고
③ 견적수령, 물품납입, 검수 및 입고
④ 견적수령, 검수 및 입고, 물품납입

23 구매를 위한 공급자선정방식에 대한 다음 설명 중에서 그 내용이 옳지 않은 것은?

① 지명경쟁방식: 적합한 자격을 갖춘 자를 입찰참가자로 지명할 수 있다.
② 수의계약방식: 구매금액이 소액인 경우에도 적용할 수 있다.
③ 제한경쟁방식: 일반경쟁방식과 지명경쟁방식의 중간적 성격을 띤다.
④ 일반경쟁방식: 구매계약에 소요되는 비용과 절차를 간소화할 수 있다.

24 가격인상을 대비하여 이익을 도모할 목적으로 가격이 낮을 때 장기간의 수요량을 미리 구매하여 재고로 보유하는 구매방식은 무엇인가?

① 투기구매
② 장기계약구매
③ 수시구매
④ 예측구매

25 [보기]와 같이 원가구성비용이 주어졌을 때 판매원가를 계산하여 예와 같이 기입하시오. (예 100)

[보 기]

- 판매 및 관리비: 40
- 이익: 40
- 제조간접비: 30
- 직접제조경비: 60
- 직접노무비: 50
- 직접재료비: 60

답 (   )

26 다음 [보기]는 구매대금의 현금할인을 위한 결제조건이다. [보기]의 조건에서 현금할인을 받기 위한 대금지불 기한은 언제까지인지 계산하여 예와 같이 직접 기입하시오. (예 1월 1일)

[보 기]

- 거래일: 5월 25일
- 결제조건: "3/15 EOM"

답 (   )

27 [보기]는 갑을상사의 무역거래 내용이다. 각각의 거래와 관련되어 적용되는 무역거래 기본법과 연결이 옳은 것은?

[보 기]

가. 태국에서 청바지를 수입하면서 1개당 15달러로 수입가격을 신고하였다.
나. 셔츠 하단에 'MADE IN TAIWAN'으로 인쇄되어 있다.

① (가) – 대외무역법, (나) – 출입국관리법
② (가) – 대외무역법, (나) – 관세법
③ (가) – 관세법, (나) – 대외무역법
④ (가) – 관세법, (나) – 외국환거래법

28 무역대금 결제방식 중 추심(Collection)결제방식에 대한 설명으로 옳은 것은?

① 추심은행(Collecting Bank)은 수출자를 대신하여 수출지에서 수입자 거래은행에게 환어음과 선적서류를 발송하는 은행이다.
② 지급인도조건방식(D/P)은 수입자가 대금을 지급한 이후 추심은행이 선적서류를 인도하는 방식으로 진행된다.
③ 은행의 지급확약이 있기에 상호 성실한 계약이행에 의존하여 결제가 진행된다.
④ 추심방식에는 지급인도조건방식(D/P)만 있다.

29 내국신용장에 관한 설명으로 옳지 않은 것은?

① 내국신용장 수혜자는 수출실적으로 인정받을 수 있어 관세환급도 받을 수 있다.
② 원신용장을 근거로 국내 공급자를 수익자로하여 국내에서 다시 개설하는 신용장이다.
③ 내국신용장 개설의뢰인은 은행의 지급보증으로 원자재를 국내에서 쉽게 조달할 수 있다.
④ 내국신용장 수혜자는 무역금융 혜택을 받을 수 없다.

30 다음 [보기]에 제시된 수출통관절차를 올바르게 연결한 것은?

[보 기]

ⓐ 수출신고
ⓑ 수출신고심사
ⓒ 수출신고필증교부
ⓓ 수출검사
ⓔ 수출신고수리

① ⓐ – ⓑ – ⓔ – ⓓ – ⓒ
② ⓐ – ⓑ – ⓓ – ⓔ – ⓒ
③ ⓐ – ⓔ – ⓑ – ⓓ – ⓒ
④ ⓐ – ⓔ – ⓓ – ⓑ – ⓒ

31 다음 [보기]는 환어음의 유형에 대한 설명이다. [보기]의 (   )에 들어갈 적절한 용어를 한글로 기입하시오.

[보 기]

- (   )환어음은 지급인에게 제시된 날부터 일정 기간이 지난 후에 지급이 이루어지는 어음
- (   )환어음은 어음의 지급기일에 따라 ⓐ 일람 후 정기출급 환어음, ⓑ 일부 후 정기출급, ⓒ 확정일후 정기출급 등으로 구분된다.

답 (   )

32 다음 [보기]에서 설명하고 있는 내용을 지칭하는 가장 적합한 무역용어를 한글로 기입하시오.

[보 기]

- 내국신용장 개설한도가 부족하거나 내국신용장 개설대상이 아닌 경우에 발급하는 증서이다.
- 국내에서 외화 획득용 원료 등의 구매를 원활하게 지원할 목적으로 내국신용장 취급규정에 의하여 외국환은행장이 발급하는 증서이다.

답 (   )

01 아래 [보기]의 조건으로 데이터를 조회한 후 물음에 답하시오.

[보 기]

• 모듈: 영업관리 • 전표코드: 수금

다음 중 회계처리(수금)메뉴에서 발생되는 거래에 대한 전표 처리를 위해 설정해 놓은 계정코드가 아닌 것은 무엇인가?

① 10100, 현금 ② 10800, 외상매출금

③ 25500, 부가세예수금 ④ 25900, 선수금

02 아래 [보기]의 조건으로 데이터를 조회한 후 물음에 답하시오.

[보 기]

관리항목명: TS. 배송방법

다음 중 현재 사용중인 배송방법이 아닌 것은 무엇인가?

① 화물차량 1톤 ② 택배

③ 택시 ④ 용달

03 아래 [보기]의 조건으로 데이터를 조회한 후 물음에 답하시오.

[보 기]

기준일자: 2019. 04. 01.

다음 중 2019년 4월 1일 현재 지정된 물류담당자로 옳지 않는 것은?

① CRM담당자 – 박용덕 ② SCM담당자 – 한국민

③ 구매부담당자 – 박국현 ④ 영업부담당자 – 엄현애

04 아래 [보기]의 조건으로 데이터를 조회한 후 물음에 답하시오.

> [보 기]
>
> • 사업장: 1000, ㈜한국자전거본사 • 계획년도: 2019년 3월

㈜한국자전거 본사는 2019년 3월 판매계획으로 일반자전거 등 4개 품목에 대한 계획수량을 200EA로 정하였다. 하지만 극심한 미세먼지에 의한 실적부진으로 모든 품목의 계획수량을 각각 180EA로 수정할 수 밖에 없었다. 예상단가를 변경하지 않는다면 2019년 3월 수정된 판매계획의 총 수정계획원화금액으로 옳은 것은?

① 117,000,000 ② 120,000,000

③ 125,000,000 ④ 130,000,000

05 아래 [보기]의 조건으로 데이터를 조회한 후 물음에 답하시오.

> [보 기]
>
> • 사업장: 1000, ㈜한국자전거본사
> • 견적일자: 2019. 03. 01.
> • 주문일자: 2019. 03. 01.

다음 중 견적보다 할인된 가격으로 수주가 접수된 고객으로 옳은 것은 무엇인가?

① ㈜대흥정공 ② ㈜하나상사

③ ㈜빅파워 ④ ㈜제동기어

06 아래 [보기]의 조건으로 데이터를 조회한 후 물음에 답하시오.

> [보 기]
>
> 메뉴명: 출고처리(국내수주)

다음 중 출고처리(국내수주) 메뉴의 주문출고 탭에서 의뢰적용 버튼을 활성화하는 방법으로 옳은 것은?

① 시스템환경설정메뉴에서 '출고의뢰운영여부'를 1. 여로 설정 후 재로그인한다.

② 출고의뢰등록메뉴에 등록된 출고의뢰 건이 존재하면 자동으로 활성화된다.

③ 사용자권한설정메뉴에서 출고의뢰등록메뉴에 대한 권한을 부여한다.

④ 예외출고 탭에 출고 건을 등록해야 의뢰적용 버튼을 통해 적용받을 수 있다.

07 아래 [보기]의 조건으로 데이터를 조회한 후 물음에 답하시오.

[보 기]

(가) 수주등록 (나) 출고처리(국내수주)

(다) 거래명세서발행 (라) 세금계산서처리

다음 중 거래명세서 양식을 출력할 수 있는 메뉴만을 고른 것은 무엇인가?

① (가), (나) ② (나), (다)

③ (다), (라) ④ (나), (다), (라)

08 아래 [보기]의 조건으로 데이터를 조회한 후 물음에 답하시오.

[보 기]

- 사업장: 1000, ㈜한국자전거본사
- 마감기간: 2019. 03. 21. ~ 2019. 03. 25.
- 조건
  - 출고건별 마감일자: 출고일자 반영
  - 출고기간: 2019. 03. 21. ~ 2019. 03. 25.

다음 중 [보기]의 조건으로 매출마감(국내거래) 메뉴에서 출고일괄적용 기능을 통해 매출마감 처리했을 때 ㈜대흥정공 고객을 대상으로 등록되는 매출마감 합계액으로 옳은 것은?

① 27,845,400 ② 30,393,000

③ 28,498,800 ④ 31,354,400

09 아래 [보기]의 조건으로 데이터를 조회한 후 물음에 답하시오.

[보 기]

- 사업장: 1000, ㈜한국자전거본사
- 기간: 2019. 03. 26. ~ 2019. 03. 30.

다음 중 회계처리(수금) 메뉴에서 전표처리 시 선수금 계정이 분개되는 수금 건은 무엇인가?

① RC1903000001 ② RC1903000002

③ RC1903000003 ④ RC1903000004

10 아래 [보기]의 조건으로 데이터를 조회한 후 물음에 답하시오.

[보 기]

- 사업장: 1000, ㈜한국자전거본사
- 주문기간: 2019. 03. 31. ~ 2019. 03. 31.

다음 중 고객의 단순변심으로 인해 주문이 취소되어 출고가 불필요해진 수주 건은 무엇인가?

① SO1903000025 ② SO1903000026
③ SO1903000027 ④ SO1903000028

11 아래 [보기]의 조건으로 데이터를 조회한 후 물음에 답하시오.

[보 기]

- 사업장: 1000, ㈜한국자전거본사
- 반품기간: 2019. 03. 01. ~ 2019. 03. 31.

다음 중 출고 건의 반품이 발생하지 않은 날은 언제인가?

① 2019. 03. 07. ② 2019. 03. 12.
③ 2019. 03. 17. ④ 2019. 03. 22.

12 아래 [보기]의 조건으로 데이터를 조회한 후 물음에 답하시오.

[보 기]

- 사업장: 1000, ㈜한국자전거본사
- 발주기간: 2019. 03. 01. ~ 2019. 03. 05.

다음 중 고객의 주문이 아닌 ㈜한국자전거본사의 내부적인 필요에 의해 발주가 진행되는 건으로 옳은 것은 무엇인가?

① PO1903000001 ② PO1903000002
③ PO1903000003 ④ PO1903000004

13 아래 [보기]의 조건으로 데이터를 조회한 후 물음에 답하시오.

[보 기]

- 사업장: 1000, ㈜한국자전거본사
- 의뢰기간: 2019. 03. 06. ~ 2019. 03. 10.
- 발주기간: 2019. 03. 06. ~ 2019. 03. 10.

㈜한국자전거 본사는 입고의뢰 프로세스를 사용한다. [보기]의 기간에 발주된 품목 중 입고의뢰 대비 발주잔량이 가장 많은 품목은?

① ATECK-3000, 일반자전거

② ATECX-2000, 유아용자전거

③ NAX-A400, 일반자전거(P-GRAY WHITE)

④ NAX-A420, 산악자전거(P-20G)

14 아래 [보기]의 조건으로 데이터를 조회한 후 물음에 답하시오.

[보 기]

- 사업장: 1000, ㈜한국자전거본사
- 입고기간: 2019. 03. 11. ~ 2019. 03. 15.
- 입고창고: P100, 제품창고

다음 중 입고처리(국내발주) 메뉴에 대한 설명으로 옳지 않은 것은 무엇인가?

① [보기]의 기간 동안 ㈜영동바이크로부터 89,430,000원이 발주입고되었다.

② [보기]의 기간 동안 ㈜원일자재로부터 자물쇠 60EA가 입고되었다.

③ 현재의 시스템환경설정에 따르면 입고의뢰를 거치지 않아도 발주 건을 직접 적용받아 입고할 수 있다.

④ 현재의 시스템환경설정에 따르더라도 입고검사가 반드시 필요한 것은 아니다.

15 아래 [보기]의 조건으로 데이터를 조회한 후 물음에 답하시오.

> [보 기]
> 사업장: 1000, ㈜한국자전거본사

다음 중 3월 한 달간의 매입마감 건을 대상으로 전표처리를 진행했을 때 생성되는 전표들의 부가세대급금을 합산한 값으로 옳은 것은 무엇인가?

① 35,012,000 ② 81,300,000
③ 89,430,000 ④ 105,226,000

16 아래 [보기]의 조건으로 데이터를 조회한 후 물음에 답하시오.

> [보 기]
> • 사업장: 1000, ㈜한국자전거본사
> • 이동기간: 2019. 03. 01. ~ 2019. 03. 31.

다음 중 3월 한 달간 재고이동등록(창고) 메뉴에 등록된 재고수불로 인해 부재료창고의 원자재창고 위치에 있는 FRAME-티타늄 품목의 재고변화량을 계산한 것으로 옳은 값은 무엇인가?

① 25EA 감소 ② 20EA 감소
③ 30EA 감소 ④ 25EA 증가

17 아래 [보기]의 조건으로 데이터를 조회한 후 물음에 답하시오.

> [보 기]
> 메뉴명: 기초재고/재고조정등록

다음 중 [보기]의 메뉴를 활용하는 목적을 가장 잘못 설명한 직원은 누구인가?

① 김과장: 재고의 창고 간 이동내역을 등록할 때 활용한다.
② 이대리: 시스템 도입초기 회사에 존재하는 재고내역을 등록할 때 활용한다.
③ 박차장: 재고의 손망실 내역을 등록할 때 활용한다.
④ 최주임: 재고실사 후 전산상의 재고와 실재고의 차이를 조정할 때 활용한다.

18 아래 [보기]의 조건으로 데이터를 조회한 후 물음에 답하시오.

> [보 기]
> • 사업장: 1000, ㈜한국자전거본사
> • 기준일자: 2019. 03. 06.
> • 납기일: 2019. 03. 06. ~ 2019. 03. 10.

다음 중 [보기]의 기간 동안 발주되었지만 입고되지 못한 미납수량이 가장 많은 품목은 무엇인가?

① 일반자전거
② 유아용자전거
③ 일반자전거(P-GRAY WHITE)
④ 산악자전거(P-20G)

19 아래 [보기]의 조건으로 데이터를 조회한 후 물음에 답하시오.

> [보 기]
> 사업장: 1000, ㈜한국자전거본사

다음 중 3월 한 달간 ATECK-3000, 일반자전거 품목의 구매입고 수량에서 영업출고 수량을 차감한 값으로 옳은 것은?

① 100EA
② 152EA
③ 625EA
④ 725EA

20 아래 [보기]의 조건으로 데이터를 조회한 후 물음에 답하시오.

> [보 기]
> • 사업장: 1000, ㈜한국자전거본사
> • 발주기간: 2019. 03. 01. ~ 2019. 03. 05.
> • 거래구분: T/T

다음 중 [보기]의 기간 동안 YK PEDAL 거래처에 해외발주된 PEDAL(S) 품목의 총 발주수량으로 옳은 것은?

① 800EA
② 700EA
③ 600EA
④ 500EA

21 아래 [보기]의 조건으로 데이터를 조회한 후 물음에 답하시오.

[보 기]

- 사업장: 1000, ㈜한국자전거본사
- 발주기간: 2019. 03. 06. ~ 2019. 03. 10.
- 거래구분: T/T
- 발주번호: PO1903000014
- 환율: 1,100원

다음 중 B/L접수 메뉴에서 L/C – 발주적용 기능을 통해 [보기]의 해외발주 건을 적용받아 저장할 때 계산되는 원화금액 합계액으로 옳은 것은?

① 5,240,000,000　② 5,764,000,000
③ 9,780,000,000　④ 10,758,000,000

22 아래 [보기]의 조건으로 데이터를 조회한 후 물음에 답하시오.

[보 기]

- 사업장: 1000, ㈜한국자전거본사
- 등록기간: 2019. 03. 11. ~ 2019. 03. 15.
- B/L번호: BL20190311 – 1

다음 중 [보기]의 조건에 의해 등록된 수입제비용 중 수수료 비용은 얼마인가?

① 200,000　② 300,000
③ 400,000　④ 500,000

23 아래 [보기]의 조건으로 데이터를 조회한 후 물음에 답하시오.

[보 기]

- 사업장: 1000, ㈜한국자전거본사
- 의뢰기간: 2019. 04. 16. ~ 2019. 04. 20.
- 입고창고: M100, 부품창고
- 거래구분: T/T
- 의뢰번호: SR1904000001

다음 중 [보기]의 입고의뢰 내역에서 아직 입고처리(해외발주)가 이뤄지지 않고 미입고 의뢰잔량이 가장 많이 남아 있는 품목은 무엇인가?

① WHEEL FRONT－MTB
② WHEEL REAR－MTB
③ FRAME－티타늄
④ FRAME－알미늄

24 아래 [보기]의 조건으로 데이터를 조회한 후 물음에 답하시오.

[보 기]

• 사업장: 1000, ㈜한국자전거본사
• 기간: 2019. 04. 21. ~ 2019. 04. 30.
• 마감번호: PC1904000001

다음 중 [보기]의 해외 매입마감 건을 전표처리할 때 발생하는 전표에 등록되는 적요명이 아닌 것은 무엇인가?

① 미착품 원재료 계정 대체
② 미착품 정산대체(B/L결제대금)
③ 미착품 정산대체(수수료)
④ 미착품 정산대체(통관료)

25 아래 [보기]의 조건으로 데이터를 조회한 후 물음에 답하시오.

[보 기]

• 사업장: 1000, ㈜한국자전거본사
• 정산기간: 2019. 04. 21. ~ 2019. 04. 25.
• 선적기간: 2019. 03. 21. ~ 2019. 03. 25.
• 비용번호: EC1903000003

다음 중 [보기]의 미착품원가정산으로 인해 계산된 FRAME-알미늄 품목의 재고단위원가로 옳은 것은?

① 2,373,700,486
② 19,780,837
③ 5,711,141,774
④ 4,393,185

2019년도 제1회 물류 1급 이론

01 다음 중 ERP의 기능적 특징으로 적절하지 않은 것은?

① 선진 프로세스의 내장
② 기업의 투명경영 수단으로 활용
③ 객체지향기술의 사용
④ 실시간 정보처리 체계 구축

02 ERP를 성공적으로 도입하기 위한 전략으로 적절하지 않은 것은?

① 최고경영층도 프로젝트에 적극적으로 참여해야 한다.
② 현재의 업무방식만을 그대로 고수해서는 안 된다.
③ 단기간 효과 위주로 구현해야 한다.
④ 프로젝트 멤버는 현업 중심으로 구성해야 한다.

03 경영환경 변화에 대한 대응방안 및 정보기술을 통한 새로운 기회 창출을 위해 기업경영의 핵심과 과정을 전면 개편함으로써 경영성과를 향상시키기 위한 경영기법은 무엇인가?

① MRP(Material Requirement Program)
② MBO(Management by Objectives)
③ JIT(Just In Time)
④ BPR(Business Process Re-engineering)

04 다음은 ERP 도입 의의를 설명한 것이다. 가장 적절하지 않은 설명은 다음 중 무엇인가?

① 기업의 프로세스를 재검토하여 비즈니스 프로세스를 변혁시킨다.
② 공급사슬의 단축, 리드타임의 감소, 재고비용의 절감 등을 이룩한다.
③ 기업의 입장에서 ERP 도입을 통해 업무 프로세스를 개선함으로써 업무의 비효율을 줄일 수 있다.
④ 전반적인 업무 프로세스를 각각 개별 체계로 구분하여 관리하기 위해 ERP를 도입한다.

05 다음 중 ERP에 대한 설명으로 가장 옳지 않은 것은 무엇인가?

① 기업내부의 정보인프라 구축이다.

② BPR을 위해서 도입하는 것은 적절치 않다.

③ ERP는 "전사적 자원관리시스템"이라고 불린다.

④ 회사의 업무프로세스가 하나로 통합된 시스템이다.

06 가중이동평균법을 활용하여 제품의 판매량을 예측하고자 한다. 4개월 동안의 실제 판매량과 가중치(α)는 보기와 같다. 가중이동평균법을 이용한 9월의 제품판매량 예측값으로 옳은 것은?

[보 기]

월	5	6	7	8
판매량(개)	30	100	120	70
가중치	0.1	0.3	0.4	0.2

① 70 ② 80

③ 90 ④ 95

07 다음 [보기]의 설명에 해당하는 분석방법은?

[보 기]

( )분석은 중점 고객을 선정하는 방법 중 하나로, ABC분석이 다양한 요인들을 고려하지 못한다는 단점을 보완한 것이다. 이 방법은 우량 고객을 선정하기 위해 고려해야 할 서로 다른 2개의 요인을 이용하여 이원표를 구성한 다음, 이원표 내의 위치에 따라 고객을 범주화하고 우량고객을 선정한다.

① 매트릭스 분석 ② 거래처 포토폴리오 분석

③ 파레토 분석 ④ 포지셔닝 분석

08 다음 중에서 가격 결정에 영향을 미치는 외부적 요인에 해당하는 것은 무엇인가?

① 제품특성　　② 마케팅목표
③ 고객수요　　④ 비용

09 외상매출금의 회수율 계산방식 중에서 "월말 마감의 차월회수" 기준을 적용하는 경우 다음 [보기]의 (　　)에 들어갈 내용으로 적절한 것은 무엇인가?

[보 기]

3월 회수율 = 3월 회수액 / (　　) × 100%

① 1월말 외상매출금잔액 + 2월 매출액　　② 1월말 외상매출금잔액 + 3월 매출액
③ 2월말 외상매출금잔액 + 2월 매출액　　④ 2월말 외상매출금잔액 + 3월 매출액

10 문제 없음

11 원가가산에 의한 가격 결정방법으로 상품의 소매가격을 1,000원으로 결정하였다. 이때 원가 구성이 다음 [보기]와 같은 경우에 소매업자의 이익을 계산하여 직접 기입하시오. (단, 답안은 예와 같이 단위(원)는 생략하고 숫자로만 작성할 것, 예 50)

[보 기]

- 제조원가: 200원
- 도매가격: 300원
- 소매업자 영업비: 100원

답 (　　　　)

12 다음 [보기]는 손익계산서의 자료이다. 손익분기점 분석을 이용하여 목표이익 20만원을 달성하는 데 필요한 목표매출액을 계산하여 직접 기재하시오. 단, 답안은 예와 같이 숫자로만 기입하시오. (예 100)

[보 기]

- 매출액: 500만원
- 변동비: 300만원
- 고정비: 100만원

답 (   )

13 A기업은 유모차를 판매하는 기업이다. [보기]의 자료를 이용하여 A기업의 2019년도 목표매출액을 계산하여 직접 기입하시오. 단, 답안은 예와 같이 숫자로만 기입하시오. (예 100)

[보 기]

- 2017년 A기업 매출액: 5억원
- 2018년 A기업 매출액: 10억원

답 (   )

14 다음 중 물류거점 네트워크를 설계할 때 고려해야 하는 두 가지 지표를 적절하게 나열한 것은 무엇인가?

① 고객서비스, 비용
② 공급자위치, 비용
③ 고객서비스, 운송수단
④ 공급자위치, 운송수단

15 다음 [보기]는 재고자산평가 방법 중에서 총평균법과 이동평균법의 재고단가 계산식이다. (㉠)과 (㉡)에 들어갈 적절한 내용을 순서대로 나열한 것은 무엇인가?

[보 기]

- 총평균단가 = [기초재고액 + (㉠)액] / [기초재고량 + (㉠)량]
- 이동평균단가 = (매입직전재고액 + (㉡)액) / (매입직전재고량 + (㉡)량)

① ㉠ – 당기매입, ㉡ – 신규매입
② ㉠ – 당기매입, ㉡ – 이전매입
③ ㉠ – 전기매입, ㉡ – 신규매입
④ ㉠ – 전기매입, ㉡ – 이전매입

16 재고 관련 비용 중에서 재고유지비용에 해당하지 않는 것은 다음 중 무엇인가?

① 재고자산의 기회비용 ② 보험료

③ 파손에 의한 손실비용 ④ 잠재적고객 상실비용

17 창고관리 시 유의점에 대한 설명으로 적절하지 않은 것은?

① 입고 순으로 출고가 가능하도록 적재한다.

② 유효일이 있는 가변성 자재는 유효일자가 빠른 순서대로 출고한다.

③ 출고가 잦은 자재는 사용처에 가까운 장소에 보관한다.

④ 자재의 적재방식을 개선하고, 중량자재는 선반 위에 보관한다.

18 채찍효과 (Bullwhip Effect)를 줄이기 위한 방안으로 적절하지 않은 것은 무엇인가?

① 수요정보의 집중화를 통한 불확실성 제거

② 재고 관리를 위한 전략적 파트너십 구축

③ 주문 리드타임의 연장

④ POS데이터를 이용한 정보공유

19 다음 [보기]는 유통센터의 유통소요계획이다. 유통소요계획의 (?)에 적절한 4주 차의 기말재고량을 계산하여 예와 같이 직접 기입하시오. (예 10) (단, 안전재고 50, 리드타임 2주, 최소구매량 100)

[보 기]

주차	이전기간	1	2	3	4	5	6	7
예측수요		100	0	100	50	150	0	150
수송 중 재고								
기말재고량	150				(?)			
주문량								

답 ( )

20 [보기]의 ( )에 공통적으로 들어갈 수 있는 용어를 예와 같이 영문 약자로 기입하시오. (예 ERP)

[보 기]

- ( )이란 공급자에서 고객까지의 공급망상의 정보 · 물자 · 현금의 흐름에 대해 총체적 관점에서 체인 간의 인터페이스를 통합하고 관리함으로써 효율성을 극대화하는 전략적 기법을 말한다.
- ( )이란 공급자로부터 소비자에 이르기까지 전 과정에서 각 기능 간의 재화·정보·자금의 흐름을 최적화하고 동기화하여 경영효율을 극대화하는 전략을 말한다.

답 ( )

21 [보기]에 나열된 구매절차 중에서 발주서가 발송되는 시점으로 적절한 곳은 무엇인가?

[보 기]

구매청구 → ㉠ → 견적 → ㉡ → 계약 → ㉢ → 검수 및 입고 → ㉣ → 구매대금결제

① ㉠
② ㉡
③ ㉢
④ ㉣

22 다음 중에서 원가절감 측면을 고려할 때, 구매방침으로 외주생산이 바람직한 경우가 아닌 것은 무엇인가?

① 생산제품 모델변경이 잦은 경우
② 다품종 소량생산인 경우
③ 기술진부화가 예측되는 경우
④ 지속적으로 대량생산이 필요한 경우

23 구매가격 협상을 위해 검토하는 가격결정방식 중에서 경쟁자 중심적 가격결정 방식으로만 짝지어진 것은?

① 입찰경쟁 방식, 경쟁기업 가격기준 방식
② 구매가격 예측 방식, 경쟁기업 가격기준 방식
③ 구매가격 예측 방식, 지각가치 기준방식
④ 입찰경쟁 방식, 가산이익률 방식

24 [보기]에서 설명하는 원가의 유형으로 적절한 것은 무엇인가?

[보 기]

- 과거 제조경험을 고려하고, 향후 제조환경을 반영하여 미래 산출될 것으로 기대하는 원가
- 입찰 또는 견적에서 제시하는 가격의 기초가 되는 원가

① 표준원가 ② 예정원가
③ 실제원가 ④ 확정원가

25 다음 [보기]는 어떤 가격 유형에 대한 설명이다. ( )에 적절한 한글 용어를 예와 같이 직접 기입하시오. (예 구매)

[보 기]

( )가격이란 판매자가 자기의 판단으로 결정하는 가격이며, 서적, 화장품, 약국 등과 같이 전국적으로 시장성을 가진 상품에 주로 적용한다.

답 ( )

26 다음 [보기]의 ( )에 공통적으로 들어갈 적절한 구매방법 유형을 한글 용어로 예와 같이 직접 기입하시오. (예 물류)

[보 기]

- ( )구매는 "시장구매"라고도 한다.
- ( )구매는 미래 수요를 반영하여 시장상황이 유리할 때 일정한 양을 미리 구매하여 재고로 보유하였다가 생산계획이나 구매청구에 따라 재고에서 공급하는 방식이다.
- ( )구매는 생산시기가 일정한 품목 또는 항상 비축이 필요한 상비 저장품목 등에 적합하다.

27 신용장의 수출자에 대한 효용으로 옳지 않은 것은?

① 대금결제 연기효과 ② 매매계약 이행 보장
③ 외환변동위험 회피 ④ 무역금융 활용가능

28 추심결제방식 중 지급인도조건(D/P)에 의한 다음의 거래 및 결제절차에서 가장 먼저 발생하는 활동은 무엇인가?

① 추심의뢰은행이 수출상에게 대금지급
② 추심은행이 수입상에게 서류인도 후 추심의뢰은행으로 대금송금
③ 수입상이 추심은행으로 대금지급
④ 수출상이 제품선적한 후, 추심의뢰은행에게 추심의뢰

29 다음 중 선하증권(B/L)과 항공화물운송장(AWB)의 발행시기를 서로 적절하게 연결한 것은 무엇인가?

① 선하증권 – 선적 이전, 항공화물운송장 – 창고반입 이전
② 선하증권 – 선적 이전, 항공화물운송장 – 창고반입 이후
③ 선하증권 – 선적 이후, 항공화물운송장 – 창고반입 이전
④ 선하증권 – 선적 이후, 항공화물운송장 – 창고반입 이후

30 외국환은행 대고객매매율(환율)의 유형 중 현찰매매율에 관한 설명으로 옳은 것은?

① 외국환은행이 고객과 외화현찰거래를 할 때 적용하는 환율
② 환어음의 결제를 전신으로 행하는 경우 적용되는 환율
③ 일람출급환어음의 매매에 적용되는 환율
④ 기한부환어음을 매입할 때 적용하는 환율

31 우리나라의 무역거래에 관한 법률 중 [보기]에 해당되는 법률명을 한글로 예와 같이 기입하시오. (예 산업진흥법)

[보 기]

이 법은 대외무역을 진흥하고 공정한 거래질서를 확립하여 국제수지의 균형과 통상의 확대를 도모함으로써 국민경제를 발전시키는 데 이바지함을 목적으로 한다.

답 ( )

32 INCOTERMS(2010)의 거래조건 중에서 다음 [보기]의 (   )에 공통적으로 들어갈 용어를 영어 약어로 예와 같이 기입하시오. (예 EXW)

[보 기]

- (   )는 관세지급인도조건을 의미한다.
- (   )는 매도인이 지정목적지에서 인도하는 조건이며, 수입통관 비용, 관세, 물품 인도까지의 모든 위험과 비용을 부담한다.

답 (   )

2019년도 제1회 물류 1급 실무

01 아래 [보기]의 조건으로 데이터를 조회한 후 물음에 답하시오.

> [보 기]
>
> 거래처: 00001, ㈜대흥정공

다음 중 [보기]에 해당하는 거래처에 관한 정보를 설명한 것으로 옳지 않은 것은?

① 사업자번호는 311-28-19927이다. ② 사용여부는 0. 미사용이다.
③ 충남 천안시에 위치하고 있다. ④ 거래처등급은 A등급이다.

02 아래 [보기]의 조건으로 데이터를 조회한 후 물음에 답하시오.

> [보 기]
>
> • 계정구분: 5. 상품
> • 품목군: Y100, 일반용

다음 중 [보기]의 조건과 일치하는 품목은 무엇인가?

① NAX-A400, 일반자전거(P-GRAY WHITE)
② NAX-A420, 산악자전거(P-20G)
③ ATECK-3000, 일반자전거
④ ATECX-2000, 유아용자전거

03 아래 [보기]의 조건으로 데이터를 조회한 후 물음에 답하시오.

> [보 기]
>
> 셋트품: TTS-230, 가족용하이킹세트

㈜한국자전거 본사는 봄철 특수를 대비하여 '가족용하이킹세트'라는 이벤트 품목을 출시하기로 하였다. 다음 중 '가족용하이킹세트'를 구성하는 구성품이 아닌 것은 무엇인가?

① ATECK-3000, 일반자전거 ② ATECX-2000, 유아용자전거
③ 31-10100003, 바구니 ④ 31-10100005, 자물쇠

04 아래 [보기]의 조건으로 데이터를 조회한 후 물음에 답하시오.

[보 기]
- 사업장: 1000, ㈜한국자전거본사
- 견적기간: 2019. 01. 01.

㈜한국자전거 본사에서 2019년 1월 1일에 발행한 견적 건 중 2019년 1월 11일 현재 유효한 견적 건으로 옳은 것은?

① ES1901000001
② ES1901000002
③ ES1901000003
④ ES1901000004

05 아래 [보기]의 조건으로 데이터를 조회한 후 물음에 답하시오.

[보 기]
- 사업장: 1000, ㈜한국자전거본사
- 주문일자: 2019. 01. 06.
- 견적기간: 2019. 01. 06. ~ 2019. 01. 10.
- 고객: ㈜대흥정공

수주등록 메뉴에서 견적적용 조회 기능을 통해 [보기]의 기간에 발행된 견적 건을 적용받아 주문을 등록하고자 할 때 견적잔량이 가장 적게 남아 있는 품목은 무엇인가?

① ATECK－3000, 일반자전거
② ATECX－2000, 유아용자전거
③ NAX－A400, 싸이클
④ NAX－A420, 산악자전거

06 아래 [보기]의 조건으로 데이터를 조회한 후 물음에 답하시오.

[보 기]
- 사업장: 1000, ㈜한국자전거본사
- 의뢰일자: 2019. 01. 14.
- 주문기간: 2019. 01. 11. ~ 2019. 01. 15.

다음 중 [보기]의 기간에 해당하는 주문건을 적용받아 출고의뢰를 등록할 때 주문적용조회 창에서 조회되는 고객별 주문잔량의 합으로 바르게 연결된 것은 무엇인가?

① ㈜대흥정공 – 25EA　　② ㈜하나상사 – 20EA
③ ㈜빅파워 – 37EA　　④ ㈜제동기어 – 35EA

07 아래 [보기]의 조건으로 데이터를 조회한 후 물음에 답하시오.

[보 기]

- 사업장: 1000, ㈜한국자전거본사
- 출고일자: 2019. 01. 19.
- 고객: ㈜대흥정공
- 품명: ATECK-3000, 일반자전거

㈜한국자전거본사의 출고 담당자인 홍길동 사원은 2019년 1월 19일에 ㈜대흥정공으로 출고된 일반자전거 30EA 중 1개가 불량이라는 접수를 받고 해당 품목에 대한 반품을 진행하려고 한다. 다음 중 홍길동 사원이 활용해야 하는 출고처리(국내수주)의 기능으로 옳은 것은?

① 의뢰적용　　② 검사적용
③ 출고적용　　④ 유상사급

08 아래 [보기]의 조건으로 데이터를 조회한 후 물음에 답하시오.

[보 기]

- 사업장: 1000, ㈜한국자전거본사
- 조건: 고객일괄
- 마감일자: 2019. 01. 25.
- 과세구분: 전체
- 출고기간: 2019. 01. 21. ~ 2019. 01. 25.

다음 중 매출마감(국내거래) 메뉴에서 출고일괄적용 기능을 통해 매출마감을 수행할 때 마감되는 품목의 총 관리단위수량과 고객명을 연결한 것으로 옳은 것은?

① ㈜대흥정공 – 230EA　　② ㈜하나상사 – 180EA
③ ㈜빅파워 – 200EA　　④ ㈜제동기어 – 170EA

09 아래 [보기]의 조건으로 데이터를 조회한 후 물음에 답하시오.

> [보 기]
> • 사업장: 1000, ㈜한국자전거본사
> • 기간: 2019. 01. 26. ~ 2019. 01. 31.

다음 중 [보기]의 기간에 해당하는 매출마감 데이터를 전표처리했을 때 생성되는 전표의 부가세예수금 계정 금액이 가장 큰 거래처로 옳은 것은?

① ㈜빅파워　　② ㈜하나상사
③ ㈜대흥정공　　④ ㈜제동기어

10 아래 [보기]의 조건으로 데이터를 조회한 후 물음에 답하시오.

> [보 기]
> • 사업장: 1000, ㈜한국자전거본사
> • 수금기간: 2019. 01. 26. ~ 2019. 01. 31.

다음 중 [보기]의 기간에 등록된 수금내역 중 매출전에 미리 계약금을 지급받은 거래 건이 존재하는 거래처로 옳은 것은?

① ㈜대흥정공　　② ㈜하나상사
③ ㈜빅파워　　④ ㈜제동기어

11 아래 [보기]의 조건으로 데이터를 조회한 후 물음에 답하시오.

> [보 기]
> 사업장: 1000, ㈜한국자전거본사

다음 중 2월 한 달간 ㈜대흥정공으로부터 주문을 접수하였지만 출고되지 못한 일반자전거 품목의 미납금액 합으로 옳은 것은? (수주미납집계 메뉴 활용)

① 18,967,650　　② 11,875,000
③ 3,117,650　　④ 1,350,000

12 아래 [보기]의 조건으로 데이터를 조회한 후 물음에 답하시오.

[보 기]

- 사업장: 1000, ㈜한국자전거본사
- 청구기간: 2019. 01. 01. ~ 2019. 01. 05.

다음 중 [보기]의 기간 동안 청구된 품목의 청구수량(재고단위) 합계와 주거래처를 연결한 것으로 옳지 않은 것은?

① 대흥정공 – 212EA　　② 세림와이어 – 40EA
③ 영동바이크 – 99EA　　④ 원일자재 – 15EA

13 아래 [보기]의 조건으로 데이터를 조회한 후 물음에 답하시오.

[보 기]

- 사업장: 1000, ㈜한국자전거본사
- 발주기간: 2019. 01. 06. ~ 2019. 01. 10.
- 청구기간: 2019. 01. 06. ~ 2019. 01. 10.

다음 중 청구적용 조회 기능을 사용하여 발주 등록을 시행하려고 할 때 ㈜영동바이크가 주거래처인 청구 품목 중 청구잔량이 가장 많이 남은 품목은 무엇인가?

① FRAME－티타늄　　② WHEEL REAR－MTB
③ SUPREME X2　　④ PEDAL(S)

14 아래 [보기]의 조건으로 데이터를 조회한 후 물음에 답하시오.

[보 기]

- 사업장: 1000, ㈜한국자전거본사
- 검사기간: 2019. 01. 11. ~ 2019. 01. 15.
- 검사번호: QC1901000001

다음 중 [보기]의 조건에 해당하는 입고검사 건의 불량유형별 불량수량의 합으로 옳지 않은 것은?

① 찍힘 – 2　　② 긁힘 – 3
③ 변색 – 8　　④ 파손 – 1

15 아래 [보기]의 조건으로 데이터를 조회한 후 물음에 답하시오.

[보 기]
- 사업장: 1000, ㈜한국자전거본사
- 입고기간: 2019. 01. 16. ~ 2019. 01. 20.
- 발주기간: 2019. 01. 16. ~ 2019. 01. 20.

㈜한국자전거본사의 입고담당자인 홍길동 사원은 2019년 1월 16일 발주된 PO1901000002 발주 건에 대한 입고를 진행하기 위해 입고처리(국내발주) 메뉴의 발주적용 버튼을 통해 발주내역을 적용 받고자 하였으나 BODY - 알미늄(GRAY-WHITE)의 품목이 조회되지 않는 것을 확인하였다. 다음 중 해당 품목이 조회되지 않는 원인을 설명한 것으로 가장 옳은 것은?

① 입고검사 대상 품목이기 때문이다.
② 이미 입고처리가 되었기 때문이다.
③ 미사용 품목이기 때문이다.
④ 발주마감 되었기 때문이다.

16 아래 [보기]의 조건으로 데이터를 조회한 후 물음에 답하시오.

[보 기]
- 사업장: 1000, ㈜한국자전거본사
- 마감기간: 2019. 01. 21. ~ 2019. 01. 25.
- 마감번호: PC1901000001

다음 중 [보기]의 조건으로 조회되는 매입마감 건에 대한 설명으로 옳지 않은 것은?

① 전표처리는 아직 하지 않았다.
② 마감수량의 합은 225이다.
③ 마감에 적용된 입고번호는 RV1901000003이다.
④ 공급가의 합계액은 2,277,715이다.

17 아래 [보기]의 조건으로 데이터를 조회한 후 물음에 답하시오.

[보 기]

• 사업장: 1000, ㈜한국자전거본사
• 기간: 2019. 01. 26. ~ 2019. 01. 31.

다음 중 [보기]에 해당하는 매입마감 건에 의해 발행된 전표와 처리상태를 연결한 것으로 옳지 않는 것은?

① PC1901000002 – 승인
② PC1901000003 – 승인
③ PC1901000004 – 미결
④ PC1901000005 – 미결

18 아래 [보기]의 조건으로 데이터를 조회한 후 물음에 답하시오.

[보 기]

• 사업장: 1000, ㈜한국자전거본사
• 이동기간: 2019. 01. 01. ~ 2019. 01. 05.

다음 중 [보기]의 기간 동안 발생한 재고이동으로 인해 부품창고, 부품/반제품 장소에서 WHEEL FRONT-MTB 품목의 재고가 얼마나 변동되었는지 설명한 것으로 옳은 것은?

① 25 증가
② 43 증가
③ 25 감소
④ 43 감소

19 아래 [보기]의 조건으로 데이터를 조회한 후 물음에 답하시오.

[보 기]

사업장: 1000, ㈜한국자전거본사

다음 중 2019년 현재 ㈜한국자전거본사 사업장에 가장 많은 재고(재고단위)를 보유하고 있는 반제품은 무엇인가?

① BREAK SYSTEM
② FRAME GRAY
③ 200 × 600 PIPE
④ FRAME – NUT

20 아래 [보기]의 조건으로 데이터를 조회한 후 물음에 답하시오.

[보 기]

- 사업장: 1000, ㈜한국자전거본사
- 주문기간: 2019. 01. 01. ~ 2019. 01. 05.
- L/C 구분: 3. MASTER L/C

다음 중 [보기]의 조건으로 입력된 L/C 건의 입력정보로 옳지 않은 것은?

① 고객: INTECH CO. LTD
② 환종: 미국달러
③ 개설은행: 신한은행
④ 인도장소: INCHEON

21 아래 [보기]의 조건으로 데이터를 조회한 후 물음에 답하시오.

[보 기]

- 사업장: 1000, ㈜한국자전거본사
- 의뢰기간: 2019. 01. 06. ~ 2019. 01. 10.
- 출고창고: P100, 제품창고
- 의뢰번호: IR1901000009
- 출고일자: 2019. 01. 06.
- 환율: 1,100

다음 중 [보기]의 조건으로 출고처리(L/C) 메뉴에서 의뢰적용 기능을 통해 해당 의뢰 건을 모두 선택하여 출고등록을 실행할 때 등록되는 출고 건의 원화금액 합계액으로 옳은 것은?

① 32,400,000
② 29,700,000
③ 27,000
④ 185

22 아래 [보기]의 조건으로 데이터를 조회한 후 물음에 답하시오.

[보 기]

업무내용: 2019년 1월 11일에 해외 거래처 INTECH CO. LTD에서 취급하는 원재료인 SUPREME X2 1,200EA를 수입 발주하였다.

다음 중 [보기]의 업무를 ERP에 등록하기 위해 활용해야 할 메뉴로 가장 옳은 것은?

① 수주등록(유상사급) ② L/C등록
③ 수입제비용등록 ④ 해외발주등록

23 아래 [보기]의 조건으로 데이터를 조회한 후 물음에 답하시오.

[보 기]
- 사업장: 1000, ㈜한국자전거본사
- 등록기간: 2019. 01. 16. ~ 2019. 01. 20.
- B/L번호: BL20190116

다음 중 [보기]의 B/L건에 등록된 수입제비용 항목과 합계액의 합을 연결한 것 중 옳지 않은 것은?

① B/L결제대금 – 3,575,000 ② 수수료 – 100,000
③ 관세 – 150,000 ④ 보관비 – 80,000

24 아래 [보기]의 조건으로 데이터를 조회한 후 물음에 답하시오.

[보 기]
- 사업장: 1000, ㈜한국자전거본사
- 입고기간: 2019. 02. 06. ~ 2019. 02. 10.
- B/L번호: BL20190126
- 정산일자: 2019. 02. 10.

다음 중 [보기]의 B/L건을 미착품원가정산 배부처리한 후 조회되는 GEAR REAR C 품목의 배부 후 금액으로 옳은 것은?

① 1,475,000 ② 1,265,000
③ 897,827 ④ 577,173

25 아래 [보기]의 조건으로 데이터를 조회한 후 물음에 답하시오.

> [보 기]
> 지시사항: 수입 중인 품목의 발주수량, 선적수량, 입고수량을 비교한 보고서를 제출하시오.

다음 중 [보기]의 내용이 포함된 보고서를 작성하는데 활용하기에 가장 적당한 메뉴는 무엇인가?

① 수입진행현황
② 선적대비입고현황(수입)
③ 미착정산배부현황(수입)
④ 수입선적현황

물류 1급
정답 및 해설

2019년도 제6회 물류 1급 이론 정답 및 해설

빠른 정답표

01	02	03	04	05	06	07	08	09	10	11	12	13	14	15	16
①	③	②	④	①	④	①	②	①	④	주관식	주관식	주관식	④	③	③
17	**18**	**19**	**20**	**21**	**22**	**23**	**24**	**25**	**26**	**27**	**28**	**29**	**30**	**31**	**32**
④	③	주관식	주관식	③	①	④	①	주관식	주관식	②	②	③	②	주관식	주관식

01 **정답** ①

해설 ERP 시스템 도입을 통해 업무 프로세스의 통합화를 달성할 수 있다.

02 **정답** ③

해설 기존 정보시스템은 수직적으로, ERP는 수평적으로 업무를 처리한다.

03 **정답** ②

해설 기업환경을 최대한 고려하여 개발할 수 있는 자체개발인력을 보유하지 못하면, 아웃소싱(Outsourcing)을 통해 전문회사의 인력을 활용할 수도 있다.

04 **정답** ④

해설 클라우드 ERP는 인터넷 기술을 활용하여 가상화된 IT 자원을 서비스로 제공하는 컴퓨팅 기술인 클라우드 컴퓨팅 기술에 기반하며, 따라서 폐쇄적이기 보다는 개방적인 성격을 가진다.

05 **정답** ①

해설 커스터마이징은 개발된 솔루션이나 기타 서비스를 소비자의 요구에 따라 재구성 및 재설계하여 판매한다는 의미로 확장되었다. 또한 타사의 솔루션을 가져와 자사 제품에 결합하여 서비스하는 것 또한 커스터마이징이라고 한다. ERP 도입의 선택기준에 따르면 ERP 도입 시에는 이러한 커스터마이징이 최소화되는 방향으로 선택해야 한다.

06 **정답** ④

해설 규칙변동: 시계열 데이터에는 추세변동, 순환변동, 계절변동, 불규칙변동의 변동요인이 포함되어 있으므로 분석과정에서 반드시 고려되어야 한다.

07 **정답** ①

해설 이동평균법

08 정답 ② 고객수요

해설 가격 결정에 영향을 주는 요인

■ 내부적 요인
- 제품특성: 생산재, 소비재, 필수품, 사치품, 표준품, 계절품
- 비용: 제조원가, 직간접비, 고정비 및 변동비, 손익분기점
- 마케팅 목표: 기업생존 목표, 이윤극대화 목표, 시장점유율 목표

■ 외부적 요인
- 고객수요: 소비자 구매능력, 가격탄력성, 품질, 제품이미지, 용도
- 유통채널: 물류비용, 유통단계별 영업비용, 유통 이익
- 경쟁환경: 경쟁기업의 가격 및 품질, 대체품 가격
- 법, 규제, 세금: 독점금지법, 협회 등의 가격 규제, 세금제도

09 정답 ① 거래처 포트폴리오 분석

해설 고객(거래처) 중점 선정 방법
- ABC 분석(Pareto 분석)
- 매트릭스 분석
- 포트폴리오 분석

  3가지 이상의 가중치를 이용하여 다면 분석함으로써 고객과의 거래상황을 종합적으로 평가하고 관리할 수 있는 방법이다.

10 정답 ④

해설 대손발생의 위험이 낮아진다. 매출채권회전율이 높아졌을 경우 매출채권의 회수기간이 짧아지고, 대손발생의 위험이 낮아진다.

11 정답 220개

해설 7월의 판매 예측값 = (0.4 × 250개) + [(1 − 0.4) × 200개] = 220개

12 정답 델파이법

13 정답 140만원

해설
- 자금고정기간 = 자금조달기간 / 365일
- 매출채권한도액 = 매출액 × 자금고정기간
  = 700만원 × (73일 / 365일)
  = 140만원

14 정답 ④

해설 실시간 주문방식: 운송비, 주문비 절감을 위해 대량의 제품을 한번에 발주하는 집중(일괄)주문방식이 채찍 효과 발생원인 중 하나이다.

15 정답 ③

해설 지속적보충프로그램(CRP: Continuous Replenishment Program): 공급망관리 정보시스템의 유형 중 지속적보충프로그램에 대한 설명이다.

16 정답 ③

해설 고정주문량모형에서는 재고수준을 수시점검하고, 고정주문기간모형에서는 재고수준을 주문시기에 점검한다.

17 정답 ④, 하청업체의 재고 증가

해설 SCM의 도입효과: 작업지연시간의 단축, 철저한 납기관리, 수주처리기간의 단축, 업무운영 효율화에 의한 비용절감

18 정답 ③

해설 송유관을 통해 유류(액상) · 기체 · 분말 등을 운송하는 형태는 파이프라인 운송이다.

19 정답 선입선출법(FIFO)

20 정답 2,000

해설

$$EOQ = \sqrt{\frac{2 \times 10,000 \times 10,000}{50}} = 2,000$$

21 정답 ③, 구매방법 결정

해설
- 구매전략: 구매방침 설정, 구매계획수립, 구매방법 결정
- 구매실무: 시장조사 및 원가분석, 구매가격 결정, 공급자 선정 및 평가, 계약 및 납기관리, 규격 및 검사관리
- 구매분석: 구매활동의 성과평가, 구매활동의 감사

22 정답 ①

해설 경쟁사의 가격을 기준으로 전략적인 판매가격을 결정한다.
- 경쟁자 중심적 가격결정: 경쟁사들의 가격을 가격결정에 가장 중요한 기준으로 간주하는 방법으로서 시장점유율을 높이기 위해 일반적으로 가장 많이 활용되는 방식이다.
- 경쟁기업 가격기준 방식: 자사의 시장점유율, 제품 이미지, 제품 경쟁력 등을 고려하여 경쟁기업의 가격을 기준으로 전략적인 판매가격을 결정한다.
- 입찰경쟁 방식: 거래처의 공급자 선정 시 입찰경쟁에서 경쟁자를 이기기 위해 전략적으로 가격을 결정한다.

23 정답 ④

해설 '5/20 – 30 days Extra'로 결제조건이 표시되는 경우 거래일로부터 20일 이내의 현금지불에 대해 5% 할인을 인정하며, 추가로 30일간 할인기간을 연장한다는 의미이다. 따라서 총 50일간 현금할인이 적용된다.

24 정답 ①

해설 자사가 고유기술을 보호해야하는 경우에는 특허권을 취득할 때까지 자체생산을 필요로 한다.

- 자체 제조를 선호하는 상황: 자체 제조는 제품설계 보안이 중요할 때, 공장 운영을 통합적으로 관리하고자 할 때, 생산 및 품질의 직접적인 관리가 필요할 때, 적절한 협력사가 없을 때, 그리고 공장의 초과 생산능력을 활용하거나 안정적으로 작업 인력을 유지하고자 할 때 유용하다.
- 외주를 선호하는 상황: 외주는 생산 기술 또는 생산 능력이 부족할 때, 생산 품목 수량이 적을 때, 조달, 재고 및 관리 비용을 절감하고자 할 때, 안정적인 작업 인력을 유지하고자 할 때, 그리고 복수의 협력사를 유지하여 원가절감을 추구할 때, 기술 진부화가 예측되는 경우, 표준화되지 않은 다수 품목들을 반복적으로 소량구매(생산)하는 경우, 제품 구성에서 중요 기술이 포함되지 않는 경우에 유용하다.

25 정답 8만원

해설 판매단가 = (제품원가 + 목표이익) / 매출량
= (200 + 300 + 300) / 100 = 8

26 정답 390

해설 제조원가 = 직접원가 + 제조간접비
= (직접재료비 + 직접노무비 + 직접경비) + 제조간접비
= (150 + 100 + 100) + 40 = 390

27 정답 ②

해설 창고 반입 후 발행된다. 선하증권은 선적완료 후 발행한다.

28 정답 ②

해설 지급인도조건방식(D/P)은 수입자가 대금을 지급한 이후 추심은행이 선적서류를 인도하는 방식으로 진행된다.
① 추심의뢰은행(Remitting Bank)
③ 은행의 지급확약이 없으므로 상호 성실한 계약이행에 의존하여 결제가 진행된다.
④ 추심방식에는 인수조건방식도 있다.

29 정답 ③

해설 주문불방식

30 정답 ②

해설 수출용 원자재 공급업체에게 면세가 아닌 부가가치세 영세율을 적용한다.

31 정답 현찰매매율

32 정답 과세표준

해설 관세를 과세하기 위해서는 과세요건인 과세물건, 납세의무자, 세율, 과세표준이 정해져야 한다. 과세표준은 세액을 결정하는 데 기준이 되는 과세물건의 가격 또는 수량을 말한다.

2019년도 제6회 물류 1급 실무 정답 및 해설

빠른 정답표

01	02	03	04	05	06	07	08	09	10	11	12	13	14	15	16
②	③	④	②	④	②	①	①	②	③	②	②	④	③	④	①
17	**18**	**19**	**20**	**21**	**22**	**23**	**24**	**25**							
③	①	④	④	②	②	③	①	②							

01 **정답** ②, 창고/공정(생산)/외주공정등록

해설 창고/장소 탭의 조회내역을 확인한다.

② M320, 제품_부산장소: 부적합 - 부, 생산공정/작업장 탭과 외주공정/작업장 탭에서도 조회하는 연습을 해보기 바란다.

창고/공정(생산)/외주공정등록

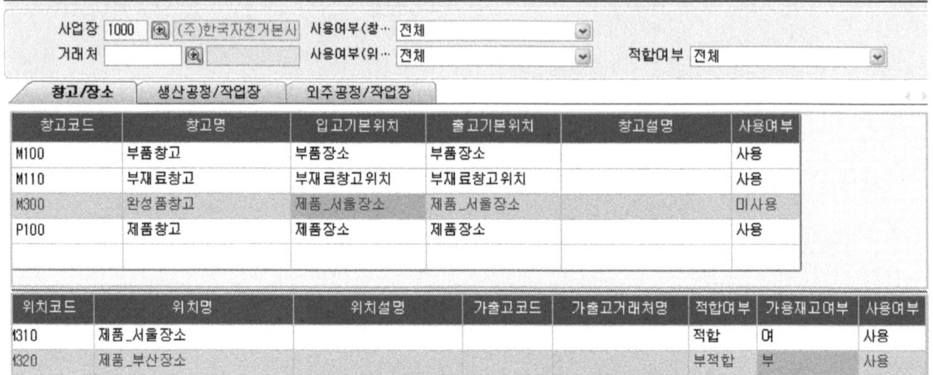

사업장 1000 (주)한국자전거본사 사용여부(창… 전체
거래처 사용여부(위… 전체 적합여부 전체

창고/장소 | 생산공정/작업장 | 외주공정/작업장

창고코드	창고명	입고기본위치	출고기본위치	창고설명	사용여부
M100	부품창고	부품장소	부품장소		사용
M110	부재료창고	부재료창고위치	부재료창고위치		사용
M300	완성품창고	제품_서울장소	제품_서울장소		미사용
P100	제품창고	제품장소	제품장소		사용

위치코드	위치명	위치설명	가출고코드	가출고거래처명	적합여부	가용재고여부	사용여부
M310	제품_서울장소				적합	여	사용
M320	제품_부산장소				부적합	부	사용

02 **정답** ③, 품목분류(대/중/소)등록

해설 조회내역에서 품명별 품목군을 확인한다. ③ 87-1002001, BREAK SYSTEM

품목분류(대/중/소)등록

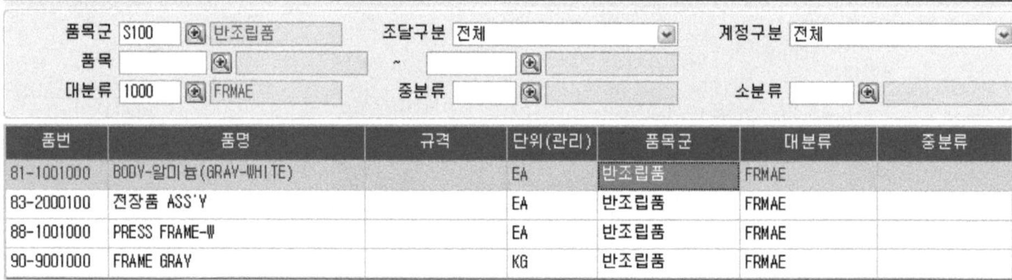

품목군 S100 반조립품 조달구분 전체 계정구분 전체
품목 ~
대분류 1000 FRMAE 중분류 소분류

품번	품명	규격	단위(관리)	품목군	대분류	중분류
81-1001000	BODY-알미늄(GRAY-WHITE)		EA	반조립품	FRMAE	
83-2000100	전장품 ASS'Y		EA	반조립품	FRMAE	
88-1001000	PRESS FRAME-W		EA	반조립품	FRMAE	
90-9001000	FRAME GRAY		KG	반조립품	FRMAE	

03 **정답** ④, 고객별출력품목등록

해설 조회내역의 고객별 출력품목을 확인한다.

④ 고객명: ㈜형광램프 출력품명: IRON FRAME LAMP

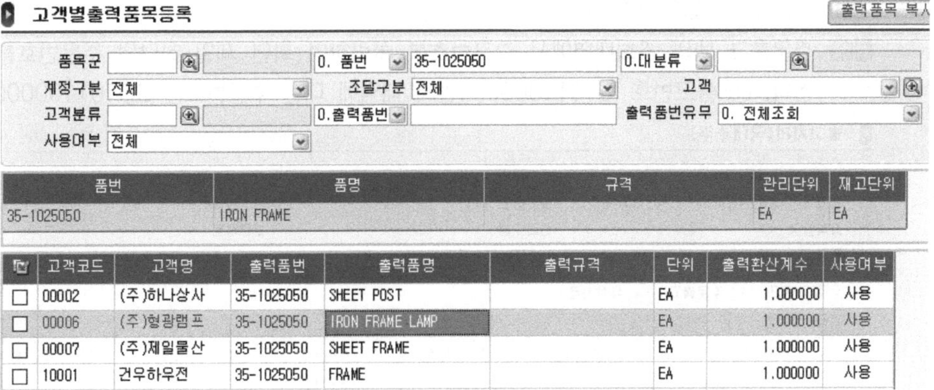

고객별출력품목등록

품번	품명	규격	관리단위	재고단위
35-1025050	IRON FRAME		EA	EA

고객코드	고객명	출력품번	출력품명	출력규격	단위	출력환산계수	사용여부
00002	(주)하나상사	35-1025050	SHEET POST		EA	1.000000	사용
00006	(주)형광램프	35-1025050	IRON FRAME LAMP		EA	1.000000	사용
00007	(주)제일물산	35-1025050	SHEET FRAME		EA	1.000000	사용
10001	건우하우전	35-1025050	FRAME		EA	1.000000	사용

04 **정답** ②, 견적등록

해설 조회내역에서 견적번호별 단가구분을 확인한다. ② ES1910000002

견적등록

사업장 1000 (주)한국자전거본사 부서 2200 관리부 사원 ERP13L01 홍길동
견적기간 2019/10/01 ~ 2019/10/11 고객 2.실적담당
0. 품번 관리구분

견적번호	견적일자	고객	과세구분	단가구분	견적요청자	유효일자	담당자	비고
ES1910000001	2019/10/01	(주)빅파워	매출과세	부가세미포함			총괄담당자	
ES1910000002	2019/10/05	(주)형광램프	매출과세	부가세포함			총괄담당자	
ES1910000003	2019/10/07	(주)영동바이크	매출과세	부가세미포함			SCM담당자	
ES1910000004	2019/10/11	(주)하나상사	매출과세	부가세미포함			성민석	

05 **정답** ④, 수주등록

해설 조회내역의 하단 빈칸에서 견적적용 조회 버튼을 클릭한다. 견적기간을 입력 후 조회하여 품명별 견적잔량을 확인한다. ④ 31-10100004, 타이어: 5

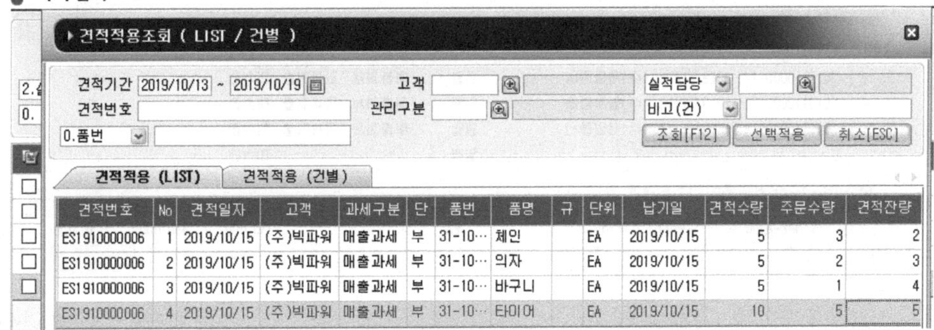

수주등록

견적적용조회 (LIST / 건별)

견적번호	No	견적일자	고객	과세구분	단	품번	품명	규	단위	납기일	견적수량	주문수량	견적잔량
ES1910000006	1	2019/10/15	(주)빅파워	매출과세	부	31-10···	체인		EA	2019/10/15	5	3	2
ES1910000006	2	2019/10/15	(주)빅파워	매출과세	부	31-10···	의자		EA	2019/10/15	5	2	3
ES1910000006	3	2019/10/15	(주)빅파워	매출과세	부	31-10···	바구니		EA	2019/10/15	5	1	4
ES1910000006	4	2019/10/15	(주)빅파워	매출과세	부	31-10···	타이어		EA	2019/10/15	10	5	5

06 **정답** ②, 출고처리(국내수주)

해설 주문출고 탭의 조회내역에서 출고번호를 클릭하여 화면 제일 하단의 주문번호를 확인한다. ② 출고번호 IS1911000004번의 내역에 대한 주문번호는 SO1911000004

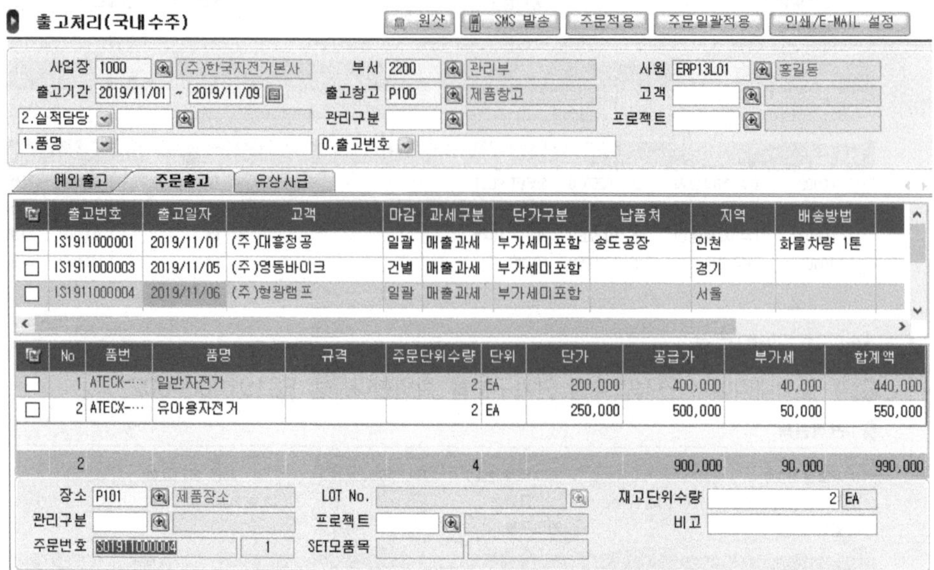

07 **정답** ①, 매출마감(국내거래)

해설 조회내역에서 출고일괄적용 버튼을 클릭하여 [보기]의 조건을 입력 후, 확인을 클릭한다. 고객별 마감번호를 클릭하여 하단 창에서 마감품목들의 합계액을 확인하여 비교한다. ① ㈜대흥정공: 1,122,000

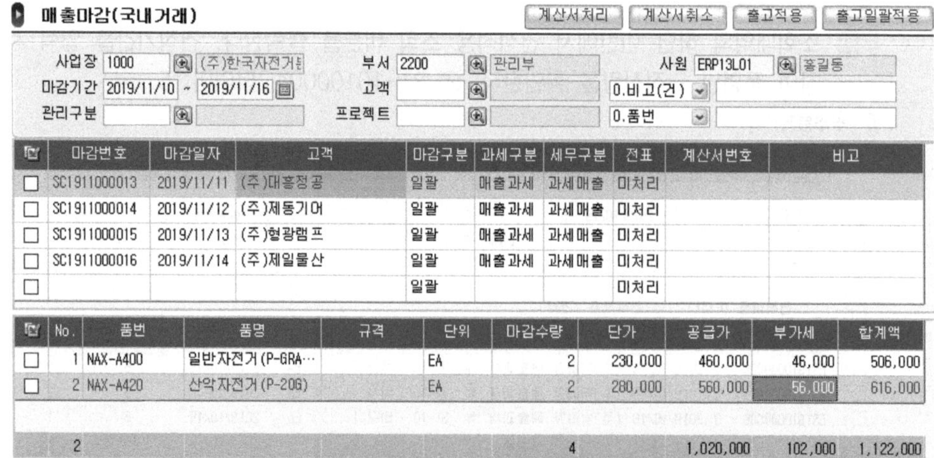

08 정답 ①, 회계처리(매출마감)

해설 1) 매출마감 탭의 조회내역에서 항목 전체를 선택 후, 전표처리 버튼을 클릭한다.

2) [보기]의 조건을 입력 후 확인을 클릭한다.

3) 회계전표 탭의 조회내역에서 마감번호를 클릭하여 하단 창에서 부가세예수금 계정과목의 금액을 확인한다.

① SC1911000001: 125,000

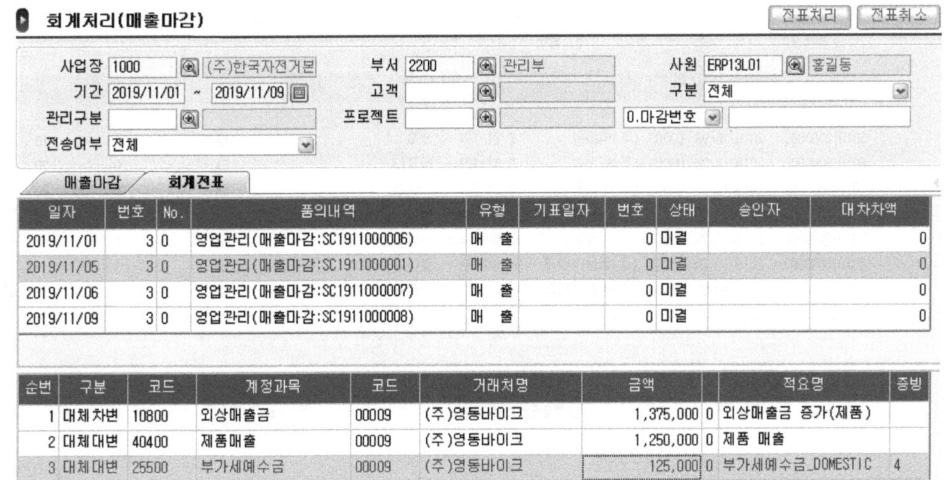

회계처리(매출마감) [전표처리] [전표취소]

사업장 1000 (주)한국자전거본 | 부서 2200 관리부 | 사원 ERP13L01 홍길동
기간 2019/11/01 ~ 2019/11/09 | 고객 | 구분 전체
관리구분 | 프로젝트 | 0.마감번호
전송여부 전체

매출마감 / 회계전표

일자	번호	No.	품의내역	유형	기표일자	번호	상태	승인자	대차차액
2019/11/01	3	0	영업관리(매출마감:SC1911000006)	매 출		0	미결		0
2019/11/05	3	0	영업관리(매출마감:SC1911000001)	매 출		0	미결		0
2019/11/06	3	0	영업관리(매출마감:SC1911000007)	매 출		0	미결		0
2019/11/09	3	0	영업관리(매출마감:SC1911000008)	매 출		0	미결		0

순번	구분	코드	계정과목	코드	거래처명	금액		적요명	증빙
1	대체차변	10800	외상매출금	00009	(주)영동바이크	1,375,000	0	외상매출금 증가(제품)	
2	대체대변	40400	제품매출	00009	(주)영동바이크	1,250,000	0	제품 매출	
3	대체대변	25500	부가세예수금	00009	(주)영동바이크	125,000	0	부가세예수금_DOMESTIC	4

09 정답 ②, 수금등록

해설 조회내역에서 수금번호를 클릭하여 하단 창에서 수금번호별 정리 내역을 확인한다.

② RC1910000002 - 선수금정리 금액: 3,000,000

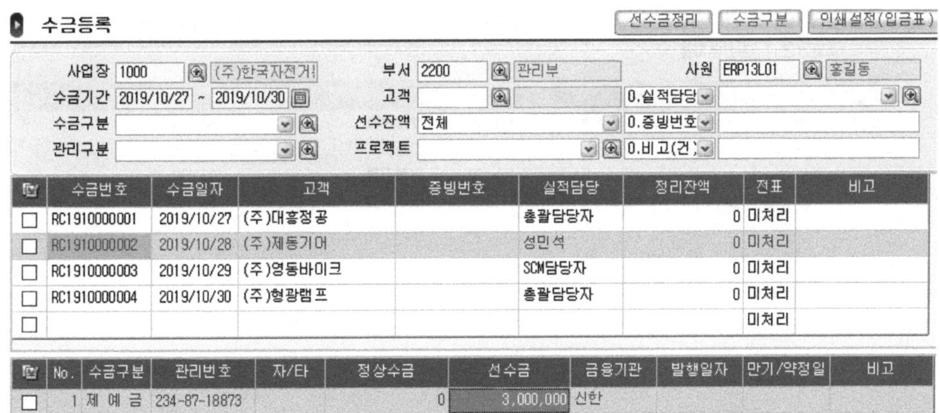

수금등록 [선수금정리] [수금구분] [인쇄설정(입금표)]

사업장 1000 (주)한국자전거! | 부서 2200 관리부 | 사원 ERP13L01 홍길동
수금기간 2019/10/27 ~ 2019/10/30 | 고객 | 0.실적담당
수금구분 | 선수잔액 전체 | 0.증빙번호
관리구분 | 프로젝트 | 0.비고(건)

	수금번호	수금일자	고객	증빙번호	실적담당	정리잔액	전표	비고
□	RC1910000001	2019/10/27	(주)대흥정공		총괄담당자	0	미처리	
□	RC1910000002	2019/10/28	(주)제동기어		성민석	0	미처리	
□	RC1910000003	2019/10/29	(주)영동바이크		SCM담당자	0	미처리	
□	RC1910000004	2019/10/30	(주)형광램프		총괄담당자	0	미처리	
□							미처리	

	No.	수금구분	관리번호	자/타	정상수금	선수금	금융기관	발행일자	만기/약정일	비고
□	1	제 예 금	234-87-18873		0	3,000,000	신한			

10 **정답** ③, 수주마감처리

해설 조회내역에서 주문번호를 클릭하여 화면 제일 하단의 '마감사유'를 각각 확인한다.

③ 고객변심

11 **정답** ②, 납품처등록

해설 조회내역에서 납품처별 운반비를 확인한다. ② 20, 산본지점: 75,000

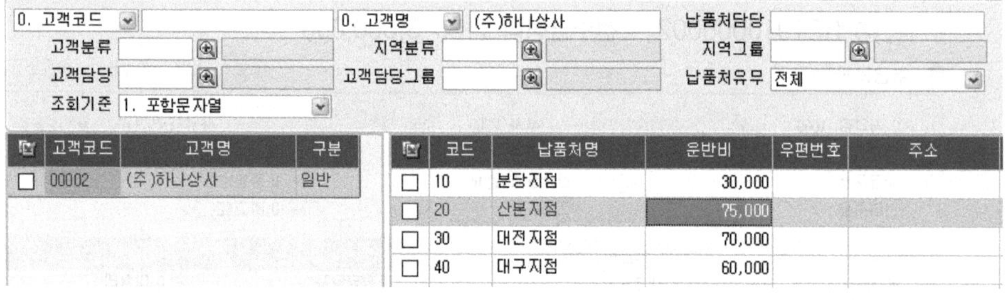

12 정답 ②, 주계획작성(MPS)

해설 1) 조회내역에서 판매계획적용 버튼을 클릭하여 [보기]의 조건을 입력 후 조회한다.
2) 조회내역에서 항목 전체를 선택하여 선택적용 버튼을 클릭한다.
3) 계획일을 직접 입력한 후, 조회내역에서 OPTION 버튼을 클릭하여 처리한다.
4) 조회내역에서 품목별 계획수량을 확인한다.
② ATECX-2000, 유아용자전거: 20

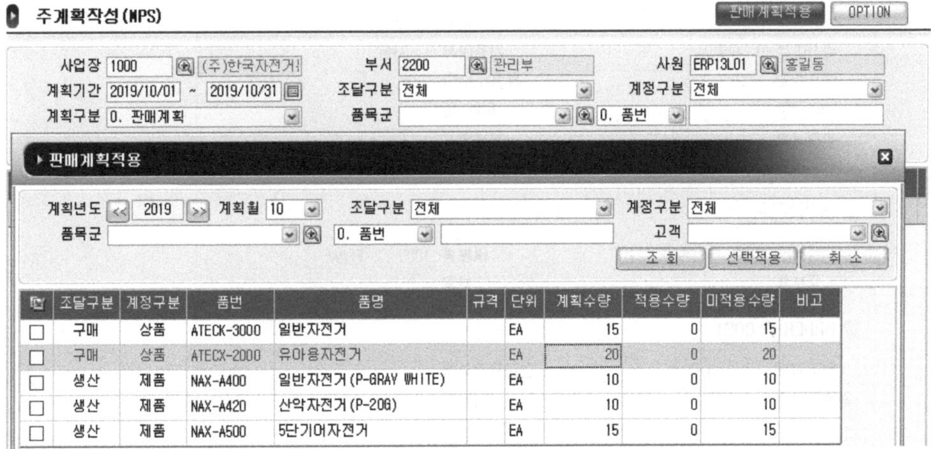

조달구분	계정구분	품번	품명	규격	단위	계획수량	적용수량	미적용수량	비고
구매	상품	ATECK-3000	일반자전거		EA	15	0	15	
구매	상품	ATECX-2000	유아용자전거		EA	20	0	20	
생산	제품	NAX-A400	일반자전거(P-GRAY WHITE)		EA	10	0	10	
생산	제품	NAX-A420	산악자전거(P-20G)		EA	10	0	10	
생산	제품	NAX-A500	5단기어자전거		EA	15	0	15	

13 정답 ④, 청구등록/부가기능(품목상세정보)

해설 1) 청구등록 조회내역에서 품목별 청구수량과 주거래처를 확인한다.
2) 품목등록 조회내역에서 품목별 계정구분과 LOT여부는 MASTER/SPEC 탭에서 확인할 수 있다.
④ 품목 21-1060700, FRAME-NUT는 LOT여부가 '미사용'인 품목이다.
부가기능(품목상세정보)은 품목에서 마우스 우측 버튼을 클릭하면 확인할 수 있다

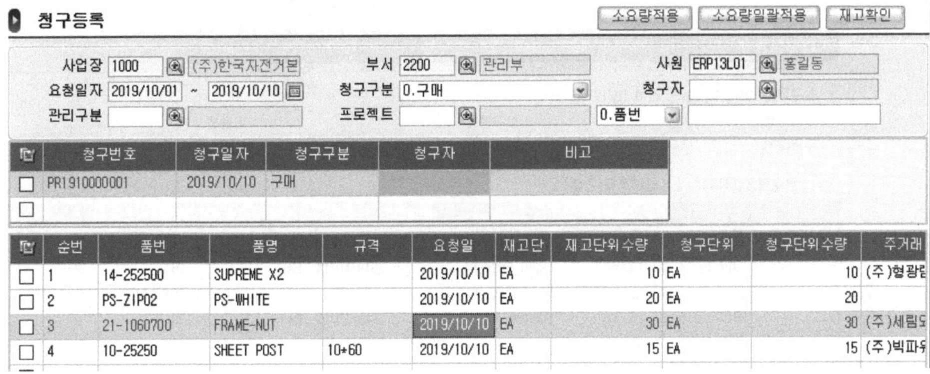

청구번호	청구일자	청구구분	청구자	비고
PR1910000001	2019/10/10	구매		

순번	품번	품명	규격	요청일	재고단	재고단위수량	청구단위	청구단위수량	주거래
1	14-252500	SUPREME X2		2019/10/10	EA	10	EA	10	(주)형광
2	PS-ZIP02	PS-WHITE		2019/10/10	EA	20	EA	20	
3	21-1060700	FRAME-NUT		2019/10/10	EA	30	EA	30	(주)세림
4	10-25250	SHEET POST	10*60	2019/10/10	EA	15	EA	15	(주)빅파

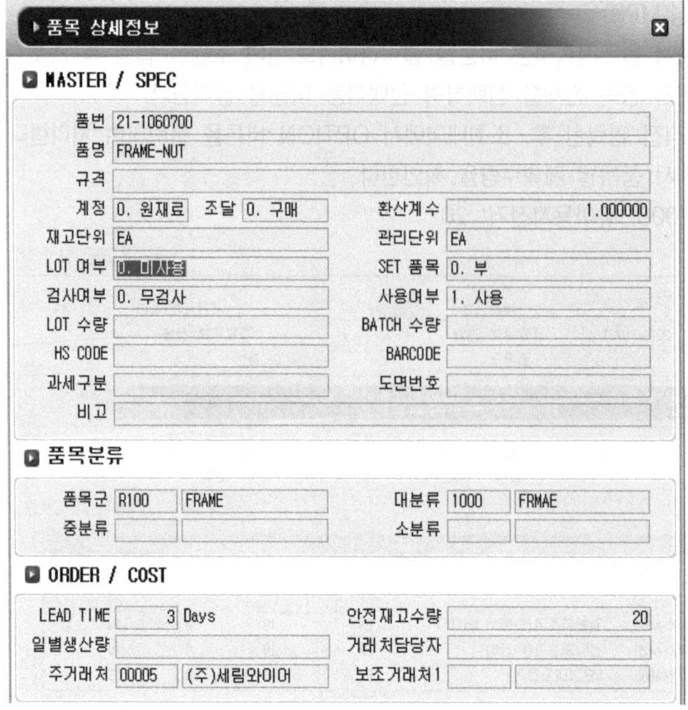

14 정답 ③, 발주등록

해설 1) 조회내역에서 청구적용 조회 버튼을 클릭한다.

2) 청구기간을 입력 후 조회하여 품목별 청구잔량을 확인한다.

③ 21-1070700, FRAME-티타늄: 30

조회 항목 일부/전체를 선택하여 선택적용/일괄적용 버튼을 이용하여 발주등록을 할 수 있으므로 연습해보기 바란다.

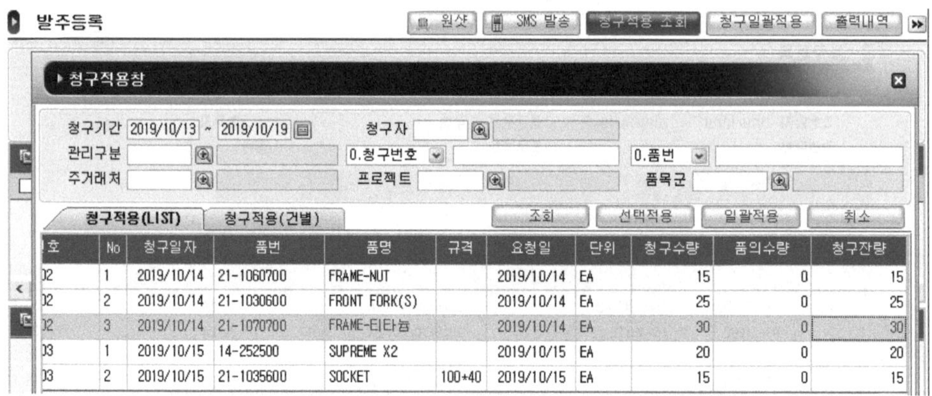

호	No	청구일자	품번	품명	규격	요청일	단위	청구수량	품의수량	청구잔량
02	1	2019/10/14	21-1060700	FRAME-NUT		2019/10/14	EA	15	0	15
02	2	2019/10/14	21-1030600	FRONT FORK(S)		2019/10/14	EA	25	0	25
02	3	2019/10/14	21-1070700	FRAME-티타늄		2019/10/14	EA	30	0	30
03	1	2019/10/15	14-252500	SUPREME X2		2019/10/15	EA	20	0	20
03	2	2019/10/15	21-1035600	SOCKET	100+40	2019/10/15	EA	15	0	15

15 **정답** ④, 입고처리(국내발주)

해설 1) 조회내역의 하단 창에 있는 특정 품목을 클릭하여 마우스 우측 버튼을 클릭한다.

2) 해당 품목의 이력정보 창에서 'PREVIOUS Progress' 메뉴를 확인한다. 이전 단계 메뉴가 있으면 적용받았음을 의미한다. 다른 품목에 대해서도 동일한 방법으로 확인해 보기 바란다.

④ 21-1060850, WHEEL FRONT-MTB

16 **정답** ①, 매입마감(국내거래)

해설 조회내역에서 마감번호를 클릭하여 하단 창에서 품목별 합계액의 합계를 확인한다.

① ㈜대흥정공: 4,339,500

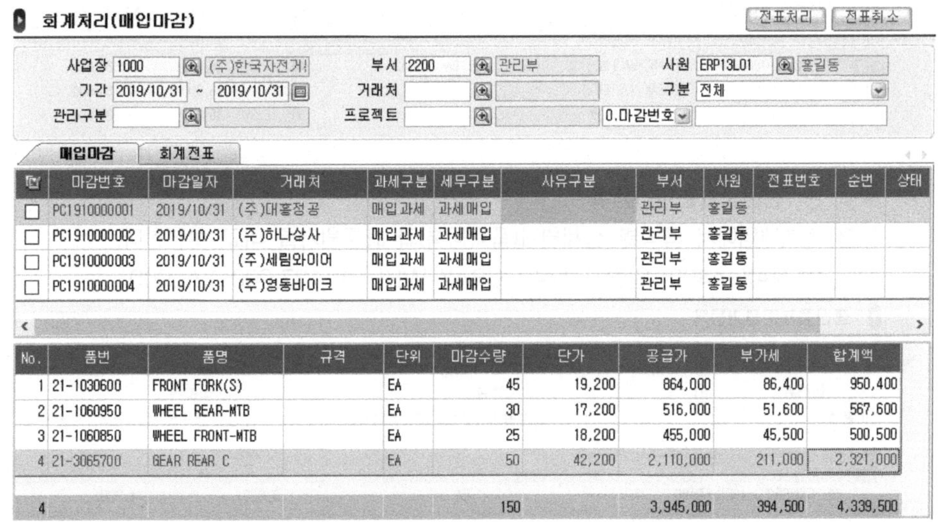

회계처리(매입마감)

전표처리 | 전표취소

사업장 1000 (주)한국자전거 | 부서 2200 관리부 | 사원 ERP13L01 홍길동
기간 2019/10/31 ~ 2019/10/31 | 거래처 | 구분 전체
관리구분 | 프로젝트 | 0.마감번호

매입마감 | 회계전표

	마감번호	마감일자	거래처	과세구분	세무구분	사유구분	부서	사원	전표번호	순번	상태
□	PC1910000001	2019/10/31	(주)대흥정공	매입과세	과세매입		관리부	홍길동			
□	PC1910000002	2019/10/31	(주)하나상사	매입과세	과세매입		관리부	홍길동			
□	PC1910000003	2019/10/31	(주)세림와이어	매입과세	과세매입		관리부	홍길동			
□	PC1910000004	2019/10/31	(주)영동바이크	매입과세	과세매입		관리부	홍길동			

No.	품번	품명	규격	단위	마감수량	단가	공급가	부가세	합계액
1	21-1030600	FRONT FORK(S)		EA	45	19,200	864,000	86,400	950,400
2	21-1060950	WHEEL REAR-MTB		EA	30	17,200	516,000	51,600	567,600
3	21-1060850	WHEEL FRONT-MTB		EA	25	18,200	455,000	45,500	500,500
4	21-3065700	GEAR REAR C		EA	50	42,200	2,110,000	211,000	2,321,000
4					150		3,945,000	394,500	4,339,500

17 **정답** ③, 재고이동등록(사업장)

해설 조회내역에서 이동일자가 10/30이고, 입고창고가 부품창고_인천지점, 입고장소가 부품/반제품_부품장소인 이동번호를 클릭하여 하단 창에서 이동수량을 확인한다.

③ MV1910000003

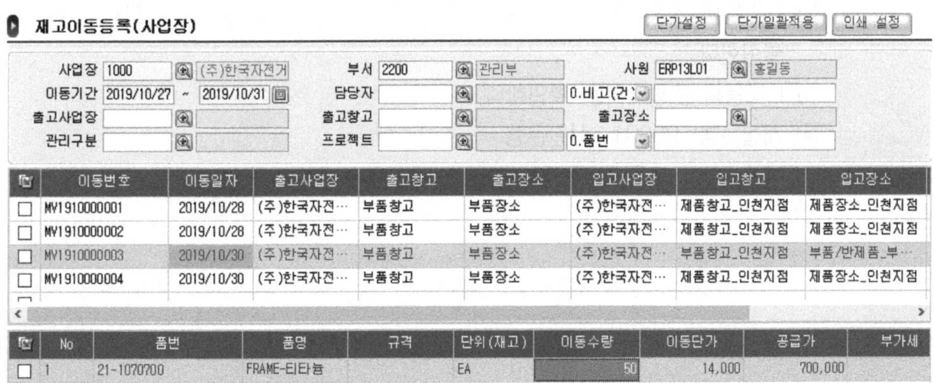

재고이동등록(사업장)

단가설정 | 단가일괄적용 | 인쇄 설정

사업장 1000 (주)한국자전거 | 부서 2200 관리부 | 사원 ERP13L01 홍길동
이동기간 2019/10/27 ~ 2019/10/31 | 담당자 | 0.비고(건)
출고사업장 | 출고창고 | 출고장소
관리구분 | 프로젝트 | 0.품번

	이동번호	이동일자	출고사업장	출고창고	출고장소	입고사업장	입고창고	입고장소
□	MV1910000001	2019/10/28	(주)한국자전…	부품창고	부품장소	(주)한국자전…	제품창고_인천지점	제품장소_인천지점
□	MV1910000002	2019/10/28	(주)한국자전…	부품창고	부품장소	(주)한국자전…	제품창고_인천지점	제품장소_인천지점
□	MV1910000003	2019/10/30	(주)한국자전…	부품창고	부품장소	(주)한국자전…	부품창고_인천지점	부품/반제품_부…
□	MV1910000004	2019/10/30	(주)한국자전…	부품창고	부품장소	(주)한국자전…	제품창고_인천지점	제품장소_인천지점

	No	품번	품명	규격	단위(재고)	이동수량	이동단가	공급가	부가세
□	1	21-1070700	FRAME-티타늄		EA	50	14,000	700,000	

18 정답 ①, 기초재고/재고조정등록 - 출고조정 탭에서 조회한다.

해설 출고조정 탭의 조회내역에서 하단 창의 품목별 조정수량을 확인한다. FRAME-티타늄 품목이 30EA 출고(조정)되었으므로 재고량은 감소한다.

조정번호	조정일자	창고	장소	담당자	거래처	비고
IA1910000001	2019/10/31	부품창고	부품장소			

No	품번	품명	규격	단위(재	조정수량	단가	금액	LOT
1	21-1070700	FRAME-티타늄		EA	30	14,000	420,000	
2	21-1080800	FRAME-알미늄		EA	40	38,000	1,520,000	
3	87-1002001	BREAK SYSTEM		EA	-20	55,000	-1,100,000	
4	88-1001000	PRESS FRAME-W		EA	30	46,000	1,380,000	

19 정답 ④, 생산품표준원가등록

해설 조회내역에서 품목별 실제원가(품목등록)과 표준원가를 비교 확인한다.

④ NAX-A400, 일반자전거(P-GRAY WHITE): 137,000-138,000

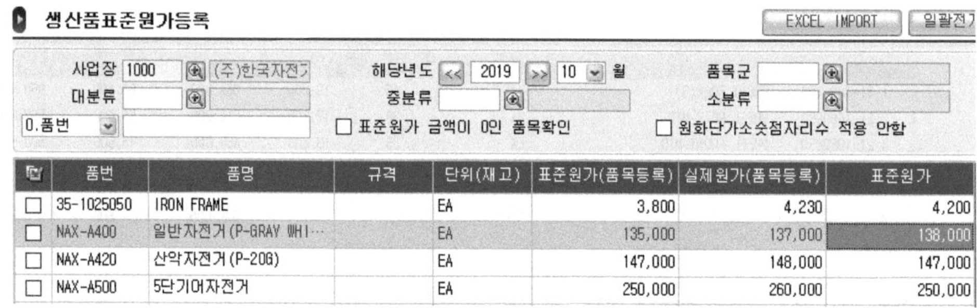

품번	품명	규격	단위(재고)	표준원가(품목등록)	실제원가(품목등록)	표준원가
35-1025050	IRON FRAME		EA	3,800	4,230	4,200
NAX-A400	일반자전거(P-GRAY WHI…		EA	135,000	137,000	138,000
NAX-A420	산악자전거(P-20G)		EA	147,000	148,000	147,000
NAX-A500	5단기어자전거		EA	250,000	260,000	250,000

20 정답 ④, MASTER L/C수출 ▻ L/C등록

해설 1) [보기]의 조건을 입력하여 조회한다.

2) L/C등록 창의 조회내역에서 출력된 항목을 선택(체크)하여 선택항목 편집 버튼을 클릭한다.

3) L/C등록 조회내역을 확인한다.

④ 개설은행: 90001, 신한은행

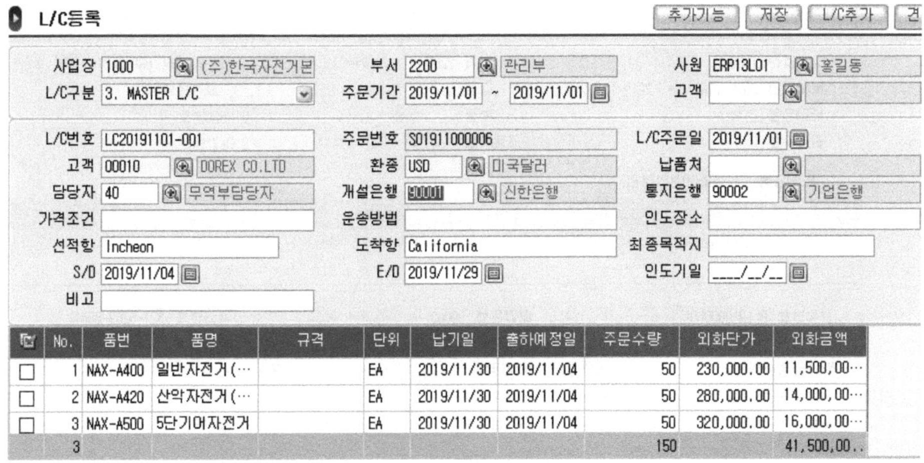

L/C등록

추가기능 | 저장 | L/C추가 | 견

사업장	1000 (주)한국자전거본	부서	2200 관리부	사원	ERP13L01 홍길동
L/C구분	3. MASTER L/C	주문기간	2019/11/01 ~ 2019/11/01	고객	
L/C번호	LC20191101-001	주문번호	S01911000006	L/C주문일	2019/11/01
고객	00010 DOREX CO.LTD	환종	USD 미국달러	납품처	
담당자	40 무역부담당자	개설은행	90001 신한은행	통지은행	90002 기업은행
가격조건		운송방법		인도장소	
선적항	Incheon	도착항	California	최종목적지	
S/D	2019/11/04	E/D	2019/11/29	인도기일	____/__/__
비고					

No.	품번	품명	규격	단위	납기일	출하예정일	주문수량	외화단가	외화금액
1	NAX-A400	일반자전거(…		EA	2019/11/30	2019/11/04	50	230,000.00	11,500,00…
2	NAX-A420	산악자전거(…		EA	2019/11/30	2019/11/04	50	280,000.00	14,000,00…
3	NAX-A500	5단기어자전거		EA	2019/11/30	2019/11/04	50	320,000.00	16,000,00…
3							150		41,500,00..

21 **정답** ②, MASTER L/C수출 ▻ 선적등록

해설 1) [보기]의 조건을 입력하여 조회한다.

2) 출고일괄적용 버튼을 클릭하여 [보기]의 조건을 입력하여 확인을 클릭한다.

3) [보기]의 조건을 입력하여 확인을 클릭한다.

4) 선적등록 조회내역에서 B/L번호를 클릭하여 하단 창에서 품목별 원화금액을 확인한다.

② ATECX-2000, 유아용자전거: 23,040,000

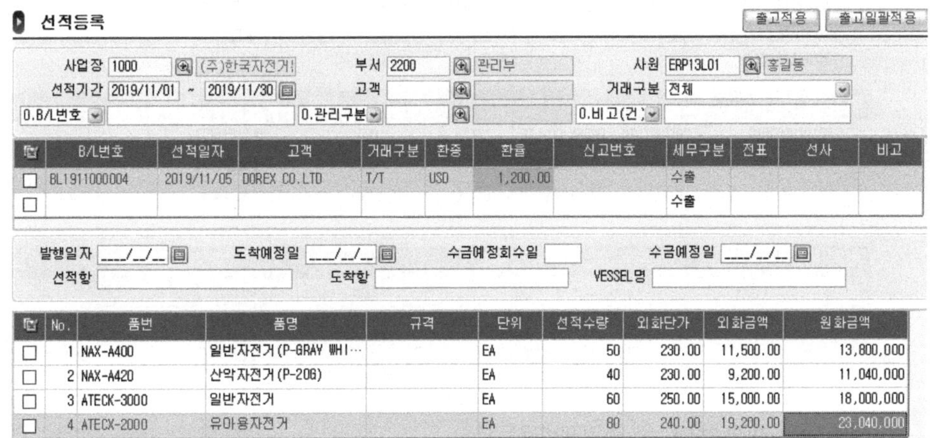

선적등록

출고적용 | 출고일괄적용

사업장	1000 (주)한국자전거	부서	2200 관리부	사원	ERP13L01 홍길동
선적기간	2019/11/01 ~ 2019/11/30	고객		거래구분	전체
0.B/L번호		0.관리구분		0.비고(건)	

B/L번호	선적일자	고객	거래구분	환종	환율	신고번호	세무구분	전표	선사	비고
BL1911000004	2019/11/05	DOREX CO.LTD	T/T	USD	1,200.00		수출			
							수출			

발행일자	____/__/__	도착예정일	____/__/__	수금예정회수일		수금예정일	____/__/__
선적항		도착항		VESSEL명			

No.	품번	품명	규격	단위	선적수량	외화단가	외화금액	원화금액
1	NAX-A400	일반자전거(P-GRAY WHI…		EA	50	230.00	11,500.00	13,800,000
2	NAX-A420	산악자전거(P-20G)		EA	40	230.00	9,200.00	11,040,000
3	ATECK-3000	일반자전거		EA	60	250.00	15,000.00	18,000,000
4	ATECX-2000	유아용자전거		EA	80	240.00	19,200.00	23,040,000

22 **정답** ②, MASTER L/C수출 ▻ NEGO등록

해설 조회내역에서 NEGO번호를 클릭하여 확인한다.

② 외화차손익은 1,530,000

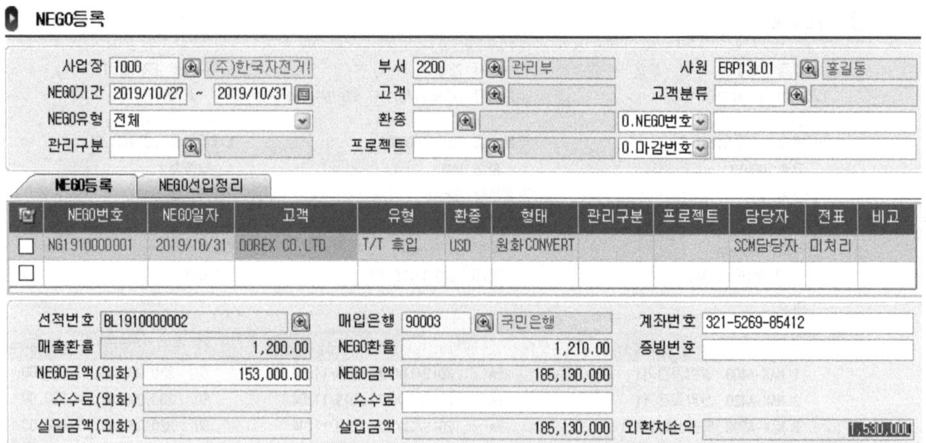

23 **정답** ③, 기타(수입) ▻ 해외발주등록

해설 1) 거래처 필드에서 거래처 'DOREX CO.LTD'를 선택 후 조회한다.

2) 조회내역에서 3가지 항목을 각각 클릭하여 하단 창에서 품목 WHEEL FRONT-MTB의 발주수량을 확인하여 합산한다.

③ 400 (=150+100+150)

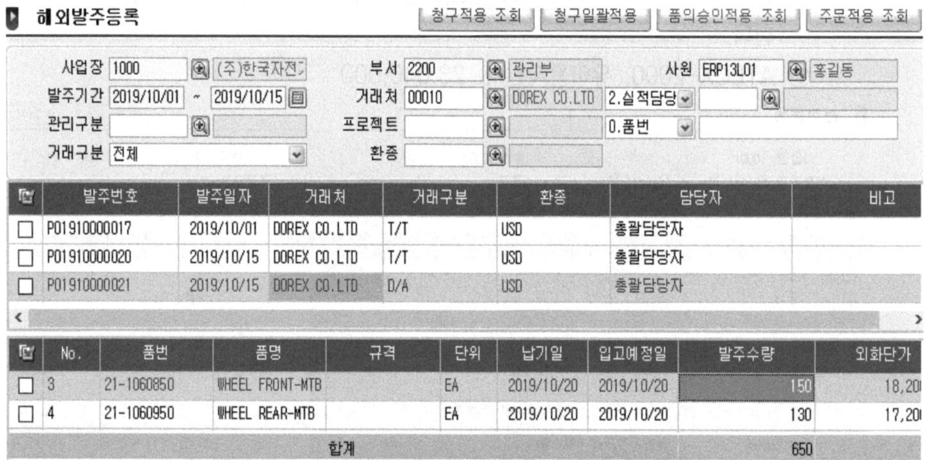

24 **정답** ①, 기타(수입) ▻ 수입제비용등록

해설 조회내역에서 비용번호를 클릭하여 하단 창에서 물품대 공급가를 각각 확인한다.

① EC1910000001: 144,000,000

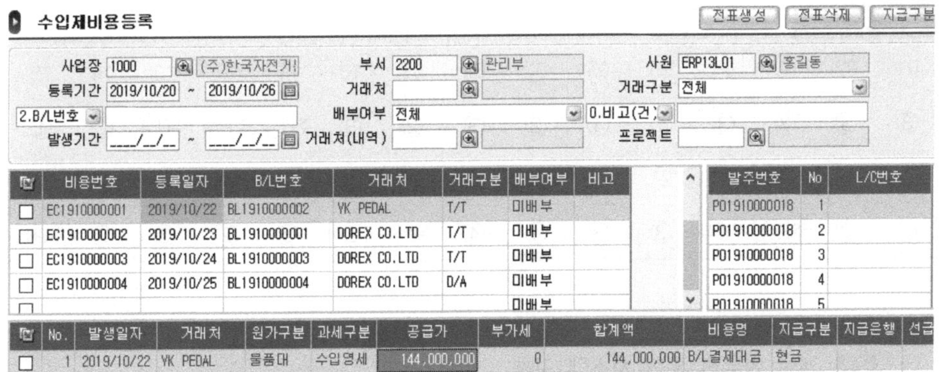

25 **정답** ②, 기타(수입) ▻ 미착품원가정산

해설 1) 입고기간만 입력하여 조회한다.

2) 조회된 항목을 선택 후, 배부조정 버튼을 클릭하여 정산일자를 입력 후 확인 버튼을 클릭한다.

3) 배부조정 창의 조회내역에서 WHEEL REAR-MTB 품목의 배부조정후금액을 확인한다.

② 5,405,860

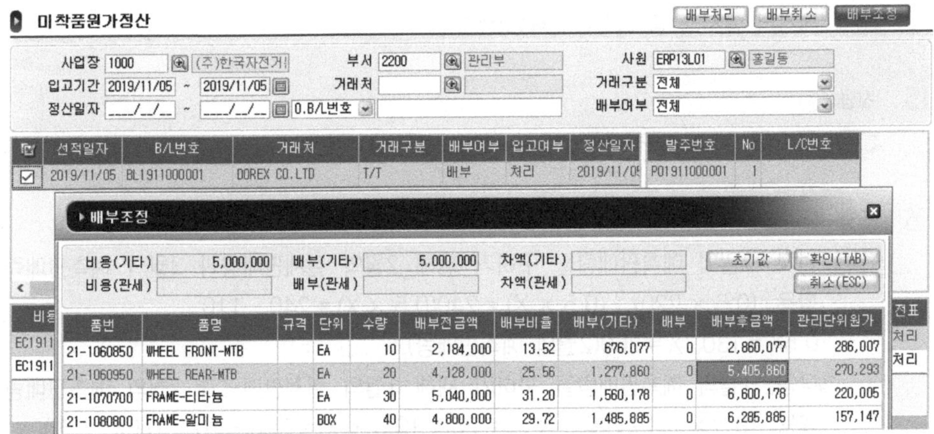

2019년도 제5회 물류 1급 이론 정답 및 해설

빠른 정답표

01	02	03	04	05	06	07	08	09	10	11	12	13	14	15	16
③	③	③	③	①	④	②	③	②	③	주관식	주관식	주관식	②	①	④
17	18	19	20	21	22	23	24	25	26	27	28	29	30	31	32
③	③	주관식	주관식	③	③	④	④	주관식	주관식	③	②	③	②	주관식	주관식

01 정답 ③

해설 개별 업무의 통합 시스템 구축

02 정답 ③

해설 분석 - 설계 - 구축 - 구현

03 정답 ③

해설 기존 업무처리 방식을 개선하여 ERP 패키지를 수정하는 방법

04 정답 ③

해설 패키지 설치는 설계단계에 해당한다.

05 정답 ①

해설 BPR(Business Process Re-engineering)

06 정답 ④

해설 먼저, 2월의 예측판매량을 구하기 위해 2월의 실제판매량과 3월의 예측판매량 값을 활용, (0.5 × 220) + (0.5 × X) = 240(0.5 × X) = 240 - 110
0.5X = 130, X = 260(2월의 예측판매량)
다음, 1월의 예측판매량을 구하기 위해 1월의 실제판매량과 2월의 예측판매량 값을 활용, (0.5 × 200) + (0.5 × X) = 260, (0.5 × X) = 260 - 100, 0.5X = 160,
X = 320(1월의 예측판매량)

07 정답 ②

해설 판매계획 순서는 시장조사 → 수요예측 → 판매예측 → 판매목표설정 → 판매할당 순서로 이루어진다.

08 정답 ③

해설 도매가격(도매매입원가 + 도매 영업비 + 도매 이익) + (소매 영업비 + 소매이익)
= (7,000 + 1,000 + 1,000) + (2,000 + 1,000) = 12,000

09 정답 ②
해설 안전성

10 정답 ③
해설 매출채권 회전율 = 매출액 / 매출채권 = 1,600,000원 / 160,000원 = 10
매출채권이 연10회 회전한다는 의미이므로, 1회당 회전기간은 1년(365일)의 1/10인 36.5일이 된다.

11 정답 160만원
해설 손익분기점 매출액 = 고정비 / (1 − 변동비율) = 80만원 / (1 − 500 / 1,000) = 160만원

12 정답 180만원
해설
- 목표매출액 = 금년도 자사 매출액 × (1 + 시장확대율) × (1 + 시장신장율)
  - 시장확대율 = 전년 대비 자사 시장점유율 증가율
  - 시장신장율 = 전년 대비 당해 업계 총매출액 증가율
- 목표매출액 = 100 × 1.5 × 1.2 = 180

13 정답 총매출액
해설 여신한도액 = 과거 3년간의 [총매출액 − 매출채권 잔액] × 평균 총이익율

14 정답 ②
해설 채찍효과(Bull-whip Effect)

15 정답 ①
해설 크로스도킹(Cross Docking) 운영 방식

16 정답 ④
해설 재고부족 비용은 재고부족으로 인한 납기 지연, 판매기회 상실, 신용도 하락 등과 관련된 손실비용이다.

17 정답 ③
해설 ① 나중에 매입한 상품을 나중에 출고한다.
② 물가 상승 시 세금이 늘어날 수 있다.
④ 물가 상승 시 회사가 부담하는 위험이 커지므로 보수적 기법이 아니다.

18 정답 ③
해설 고객처별 물류거점 운영으로 고객 요구에 신속한 대응이 가능하다.

19 정답 품질

20 정답 57

해설 • 발주량 = 목표재고 − 현재고 = 62 − 5 = 57

• 목표재고 = 검토 주기 동안의 수요 + 구매 리드타임 동안의 수요 + 안전재고
= 50 + 10 + 2 = 62

21 정답 ③

해설 수시구매에 해당

22 정답 ③

해설 구매가격을 제품원가에 판매관리비와 목표이익을 가산하여 결정한다.

23 정답 ④

해설 분산구매의 장점

A. 구매수속이 간단하고 구매기간이 줄어든다.

C. 긴급수요에 즉각 대처할 수 있다.

D. 해당 지역과 호의적인 관계를 유지할 수 있다.

24 정답 ④

해설 손익분기점분석 방식, 목표투자이익율 방식은 비용 중심적 가격결정방법, 구매가격 예측 방식은 구매자 중심적 가격결정 방식, 경쟁기업 가격기준 방식은 경쟁자중심적 가격결정 방식이다.

25 정답 협정

해설 협정가격에 대한 설명이다. 협정가격은 일반적으로 공공요금 성격을 갖는 교통비, 이발료, 목욕료 등 공정거래를 위해 설정된 각종 업계의 협정가격이 있다.

26 정답 5, 5, 10

해설 • 5/10 선일부 현금할인(Advanced Dating)

거래일자를 늦추어 기입하여 대금지불 일자를 연기하여 현금할인의 기산일을 거래일보다 늦추어 잡게 되는 방식이다. 예를 들어, 거래일이 10월 1일인 경우 거래일자를 10월 15일로 기입하고 '5/10 Advanced'를 결제조건으로 하면 할인기산일로부터 10일 이내, 즉 10월 25일까지만 지불이 되면 5%의 현금할인이 적용되도록 하는 방식이다.

• 5/5 구매당월락 현금할인(EOM; End-of Month Dating)

구매당월은 할인기간에 산입하지 않고 익월부터 시작하게 되는 방식이다. 예를 들어 3월 25일 거래일의 결제조건이 '5/5 EOM'인 경우 5%의 할인을 받으려면 4월 5

일까지 대금을 지불하면 된다. 관습상 25일 익월에 행해진 것으로 간주되어 그 할인기간이 익월의 1일부터 기산되어지는 것이 보통이다.

- 수취일기준 현금할인(ROG; Receipt-of-Goods Dating)
  할인기간의 시작일을 거래일로 하지 않고 송장(Invoice)의 하수일을 기준으로 할인하는 방식이다. 무역거래 등의 원거리 수송이 필요할 때 구매거래처의 대금지급일을 연기해 주는 효과가 있다. 예를 들어 '10/30 ROG'인 경우 선적화물 수취일로부터 30일 이내에 현금지급일 경우 10%의 현금할인이 적용되는 방식이다.

27 정답 ③

해설 내국신용장은 원수출자인 구매자의 수출여부에 상관없이 내국신용장 개설은행으로부터 판매대금을 확실하게 회수할 수 있다는 장점을 갖는다.

28 정답 ②

해설 INCOTERMS2010의 거래조건 중 FOB(Free On Board) 거래조건에 대한 설명이다.

29 정답 ③

해설 ① 항공회사가 발행하는 유가증권은 해상운송의 선하증권에 해당하는 항공화물 운송장이다.
② 선하증권은 무기명식으로도 발행된다,
④ 선하증권은 양도성이 있다.

30 정답 ②

해설 전신환(T/T) 매매율은 환어음의 결제를 전신으로 행하는 경우 적용되는 환율로 타 매매율 결정의 기준이 된다.

31 정답 과세표준

관세를 과세하기 위해서는 과세요건인 과세물건, 납세의무자, 세율, 과세표준이 정해져야 한다. 과세표준은 세액을 결정하는 데 기준이 되는 과세물건의가격 또는 수량을 말한다.

32 정답 지급인도조건(방식)

해설 D/P(Documents Against Payment)

2019년도 제5회 물류 1급 실무 정답 및 해설

빠른 정답표

01	02	03	04	05	06	07	08	09	10	11	12	13	14	15	16
④	①	③	②	②	④	①	③	④	④	③	①	②	④	②	①
17	18	19	20	21	22	23	24	25							
④	②	①	③	②	③	④	①	②							

01 정답 ④, 품목등록

해설 조회내역의 품목을 클릭하여 우측 창의 MASTER/SPEC 탭과 ORDER/COST 탭에서 각각 확인한다. 품목의 환산계수는 관리단위수량과 재고단위수량의 비율이다. 환산계수는 생산수량에 영향을 주지 않는다.

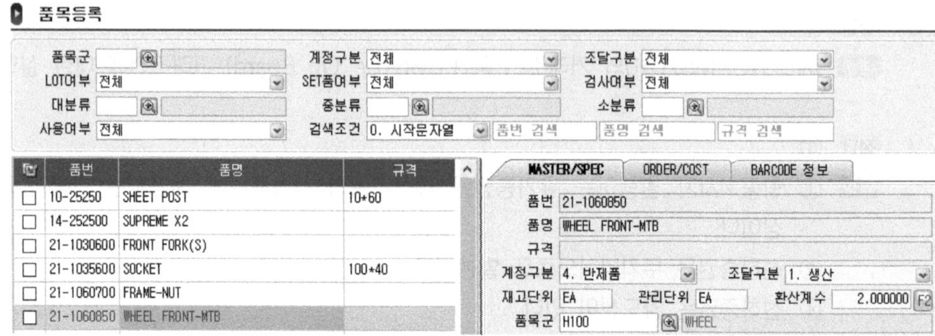

02 정답 ①, 검사유형등록

해설 조회내역에서 검사유형별 사용여부를 확인한다. 01. 조립검사는 사용여부가 미사용이다.

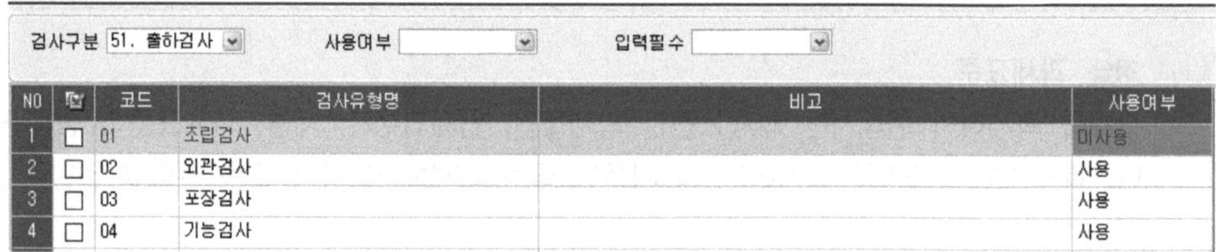

03 **정답** ③, 물류실적(품목/고객)담당자등록/물류관리내역등록

해설 [관리내역등록]이 아니라 [물류관리내역등록] 메뉴에서 지역을 등록할 수 있다.

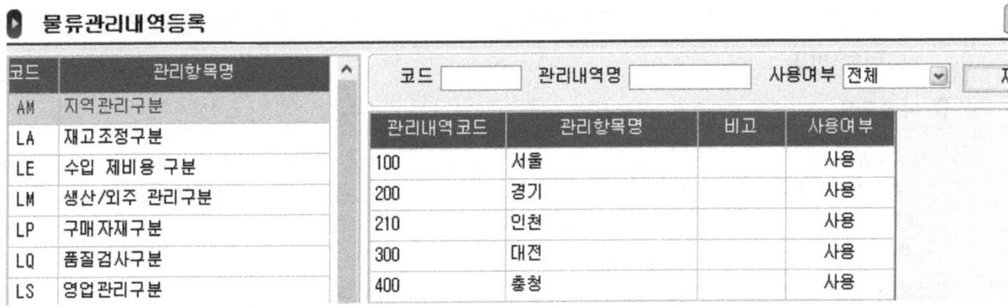

코드	관리항목명
AM	지역관리구분
LA	재고조정구분
LE	수입 제비용 구분
LM	생산/외주 관리구분
LP	구매자재구분
LQ	품질검사구분
LS	영업관리구분

관리내역코드	관리항목명	비고	사용여부
100	서울		사용
200	경기		사용
210	인천		사용
300	대전		사용
400	충청		사용

04 **정답** ②, 견적현황

해설 조회내역에서 견적수량을 확인한다. 21-1035600, SOCKET 견적수량 215

특정 항목에서 마우스 우측 버튼을 클릭하여 '정렬 및 소계' 기능을 활용하면 조회하는 데 도움이 되므로 연습해보기 바란다.

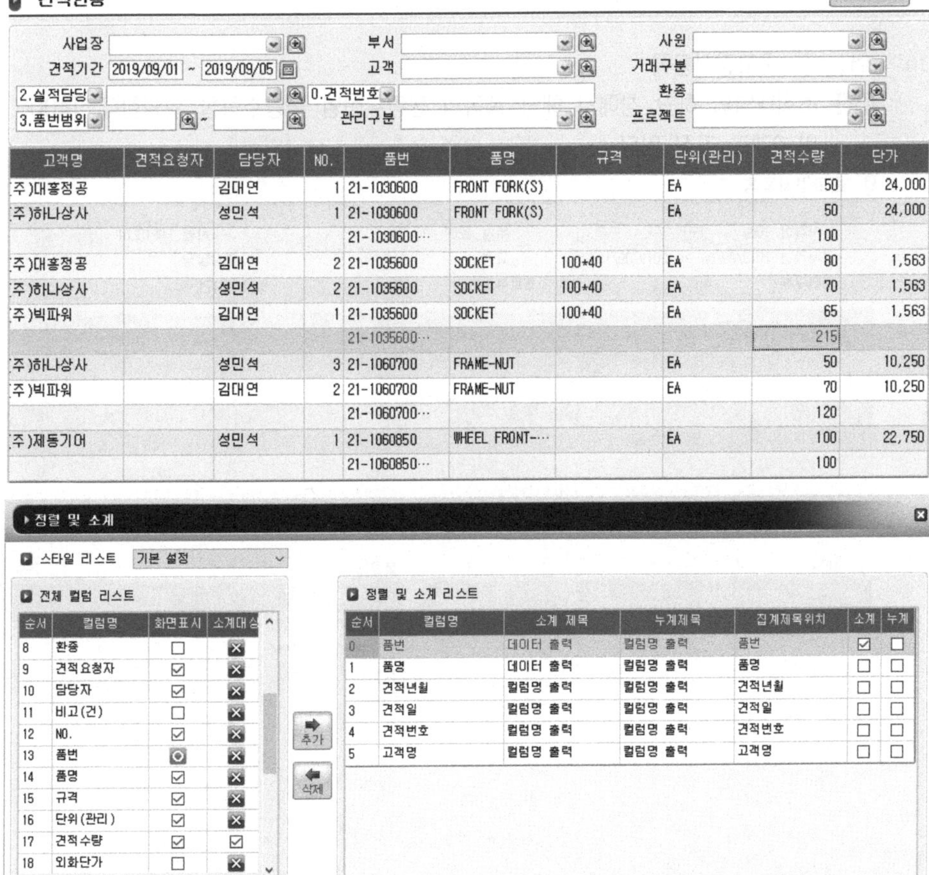

고객명	견적요청자	담당자	NO.	품번	품명	규격	단위(관리)	견적수량	단가
(주)대홍정공		김대연	1	21-1030600	FRONT FORK(S)		EA	50	24,000
(주)하나상사		성민석	1	21-1030600	FRONT FORK(S)		EA	50	24,000
				21-1030600···				100	
(주)대홍정공		김대연	2	21-1035600	SOCKET	100*40	EA	80	1,563
(주)하나상사		성민석	2	21-1035600	SOCKET	100*40	EA	70	1,563
(주)빅파워		김대연	1	21-1035600	SOCKET	100*40	EA	65	1,563
				21-1035600···				215	
(주)하나상사		성민석	3	21-1060700	FRAME-NUT		EA	50	10,250
(주)빅파워		김대연	2	21-1060700	FRAME-NUT		EA	70	10,250
				21-1060700···				120	
(주)제동기어		성민석	1	21-1060850	WHEEL FRONT-···		EA	100	22,750
				21-1060850···				100	

순서	컬럼명	화면표시	소계대상
8	환종	☐	☒
9	견적요청자	☑	☒
10	담당자	☑	☒
11	비고(건)	☐	☒
12	NO.	☑	☒
13	품번	◎	☒
14	품명	☑	☒
15	규격	☑	☒
16	단위(관리)	☑	☒
17	견적수량	☑	☑
18	외화단가	☐	☒

순서	컬럼명	소계 제목	누계제목	집계제목위치	소계	누계
0	품번	데이터 출력	컬럼명 출력	품번	☑	☐
1	품명	데이터 출력	컬럼명 출력	품명	☐	☐
2	견적년월	컬럼명 출력	컬럼명 출력	견적년월	☐	☐
3	견적일	컬럼명 출력	컬럼명 출력	견적일	☐	☐
4	견적번호	컬럼명 출력	컬럼명 출력	견적번호	☐	☐
5	고객명	컬럼명 출력	컬럼명 출력	고객명	☐	☐

05 **정답** ②, 수주등록

해설 조회내역의 하단 창에 있는 품목을 선택하여 마우스 우측 버튼을 클릭하면 [수주등록] 이력정보를 확인할 수 있다. 주문번호 ①, ③, ④는 견적 적용받았으며, ②는 직접 입력하였다.

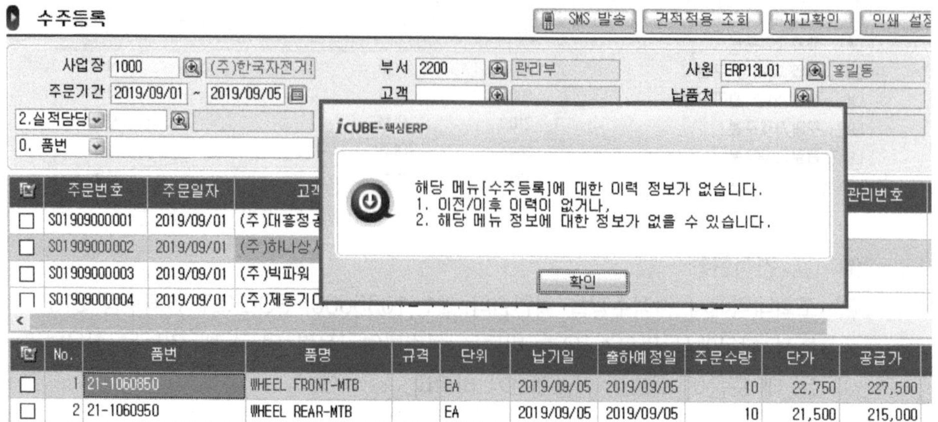

06 **정답** ④, 출고검사등록

해설 조회내역의 하단 창에서 해당 품목의 불량유형별 불량수량을 확인한다. [4000, 파손]이 2개로 가장 많다.

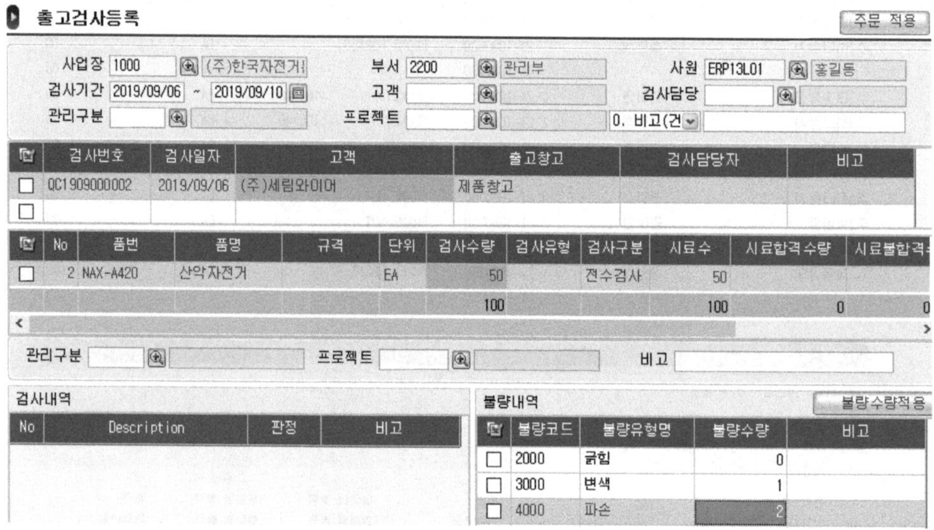

07 정답 ①, 출고처리(국내수주)

해설 [풀이1] 주문출고 탭의 조회내역 하단 빈칸에서 주문적용 버튼을 클릭한다. 주문적용 조회 창에서 품목별 주문단위잔량을 확인한다. 주문 건은 모두 무검사이므로 출고처리에서 [주문적용] 버튼을 클릭하여 확인할 수 있으며 수주미납현황으로도 확인 가능하다. 유아용자전거가 18개로 가장 많다.

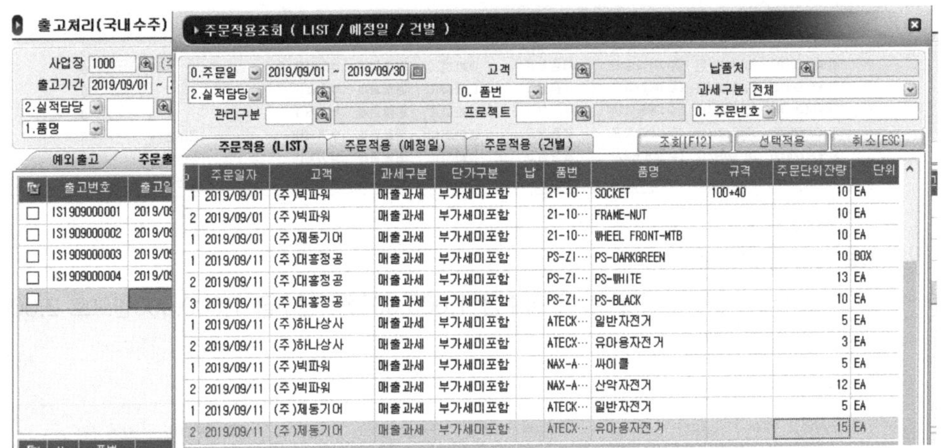

[풀이2] 수주대비출고현황에서 주문수량과 출고수량을 비교하여 수량을 계산할 수 있다. 주문일자가 9/11인 조회내역에서 유아용자전거가 2건 있는데, 첫 번째 주문 건은 주문수량이 10이고 출고수량이 7이므로 잔량이 3개 남아 있으며, 두 번째 주문 건의 주문수량은 15이나 출고수량이 0이므로 출고잔량은 합해서 18개가 된다.

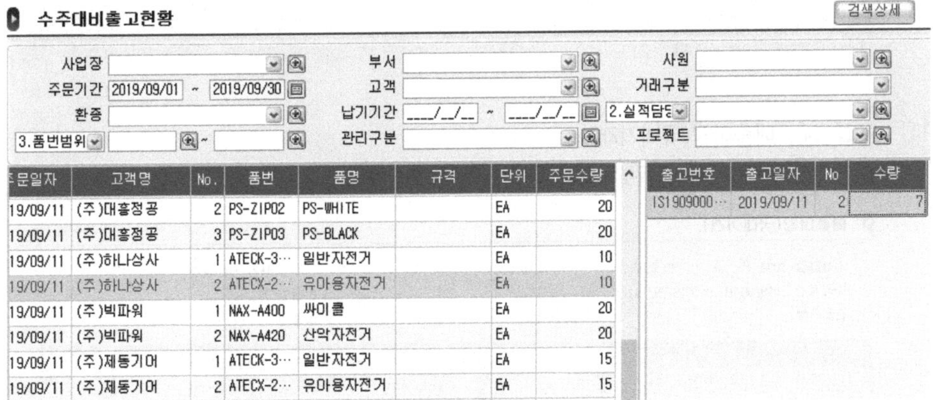

08 **정답** ③, 거래명세서발행

해설 조회내역에서 모든 출고 내역이 조회된다.

거래명세서발행

사업장 1000 (주)한국자전거본 | 부서 2200 관리부 | 사원 ERP13L01 홍길동
출고기간 2019/09/01 ~ 2019/09/30 | 고객 | 납품처
출고창고 | 출고구분 전체 | 2.실적담당
0. 품번 | 관리구분 | 프로젝트

출고번호	출고일자	고객	창고	출고구분	과세구분	단가구분	납품처	담당자	출력횟수	비고
IS1909000001	2019/09/11	(주)대흥정공	제품창고	DOMESTIC	매출과세	부가세미…			0	
IS1909000002	2019/09/11	(주)하나상사	제품창고	DOMESTIC	매출과세	부가세미…			0	
IS1909000003	2019/09/11	(주)빅파워	제품창고	DOMESTIC	매출과세	부가세미…			0	
IS1909000004	2019/09/11	(주)제동기어	제품창고	DOMESTIC	매출과세	부가세미…			0	
IS1909000005	2019/09/12	(주)대흥정공	제품창고	DOMESTIC	매출과세	부가세미…		김대연	0	
IS1909000006	2019/09/12	(주)하나상사	제품창고	DOMESTIC	매출과세	부가세미…		성민석	0	
IS1909000007	2019/09/16	(주)제일물산	제품창고	DOMESTIC	매출과세	부가세미…		김민경	0	

09 **정답** ④, 수금등록

해설 조회내역에서 ㈜빅파워는 정상수금 1,000,000원, 선수금 1,000,000원으로 2,000,000원 입금하였다.

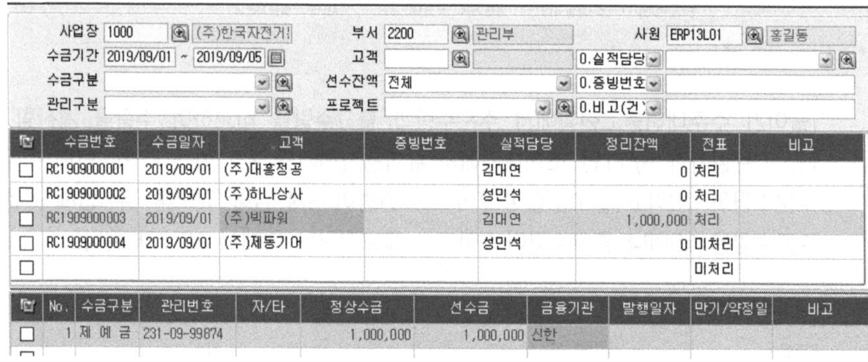

수금등록

사업장 1000 (주)한국자전거! | 부서 2200 관리부 | 사원 ERP13L01 홍길동
수금기간 2019/09/01 ~ 2019/09/05 | 고객 | 0.실적담당
수금구분 | 선수잔액 전체 | 0.증빙번호
관리구분 | 프로젝트 | 0.비고(건)

수금번호	수금일자	고객	증빙번호	실적담당	정리잔액	전표	비고
RC1909000001	2019/09/01	(주)대흥정공		김대연	0	처리	
RC1909000002	2019/09/01	(주)하나상사		성민석	0	처리	
RC1909000003	2019/09/01	(주)빅파워		김대연	1,000,000	처리	
RC1909000004	2019/09/01	(주)제동기어		성민석	0	미처리	
						미처리	

No.	수금구분	관리번호	자/타	정상수금	선수금	금융기관	발행일자	만기/약정일	비고
1	제 예 금	231-09-99874		1,000,000	1,000,000	신한			

10 **정답** ④, 매출마감(국내거래)

해설 조회내역에서 품목별 합계액의 합계를 확인한다. ④ 2,579,280원

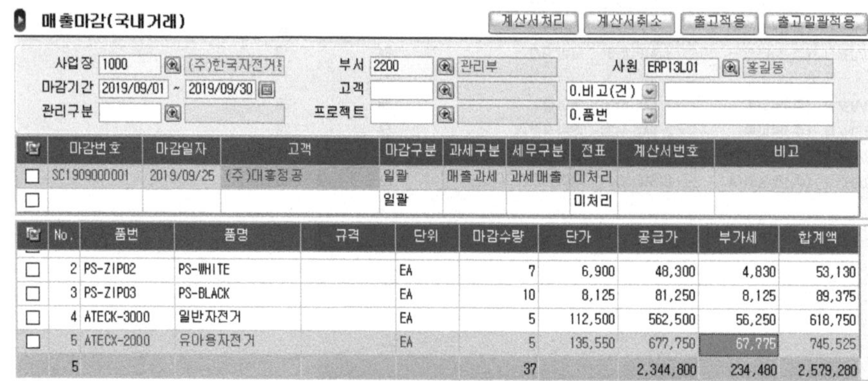

매출마감(국내거래) 계산서처리 계산서취소 출고적용 출고일괄적용

사업장 1000 (주)한국자전거 | 부서 2200 관리부 | 사원 ERP13L01 홍길동
마감기간 2019/09/01 ~ 2019/09/30 | 고객 | 0.비고(건)
관리구분 | 프로젝트 | 0.품번

마감번호	마감일자	고객	마감구분	과세구분	세무구분	전표	계산서번호	비고
SC1909000001	2019/09/25	(주)대흥정공	일괄	매출과세	과세매출	미처리		
			일괄			미처리		

No.	품번	품명	규격	단위	마감수량	단가	공급가	부가세	합계액
2	PS-ZIP02	PS-WHITE		EA	7	6,900	48,300	4,830	53,130
3	PS-ZIP03	PS-BLACK		EA	10	8,125	81,250	8,125	89,375
4	ATECK-3000	일반자전거		EA	5	112,500	562,500	56,250	618,750
5	ATECX-2000	유아용자전거		EA	5	135,550	677,750	67,775	745,525
5					37		2,344,800	234,480	2,579,280

11 **정답** ③, 매출채권회전율

해설 조회내역에서 거래처별 회전율을 확인한다. 회전율이 높은 거래처는 회수기간이 짧다는 것을 의미한다. ③ 00003, ㈜빅파워: 1.94

매출채권회전율

사업장 [ ] 조회기간 2019/09/01 ~ 2019/09/30 조회기준 0. 출고기준
고객 [ ] 고객분류 [ ] 평균매출채권 [ ] ~ [ ]
지역분류 [ ] 지역그룹 [ ]

코드	고객명	평균매출채권	순매출액	대상일수	일평균매출액	회전율	회수기간
00001	(주)대흥정공	3,861,609	2,579,280	30	85,976	0.67	45 일
00002	(주)하나상사	5,970,068	7,162,485	30	238,750	1.20	25 일
00003	(주)빅파워	3,217,098	6,228,750	30	207,625	1.94	15 일
00004	(주)제동기어	5,921,759	1,237,500	30	41,250	0.21	144 일
00005	(주)세림와이어	6,232,164	0	30	0	0.00	일
00007	(주)제일물산	13,549,869	3,437,500	30	114,583	0.25	118 일
00009	(주)영동바이크	0	0	30	0	0.00	일

12 **정답** ①, 구매관리 ▻ 주계획작성/시스템관리 모듈 ▻ 기초정보관리 ▻ 품목등록/소요량전개

해설 1) 주계획작성 조회내역에서 품목별 계획일을 확인한다.

2) 품목등록 조회내역에서 품목 모두 조달구분은 구매이므로 LEAD TIME이 발주예정일을 결정한다. ATECK-3000, 일반자전거 품목의 LEAD TIME이 5DAYS로 제일 길기 때문에 가장 먼저 발주등록을 해야 한다.

3) 소요량전개 조회내역에서 일반자전거 품목의 예정발주일(9/5)이 제일 빠르다.

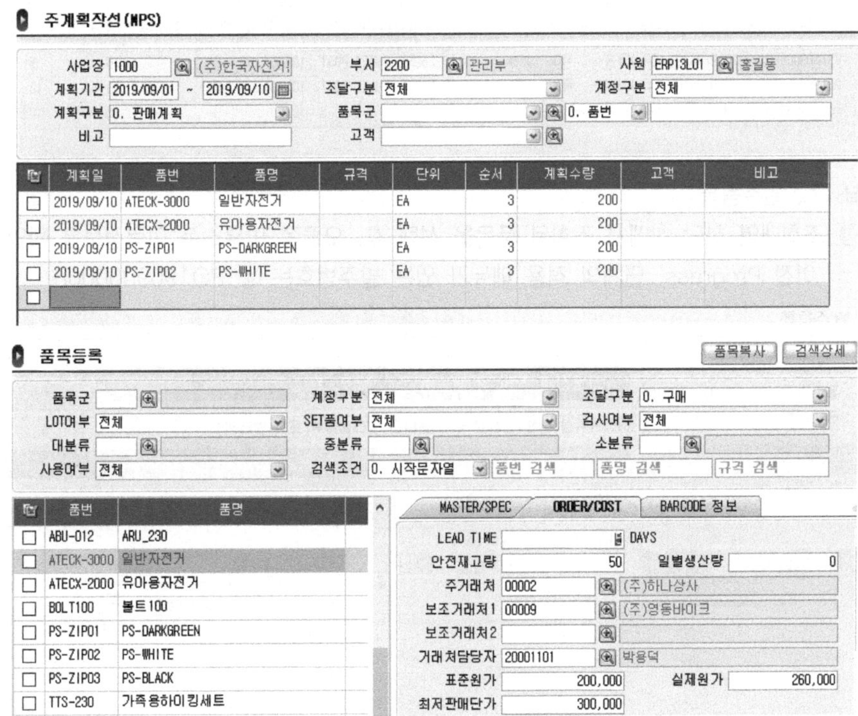

주계획작성(MPS)

사업장 1000 (주)한국자전거! 부서 2200 관리부 사원 ERP13L01 홍길동
계획기간 2019/09/01 ~ 2019/09/10 조달구분 전체 계정구분 전체
계획구분 0. 판매계획 품목군 [ ] 0. 품번 [ ]
비고 [ ] 고객 [ ]

계획일	품번	품명	규격	단위	순서	계획수량	고객	비고
2019/09/10	ATECK-3000	일반자전거		EA	3	200		
2019/09/10	ATECX-2000	유아용자전거		EA	3	200		
2019/09/10	PS-ZIP01	PS-DARKGREEN		EA	3	200		
2019/09/10	PS-ZIP02	PS-WHITE		EA	3	200		

품목등록 품목복사 검색상세

품목군 [ ] 계정구분 전체 조달구분 0. 구매
LOT여부 전체 SET품여부 전체 검사여부 전체
대분류 [ ] 중분류 [ ] 소분류 [ ]
사용여부 전체 검색조건 0. 시작문자열 품번 검색 품명 검색 규격 검색

품번	품명
ABU-012	ARU_230
ATECK-3000	일반자전거
ATECX-2000	유아용자전거
BOLT100	볼트100
PS-ZIP01	PS-DARKGREEN
PS-ZIP02	PS-WHITE
PS-ZIP03	PS-BLACK
TTS-230	가족용하이킹세트

MASTER/SPEC ORDER/COST BARCODE 정보

LEAD TIME [ ] DAYS
안전재고량 50 일별생산량 0
주거래처 00002 (주)하나상사
보조거래처1 00009 (주)영동바이크
보조거래처2 [ ]
거래처담당자 20001101 박용덕
표준원가 200,000 실제원가 260,000
최저판매단가 300,000

소요량전개(MRP)

사업장	1000	(주)한국자전거	조달구분		계정구분	
3.품번범위		~	품목군		내역조회	1. 조회함
대분류			중분류		소분류	
전개구분	0. 판매계획		계획기간	2019/09/01 ~ 2019/09/10	자품목 미존재 (반)제	

품번	품명	규격	소요일자	순번	예정발주일	예정수량	단위	계정구분
ATECK-3000	일반자전거		2019/09/10	1	2019/09/05	200	EA	상품
ATECX-2000	유아용자전거		2019/09/10	1	2019/09/07	200	EA	상품
PS-ZIP01	PS-DARKGREEN		2019/09/10	1	2019/09/08	200	EA	상품
PS-ZIP02	PS-WHITE		2019/09/10	1	2019/09/07	200	EA	상품

13 **정답** ②, 청구품의마감등록

해설 ① PS1909000001: 승인수량이 5이므로 가능수량은 5이다.
② PS1909000002: 승인수량 10으로 답이다.
③ PS1909000003: 청구품의마감등록에 마감되어 적용 불가하다.
④ PS1909000004: 미승인 상태이므로 적용 불가하다.

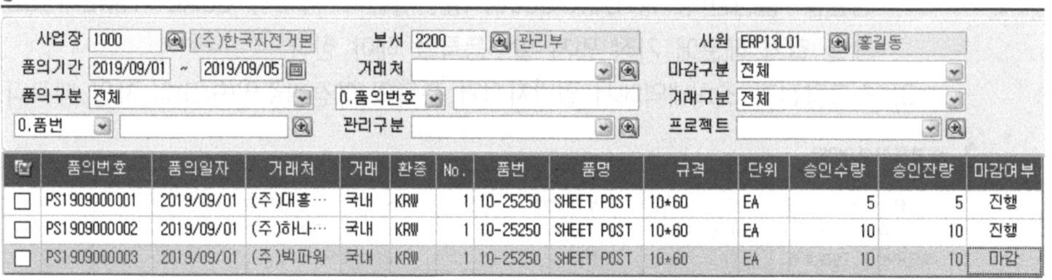

청구품의마감등록

사업장	1000	(주)한국자전거본	부서	2200 관리부	사원	ERP13L01 홍길동
품의기간	2019/09/01 ~ 2019/09/05		거래처		마감구분	전체
품의구분	전체		0.품의번호		거래구분	전체
0.품번			관리구분		프로젝트	

품의번호	품의일자	거래처	거래	환종	No.	품번	품명	규격	단위	승인수량	승인잔량	마감여부
PS1909000001	2019/09/01	(주)대흥…	국내	KRW	1	10-25250	SHEET POST	10*60	EA	5	5	진행
PS1909000002	2019/09/01	(주)하나…	국내	KRW	1	10-25250	SHEET POST	10*60	EA	10	10	진행
PS1909000003	2019/09/01	(주)빅파워	국내	KRW	1	10-25250	SHEET POST	10*60	EA	10	10	마감

14 **정답** ④, 발주등록

해설 조회내역 하단 창에서 조회된 품목을 선택 후, 오른쪽 마우스로 이력정보를 확인한다. '이전 Progress' 단계의 적용 메뉴가 있는 발주번호는 ④ PO1909000008

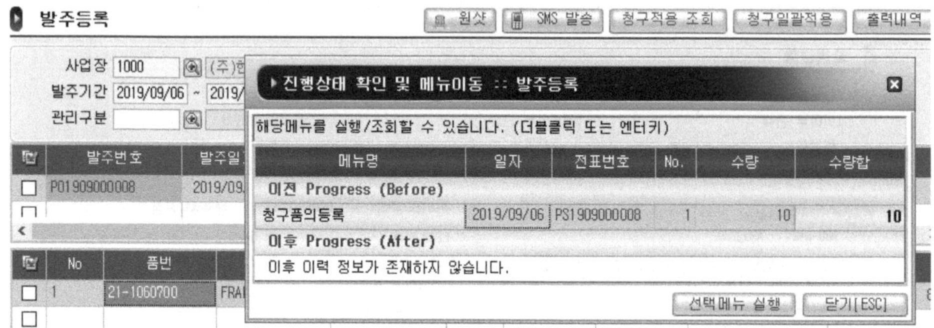

발주등록

원샷 | SMS 발송 | 청구적용 조회 | 청구일괄적용 | 출력내역

진행상태 확인 및 메뉴이동 :: 발주등록

해당메뉴를 실행/조회할 수 있습니다. (더블클릭 또는 엔터키)

메뉴명	일자	전표번호	No.	수량	수량합
이전 Progress (Before)					
청구품의등록	2019/09/06	PS1909000008	1	10	10
이후 Progress (After)					
이후 이력 정보가 존재하지 않습니다.					

선택메뉴 실행 | 닫기[ESC]

15 정답 ②, 입고현황

해설 조회내역에서 품명별 소계를 확인한다. (정렬 및 소계 기능을 활용함)
[FRAME-알미늄]: 30 [FRAME-NUT]: 50 [FRAME-티타늄]: 80 [WIRING-DE]: 150

입고현황 검색상세

사업장 1000 (주)한국자전거본사 | 부서 | 사원
입고기간 2019/09/06 ~ 2019/09/10 | 거래처 | 거래구분
환종 | 2.실적담당 | 0.입고번호
3.품번범위 ~ | 관리구분 | 프로젝트

정렬조건 : ○일자별 ○거래처별 ◉품목별 ○거래구분별 ○관리구분별 ○프로젝트별

품명	규격	단위	입고일자	입고번호	거래처	거래구분	담당자	No	입고수량
FRAME-티타늄		EA	2019/09/06	RV1909000001	(주)대홍정공	DOMESTIC	김대연	2	50
FRAME-티타늄		EA	2019/09/06	RV1909000002	(주)하나상사	DOMESTIC	정대준	1	30
품명 소계									80
FRAME-알미늄		BOX	2019/09/06	RV1909000001	(주)대홍정공	DOMESTIC	김대연	3	20
FRAME-알미늄		BOX	2019/09/06	RV1909000002	(주)하나상사	DOMESTIC	정대준	2	10
품명 소계									30
WIRING-DE		BOX	2019/09/06	RV1909000001	(주)대홍정공	DOMESTIC	김대연	4	100
WIRING-DE		BOX	2019/09/06	RV1909000002	(주)하나상사	DOMESTIC	정대준	3	50

16 정답 ①, SET품 수불조정등록

해설 1) 조회내역 하단 창에서 품목을 선택하여 마우스 우측 버튼을 클릭한다.
2) '부가기능'의 품목상세정보를 클릭하여 SET품목 여부를 확인한다.
① [ATECK-3000, 일반자전거]의 SET 품목 여부는 [1. 부]이다.
그림에서 품목상세정보는 조회화면 하단 창에 있는 품목을 클릭하여 마우스 우측 버튼을 클릭하여 부가기능을 활용한 결과이다.

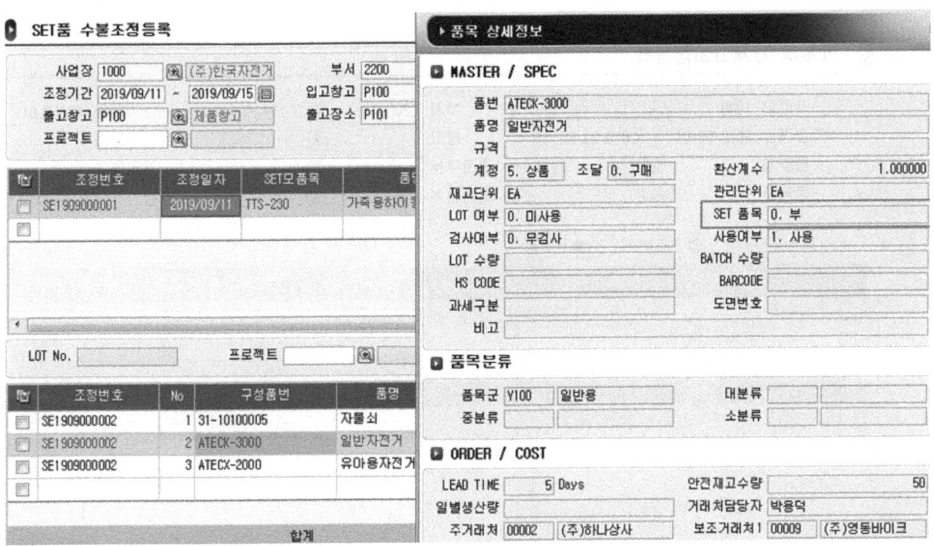

17 **정답** ④, 현재고현황(전사/사업장)

해설 ④ [기초재고/재고조정등록] 메뉴의 기초조정 탭에 입력한 수량은 기초수량에 반영된다.

② [재고이동등록(창고)]에 입력된 수량은 재고수량에 영향이 없다. → [재고이동등록(창고)]의 수불은 회사 안의 창고/장소에서 이동하는 수불이므로 전사 기준의 재고로 볼 때 재고 증감에는 영향이 없다.

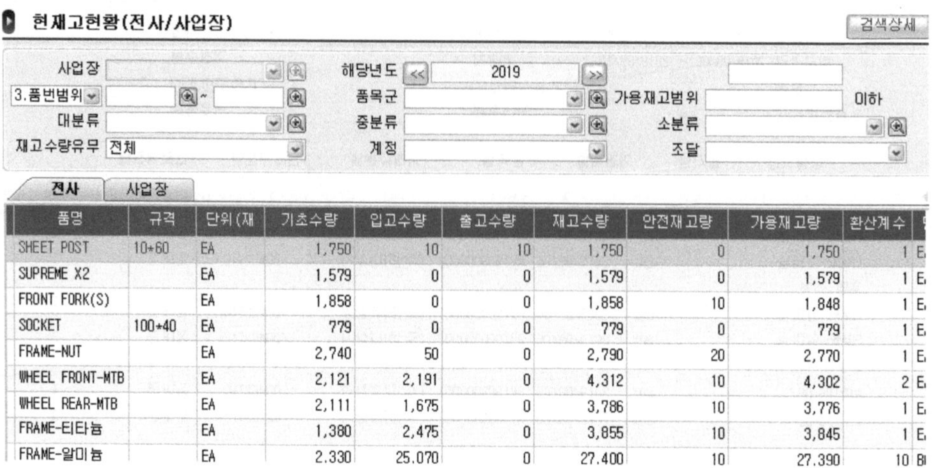
현재고현황(전사/사업장) 검색상세

사업장 | 해당년도 2019
3.품번범위 ~ | 품목군 | 가용재고범위 이하
대분류 | 중분류 | 소분류
재고수량유무 전체 | 계정 | 조달

전사 | 사업장

품명	규격	단위(재	기초수량	입고수량	출고수량	재고수량	안전재고량	가용재고량	환산계수	단
SHEET POST	10*60	EA	1,750	10	10	1,750	0	1,750	1	E
SUPREME X2		EA	1,579	0	0	1,579	0	1,579	1	E
FRONT FORK(S)		EA	1,858	0	0	1,858	10	1,848	1	E
SOCKET	100*40	EA	779	0	0	779	0	779	1	E
FRAME-NUT		EA	2,740	50	0	2,790	20	2,770	1	E
WHEEL FRONT-MTB		EA	2,121	2,191	0	4,312	10	4,302	2	E
WHEEL REAR-MTB		EA	2,111	1,675	0	3,786	10	3,776	1	E
FRAME-티타늄		EA	1,380	2,475	0	3,855	10	3,845	1	E
FRAME-알미늄		EA	2,330	25,070	0	27,400	10	27,390	10	B

18 **정답** ②, 기초재고/재고조정등록

해설 재고실사 결과는 실사재고에 전산재고를 맞춰야 한다.

② [NAX-A420, 산악자전거]는 실사재고가 전산재고보다 1 많기 때문에 전산재고가 1 증가되어야 한다. 만약 입고조정 탭에 입력한다면 +1해야 하며, 만약 출고조정 탭에 입력한다면 -1로 등록해야 한다.

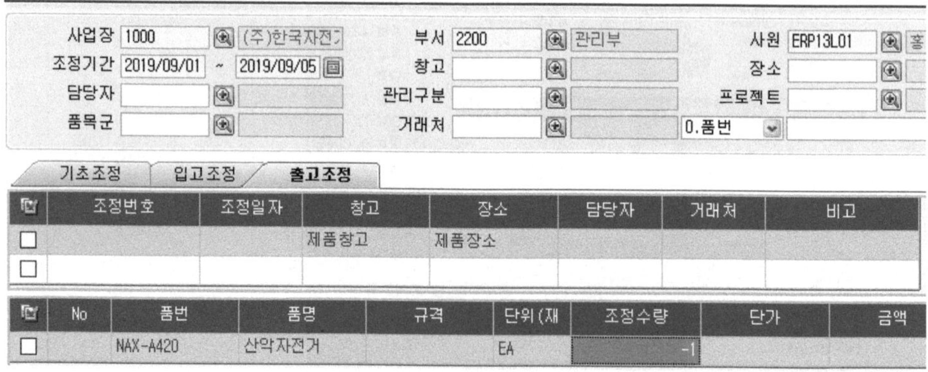
기초재고/재고조정등록

사업장 1000 (주)한국자전 | 부서 2200 관리부 | 사원 ERP13L01
조정기간 2019/09/01 ~ 2019/09/05 | 창고 | 장소
담당자 | 관리구분 | 프로젝트
품목군 | 거래처 | 0.품번

기초조정 | 입고조정 | 출고조정

조정번호	조정일자	창고	장소	담당자	거래처	비고
		제품창고	제품장소			

No	품번	품명	규격	단위(재	조정수량	단가	금액
	NAX-A420	산악자전거		EA	-1		

19 **정답** ①, 매입마감(국내거래)/회계처리(매입마감)

해설 1단계: 매입마감(국내거래)를 먼저 등록한다.

1) 매입마감(국내거래) 조회내역에서 입고적용 버튼을 클릭하여 입고기간(9/21)을 입력 후 조회한다.
2) 마감 건을 선택(체크)하여 선택적용 버튼을 클릭한다.
3) 조회 창의 마감일자 필드에서 마감일자(2019/9/21)를 직접 입력 후, 엔터키를 누른다: 입고적용 처리하여 매입마감(국내거래) 등록이 완료되었음

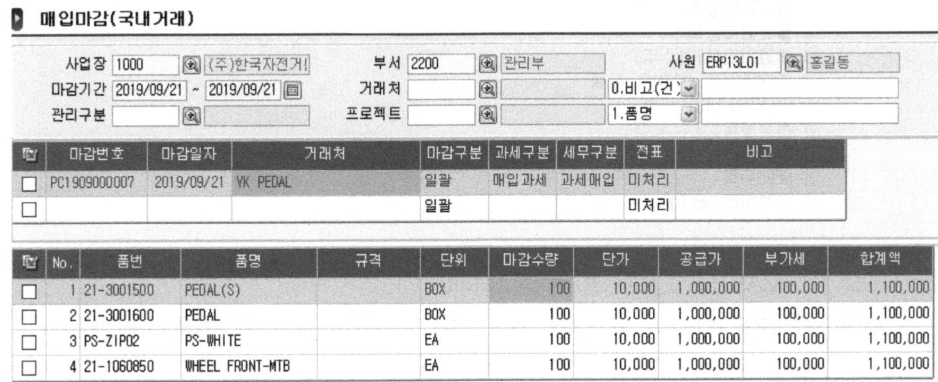

매입마감(국내거래)

사업장 1000 (주)한국자전거! 부서 2200 관리부 사원 ERP13L01 홍길동
마감기간 2019/09/21 ~ 2019/09/21 거래처 0.비고(건)
관리구분 프로젝트 1.품명

	마감번호	마감일자	거래처	마감구분	과세구분	세무구분	전표	비고
□	PC1909000007	2019/09/21	YK PEDAL	일괄	매입과세	과세매입	미처리	
□				일괄			미처리	

	No.	품번	품명	규격	단위	마감수량	단가	공급가	부가세	합계액
□	1	21-3001500	PEDAL(S)		BOX	100	10,000	1,000,000	100,000	1,100,000
□	2	21-3001600	PEDAL		BOX	100	10,000	1,000,000	100,000	1,100,000
□	3	PS-ZIP02	PS-WHITE		EA	100	10,000	1,000,000	100,000	1,100,000
□	4	21-1060850	WHEEL FRONT-MTB		EA	100	10,000	1,000,000	100,000	1,100,000

2단계: 회계처리(매입마감)에서 전표처리를 한다.

1) 회계처리(매입마감)에서 기간(2019/9/21)을 입력 후 조회한다.
2) 조회 항목을 선택(체크) 후, 전표처리 버튼을 클릭하여 전표처리 창에서 확인 버튼을 클릭한다: 회계처리(매입마감)에서 전표 생성이 완료되었음
3) 회계전표 탭에서 조회하여 하단 창에서 계정과목별 적요 및 금액을 확인한다. 상품 구매로 분개된 금액은 ① 1,000,000원

회계처리(매입마감)

사업장 1000 (주)한국자전거! 부서 2200 관리부 사원 ERP13L01 홍길동
기간 2019/09/21 ~ 2019/09/21 거래처 구분 전체
관리구분 프로젝트 0.마감번호

매입마감 / 회계전표

일자	번호	No.	품의내역	유형	기표일자	번호	상태	승인자	대차차액
2019/09/21	6	0	구매/자재관리(매입마감:PC1909000007)	매입		0	미결		0

순번	구분	코드	계정과목	코드	거래처명	금액		적요명	증빙
1	대체차변	14900	원재료	00008	YK PEDAL	2,000,000	0	원재료 구매	
2	대체차변	14600	상품	00008	YK PEDAL	1,000,000	0	상품 구매	
3	대체차변	14700	제품	00008	YK PEDAL	1,000,000	0	반제품 구매	
4	대체차변	13500	부가세대급금	00008	YK PEDAL	400,000	0	부가세대급금_DOMESTIC	
5	대체대변	25100	외상매입금	00008	YK PEDAL	2,200,000	0	외상매입금 증가(원재료 구매)	
6	대체대변	25100	외상매입금	00008	YK PEDAL	1,100,000	0	외상매입금 증가(상품 구매)	
7	대체대변	25100	외상매입금	00008	YK PEDAL	1,100,000	0	외상매입금 증가(반제품 구매)	

20 **정답** ③

해설 전신환 매매는 T/T 거래유형을 말한다.

T/T 거래 절차는 [해외수주등록] → [출고처리(해외수주)] → [선적등록]이다.

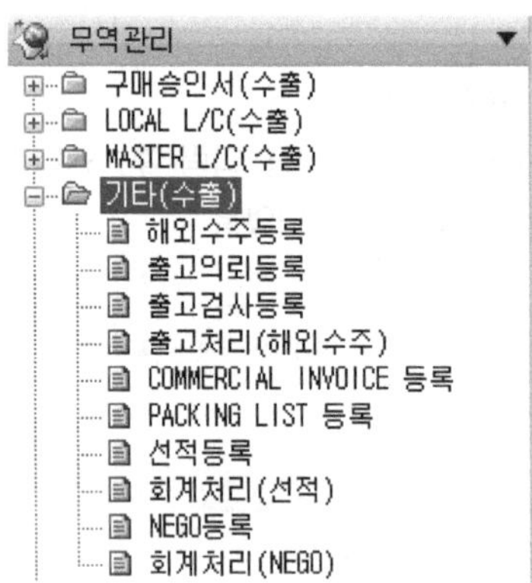

21 **정답** ②, MASTER L/C(수출) ▻ 출고처리(L/C)

해설 주문적용 버튼으로 09.26일 주문 건은 조회되지 않으므로 현재 모든 주문 건이 등록되어 있음을 확인할 수 있다. 하단 창에서 09. 26일로 등록된 출고 건의 이력정보를 보면 '이전 Progress'에 L/C등록 정보가 있다. 따라서 조회내역 하단 창에서 09. 26일로 등록된 출고 건의 원화금액 합계를 확인한다. ② 192,000,000원

본 문제는 주문적용 버튼을 통해 L/C등록의 정보를 적용해 보는 문제이다.

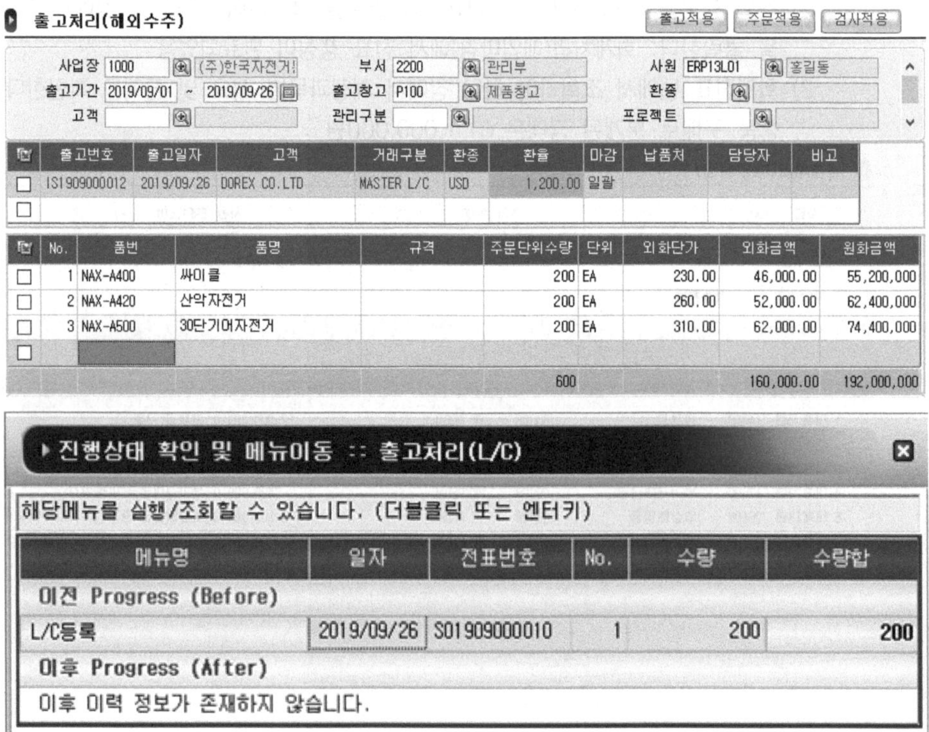

22 정답 ③, MASTER L/C(수입) ▻ L/C개설

해설 1) [보기]의 조건을 입력하여 조회한다.

2) 발주L/C 조회 창에서 L/C번호: IB190926-02를 선택하여 선택적용 버튼을 클릭한다.

3) L/C개설 조회내역에서 가격조건을 확인한다. ③ DDP

L/C개설

사업장 1000 (주)한국자전거본 | 부서 2200 관리부 | 사원 ERP13L01 홍길동

L/C구분 3. MASTER L/C | 발주기간 2019/09/26 ~ 2019/09/30 | 거래처

L/C번호 IB190926-02 | 발주번호 PO1909000010 | L/C개설일 2019/09/26

담당자 1000 김대연 | 거래처 00010 DOREX CO.LTD | 환종 USD 미국달러

가격조건 DDP | 개설은행 | 통지은행

운송방법 | 인도장소 | 선적방법

선적항 LAGRANGE, USA | 도착항 BUSAN | 최종목적지

관리번호 | S/D ____/__/__ E/D ____/__/__ | 비고

	No.	품번	품명	규격	단위	납기일	입고예정일	발주수량	외화단가	외화금액	도면번호
□	1	PS-ZIP01	PS-DARKGREEN		BOX	2019/11/30	2019/11/20	300	78.00	23,400.00	
□	2	PS-ZIP02	PS-WHITE		EA	2019/11/30	2019/11/20	1,000	5.50	5,500.00	
□	3	PS-ZIP03	PS-BLACK		EA	2019/11/30	2019/11/20	1,000	6.50	6,500.00	

23 정답 ④, 회계처리(NEGO)

해설 회계전표 탭의 조회내역에서 외상매출금 감소 금액을 확인한다.

외상매출금 감소 금액 계산방법: 선적등록 단계에서 9/30 선적이 등록된 30단 기어 자전거 품목의 원화금액을 확인할 수 있다. 환율 1,200원, 외화단가 320,000원이므로 원화금액은 320,000×1,200=384,000,000(원)이다.

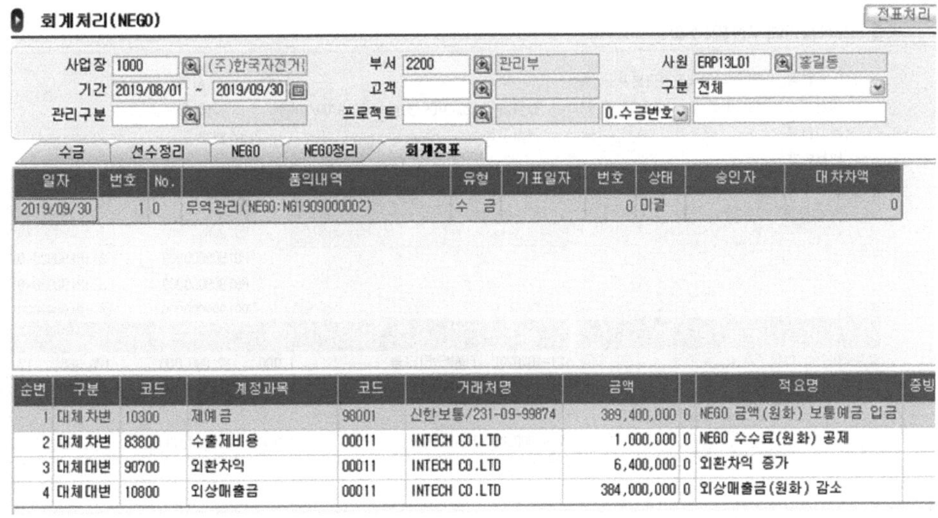

회계처리(NEGO) 전표처리

사업장 1000 (주)한국자전거! | 부서 2200 관리부 | 사원 ERP13L01 홍길동

기간 2019/08/01 ~ 2019/09/30 | 고객 | 구분 전체

관리구분 | 프로젝트 | 0.수금번호

수금 | 선수정리 | NEGO | NEGO정리 | 회계전표

일자	번호	No.	품의내역	유형	기표일자	번호	상태	승인자	대차차액
2019/09/30	1	0	무역관리(NEGO:NG1909000002)	수 금		0	미결		0

순번	구분	코드	계정과목	코드	거래처명	금액		적요명	증빙
1	대체차변	10300	제예금	98001	신한보통/231-09-99874	389,400,000	0	NEGO 금액(원화) 보통예금 입금	
2	대체차변	83800	수출제비용	00011	INTECH CO.LTD	1,000,000	0	NEGO 수수료(원화) 공제	
3	대체대변	90700	외환차익	00011	INTECH CO.LTD	6,400,000	0	외환차익 증가	
4	대체대변	10800	외상매출금	00011	INTECH CO.LTD	384,000,000	0	외상매출금(원화) 감소	

24 **정답** ①, 수입제비용등록

해설 ① 물품대 항목은 물품에 대한 외화금액 합계이다. ⇒ 원화금액의 합계이다.

③ 입력된 제비용 내역은 미착품원가정산의 대상에 포함된다. ⇒ 물품대 + 제비용으로 총 매입금액을 정산한다.

④ 배부여부와 상관없이 제비용에 대한 전표를 처리할 수 있다. ⇒ 제비용에 대한 전표처리이므로 미착품원가정산과 상관없다. 실제 배부된 상태이지만 전표처리 가능하다.

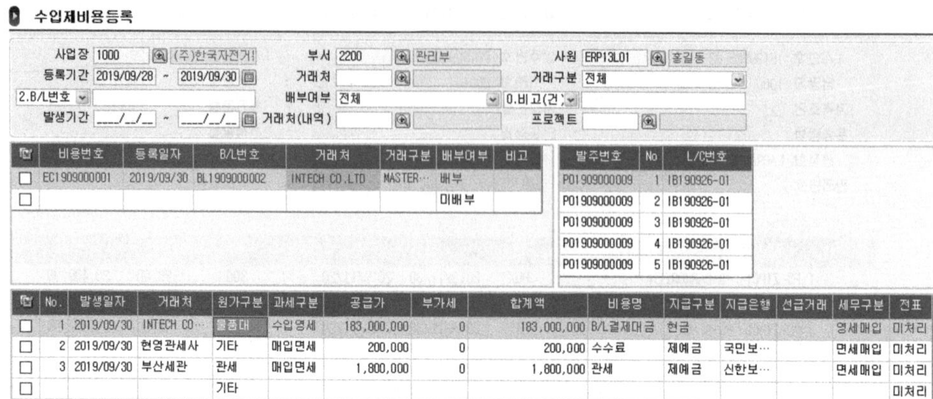

25 **정답** ②, 미착정산배부현황(수입)

해설 조회내역의 하단 창에서 품목별 배부후금액을 확인한다. ② 51,800,000

회계처리(매입마감) 미착품원가정산에서 물품대와 제비용을 배부하므로 수입제비용이 물품대에 포함된다.

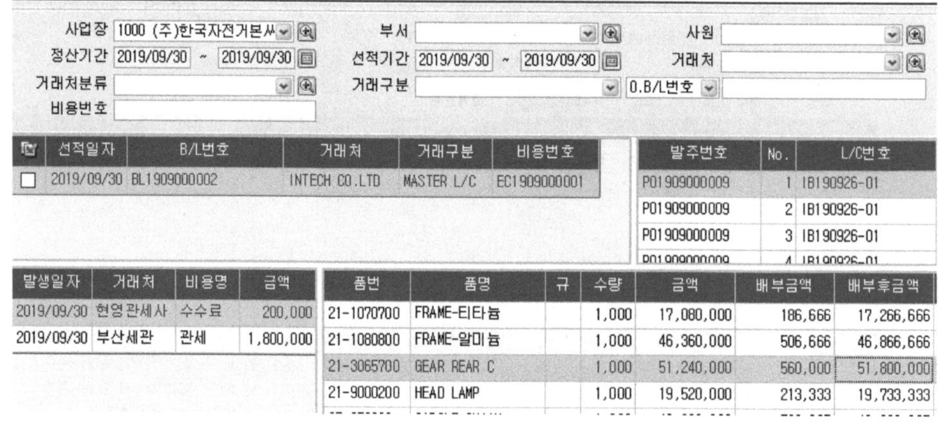

2019년도 제4회 물류 1급 이론 정답 및 해설

빠른 정답표

01	02	03	04	05	06	07	08	09	10	11	12	13	14	15	16
②	④	①	④	①	②	①	②	②	①	주관식	주관식	주관식	④	①	③
17	18	19	20	21	22	23	24	25	26	27	28	29	30	31	32
②	③	주관식	주관식	④	④	①	①	주관식	주관식	①	④	④	④	주관식	주관식

01 정답 ②

해설 BPR(Business Process Re-engineering)이란 원가(비용), 품질, 서비스, 속도와 같은 주요 성과측정치의 극적인 개선을 위해 업무 프로세스를 급진적으로 재설계하는 것으로, ERP 도입의 성공여부는 BPR을 통한 업무개선에 달려있다.

02 정답 ④

해설 ERP 시스템 구축절차에서 분석단계는 1단계에 해당하며, 현재 업무 파악(AS-IS 분석), 현재 시스템의 문제 파악, 현업 요구사항 분석, 목표와 범위 설정, 주요 성공요인 도출, 경영전략 및 비전 도출, TFT 결성 등이 해당한다. GAP 분석(패키지 기능과 TO-BE 프로세스와의 차이분석)은 2단계 설계단계에 포함된다.

03 정답 ①

해설 ① 오픈 멀티벤더(Open Multi - vendor) 시스템은 특정 하드웨어 업체에만 의존하지 않으며, 서로 다른 하드웨어를 조합해서 사용하는 Multi - vendor 시스템을 의미한다.

04 정답 ④

해설 ERP 도입의 선택기준에 따르면, ERP 도입 시에는 경영진 중심이 아닌 현업 중심으로 프로젝트를 진행해야 한다.

05 정답 ①

해설 ① 비즈니스 애널리틱스는 구조화된 데이터(Structured Data)와 비구조화된 데이터(Unstructured Data)를 동시에 이용한다.

06 정답 ②

해설 수요예측에서 오차의 발생 확률은 예측하는 기간의 길이에 비례하여 높아진다. 즉, 예측기간이 길수록 예견되지 않은 사건에 따른 영향으로 예측의 적중률은 낮아진다.

07 정답 ①

해설 [보기]의 식은 성장지표를 활용한 목표매출액 결정법 중 시장확대율을 이용한 목표매출액을 계산하는 식 중 하나로 박스 안에 들어갈 내용은 시장신장률이다. 시장신장률이란 전년 대비 당해 업계 총매출액 증가율을 의미한다.

08 정답 ②

해설 교차비율 = 상품회전율 × 한계이익률이기 때문에 교차비율은 상품회전율에 비례한다. 교차비율이 높아질수록 이익도 높아지므로 교차비율이 높은 상품에 높은 목표판매액을 할당한다. 따라서 상품회전율이 높을수록 높은 목표판매액을 할당해야 한다.

09 정답 ②

해설 고객(거래처) 중점 선정 방법에는 ABC 분석, 매트리스 분석, 거래처 포트폴리오 분석 등이 있다. 이 중 매트릭스 분석이란 ABC 분석이 다양한 요인들을 고려하지 못한다는 단점을 보완한 것으로, 우량 거래처나 고객을 선정하기 위해 고려해야 할 서로 다른 2개의 요인을 이용하여 가로축과 세로축의 기준으로 매트릭스(이원표)를 구성한 다음, 이원표 내의 위치에 따라 고객을 범주화하고 우량고객을 선정하는 것이다.

10 정답 ①

해설 재무제표가 없는 경우 수익의 정도는 수익성을, 자금수지 상황은 유동성을, 매출액의 신장은 성장성을 나타낸다.

11 정답 120

해설 3월의 예측판매량을 구하기 위한 지수평활법 공식은 다음과 같다.

$F(t+1) = \alpha \times Dt + (1 - \alpha)Ft$

즉, 수요예측치 = 전기의 실제값 × 평활상수 α + 전기의 예측치 × (1 – 평활상수 α)

따라서 2월의 예측값을 구한 후 3월의 예측값을 구할 수 있다.

$F2 = 0.2 \times 150 + 0.8 \times 100 = 30 + 80 = 110$

$F3 = 0.2 \times 160 + 0.8 \times 110 = 32 + 88 = 120$

12 정답 1,500

해설 생산자 가격 = 도매매입원가이며, 도매가격 = 도매매입원가 + 도매업자 영업비용 + 도매업자 이익이므로, 10,000 = 7,000 + 1,500 + 도매업자 이익

따라서 도매업자의 이익은 1,500원이다.

13 정답 10

해설 당월 마감하고 당월 회수하는 일반적인 대금회수율 계산 방식에서

회수율(%) = (당월 회수액) / (전월 말 외상매출금 잔액 + 당월 매출액) × 100이므로

회수율(%) = 2,000,000 / (4,000,000 + 16,000,000) × 100 = 10(%)

14 정답 ④

해설 리드타임의 단축이 아닌 증가가 채찍효과의 원인이다. 조달 리드타임이 길어지면 수요와 공급의 변동성 및 불확실성이 확대되어 채찍효과가 발생할 수 있다.

15 정답 ①

해설 직배송방식은 생산자 창고만 보유하고 별도의 물류거점을 거치지 않고 소비자에게 직접 배송하는 공급망 물류거점 운영방식으로, 재고비용 및 고정투자비용 등을 최소화할 수 있다는 장점이 있으나, 운송비용이 상승하고 고객서비스 품질이 낮아진다는 단점이 있다.

16 정답 ③

해설 고정주문기간 발주모형은 주로 정기적으로 보충하는 저가품이나 재고의 수시 파악이 어려운 다품목의 경우에 적용한다. 재고파악이 쉽고 조달이 수월한 경우 주로 고정주문량 발주모형을 적용한다.

17 정답 ②

해설 항공 운송은 운임이 비싸고 중량 제한이 심한 편이기 때문에 고가, 고부가가치소형 상품의 운송에 유리하다.

18 정답 ③

해설 중량물의 경우 출구 가까운 쪽에 배치해야 하며 가급적 아래쪽에 배치한다.

19 정답 SCOR

해설 [보기]에서 설명하고 있는 것은 공급망운영참고(SCOR: Supply Chain Operations Reference) 모델이다.

20 정답 17

해설 • 기말 재고량 = 실지재고조사로 파악한 수량이므로 12개

• 당기 매출량 = 기초재고량 + 당기 매입량 − 기말 재고량 = 7개 + 22개 − 12개 = 17(개)

21 정답 ④

해설 ① 구매방침 설정 및 ③ 구매계획수립은 구매전략 업무, ② 규격 및 검사관리는 구매실무 업무에 해당한다.

22 정답 ④

해설 원가의 구성은 다음과 같다.

① 직접원가 = 직접재료비 + 직접노무비 + 직접경비

② 판매가격 = 판매원가 + 이익

③ 총원가 = 제조원가 + 판매비와 일반관리비

23 정답 ①

해설 수의계약방식

24 정답 ①

해설 손익분기점분석 방식, 목표투자이익율 방식은 비용 중심적 가격결정방법, 구매가격 예측방식은 구매자 중심적 가격결정 방식, 경쟁기업 가격기준 방식은 경쟁자 중심적 가격결정 방식이다.

25 정답 특인기간

해설 특인기간 현금할인방식(Extra Dating)이란 할인판매 등의 특별기간 동안 현금할인 기간을 추가로 적용하는 현금할인방식이다.

26 정답 투기

27 정답 ①

해설 무역관계기관에 위임되는 업무의 근거가 되는 법령은 대외무역법이다.

28 정답 ④

해설 신용장 자체에 관한 사항

① 개설은행명(Issuing Bank)
② 수익자명(Beneficiary)
③ 신용장 개설의뢰인(Applicant)
④ 신용장 금액(Amount of the Credit)
⑤ 발행일자(Date of Issue)
⑥ 신용장 유효기간(Expiry Date)
⑦ 신용장의 종류(Type of Credit)
⑧ 신용장 번호(Credit Number)
⑨ 신용장 통지번호(Advice Number)
⑩ 통지은행명(Advising Bank)

29 정답 ④

해설 기한부거래에 해당하는 것은 인수인도조건방식(D/A)이다. 지급인도조건방식(D/P)는 일람불 거래에 해당한다.

30 정답 ④

해설 ① 전신환 매매율: 환어음의 결제를 전신으로 행하는 경우 적용되는 환율로서 환어음의 송달이 1일 이내에 완료되므로 우송기간동안의 금리가 환율에 영향을 미치지 않는 순수한 의미의 환율이며, 타매매율 결정의 기준이 된다.

② 현찰매매율: 외국환은행이 고객과 외화현찰거래를 할 때 적용하는 환율이다.

③ 일람출급환어음 매매율: 일람출급환어음의 매매에 적용되는 환율로서 환어음의 우송기간에 대한 금리를 전신환 매매율에서 가감하여 정한다.

31 정답 신용장

해설 [보기]에서 설명하고 있는 무역거래 결제수단은 신용장이다. 신용장이란 은행이 거래처의 요청으로 신용을 보증하기 위하여 발행하는 증서이다.

32 정답 선하증권

해설 선하증권(B/L: Bill of Lading)은 운송위탁인(화주)과 운송회사(선박회사) 간에 체결한 해상운송계약을 근거로 선박회사가 발행하는 유가증권이다. 이 증권은 운송화물 수령을 확인하고 운송목적지에서 선하증권의 정당한 소지인에게 운송화물을 인도할 것을 약속하는 유가증권으로서 선적된 화물을 대표하는 증서로서의 역할을 한다. 따라서 선하증권의 소지자는 선박회사에 대하여 화물의 인도를 청구할 수 있으므로 화물에 대한 소유권리증 뿐만 아니라 채권으로서의 효력을 가지며, 배서 또는 인도하여 소유권을 양도할 수 있는 특성을 갖고 있다.

2019년도 제4회 물류 1급 실무 정답 및 해설

빠른 정답표

01	02	03	04	05	06	07	08	09	10	11	12	13	14	15	16
②	④	①	①	③	③	②	②	④	②	④	①	①	③	③	④
17	18	19	20	21	22	23	24	25							
①	③	④	②	①	③	②	③	③							

01 **정답** ②, 물류실적(품목/고객)담당자등록

해설 영업담당자, 구매담당자 등의 담당자는 사원코드가 아닌 물류담당자코드를 등록한다.

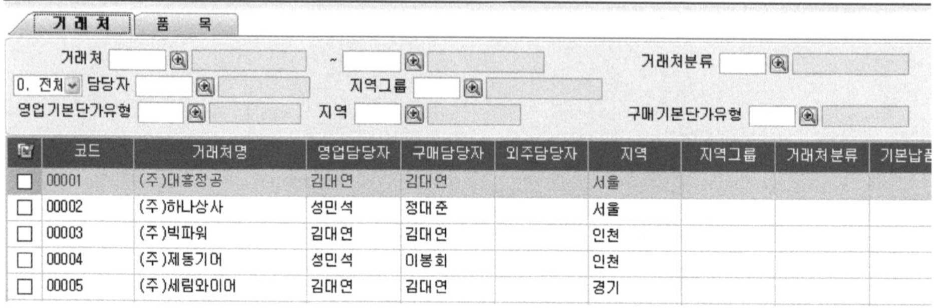

물류실적(품목/고객)담당자등록

거래처 | 품목

거래처 ~ 거래처분류
0. 전체 담당자 지역그룹
영업기본단가유형 지역 구매기본단가유형

코드	거래처명	영업담당자	구매담당자	외주담당자	지역	지역그룹	거래처분류	기본납품
00001	(주)대흥정공	김대연	김대연		서울			
00002	(주)하나상사	성민석	정대준		서울			
00003	(주)빅파워	김대연	김대연		인천			
00004	(주)제동기어	성민석	이봉회		인천			
00005	(주)세림와이어	김대연	김대연		경기			

02 **정답** ④, 회계연결계정과목등록

해설 회계처리(매입마감)에서 사용하는 계정과목 설정은 [회계 연결계정과목등록]의 DOMESTIC_구매에서 확인할 수 있다.

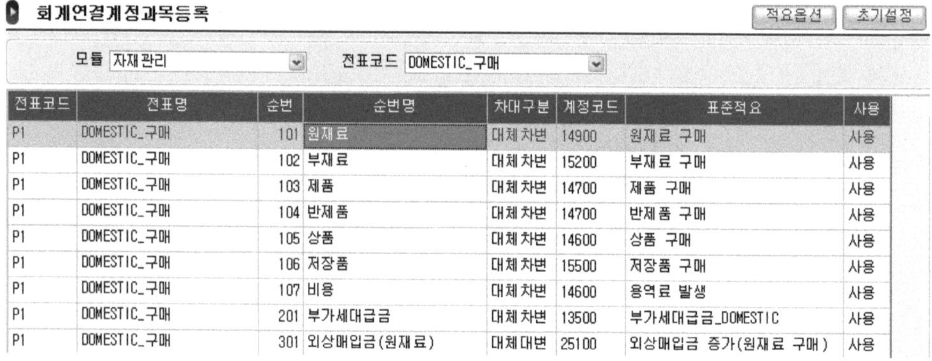

회계연결계정과목등록 적요옵션 초기설정

모듈 자재관리 전표코드 DOMESTIC_구매

전표코드	전표명	순번	순번명	차대구분	계정코드	표준적요	사용
P1	DOMESTIC_구매	101	원재료	대체차변	14900	원재료 구매	사용
P1	DOMESTIC_구매	102	부재료	대체차변	15200	부재료 구매	사용
P1	DOMESTIC_구매	103	제품	대체차변	14700	제품 구매	사용
P1	DOMESTIC_구매	104	반제품	대체차변	14700	반제품 구매	사용
P1	DOMESTIC_구매	105	상품	대체차변	14600	상품 구매	사용
P1	DOMESTIC_구매	106	저장품	대체차변	15500	저장품 구매	사용
P1	DOMESTIC_구매	107	비용	대체차변	14600	용역료 발생	사용
P1	DOMESTIC_구매	201	부가세대급금	대체차변	13500	부가세대급금_DOMESTIC	사용
P1	DOMESTIC_구매	301	외상매입금(원재료)	대체대변	25100	외상매입금 증가(원재료 구매)	사용

03 **정답** ①, 고객별출력품목등록

해설 ㈜제일물산의 출력품명은 MTB(20G)이다.

고객별출력품목등록

품목군 | 0. 품번 | 0.대분류
계정구분 전체 | 조달구분 전체 | 고객 00007 (주)제일물산
고객분류 | 0.출력품번 | 출력품번유무 0. 전체조회
사용여부 전체

품번	품명	규격	관리단위	재고단위
35-1025050	IRON FRAME		EA	EA
NAX-A420	산악자전거(P-20G)		EA	EA

고객코드	고객명	출력품번	출력품명	출력규격	단위	출력환산계수	사용여부
00007	(주)제일물산	NAX-A420	MTB(20G)		EA	1.000000	사용

04 **정답** ①, 판매계획등록

해설 기초계획 탭의 조회내역에서 품목별 판매 예상금액을 확인한다.

① ATECK-3000, 일반자전거: 40,000,000

판매계획등록

사원 ERP13L01 홍길동 | 부서 2200 관리부 | 사업장 1000 (주)한국자전
계획년도 2019 월 7 | 품목군 | 수정계획반영 3. 수정계획수량및 단가반영
대분류 | 중분류 | 소분류
0. 품번 | 환종

기초계획 | 수정계획

환종 | 환율 | 일괄수정

품번	품명	규격	단위(관리)	계획수량	환종	환율	예상단가	예상금액	예상원화금액
ATECK-3000	일반자전거		EA	200	KRW	1.00	200,000	40,000,000	40,000,000
ATECX-2000	유아용자전거		EA	200	KRW	1.00	250,000	50,000,000	50,000,000
NAX-A400	일반자전거(P-GRAY WHITE)		EA	200	KRW	1.00	230,000	46,000,000	46,000,000
NAX-A420	산악자전거(P-20G)		EA	200	KRW	1.00	280,000	56,000,000	56,000,000
NAX-A500	5단기어자전거		EA	200	KRW	1.00	320,000	64,000,000	64,000,000

05 **정답** ③, 수주등록

해설 조회내역에서 견적적용 조회 버튼을 클릭하여 조회된 품목별 견적잔량을 확인한다. PS-ZIP02, PS-WHITE가 잔량 10으로 가장 많다.

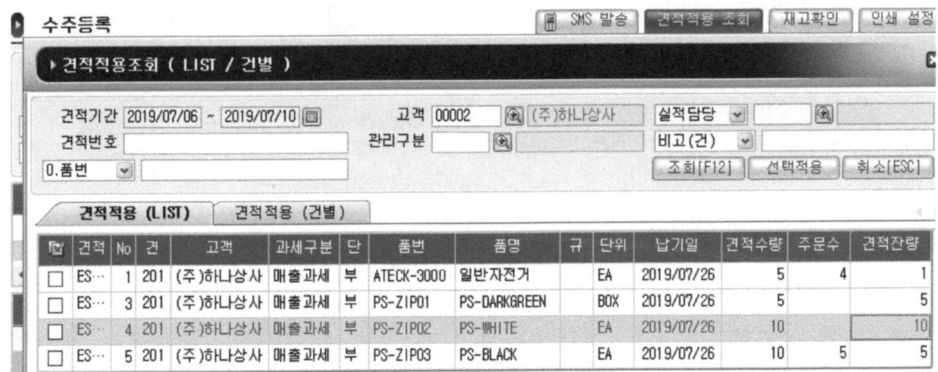

수주등록 | SMS 발송 | 견적적용 조회 | 재고확인 | 인쇄 설정

견적적용조회 (LIST / 건별)

견적기간 2019/07/06 ~ 2019/07/10 | 고객 00002 (주)하나상사 | 실적담당
견적번호 | 관리구분 | 비고(건)
0.품번 | 조회[F12] | 선택적용 | 취소[ESC]

견적적용 (LIST) | 견적적용 (건별)

견적	No	건	고객	과세구분	단	품번	품명	규	단위	납기일	견적수량	주문수	견적잔량
ES…	1	201	(주)하나상사	매출과세	부	ATECK-3000	일반자전거		EA	2019/07/26	5	4	1
ES…	3	201	(주)하나상사	매출과세	부	PS-ZIP01	PS-DARKGREEN		BOX	2019/07/26	5		5
ES…	4	201	(주)하나상사	매출과세	부	PS-ZIP02	PS-WHITE		EA	2019/07/26	10		10
ES…	5	201	(주)하나상사	매출과세	부	PS-ZIP03	PS-BLACK		EA	2019/07/26	10	5	5

06 **정답** ③, 회계처리(수금)

해설 회계전표 탭의 조회내역 하단을 확인한다. ③ 외상매출금-외상매출금 선수금 대체

회계처리(수금)

사업장 1000 (주)한국자전거! 부서 2200 관리부 사원 ERP13L01 홍길동
기간 2019/07/26 ~ 2019/07/31 고객 구분 전체
관리구분 프로젝트 0.수금번호

수금 | 선수정리 | 회계전표

일자	번호	No.	품의내역	유형	기표일자	번호	상태	승인자	대차차액
2019/07/30	1	0	영업관리(선수금정리:RC1907000003)	수 금		0	미결		

순번	구분	코드	계정과목	코드	거래처명	금액		적요명	증빙
1	대체차변	25900	선수금	00002	(주)하나상사	500,000	0	선수금 정리	
2	대체대변	10800	외상매출금	00002	(주)하나상사	500,000	0	외상매출금 선수금 대체	

07 **정답** ②, 미수채권집계

해설 조회내역에서 고객별 미수채권 잔액을 확인 ② 00002, ㈜하나상사

미수채권집계

사업장 부서 사원
조회기간 2019/07/01 ~ 2019/07/31 고객 고객분류
조회기준 0. 국내(출고기준) 환종 KRW 원화 미수기준 0. 발생기준
2.실적담당 담당그룹 프로젝트

고객 | 담당자 | 프로젝트

	고객코드	고객명	전기(월)이월	당기발생	당기수금	잔액	어음잔액
□	00001	(주)대흥정공	6,407,505	3,632,200	5,000,000	5,039,705	0
□	00002	(주)하나상사	2,278,853	3,066,800	3,000,000	2,345,653	0
□	00003	(주)빅파워	8,091,409	2,739,000	5,000,000	5,830,409	0
□	00004	(주)제동기어	2,718,128	2,353,780	2,000,000	3,071,908	0

08 **정답** ②, 수주마감처리

해설 일부 출고를 하였기 때문에 수주등록에서는 수량을 변경할 수 없다. (일괄마감취소 버튼 이용)

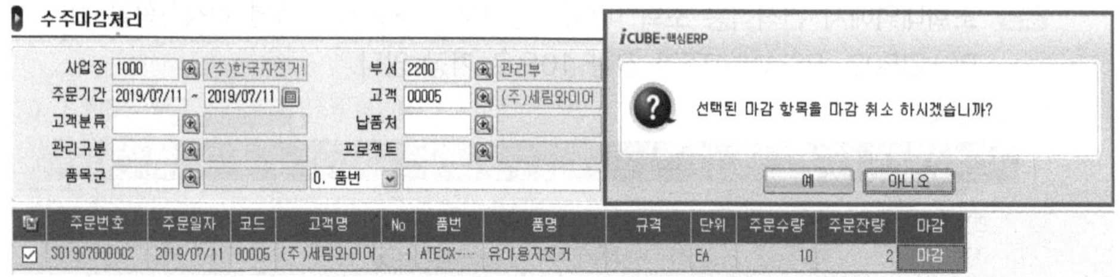

09 **정답** ④, 출고검사등록

해설 조회내역 하단 창에서 품목 21-3001500, PEDAL(S)를 클릭하여 확인한다. 불량코드 4000, 마모가 수량 3으로 가장 많다.

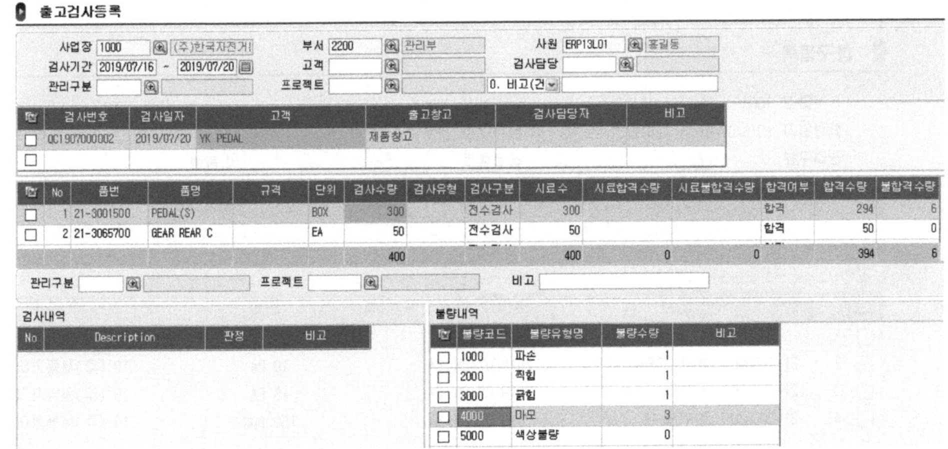

10 **정답** ②, 매출채권회전율

해설 조회내역에서 회수기간이 제일 짧고 회수율이 높은 거래처는 ② 00002, ㈜하나상사

매출채권회전율

사업장 | 조회기간 2019/07/01 ~ 2019/07/31 | 조회기준 0. 출고기준
고객 | 고객분류 | 평균매출채권 ~
지역분류 | 지역그룹

코드	고객명	평균매출채권	순매출액	대상일수	일평균매출액	회전율	회수기간
00001	(주)대흥정공	5,723,605	3,632,200	31	117,168	0.63	49 일
00002	(주)하나상사	2,312,253	3,066,800	31	98,929	1.33	23 일
00003	(주)빅파워	4,460,909	2,739,000	31	88,355	0.61	50 일
00004	(주)제동기어	2,895,018	2,353,780	31	75,928	0.81	38 일

11 **정답** ④, 품목단가

해설 조회내역에서 87-1002001, BREAK SYSTEM 구매단가는 7,230원이고, 판매단가는 6,500원이다.

품목단가등록

품번 ~
품목군 | 조달구분 전체 | 계정구분 4. 반제품
대분류 | 중분류 | 소분류

구매단가 / 판매단가

마진율 % ◉ 표준원가대비 ○ 구매단가대비 ○ 최저판매가대비 일괄수정

품번	품명	규격	재고단	관리단	환산계수	환산표준원가	구매단가	최	판매단가	판매부가세단가
35-1025050	IRON FRAME		EA	EA	1.000000	3,800	10,230	0	33,000	36,300
81-1001000	BODY-알미늄(GRAY-WHITE)		EA	EA	1.000000	21,000	14,590	0	25,200	27,720
83-2000100	전장품 ASS'Y		EA	EA	1.000000	87,000	65,000	0	104,200	114,620
85-1020400	POWER TRAIN ASS'Y(MTB)		EA	EA	1.000000	58,000	51,500	0	69,200	76,120
87-1002001	BREAK SYSTEM		EA	BOX	0.150000	8,250	7,230	0	6,500	7,150
88-1001000	PRESS FRAME-W		EA	EA	1.000000	46,000	42,300	0	56,000	61,600

12 정답 ①, 청구등록

해설 조회내역 하단 창의 품목을 선택 후 마우스 우측 버튼을 클릭하여 부가기능의 품목상세정보를 확인한다. 품목 21-1060700, FRAME-NUT의 주거래처는 00005, ㈜세림와이어

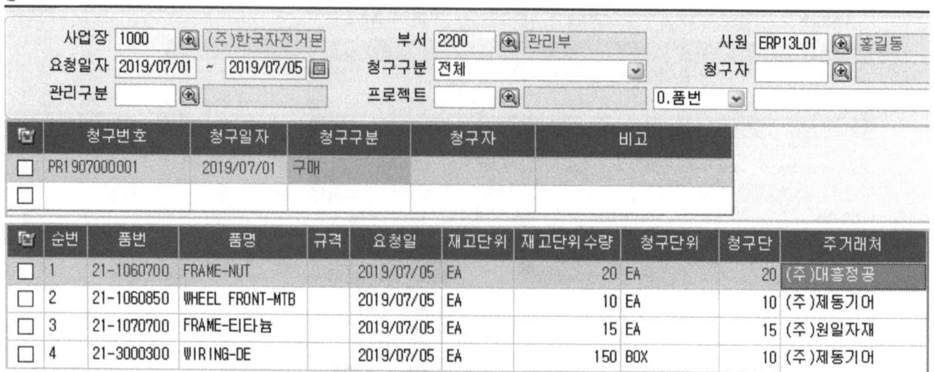

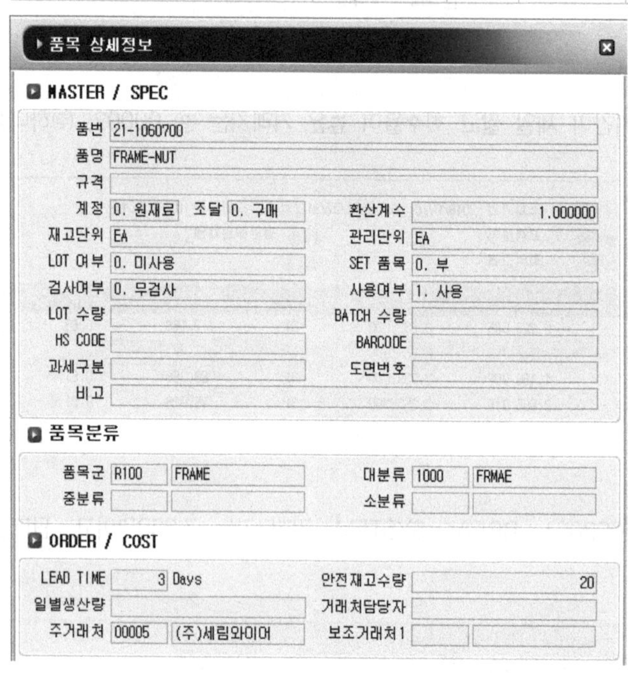

13 **정답** ①, 발주등록

해설 조회내역 하단 창에서 품목을 선택 후, 마우스 우측 버튼을 클릭하여 이력정보를 확인할 수 있다. '이전 Progress' 단계의 메뉴가 없는 품목은 ① 21-1060700, FRAME-NUT

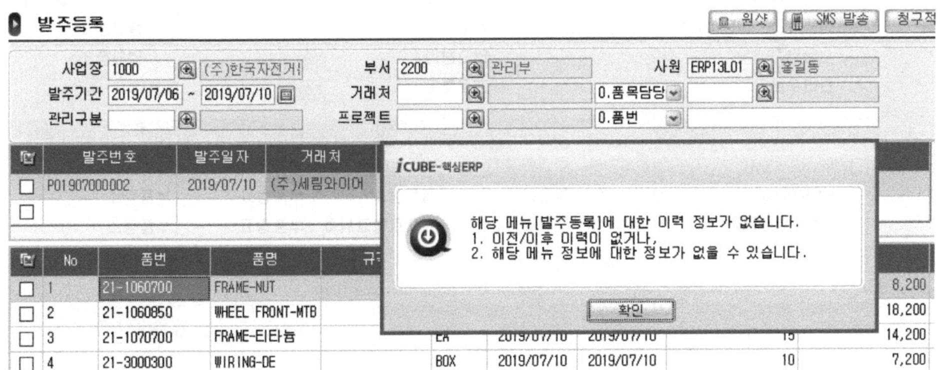

14 **정답** ③, 자제마감/통제등록

해설 재고평가방법에서 선택된 항목은 ③ 선입선출

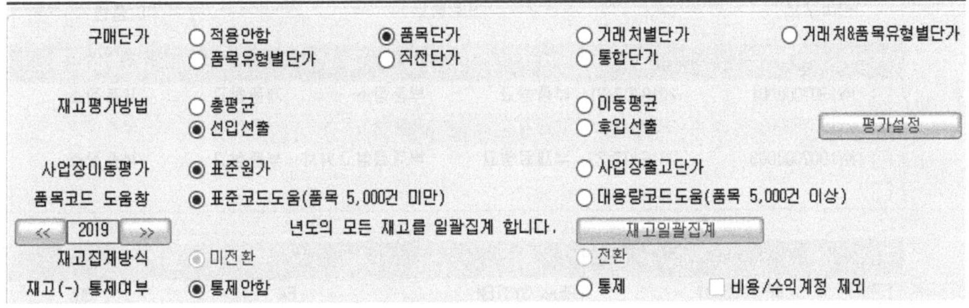

15 **정답** ③, 입고현황

해설 조회내역에서 품목별 입고수량을 확인한다. (정렬 및 소계 기능을 활용)

③ 21-9000200, HEAD LAMP는 입고수량 100이다.

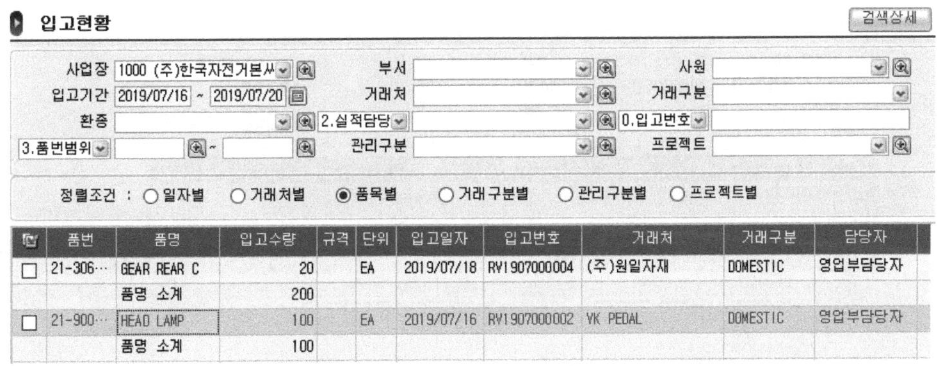

16 **정답** ④, 재고이동등록(창고)

해설 MV1907000001 50EA 증가, MV1907000002 30EA 감소하여 20EA 증가

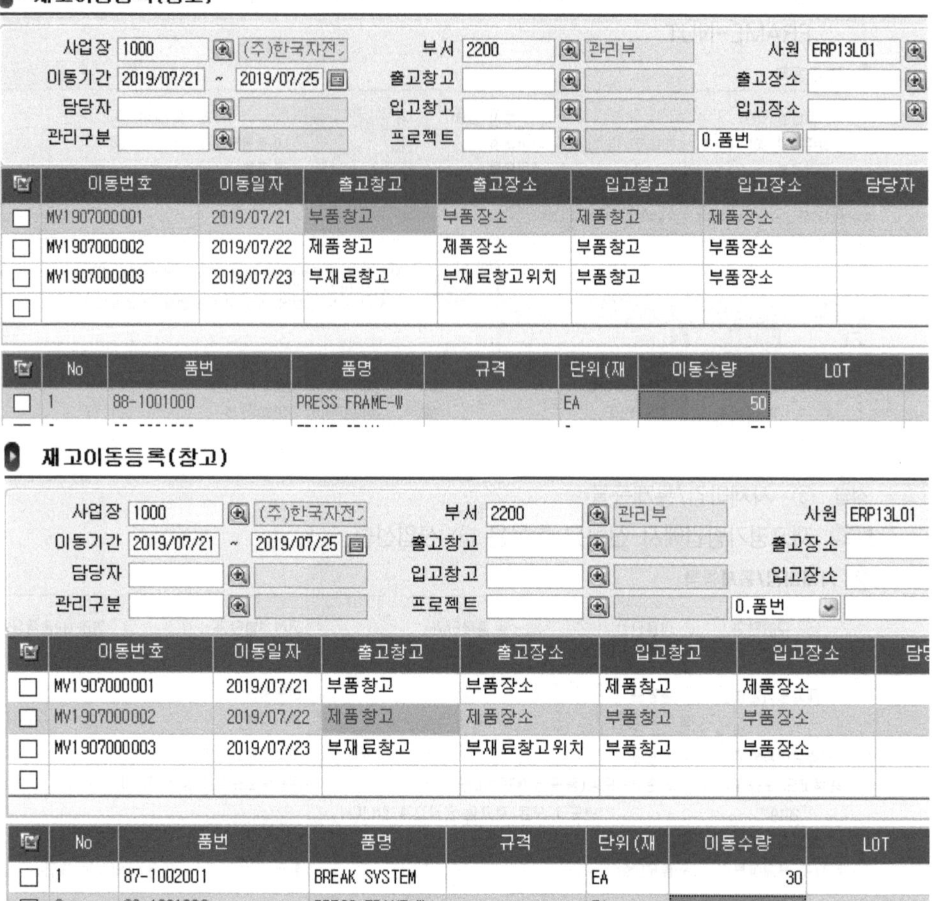
재고이동등록(창고)

사업장 1000 (주)한국자전거 / 부서 2200 관리부 / 사원 ERP13L01
이동기간 2019/07/21 ~ 2019/07/25 / 출고창고 / 출고장소
담당자 / 입고창고 / 입고장소
관리구분 / 프로젝트 / 0.품번

이동번호	이동일자	출고창고	출고장소	입고창고	입고장소	담당자
MV1907000001	2019/07/21	부품창고	부품장소	제품창고	제품장소	
MV1907000002	2019/07/22	제품창고	제품장소	부품창고	부품장소	
MV1907000003	2019/07/23	부재료창고	부재료창고위치	부품창고	부품장소	

No	품번	품명	규격	단위(재	이동수량	LOT
1	88-1001000	PRESS FRAME-W		EA	50	

재고이동등록(창고)

사업장 1000 (주)한국자전거 / 부서 2200 관리부 / 사원 ERP13L01
이동기간 2019/07/21 ~ 2019/07/25 / 출고창고 / 출고장소
담당자 / 입고창고 / 입고장소
관리구분 / 프로젝트 / 0.품번

이동번호	이동일자	출고창고	출고장소	입고창고	입고장소
MV1907000001	2019/07/21	부품창고	부품장소	제품창고	제품장소
MV1907000002	2019/07/22	제품창고	제품장소	부품창고	부품장소
MV1907000003	2019/07/23	부재료창고	부재료창고위치	부품창고	부품장소

No	품번	품명	규격	단위(재	이동수량	LOT
1	87-1002001	BREAK SYSTEM		EA	30	
2	88-1001000	PRESS FRAME-W		EA	30	

17 **정답** ①, 입고의뢰등록

해설 조회내역 하단 창에서 해당 품목의 검사구분은 검사이다.

입고의뢰등록

사업장 1000 (주)한국자전거! / 부서 2200 관리부 / 사원 ERP13L01 홍길동
의뢰기간 2019/07/11 ~ 2019/07/15 / 거래처 / 거래처분류
담당자 / 담당그룹 / 품목군
0.품번 / 0.비고(건) / 관리구분

의뢰번호	의뢰일자	거래처	의뢰창고	의뢰담당자	요청마감일	비고
SR1907000003	2019/07/15	(주)형광램프	제품창고	SCM담당자		

No.	품번	품명	규격	납기일	입고예정일	단위(관리)	의뢰수	단위(재고)	의뢰수량	검사
1	21-1060700	FRAME-NUT		2019/07/15	2019/07/15	EA	10	EA	10	검사

18 **정답** ③, 현재고(전사/사업장)

해설 사업장 탭에서 조회를 한다. 87-1002001, BREAK SYSTEM이 333으로 가장 많이 보유하고 있다. ATECK-3000, 일반자전거는 2139로 재고수량은 많지만 계정구분이 상품이다.

현재고현황(전사/사업장)

사업장 1000 (주)한국자전거본사 / 해당년도 2019
3.품번범위 / 품목군 / 가용재고범위 이하
대분류 / 중분류 / 소분류
재고수량유무 전체 / 계정 "4. 반제품" / 조달

전사 / 사업장

품명	품번	재고수량		코드	사업장명	규격	단위	기초수	입고수	출
전장품 ASS'Y	83-2000100	145	□	1000	(주)한국자전거본사		EA	0	150	5
전장품 ASS'Y 소계		145						0	150	5
BREAK SYSTEM	87-1002001	333	□	1000	(주)한국자전거본사		EA	50	0	0
BREAK SYSTEM 소계		333						50	0	0
PRESS FRAME-W	88-1001000	50	□	1000	(주)한국자전거본사		EA	50	0	0
PRESS FRAME-W 소계		50						50	0	0

19 **정답** ④, 기초재고/재고조정현황

해설 조정번호 IA1907000001은 재고실사반영으로 실물재고가 전산재고보다 많은 건들을 입력한 내용이다. IA1907,00002는 불량으로 반품된 출고조정 건이다.

기초재고/재고조정현황

사업장 1000 (주)한국자전거본사 / 부서 / 사원
조정기간 2019/07/01 ~ 2019/07/05 / 조정구분 전체 / 담당자
창고 / 장소 / 3.품번범위
관리구분 / 프로젝트 / 0.비고(건)

품번	품명	규격	단위(재	조정수량	단가	금액	LOT	관리	프	비	비고(내역)
21-1080800	FRAME-알미늄		EA	1	38,000	38,000				재	
21-3001500	PEDAL(S)		EA	1	9,000	9,000				재	실물재고반영
21-3001600	PEDAL		EA	1	2,000	2,000				재	실물재고반영
21-3065700	GEAR REAR C		EA	2	42,000	84,000					불량으로 반품

20 **정답** ②, MASTER L/C(수출) ▻ L/C등록

해설 1) [보기]의 조건을 입력하여 조회를 한다.
2) L/C등록 조회 창에서 [보기]의 조건을 입력 후 조회한다.
3) 조회 항목을 선택(체크)하여 선택항목 편집 버튼을 클릭한다.
4) 조회내역을 확인하면, 가격조건은 FOB로 명시되어 있다.

L/C등록

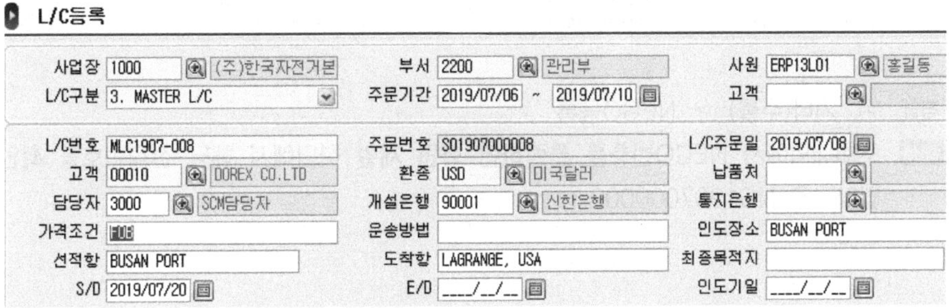

사업장 1000 (주)한국자전거본 / 부서 2200 관리부 / 사원 ERP13L01 홍길동
L/C구분 3. MASTER L/C / 주문기간 2019/07/06 ~ 2019/07/10 / 고객
L/C번호 MLC1907-008 / 주문번호 SO1907000008 / L/C주문일 2019/07/08
고객 00010 DOREX CO.LTD / 환종 USD 미국달러 / 납품처
담당자 3000 SCM담당자 / 개설은행 90001 신한은행 / 통지은행
가격조건 FOB / 운송방법 / 인도장소 BUSAN PORT
선적항 BUSAN PORT / 도착항 LAGRANGE, USA / 최종목적지
S/D 2019/07/20 / E/D ____/__/__ / 인도기일 ____/__/__

21 **정답** ①, 기타(수입) ▻ B/L접수

해설 1) [보기]의 조건을 입력하여 조회한다.

2) L/C발주적용 버튼을 클릭하여 [보기]의 조건을 입력하여 조회한다.

3) 조회 항목 전체를 선택(체크)하여 선택적용 버튼을 클릭한다.

4) 선적일과 환율을 입력 후 조회한다.

5) 조회내역 하단 창에서 6가지 품목의 원화금액 합계는 ① 106,318,000

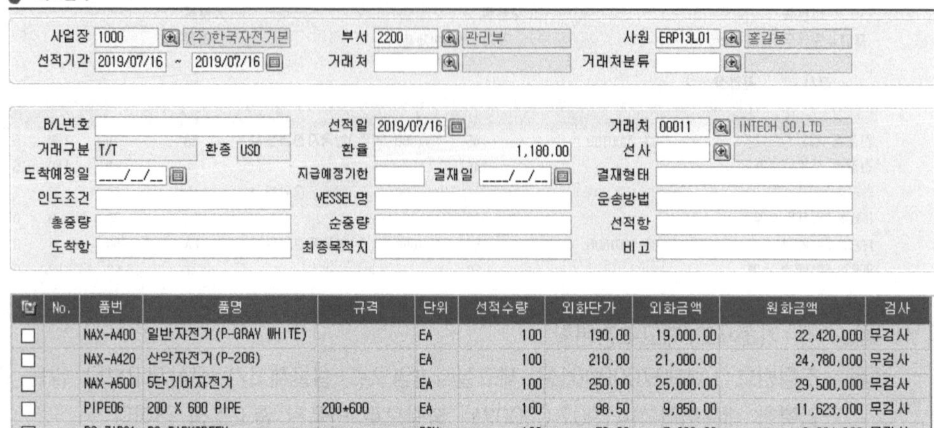

B/L접수

사업장 1000 (주)한국자전거본 | 부서 2200 관리부 | 사원 ERP13L01 홍길동
선적기간 2019/07/16 ~ 2019/07/16 | 거래처 | 거래처분류

B/L번호 | 선적일 2019/07/16 | 거래처 00011 INTECH CO.LTD
거래구분 T/T 환종 USD | 환율 1,180.00 | 선사
도착예정일 ____/__/__ | 지급예정기한 결재일 ____/__/__ | 결재형태
인도조건 | VESSEL명 | 운송방법
총중량 | 순중량 | 선적항
도착항 | 최종목적지 | 비고

No.	품번	품명	규격	단위	선적수량	외화단가	외화금액	원화금액	검사
	NAX-A400	일반자전거(P-GRAY WHITE)		EA	100	190.00	19,000.00	22,420,000	무검사
	NAX-A420	산악자전거(P-20G)		EA	100	210.00	21,000.00	24,780,000	무검사
	NAX-A500	5단기어자전거		EA	100	250.00	25,000.00	29,500,000	무검사
	PIPE06	200 X 600 PIPE	200*600	EA	100	98.50	9,850.00	11,623,000	무검사
	PS-ZIP01	PS-DARKGREEN		BOX	100	78.00	7,800.00	9,204,000	무검사
	PS-ZIP02	PS-WHITE		EA	100	74.50	7,450.00	8,791,000	무검사
					600		90,100.00	106,318,000	

22 **정답** ③, 기타(수입) ▻ 수입제비용등록

해설 수입제비용등록은 B/L번호 기준으로 등록되므로 한 B/L번호의 제비용만 등록해야 한다.

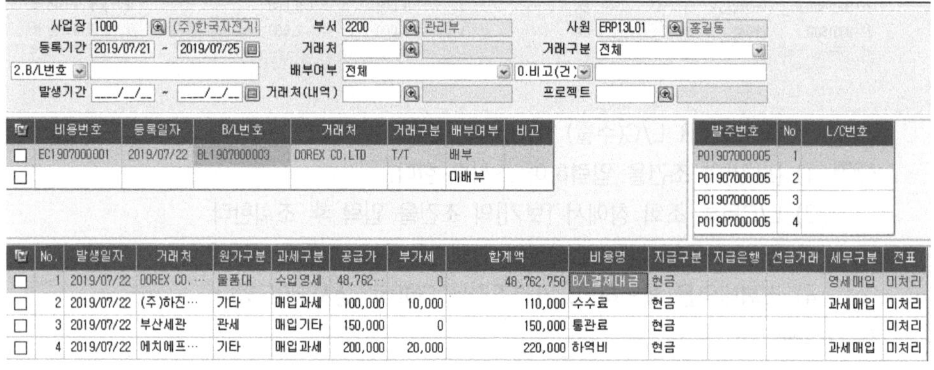

수입제비용등록

사업장 1000 (주)한국자전거 | 부서 2200 관리부 | 사원 ERP13L01 홍길동
등록기간 2019/07/21 ~ 2019/07/25 | 거래처 | 거래구분 전체
2.B/L번호 | 배부여부 전체 | 0.비고(건)
발생기간 ____/__/__ ~ ____/__/__ | 거래처(내역) | 프로젝트

비용번호	등록일자	B/L번호	거래처	거래구분	배부여부	비고
EC1907000001	2019/07/22	BL1907000003	DOREX CO.LTD	T/T	배부	
					미배부	

발주번호	No	L/C번호
PO1907000005	1	
PO1907000005	2	
PO1907000005	3	
PO1907000005	4	

No.	발생일자	거래처	원가구분	과세구분	공급가	부가세	합계액	비용명	지급구분	지급은행	선급거래	세무구분	전표
1	2019/07/22	DOREX CO.…	물품대	수입영세	48,762…	0	48,762,750	B/L결제대금	현금			영세매입	미처리
2	2019/07/22	(주)하진…	기타	매입과세	100,000	10,000	110,000	수수료	현금			과세매입	미처리
3	2019/07/22	부산세관	관세	매입기타	150,000	0	150,000	통관료	현금				미처리
4	2019/07/22	에치에프…	기타	매입과세	200,000	20,000	220,000	하역비	현금			과세매입	미처리

23 **정답** ②, 기타(수출) ▻ NEGO등록

해설 조회내역에서 NEGO번호를 클릭하면 화면 제일 하단에서 해당 선적번호를 확인할 수 있다. ② NG1907000002

NEGO등록

사업장 1000 (주)한국자전거! 부서 2200 관리부 사원 ERP13L01 홍길동
NEGO기간 2019/07/01 ~ 2019/07/05 고객 고객분류
NEGO유형 전체 환종 0.NEGO번호
관리구분 프로젝트 0.마감번호

NEGO등록 | NEGO선입정리

NEGO번호	NEGO일자	고객	유형	환종	형태	관리구분	프로젝트	담당자	전표	비고
NG1907000001	2019/07/01	DOREX CO.LTD	T/T 선입	USD	외화순대체			SCM담당자	미처리	
NG1907000002	2019/07/01	DOREX CO.LTD	T/T 후입	USD	원화CONVERT			SCM담당자	미처리	
NG1907000003	2019/07/01	DOREX CO.LTD	T/T 후입	USD	외화순대체			SCM담당자	미처리	
NG1907000004	2019/07/01	DOREX CO.LTD	T/T 선입	USD	원화CONVERT			SCM담당자	미처리	

선적번호 BL1907000001 매입은행 90001 신한은행 계좌번호 231-12-048541
매출환율 1,180.00 NEGO환율 1,185.00 증빙번호
NEGO금액(외화) 4,600,000.00 NEGO금액 5,451,000,000

24 **정답** ③, 기타(수입) ▻ 미착품원가정산

해설 조회내역에서 배부조정 버튼을 클릭한다. 배부조정 조회내역에서 배부후금액이 제일 많은 품목은 ③ 21-1030600, FRONT FORK(S): 22,961,962원

미착품원가정산

사업장 1000
입고기간 2019/07/21 ~
정산일자 ____/__/__ ~

선적일자	B/L번호
2019/07/22	BL1907000003

배부조정

비용(기타) 300,000 배부(기타) 300,000 차액(기타) 초기값 확인(TAB)
비용(관세) 150,000 배부(관세) 150,000 차액(관세) 취소(ESC)

품번	품명	규격	단위	수량	배부전금액	배부비율	배부(기타)	배부(관세)	배부후금액	관리
-25250	SHEET POST	10*60	EA	100	9,717,000	19.93	59,781	29,890	9,806,671	
-252500	SUPREME X2		EA	100	8,887,500	18.23	54,678	27,339	8,969,517	
-1030600	FRONT FORK(S)		EA	100	22,752,000	46.66	139,975	69,987	22,961,962	
-1035600	SOCKET	100*40	EA	500	7,406,250	15.19	45,566	22,784	7,474,600	

25 **정답** ③, 기타(수입) ▻ 회계처리(매입마감)

해설 1) 매입마감 조회내역에서 마감 항목을 선택 후 전표처리 버튼을 클릭한다.

2) 회계처리 창에서 확인을 클릭한다.

3) 회계전표 탭에서 조회를 하여 하단 창 조회내역을 확인한다. 미착품원가정산에서 물품대와 제비용을 배부하므로 수입제비용이 물품대에 포함된다.

③ 박용덕: 수입하면서 발생한 비용이 포함되기 때문이다.

회계처리(매입마감)

사업장 1000 (주)한국자전거! 부서 2200 관리부 사원 ERP13L01 홍길동
기간 2019/07/01 ~ 2019/07/05 거래처 구분 전체
관리구분 프로젝트 0.마감번호

매입마감 | 회계전표

일자	번호	No.	품의내역	유형	기표일자	번호	상태	승인자	대차차액
2019/07/01	1	0	무역관리(매입마감:PC1907000002)	매 입		0	미결		0

순번	구분	코드	계정과목	코드	거래처명	금액		적요명
1	대체차변	14900	원재료	00011	INTECH CO.LTD	33,331,000	0	미착품 원재료 계정 대체
2	대체대변	15600	미착품	00011	INTECH CO.LTD	32,981,000	0	미착품 정산대체(B/L결제대금)
3	대체대변	15600	미착품	00020	부산세관	100,000	0	미착품 정산대체(통관료)
4	대체대변	15600	미착품	00012	(주)하진해운	250,000	0	미착품 정산대체(운반비)

2019년도 제3회 물류 1급 이론 정답 및 해설

빠른 정답표

01	02	03	04	05	06	07	08	09	10	11	12	13	14	15	16
③	③	④	①	③	②	①	②	②	③	주관식	주관식	주관식	①	①	④
17	**18**	**19**	**20**	**21**	**22**	**23**	**24**	**25**	**26**	**27**	**28**	**29**	**30**	**31**	**32**
②	①	주관식	주관식	③	②	③	④	주관식	주관식	②	④	①	③	주관식	주관식

01 정답 ③

해설 개방형 정보시스템 구성으로 자율성, 유연성 극대화

02 정답 ③

해설 의사결정의 신속성으로 정보공유의 시간적 한계가 없다.

03 정답 ④

해설 기업이 수행하고 있는 현재 업무방식을 개선하여 시스템에 반영하도록 한다.

04 정답 ①

해설 구축단계

05 정답 ③

해설 데이터베이스 클라우드 서비스와 스토리지 클라우드 서비스는 IaaS에 속한다.

06 정답 ②

해설 수요예측은 장래에 발생할 가능성이 있는 모든 수요(잠재수요 + 유효수요)에 대하여 예측한다.

07 정답 ①

해설 회사 내 주요 간부들의 의견을 모아 수요예측 – 중역평가법에 해당

08 정답 ②

해설 시장점유율 = (자사 매출액 / 당해 업계 총매출액) × 100% = (50 / 1,000) × 100% = 0.05
목표매출액 = 당해 업계 총수요액 × 자사의 목표 시장점유율 = 2,000 × 0.05 = 100

09 정답 ②

해설 가격결정에 영향을 미치는 내부적 요인은 제품특성, 원가(비용), 마케팅 목표 등이다. 반면, 외부적 요인은 고객수요, 유통채널, 경쟁환경, 법·규제 환경 등이다.

10 정답 ③

해설 여신한도액이 순운전자본보다 많아지는 경우 운전자본을 확보하기 위해서는 현금지급을 어음지급으로 변경하는 것이 유리하다.

11 정답 550

해설 단순이동평균법에 따라 8월의 판매량을 예측하면

12월 예측판매량 = (0.25 × 400개) + (0.25 × 600개) + (0.25 × 400개) + (0.25 × 800개)
= 100개 + 150개 + 100개 + 200개 = 550(개)

12 정답 400

해설 원가가산(코스트플러스)에 의한 가격결정 방법에 따르면,

(소매가격) = (도매가격) + (소매업자 영업비용) + (소매업자 목표이익)이므로

(소매업자 목표이익) = (소매가격)-(도매가격)-(소매업자 영업비용)
= 1,100원 - 500원 - 200원 = 400원

13 정답 90

해설 여신잔액에 맞추어 어음기간을 조정할 경우, 어음기간은 다음과 같이 계산한다.

어음기간 = [(여신한도액) × 여신기간)-(현재까지 회수된 각 어음금액 × 각 어음기간)의 합계] / 외상매출금 잔액이므로

어음기간 = [(1,000만원 × 30일)-(200만원 × 60일) + (300만원 × 30일)] / 100만원
= [30,000 - (12,000 + 9,000)] / 100 = 9,000 / 100 = 90(일)

14 정답 ①

해설 조달 리드타임이 길어지면 수요·공급의 변동성과 불확실성이 확대되어 채찍효과 발생의 가능성이 높아진다.

15 정답 ①

해설 예상재고(비축재고)

16 정답 ④

해설 매입가격(물가) 상승을 가정할 경우,

기말재고액은 선입선출법 > 이동평균법 > 총평균법 > 후입선출법의 순서로 평가된다.

17 정답 ②

해설 수배송 효율화를 위해서는 차량의 대형화가 필요하다.

18 정답 ①

해설 JIT시스템에서 말하는 7가지 낭비에는 과잉생산의 낭비, 재고의 낭비, 운반의 낭비, 불량의 낭비, 가공의 낭비, 동작의 낭비, 대기의 낭비가 있음

19 정답 유연성

해설 공급망 프로세스의 경쟁능력 요소

- 비용(Cost): 적은 자원으로 제품·서비스를 창출할 수 있는 능력
- 품질(Quality): 고객 욕구를 만족시키는 척도이며 소비자에 의하여 결정
- 유연성(Flexibility): 설계변화와 수요변화에 효율적으로 대응할 수 있는 능력
- 시간(Time): 경쟁사보다 빠른 신제품 개발능력, 신속한 제품 배달능력, 정시배달능력

20 정답 600

해설 매출원가 = (기초재고액 + 당기매입액)−기말재고액 = 300 + 500 − 200 = 600

21 정답 ③

해설 생산제품 모델변경이 잦은 경우는 외주생산이 유리, 자체생산이 유리한 경우는 다음과 같다.

① 지속적으로 대량생산을 해야 하는 경우

② 표준화된 다수 품목들을 반복적으로 대량 생산하는 경우

④ 제품의 구성에서 전략적인 중요성을 가진 부품의 경우

22 정답 ②

해설 제조원가 = 직접원가 + 제조간접비

23 정답 ③

해설 긴급수요의 경우에 유리한 경우는 사업장별 분산구매의 장점에 해당한다.

24 정답 ④

해설 ① 수시구매는 계절품목 등 일시적인 수요품목에 적합하다.

② 예측구매는 생산시기가 일정한 품목 또는 항상 비축이 필요한 상비 저장품목 등에 적합하다.

③ 일괄구매는 품종별로 공급처를 선정하여 구매품목을 일괄 구매하는 방법이다.

25 정답 예정

26 정답 지명경쟁

27 정답 ②

해설 • FCA(운송인 인도, Insert Named Place of Delivery): 매도인이 물품을 자신의 영업구 내 또는 기타 지정 장소에서 매수인이 지정한 운송인이나 제3자에게 인도하는 것을 의미한다.

- CFR(운임 포함 인도, Insert Named Port of destination): 매도인은 물품을 지정 목적 항까지 운송하는 데 필요한 계약을 체결하고 그에 따른 비용과 운임을 부담하는 것을 의미하며, 위험은 본선 적재 시 이전한다.
- CIF(운임·보험료 포함 인도, Insert Named Port of destination): 매도인이 목적 항까지의 운임과 보험료를 지급하는 거래규칙이다. 물품의 멸실 또는 손상의 위험은 물품이 본선에 적재된 때에 이전한다.

28 정답 ④

해설 ④ 수입업자가 아닌 수출업자가 신용장 사용으로 인하여 얻게 되는 효용이다.

29 정답 ①

해설 ② 대금결제는 어음상의 약정기간이 경과한 후에 대금결제 – 기한부신용장

③ 선적서류를 받기 전 미리 수출대금 중 일부 금액을 지급할 수 있도록 보증 – 전대신용장

④ 개설은행이 수출자가 발행한 환어음을 선적서류의 첨부를 조건으로 지급, 매입을 약속하는 취소불능신용장

30 정답 ③

해설 ① 선하증권은 운송위탁인(화주)과 운송회사(선박회사) 간에 체결한 해상운송계약을 근거로 선박회사가 발행한다.

② 운송목적지에서 명기된 수하인에게만 전달되는 것은 항공화물운송장이다.

④ 선하증권은 배서 또는 인도하여 소유권을 양도할 수 있다.

31 정답 기한부

32 정답 현찰

2019년도 제3회 물류 1급 실무 정답 및 해설

빠른 정답표

01	02	03	04	05	06	07	08	09	10	11	12	13	14	15	16
④	③	④	③	④	②	①	④	①	③	①	④	④	②	②	①
17	**18**	**19**	**20**	**21**	**22**	**23**	**24**	**25**							
②	②	④	④	③	①	③	②	①							

01 **정답** ④, 사용자권한설정

해설 사용자권한 설정메뉴의 가장 우측 테이블에서 권한이 부여된 메뉴를 확인할 수 있다. 또는 좌측 메뉴트리에서 보이지 않는 메뉴를 선택해도 답을 선택할 수 있다.

02 **정답** ③, 일반거래처등록

해설 ①, ②, ④는 A등급, ③은 C등급이다.

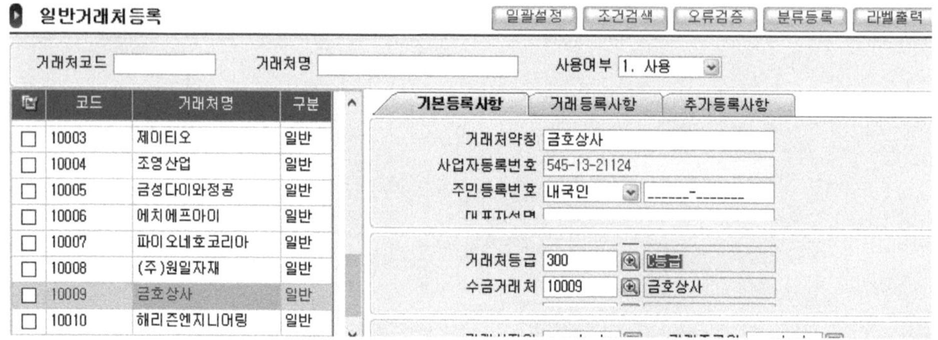

03 **정답** ④, 프로젝트등록

해설 프로젝트 분류는 프로젝트 등록메뉴의 분류등록 버튼을 활용하여 등록한다.

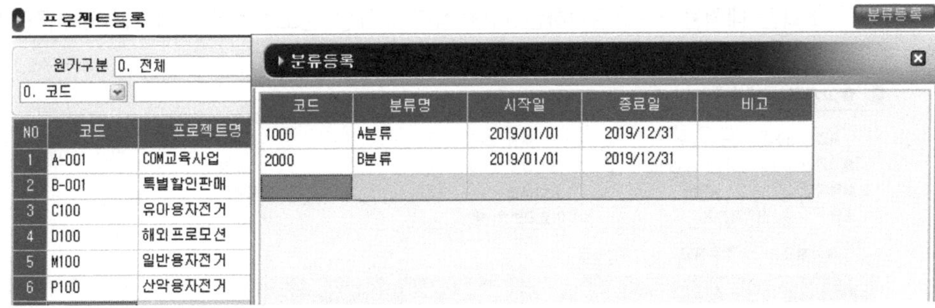

04 **정답** ③, 견적등록

해설 관리구분은 하단 품목정보와 함께 입력된다. [보기]의 기간에 빅파워에 견적을 발행한 일반자전거는 관리구분이 우수고객매출로 등록되어 있다. 반면 ㈜제동기어에는 유아용자전거가 우수고객매출로 판매되었다. 문제에서는 일반자전거를 우수고객매출로 판매한 거래처를 묻고 있으므로 답은 ③이다.

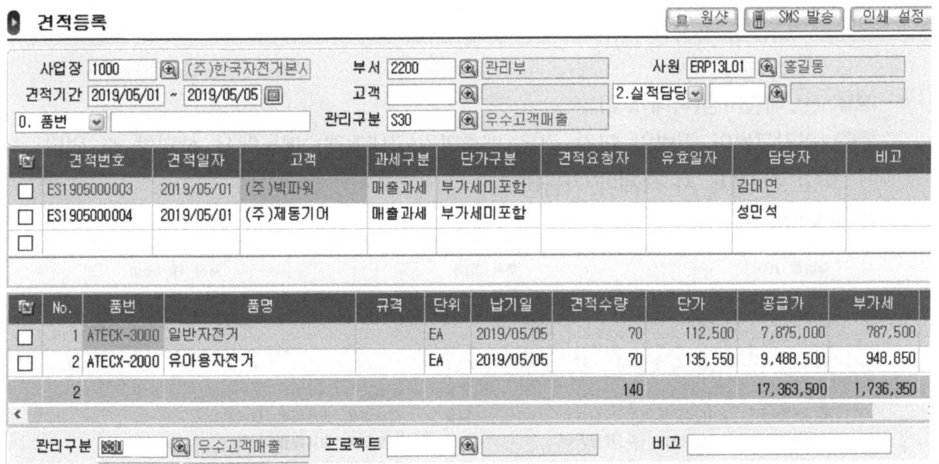

05 **정답** ④, 수주등록(유상사급)

해설 수주등록(유상사급) 메뉴의 요청적용은 외주프로세스를 통해 등록되는 외주발주품 자재 중 유상사급인 자재의 수주 건이 조회된다.

06 **정답** ②, 출고처리(국내수주)

해설 주문일괄적용 버튼을 클릭하여 [보기]의 조건을 입력 후 실행한다. 주문출고 탭에서 조회된 내역을 각각 클릭하면 하단 창에서 해당 출고번호의 산악자전거 주문단위수량을 확인할 수 있다. 50+20+35+50=155EA

출고처리(국내수주)

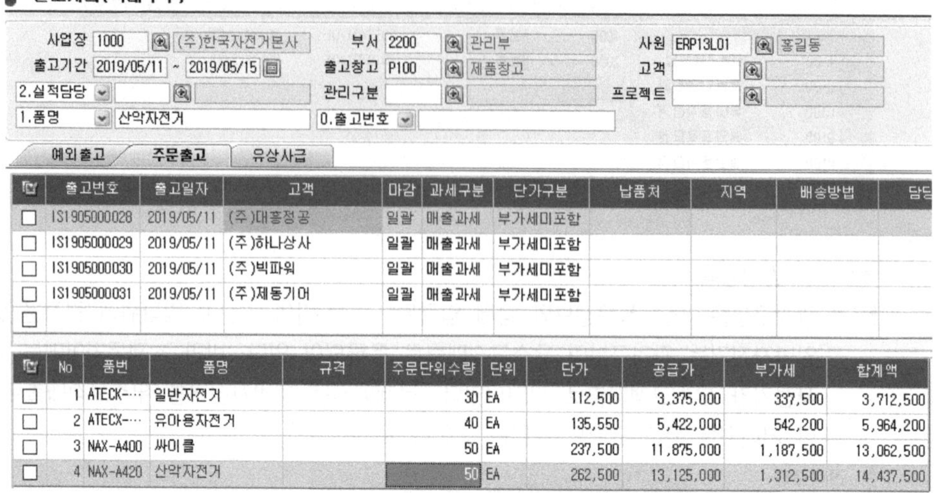

사업장 1000 (주)한국자전거본사 | 부서 2200 관리부 | 사원 ERP13L01 홍길동
출고기간 2019/05/11 ~ 2019/05/15 | 출고창고 P100 제품창고 | 고객
2.실적담당 | 관리구분 | 프로젝트
1.품명 산악자전거 | 0.출고번호

예외출고 | 주문출고 | 유상사급

출고번호	출고일자	고객	마감	과세구분	단가구분	납품처	지역	배송방법	담당
IS1905000028	2019/05/11	(주)대흥정공	일괄	매출과세	부가세미포함				
IS1905000029	2019/05/11	(주)하나상사	일괄	매출과세	부가세미포함				
IS1905000030	2019/05/11	(주)빅파워	일괄	매출과세	부가세미포함				
IS1905000031	2019/05/11	(주)제동기어	일괄	매출과세	부가세미포함				

No	품번	품명	규격	주문단위수량	단위	단가	공급가	부가세	합계액
1	ATECK-···	일반자전거		30	EA	112,500	3,375,000	337,500	3,712,500
2	ATECX-···	유아용자전거		40	EA	135,550	5,422,000	542,200	5,964,200
3	NAX-A400	싸이클		50	EA	237,500	11,875,000	1,187,500	13,062,500
4	NAX-A420	산악자전거		50	EA	262,500	13,125,000	1,312,500	14,437,500

07 **정답** ①, 매출마감(국내거래)

해설 마감구분이 건별인 마감 건은 매출마감(국내거래) 메뉴에서 삭제할 수 없다. 원천 출고 건 삭제 시 삭제가 가능하다.

매출마감(국내거래)

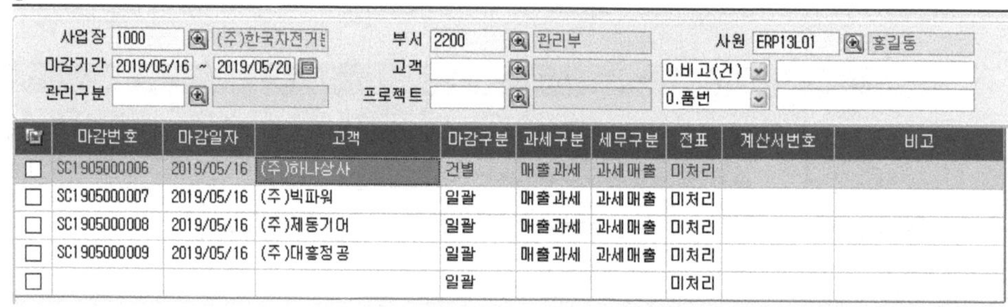

사업장 1000 (주)한국자전거본 | 부서 2200 관리부 | 사원 ERP13L01 홍길동
마감기간 2019/05/16 ~ 2019/05/20 | 고객 | 0.비고(건)
관리구분 | 프로젝트 | 0.품번

마감번호	마감일자	고객	마감구분	과세구분	세무구분	전표	계산서번호	비고
SC1905000006	2019/05/16	(주)하나상사	건별	매출과세	과세매출	미처리		
SC1905000007	2019/05/16	(주)빅파워	일괄	매출과세	과세매출	미처리		
SC1905000008	2019/05/16	(주)제동기어	일괄	매출과세	과세매출	미처리		
SC1905000009	2019/05/16	(주)대흥정공	일괄	매출과세	과세매출	미처리		
			일괄			미처리		

08 **정답** ④, 세금계산서처리

해설 매출마감 건에 대한 회계처리는 세금계산서처리 여부와는 관계없다. 세금계산서 처리는 세금계산서 양식을 출력하기 위한 메뉴이다.

세금계산서처리

사업장 1000 (주)한국자전거본 부서 2200 관리부 사원 ERP13L01 홍길동
발행기간 2019/05/01 ~ 2019/05/31 고객 고객분류
과세구분 전체 0.비고(건)

계산서번호	발행일자	고객	과세구분	권	호	출력회수	영수/청구	비고
TX1905000001	2019/05/21	(주)대홍정공	매출과세				영수	
TX1905000002	2019/05/21	(주)하나상사	매출과세				영수	
TX1905000003	2019/05/21	(주)빅파워	매출과세				영수	
TX1905000004	2019/05/21	(주)제동기어	매출과세				영수	

현 금 수 표 어 음 외상미수금 26,885,650

No.	품번	품명	규격	단위	마감수량	단가	공급가	부가세	합계액
1	ATECK-3000	일반자전거		EA	50	112,500	5,625,000	562,500	6,187,500
2	ATECX-2000	유아용자전거		EA	30	135,550	4,066,500	406,650	4,473,150
3	NAX-A400	싸이클		EA	40	237,500	9,500,000	950,000	10,450,000
4	NAX-A420	산악자전거		EA	20	262,500	5,250,000	525,000	5,775,000

09 **정답** ①, 수금등록

해설 각각의 수금 건 선택 후 선수금정리 버튼을 통해 선수금 정리내역을 확인한다. ① 수금 건의 경우 5월 2, 3일 매일 500,000원씩 선수금 정리 내역이 등록되어 있다.

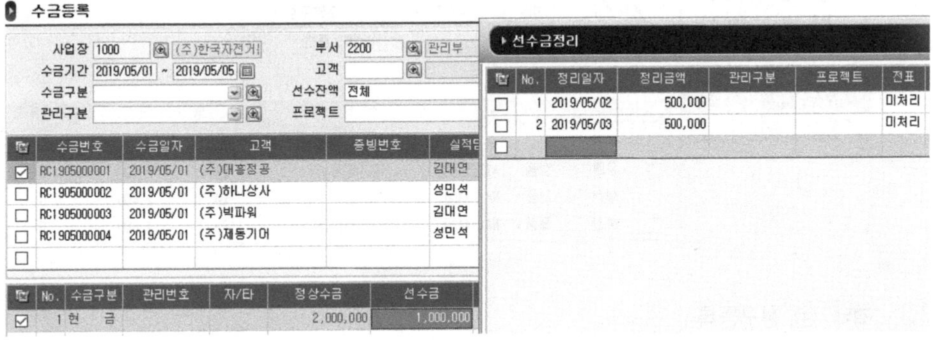

수금등록

사업장 1000 (주)한국자전거 부서 2200 관리부
수금기간 2019/05/01 ~ 2019/05/05 고객
수금구분 선수잔액 전체
관리구분 프로젝트

수금번호	수금일자	고객	증빙번호	실적담당
RC1905000001	2019/05/01	(주)대홍정공		김대연
RC1905000002	2019/05/01	(주)하나상사		성민석
RC1905000003	2019/05/01	(주)빅파워		김대연
RC1905000004	2019/05/01	(주)제동기어		성민석

No.	수금구분	관리번호	자/타	정상수금	선수금
1	현 금			2,000,000	1,000,000

선수금정리

No.	정리일자	정리금액	관리구분	프로젝트	전표
1	2019/05/02	500,000			미처리
2	2019/05/03	500,000			미처리

10 **정답** ③, 견적대비수주현황

해설 견적대비수주현황 메뉴에서 각각의 품목을 클릭하여 확인한다. 산악자전거 품목은 50EA의 견적이 접수되었으나 60EA의 수주가 등록되었다.

견적대비수주현황

사업장 부서 사원
견적기간 2019/05/26 ~ 2019/05/31 고객 거래구분
환종 2.실적담당 0.견적번호
3.품번범위 ~ 관리구분 프로젝트

견적번호	견적일자	고객명	NO.	품번	품명	규격	단위	견적수량
ES1905000005	2019/05/26	(주)대홍정공	1	ATECK-3000	일반자전거		EA	30
ES1905000005	2019/05/26	(주)대홍정공	2	ATECX-2000	유아용자전거		EA	40
ES1905000005	2019/05/26	(주)대홍정공	3	NAX-A420	산악자전거		EA	50
ES1905000005	2019/05/26	(주)대홍정공	4	NAX-A500	30단기어자…		EA	70

주문번호	주문일자	NO.	주문수량
SO1905000009	2019/05/26	3	60

11 **정답** ①, 받을어음현황

해설 1. 2019/08/06, 2. 2019/07/07, 4. 2019/07/09 따라서 ① 어음의 만기가 가장 늦다. ③은 ㈜하나상사가 발행한 어음이다.

받을어음현황

사업장 / 부서 / 사원
수금기간 2019/05/06 ~ 2019/05/10 / 고객 / 거래구분
고객분류 / 2.실적담당 / 0.수금번호
만기기간 ____/__/__ ~ ____/__/__ / 관리구분 / 프로젝트

수금일자	고객	수금번호	No	관리번호	발행구분	어음(당좌)금	금융기관	발행일자	만기/약정일
2019/05/06	(주)대흥정공	RC1905000005	1	20190506	자수	500,000			2019/08/06
2019/05/07	(주)대흥정공	RC1905000006	1	20190507	자수	500,000			2019/07/07
2019/05/08	(주)하나상사	RC1905000007	1	20190508	자수	400,000			2019/08/08
2019/05/09	(주)대흥정공	RC1905000008	1	20190509	자수	700,000			2019/07/09

12 **정답** ④, 주계획작성(MPS)

해설 판매계획창에서 [보기]의 조건으로 조회하여 선택적용 시 4가지 품목 총 8,800EA가 등록된다.

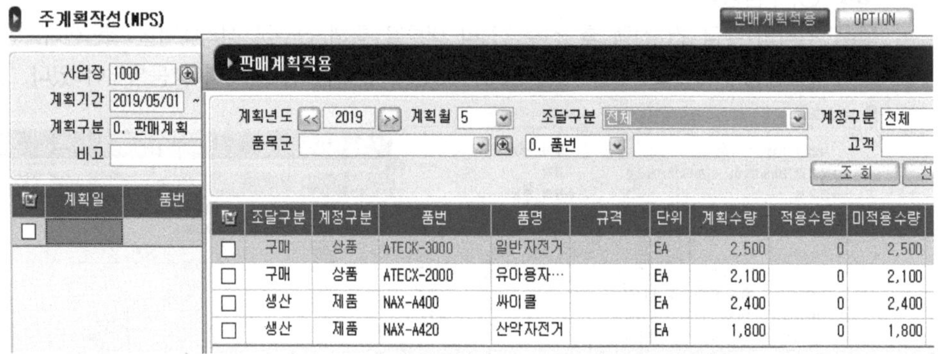
주계획작성(MPS)

판매계획적용

계획년도 2019 / 계획월 5 / 조달구분 전체 / 계정구분 전체
품목군 / 0. 품번 / 고객

조달구분	계정구분	품번	품명	규격	단위	계획수량	적용수량	미적용수량
구매	상품	ATECK-3000	일반자전거		EA	2,500	0	2,500
구매	상품	ATECX-2000	유아용자…		EA	2,100	0	2,100
생산	제품	NAX-A400	싸이클		EA	2,400	0	2,400
생산	제품	NAX-A420	산악자전거		EA	1,800	0	1,800

13 **정답** ④, 청구등록

해설 ① 볼트 100: 구매, ② 유아용자전거: 구매, ③ 바구니: 생산, ④ 일반자전거: 구매

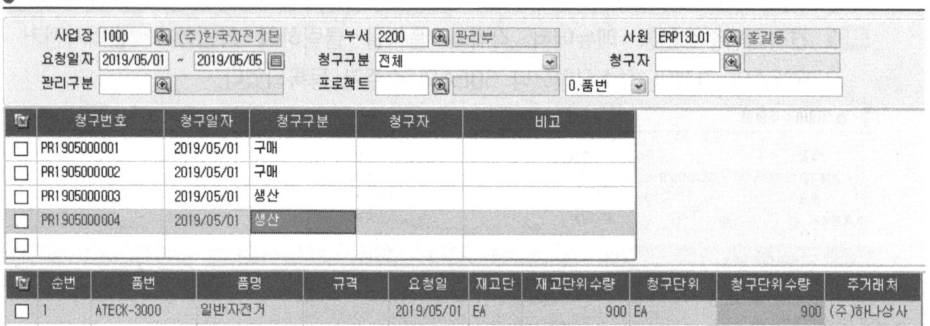
청구등록

사업장 1000 (주)한국자전거본 / 부서 2200 관리부 / 사원 ERP13L01 홍길동
요청일자 2019/05/01 ~ 2019/05/05 / 청구구분 전체 / 청구자
관리구분 / 프로젝트 / 0.품번

청구번호	청구일자	청구구분	청구자	비고
PR1905000001	2019/05/01	구매		
PR1905000002	2019/05/01	구매		
PR1905000003	2019/05/01	생산		
PR1905000004	2019/05/01	생산		

순번	품번	품명	규격	요청일	재고단	재고단위수량	청구단위	청구단위수량	주거래처
1	ATECK-3000	일반자전거		2019/05/01	EA	900	EA	900	(주)하나상사

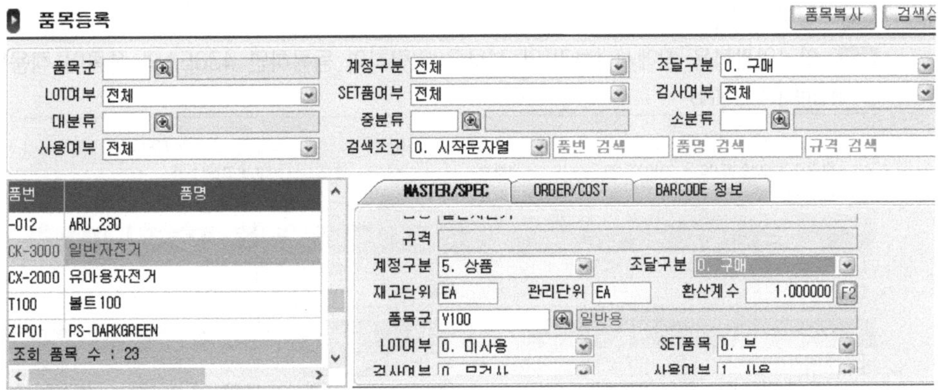

14 **정답** ②, 발주등록

해설 발주등록 메뉴에서 관리구분에 특별구매 조건을 입력하여 조회한다.

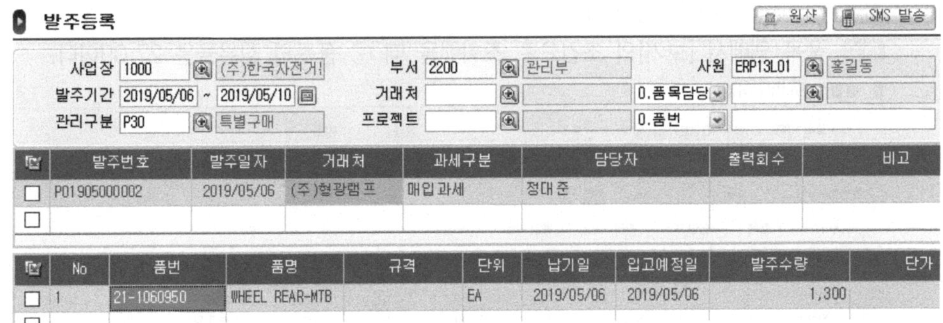

15 **정답** ②, 입고처리(국내수주)

해설 하단 품목 선택 후 우클릭 이력정보를 통해 이전 프로세스를 확인한다. ④는 입고적용을 받지 않고 직접 입력한(-) 입고 건이다.

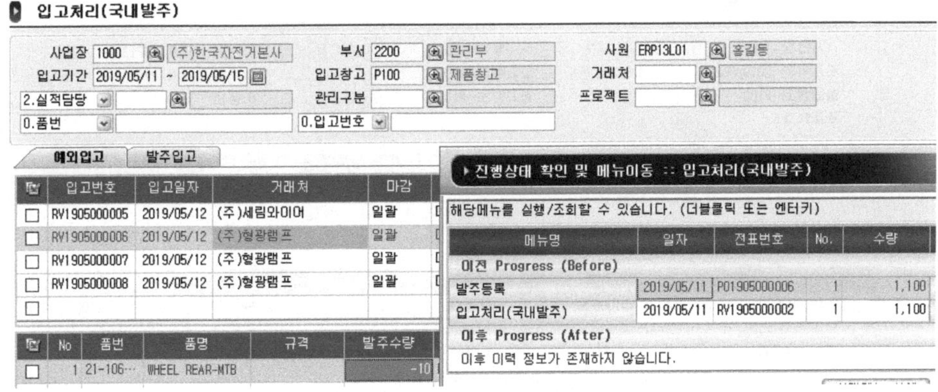

16 **정답** ①, 매입마감

해설 입고일괄적용 창에서 [보기]의 정보를 입력하여 등록하면 430EA의 품목이 적용된다.

매입마감(국내거래)

사업장 1000 (주)한국자전거 | 부서 2200 관리부 | 사원 ERP13L01 홍길동
마감기간 2019/05/16 ~ 2019/05/20 | 거래처 | 0.비고(건)
관리구분 | 프로젝트 | 1.품명

마감번호	마감일자	거래처	마감구분	과세구분	세무구분	전표	비고
PC1905000003	2019/05/20	(주)세림와이어	일괄	매입과세	과세매입	미처리	
			일괄			미처리	

No.	품번	품명	규격	단위	마감수량	단가	공급가	부가세	합계액
1	21-1060850	WHEEL FRONT-MTB		EA	120	18,200	2,184,000	218,400	2,402,400
2	21-1060850	WHEEL FRONT-MTB		EA	130	18,200	2,366,000	236,600	2,602,600
3	21-1060850	WHEEL FRONT-MTB		EA	80	18,200	1,456,000	145,600	1,601,600
4	21-1060850	WHEEL FRONT-MTB		EA	100	18,200	1,820,000	182,000	2,002,000

17 **정답** ②, 매입순위표(마감기준)

해설 품목 탭에서 [보기]의 조건으로 조회했을 때 ② 품목의 점유율은 27.09이다.

매입순위표(마감기준) 검색상세

사업장 1000 (주)한국자전거본사 | 부서 | 사원
매입기간 2019/06/01 ~ 2019/06/05 | 거래처 | 거래구분
조회기준 0. 수량 | 환종 | 0.품목담당
3.품번범위 ~ | 관리구분 | 프로젝트

거래처 | 품목 | 담당자 | 관리구분 | 프로젝트 | 부서

위	품번	품명	규	단위	매입수량	매입금액	점유율
1	21-1060850	WHEEL FRONT-MTB		EA	431	7,844,200	27.28
2	21-1080800	FRAME-알미늄		BOX	428	16,349,600	27.09
3	21-1060950	WHEEL REAR-MTB		EA	372	6,398,400	23.54
4	21-1070700	FRAME-티타늄		EA	349	4,955,800	22.09

순위	코드	거래처명	매입수	매입금액	점유율
1	00005	(주)세림와…	180	6,876,000	42.06
2	00008	YK PEDAL	94	3,590,800	21.96
3	00003	(주)빅파워	84	3,208,800	19.63
4	00006	(주)형광램프	70	2,674,000	16.36

18 **정답** ②, SET품 수불조정등록

해설 SET품 수불조정등록 메뉴나 SET품 수불조정현황 메뉴에서 [보기]의 조건으로 조회한다.

SET품 수불조정등록

사업장 1000 (주)한국자전거 | 부서 2200 관리부 | 사원 ERP13L01 홍길동
조정기간 2019/05/01 ~ 2019/05/05 | 입고창고 P100 제품창고 | 입고장소 P101 제품장소
출고창고 P100 제품창고 | 출고장소 P101 제품장소 | 0.품번
프로젝트

조정번호	조정일자	SET모품목	품명	규격	단위(재고)	입고조정수	단가
SE1905000001	2019/05/01	TTS-230	가족용하이킹세트		EA	100	250,(

LOT No. | 프로젝트 | 비고

조정번호	No	구성품번	품명	규격	단위(재	출고조정수량	LOT No.
SE1905000002	1	31-10100005	자물쇠		EA	400	
SE1905000002	2	ATECK-3000	일반자전거		EA	200	
SE1905000002	3	ATECX-2000	유아용자전거		EA	200	

19 **정답** ④, 거래처별단가등록

해설 판매단가 유형을 설정하는 메뉴는 영업마감/통제등록 메뉴이다. 또한 거래처/품목별로 다른 단가를 등록하기 위한 메뉴는 고객별단가등록 메뉴이다.

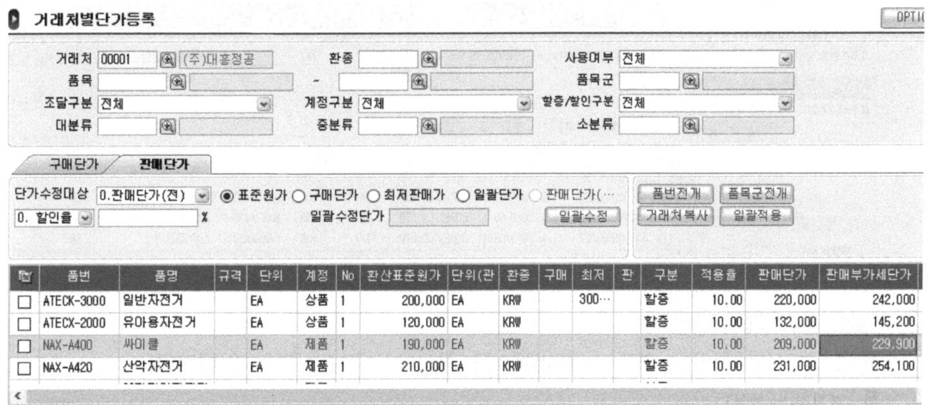

20 **정답** ④, 해외수주등록

해설 조회내역의 하단 창에서 일반자전거 품목의 주문수량을 확인한다. 120EA

해외수주등록

사업장 1000 (주)한국자전거 | 부서 2200 관리부 | 사원 ERP13L01 홍길동
주문기간 2019/05/01 ~ 2019/05/05 | 고객 | 납품처
2.실적담당 | 관리구분 | 프로젝트
거래구분 4. T/T | 0.품번 | 환종

	주문번호	주문일자	고객	환종	납품처	담당자	관리
☐	SO1905000010	2019/05/01	DOREX CO.LTD	USD		김민경	
☐	SO1905000011	2019/05/02	DOREX CO.LTD	USD		김민경	
☐	SO1905000012	2019/05/03	DOREX CO.LTD	USD		김민경	
☐	SO1905000013	2019/05/04	DOREX CO.LTD	USD		김민경	
☐							

	No.	품번	품명	규격	단위	납기일	출하예정일	주문수량	외화단가	외화금액
☐	1	ATECK-···	일반자전거		EA	2019/06/01	2019/05/01	120	112,500.00	13,500,00···

21 **정답** ③, 출고처리(해외수주)

해설 출고 시 환율은 출고처리(해외수주) 메뉴에서 알 수 있다. [보기]의 기간에 출고된 내역의 하단 품목창에 우클릭 이력정보 기능을 통해 원천 주문번호를 조회한다.

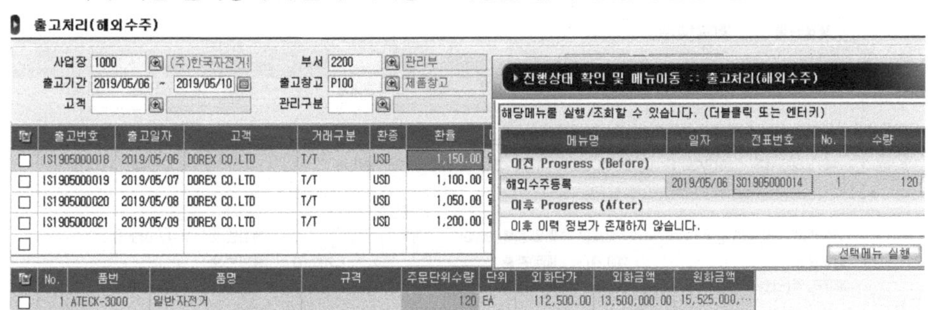

22 **정답** ①, 선적등록

해설 출고적용 버튼의 출고적용 조회창에서 확인한다. ① 15EA, ② 5EA, ③ 13EA, ④ 11EA

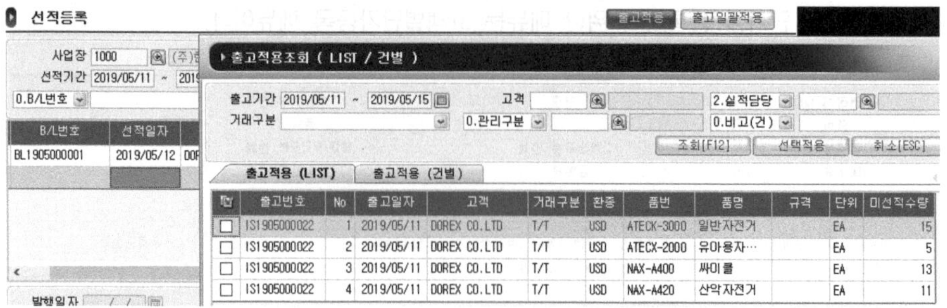

선적등록 | 출고적용 | 출고일괄적용

사업장 1000 (주)한 / 선적기간 2019/05/11 ~ 2019 / 0.B/L번호

B/L번호	선적일자
BL1905000001	2019/05/12

출고적용조회 (LIST / 건별)

출고기간 2019/05/11 ~ 2019/05/15 고객 2.실적담당 / 거래구분 0.관리구분 0.비고(건) / 조회[F12] 선택적용 취소[ESC]

출고적용 (LIST) | 출고적용 (건별)

출고번호	No	출고일자	고객	거래구분	환종	품번	품명	규격	단위	미선적수량
IS1905000022	1	2019/05/11	DOREX CO.LTD	T/T	USD	ATECK-3000	일반자전거		EA	15
IS1905000022	2	2019/05/11	DOREX CO.LTD	T/T	USD	ATECX-2000	유아용자…		EA	5
IS1905000022	3	2019/05/11	DOREX CO.LTD	T/T	USD	NAX-A400	싸이클		EA	13
IS1905000022	4	2019/05/11	DOREX CO.LTD	T/T	USD	NAX-A420	산악자전거		EA	11

23 **정답** ③, 회계처리(선적)

해설 부가세대급금이 아닌 부가세예수금 계정으로 전표처리가 이뤄진다.

회계처리(선적) | 전표처리 | 전표

사업장 1000 (주)한국자전거 / 부서 2200 관리부 / 사원 ERP13L01 홍길동
기간 2019/05/16 ~ 2019/05/20 / 고객 / 구분 전체
관리구분 / 프로젝트 / 0.마감번호

매출마감 | 수출선적 | 회계전표

일자	번호	No.	품의내역	유형	기표일자	번호	상태	승인자	대차차액
2019/05/17	3	0	무역관리(수출선적:BL1905000002)	매 출		0	미결		

순번	구분	코드	계정과목	코드	거래처명	금액		적요명
1	대체차변	10800	외상매출금	00010	DOREX CO.LTD	25,439,400,000	0	외상매출금 증가(상품)
2	대체차변	10800	외상매출금	00010	DOREX CO.LTD	48,780,000,000	0	외상매출금 증가(제품)
3	대체대변	40100	상품매출	00010	DOREX CO.LTD	25,439,400,000	0	상품 매출
4	대체대변	40400	제품매출	00010	DOREX CO.LTD	48,780,000,000	0	제품 매출
5	대체대변	25500	부가세예수금	00010	DOREX CO.LTD	0	0	부가세예수금_해외수출

24 **정답** ②, NEGO등록

해설 NEGO등록 메뉴에서 NG1905000003 NEGO 건을 조회하면 선적번호 BL1905000001을 적용받아 등록한 건임을 확인할 수 있다.

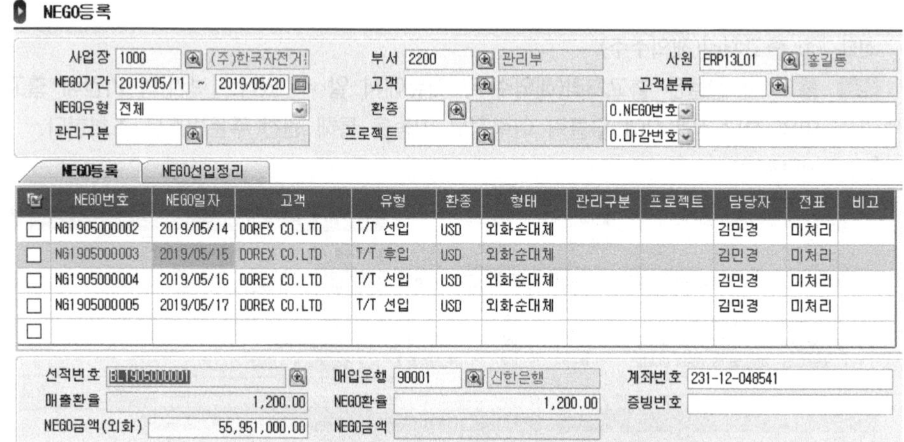

NEGO등록

사업장 1000 (주)한국자전거 / 부서 2200 관리부 / 사원 ERP13L01 홍길동
NEGO기간 2019/05/11 ~ 2019/05/20 / 고객 / 고객분류
NEGO유형 전체 / 환종 / 0.NEGO번호
관리구분 / 프로젝트 / 0.마감번호

NEGO등록 | NEGO선입정리

NEGO번호	NEGO일자	고객	유형	환종	형태	관리구분	프로젝트	담당자	전표	비고
NG1905000002	2019/05/14	DOREX CO.LTD	T/T 선입	USD	외화순대체			김민경	미처리	
NG1905000003	2019/05/15	DOREX CO.LTD	T/T 후입	USD	외화순대체			김민경	미처리	
NG1905000004	2019/05/16	DOREX CO.LTD	T/T 선입	USD	외화순대체			김민경	미처리	
NG1905000005	2019/05/17	DOREX CO.LTD	T/T 선입	USD	외화순대체			김민경	미처리	

선적번호 BL1905000001 / 매입은행 90001 신한은행 / 계좌번호 231-12-048541
매출환율 1,200.00 / NEGO환율 1,200.00 / 증빙번호
NEGO금액(외화) 55,951,000.00 / NEGO금액

25 정답 ①, 해외수주현황

해설 조회조건에 고객 DOREX CO. LTD 조건도 추가하여 조회하여야 한다.

해외수주현황

사업장 [ ] 부서 [ ] 사원 [ ]
주문기간 2019/06/01 ~ 2019/06/30 고객 00010 DOREX CO.LTD 거래구분 [ ]
환종 [ ] 0.납기일 ____/__/__ ~ ____/__/__ 2.실적담당 [ ]
3.품번범위 [ ] ~ [ ] 관리구분 [ ] 프로젝트 [ ]

품명	규격	단위	수량	외화단가	외화금액	납기일	출하예정일
싸이클		EA	24	237,500.00	5,700,000.00	2019/07/11	2019/06/11
산악자전거		EA	32	262,500.00	8,400,000.00	2019/07/11	2019/06/11
일반자전거		EA	24	112,500.00	2,700,000.00	2019/07/16	2019/06/16
유아용자전거		EA	13	135,550.00	1,762,150.00	2019/07/16	2019/06/16
싸이클		EA	14	237,500.00	3,325,000.00	2019/07/16	2019/06/16
산악자전거		EA	8	262,500.00	2,100,000.00	2019/07/16	2019/06/16
일반자전거		EA	15	112,500.00	1,687,500.00	2019/07/21	2019/06/21
유아용자전거		EA	18	135,550.00	2,439,900.00	2019/07/21	2019/06/21
싸이클		EA	14	237,500.00	3,325,000.00	2019/07/21	2019/06/21
산악자전거		EA	12	262,500.00	3,150,000.00	2019/07/21	2019/06/21
			302		56,017,750.00		

2019년도 제2회 물류 1급 이론 정답 및 해설

빠른 정답표

01	02	03	04	05	06	07	08	09	10	11	12	13	14	15	16
①	③	④	④	④	②	③	①	①	①	주관식	주관식	주관식	①	①	④
17	18	19	20	21	22	23	24	25	26	27	28	29	30	31	32
④	④	주관식	주관식	①	③	④	①	주관식	주관식	③	②	④	②	주관식	주관식

01 정답 ①

해설 관계형 데이터베이스 채택

02 정답 ③

해설 기존 업무 방식을 개선 혹은 혁신하기 위한 방안을 모색해야 한다.

03 정답 ④

해설 MRP Ⅰ → MRP Ⅱ → ERP → 확장형 ERP

04 정답 ④

해설 Re-engineering

05 정답 ④

해설 업무 효율성 향상과 수익성 개선을 고려한다.

06 정답 ②

해설
- 예측기간이 짧을수록 실제치와 예측치 사이의 오차는 작아진다.
- 수요예측이란 일반적으로 잠재수요와 유효수요를 고려하여 추정한다.
- 수요예측에서 예측기간이 길수록 판매액에 대한 예측오차가 증가한다.
- 일반적으로 영속성이 있는 상품·서비스가 영속성이 없는 상품·서비스보다 정확한 예측을 하기가 어렵다.
- 수요예측에서 상품·서비스의 구매 동기가 있어 바로 구매 가능한 경우는 유효수요에 해당한다.
- 예측오차의 발생확률은 예측하는 기간의 길이에 비례한다.
- 예측기간이 짧을수록 장기예측에 비하여 예측의 적중률이 높아진다.
- 수요가 안정적인 기간은 불안정한 기간에 대한 예측보다 적중률이 높아진다.

07 정답 ③

해설 손익분기점 매출수량 = 고정비 / 단위당 공헌이익 = 600,000 / (1,000 − 800) = 3,000

08 정답 ①

해설 • 교차비율은 이익공헌도를 의미한다.
• 교차비율은 한계이익율과 상품회전율의 곱으로 산출한다.
• 교차비율은 한계이익을 평균재고액으로 나눠 산출한다.

09 정답 ①

해설 ABC 분석은 매출실적 혹은 수익실적에 따라 3등급으로 분류

10 정답 ① 상품회전율 – 유동성

해설 자기자본비율 – 안전성, 매출액 대비 경상이익률 – 수익성, 매출채권회전율 – 회수성

11 정답 77

해설 (0.3 × 70) + (0.7 × 80) = 21 + 56 = 77

12 정답 9,000

해설 목표이익을 감안한 판매량
= (연간 고정비 + 목표 판매이익) / (개당판매단가 – 개당 변동비)
= (30,000원 + 60,000원) / (30원 – 20원) = 9,000(개)

13 정답 40

해설 자금고정기간 = 자금조달기간 / 365일 – 매출채권한도액 = 매출액 × 자금고정기간
= 700만원 × (73일 / 365일) = 140(만원)

14 정답 ①

해설 ㉠ 예측 가능한 안정적 수요를 갖고 이익율이 낮은 제품에 대응
㉢ 낮은 재고수준과 비용 최소화가 가장 중요한 목적

15 정답 ①

해설 통합 물류센터 운영방식은 다음과 같은 것이 있다.
• 중앙 물류센터는 전체 공급망의 물품을 통합 운영
• 소비자에게 배송되는 데 걸리는 시간이 긴 반면 비용을 상당히 절감
• 특히 재고비용과 고정 투자비용을 대폭 낮출 수 있다는 장점이 있음
• 상황에 따라 운송비용도 일부 절감 가능

16 정답 ④

해설 이동평균법, 재고자산 평가방법에는 개별법, 선입선출법, 후입선출법, 총평균법, 이동평균법 등이 있다.

17 정답 ④

해설 그림은 복수거점 방식을 보여주는 것으로 복수거점 방식은 화주별·권역별·품목별로 집하하여 고객처별로 공동 운송한다는 장점이 있다.

18 정답 ④

해설 보관의 기본원칙 중 하나는 '선입선출의 원칙'으로 먼저 입고된 물품을 먼저 출고한다는 원칙이다.

① 창고 내의 흐름을 원활히 하도록 통로를 중심으로 마주보게 보관한다: 통로대면원칙

② 창고 보관 효율을 높이기 위하여 랙을 이용하여 물품을 높게 쌓는다: 높이쌓기원칙

③ 입출고 빈도가 높은 화물은 출입구에 가까운 장소에 보관하고, 낮은 경우에는 먼 장소에 보관한다: 회전대응원칙

19 정답 안전

해설 안전재고에 대한 설명이다. 안전재고는 재고유지비의 부담이 크므로 재고의 적정 수준으로 유지할 필요가 있다.

20 정답 철도

21 정답 ①

해설 전통적 시각에서 중시하는 구매관리의 기능은 단기간의 성과중시, 비용관리센터, 획득비용(가격) 중심, 요청에 지원하는 업무이다. 현대적 시각으로는 장시간의 전략적 구매를 중시, 총원가에 집중, 이익관리센터, 사전 계획적 업무 등이다.

22 정답 ③

해설 구매청구 → 공급자 파악 → (견적수령) → 내부검토 및 승인 → 계약 → 발주 → (물품납입) → (검수 및 입고) → 구매결과 내부통보 → (구매대금결제)의 순서

23 정답 ④

해설 구매계약에 소요되는 비용과 절차를 간소화할 수 있는 것은 지명경쟁방식이다.

24 정답 ①

해설 수시구매는 조직의 각 부서에서 구매 요청이 있을 때마다 구매하는 방식이므로 현장의 상황에 시의적절하게 대응할 수 있다는 장점이 있다. 예측(시장)구매는 과거의 경험과 미래수요를 검토하여 구매조건이 유리한 경우에 미리 구매하는 방식이므로 구매 관련 비용을 절감할 수 있다. 일괄구매는 업무용 혹은 사무용 품목인 다품목별 소량을 판매업자를 통해 일괄적으로 구매하는 방식이다.

25 **정답** 240

해설 판매원가 = 제조원가 + 판매 및 관리비
= (직접원가 + 제조간접비) + 판매 및 관리비
= 60 + 50 + 60 + 30 + 40 = 240

26 **정답** 6월 15일

해설 3/15 구매당월락 현금할인(EOM): 25일 이후의 구매는 익월에 발생한 것으로 간주하며, 구매당월은 할인기간에 포함하지 않고 익월부터 시작한다. 따라서 6월 15일까지 현금지불이 되면 3% 할인이 적용된다.

27 **정답** ③

해설 가. 관세법은 관세의 부과·징수 및 수출입물품의 통관을 적정하게 하고 관세수입을 확보함으로써 국민경제의 발전에 이바지함을 목적으로 한다.
나. 대외무역법은 대외무역을 진흥하고 공정한 거래질서를 확립하여 국제수지의 균형과 통상의 확대를 도모함으로써 국민경제를 발전시키는 데 이바지함을 목적으로 한다.

28 **정답** ②

해설 ① 추심의뢰은행(Remitting Bank)
③ 은행의 지급확약이 없으므로 상호 성실한 계약이행에 의존하여 결제가 진행된다.
④ 추심방식에는 인수조건방식도 있다.

29 **정답** ④

해설 내국신용장 수혜자는 무역금융 혜택을 받을 수 있다.

30 **정답** ② 수출통관절차

해설 ⓐ 수출신고 → ⓑ 수출신고심사 → ⓓ 수출검사 → ⓔ 수출신고수리 → ⓒ 수출신고필증교부

31 **정답** 기한부

해설 기한부(기한부환어음, Usance, Usance Bill)

32 **정답** 구매확인서

해설 내국신용장은 개설은행의 대금지급 보증을 받을 수 있는 데 반해 구매확인서는 발급은행이 지급보증을 하지 않는다는 차이점이 있다.
구매확인서(구매승인서, 외화획득용 구매확인서, 외화획득용 원료구매확인서 등)

2019년도 제2회 물류 1급 실무 정답 및 해설

빠른 정답표

01	02	03	04	05	06	07	08	09	10	11	12	13	14	15	16
③	③	④	①	④	①	②	①	①	②	④	②	②	③	①	②
17	18	19	20	21	22	23	24	25							
①	③	②	④	④	③	④	④	④							

01 **정답** ③, 회계연결계정과목등록

해설 회계연결계정과목등록 메뉴에서 [보기]의 조건으로 조회할 때 나타나는 계정 코드 중 ③은 존재하지 않는다. ③ DOMESTIC_영업 건의 전표처리 시 활용된다.

회계연결계정과목등록 (적요옵션 / 초기설)

모듈: 영업관리 　 전표코드: 수금

전표코드	전표명	순번	순번명	차대구분	계정코드	표준적요	사용
C1	수금	207	외상매출금(수수료)	대체대변	10800	외상매출금 감소(수수료)	사용
C1	수금	208	외상매출금(할인)	대체대변	10800	외상매출금 감소(할인)	사용
C1	수금	209	외상매출금(상계)	대체대변	10800	외상매출금 감소(상계)	사용
C1	수금	210	외상매출금(잡손실)	대체대변	10800	외상매출금 감소(잡손실)	사용
C1	수금	211	외상매출금(기타1)	대체대변	10800	외상매출금 감소(기타1)	사용
C1	수금	212	외상매출금(기타2)	대체대변	10800	외상매출금 감소(기타2)	사용
C1	수금	213	외상매출금(기타3)	대체대변	10800	외상매출금 감소(기타3)	사용
C1	수금	214	외상매출금(기타4)	대체대변	10800	외상매출금 감소(기타4)	사용
C1	수금	301	선수금(현금)	대체대변	25900	선수금 입금(현금)	사용
C1	수금	302	선수금(제예금)	대체대변	25900	선수금 입금(제예금)	사용

02 **정답** ③, 물류관리내역등록

해설 물류관리내역등록 메뉴의 배송방법 관리항목을 보면 ③ 택시 관리내역이 미사용으로 설정되어 있음을 확인할 수 있다.

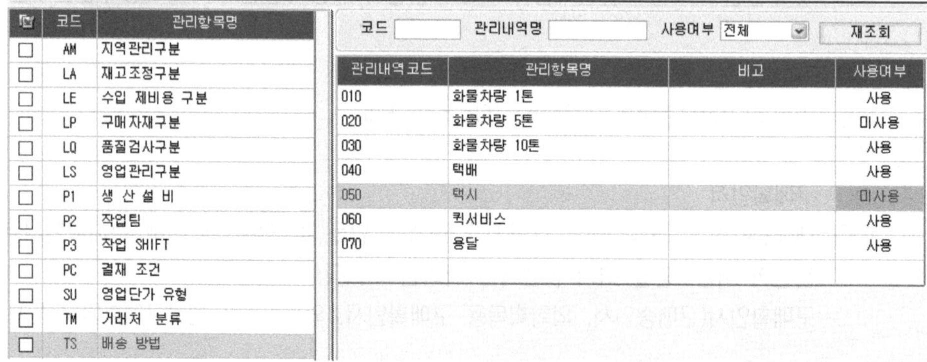

물류관리내역등록

코드	관리항목명
AM	지역관리구분
LA	재고조정구분
LE	수입 제비용 구분
LP	구매자재구분
LQ	품질검사구분
LS	영업관리구분
P1	생 산 설 비
P2	작업팀
P3	작업 SHIFT
PC	결재 조건
SU	영업단가 유형
TM	거래처 분류
TS	배송 방법

코드 　 관리내역명 　 사용여부: 전체 　 재조회

관리내역코드	관리항목명	비고	사용여부
010	화물차량 1톤		사용
020	화물차량 5톤		미사용
030	화물차량 10톤		사용
040	택배		사용
050	택시		미사용
060	퀵서비스		사용
070	용달		사용

03 정답 ④, 물류담당자코드등록

해설 물류담당자코드등록 메뉴에서 [보기]의 조건으로 조회하면 영업부담당자가 오진형 사원으로 설정되어 있다. 기준일자를 변경하지 않고 조회했을 때 오답을 고르기 쉽다.

물류담당자코드등록

0. 담당자코드 | 담당그룹 | 사용여부 전체
기준일자 2019/04/01

	담당자코드	담당자코드명	사원코드	사원명	전화번	팩스번	휴대폰	담당그룹	시작일	종료일	사용여부
□	1000	총괄담당자	20000502	김종욱					2013/01/01	2019/12/31	사용
□	2000	CRM담당자	20001101	박용덕					2013/01/01	2019/12/31	사용
□	3000	SCM담당자	20000501	한국민					2019/04/01	2019/12/31	사용
□	40	무역부담당자	20010401	노희선					2007/01/01	2019/12/31	사용
□	50	구매부담당자	20010402	박국현					2007/01/01	2019/12/31	사용
□	5001	영업부담당자	20040301	오진형					2019/04/01	2019/12/31	사용

04 정답 ①, 판매계획등록

해설 판매계획등록 메뉴에서 [보기]의 조건을 설정 후 조회하면 3월의 기초계획이 조회된다. 수정계획 탭에서 각 품목별로 수정계획수량을 180EA로 모두 입력하고 수정계획단가를 기초계획단가와 동일하게 등록하면 117,000,000원의 수정계획 원화금액 합계 금액이 조회된다.

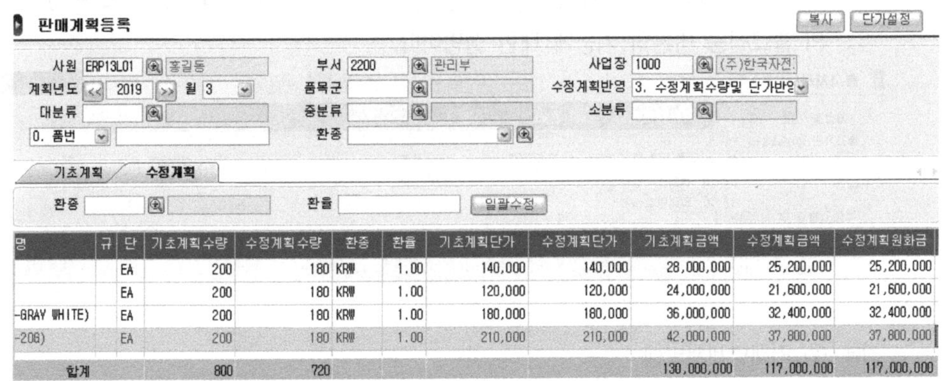
판매계획등록 | 복사 | 단가설정

사원 ERP13L01 홍길동 | 부서 2200 관리부 | 사업장 1000 (주)한국자전
계획년도 2019 월 3 | 품목군 | 수정계획반영 3. 수정계획수량및 단가반영
대분류 | 중분류 | 소분류
0. 품번 | 환종

기초계획 | 수정계획

환종 | 환율 | 일괄수정

명	규	단	기초계획수량	수정계획수량	환종	환율	기초계획단가	수정계획단가	기초계획금액	수정계획금액	수정계획원화금
		EA	200	180	KRW	1.00	140,000	140,000	28,000,000	25,200,000	25,200,000
		EA	200	180	KRW	1.00	120,000	120,000	24,000,000	21,600,000	21,600,000
-GRAY WHITE)		EA	200	180	KRW	1.00	180,000	180,000	36,000,000	32,400,000	32,400,000
-206)		EA	200	180	KRW	1.00	210,000	210,000	42,000,000	37,800,000	37,800,000
합계			800	720					130,000,000	117,000,000	117,000,000

05 정답 ④, 수주등록

해설 수주등록 하단에서 우클릭 [수주등록] 이력정보를 통해 적용된 견적 건을 확인 후 수주금액과 비교한다. ④ 제동기어의 수주단가는 240,000원인데 비해 견적단가는 250,000원이다.

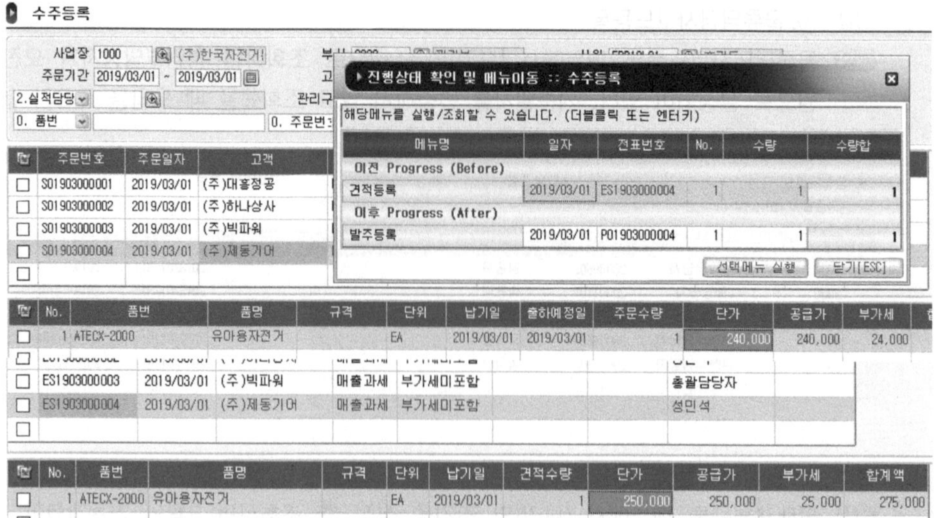

06 정답 ①, 출고처리(국내수주)

해설 출고의뢰 버튼이 활성화되려면 시스템환경설정의 '출고의뢰 운영여부'를 '여'로 설정한다. 사용자권한설정의 메뉴권한과 출고의뢰 버튼 활성화는 관계없다. ④는 예외출고탭의 출고적용 버튼의 기능에 대한 설명이다.

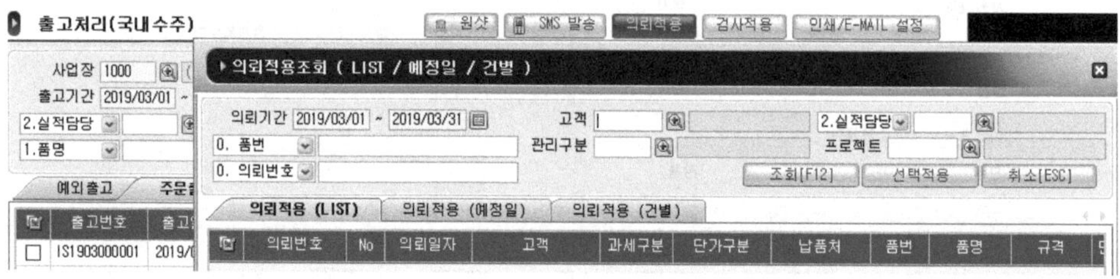

07 정답 ②, 거래명세서발행

해설 각 메뉴별 출력물 (가) 주문서, (나) 거래명세서, (다) 거래명세서, (라) 계산서, 세금계산서

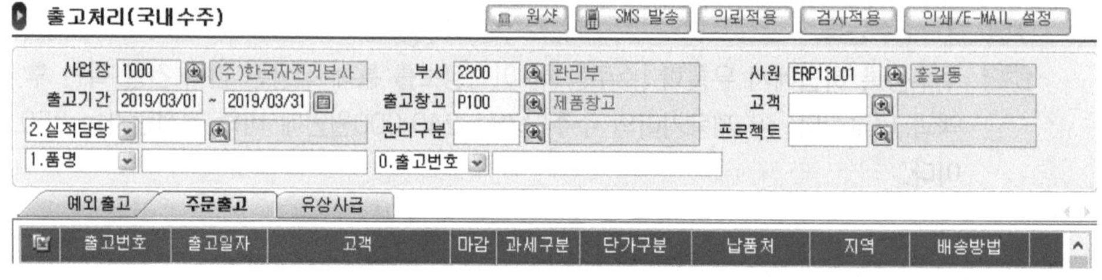

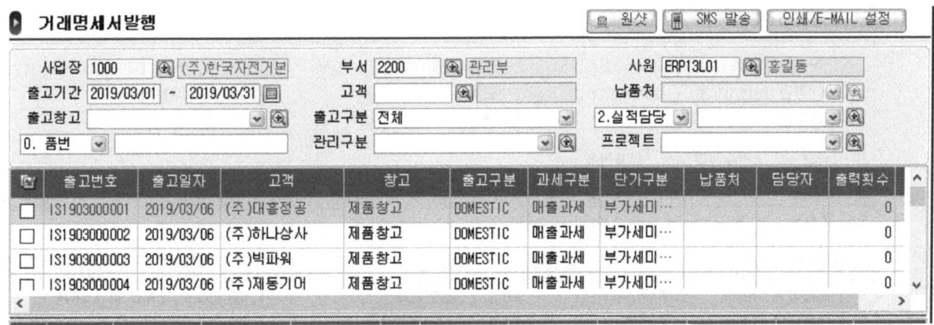

08 정답 ①, 매출마감(국내거래)

해설 1) 조회내역에서 출고일괄적용 버튼을 클릭하여 [보기]의 조건을 입력 후 확인한다.

2) 마감 처리된 조회내역에서 ㈜대흥정공의 마감 합계액을 합산하면, ① 27,845,400

09 정답 ①, 회계처리(수금)

해설 1) 수금 탭의 조회내역에서 항목 전체를 선택 후, 전표처리 버튼을 클릭하여 확인을 누른다.

2) 회계전표 탭의 조회내역에서 고객별로 클릭하여 선수금 계정을 확인한다. ① 수금 건은 500,000원의 선수금이 등록된 수금 건으로, 전표처리 시 대체대변에 선수금이 분개된다.

회계처리(수금)

수금	선수정리	회계전표

일자	번호	No.	품의내역	유형	기표일자	번호	상태	승인자	대차차액
2019/03/26	7	0	영업관리(수금:RC1903000001)	수 금		0	미결		

순번	구분	코드	계정과목	코드	거래처명	금액		적요명	증빙
1	대체차변	10300	제예금	90001	신한은행	1,500,000	0	제예금 입금 대체	
2	대체대변	10800	외상매출금	00001	(주)대흥정공	1,000,000	0	외상매출금 감소(제예금)	
3	대체대변	25900	선수금	00001	(주)대흥정공	500,000	0	선수금 입금(제예금)	

10 **정답** ②, 수주마감처리

해설 ② 주문 건은 수주마감처리에서 마감사유: 단순변심으로 마감처리된 건이다. 주문을 더 이상 진행시키지 않고자 할 때 수주마감처리 메뉴를 활용한다.

수주마감처리

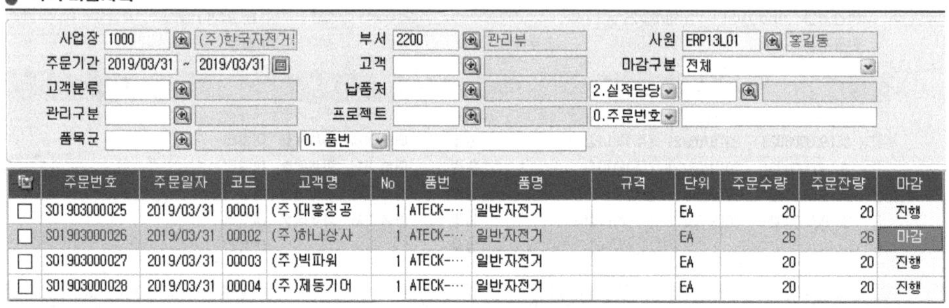

	주문번호	주문일자	코드	고객명	No	품번	품명	규격	단위	주문수량	주문잔량	마감
☐	S01903000025	2019/03/31	00001	(주)대흥정공	1	ATECK-…	일반자전거		EA	20	20	진행
☐	S01903000026	2019/03/31	00002	(주)하나상사	1	ATECK-…	일반자전거		EA	26	26	마감
☐	S01903000027	2019/03/31	00003	(주)빅파워	1	ATECK-…	일반자전거		EA	20	20	진행
☐	S01903000028	2019/03/31	00004	(주)제동기어	1	ATECK-…	일반자전거		EA	20	20	진행

11 **정답** ④, 출고반품현황

해설 출고반품현황 메뉴에서 [보기]의 조건으로 조회한다.

출고처리(국내수주) 메뉴의 예외출고에 3월 22일 등록된 건은 반품 건이 아니라 별도로 등록된 예외출고 건이다.

출고반품현황

사업장 / 부서 / 사원
반품기간 2019/03/01 ~ 2019/03/31 / 고객 / 거래구분
환종 / 2.실적담당 / 0.반품번호
3.품번범위 ~ / 관리구분 / 프로젝트

정렬조건 : ◉ 일자별 ○ 고객별 ○ 품목별 ○ 거래구분별 ○ 관리구분별 ○ 프로젝트별

	반품일자	반품번호	고객	납품처	거래구분	담	No	품번	품명	규격	단위	반품수량
☐	2019/03/07	IS1903000021	(주)빅파워		DOMESTIC		1	ATECX-…	유아용자전거		EA	-1
☐	2019/03/12	IS1903000022	(주)대흥정공		DOMESTIC		1	NAX-A420	산악자전거(…		EA	-2
☐	2019/03/17	IS1903000023	(주)제동기어		DOMESTIC		1	NAX-A420	산악자전거(…		EA	-1

12 **정답** ②, 발주등록

해설 발주등록 메뉴에서 하단 품목 선택 후 우클릭 [발주등록]이력정보 조회를 통해 확인할 수 있다. ② 발주 건은 청구적용 기능을 통해 적용받은 발주 건이다.

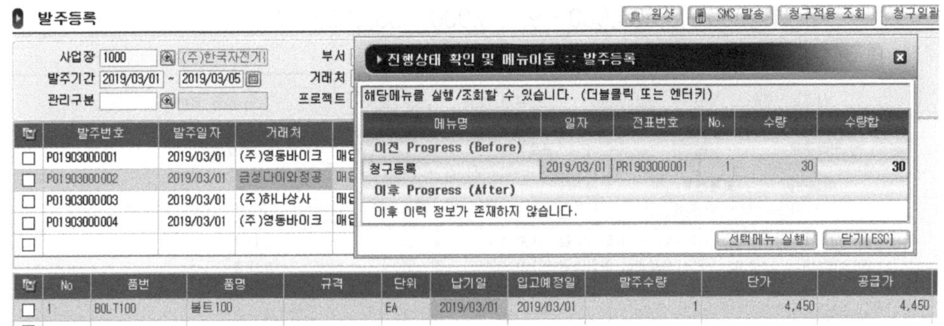

13 **정답** ②, 입고의뢰등록

해설 입고의뢰등록 메뉴의 발주적용조회 창에서 해당 발주기간으로 조회하면 ② 품목의 발주잔량이 40EA로 가장 많은 것으로 조회된다.

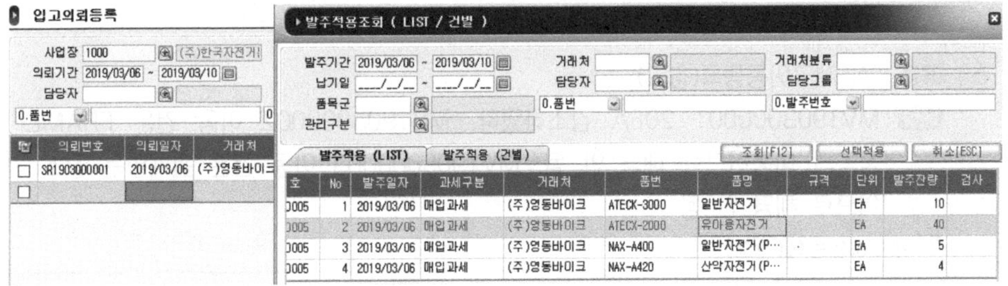

14 **정답** ③, 입고처리(국내발주)

해설 시스템환경설정에 따라 입고의뢰는 사용과 미사용으로 나뉜다. 입고의뢰 사용을 설정할 경우 모든 발주 건은 출고의뢰 프로세스를 거쳐야 한다. 반면 입고검사는 검사구분이 검사로 설정된 발주 건만 거치는 프로세스로 모든 발주 건에 반드시 필요한 것은 아니다.

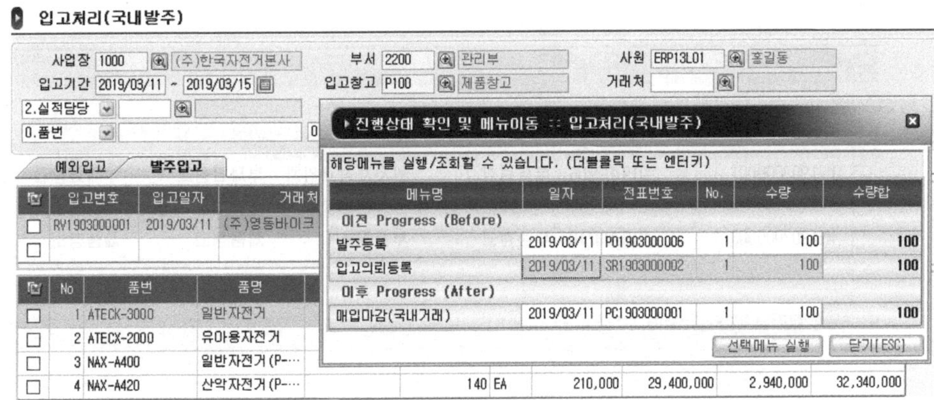

15 **정답** ①, 회계처리(매입마감)

해설 회계처리(매입마감) 메뉴에서 3월 기준으로 조회 시 총 4건의 매입마감 건이 존재하며 해당 마감 건을 전표처리하여 생성되는 전표들의 부가세대급금 합계액은 8,130,000 + 8,712,000 + 8,604,000 + 9,566,000 = 35,012,000

회계처리(매입마감)

사업장 1000 (주)한국자전거! 부서 2200 관리부 사원 ERP13L01 홍길동
기간 2019/03/01 ~ 2019/03/31 거래처 구분 전체
관리구분 프로젝트 0.마감번호

매입마감 / 회계전표

일자	번호	No.	품의내역	유형	기표일자	번호	상태	승인자	대차차액
2019/03/11	2	0	구매/자재관리(매입마감:PC1903000001)	매입		0	미결		0
2019/03/16	2	0	구매/자재관리(매입마감:PC1903000002)	매입		0	미결		0
2019/03/21	2	0	구매/자재관리(매입마감:PC1903000003)	매입		0	미결		0
2019/03/26	7	0	구매/자재관리(매입마감:PC1903000004)	매입		0	미결		0

순번	구분	코드	계정과목	코드	거래처명	금액		적요명
1	대체차변	14600	상품	00009	(주)영동바이크	43,860,000	0	상품 구매
2	대체차변	14700	제품	00009	(주)영동바이크	51,800,000	0	제품 구매
3	대체차변	13500	부가세대급금	00009	(주)영동바이크	9,566,000	0	부가세대급금_DOMESTIC
4	대체대변	25100	외상매입금	00009	(주)영동바이크	48,246,000	0	외상매입금 증가(상품 구매)
5	대체대변	25100	외상매입금	00009	(주)영동바이크	56,980,000	0	외상매입금 증가(제품 구매)

16 **정답** ②, 재고이동등록(창고)

해설 MV1903000001 20EA 감소하였다. MV1903000002 이동 건은 FRAME-알미늄 품목의 이동이므로 해당 안 됨. MV1903000003 이동 건은 관계없는 장소 간 이동이므로 해당 안 됨

재고이동등록(창고)

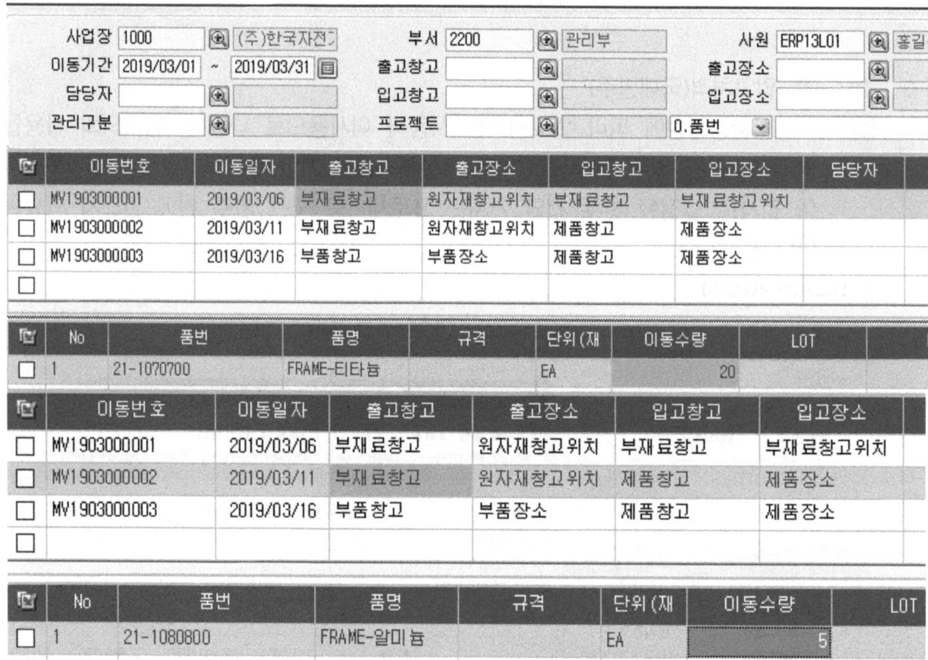

사업장 1000 (주)한국자전 부서 2200 관리부 사원 ERP13L01 홍길동
이동기간 2019/03/01 ~ 2019/03/31 출고창고 출고장소
담당자 입고창고 입고장소
관리구분 프로젝트 0.품번

이동번호	이동일자	출고창고	출고장소	입고창고	입고장소	담당자
MV1903000001	2019/03/06	부재료창고	원자재창고위치	부재료창고	부재료창고위치	
MV1903000002	2019/03/11	부재료창고	원자재창고위치	제품창고	제품장소	
MV1903000003	2019/03/16	부품창고	부품장소	제품창고	제품장소	

No	품번	품명	규격	단위(재	이동수량	LOT
1	21-1070700	FRAME-티타늄		EA	20	

이동번호	이동일자	출고창고	출고장소	입고창고	입고장소
MV1903000001	2019/03/06	부재료창고	원자재창고위치	부재료창고	부재료창고위치
MV1903000002	2019/03/11	부재료창고	원자재창고위치	제품창고	제품장소
MV1903000003	2019/03/16	부품창고	부품장소	제품창고	제품장소

No	품번	품명	규격	단위(재	이동수량	LOT
1	21-1080800	FRAME-알미늄		EA	5	

17 **정답** ① 기초재고/재고조정등록

해설 재고의 이동은 재고이동등록 메뉴를 활용한다. 나머지 [보기]는 옳은 활용법이다.

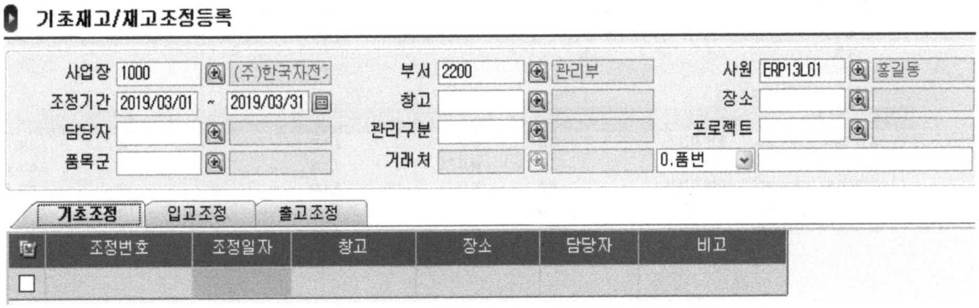

기초재고/재고조정등록

사업장 1000 (주)한국자전기 부서 2200 관리부 사원 ERP13L01 홍길동
조정기간 2019/03/01 ~ 2019/03/31 창고 장소
담당자 관리구분 프로젝트
품목군 거래처 0.품번

기초조정 | 입고조정 | 출고조정

	조정번호	조정일자	창고	장소	담당자	비고
□						

18 **정답** ③, 발주미납현황, 조건에 따른 미납수량

해설 일반자전거 15EA, 유아용자전거 10EA, 일반자전거(P-GRAY WHITE) 50EA, 산악자전거(P-20G) 4EA

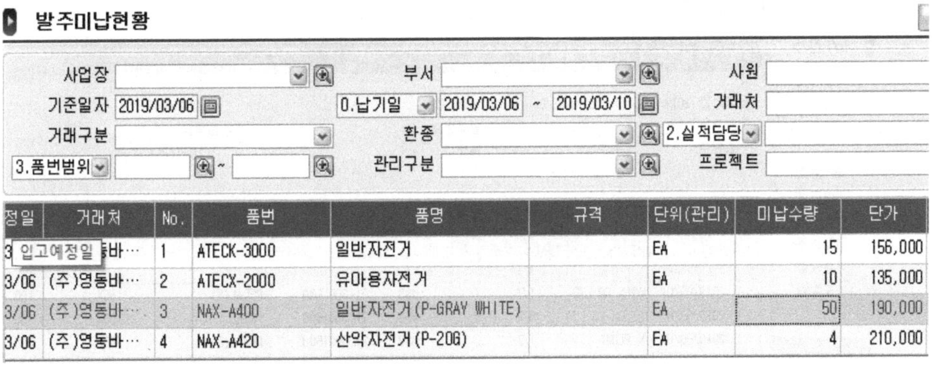

발주미납현황

사업장 부서 사원
기준일자 2019/03/06 0.납기일 2019/03/06 ~ 2019/03/10 거래처
거래구분 환종 2.실적담당
3.품번범위 ~ 관리구분 프로젝트

정일	거래처	No.	품번	품명	규격	단위(관리)	미납수량	단가
3 입고예정일	동바…	1	ATECK-3000	일반자전거		EA	15	156,000
3/06	(주)영동바…	2	ATECX-2000	유아용자전거		EA	10	135,000
3/06	(주)영동바…	3	NAX-A400	일반자전거(P-GRAY WHITE)		EA	50	190,000
3/06	(주)영동바…	4	NAX-A420	산악자전거(P-20G)		EA	4	210,000

19 **정답** ②, 재고수불현황(유형별)

해설 재고수불현황(유형별) 메뉴에서 수불유형과 입출고유형 조회조건을 입력하여 조회한다. 구매입고 625 - 영업출고 473 = 152EA

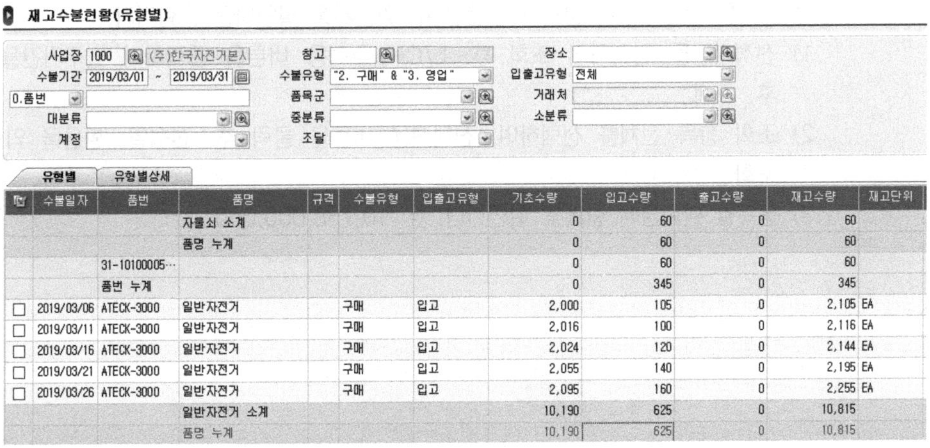

재고수불현황(유형별)

사업장 1000 (주)한국자전거본사 창고 장소
수불기간 2019/03/01 ~ 2019/03/31 수불유형 "2. 구매" & "3. 영업" 입출고유형 전체
0.품번 품목군 거래처
대분류 중분류 소분류
계정 조달

유형별 | 유형별상세

	수불일자	품번	품명	규격	수불유형	입출고유형	기초수량	입고수량	출고수량	재고수량	재고단위
			자물쇠 소계				0	60	0	60	
			품명 누계				0	60	0	60	
		31-10100005…					0	60	0	60	
		품번 누계					0	345	0	345	
□	2019/03/06	ATECK-3000	일반자전거		구매	입고	2,000	105	0	2,105	EA
□	2019/03/11	ATECK-3000	일반자전거		구매	입고	2,016	100	0	2,116	EA
□	2019/03/16	ATECK-3000	일반자전거		구매	입고	2,024	120	0	2,144	EA
□	2019/03/21	ATECK-3000	일반자전거		구매	입고	2,055	140	0	2,195	EA
□	2019/03/26	ATECK-3000	일반자전거		구매	입고	2,095	160	0	2,255	EA
			일반자전거 소계				10,190	625	0	10,815	
			품명 누계				10,190	625	0	10,815	

재고수불현황(유형별)

사업장 1000 (주)한국자전거본사 | 창고 | 장소
수불기간 2019/03/01 ~ 2019/03/31 | 수불유형 "2. 구매" & "3. 영업" | 입출고유형 전체
0.품번 | 품목군 | 거래처
대분류 | 중분류 | 소분류
계정 | 조달

유형별 | 유형별상세

수불일자	품번	품명	규격	수불유형	입출고유형	기초수량	입고수량	출고수량	재고수량	재고단위
2019/03/06	ATECK-3000	일반자전거		영업	출고	2,105	0	89	2,016	EA
2019/03/11	ATECK-3000	일반자전거		영업	출고	2,116	0	92	2,024	EA
2019/03/16	ATECK-3000	일반자전거		영업	출고	2,144	0	89	2,055	EA
2019/03/21	ATECK-3000	일반자전거		영업	출고	2,195	0	100	2,095	EA
2019/03/26	ATECK-3000	일반자전거		영업	출고	2,255	0	103	2,152	EA
		일반자전거 소계				10,815	0	473	10,342	
		품명 누계				10,815	0	473	10,342	

20 **정답** ④, 기타(수입) ▻ 해외발주등록

해설 해외발주등록 메뉴에서 [보기]의 조건으로 조회한 후 거래처 YK PEDAL로 등록된 발주 건을 조회한다. 두건의 발주를 합산하면 500EA이다. 거래처와 품목 조건을 조회 조건에 입력해서 조회할 수도 있다.

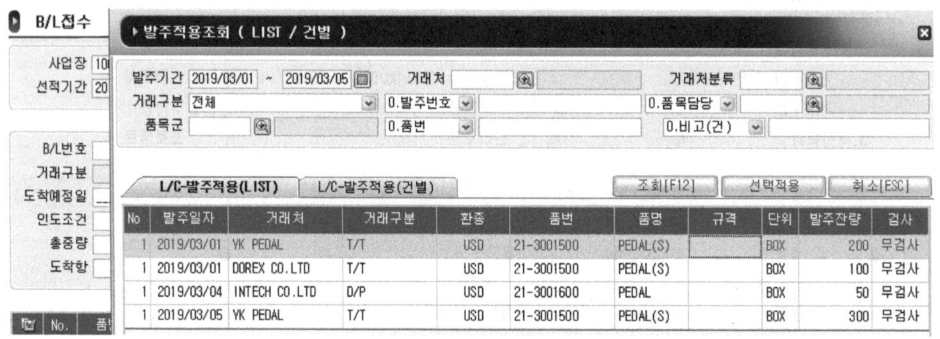

B/L접수

발주적용조회 (LIST / 건별)

발주기간 2019/03/01 ~ 2019/03/05 | 거래처 | 거래처분류
거래구분 전체 | 0.발주번호 | 0.품목담당
품목군 | 0.품번 | 0.비고(건)

L/C-발주적용(LIST) | L/C-발주적용(건별) | 조회[F12] | 선택적용 | 취소[ESC]

No	발주일자	거래처	거래구분	환종	품번	품명	규격	단위	발주잔량	검사
1	2019/03/01	YK PEDAL	T/T	USD	21-3001500	PEDAL(S)		BOX	200	무검사
1	2019/03/01	DOREX CO.LTD	T/T	USD	21-3001500	PEDAL(S)		BOX	100	무검사
1	2019/03/04	INTECH CO.LTD	D/P	USD	21-3001600	PEDAL		BOX	50	무검사
1	2019/03/05	YK PEDAL	T/T	USD	21-3001500	PEDAL(S)		BOX	300	무검사

21 **정답** ④, 기타(수입) ▻ B/L접수

해설 선적일이나 B/L번호는 원화금액을 구하는 데 영향을 주지 않으므로 보기에 별도로 표기하지 않음. 반드시 저장하지 않더라도 발주 건을 불러와서 환율을 입력하여 원화금액이 자동 계산되는 작업까지 실행할 수 있는지를 확인하는 문항이다.

1) 선적기간을 입력하여 조회 후, L/C-발주적용 버튼을 클릭하여 발주기간을 입력 후, 조회
2) 조회 항목 전체를 선택하여, 선택적용 버튼을 클릭 후, 선적일, 환율을 입력하여 조회
3) 품목별 원화금액 합계를 확인한다. ④ 10,758,000,000

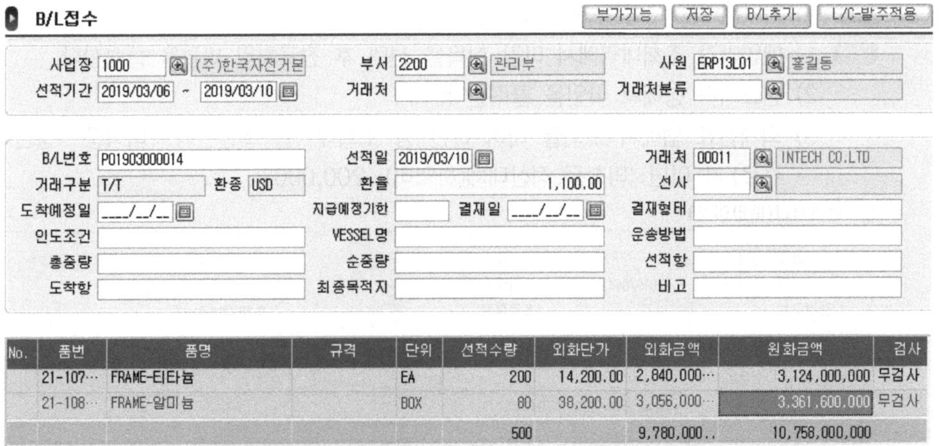

B/L접수 [부가기능] [저장] [B/L추가] [L/C-발주적용]

사업장 1000 (주)한국자전거본 | 부서 2200 관리부 | 사원 ERP13L01 홍길동
선적기간 2019/03/06 ~ 2019/03/10 | 거래처 | 거래처분류

B/L번호 P01903000014 | 선적일 2019/03/10 | 거래처 00011 INTECH CO.LTD
거래구분 T/T 환종 USD | 환율 1,100.00 | 선사
도착예정일 ____/__/__ | 지급예정기한 결재일 ____/__/__ | 결재형태
인도조건 | VESSEL명 | 운송방법
총중량 | 순중량 | 선적항
도착항 | 최종목적지 | 비고

No.	품번	품명	규격	단위	선적수량	외화단가	외화금액	원화금액	검사
	21-107···	FRAME-티타늄		EA	200	14,200.00	2,840,000···	3,124,000,000	무검사
	21-108···	FRAME-알미늄		BOX	80	38,200.00	3,056,000···	3,361,600,000	무검사
					500		9,780,000..	10,758,000,000	

22 정답 ③, 기타(수입) ▻ 수입제비용등록

해설 수입제비용등록 메뉴에서 [보기]의 조건으로 조회한다. 비용명에 맞는 금액을 비교하면 수수료는 400,000원이다.

수입제비용등록

사업장 1000 (주)한국자전거 | 부서 2200 관리부 | 사원 ERP13L01 홍길동
등록기간 2019/03/11 ~ 2019/03/15 | 거래처 | 거래구분 전체
2.B/L번호 | 배부여부 전체 | 0.비고(건)
발생기간 ____/__/__ ~ ____/__/__ | 거래처(내역) | 프로젝트

	비용번호	등록일자	B/L번호	거래처	거래구분	배부여부	비고
□	EC1903000001	2019/03/11	BL20190311-1	DOREX CO.LTD	T/T	미배부	
□						미배부	

	No.	발생일자	거래처	원가구분	과세구분	공급가	부가세	합계액	비용명	지급구분	지급은행
□	1	2019/03/11	DOREX CO.···	물품대	수입영세	10,876···	0	10,876,800,000	B/L결제대금	현금	
□	2	2019/03/11	(주)하진···	기타	수입영세	200,000	0	200,000	하역비	현금	
□	3	2019/03/11	부산세관	기타	수입영세	300,000	0	300,000	통관료	현금	
□	4	2019/03/11	(주)하진···	기타	수입영세	400,000	0	400,000	수수료	현금	
□	5	2019/03/11	(주)하진···	기타	수입영세	500,000	0	500,000	운반비	현금	

23 정답 ④, 기타(수입) ▻ 입고처리(해외발주)

해설 입고처리(해외발주) 메뉴의 의뢰적용 조회창에서 조회한다. WHEEL FRONT-MTB 10EA, WHEEL REAR-MTB 30EA, FRAME-티타늄 40EA, FRAME-알미늄 60EA

입고처리(해외발주) ▸ 의뢰적용조회 (LIST / 건별) - 거래구분 : 4. T/T

사업장 1000 | 입고기간 2019/04/16 ~ | 거래처 | 거래구분 4. T/T

의뢰기간 2019/04/16 ~ 2019/04/20 | 거래처 | 2.실적담당
납기기간 ____/__/__ ~ ____/__/__ | 품목군 | 0. 품번
관리구분 | 프로젝트 | 환종

의뢰적용 (LIST) | 의뢰적용 (건별) [조회[F12]] [선택적용] [취소[ESC]]

입고번호	입고일
RV1904000001	2019/04/

의뢰번호	No	의뢰일자	거래처	거래구분	환종	의뢰창고	품번	품명	규격	단위	의뢰잔량
04000001	1	2019/04/16	DOREX CO.LTD	T/T	USD	부품창고	21-10···	WHEEL FRONT-MTB		EA	10
04000001	2	2019/04/16	DOREX CO.LTD	T/T	USD	부품창고	21-10···	WHEEL REAR-MTB		EA	30
04000001	3	2019/04/16	DOREX CO.LTD	T/T	USD	부품창고	21-10···	FRAME-티타늄		EA	40
04000001	4	2019/04/16	DOREX CO.LTD	T/T	USD	부품창고	21-10···	FRAME-알미늄		BOX	60

24 **정답** ④, 기타(수입) ▻ 회계처리(매입마감)

해설 1) 매입마감 조회내역에서 마감 항목을 선택 후 전표처리 버튼을 클릭한다.

2) 전표처리 창에서 확인을 클릭한다.

3) 회계전표 탭에서 조회를 하여 하단 창 조회내역을 확인한다. '미착품 정산대체(수수료)'가 아닌 '미착품 정산대체(하역비): 200,000'

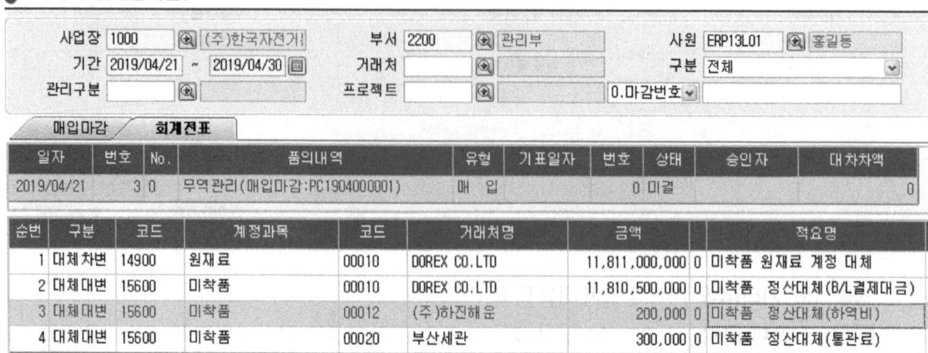

회계처리(매입마감)

사업장 1000 (주)한국자전거| 부서 2200 관리부 사원 ERP13L01 홍길동
기간 2019/04/21 ~ 2019/04/30 거래처 구분 전체
관리구분 프로젝트 0.마감번호

매입마감 | 회계전표

일자	번호	No.	품의내역	유형	기표일자	번호	상태	승인자	대차차액
2019/04/21	3	0	무역관리(매입마감:PC1904000001)	매 입		0	미결		0

순번	구분	코드	계정과목	코드	거래처명	금액		적요명
1	대체차변	14900	원재료	00010	DOREX CO.LTD	11,811,000,000	0	미착품 원재료 계정 대체
2	대체대변	15600	미착품	00010	DOREX CO.LTD	11,810,500,000	0	미착품 정산대체(B/L결제대금)
3	대체대변	15600	미착품	00012	(주)하진해운	200,000	0	미착품 정산대체(하역비)
4	대체대변	15600	미착품	00020	부산세관	300,000	0	미착품 정산대체(통관료)

25 **정답** ④, 기타(수입) ▻ 미착품원가정산현황

해설 미착품원가정산현황에서도 조회가 가능하고 미착품원가정산 메뉴의 배부조정 창에서도 조회가 가능하다.

미착품원가정산현황

사업장 부서 사원
정산기간 2019/04/21 ~ 2019/04/25 선적기간 2019/03/21 ~ 2019/03/25 거래처
거래처분류 거래구분 0.B/L번호
비용번호

	선적일자	B/L번호	거래처	거래구분	비용번호
☐	2019/03/21	BL20190321-1	DOREX CO.LTD	T/T	EC1903000003

발생일자	거래처	비용명	금액	프로젝트
2019/03/21	(주)하진해운	하역비	200,000	
2019/03/21	부산세관	통관료	300,000	

품번	품명	규격	수량	금액	배부금액	배부후금액	재고단위원가	재고
21-1060850	WHEEL FRONT-MTB		100	2,093,000,…	88,607	2,093,088,…	20,930,886	EA
21-1060950	WHEEL REAR-MTB		120	2,373,600,…	100,486	2,373,700,…	19,780,837	EA
21-1070700	FRAME-티타늄		100	1,633,000,…	69,133	1,633,069,…	16,330,691	EA
21-1080800	FRAME-알미늄		130	5,710,900,…	241,774	5,711,141,…	4,393,185	EA

2019년도 제1회 물류 1급 이론 정답 및 해설

빠른 정답표

01	02	03	04	05	06	07	08	09	10	11	12	13	14	15	16
③	③	④	④	②	④	①	③	②	–	주관식	주관식	주관식	①	①	④
17	18	19	20	21	22	23	24	25	26	27	28	29	30	31	32
④	③	주관식	주관식	③	④	①	②	주관식	주관식	①	④	④	①	주관식	주관식

01 정답 ③

해설 객체지향기술의 사용은 기술적 특징이다.

- 4세대 프로그래밍 언어를 사용하여 개발되었다.
- 대부분의 ERP는 객체지향기술을 사용하여 설계한다.
- 기업 내부의 데이터가 집합되므로 정보공유를 통한 인터넷 환경하에서 사용이 가능하다.
- 일반적으로 관계형 데이터베이스 관리시스템(RDBMS)이라는 소프트웨어를 사용하여 모든 데이터를 관리한다.

02 정답 ③

해설 중장기간의 효과를 고려하여 도입해야 한다.

03 정답 ④

해설 BPR(Business Process Re-engineering): 복잡한 조직 및 경영 기능의 효율화, 지속적인 경영환경 변화에 대한 대응, 정보 IT 기술을 통한 새로운 기회 창출, 정보공유를 통한 개방적 업무환경을 확보할 수 있다.

04 정답 ④

해설 전반적인 업무 프로세스를 통합 관리하기 위해 ERP를 도입한다.

05 정답 ②

해설 BPR과 연계하여 ERP 시스템 도입이 필요하다.

06 정답 ④

해설 $F9 = 30 \times 0.1 + 100 \times 0.3 + 120 \times 0.4 + 70 \times 0.2$

$= 3 + 30 + 48 + 14 = 95$

07 정답 ①

해설 매트릭스 분석

08 정답 ③

해설 가격결정에 영향을 미치는 외부적 요인에는 고객수요, 유통채널, 경쟁환경, 법, 규제, 세금 등의 요인이 있다. 제품특성, 비용, 마케팅목표는 내부적 요인이다.

09 정답 ②

해설 월말 마감의 차월회수 기준,
회수율 = 당월회수액 / (전전월말 외상매출금잔액 + 당월매출액) × 100%

10 문제 없음

11 정답 600

해설 원가가산에 의한 가격결정,
소매업자의 이익 = 소매가격 − 도매가격 − 소매업자 영업비 = 1,000 − 300 − 100 = 600

12 정답 300

해설 한계이익율 = 1 − 변동비율 = 2 / 5 = 0.4
손익분기점 = 고정비 / 한계이익율 = 250만원
목표이익 매출액 = (고정비 + 목표이익) / 한계이익율 = (100만원 + 20만원) / 0.4 = 300만원

13 정답 20

해설 매출액증가율 이용,
목표매출액 = 금년도 자사 매출액 실적 × (1 + 전년 대비 매출액 증가율)
= 10억원 × (1 + 1) = 20억원(2,000,000,000)

14 정답 ①

해설 물류거점을 설계할 때 고려되어야 할 지표로는 크게 고객서비스 지표와 비용 지표가 있다. 기본적으로 물류거점 설계는 전체 비용을 최소화하며 고객서비스를 최대화하는 것을 목표로 한다.

15 정답 ①

해설 총평균단가 = (기초재고액 + 당기매입액) / (기초재고량 + 당기매입량)
이동평균단가 = (매입직전재고액 + 신규매입액) / (매입직전재고량 + 신규매입량)

16 정답 ④

해설 재고유지비용: 구입금액에 대한 자본의 기회비용, 보험료, 창고시설 이용 비용, 도난·감소·파손에 따른 손실비용 등이 있다.
재고부족비용: 납기지연, 판매기회 상실, 거래처 신용하락, 잠재적 고객상실 등의 비용

17 정답 ④

해설 자재의 적재방식을 개선하고, 중량자재는 바닥에 보관한다.

18 정답 ③

해설 주문 리드타임의 단축

19 정답 100

해설 • 1주 차 예측수요가 100이므로 기말재고는 150 - 100 = 50이 되며, 3주 차의 예측수요가 100이므로 2주 전(리드타임), 즉 1주 차에 100개를 주문해야 3주 차에 입고된다.
- 2주 차 기말재고는 1주 차의 기말재고 50이 그대로 남아 있고, 4주 차 예측수요를 대비하여 2주 차에서 100개를 주문해야 한다.
- 3주 차 기말재고 50은 1주 차에서 주문한 100개를 활용하고 남은 것이다.
- 4주 차 기말재고는 2주 차에서 주문한 100개와 재고로 남은 50개에서 예측수요 50개를 출하하면 나머지 100개가 기말재고가 된다.

주차	이전기간	1	2	3	4	5	6	7
예측수요		100	0	100	50	150	0	150
수송중재고								
기말 재고량	150	50	50	50	100			
주문량		100	100					

20 정답 SCM

21 정답 ③

해설 발주서 발송, 구매절차: 구매청구 → 공급자 파악 → 견적 → 내부검토 및 승인 → 계약 → 발주서 발송 → 물품 납입 → 검수 및 입고 → 구매결과 내부 통보 → 구매대금결제

22 정답 ④

해설 지속적으로 대량생산이 필요한 경우에는 자체생산이 유리
- 자체 제조를 선호하는 상황: 자체 제조는 제품설계 보안이 중요할 때, 공장 운영을 통합적으로 관리하고자 할 때, 생산 및 품질의 직접적인 관리가 필요할 때, 적절한 협력사가 없을 때, 그리고 공장의 초과 생산능력을 활용하거나 안정적으로 작업 인력을 유지하고자 할 때 유용하다.
- 외주를 선호하는 상황: 외주는 생산 기술 또는 생산 능력이 부족할 때, 생산 품목 수량이 적을 때, 조달, 재고 및 관리 비용을 절감하고자 할 때, 안정적인 작업 인력을 유지하고자 할 때, 그리고 복수의 협력사를 유지하여 원가절감을 추구할 때 유용하다.

23 정답 ①

해설 경쟁자 중심적 가격결정 방식으로 입찰경쟁 방식, 경쟁기업 가격기준 방식을 들 수 있다.

24 정답 ②

해설 • 실제원가: 완제품의 제조과정에서 발생한 원가
• 표준원가: 이상적인 제조과정이 진행된 경우 발생할 수 있는 이상적인 원가
• 확정원가: 제조과정에서 실제 발생하여 확인된 원가

25 정답 정가(복수 정답으로 무효 처리)

26 정답 예측(또는 예측구매)

27 정답 ①

해설 대금결제 연기효과는 수입자에 대한 효용이다. 수입자 효용은 신용장에는 최종 선적일과 유효기간이 명시되어 있어 계약상품이 적기에 도착할 것이라고 확신할 수 있다. 선적서류보다 수입물품이 먼저 도착하는 경우에는 화물을 선취하여 상품을 판매하는 기간 동안 대금결제를 연기받는 효과를 가질 수 있다. 수출자는 대금회수를 위해 신용장에서 요구한 운송서류를 정확히 제시해야 하므로 계약상품이 제대로 선적될 것이라는 확신을 가질 수 있다.

28 정답 ④

해설 수출상이 제품을 선적한 후, 추심의뢰은행에게 추심의뢰 → 추심은행은 선적서류를 수입자에게 제시하고 대금결제 요청 → 추심은행은 추심의뢰은행에게 수입자의 대금결제 사실통지 → 추심의뢰은행은 수출자에게 대금 결제

29 정답 ④

해설 선하증권 – 선적 이후, 항공화물운송장 – 창고반입 이후

30 정답 ①

해설 ① 외국환은행이 고객과 외화현찰거래를 할 때 적용하는 환율(현찰매매율)
② 환어음의 결제를 전신으로 행하는 경우 적용되는 환율: 전신환(T/T) 매매율
③ 일람출급환어음의 매매에 적용되는 환율: 일람출급환어음 매매율
④ 기한부환어음을 매입할 때 적용하는 환율: 기한부어음 매입율

31 정답 대외무역법

해설 대외무역법 제1조(목적)
"이 법은 대외무역을 진흥하고 공정한 거래질서를 확립하여 국제수지의 균형과 통상의 확대를 도모함으로써 국민경제를 발전시키는 데 이바지함을 목적으로 한다."

32 정답 DDP

해설 DDP(Delivered Duty Paid, 관세지급 인도조건)

2019년도 제1회 물류 1급 실무 정답 및 해설

01	02	03	04	05	06	07	08	09	10	11	12	13	14	15	16
②	③	③	①	③	③	③	②	①	④	④	③	②	①	①	④
17	18	19	20	21	22	23	24	25							
②	③	①	④	②	④	②	④	①							

01 **정답** ②, 일반거래처등록

해설 ㈜대흥정공의 사용여부가 1. 사용으로 등록되어 있다.

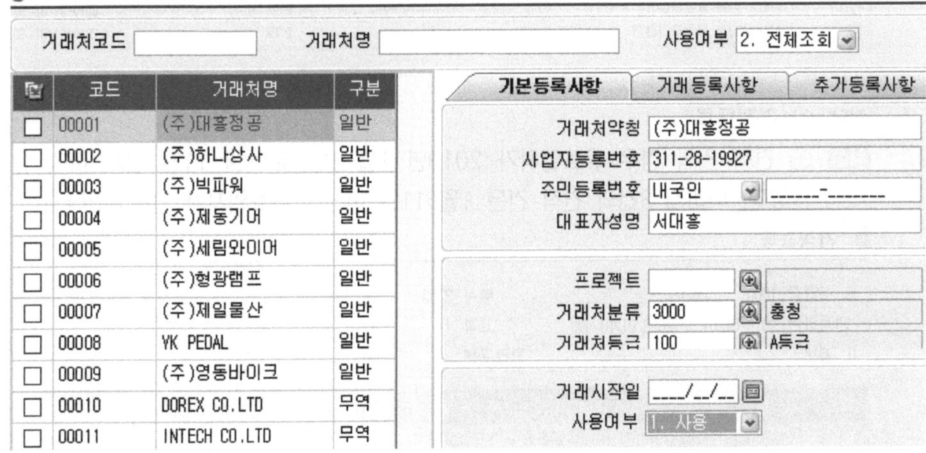

02 **정답** ③, 품목등록

해설 품목별 품목군은 MASTER/SPEC 탭에서 확인할 수 있다.

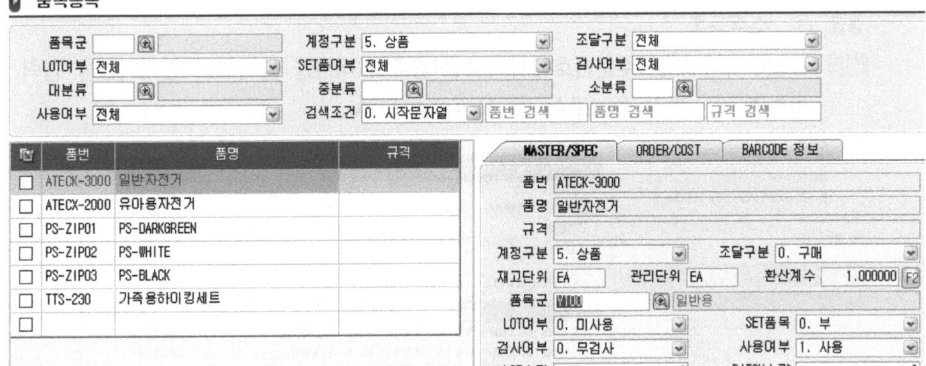

03 **정답** ③, SET구성품등록

해설 조회내역에서 [보기의] 세트 모품목에 대한 구성품을 확인할 수 있다.

SET구성품등록

셋트품 0.품번 tts-230 품목군 계정구분 전체
구성품 0.품번 품목군 계정구분 전체
구성품유무 전체 기준일자 ___/__/__

셋트품 등록

품번	품명	규격	단위(관리)	계정구분	조달구분
TTS-230	가족용하이킹세트		EA	상품	구매

구성품 등록

순번	품번	품명	규격	단위(재고)	수량(재고)	단위(관리)	수량(관리)	시작일	종료일
1	31-10100···	자물쇠			4	EA		2019/01/01	9999/12/31
1	ATECK-3000	일반자전거			2	EA		2019/01/01	9999/12/31
1	ATECX-2000	유아용자전거			2	EA		2019/01/01	9999/12/31

04 **정답** ①, 견적등록

해설 ① 견적 건의 경우 유효일자가 2019년 1월 15일로 1월 11일 현재 아직 만료되지 않았다. 나머지 3건의 견적 건은 1월 11일 이전에 유효일자가 만료되었다.

견적등록

사업장 1000 (주)한국자전거본사 부서 2200 관리부 사원 ERP13L01 홍길동
견적기간 2019/01/01 ~ 2019/01/01 고객 2.실적담당
0. 품번 관리구분

견적번호	견적일자	고객	과세구분	단가구분	견적요청자	유효일자	담당자
ES1901000001	2019/01/01	(주)대흥정공	매출과세	부가세미포함		2019/01/15	김대연
ES1901000002	2019/01/01	(주)하나상사	매출과세	부가세미포함		2019/01/10	성민석
ES1901000003	2019/01/01	(주)빅파워	매출과세	부가세미포함		2019/01/07	김대연
ES1901000004	2019/01/01	(주)제동기어	매출과세	부가세미포함		2019/01/05	성민석

05 **정답** ③, 수주등록

해설 조회내역의 해당 주문번호에서 견적적용조회 버튼을 클릭하여 견적기간을 입력 후, 조회하면, ① 3EA, ② 2EA, ③ 1EA, ④ 2EA

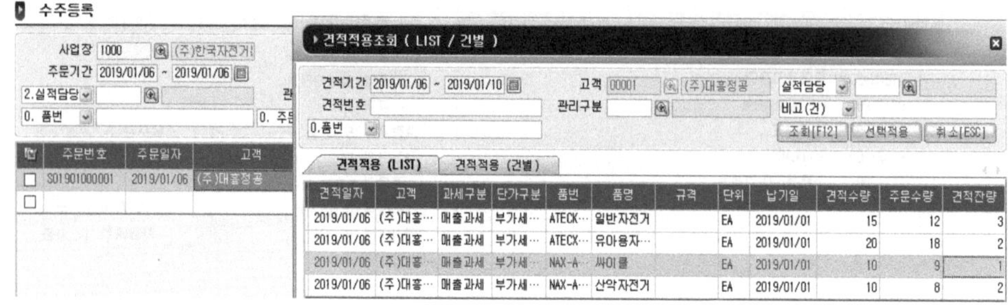

견적적용조회 (LIST / 건별)

견적기간 2019/01/06 ~ 2019/01/10 고객 00001 (주)대흥정공 실적담당
견적번호 관리구분 비고(건)
0.품번 조회[F12] 선택적용 취소[ESC]

견적적용 (LIST) 견적적용 (건별)

견적일자	고객	과세구분	단가구분	품번	품명	규격	단위	납기일	견적수량	주문수량	견적잔량
2019/01/06	(주)대흥···	매출과세	부가세···	ATECK···	일반자전거		EA	2019/01/01	15	12	3
2019/01/06	(주)대흥···	매출과세	부가세···	ATECX···	유아용자···		EA	2019/01/01	20	18	2
2019/01/06	(주)대흥···	매출과세	부가세···	NAX-A···	싸이클		EA	2019/01/01	10	9	1
2019/01/06	(주)대흥···	매출과세	부가세···	NAX-A···	산악자전거		EA	2019/01/01	10	8	2

06 **정답** ③, 출고의뢰등록

해설 출고의뢰 메뉴의 주문적용 조회버튼을 통해 조회, ① 20EA, ② 25EA, ③ 37EA, ④ 23EA

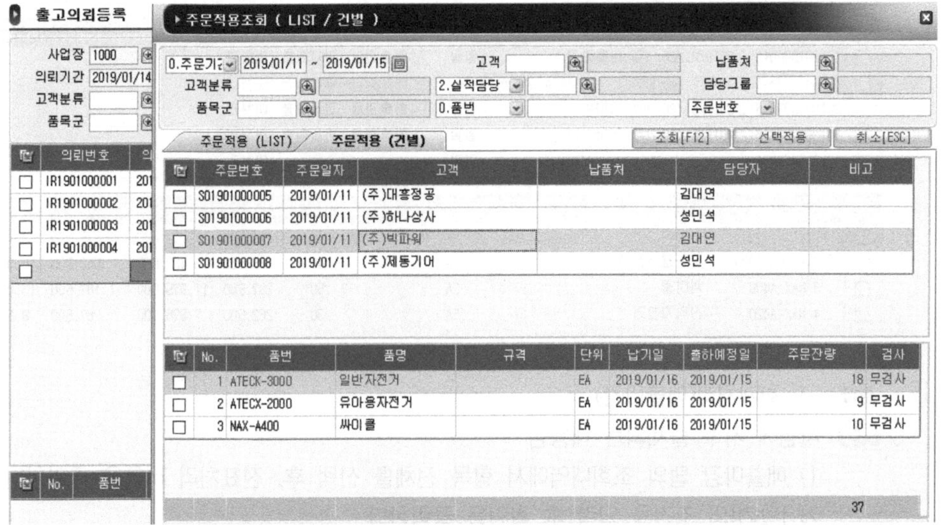

07 **정답** ③, 출고처리(국내수주)

해설 반품을 등록할때는 예외출고 탭의 출고적용 버튼을 통해 이미 출고된 내역을 적용받아 등록한다.

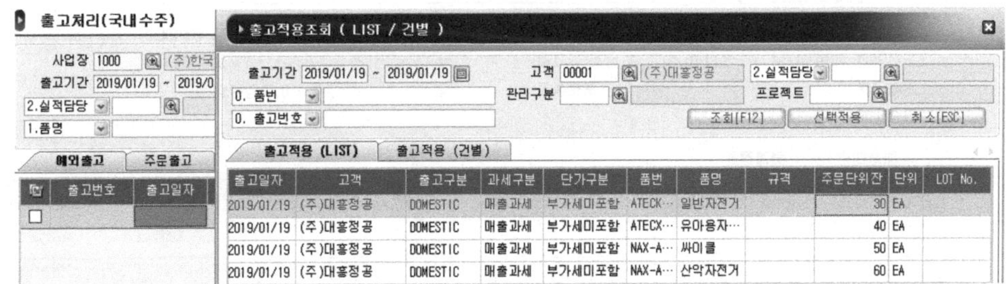

08 **정답** ②, 매출마감

해설 1) [보기]의 조건을 입력 후, 조회하여 조회내역에서 출고일괄적용 버튼을 클릭한다.

2) [보기]의 조건을 입력 후, 확인 버튼을 클릭하여 거래처별로 마감수량을 합산한다.

① 240EA, ② 180EA, ③ 180EA, ④ 180EA

매출마감(국내거래)

사업장 1000 (주)한국자전거 / 부서 2200 관리부 / 사원 ERP13L01 홍길동
마감기간 2019/01/25 ~ 2019/01/25 / 고객 / 0.비고(건)
관리구분 / 프로젝트 / 0.품번

	마감번호	마감일자	고객	마감구분	과세구분	세무구분	전표	계산서번호	비고
☐	SC1901000013	2019/01/25	(주)대흥정공	일괄	매출과세	과세매출	미처리		
☐	SC1901000014	2019/01/25	(주)하나상사	일괄	매출과세	과세매출	미처리		
☐	SC1901000015	2019/01/25	(주)빅파워	일괄	매출과세	과세매출	미처리		
☐	SC1901000016	2019/01/25	(주)제동기어	일괄	매출과세	과세매출	미처리		
☐				일괄			미처리		

	No.	품번	품명	규격	단위	마감수량	단가	공급가	부가세	합계액
☐	1	ATECK-3000	일반자전거		EA	60	112,500	6,750,000	675,000	7,425,000
☐	2	ATECX-2000	유아용자전거		EA	40	135,550	5,422,000	542,200	5,964,200
☐	3	NAX-A400	싸이클		EA	50	237,500	11,875,000	1,187,500	13,062,500
☐	4	NAX-A420	산악자전거		EA	30	262,500	7,875,000	787,500	8,662,500

09 **정답** ①, 회계처리(매출마감)

해설 시험에 자주 출제되는 내용임

1) 매출마감 탭의 조회내역에서 항목 전체를 선택 후, 전표처리 버튼을 클릭한다.
2) [보기]의 조건을 입력 후 확인을 클릭한다.
3) 회계전표 탭의 조회내역에서 마감번호를 클릭하여 하단 창에서 부가세예수금 계정과목의 금액을 확인한다.

① 3,242,200, ② 3,192,200, ③ 3,227,750, ④ 3,240,250

회계처리(매출마감)

사업장 1000 (주)한국자전거본 / 부서 2200 관리부 / 사원 ERP13L01 홍길동
기간 2019/01/26 ~ 2019/01/31 / 고객 / 구분 전체
관리구분 / 프로젝트 / 0.마감번호
전송여부 전체

매출마감 / 회계전표

일자	번호	No.	품의내역	유형	기표일자	번호	상태	승인자	대차차액
2019/01/26	13	0	영업관리(매출마감:SC1901000007)	매 출		0	미결		0

순번	구분	코드	계정과목	코드	거래처명	금액		적요명	증빙
1	대체차변	10800	외상매출금	00003	(주)빅파워	13,389,200	0	외상매출금 증가(상품)	
2	대체차변	10800	외상매출금	00003	(주)빅파워	22,275,000	0	외상매출금 증가(제품)	
3	대체대변	40100	상품매출	00003	(주)빅파워	12,172,000	0	상품 매출	
4	대체대변	40400	제품매출	00003	(주)빅파워	20,250,000	0	제품 매출	
5	대체대변	25500	부가세예수금	00003	(주)빅파워	3,242,200	0	부가세예수금_DOMESTIC	4

10 **정답** ④, 수금등록

해설 매출 전에 미리 계약금을 지급받는 것을 선수금이라고 한다. 해당기간 동안 선수금이 등록된 거래처는 ㈜제동기어: 600,000이다.

수금등록

사업장 1000 (주)한국자전거 | 부서 2200 관리부 | 사원 ERP13L01 홍길동
수금기간 2019/01/26 ~ 2019/01/31 | 고객 | 0.실적담당
수금구분 | 선수잔액 전체 | 0.증빙번호
관리구분 | 프로젝트 | 0.비고(건)

수금번호	수금일자	고객	증빙번호	실적담당	정리잔액	전표	비고
RC1901000001	2019/01/26	(주)대흥정공		김대연	0	미처리	
RC1901000002	2019/01/26	(주)하나상사		성민석	0	미처리	
RC1901000003	2019/01/26	(주)빅파워		김대연	0	미처리	
RC1901000004	2019/01/26	(주)제동기어		성민석	0	미처리	
						미처리	

No.	수금구분	관리번호	자/타	정상수금	선수금	금융기관	발행일자	만기/약정일	비고
1	제 예 금	231-12-048541		0	600,000				

11 **정답** ④, 수주미납집계

해설 수주미납집계 메뉴에서 주문일에 2월, 고객에 ㈜대흥정공, 품명에 일반자전거를 넣고 조회하면 미납금액 합계에 1,350,000이 조회된다.

수주미납집계 검색상세

사업장 1000 (주)한국자전거본사 | 부서 | 사원
0.주문일 2019/02/01 ~ 2019/02/28 | 거래구분 | 환종
고객 00001 (주)대흥정공 | 2.실적담당 | 마감구분 전체
1.품명 일반자전거 | 관리구분 | 프로젝트

고객 | 품목 | 담당자 | 관리구분 | 프로젝트

코드	고객명	품번	품명	규격	단위	거래구분	미납수량	미납금액(원화)
00001	(주)대흥정공	ATECK-3000	일반자전거		EA	DOMESTIC	2	225,000
00001	(주)대흥정공	ATECK-3000	일반자전거		EA	DOMESTIC	10	1,125,000
2							12	1,350,000

12 **정답** ③, 청구등록

해설 청구등록 메뉴에서 일일이 확인하여 수량을 합산할수도 있지만 청구현황 메뉴에서 우측클릭 후 정렬 및 소계기능을 활용하여 주거래처별로 소계하여 조회하면 편리하게 확인할 수 있다. 영동바이크: 133EA

청구현황

사업장 | 부서 | 사원
청구기간 2019/01/01 ~ 2019/01/05 | 청구구분 전체 | 청구자
3.품번범위 ~ | 품목군 | 관리구분
청구번호 | 비고(내역) | 주거래처 00009 (주)영동바이크

청구일자	청구번호	No.	품번	품명	규	납기일	단위(재고)	청구수량	단위(관리)	청구수량	비고	주거래처
2019/01/01	PR1901000001	2	21-1060950	WHEEL REAR-MTB		2019/01/01	EA	40	EA	40		(주)영동바이크
청구일자 소계								40		40		
2019/01/02	PR1901000002	5	21-1060950	WHEEL REAR-MTB		2019/01/02	EA	58	EA	58		(주)영동바이크
2019/01/02	PR1901000002	9	21-3001500	PEDAL(S)		2019/01/02	EA	35	BOX	1		(주)영동바이크
청구일자 소계								93		59		
								133		99		(주)영동바이크…

13 **정답** ②, 발주등록

해설 조회내역에서 청구적용 조회 버튼을 클릭하여 조회하면, ①은 청구잔량이 가장 많지만 주거래처가 ㈜대흥정공이다. ② WHEEL REAR-MTB: 60

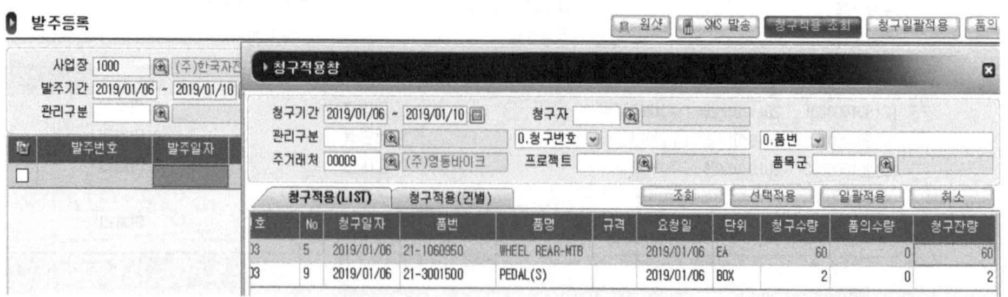

14 **정답** ①, 입고검사등록

해설 조회내역 하단 창의 검사품목을 각각 클릭하여 불량유형별 불량수량을 합산하면, 찍힘 불량은 총 4EA가 등록되었다.

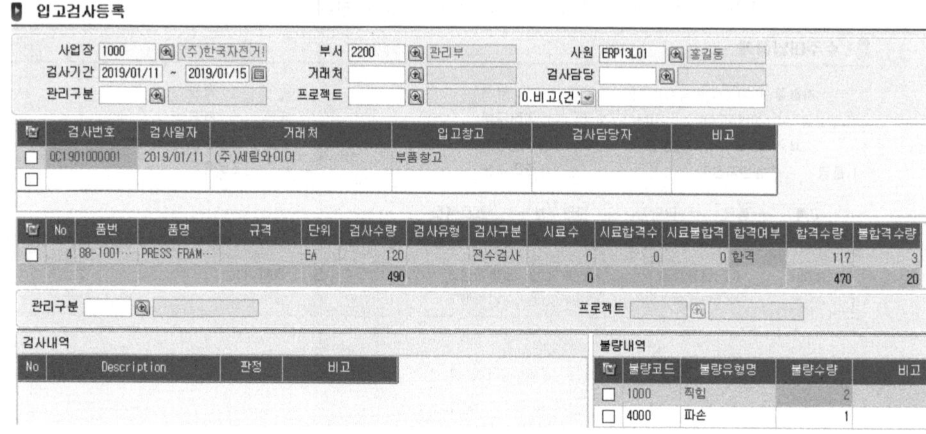

15 **정답** ①, 입고처리(국내발주)

해설 발주입고 탭의 조회내역에서 발주적용 버튼을 클릭하여 발주기간을 입력 후, 조회한다. BODY-알미늄(GRAY-WHITE) 품목은 발주등록 단계에서 검사구분이 '검사'로 등록된 품목이므로, 입고검사가 완료되어야 입고처리가 가능하다.

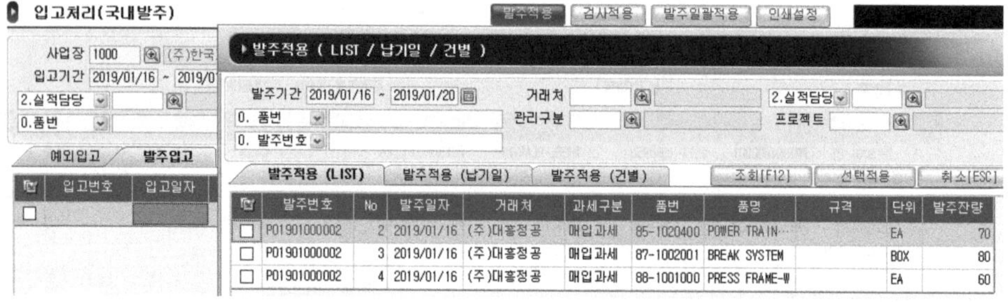

16 정답 ④, 매입마감(국내거래)

해설 공급가의 합계액은 2,070,650이다. [보기]의 숫자는 합계액의 합계이다.

매입마감(국내거래)

입고적용 | 입고일괄적

사업장	1000 (주)한국자전거	부서	2200 관리부	사원	ERP13L01 홍길동
마감기간	2019/01/21 ~ 2019/01/25	거래처		0.비고(건)	
관리구분		프로젝트		1.품명	

	마감번호	마감일자	거래처	마감구분	과세구분	세무구분	전표	비고
□	PC1901000001	2019/01/21	(주)하나상사	일괄	매입과세	과세매입	미처리	
□				일괄			미처리	

	No.	품번	품명	규격	단위	마감수량	단가	공급가	부가세	합계액
□	2	83-2000100	전장품 ASS'Y		EA	45	20,250	911,250	91,125	1,002,375
□	3	85-1020400	POWER TRAIN ASS'…		EA	55	10,750	591,250	59,125	650,375
□	4	87-1002001	BREAK SYSTEM		BOX	60	4,750	285,000	28,500	313,500
□	5	88-1001000	PRESS FRAME-W		EA	35	3,230	113,050	11,305	124,355
	5					225		2,070,650	207,065	2,277,715

17 정답 ②, 회계처리(매입마감)

해설 회계처리 탭의 조회내역에서 해당 마감 건의 전표는 미결상태이다.

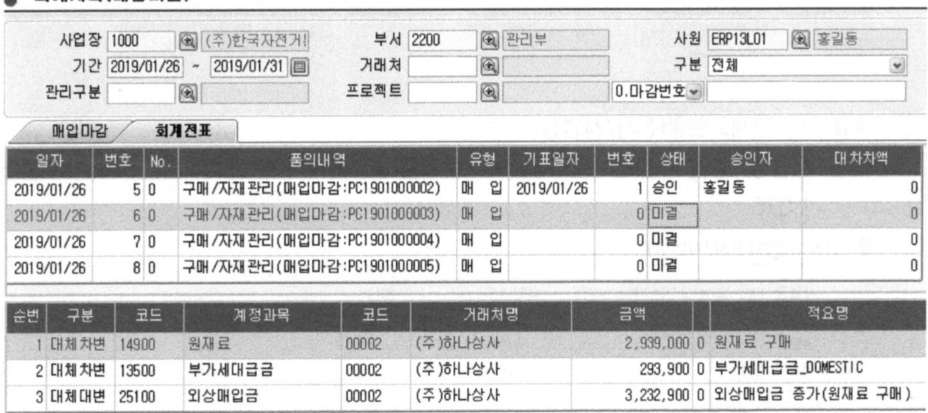

회계처리(매입마감)

사업장	1000 (주)한국자전거	부서	2200 관리부	사원	ERP13L01 홍길동
기간	2019/01/26 ~ 2019/01/31	거래처		구분	전체
관리구분		프로젝트		0.마감번호	

매입마감 / 회계전표

일자	번호	No.	품의내역	유형	기표일자	번호	상태	승인자	대차차액
2019/01/26	5	0	구매/자재관리(매입마감:PC1901000002)	매입	2019/01/26	1	승인	홍길동	0
2019/01/26	6	0	구매/자재관리(매입마감:PC1901000003)	매입		0	미결		0
2019/01/26	7	0	구매/자재관리(매입마감:PC1901000004)	매입		0	미결		0
2019/01/26	8	0	구매/자재관리(매입마감:PC1901000005)	매입		0	미결		0

순번	구분	코드	계정과목	코드	거래처명	금액		적요명
1	대체차변	14900	원재료	00002	(주)하나상사	2,939,000	0	원재료 구매
2	대체차변	13500	부가세대급금	00002	(주)하나상사	293,900	0	부가세대급금_DOMESTIC
3	대체대변	25100	외상매입금	00002	(주)하나상사	3,232,900	0	외상매입금 증가(원재료 구매)

18 정답 ③, 재고이동등록(창고)

해설 30EA가 출고되고 5EA가 입고되었으므로 변동분은 25EA 감소이다.

재고이동등록(창고)

사업장 1000 (주)한국자전 / 부서 2200 관리부 / 사원 ERP13L01 홍
이동기간 2019/01/01 ~ 2019/01/05 / 출고창고 / 출고장소
담당자 / 입고창고 / 입고장소
관리구분 / 프로젝트 / 0.품번

이동번호	이동일자	출고창고	출고장소	입고창고	입고장소	담당자
MV1901000001	2019/01/01	부품창고	부품/조립1공정	부재료창고	부재료창고위치	
MV1901000002	2019/01/02	부품창고	부품/반제품	부재료창고	부재료창고위치	
MV1901000003	2019/01/03	부재료창고	부재료창고위치	부품창고	부품/반제품	
MV1901000004	2019/01/04	부재료창고	부재료창고위치	부품창고	부품/조립1공정	

No	품번	품명	규격	단위(재	이동수량	LOT
1	21-1060850	WHEEL FRONT-MTB		EA	30	

이동번호	이동일자	출고창고	출고장소	입고창고	입고장소	담당자
MV1901000001	2019/01/01	부품창고	부품/조립1공정	부재료창고	부재료창고위치	
MV1901000002	2019/01/02	부품창고	부품/반제품	부재료창고	부재료창고위치	
MV1901000003	2019/01/03	부재료창고	부재료창고위치	부품창고	부품/반제품	
MV1901000004	2019/01/04	부재료창고	부재료창고위치	부품창고	부품/조립1공정	

No	품번	품명	규격	단위(재	이동수량	LOT
1	21-1060850	WHEEL FRONT-MTB		EA	5	

19 **정답** ①, 현재고현황(전사/사업장)

해설 사업장 탭에서 계정 필드에 "4. 반제품"을 선택하여 조회하면, BREAK SYSTEM: 1,076

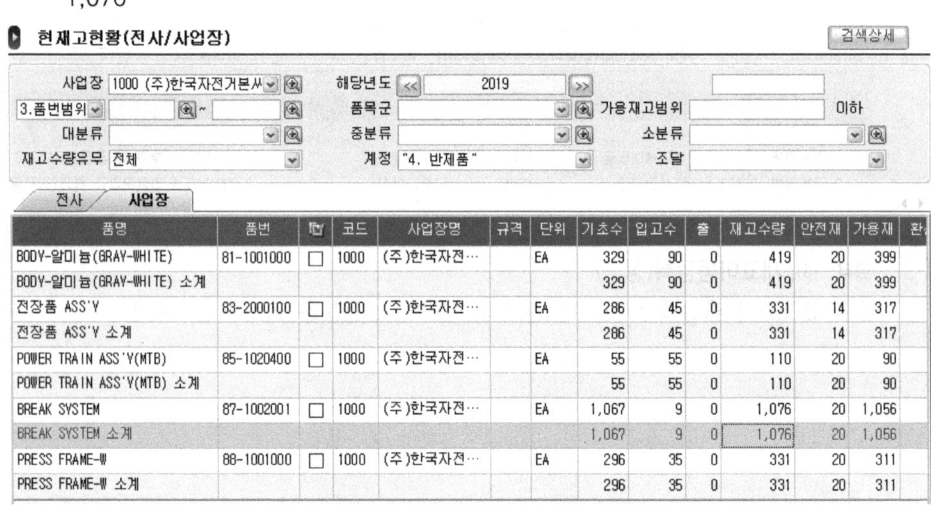

현재고현황(전사/사업장) 검색상세

사업장 1000 (주)한국자전거본사 / 해당년도 2019
3.품번범위 ~ / 품목군 / 가용재고범위 이하
대분류 / 중분류 / 소분류
재고수량유무 전체 / 계정 "4. 반제품" / 조달

전사 / 사업장

품명	품번		코드	사업장명	규격	단위	기초수	입고수	출	재고수량	안전재	가용재	환
BODY-알미늄(GRAY-WHITE)	81-1001000	☐	1000	(주)한국자전…		EA	329	90	0	419	20	399	
BODY-알미늄(GRAY-WHITE) 소계							329	90	0	419	20	399	
전장품 ASS'Y	83-2000100	☐	1000	(주)한국자전…		EA	286	45	0	331	14	317	
전장품 ASS'Y 소계							286	45	0	331	14	317	
POWER TRAIN ASS'Y(MTB)	85-1020400	☐	1000	(주)한국자전…		EA	55	55	0	110	20	90	
POWER TRAIN ASS'Y(MTB) 소계							55	55	0	110	20	90	
BREAK SYSTEM	87-1002001	☐	1000	(주)한국자전…		EA	1,067	9	0	1,076	20	1,056	
BREAK SYSTEM 소계							1,067	9	0	1,076	20	1,056	
PRESS FRAME-W	88-1001000	☐	1000	(주)한국자전…		EA	296	35	0	331	20	311	
PRESS FRAME-W 소계							296	35	0	331	20	311	

20 **정답** ④, MASTER L/C(수출) ▻ L/C등록

해설 1) [보기]의 조건을 입력하여 조회한다.

2) L/C등록 창의 조회내역에서 출력된 항목을 선택(체크)하여 선택항목 편집 버튼을 클릭한다.

3) L/C등록 조회내역을 확인한다. ④ 인도장소: PUSAN

L/C등록

사업장 1000 (주)한국자전거본 | 부서 2200 관리부 | 사원 ERP13L01 홍길동
L/C구분 3. MASTER L/C | 주문기간 2019/01/01 ~ 2019/01/05 | 고객
L/C번호 LC20190102 | 주문번호 SO1901000014 | L/C주문일 2019/01/02
고객 00011 INTECH CO.LTD | 환종 USD 미국달러 | 납품처
담당자 5000 이봉회 | 개설은행 90001 신한은행 | 통지은행 98004 하나보통/211-23-
가격조건 | 운송방법 | 인도장소 PUSAN
선적항 PUSAN | 도착항 CALIFORNIA | 최종목적지 CALIFORNIA
S/D 2019/01/20 | E/D 2019/01/30 | 인도기일 2019/01/19

21 **정답** ②, MASTER L/C(수출) ▻ 출고처리(L/C),

해설 조회내역에서 의뢰적용 버튼을 클릭하여 [보기]의 조건을 입력 후, 조회한다. 조회 항목을 선택 후, 선택적용 버튼을 클릭하여 조회된 품목별 원화금액의 합계는 29,700,000

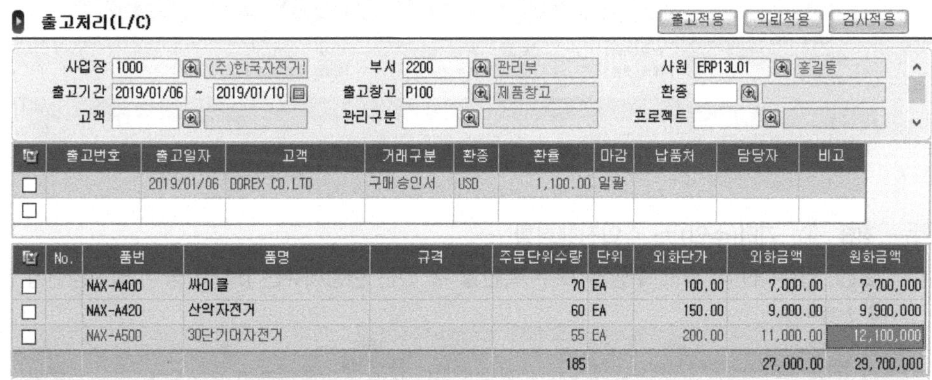

출고처리(L/C) | 출고적용 | 의뢰적용 | 검사적용

사업장 1000 (주)한국자전거! | 부서 2200 관리부 | 사원 ERP13L01 홍길동
출고기간 2019/01/06 ~ 2019/01/10 | 출고창고 P100 제품창고 | 환종
고객 | 관리구분 | 프로젝트

출고번호	출고일자	고객	거래구분	환종	환율	마감	납품처	담당자	비고
	2019/01/06	DOREX CO.LTD	구매승인서	USD	1,100.00	일괄			

No.	품번	품명	규격	주문단위수량	단위	외화단가	외화금액	원화금액
	NAX-A400	싸이클		70	EA	100.00	7,000.00	7,700,000
	NAX-A420	산악자전거		60	EA	150.00	9,000.00	9,900,000
	NAX-A500	30단기어자전거		55	EA	200.00	11,000.00	12,100,000
				185			27,000.00	29,700,000

22 **정답** ④, 기타(수입) ▻ 해외발주등록

해설 L/C주문을 제외한 해외발주를 등록하며, 거래유형에 따라 T/T, D/A, D/P 건을 구분하여 등록하는 단계이다. 매입을 위해 수입거래처로 발주서를 발송하기 위해 등록한다.

23 **정답** ②, 기타(수입) ▻ 수입제비용등록

해설 1월 17일에 추가로 10,000의 수수료가 등록되어 수수료의 합은 110,000이다.

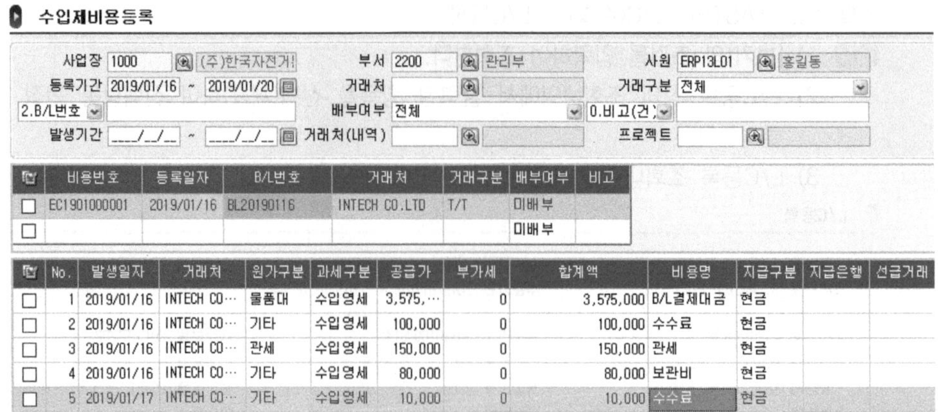

비용번호	등록일자	B/L번호	거래처	거래구분	배부여부	비고
EC1901000001	2019/01/16	BL20190116	INTECH CO.LTD	T/T	미배부	
					미배부	

No.	발생일자	거래처	원가구분	과세구분	공급가	부가세	합계액	비용명	지급구분	지급은행	선급거래
1	2019/01/16	INTECH CO…	물품대	수입영세	3,575,…	0	3,575,000	B/L결제대금	현금		
2	2019/01/16	INTECH CO…	기타	수입영세	100,000	0	100,000	수수료	현금		
3	2019/01/16	INTECH CO…	관세	수입영세	150,000	0	150,000	관세	현금		
4	2019/01/16	INTECH CO…	기타	수입영세	80,000	0	80,000	보관비	현금		
5	2019/01/17	INTECH CO…	기타	수입영세	10,000	0	10,000	수수료	현금		

24 **정답** ④, 기타(수입) ▻ 미착품원가정산

해설 1) 조회내역의 조회항목을 선택 후, 배부처리 버튼을 클릭하여 정산일자를 입력 후 확인 클릭한다.

2) 배부 처리된 조회내역에서 배부조정 버튼을 클릭. 해당 품목의 배부 후 금액: 577,173

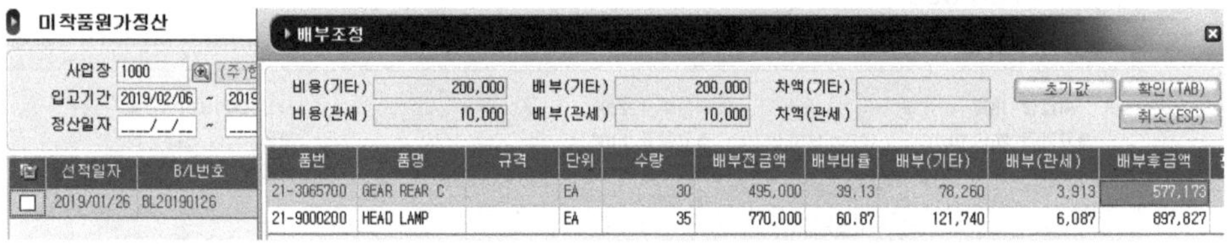

선적일자	B/L번호
2019/01/26	BL20190126

품번	품명	규격	단위	수량	배부전금액	배부비율	배부(기타)	배부(관세)	배부후금액
21-3065700	GEAR REAR C		EA	30	495,000	39.13	78,260	3,913	577,173
21-9000200	HEAD LAMP		EA	35	770,000	60.87	121,740	6,087	897,827

25 **정답** ①, 기타(수입) ▻ 수입진행현황

해설 발주, 선적, 입고 수량을 모두 확인할 수 있는 현황메뉴는 [보기] 중 수입진행현황 뿐이다.

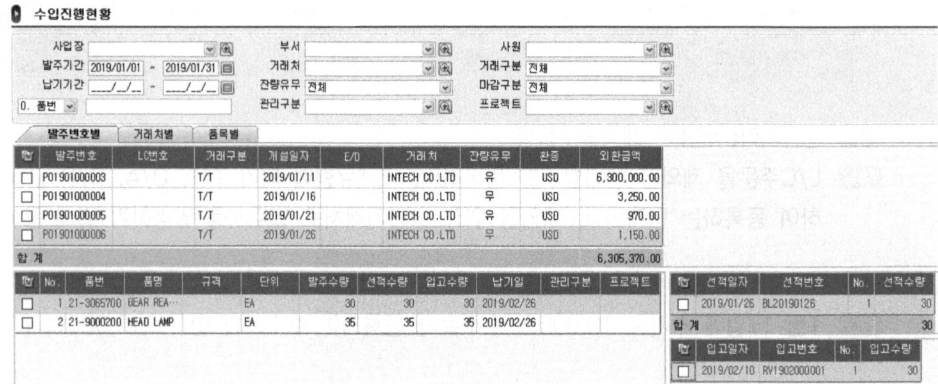

발주번호	LC번호	거래구분	개설일자	E/D	거래처	잔량유무	환종	외환금액
PO1901000003		T/T	2019/01/11		INTECH CO.LTD	유	USD	6,300,000.00
PO1901000004		T/T	2019/01/16		INTECH CO.LTD	무	USD	3,250.00
PO1901000005		T/T	2019/01/21		INTECH CO.LTD	유	USD	970.00
PO1901000006		T/T	2019/01/26		INTECH CO.LTD	무	USD	1,150.00
합계								6,305,370.00

No.	품번	품명	규격	단위	발주수량	선적수량	입고수량	납기일	관리구분	프로젝트
1	21-3065700	GEAR REA…		EA	30	30	30	2019/02/26		
2	21-9000200	HEAD LAMP		EA	35	35	35	2019/02/26		

선적일자	선적번호	No.	선적수량
2019/01/26	BL20190126	1	30
합계			30

입고일자	입고번호	No.	입고수량
2019/02/10	RV1902000001	1	30

참고자료

한국생산성본부(www.kpc.or.kr)/웹하드(www.webhard.co.kr)

- SCM 가이드북
- 경영혁신과 ERP 최신이론 및 신규문항
- ERP정보관리사(생산/물류) 2018년/2019년 정기시험 기출문제 및 정답
- ERP정보관리사(생산/물류) 2018년/2019년 정기시험 데이터 베이스(DB)
- ERP정보관리사(생산/물류) 시험안내, 시험출제기준, 2020년 시험일정

㈜더존비즈온(www.douzone.com)

- iCUBE 프로그램
- iCUBE 프로그램 매뉴얼

한국직업능력개발원(www.ncs.go.kr)

- 02. 경영 · 회계 · 사무 NCS 학습모듈

저자 소개

조호성(趙浩成)

학력
- 동아대학교 공과대학 산업공학과 졸업 공학사
- 동아대학교 대학원 산업공학과 졸업 공학석사
- 동아대학교 대학원 산업공학과 졸업 공학박사

경력
- 現 동서울대학교 경영학부 재직
  본교 연구지원센터 센터장
  본교 경영학부 학부장

대외활동

• 중소기업청	기술지도위원
• 조달청	기술평가위원
• 고용노동부	기관평가위원
• 한국산업인력공단	출제, 선정, 채점위원(품질경영기사, 경영 · 기술지도사)
• 한국산업인력공단	일학습병행제 기관평가위원
• 한국산업인력공단	NCS 능력단위 및 학습모듈 개발위원(경영 · 회계 · 사무)
• 경기도 성남시	기관평가위원

ERP 정보관리사 물류1급

초판발행 2020년 2월 28일

지은이 조호성
펴낸이 안종만 · 안상준

편 집 김보라 · 김민경
기획/마케팅 김한유
표지디자인 이미연
제 작 우인도 · 고철민

펴낸곳 (주) 박영사
서울특별시 종로구 새문안로3길 36, 1601
등록 1959. 3. 11. 제300-1959-1호(倫)
전 화 02)733-6771
f a x 02)736-4818
e-mail pys@pybook.co.kr
homepage www.pybook.co.kr
ISBN 979-11-303-0902-6 13320

정 가 37,000원